Silke Leonhard

Leiblich lernen und lehren

Kohlhammer

Praktische Theologie heute

Band 79

Silke Leonhard

Leiblich lernen und lehren

Ein religionsdidaktischer Diskurs

Verlag W. Kohlhammer

Umschlag: Data Images GmbH
Gesamtherstellung:
W. Kohlhammer Druckerei GmbH + Co. KG, Stuttgart
Printed in Germany

ISBN-10: 3-17-019321-X
ISBN-13: 978-3-17-019321-5

Es gibt eine sehr alte Tradition, die sagt,
daß wir bei einer unmittelbaren Berührung mit Gott verbrennen würden.
Wenn man sich den Leib als Isoliermaterial vorstellt,
dann erscheint es sinnvoll,
daß der Kosmos durch unsere Körper hindurch zu uns kommt.
[...]
Wir müssen tatsächlich durch unseren Leib hindurch aufmerksam sein,
wenn wir über eine Situation oder irgendein Thema tiefer nachdenken wollen
als nur im Bereich dessen, was offensichtlich ist.
Wir müssen unsere Aufmerksamkeit weiter ausdehnen als über den Bereich
des Offensichtlichen, um uns als Menschen zu entwickeln –
und ich würde mich dafür stark machen,
daß es nötig ist, uns als Menschen zu entwickeln.

Eugene T. Gendlin,
Die umfassende Rolle des Körpergefühls im Denken und Sprechen,
705f.

Inhaltsverzeichnis

I. Topographie: Leiblichkeit in religions-pädagogischer Landschaft

Vor-Bereitung

Hier und jetzt ist der Anfang einer Dissertation über Leiblichkeit. Aber vor jedem Anfang ist die Leiblichkeit bereits da. Vor aller Erfahrung – bevor Lernen, Denken, Gehen, Wahrnehmen, selbst Empfinden, beginnt – *ist* pulsierendes Leben. Ehe das Lesen und Schreiben einsetzt, ist der Leib schon bereit. Die Wurzel *lîp verweist auf den mehr als etymologischen Zusammenhang von Leib und Leben; man kann nicht nicht-leiblich sein.

Die unhintergehbare Leiblichkeit hat beträchtlichen Einfluss auf alle Lebensbereiche. Dass dieser in der Öffentlichkeit wahrgenommen wird, zeigt die Fülle an Literatur und Kultur, die seit zwei Jahrzehnten in Wissenschaft und Praxis rund um Körper und Leib entsteht. Leiblichkeit findet sich jedoch nicht nur und auch nicht unbedingt dort, wo sie reflektiert wird. Kennzeichnend wird das an überwiegend unleiblichen philosophischen Diskussionen zum Leib-Seele-Problem. Auch kirchlich-theologische Auseinandersetzungen um die leibliche Gemeinschaft sind ein Symptom der Entfernung von lebendigem Menschsein. Umgekehrt werden körperlich-sinnliche Erscheinungsformen von Religion (zu) wenig ernstgenommen. Wenn Denken und Sprechen, Handeln und Lernen, selbst Glauben und Hoffen weder seelen- noch körperlos geschehen, so muss Leiblichkeit auch in der Religionspädagogik Aufmerksamkeit zukommen.

Mein Interesse kreist um die Frage, wie Religionsunterricht konzipiert werden muss, wenn er die Leiblichkeit von Anfang an als elementare pädagogische Dimension achtet. Lernen geschieht leiblich; religiöse Bildung ist ein personaler Prozess. Diese Arbeitshypothese ist der Ausgangspunkt meiner Untersuchung, in der ich den phänomenologischen Wirkungszusammenhang von Religion und Leiblichkeit im Blick auf die ästhetische Dimension von Religionsunterricht erkunde.

Sich über Lernprozesse religiöser Bildung nicht nur im Kopf, sondern auch in den Beinen klar zu werden, braucht einen peripatetischen Umgang mit Forschung. Dieses Vorgehen ermuntert den Leser und die Leserin dazu, die lernende Forscherin und forschende Lehrerin auf den Bildungs-Gängen geduldig zu begleiten. Der Weg ist das Ziel einer Erkundung, die der Frage auf die Spur kommen möchte, warum es sich „mit Herz, Kopf und Hand" (Pestalozzi) nicht nur besser lernt, sondern auch besser forscht. Anstoß für meinen Aufbruch ist die Wahrnehmung einer Gesellschaft, in der angesichts der fragwürdigen Alternative zwischen dem Erlebniswert und dem Nutzwert von Bildung um humane Werte gerungen wird. Die Auslotung von Ästhetik und Ethik führt unabdingbar zur Frage nach dem Elementaren. Weil Bildung elementar mit Menschen zu tun hat und Menschen vielleicht ihr eigenes Denken, nicht aber ihre Körperlichkeit umgehen können, soll die leibliche Dimension von Religion fokussiert werden. Der Focusing-Ansatz des Humanistischen Psychologen Eugene T. Gendlin (*1926) kann m.E. ein *Instrument zur Förderung und Ausbildung religionspädagogischer Wahrnehmungskompetenz* sein, das den Bemühungen um die Nachhaltigkeit des Religionsunterrichts zuträglich ist.

Eine Ethik der Leiblichkeit findet ihre Elementarizität in der Ästhetik. Ich konzentriere mich hier auf die Erkundung der Wahrnehmung; ethische Gesichtspunkte beziehe ich dabei soweit ein, wie es eine religionspädagogische Wahrnehmungslehre erfordert. Der Weg zu den religionspädagogischen Schauplätzen der Leiblichkeit führt auch an Orten vorbei, die in diesem Zusammenhang kaum oder gar nicht weiter beachtet werden können. Die Phänomene gegenwärtiger Pluralität und ihrer religionspädagogischen Folgen z.B. werden nur am Rande gestreift; ökumenische Sichten werden nicht explizit fokussiert, da es insgesamt um einen christlich und pädagogisch gangbaren Weg geht; Gender-Aspekte fließen an verschiedenen Stationen ein, ohne jedoch einen eigenen Schwerpunkt zu bilden.

Die Arbeit wurde von der Philosophischen Fakultät der Universität Hannover als Dissertationsschrift angenommen und von Prof. Dr. Ulrich Becker, Prof. Dr. Harry Noormann (beide am hiesigen Institut für Theologie) sowie Prof. Dr. Christoph Bizer (Universität Göttingen/Heidelberg) begutachtet. Eine Promotion wäre schwerlich möglich ohne vielfältige zwischenleibliche Unterstützung. Daher gilt mein herzlichster Dank:

den drei Korrektoren für die Durchsicht der Arbeit;

Prof. Dr. Christoph Bizer, der den entscheidenden Anstoß zu meinem Vorhaben gegeben und es ebenso geistreich wie ermunternd betreut hat;

meinen ForschungsbegleiterInnen aus Süd und Nord – insbesondere Prof. Dr. Ulrich Becker – für ihr Interesse und den inspirierenden Austausch;

Prof. Dr. Harry Noormann, Prof. Dr. Friedrich Johannsen und dem Institut für Theologie für die Ermöglichung, den in Göttingen begonnenen Weg in Hannover zu beenden;

Prof. Dr. Eugene T. Gendlin am Focusing Institute New York für die anregenden Gespräche und die Neugier an religiösen Fragen, Klaus Renn und dem Dt. Ausbildungsinstitut für Focusing in Würzburg für die explizite und implizite Begleitung meines Lernweges;

den KollegInnen, Studierenden, SchülerInnen, die – teils bewusst, teils unbewusst – erprobend zur gestaltenden Wahrnehmung beigetragen haben;

allen FreundInnen und KollegInnen für hilfreiche Gespräche und Impulse;

meiner Familie und meinen FreundInnen für ihr Verständnis und den wohlwollenden Beistand;

Daniel und Sonja Schüttlöffel sowie Jens Riechmann für die engagierte praktische Hilfe in Korrektur- und Drucksatzarbeiten;

dem Verlag W. Kohlhammer und den Herausgebern für die Aufnahme in die Reihe „Praktische Theologie heute", insbesondere Herrn Jürgen Schneider und Frau Beatrix Reinhard für die freundliche verlegerische Betreuung;

der evangelisch-lutherischen Landeskirche Hannovers und der Vereinigten Evangelisch-Lutherischen Kirche Deutschlands (VELKD) für die großzügigen finanziellen Förderungen dieses Buches;

allen voran meinem Ehemann Dr. Heiner Wedemeyer, ohne dessen unermüdliche, leibhaftige Unterstützung diese Erkundung nicht möglich gewesen wäre.

„Und jedem Anfang wohnt ein Zauber inne ..." (Hermann Hesse): Nachdenken über religiöse Bildung lädt zum (Los-)Gehen, Staunen und Begreifen ein.

Hannover, im Dezember 2005 *Silke Leonhard*

I. Topographie: Leiblichkeit in religions-pädagogischer Landschaft

1 (Kein) Raum für Religion

1.1 Lernorte – Räume für religiöse Bildung

1.1.1 Religion am Lernort Gesellschaft: Spurensuche

Gelebte Religion wird in ihren Lebensformen und kulturellen Gestalten im Alltag kaum, und wenn überhaupt, dann spurenhaft wahrgenommen; nur vereinzelt findet sie in den Köpfen und Herzen mündiger Menschen Niederschlag. Die Schule hätte eine leichtere Aufgabe, mit Religion bekannt zu machen, wenn diese in der Gesellschaft prägnant vorkommen und sich behaupten würde. Kirchenaustritte, die Verflüchtigung des Sonntags als eines religiösen Feiertags oder die Privatisierung der Beerdigungen sind Beispiele für die Entkoppelung von gesellschaftlicher und religiöser Praxis.[1] Die Familie, zunehmend weniger als Lebensform gewählt (erst recht nicht in der Weise des mehrere Generationen übergreifenden Miteinanderlebens), ist als Instanz für religiöse Erziehung zur Marginalie geworden. Für den Religionsunterricht bedeuten diese Entwicklungen, dass er selbst zum Ort der Erstbegegnung mit konkreter Religion wird und religiöse Alphabetisierung zu leisten hat.

1.1.2 Religion am Lernort Kirchenraum: Sinnesorientierung draußen ...

> Göttingen, Innenstadt, ein Dienstagvormittag in der Adventszeit, 11 Uhr. Dreißig aufgeweckte Fünftklässler laufen auf das Hauptportal von St. Jacobi, einer Kirche inmitten der Fußgängerzone, zu. Gleich wird die Klasse einen Kirchenbesuch vornehmen. An der Tür wartet die Lehrerin. Als alle da sind, legt sie ihren Zeigefinger auf den Mund und bedeutet damit den Kindern, sich auf dem Gang durch die Kirche leise zu verhalten. Sie öffnet das Portal. Einige betreten mit zögerndem Schweigen den Kirchenraum, andere stürmen zunächst lärmend hinein. Innen verlangsamen sie ihren Schritt. Die Kinder sehen die Wände hinauf bis an die Decke, blicken auf die farbigen Fenster und die bunten Säulen, bleiben hie und da staunend stehen und gehen weiter. Vorn an den Stufen zum Altarraum sammeln sich ein paar sehr Neugierige und blicken in den durch ein Seil abgetrennten Altarraum. Ein Schüler streicht mit seinen Händen vorsichtig die bunten Säulen hinauf und hinunter. „Ist ganz kalt!", wispert er seinem Freund zu. Zwei andere lassen ihre Blicke von vorn durch das Kirchenschiff nach hinten zur Orgel schweifen und

---

[1] Vgl. dazu die Vierte EKD-Erhebung über Kirchenmitgliedschaft: Kirchenamt der EKD (Hg.), Kirche – Horizont und Lebensrahmen. Weltsichten, Lebensstile, Kirchenbindung. Hannover 2003.

flüstern einander ihre Eindrücke zu. Auf den Stufen zum Altarraum steht jetzt die Lehrerin und erklärt mit leiser, doch noch immer durchdringender Stimme ein paar Sätze zur Bedeutung des Altars. Um den Lärmpegel zu dämpfen, lässt sie immer wieder ein „Pscht!" durch die Zähne zischen. Als sie nach knapp zehn Minuten zur Eingangstür zurückgeht und von dort aus ihre Klasse wieder zu sich ruft, haben sich gerade drei Mädchen um den Tisch mit den Opferkerzen gestellt. „Kommt, wir müssen los!", mahnen die Jungen daneben. Die drei lassen sich nicht beirren. Eine von ihnen sucht in ihrer Geldbörse ein paar Münzen zusammen, wirft sie in den Opferstock und zündet eine Kerze an. „Wünsch dir was!", ermuntert die zweite. „Ja klar, du darfst dir was wünschen!", begeistert sich die dritte. Das erste Mädchen hält die Kerze vor ihr Gesicht, kneift nun die Augen fest zu und konzentriert sich für einen Moment. Dann öffnet sie ihre Augen wieder, strahlt über das ganze Gesicht und eilt gemeinsam mit den beiden anderen Schülerinnen der drängelnden Lehrerin am Portal entgegen.

Der Vorspann zu dieser Szene ließe sich so rekonstruieren: Die Religionslehrerin hat für ihren Unterricht neue Impulse von der *Kirchenpädagogik* bekommen und setzt die Idee gleich in die Praxis um, eine Kirche zu besuchen, eine, die zu morgendlichen Schulzeiten offen ist.[2] In Niedersachsen wird Religion in dieser Klasse in Einzelstunden erteilt, so dass nur wenig Zeit für den Besuch bleibt. Trotzdem: Endlich einmal heraus aus dem Klassenzimmer, in welchem sich die Religion so schwer einfangen lässt, und hinein in das Haus, wo sie sich spurenhaft niedergeschlagen hat. Im Kirchenraum differenziert sich das Verhalten der Klasse. Die meisten Kinder sind neugierig und be-geistert: endlich einmal Religion, die man sehen, hören, fühlen und schnuppern kann. Sie lassen den Raum auf sich wirken, die Atmosphäre der Fremdheit verlangsamt ihr Tempo. Die Lehrerin steht unter dem Druck des sich verzehrenden „Zeitbudgets" und mahnt zum Aufbruch. Keine Zeit, die Schule drängt, die Planung ist knapp. Die Mädchen lassen sich dennoch von dem Licht vor dem Altarraum anziehen, sie vollziehen am Lichtaltar ein Beschwörungsritual: Möglicherweise sollen Gottes Kräfte ihren Wunsch erfüllen, das Lichtlein ist ihre Opfergabe dafür. Dies ist für sie das Dringendste, das

2 Kirchenpädagogik hat sich in den letzten Jahren als sehr erfolgreiche Rückbindung erwiesen. Vor allem drei Werke haben diese Entwicklung vorangetrieben und darauf aufmerksam gemacht: Roland Degen / Inge Hansen (Hg.): Lernort Kirchenraum. Erfahrungen – Einsichten – Anregungen. Münster 1998; Thomas Klie (Hg.), Der Religion Raum geben. Kirchenpädagogik und religiöses Lernen. Münster 1998 sowie Margarete Luise Goecke-Seischab / Jörg Ohlemacher, Kirchen erkunden, Kirchen erschließen. Ein Handbuch mit über 300 Sachzeichnungen und Übersichtstafeln, sowie einer Einführung in die Kirchenpädagogik. Lahr 1998. Goecke-Seischab und Ohlemacher richten ihr Handbuch im Gegensatz zu den von Klie und Degen / Hansen multiperspektivisch angelegten Aufsatzbänden stärker als eine kirchenkundliche Einführung aus, indem einer vornehmlich historisch bis kunstgeschichtlich orientierten Kirchenkunde einige methodische Hilfen zur Kirchenbegehung samt Material und Glossar folgen. Siehe außerdem Sigrid Glockzin-Bever / Horst Schwebel, Kirchen-Raum-Pädagogik. Münster 2002; Birgit Neumann / Antje Rösener (Hg.), Kirchenpädagogik. Kirchen öffnen, entdecken und verstehen. Ein Arbeitsbuch. Mit einer kunstgeschichtlichen Übersicht von Martina Sünder-Gaß. Gütersloh 2003.

in der kurzen Zeit des Besuches zu absolvieren ist. Erst dann verlassen sie die Kirche wieder.

An dem Verhalten der Lehrerin ist abzulesen, dass sie einen kirchenpädagogischen Lernprozess verfolgen möchte. Die SchülerInnen sollen im Unterricht ein Bild von Kirche vor Augen haben. Sie ahnt, dass Räume der Religion körperliche Wirkungen und Erinnerungen hinterlassen. Die Kinder bewegen sich in der Tat wachen Sinnes im Kirchenraum, erspüren etwas von der Religion, von der und über die sie im schulischen Unterricht lernen. Fremdheit und Vertrautheit mischen sich dabei. Den Mädchen ist das Wünschen als Ritual bekannt; es gewinnt im Kirchenraum eine Dimension, die über die eigene Macht hinausführt. Der Junge bekommt durch den Kontakt mit den Säulen die Kälte der Kirche zu spüren, die in einem eigenartigen Widerspruch zur Farbenfreude der Säulen steht. Für die Körperlichkeit der Lernenden ist Religion zum Greifen nah und möglicherweise dadurch zu be-greifen. Räumliches und leibliches Lernen, spürbar und beobachtbar – draußen, vor den Toren des Schulhofs.

Die Pädagogik hat die außerschulischen Lernorte wieder-entdeckt.[3] Die Kirchenpädagogik erschließt Kirchenräume religionspädagogisch als „Orte gelebter Religion“[4], die zur „Performance des Himmlischen und Weltlichen“[5] einladen. Zumindest städtische Kirchen werden auch während der Woche wieder von jungen Menschen frequentiert. LehrerInnen sind froh und PfarrerInnen dankbar, dass der Raum, an dem Religion architektonisch und kultisch konkret wird, wahrgenommen wird. Begehungen heimatlicher und Ausflüge in fremde Kirchen, Schulgottesdienste zu „alltäglichen“ Schulzeiten und an besonderen Festtagen machen Kirchen zu Wallfahrtsorten einer teils profanreligiösen Pilgerbewegung, in die man sich einklinken kann. Am Kirchengebäude manifestieren sich Bewusstsein und Gestaltungskraft für die religiösen Dimensionen von Raum und Zeit, außen wie innenarchitektonisch und ganz handwerklich. Das Christentum hat Orte, an denen seine Zeit- und Raumgestaltungen erfahrbar werden können. Wer Kirchen aufsucht, bewegt sich, sieht und spürt in der Beschreitung des Gebäudes, dass Religion wie das Leben in Raum und Zeit stattfindet. Bei diesen Entdeckungen

---

3 Vgl. z.B. Mascha Kleinschmidt-Bräutigam (Red.): Außerschulische Lernorte. Berlin 1996; Argyro Panagiotopoulou, Grundschulpädagogik meets Kindheitsforschung. Zum Wechselverhältnis von schulischem Lernen und außerschulischen Erfahrungen im Grundschulalter. Opladen 2003. Im religionspädagogischen Bereich siehe Bernhard Dressler, Religion in der Schule. Was können Kirchengemeinden tun? Loccumer Pelikan (2003) 1, 30–36; Inge Lucke, Geistesgegenwart Gottes in Schule und Kirche. Loccumer Pelikan (2000) 4, 190–195. Vgl. das Symposion Kirche und Schule: Freiräume miteinander nutzen (31. März bis 1. April 2000, Loccum).

4 Thomas Klie (Hg.), Der Religion Raum geben. Kirchenpädagogik und religiöses Lernen. Münster 1998, 7.

5 Roland Degen, „Echt stark hier!“ – Kirchenräume erschließen. In: Degen / Hansen (Hg.), Lernort Kirchenraum, 5–19. Hier: 18.

spielt die Körperlichkeit eine große Rolle. Wer sich mit dem eigenen Leib im Haus Gottes bewegt, erfährt den Kirchenraum als Ort gelebter christlicher Religion und den eigenen Leib, der durch den Kirchenraum in Bewegung versetzt wird, als bewegten Ort elementarer Wahrnehmung und Lebenserfahrung. Mit mehr Zeit und Spielraum lässt sich dann auch lernen, wie christliche Religion nicht allein im religiösen Empfinden wahrgenommen wird, sondern ebenso im gestaltenden Aufbauen von Sprachräumen, etwa des Betens.

1.1.3 Religion am Lernort Schule: ... übergangene Sinnlichkeit drinnen[6]

> Ein Klassenzimmer: eine lange Reihe von Fenstern, das Licht fällt auf die Tafel. Davor steht ein Lehrerpult. Ungefähr 50 m² für 30 Personen; sechs Stunden am Tag, fünf Tage in der Woche und drei bis vier Wochen im Monat sitzen in diesem Raum knapp 30 Jugendliche, meist je zu zweit, an einem Tisch von 1,50 m Breite. Der Platz reicht kaum, die beiden Ellenbogen vor sich zu spreizen und die Arme auf den Tisch zu stützen. Manchmal kann man den Tisch ein wenig kippen, so dass sich der Oberkörper etwas aufrichten kann. Die Schülerinnen und Schüler können sich untereinander nicht gut sehen. Die Lehrerin bewegt sich mit Mühe durch die Reihen, nimmt also meist stehend oder sitzend ihren Platz frontal zur Klasse ein. Alle sitzen über Fotokopie und Heft gebeugt, den Stift in der Hand und interpretieren Psalm 31. „Deutet die Bilder!", rät die Lehrerin. Einige lesen die Sätze wieder und wieder: „Meine Gebeine sind verschmachtet", „Du stellst meine Füße auf weiten Raum". Was könnte damit gemeint sein? In den Köpfen arbeitet und raucht es.

Längst werden die Lernformen facettenreicher; die Lehrerinnen und Lehrer reagieren engagiert, zuweilen auch ratlos. Pädagogisch geben die Sinnesorientierung und einzelne handlungs- und produktionsorientierte Didaktiken der Leiblichkeit Raum.[7] In diesem Zusammenhang finden Elemente von Theater- und Spieldidaktik, Gestaltpädagogik inkl. Psychodrama, Sensory Awareness, Kinesiologie und anderen körper- und bewegungsorientierte Ansätzen, religionspädagogisch-praktisch das Bibliodrama, Begehungen und liturgischer Tanz zunehmend Anklang.[8] Ansätze zum Umgang mit populärer Kultur in Popmusik, Film und ande-

---

6 Vgl. Silke Leonhard, Bei Leibe: Religion zu Wort kommen lassen. Körperlichkeit in religions-pädagogischer Wahrnehmung. In: Thomas Klie / dies., Schauplatz Religion. Grundzüge einer Performativen Religionspädagogik. Leipzig 2003, 166–191. Hier: 166f.

7 Z.B. Ingo Scheller, Erfahrungsbezogener Unterricht. Frankfurt 1981; Hilbert Meyer, UnterrichtsMethoden. 2 Bde. Frankfurt 1987 in etlichen folgenden Auflagen; z.B. Gerhard Haas, Handlungs- und produktionsorientierter Literaturunterricht. Theorie und Praxis eines „anderen" Literaturunterrichts für die Primar- und Sekundarstufe. Seelze [6]2005; Werner Ingendahl, Umgangsformen. Produktive Methoden zum Erschließen poetischer Literatur. Frankfurt 1991.

8 U.v.a.: Charles V.W. Brooks, Erleben durch die Sinne (Sensory awareness). In der deutschen Bearbeitung von Charlotte Selver. Paderborn 1979; Gerd Koch u.a. (Hg.), Ohne Körper geht gar nichts. Lernen in neuen Kontexten. Milow 1999; Dorothee Mecklenfeld, Spürend leben lernen. Somatische Wege für die Körper-Seele. Dortmund 1997. Im religionspädago-

ren Medien laden dazu ein, den Alltag der ‚gelebten Religion' in die Schule zu holen[9]; im Blick sind auch ihre regionalen und kulturellen Ausprägungen in der Stadt, in Werbung, in der medialen Alltagswelt etc.[10] Viele Religionslehrkräfte haben ein Gespür für Möglichkeiten entwickelt, Religion anschaulich, be-greifbar, wahrnehmbar zu machen. Häufig führt der Weg dorthin zunächst über die Methodik, im Ausprobieren. So wird mit der gelebten und gegenständlichen Religion hantiert und die Leiblichkeit der Lernenden berücksichtigt: Symbole, Rituale, Zeiten und Räume werden erkundet; ReligionslehrerInnen spüren den Rhythmen des Lebens und Lernens nach und versuchen mit ihren SchülerInnen, nach Anwärm- und Gewöhnungsphasen, Lieder und Tänze einzuüben.[11] Körperübungen und Phantasiegeschichten finden je nach ReligionslehrerInnentyp, Unterrichtsstil, Schulform und schuleigener Struktur Anklang. Die Schülerorientierung fordert körperbezogenes Lernen ein[12], die handlungsorientierte Didaktik unterstützt Lehrende dabei[13], und zuweilen leisten pädagogische Konzepte zur Schulentwicklung durch ihre Offenheit für Projektorientierung und Fächervernetzung der Konkretion sogar Vorschub.[14]

Doch so, wie oben beschrieben, kann es im Klassenraum noch immer aussehen. In der Überspitzung dieser Szene kommt etwas zum Tragen, was von Lehrenden

gischen Bereich: Gudrun Lohkemper-Sobiech, Bibliodrama im Religionsunterricht. 2 Bde. Mainz 1998; Heiner Aldebert, Spielend Gott kennenlernen. Bibliodrama in religionspädagogischer Perspektive. Hamburg 2001.

9 Vgl. z.B. Inge Kirsner / Michael Wermke (Hg.), Religion im Kino. Religionspädagogisches Arbeiten mit Filmen. Göttingen 2000; Jörg Herrmann, Sinnmaschine Kino. Sinndeutung und Religion im populären Film. Gütersloh ^{2}2002; Christa Zöller, Rockmusik als jugendliche Weltanschauung und Mythologie. Münster 2000.

10 Wolf-Eckart Failing / Hans-Günter Heimbrock, Gelebte Religion wahrnehmen. Stuttgart 1998; Hans-Martin Gutmann, Der Herr der Heerscharen, die Prinzessin der Herzen und der König der Löwen. Religion lehren zwischen Kirche, Schule und populärer Kultur. Gütersloh 1998; Thomas Klie, Spiegelflächen. Phänomenologie – Religionspädagogik – Werbung. Münster 1999; Gerd Buschmann, Werbung, Religion, Bildung. Kulturhermeneutische, theologische, medienpädagogische und religionspädagogische Perspektiven. Frankfurt 2003.

11 Siegfried Macht, Mit Liedern tanzen. Der Liedtanz als Medium der Religionspädagogik, Münster 2000. Vgl. ders., Kinder tanzen ihre Lieder, Paderborn ^{2}1993 und andere Praxisbände.

12 So Thomas A. Lotz, Viertel nach zwölf bis ein: Gott usw. Religion und Lebenswelt in der Schule. In: Hans-Günter Heimbrock (Hg.): Religionspädagogik und Phänomenologie. Von der empirischen Wendung zur Lebenswelt. Weinheim 1998, 178–201.

13 Hilbert Meyer, UnterrichtsMethoden; im gleichen Duktus auch Werner Jank / Hilbert Meyer, Didaktische Modelle. Frankfurt ^{6}2003.

14 Siehe dazu Andreas Feige u.a. (Hg.), ‚Religion' bei ReligionslehrerInnen. Religionspädagogische Zielvorstellungen und religiöses Selbstverständnis in empirisch-soziologischen Zugängen. Münster 2000. Das macht sich z.B. in der konzeptionellen Orientierung des Religionsunterrichts bemerkbar. Eine Vier-Felder-Darstellung macht „sowohl die unterrichtshabituelle Orientierung der ReligionslehrerInnen als auch deren Unterrichtspräferenzen" in vier Dimensionen sichtbar (203). Eine der Dimensionen ist der „Raum". Insgesamt lässt sich hier Religion als „gestaltkonsistenter Raum" feststellen (454). Die „Sensibilisierung für eine ‚gestalthafte Religionspraxis'" ist eine Intention der Realisierung von Intentionen (455).

in Religion (und vermutlich Fächern wie Kunst, Musik oder Sport in ähnlicher Weise) als spannungsvoll erlebt wird: die *Normalität* des Schulalltags. 45 Minuten Religionsunterricht, manchmal auch 90, zwischen Mathematik und Physik, um viertel vor acht oder kurz vor ein Uhr mittags, zwischen Klingeln und Klingeln, Notendruck und Pausengelächter, Kollegialität und Konkurrenz; Gleichgültigkeit und Fundamentalismus zwischen Schule und Kirche, evangelischer Freiheit und bildungspolitischer Bindung – Religion und Bildung?

Die Körperlichkeit von Kindern und Jugendlichen kommt nach Plan in der Normalität von Schule erst in den Pausen zum Zuge. Je nach Schulform, pädagogischer Ausrichtung und Wahrnehmungskompetenz der Schule und ihrer „Bewohner" wird die Körperlichkeit des Lernens und Lehrens insgesamt ins pädagogische Konzept einbezogen oder aber, und das ist noch immer weit häufiger der Fall, Bewegung und Körperarbeit werden ausschließlich an Pausen und den Sportunterricht delegiert, der einen Ausgleich zur „Kopflastigkeit" anderer Bereiche leisten soll. Im stillen, schreibenden, vertiefenden Unterricht zwischen Textarbeit, Computerarbeit und Lehrer-Schüler-Gespräch zeigt sich die Beweglichkeit zuallererst an den Füßen der SchülerInnen. Nahezu unbemerkt wippen sie hin und her, scharren unruhig auf dem Boden, stampfen etwas und füßeln mit der Nachbarin zur Rechten oder treten den Nachbarn zur Linken. Die Füße nutzen den engen Spielraum, der mit der Verweisung an den Sitzplatz gegeben ist. Wenn die Hände nichts anderes zu tun haben, bewegen auch sie sich von allein, fahren sich durch das Haar, malen und kritzeln Zettelchen, die durch das Klassenzimmer geschossen werden.

Im Tisch-Unterricht sind Kinder und Jugendliche gezwungen, sich nach vorn zu beugen. Über den aufgetischten Text gebeugt, krümmt sich die Schülerin in sich selbst.[15] Ein Religionsunterricht, in dem die „Textreligion"[16] das Wesentliche des Unterrichtsgegenstandes ausmacht, bildet den Lernenden zu einem sitzenden, lesenden, schreibenden, studierenden Menschen aus, phänotypisch zum homo

---

15 Die Tatsache, dass der Mensch seit den achtziger Jahren vermehrt vor dem Computer sitzt, hat ihn nur wenig aufgerichtet. Notebooks erlauben zwar mehr Beweglichkeit in der Frage des Transports, vermögen aber nicht die Beugung in sich selbst aufzuheben.

16 Christoph Bizer stellt heraus, dass der Religionsunterricht der Schule in einer langen Entwicklung „Text" mit „Religion" identifiziert. Wollte die Schule „‚Religion' zu Gesicht bekommen, dann musste sie geradezu nach Text suchen." Die Schule der philologischen und reflexiven Beschäftigung mit den Buchstaben und Formen wird auch schon 1992 im Vorausblick ad absurdum geführt: „Was aber, wenn die gesellschaftliche Kultur ihr Zentrum aus der Dimension Text auf Bild, Ton, Bewegung verlagert, auf apparatives institutionelles Handeln und auf expressive Kommunikation? Und was, nachdem die kirchlichen Institutionen nach jahrelangen Strategien des Rückzugs aus fast allen relevanten gesellschaftlichen Feldern ihre Sozialisation und Lehre nurmehr marginalen Gruppen angedeihen lassen (können)?" (Die Heilige Schrift der Kirche und der Religionsunterricht in der öffentlichen Schule. Ein religionspädagogischer Gedankengang. In: JRP 8 (1992). Neukirchen 1993, 115–138. Hier: 123f).

incurvatus in seipsum.[17] Das ist hinsichtlich der zu präparierenden Studierfähigkeit, der geforderten Lesekompetenz und ganz banal der Konzentration, die man für Denken und Sprechen benötigt, nicht nur selbstverständlich, sondern auch notwendig. Dennoch ist auch und gerade das Denken eine Bewegung des fortschreitenden Menschen, der nicht nur in seiner Eigenbewegung, sondern auch im „Gedankenjogging" den aufrechten Gang vollzieht. Die Schüler des Aristoteles wandeln beim Lernen vor den Schulmauern; sie sind Peripatetiker.[18]

Die Lehrerin ist körperlich nur wenig aktiver. Sie wandert durch die Klasse, wendet sich zu und ab und ist dank ihrer traditionellen Rollenzuweisung und räumlicher Gegebenheiten häufig an ihren Platz im Gegenüber zur Klasse verwiesen. Das sprichwörtliche „Vor-der-Klasse-Stehen", zumal in einem frontalen Gegenüber von Sitzreihen und einem einzelnen Lehrerpult, baut ein Setting auf, das die Blickrichtung und mit ihr auch die Aufmerksamkeit frontal aufeinander prallen lässt. Die Anschauung der Szene legt ein Unterrichtsarrangement wie im Mittelalter und Barock nahe, in dem der Schulmeister die Szene beherrscht.

Räumliche Möglichkeiten können nicht beliebig variiert und improvisiert werden. Sie sind an architektonische, ökonomische und institutionelle Gegebenheiten gebunden. Es ist typisch, dass Religion keinen Raum in dieser Herberge hat. Man kann sich schwer vorstellen, dass Religion so auf die Füße kommt und lebendig wird. Wie sieht das Setting aus, in dem das Du einem Ich Räume eröffnet? Im intellektualisierten Raum des Unterrichts wird zwar die logische Deutung gefragt, die Umgebungen und Kontexte einfordert, wie sich jedoch diese Kontexte im Raum der Schule einfinden können, ist sehr begrenzt. Die Räumlichkeit lebendiger Religion hat in der Schule nur begrenzt Raum. Damit steht letztlich die Lernbarkeit von Religion auf dem Spiel.

1.2 Die Überforderung der ReligionslehrerInnen: Verlust von Person und Religion

Der Religionsunterricht ist von Aushöhlung bedroht, weil die gesellschaftliche und die schulische Wirklichkeit vom Kontext religiöser Wirklichkeit und seiner Tradierung abgekoppelt sind. Umso mehr sind ReligionslehrerInnen gefordert,

---

17 „hominem [...] incuruatam in se" (Martin Luther, WA 55,28–356,6 = WA 56, 356, 5). Vgl. Michael Roth, Homo incurvatus in seipsum. Der sich selbst verachtende Mensch. Narzißmustheorien und theologische Hamartiologie. In: PrTh 33 (1998), 14–33 sowie Gisela Kittels Überlegungen zu Konzepten des so genannten problemorientierten Unterrichts: „In sich selbst verkrümmt". Überlegungen zu den Leitideen gegenwärtiger Religionspädagogik und Didaktik. In: EvErz 25 (1973), 424–435; Christoph Bizer, Die Heilige Schrift der Kirche und der Religionsunterricht in der öffentlichen Schule, 132f.

18 Aristoteles' Gespräche zwischen Lehrern und Schülen fanden in den Wandelgängen vor dem Lykeion statt (siehe Margarita Kranz, Art. Peripatetisch. HWPH VII, 262).

eine Brücke im Religionsunterricht zu schaffen, um religiöses Lernen überhaupt erst zu ermöglichen.

Das Kennen-Lernen von Religion braucht, wenn es „von außen" geschehen muss, Bewegung, Zeit und leibseelische Vorbereitung: auf Räume, Symbole, Rituale. Das Eintauchen in sakrale Räume mag in der mit religiöser Motivik gefüllten Konsumwelt dem ersten Eindruck nach glatt verlaufen. Auch wenn die Kirchengebäude in der Stadt dazu einladen, anzuhalten und ruhig *innezuhalten*, bevor man die Einkäufe im nächsten Geschäft fortsetzt, bedeutet das Überschreiten ihrer Schwellen den Übergang in eine andere Wirklichkeit. Der Kirchenraum unterbricht den Alltag, das Hinein und Hinaus überschreitet eine Schwelle.[19] Durch die Kirche ist man schnell gegangen, auch ein Gesamteindruck stellt sich schnell ein. Um die gewachsene Form eines religiösen Raumes architektonisch oder imaginativ, bildlich oder klanglich zu begreifen, braucht es das körperliche Gespür, die Vor- und Nachbereitung und das Hineinfinden in Haltungen und Bewegungen. Das Lernen in diesen Dimensionen erfordert einen Rahmen, in dem es sich entfalten kann. Dabei spielen Geschick und Gespür der *Religionslehrerinnen und Religionslehrer* eine große Rolle; sie eröffnen kommunikative Zugänge zu Religion, sie schaffen auch pädagogisch Raum dafür, dass die Lernenden individuell je zu der ihnen angemessen Gestaltung von Religion kommen können. Dies ist im schulischen Religionsunterricht nicht ohne Probleme möglich. Die dargestellten strukturellen Bedingungen gelten für das konkrete religiöse Lernen.[20]

a) Die Religionspädagogik greift auf erziehungs- und humanwissenschaftliche Lerntheorien zurück. Diese tragen bedingt dazu bei, Lernwege und Bildungsziele an Personen zu orientieren. Lernbegriffe des Behaviorismus setzen auf eine Abfolge von Reiz und Reaktion, der Kognitivismus nimmt das Begriffs- und Regellernen in den Blick; konstruktivistische Theorien gehen immerhin auf Problemlösen ein.[21] Religionspädagogisch gesehen besteht dabei die Gefahr, dass das Objekt des Lernens im Vordergrund steht und der und die Lernende außen vor bleibt. Religionsunterricht ist an Personen gebunden, die Religion als Fach vertreten und darin kompetent sind. „Kompetenzen", so definiert, würden entkörpert werden, wenn sie nicht an die Personen gebun-

---

19 Für Johann Baptist Metz ist die „kürzeste Definition von Religion: Unterbrechung" (Johann Baptist Metz, Glaube in Geschichte und Gesellschaft. Mainz 1977, 150).

20 Als selbstverständliche Bedingungen gelten: Schulischer Religionsunterricht ist an staatliche und organisatorische Bedingungen gebunden. Art. 7 GG gibt dem Religionsunterricht den verfassungsrechtlichen Rahmen. Was und woraufhin in der Schule Religion unterrichtet wird, ist darüber hinaus an gesellschaftliche wie politische Standards geknüpft. In den meisten Bundesländern ist der Religionsunterricht ordentliches Schulfach und wird schulformbezogen unterrichtet. Die Länder geben diesbezügliche Rahmenrichtlinien vor. Auch die jeweiligen finanziellen Ressourcen beeinflussen die materiellen sowie ideellen Möglichkeiten der Ausgestaltung des Unterrichts.

21 Vgl. Walter Edelmann, Lernpsychologie. Weinheim 2000.

den blieben, die sich solche als „Qualifikation" aneignen. Damit bleibt die Frage nach dem Gewahrwerden und der Zueignung der Kenntnisse offen. „Niemand kann schwimmen lernen, ohne dabei selbst ins Wasser zu springen."[22] Niemand kann erfassen, wie Religion funktioniert, wenn er nicht so mit ihr umgeht, wie sie es selbst vorgibt.

b) Bildung und schulisches Lernen sind an gesellschaftlich und politisch vergleichbare Leistung gebunden. Im Zuge der Forderung nach Leistung wird pädagogisches und didaktisches Handeln in der Schule an die Messlatten gesellschaftlicher und ökonomischer Interessen gelegt und damit Reglementierungen und Egalisierungen unterworfen. Die PISA-Studie[23] hat sich zwar nicht auf den Religionsunterricht bezogen. Politik und Verwaltung haben jedoch auf PISA auf ihre Weise reagiert und einheitliche Bildungsstandards eingeführt.[24] Die OECD-Studie weist darauf hin, dass Bildung früher beginnt als in der Schule.[25] Andere Länder schließen sich diesen Standardisierungen und Evaluierungen an. Sieht man von dem Trend zur Eliteförderung ab, liegt die Wahrscheinlichkeit hoch, dass in einer solchen Strukturierung von Bildung nicht in erster Linie nach Individualität, Zeit, Raum und Körperlichkeit als Bedingung schulischen und religiösen Lernens gefragt wird – je weniger, desto weiter man sich von der Grundschule entfernt. Standardisierungen, zentrale Prüfungsverordnungen und Prägungen einheitlicher Leistungskataloge zielen auf berechtigte Qualitätssicherung, aber dämmen individuelle und lerngruppenbezogene Konzepte ein und drohen so überprüfbare Bildung auf Kosten inhaltlicher Qualifikationen einzufordern. Der Aufbau lebendiger person- und lebensorientierter Lernkulturen mit Aufmerksamkeit auf die Leibräumlichkeit des Unterrichts wird zunehmend erschwert und bildet die Ausnahme.

---

22 Dieses Beispiel verdanke ich einem didaktischen Sprichwort von Rudolf Tammeus, Fachseminarleiter in Göttingen.

23 Deutsches PISA-Konsortium (Hg.) PISA 2000. Basiskompetenzen von Schülerinnen und Schülern im internationalen Vergleich. Opladen 2001; Christoph Bizer, „Verstehest du, was du liesest?" Lesekompetenz in PISA und eine Erzählung aus dem heiligen Land. ZPT 54 (2002) 4, 317–327; Kerstin Gäfgen-Track, PISA und der Religionsunterricht – oder neue Chancen für einen protestantischen Bildungsbegriff. Loccumer Pelikan (2002) 3, 121–125; Kirchenamt der EKD, Maße des Menschlichen. Evangelische Perspektiven zur Bildung in der Wissens- und Lerngesellschaft. Im Auftrag des Rates der Evangelischen Kirche in Deutschland. Gütersloh 2003.

24 Z.B. Vereinbarungen über Bildungsstandards für den Mittleren Schulabschluss (Beschluss der Niedersächsischen Kultusministerkonferenz vom 4.12.2003). SVBl 4/2004, 169; zu Bildungsstandards in Baden-Württemberg siehe www.bildungsstandards-bw.de.

25 Bundesministerium für Bildung und Forschung (Hg.), OECD-Veröffentlichung „Education at a glance / Bildung auf einen Blick". Wesentliche Aussagen in der Ausgabe 2004 (www.bmbf.de/de/2994.php).

c) Die Ausbildung sowie der Status der Lehrerinnen und Lehrer wirken maßgeblich auf den Unterricht ein. Der Religionsunterricht leistet so viel und so wenig, wie die Ausbildungsstandards der Lehrkräfte ermöglichen. Die Lehrerausbildung hat sich lange an fachlichen und pädagogischen Ausbildungsstrukturen orientiert und Betreuung und Beratung neben Unterricht als Standbein gesetzt. Für die Auseinandersetzung mit Religion braucht es persönliches Engagement und entsprechende Kommunikation.[26]

Bedenkt man die Situation von Kirche und Religionsunterricht, so lassen sich aus der Kenntnis und Beobachtung der momentanen, alltäglichen, kulturellen und religiösen Welt zwei verschiedene Krisenszenarien des Religionsunterrichts beschreiben. Zum einen bleibt in der gesellschaftlichen Krise (in Anlehnung an die Erziehungspostulate von Schleiermacher) das „gesamte Verhältnis der erwachsenen zur heranwachsenden Generation, in allen ihren institutionellen und außerinstitutionellen Beziehungen" undeutlich; ja, „undeutlich" bleibt die Gestalt der zukünftigen Gesellschaft mit ihren gegenwärtigen lebensbedrohenden Problemstrukturen von Umweltvernichtung, Armut und Arbeitslosigkeit, auf welche hin die Erwachsenen die Jugendlichen erziehen.[27] „Bildung ist ein gesamtgesellschaftliches Projekt, in dem eine erwachsene Gesellschaft einer heranwachsenden Generation aus dem eigenen kulturellen Lebenszusammenhang das zeigt, was aus der Perspektive der kommenden Generation lebenswert und lebenswichtig ist."[28] Während sich die „Undeutlichkeit der Schule" um Fragen nach der richtigen Schulform, der Gestaltung des schulischen Lebens, der Beziehung zwischen LehrerInnen und SchülerInnen sowie der gewollten und gesollten Ziele dreht, lassen Fallbeispiele und Interpretationsansätze zutage treten, welche Belastungen auf der Person des Religionslehrers bzw. der Religionslehrerin liegen: „Den ReligionslehrerInnen wird die Aufgabe zugemutet, Religion in ihr Selbstkonzept als Person zu integrieren." [29] Die Herausforderung besteht vor allem darin, dass „zur Integration des Gegenstandes Religion in das Selbstkonzept als LehrerIn auch gerade [gehört], daß die Lücke, die Differenz zwischen dem Gegenstand (= Religion) und der Person in der Mitteilung des Gegenstandes zugleich mitgeteilt wird".[30] Je geringer die eigene Beziehung des Religionslehrers zu Kirche (als sozialer Gestalt) ist, desto weniger vermag er die Gestalt von Kirche als Lebensvollzug authentisch darzustellen und desto mehr wird die Darstellung von Religion zum Problem einer reinen „religiösen Innerlichkeit" von Religionslehrenden.[31]

---

26 Christine Lehmann, Religionslehrer/-in werden ... . Lehramtsanwärter/-innen reflektieren ihre Ausbildung. Münster 1999 bilanziert, dass sich Lehramtsausbildung stärker an der „Doppelrolle als lernende LehrerInnen" orientieren muss (121).

27 Hans-Martin Gutmann, Der Herr der Heerscharen, die Prinzessin der Herzen und der König der Löwen, 179.

28 A.a.O., 182.

29 A.a.O., 190.

30 Ebd.

31 A.a.O., 191.

Diese Zumutung leisten ReligionslehrerInnen von sich aus. „ReligionslehrerInnen sind – in der Wahrnehmung von kirchlichen Institutionen, aber faktisch auch in der Wahrnehmung vieler KollegInnen und SchülerInnen – RepräsentantInnen der Kirche in der Schule. Sie können ihren Gegenstand offenbar nicht unterrichten, wenn sie nicht ihre eigene Beziehung zu Kirche in eine konturierte Gestalt bringen – in welcher Beziehung von Nähe und Distanz auch immer. Und genau dies wird ihnen durch die gegenwärtige Gestaltlosigkeit der Kirche schwer gemacht."[32] Gefragt ist ein Selbstkonzept für ReligionslehrerInnen. Im Zusammenhang eines emphatischen religionspädagogischen Credos wird bezüglich der Arbeit mit religionspädagogischer Arbeit mit Symbolen richtig geschlussfolgert: „*Erfahrungen* brauchen eine *Gestalt*, um als Erfahrungen wahrnehmbar zu werden."[33] Da es um die Wahrnehmung der Chancen für Leben und Lernen geht, ist auch unter religionspädagogischer Perspektive Kirche als eine soziale Gestalt für diejenigen gefragt, die heranwachsenden Menschen Leben, Lieben und Arbeiten ermöglichen.[34]

Die Problematisierung zeigt, dass es beim religiösen Lernen und Lehren unter den Bedingungen von Akademisierung und Marktorientierung nach dem „Traditionsabbruch"[35] zunehmend auf die *Wahrnehmung von Person und Religion* ankommt. Sensible Schüler, Lehrende und engagierte Schulen bemerken, dass es nicht ohne ein Lernen des Lernens geht, welches die *Personalität der Lernenden und Lehrenden* und die *Lebendigkeit der Religion* in ein *Konzept leiblicher Aneignung* einschließt. Man kann Religion nicht nicht-persönlich lernen. Egalisierungen von Standards setzen zunehmend darauf, dass aus Lernenden möglichst rasch und effektiv kompetente Arbeitskräfte werden. Der Arbeitsmarkt braucht jedoch Menschen, die nicht das lernen, was in egalisierte Standards passt, welche bereits überholt sind, bevor sie gedruckt werden. Lehrerinnen und Lehrer treten in der Praxis dafür ein, dass SchülerInnen inmitten der gegebenen Schulwirklichkeit mit viel Sinn und Sinnlichkeit weder bodenlos Techniken und Arbeitsweisen noch Trichterwissen erwerben, sondern Leben, Bildungsgut und Lerngegenstände wahrnehmen und in

---

32 A.a.O., 192.

33 Hans-Martin Gutmann, Der Herr der Heerscharen, die Prinzessin der Herzen und der König der Löwen, 177 (Hervorhebungen i.O.).

34 Gutmann erhebt folgende Forderung des Religionsunterrichts an die Kirche: „Religion lehren: das kann nicht allein und nicht zuerst in der Schule geschehen. Religion lehren ist zuerst ein Projekt des Lebensvollzugs von Religion in der Kirche, vor allem im face-to-face-Lebenszusammenhang der Gemeinde vor Ort. In dem Maße, wie hier Religion gelebt und gelehrt wird, kann auch in der Schule Religion gelehrt und gelebt werden.[34] Bei Licht besehen, betrifft diese Forderung an die Kirche nicht nur die Schule als Antragstellerin, sondern mindestens in eben dem gleichen Maße andere Organisationen und Institutionen, die mit der Vermittlung von Religion zu tun haben. Hier tun sich weite Räume auf, die dringend eingerichtet werden müssen – und das betrifft reflexive Prozesse zur Wahrnehmung und Verarbeitung dessen, was unterrichtet werden kann und soll.

35 Wilfried Bergau, Der Traditionsabbruch bei Jugendlichen. Arbeitshilfen für den Ev. Religionsunterricht. Hannover 1989.

menschen- und sachgerechten Lernprozessen damit umgehen lernen. Die Wiederentdeckung von Methodenkonzepten kann zu beiden Tendenzen beitragen, hängt aber sehr davon ab, welchen Menschenbildern sie sich verpflichten und wie sie Form und Beschaffenheit der Lerngegenstände berücksichtigen.[36] In Beratungskonzepten, Differenzierungsansätzen, Trainingsprogrammen zum sozialen Lernen und speziellen Fördermaßnahmen werden im Rahmen der Schule strukturelle Freiräume geschaffen, die auf die Bildsamkeit des Menschen achten und ihr in möglichst weitreichender Form Genüge tun wollen.[37] Der Religionsunterricht profitiert – so weit es besteht – vom kirchlichen Fort- und Weiterbildungsangebot, ist aber nach wie vor stark auf die persönliche Initiative der Lehrkräfte angewiesen.

Die religionspraktischen Wege, Religion im Handlungsfeld Schule konkret zu zeigen und begreifbar zu machen, variieren zwischen Unterweisung, Vermittlung und Aneignung. Hat manche Intellektualität vergangener Generationen ihr Erbe an Religionsdidaktik bewahrt gehalten, die Akademisierung im Religionsunterricht vorangetrieben und damit auf dem Hintergrund neuzeitlicher Subjektivität zu „Überzeugung" geronnene Dogmatik betrieben[38], so wird nun nach dem Nutzwert gefragt. In der Schule der Zukunft könnte gerade die für wirtschaftlichen wie gesellschaftlichen Nutzen bedeutsame Arbeitskraft herangezogen werden, indem schon früh „Kompetenzen" gefördert werden – allerdings weniger solche, die Zugänge und Wahrnehmung in personal stimmiger Weise entwickeln, vielmehr zählt mit zunehmender Berufsorientierung der Schule die Abprüfbarkeit auf Nutzen und Verwertbarkeit. Theologisches und religionswissenschaftliches Grundlagenwissen ist nicht nur angesichts der pluralen Religiosität zur Orientierung und zum Aufbau einer friedfertigen Gesellschaft nötig und daher insbesondere zu Zeiten der Forderung des wissenschaftspropädeutischen Charakters von Unterricht gefragt. Der Verfall von gelebter, sichtbarer und damit „vorgängiger" Religion zugunsten von Fertigkeitsstereotypen geht aber auf Kosten eines Kontakts mit Religion, der Wahrnehmung und Handlung im Sinne einer religionspä-

---

36 Sehr beliebt, jedoch ohne die Anbindung der Methoden an Inhalte ist Heinz Klippert, Methoden-Training. Übungsbausteine für den Unterricht. Weinheim [13]2002; ders., Eigenverantwortliches Arbeiten und Lernen. Bausteine für den Fachunterricht. Weinheim 2001.

37 Dazu zählen z.B. sowohl sprachliche Förderstunden bei Lernschwächen als auch die Förderung von Hochbegabung. Sozialkompetenz-Förderprogramme werden z.B. von gesellschaftlich-karitativen Organisationen unterstützt (z.B. Lions-Quest, Erwachen werden. Ein Programm zur Förderung von sozialer Kompetenz und Ich-Stärke für 10–15 Jährige. Gefördert vom Lions-Club. Vgl. dazu die Auswertung von Heike Kähnert, Evaluation des Lions-Quest Programms „Erwachsen Werden". Abschlussbericht. Bielefeld 2002). Kompetenztrainings unterliegen als methodische Unterstützung zum Erwerb von Schlüsselqualifikationen auch der Anbindung an Bildungskonzepte.

38 Andere suchten Analogien von „früherer" Religion und „heutigem" gelebtem Leben auf – freilich zu dem Preis, damit endgültig einen Religionsbegriff zu formatieren, der hinter den garstigen Gräben der Historie (Lessing) endet und einen weiten geschichtlichen, zum Teil artifiziell anmutenden Transfer benötigt.

dagogisch verantwortbaren Handhabung schulen könnte. Die Virulenz der Leiblichkeit religiösen Lernens tritt hier zutage: Ein Konzept personalen Lernens und Lehrens von Religion mit Blick auf Formen des Religionsunterrichts steht noch aus. Wie sollen religionspädagogisch die „Füße auf weiten Raum" gesetzt werden (Ps 31,9), wenn die entsprechenden räumlichen Verhältnisse und die leibliche Haltung nicht wahrgenommen werden?

1.3 Lernprozesse zwischen gelebter und gelehrter Religion

Nach einer notwendigen emanzipatorischen Entritualisierung besinnen sich Pädagogik und Religionspädagogik wieder der rituellen Dimension gesellschaftlichen Zusammenlebens. In der Schule macht sich das Aufleben einer Fest- und Feierkultur bemerkbar, die Schulgottesdienste und die Begehung von Beginn und Ende des gemeinsamen Schuljahres einschließt.[39] Vor allem die Grundschuldidaktik entwickelt sich unter dem Einfluss pädagogischer Entwicklungen im Rahmen von Erfahrungs- und Sinnesorientierung[40] weiter. Unter Verbreitung der Montessoripädagogik wird Freiarbeit praktiziert und in Lernwerkstätten gelernt.[41] Auch der Berufsschulunterricht macht biblische Verheißung und Gegenwartskultur in einer Lehrkunst mit- und aneinander didaktisch fruchtbar.[42] Der gymnasiale Unterricht verharrt fragmentarisch in didaktisch-methodisch kreativer Ideenhaltigkeit. Vor allem der gymnasiale Religionsunterricht bleibt vielfach zwischen Ausläufern des klassisch-hermeneutischen Unterrichts, problemorientierten Bezügen und einem – davon abgekoppelten – ästhetischen Ansatz stecken. Während einige konzeptionelle Bemühungen dahin gehen, die Arbeit mit und an Texten unter Gesichtspunkten wie Kreativität und Performanz im Zuge hermeneutischer Veränderungen zu verräumlichen[43], finden Ansätze zu leibräumlicher Gestaltung in der Schule nicht unbedingt Anklang oder werden gar als „Kinder-

39 Silke Leonhard, Säen, ernten, danken – feiern! Religionspädagogische Überlegungen zum Erntedankfest und zur Festkultur im Religionsunterricht. Loccumer Pelikan. (2001) 3, 134–142. Vgl. auch Publikationen zum Jahreskreis und Kirchenjahr, z.B. zu Buß- und Bettag und zahlreiche Arbeitshilfen des RPI Loccum. Zu der Fest- und Feierkultur gehört auch die religiöse Wahrnehmung politischer Anlässe wie Tschernobyl, der Golfkrieg, der 11. September, das Attentat von Erfurt etc.

40 Gabriele Roß / Ulla Häußler, Kinder erleben die Sinne: spielerisch – pädagogisch – kreativ. Augsburg 1995.

41 Vgl. Christine Lehmann, Freiarbeit – ein Lern-Weg für den Religionsunterricht? Eine Untersuchung von selbständigem Lernen im Horizont kritisch-konstruktiver Didaktik. Münster ²1999; Elisabeth Buck, Bewegter Religionsunterricht. Göttingen 1997ff; dies., Religion in Bewegung: Sekundarstufe I. Göttingen 2005.

42 Thomas Klie, Verheißung vergegenwärtigen. Religionsunterricht an der Berufsschule. Leipzig 2001; Lothar Teckemeyer, Lernen in Szenen. Neukirchen 2004.

43 Siehe z.B. Christoph Bizer, Kirchgänge im Unterricht und anderswo. Zur Gestaltwerdung von Religion. Göttingen 1995; weiterhin das von Rudolf Englert hg. Heft rhs (2002) 1 „Performativer Religionsunterricht"; Klie / Leonhard, Schauplatz Religion. Leipzig 2003.

gartenmethodik" eingestuft.[44] Profil, Rhythmen und Eigendynamik der Schule in Unterstützung bzw. Gefährdung der Stellung des Religionsunterrichts sind dabei nicht zu unterschätzen. Für die Lehrenden könnte hierin ein Dilemma liegen: Einerseits eröffnen Unterrichtswege ihnen selbst erst einmal einen greifbaren Zugang zu religiöser Praxis, andererseits könnten Lehrende undifferenziert als kirchliche VertreterInnen ihrer Religion identifiziert werden. Für den niedersächsischen Religionsunterricht regelt der Loccumer Vertrag das Verhältnis von Staat und Kirche, an den Rahmenvorgaben arbeiten Land und Kirche gemeinsam. Die Einflussnahme der Kirche ist bei Lehrerinnen und Lehrern nicht immer gewünscht. Tendenziell ist jedoch das Bedürfnis gestiegen und die Notwendigkeit erkannt, dass „gelehrte Religion" nicht ohne „gelebte Religion" auskommt.[45]

In einer empirisch-religionssoziologischen Studie zum ReligionslehrerInnenberuf in Niedersachsen sind in quantitativer und qualitativer Hinsicht Zielvorstellungen und Selbstverständnis von ReligionslehrerInnen erhoben worden.[46] Ausgangspunkt ist die Beobachtung, dass – im Zuge der Entkoppelung von Kirche und Gesellschaft einerseits, der politisch-institutionellen Verankerung konfessioneller Religion andererseits – die Öffentliche Schule mehr denn je der Ort für religiöse Bildung ist. Es sind die ReligionslehrerInnen, welche die Tradierung evangelisch-christlicher Religion ermöglichen. Die Studie fragt nach der Gestalt von Religion, die sich bei diesen religionspädagogischen Tradenten findet. Religion taucht hier als diskursiver Sachverhalt in „Ausdrucksgestalten des Religiösen" auf.[47] Die „gelebte Religion" dient der „gelehrten Religion" als elementarer „Fundus" und hält „Ressourcen" für die Unterrichtsgestalt von Religion bereit.[48] In der Regel zeichnet sich das Verhältnis von Lehre und Leben durch Distanz aus; gelebte und gelehrte Religion werden in der Reflexivität derart sichtbar, dass in der Gestalt des jeweiligen Unterrichts weder die gelebte Religion identisch unterrichtet noch die unterrichtete Religion von der eigens gelebten Religion abgekoppelt wird.[49] Religion ist im Unterricht dort am lebendigsten, wo der Unterricht von einem Spannungsverhältnis zwischen gelebter und gelehrter Religion der ReligionslehrerInnen getragen wird.[50]

Die didaktische Konsequenz dieser Studie liegt darin, dass Religionslehrerinnen zunächst einen Weg finden müssen, gelebter Religion auf biographische Weise zugänglich zu werden, deren Gelebt-Werden weder ihr eigenes noch das der SchülerInnen und Schüler ist. Wie lässt sich ein religionspädagogischer Kontakt

---

44 Davon berichtet Dorothea Bähr, Zwischenräume. Ästhetische Praxis in der Religionspädagogik. Münster 2001.

45 Andreas Feige, ‚Religion' bei ReligionslehrerInnen. Die Kommission für die Niedersächsischen gymnasialen Rahmenrichtlinien für Religion, die in zunehmender konfessioneller Kooperation weiterentwickelt werden, begibt sich auf einen Weg, für solche Ansätze einzutreten und Freiräume und Erfordernisse verlässlich auszuloten, um Religion als lebensfähig erkennbar werden zu lassen.

46 A.a.O.

47 A.a.O., 31 mit Verweis auf Joachim Matthes, Auf der Suche nach dem ‚Religiösen'. Reflexionen zu Theorie und Empirie religionssoziologischer Forschung. SOZIOLOGIA INTERNATIONALIS 2 1992, 129–142.

48 Andreas Feige, ‚Religion' bei ReligionslehrerInnen, 456.459.

49 A.a.O., 458.

50 Hier ist „die reflexive Brechung von Lebenswirklichkeit als Signatur schulischer Bildung zu verorten" (a.a.O., 465) – Siehe dazu auch das Heft Loccumer Pelikan (2001) 1.

zu kirchlich gelebter Religion aufbauen? Und wie kann diese Wahrnehmung so angebahnt werden, dass dabei die Reflexivität erhalten bleibt?

2 Körper-Welten

2.1 Leiblichkeit in der Kultur

2.1.1 Zwischen Körper und Raum: In-der-Welt-Sein

> Wenn ich mich aus dem Innern des Hauses nach draußen begebe und dort spazieren gehe, atme ich tief und genussvoll, als könnte ich die Welt stärkend in mich aufsaugen. Wir Menschen sind Geschöpfe aus Fleisch und Blut. Jeder und jede von uns hat eine eigene Form, ein eigenes Aussehen in unverwechselbarer Persönlichkeit geschenkt bekommen. Nicht jeder ist zufrieden mit diesem Geschenk, aber er und sie hat es. Das Ich eines und einer jeden Einzelnen ist durch den eigenen Körper eingebunden in die nächste, nähere und ganz ferne Umgebung, in immer weitere Kreise, die wir nicht mehr zu begreifen vermögen; jeder Mensch ist mit seinem Körper ein Teil des Kosmos, des Raumes und der Zeit, die – so das religiöse Postulat – Gott umgreift und in denen er sich auch finden lassen will. Nicht jeder braucht das Bewusstsein dieser Verbindung mit Gott, aber er nutzt die Verbundenheit, auch wenn er sie nicht kennt. Diese Verbindung leben wir ursprünglich und zu allermeist durch unsere Körper. In Atmen, Essen und Trinken bekommen wir Energie und Nahrung aus der Natur, von Pflanze und Tier, und wir geben sie in verarbeiteter Form auch wieder an die Natur ab. Wir spüren, empfinden, fühlen, nehmen wahr, sprechen und stehen in Austausch mit dem, das uns umgibt. So vertrauen, glauben, misstrauen, lieben und verachten wir auch mit dem Körper. Mit ihm verorten wir uns in Raum und Zeit und bewegen uns in der ebenso beweglichen Welt. Unsere Körper scheinen auf irgendeine seltsame Art und Weise von all diesen Prozessen zu wissen, denn sie handeln dementsprechend – wenn man sie lässt. Unsere Köpfe denken die Welt trichotomisch in Körper, Seele und Geist organisiert; insgesamt sehnen wir uns nach der Wiederherstellung der ursprünglichen Einheit.

Der Körper in Raum und Zeit ist „Situation“. Der Körper ist situiert, d.h. der Körperraum bewegt sich in einem Raum. Körperorientierung und Körperausdehnung sind damit verbunden. Peter Sloterdijk beantwortet die elementare Frage: „Wo sind wir, wenn wir in der Welt sind?“ mit der simplen Antwort: „Wir sind in einem Außen, das Innenwelten trägt.“[51] Die Suche nach dem Ort, wo Menschen die sein können, die sie sind, führt ihn zum Begriff der Sphäre: „Die Sphäre ist das innenhafte, erschlossene, geteilte Runde, das Menschen bewohnen, sofern es ihnen gelingt, Menschen zu werden. [...] Sphären sind immunsystemisch wirksame Raumschöpfungen für ekstatische Wesen, an denen das Außen arbeitet.“[52] Morphogenetisch formuliert: Von Anfang an ist es die Fruchtblase, die den

---

51 Peter Sloterdijk, Sphären. Mikrosphärologie. Bd. 1: Blasen. Frankfurt 1998, 28.
52 Ebd.

Körper umgibt. Im Mutterleib ist der Mensch (als Fötus, Embryo) umgeben von Wasser (Fruchtwasser), in dem er schwimmt. Wenn er als Säugling zur Welt kommt, begibt er sich aus dem Fruchtwasser in die Luft. Auf „natürlichem Wege" wird er durch die Enge des Geburtskanals gepresst. Nach der Geburt wird als letzte körperliche Verbindung zur Mutter die Nabelschnur abgetrennt. Der Mensch beginnt auf eigene Weise zu atmen: Er wird durch die Lungen aktiv und die Luft strömt durch seinen Kreislauf. So wird der Umweltkontakt fortan als beständiger Austausch mit der ihn umgebenden Sphäre vollzogen: Im Atmen strömt diese Umgebung sphärisch ein und aus. Der Kontakt mit der weiteren ihn nun umgebenden Welt (Um-Welt) geschieht über verschiedene Körperprozesse: Essen und Ausscheiden, sinnliche Wahrnehmung und Artikulation, innere (intrakorporale) und äußere (motorische) Bewegung. In diesem Kreislauf fließt dem Körper Energie zu, die durch ihn hindurchfließt, die er dabei verarbeitet und wiederum nach außen abgibt. Entwicklung und Reifen werden so als leibliche Interaktionen in Raum und Zeit verständlich. Im Laufe des Lebens entwickelt sich die Körperlichkeit im Kontakt mit der Umwelt: Der Mensch altert. Wenn die Energiezufuhr für die Aufrechterhaltung des menschlichen Kreislaufs und seines Kreislaufs mit der Natur nicht mehr reicht, stirbt man. Mit dem Tod ist der Fluss der Energien, das Aufnehmen und Abgeben des Körpers zu Ende, und er gibt die Restenergie beim Zerfallen wieder an die Erde ab. Die Wohnung wird verlassen, aber die Welt geht weiter. Phänomenologisch heißt das: Menschen bewegen sich mit ihren Körpern in Raum und Zeit, auf Schwellen, in Rhythmen, durch gegliederte Räume und Zeiten hindurch. Schon die Geschichte des Volkes Israel prägt ein, dass vor der Landnahme der Exodus liegt – eine Erfahrung auch von Leid und Verlust, denn viele boat people sterben. Damit ist die Geschichte der Menschen nicht nur eine Geschichte des Auszugs, sondern des Einzugs, eine Migrationsbewegung in der Ausdehnung nach innen und außen, Verlust und Erneuerung. Im Lebensprozess formt und bildet der Mensch den Raum; Menschwerdung ist unablösbar mit der Raumgewinnung und Raumgestaltung verbunden. Das Verhältnis von Leib und Raum findet Ausdruck in der Raumwahrnehmung. Nicht nur die Räume selbst, sondern auch unsere Wahrnehmung des Raumes unterliegen geschichtlichen Prozessen, sie verändern sich bis zur Verwandlung.

Mit Bernhard Waldenfels ließe sich fragen: „Was bedeutet es für den Menschen, daß er einen Leib hat oder gebraucht oder im Leibe ist oder leiblich existiert?"[53] Für eine religionspädagogische Betrachtung des Menschen ist die Kategorie der „leiblichen Räumlichkeit" im Sinne der „ursprünglichen Partizipation an der

[53] Bernhard Waldenfels, Das Problem der Leiblichkeit bei Merleau–Ponty. In: Hilarion Petzold (Hg.), Leiblichkeit. Philosophische, gesellschaftliche und therapeutische Perspektiven. Paderborn 1985, 149–172. Hier: 149.

Welt“ prägend.[54] „Leiblichkeit ist die grundlegende Weise des menschlichen Erlebens – insofern der Leib nicht als Körperding, sondern als *Zentrum räumlichen Existierens* aufgefasst wird, von dem gerichtete Felder von Wahrnehmung, Bewegung, Verhalten und Beziehung zur Mitwelt ausgehen. Leiblichkeit in diesem umfassenden Sinn transzendiert den Leib und bezeichnet dann das in ihm verankerte Verhältnis von Person und Welt“.[55] An der Leiblichkeit macht sich letztlich unsere Orientierung in der Welt fest. Damit einher geht die Frage nach der Sprache, in der Körper- bzw. Leiblichkeit verhandelt wird.

2.1.2 Zwischen Verschwinden und Wiederkehr: Körper-Kulturen als Schauplätze der Gegenwart

> In der Ausstellung „KörperWelten“: tote Körperteile. Menschen, in der Seitenansicht als Gestalt erkennbar, sind von der gegenüber liegenden Seite aufgespalten. Einem Menschen wurden Skelett und Muskeln abgetrennt, andere sind als Momentaufnahmen zu sehen, so etwa ein Reiter auf einem scheuenden Pferd. Am meisten berührt mich die Körperskulptur eines enthäuteten Menschen. Ich empfinde Schrecken und Ekel: Ein Mensch, dessen Muskeln, Sehnen und Knochen sichtbar sind, hält seine eigene Haut wie einen Mantel kokett an einem Finger neben sich.[56] Während ich mich durch die Massen der Besucher nach oben drängle – das Raumkonzept der Ausstellung im Museum of Erotic Art auf der Hamburger Reeperbahn mutet an wie die Begehung eines Kalvarienberges – verfolgen unzählige Besucher mit neugierigen Augen die Machart der Präparate. Die „Philosophie“ vom Weiterleben als Exponat, die in der Ausstellung an ausgewählten Stellen in einem aufgeschlagenen Buch begegnet, findet Anklang. Besucher, die am Ende der Ausstellung Kakao schlürfen, sehen sich Dokumentationsvideos über das Plastinierungsverfahren des Professor von Hagens an und erstehen Mini-Plastikexponate in Form von Schlüsselanhängern oder Mousepads.

Der Boom und die Diskussion um Gunther von Hagens' Ausstellung[57] sind wie seine Exponate selbst ein Symptom: Das Gesundheitsbewusstsein rund um den Fitness-, Wellness- und Schönheitskult hat das Interesse an der Körperlichkeit wachsen lassen. Die Körperbesessenheit der Erlebnisgesellschaft rückt jahrhundertealter Körpervergessenheit „zu Leibe“. Körperkulturen enthalten Paradoxa: durch Zugriffe von Medizin und Sport – nicht selten werden Leistungskampf

---

[54] Thomas Fuchs, Leib, Raum, Person. Entwurf einer phänomenologischen Anthropologie. Stuttgart 2000, 21.

[55] A.a.O., 15. Hervorhebung i.O.

[56] Erinnerungen an Filmszenen aus der Grausamkeit des Hannibal Lecter in dem Film „Das Schweigen der Lämmer“, wo ein Mann Lust beim Enthäuten seiner toten Mordopfer empfindet, werden wach (Das Schweigen der Lämmer, 1991. Regie: Jonathan Demme. Nach einem Roman von Thomas Harris).

[57] Institut für Plastination (Hg.), Prof. Gunther von Hagens' KörperWelten. Die Faszination des Echten. Der Katalog zur Ausstellung. Heidelberg 2003 sowie www.koerperwelten.de. Vgl. dazu Torsten Peuker, Der über Leichen geht. Gunther von Hagens und seine „Körperwelten“. Berlin 2004.

und Körperbewusstsein gegeneinander ausgespielt – und die ästhetische Vergewaltigung der Körper. In der Ausstellung werden anatomische Gegebenheiten des Körpers als Schnittstelle von Medizin, Philosophie und Kunst deklariert. Die Exponate sollen zur Vorstellung des „inneren Gesichts" des Menschen animieren: Die äußere Individualität des Menschen schlage sich im Inneren nieder. Die Gewalt der vermeintlichen Sichtbarkeit ist ästhetisch verdeckt unter dem Mantel der Anatomie. Dabei findet eine Parzellierung des Lebens statt, die Leben und Tod, Körper und Geistseele, Objekt und betrachtendes Subjekt spaltet.

Auch im Vergnügungssport gibt es Tendenzen zur Ästhetisierung der Körperlichkeit: „Im Vergnügungssport wird [die Welterfahrung], paradoxerweise, als Mythos ewiger Jugendlichkeit auch für die Erwachsenen weiterentwickelt und zugleich ökonomisch ausgebeutet"[58] – hier im Dienste einer Weltflucht, die den bedrückenden Erfahrungen der eigenen Endlichkeit durch Schönheit und Jugend zu entkommen sucht. Mit der Wiederkehr des Körpers ist zugleich das Schwinden der Sinne zu beobachten: Die Digitalisierung und Technisierung des Lebens, die Rationalisierung und Ökonomisierung in Medizin, Arbeitswelt und Freizeit treiben Formen der Entkörperung voran. Der Genusskörper liegt „im Trend": Neue Verzichtsbewegungen wie Diäten, das Austesten von Körpergrenzen im Freizeitverhalten (z.B. Extremsportarten) sind Inszenierungen, die Sinn stiften, Identität schaffen und den Genuss steigern sollen, wo die Produktion anonymisiert, der Alltag überorganisiert ist und soziale Entwurzelung zunimmt.[59] Insbesondere an der Darstellung von Körperlichkeit in der Werbung wird deutlich, dass einerseits zwar „ganzheitliches" und „körperbewusstes" Denken gefragt ist, andererseits die Sinnlichkeit an Industrieproduktion gebunden ist und unter dem Wechsel der Produkte entleert wird. Die Tendenzen zur Verkörperung und Entkörperung bestehen nebeneinander.

> In der Mitte der KörperWelten-Ausstellung: ein Ort religiösen Gedenkens. Ein Skelett kniet vor einem Gedenkstein mit der Aufschrift „Im Gedenken an den Körperspender W. Cheseldon Osteographie 1733". Die Augen sind aufmerksam, aber vor Schreck geweitet. Eine geöffnete Hand hält die blutrot gefärbten Gefäße des Herzens als Opfergabe. Der Ellbogen ist auf das Holzkreuz gestützt. Die Ausstellungstafel daneben erläutert die Zurschaustellung eines Toten. „Dieses bedeutende Bänder-Skelett dient dem Gedenken an unsere 155 Körperspender. Schon 6000 Menschen haben sich für eine Körperspende entschieden. Da viele von ihnen Christen sind, kniet dieses Plastinat neben unserem Gedenkstein. [... Es]

58 Eckart Liebau, Körper-Kunst und Leibes-Übung: Sport und Spiel in der Schule. In: Doris Schuhmacher-Chilla (Hg.), Das Interesse am Körper. Strategien und Inszenierungen in Bildung, Kunst und Medien. Essen 2000, 64–72. Hier: 70.

59 Gabriele Sorgo, Ohne Fleiß kein Preis? Hedonismus, Askese und neue Verzichtsbewegungen. In: Gerold Becker (Hg.), Körper. Seelze 2002, 18–19. Zur „paradoxen Inszenierung des Hedonismus" (18) gehören neben den dietätischen Verzichtsbewegungen auch durch einen überorganisierten Alltag und anonymisierte Produktion gesteigerte Bedürfnisse nach Grenzerfahrungen, das Austesten von Körpergrenzen als Sinnerfahrung.

> stützt sich auf das Kreuz" – so wie die Ritter des Deutschen Ordens auf ihr Kreuzschwert. Der Papst hatte einst den Grundstein gelegt für die Anatomie der Neuzeit. Seitdem sind Sezierungen nicht nur auf Marktplätzen in Padua und Bologna möglich, sondern in ganz Europa. Ein Hinweis auf die Zerbrechlichkeit der Existenz: Religion wird wertgeschätzt als die Instanz, die Anatomie legitimiert hat.

In diesem Zusammenhang wird Körperkultur mit Körperkult verwechselt. Körperkult erinnert zunächst an einen gesellschaftlichen Trend. Wenn wir von der Kultivierung der Körper reden, meinen wir damit, dass wir in unserer Gesellschaft große Stücke darauf halten, den Körper und alles, was damit zusammenhängt, jung und gesund zu halten. Der Körper wird gepflegt und geehrt – ein in unseren Breiten marktwirtschaftlich vermittelter Wert, denn alte, kranke, pflegebedürftige Menschen kosten Geld und Personal. Jugend, Frische und Fitness dagegen sind Symptome für Leistungsfähigkeit: hohe Werte, die vor allem durch Medien und Wirtschaft zu uns dringen. Wir können uns kaum retten vor der Flut an Werbung für Diät- und Gesundheitsprodukte, auch der „Wellness"-Markt in Form von Fitnessstudios, Kuren, Therapien, esoterisch gelagerten Verfahren blüht. Hier schafft sich Kult in seinem Ursprung als Anbetung Platz. Der Sportkult läuft, in wechselnd beliebten Sportarten, zu Hochform auf. Krankheit, Schwäche, Schmerz, körperliches Leiden sollen ausgemerzt werden. Die pseudoreligiösen „Heils"-Botschaften der Marktwirtschaft, wie sie bei uns durch die Brille des Advertisement anlangen, verkleiden ihre Doppelzüngigkeit mit einem verführerischen Mantel der Verheißung strahlend jugendlicher Fitness[60], ohne den lebendigen Körper in seiner individuellen Befindlichkeit wirklich einzubeziehen. Wo bleibt dabei das Gespür?

Mit dem Kult des Körpers müsste eigentlich die Pflege des sterblichen Körper thematisch werden. Dabei ist es nicht mit der Vermittlung von Werten getan, sondern das Erleben und Empfinden des Körpers sind dafür Voraussetzungen. Schmerz, Schmutz, Anstrengung, Hunger, Schweiß und Körpergeruch sind hier genauso wichtig wie Wohlbehagen, Lust, Entspannung, Duft und Frische. Den Körper zu kultivieren, hieße eher, ihm Sorge zu tragen, seine Prozesse und Bedürfnisse wahrzunehmen und sie zu achten, ihm Nahrung, Hygiene, Bewegung, Ruhe, Zärtlichkeit und was er sonst braucht zu geben und auch deren schmerzliche Schattenseiten als zugehörig zu begrüßen. Mit dem Körper, wie wir ihn selbst erleben, ist unsere gesamte Befindlichkeit verbunden. Wer sich in seinem Körper nicht wohl fühlt, dem geht es auch sonst nicht gut. Schmerzen und körperliches Unbehagen können zu Depression oder Gewalt führen. Wer Wut, Angst oder Liebe empfindet, spürt sie auch und besonders körperlich. Auf der Beziehungsebene mit anderen Menschen und mit dem Leben überhaupt spielt der Körperkontakt eine wichtige Rolle; mit dem sinnlichen Spüren und Berühren der Welt sind Gefühle und Wirkungen verbunden. Wer berührt wird, verändert sich, auch

---

60 Vgl. Religion in der Werbung: Thomas Klie, Spiegelflächen.

im Verhältnis zum eigenen und zum anderen Körper – in einer breiten Spanne zwischen gewaltsamer Missachtung und liebender Wertschätzung. Das Bewusstsein um die Endlichkeit und Grenze des Lebens und Erlebens bricht jegliche Ästhetisierung auf und verlangt nach sorgsamem Umgang mit dem Körper.

2.1.3 Zwischen Verkörperung und Entkörperung: der Körper als Thema der Humanwissenschaften

Im human- und kulturwissenschaftlichen Diskurs gewinnt der Körper im Verhältnis zu Bild, Sprache, Geschichte, Literatur, Kunst und Wissenschaft seit Ende der siebziger Jahre an Bedeutung und gehört seit den letzten Jahren dort zu einem der meist diskutierten Themen.[61] In den Kulturwissenschaften, welche die Geisteswissenschaften ablösen und sich u.a. in der Frage nach Materialität von Kultur und Leben neu formieren, steht das Körper-Thema im Mittelpunkt eines Diskurses und sucht dem Verschwinden des Körpers symbolisch entgegenzutreten. Der Körper ist „in", weil es mit ihm um den konkreten Menschen geht. Damit kommt ein Fragen nach den Körperbildern und -wahrnehmungen in Gang. Im Rahmen von Philosophie, historischer Anthropologie, Soziologie und Ästhetik (Kunst, Musik, Literatur) werden Körperkonzepte diskutiert; Leiblichkeit im Sinne von fühlbarer Situierung kommt nur partiell zur Sprache. Aufgrund der Polarität von Erfahrung und Fiktion ist von einer „Wiederkehr des Körpers" die Rede, die sich zunehmend im Spiel der virtuellen, medialen und technisierten Imaginationen bewegt.[62] Dietmar Kamper stellt daher den Körper historisch-anthropologisch ins Verhältnis zum Bild. In keiner Gesellschaft werde der Körper so intensiv ins Bild gesetzt wie in der gegenwärtigen: sei es die Leinwandfläche des Malers oder Filmemachers, sei es die Plakatwand, sei es der Fernsehbildschirm. Kamper sieht in der Konzentration auf die Bilderwelt, welche eine echte Begegnung ersetzt, die Leugnung des Körpers und in deren Folge nicht nur die Beseitigung des Realen und Referenziellen, sondern sogar die „Vernichtung

---

[61] Vgl. Elisabeth List / Erwin Fiala, Leib Maschine Bild. Körperdiskurse der Moderne und Postmoderne. Wien 1997. Siehe auch den Kongressband „Körper – Verkörperung – Entkörperung" der Jahrestagung der Dt. Gesellschaft für Semiotik. Kassel 19.–21. Juli 2002.

[62] Grundlegende Werke dieser Zeit sind die Projekte von Dietmar Kamper / Christoph Wulf (Hg.), die in ihren kulturanthropologischen Studien postmoderne deutsche und französische Kulturphilosophie aufnehmen. Siehe vor allem: Die Wiederkehr des Körpers. Frankfurt 1982. Vgl. auch die angeschlossene Ästhetik: dies. (Hg.), Das Schwinden der Sinne. Frankfurt 1984; dies. (Hg.) Der andere Körper. Berlin 1984 sowie die historische Anthropologie: dies. (Hg.), Transfigurationen des Körpers. Spuren der Gewalt in der Geschichte. Berlin 1989. Vgl. Dietmar Kamper, Bilderkörper X Körperbilder. In: Julika Funk / Cornelia Brück (Hg.), Körper-Konzepte. Tübingen 1999, 19–24. Zur technologischen Eroberung des Körpers siehe Paul Virilio, Die Eroberung des Körpers. Vom Übermenschen zum überreizten Menschen. Frankfurt 1996.

des Anderen"[63]. Das hat zur Folge: „Wenn der menschliche Körper in beiderlei Gestalt, als Körper des Anderen und als eigener Körper mit Erfolg geleugnet wird, verleugnet und damit entfernt, liquidiert, dann kann man eine der wichtigsten Voraussetzungen für eine Orientierung in der Welt nicht mehr in Anspruch nehmen: die Unterscheidung zwischen Wirklichkeit und Wahn."[64] Dabei spielt der Wandel „von Identitätsphilosophie zum Differenzdenken"[65] eine Rolle. Fraglich bleibt, ob die Macht der Bilder nicht nur zur Vernichtung des Anderen beiträgt, sondern mit dem Körper selbst auch die eigene Identität zum Verschwinden bringt. Kampers Konsequenz ist, dass „die Körper verschwinden, die Bilder dominieren."[66] Die Balance der Körperbilder ist nicht nur durcheinander gekommen, sondern Körperschmerz und Bildphantasma (gebunden an das Trauma) haben für eine „menschliche Wahrheit [gesorgt], die nun einer Un-Menschlichkeit Platz gemacht hat."[67] Die Schnittstelle zwischen Körper und Bild scheint nicht nur verletzt, sondern verwischt. Lediglich diejenigen, die eine „Bildersucht" hinter sich haben (und eine solche ist jegliche Sucht), spüren die Verstimmungen.

An der Schnittstelle von Kulturwissenschaft, Sozialwissenschaft und Ästhetik werden Körperbilder und Menschenbilder in zeit- und gesellschaftlichen Kontexten untersucht.[68] Gegenwärtig kommt den Geschlechterdifferenzen, primär von Seiten des Feminismus, große Beachtung zu.[69] Das gesellschaftliche Spiegelbild zeigt außerdem die Jugendfixierung, die der doppelten Weise des Alterns entgegen zu treten sucht: Die Menschen werden älter, und es gibt mehr Menschen, die altern, also versuchen wir, so lange wie möglich jung zu bleiben. Fragt man nach Trends, so treten die Bestrebungen, den Körper essentialistisch als ganzheitlichen Identitätsgaranten zu rekonstruieren, neben kulturanthropologische „Ansätze", welche von der soziokulturellen Bedingtheit des Körpers ausgehen, bis hin zu semiotischen Theorien der Konstruktion und Dekonstruktion, die den Körper letztlich „als Produkt und Effekt von Zeichenprozessen" begreifen.[70] Durch die Diskussion ziehen sich als Leitfäden die Frage nach dem Verhältnis von Natur

---

63 So nach einem Zitat von Jean Baudrillard bei Dietmar Kamper, Bilderkörper X Körperbilder, 22.

64 Dietmar Kamper im Selbstzitat, ebd.

65 Julika Funk / Cornelia Brück, Fremd-Körper, 11.

66 Dietmar Kamper, Bilderkörper X Körperbilder, 23.

67 Ebd.

68 „Eine anthropologische Sicht muß gerade auf dem Wandel des Körper- und Menschenbildes insistieren, mit dem sich die unabschließbare Frage nach dem Menschen in sozialem, biologischem und psychologischem Sinne darstellt" (Hans Belting, Bild-Anthropologie. Entwürfe für eine Bildwissenschaft. München 2001, 141).

69 Wilhelm Greiner, Kino – Macht – Körper. Konstruktionen von Körperlichkeit im neueren Hollywood-Film. Alfeld / Leine 1998 behandelt vor allem die Geschlechterproblematik hinsichtlich Männlichkeit. Vgl. auch Béatrice Bowald u.a. (Hg.), KörpersinnE. Körper im Spannungsfeld von Diskurs und Erfahrung. Bern 2002.

70 Julika Funk / Cornelia Brück, Fremd-Körper: Körper-Konzepte, 7.

und Kultur und dem Umgang mit der Endlichkeit des Lebens. Als heuristische Orientierung sei die Körpergeschichtsschreibung herangezogen. Mit ihr lassen sich Körperverständnisse in zwei Richtungen entwickeln, die als Pole eines Spektrums zu begreifen sind: Der *Essentialismus*, in seinen Ressourcen gestützt von Humanbiologie, Psychoanalyse, Ethnopsychoanalyse und Humanethologie, postuliert den menschlichen Körper und damit de facto auch die Zweigeschlechtlichkeit als „historische und das heißt anthropologische und damit Kultur übergreifende Konstante“[71] Demgegenüber beschäftigen sich kulturgeschichtliche Studien des sozialen *Konstruktivismus* damit, „wie sich kulturelle Werte in Körper ‚einschreiben‘, eine umgekehrte Markierung also“, die auf die kulturell bedingte Entstehung des Körperbildes zielt.[72]

Am Rande von ästhetisierenden Momenten sind Medizinethiker gegenwärtig durch die bioethischen Problematiken von Abtreibung, Organtransplantation, Stammzellforschung u.a. mit Fragen zu Anfang und Ende des Lebens, Machbarkeit und Gewährenlassen von So-Sein und damit mit der Frage nach – sehr wohl – medizinischer Sorge und Heil konfrontiert, die „aus der rapide beschleunigten medizinischen Forschung resultieren“.[73] Linus Geisler zeichnet skeptisch Linien des Umgangs mit dem Körper nach, in dem das Vertrauen in die „Weisheit des Körpers“ verloren zu gehen droht. Zu den Spannungen trägt der öffentliche Ort der Auseinandersetzung bei, der auch Sexualität und Fortpflanzung durch die In-Vitro-Fertilisation entleiblicht und Körperschemastörungen, wie sie sich in Fettsucht, Magersucht oder Bulimie äußern, provoziert: die „Kolonisierung des Körpers“.[74] Er diagnostiziert „das Verschwinden des Leibes und die Krise des Körpers zwischen Körperbesessenheit und Körpervergessenheit“: eine Suche, welche die Grenze zu Absurdität und Sinnentleerung ausfindig macht. Gefragt ist dagegen eine Form der „Lesbarkeit des Körpers“.[75]

Der Körper dient soziologisch als Modell für die Analyse der Tragfähigkeit von gesellschaftlichen Organismen. John O'Neill unterscheidet in seiner soziophänomenologischen Analyse den physikalischen, moralischen Körper (für den

---

71 In ihrer gegenwärtigen Form wird die Verhaltensforschung insbesondere in den USA und Australien als „behavioral genetics“ diskutiert (Maren Lorenz, Leibhaftige Vergangenheit. Einführung in die Körpergeschichte. Tübingen 2000, 23).

72 Anregungen kamen von angelsächsischen „cultural studies“ (ebd.).

73 Vgl. z.B. das Protokoll des Symposions von Wolfgang Vögele (Hg.): Verletzbarer Körper – begnadeter Mensch. Vom Körperverständnis in Medizin und Theologie. Loccumer Protokolle 52/01. Loccum 2002, 6.

74 Paul Virilio, Die Eroberung des Körpers. A.a.O., 108.

75 Linus Geisler, Das Verschwinden des Leibes – die Krise des Körpers. In: Wolfgang Vögele (Hg.): Verletzbarer Körper – begnadeter Mensch. A.a.O., 3–4. Nach Heiko Ernst, Die Weisheit des Körpers. München 1993.

wir fürsorglich verantwortlich sind) vom belebten, kommunikativen Körper als Medium des Weltzugangs.[76]

Das Erleben der Körperaspekte geschieht „nie anders denn als Einheit einer – je nach historischen und sozialen Umständen – unglaublichen Vielfalt".[77] Beim kommunikativen Körper kann man von einer (familialisierten) „Tradition der Fürsorglichkeit" ausgehen, „in der wir zurückzugeben lernen, was wir selbst empfangen haben".[78] Entsprechend strukturiert sich die Leiblichkeit soziologisch in verschiedenen Körpern.

Ausgangspunkt dieses radikalen Anthropomorphismus ist die Welt, die als ein Welt-Körper organisiert ist und deren Gesellschaftsformen einer Körper-Logik nach Geschlecht, Verwandtschaft und Reproduktion folgen (mit Giambattista Vico). Dieser Anthropomorphismus ist in der Mythologie und der Poesie bewahrt (z.B. in Platons Timaios). Die Welt atmet, wie ein Körper atmet, und ist bewohnt von einer materiellen und einer spirituellen Seele, wie anima und psyche als Atem-Seele zeigen.[79] Die Klage über den „Prozeß des negativen Anthropomorphismus"[80] als Entfremdung von der (Körper-)Welt bedeutet, dass Arbeit, Institutionen und Umwelt nicht mehr Spiegel unserer selbst sind. Auf der Grundlage der Substitution der Menschengestalt durch die Gestalt der Digitalisierung findet eine Abstraktion der Erfahrung statt. Dieser Niedergang des Anthropomorphismus verändert die Kosmographie, den *Welt-Körper* (Kosmologie).

Der *soziale Körper* bildet mit Lévy-Strauss menschliche Gesellschaft und Lebensraum als Körper-Ordnung. Verkörperungen werden zu Teilen einer Sozio-Logik: „Wenn immer ein Volk sich übergriffen und Gefahren ausgesetzt fühlt, übernehmen die Speisegesetze, mit denen der Körper seinen Zugang regelt, die Rolle einer lebhaften Analogie für den Korpus ihrer gefährdeten kulturellen Kategorien".[81] Der *denkende politische (öffentliche) Körper* sorgt für die Interessen an Wohlergehen, körperlicher Gesundheit, Nachkommenschaft und wird repräsentiert in der Familie. Der *produktive politische Körper* wird verkörpert in Arbeit und Intellekt, als aktiv tätiger und kreativer Mensch; als libidinöser politischer Körper kann das „Wunschniveau", die Transzendierung der Güter von Familie und Markt, im Streben nach höheren Ebenen der Verständigung, Liebe und Glück erreicht werden. Der *Konsumentenkörper* bezeichnet den bedürftigen Körper (Ökonomie erfolgt in einer Logik des Tauschs). Mit dem *produktiven Körper* erfolgt eine „Ausdehnung der Ökonomie".[82] Seit die Hauptarbeit im Sitzen durchgeführt wird, verkauft sich als Ersatz-Konsum Körpererfahrung aus zweiter Hand wie Fitness. Solche Entromantisierung des Körpers wird beantwortet durch Versuche der Reromantisierung. Aber Konsum und Produktion sind zwei Seiten derselben Gleichung.

---

76 Vgl. Maurice Merleau-Ponty, Phänomenologie der Wahrnehmung. Aus dem Französischen übersetzt und eingeführt durch eine Vorrede von Rudolf Boehm. Berlin 1965, 176.

77 John O'Neill, Die fünf Körper. Medikalisierte Gesellschaft und Vergesellschaftung des Leibes. München 1990, 13.

78 A.a.O., 17.

79 A.a.O., 40.

80 A.a.O., 23.

81 A.a.O., 55. Vgl. Mary Douglas, „Deciphering a Meal". in: dies., Implicit meanings. Essays in anthropology. London 1975.

82 John O'Neill, Die fünf Körper, 97. „Die massivste Ausbeutung des Körpers entsteht immer da, wo die Wirtschaft uns lehrt, unseren Körper in seinem natürlichen Zustand zu entwerten und ihn erst wieder aufzuwerten, wenn ihm Eleganz, Spontaneität, Lebendigkeit, Schwung, Selbstvertrauen, Gewandtheit und Frische ausverkauft wurden. Hier ist die Wirtschaft eine zentrale Sozialisations-Instanz für all die Körper-Techniken, mit denen kulturelle Werte wie Jugend, Aggressivität, Mobilität und Geselligkeit vorgeführt werden" (98).

Ausgangspunkt der Kritik als Körperkritik ist der Konsum: Für den gibt es nur einen frischen, gesunden, kaufwilligen, souveränen Käufer. Psychologische Motivation hilft bei der Heilung von Selbst-Zweifeln. Durch die Bindungen an gesellschaftliche Institutionen wird der Körper zu einer „Ressource der kommerziellen Ästhetik einer demokratischen Gesellschaft [...], deren erstaunlichster Anblick jene schwitzenden Männer und Frauen sind, die sich recken und strecken zum Einklang mit einer Ideal-Figur, die sich ihnen immer wieder entzieht".[83] Die Welt als Körper unterliegt Missbrauchsstrategien. Während ein großer Teil der Welt weder Dach noch Nahrung, Kleidung, geschweige denn Gesundheit und Lebenserwartung hat und unter Existenznot leidet, kämpft ein kleinerer Teil der Welt mit Übergewicht, psychischen Krankheiten und Langeweile. Lässt der Appetit wirklich nicht durch den Hunger eines anderen Menschen nach?

Die Kritik an den medikalisierten Körpern richtet sich gegen das medizinische System und verweist auf implizit krank machende Strukturen; die menschliche Fähigkeit, mit der eigenen fragmentarischen Situation umzugehen, ist entleert. Die „Medikalisierung des Körpers ist ein dramatisches Stück der durchgängigen Industrialisierung des Körpers", indem jede Phase des Lebens in den Bürokratismus professioneller Fürsorge einzubringen ist und – so Neills Verdacht – die „Defamilialisierung des Körpers" erreicht werden soll.[84] O'Neill legt den Finger in die Wunde, dass die Lebensformen des sozialen Menschen zu kurz kommen und daher die Familie als ein „verantwortungsbewußtes Aktionszentrum" neu erfunden werden müsse.[85] Die größte drohende Gefahr resultiert meines Erachtens aus der Unterscheidung des physischen und des kommunikativen Körpers. Dadurch können autonome symbolische Systeme entwickelt werden, die Externalisierungen und Kontrollen erlauben.[86] „Die Familie bzw. Gemeinschaft neu denken", ließe sich als Fazit aus O'Neills Buch ziehen. Radikaler Anthropomorphismus in der Verkörperung ist der kreative Umgang mit unserer Menschlichkeit – ein Gedanke, der im „Viele Glieder – ein Leib" (1 Kor 12,12–26) immerhin schon biblische Wurzeln hat. Der menschliche Körper stellt so einen Vorbildorganismus für eine sich ausbalancierende Welt-Ordnung dar.

---

83 A.a.O., 106.

84 A.a.O., 117f. „Die bio-medizinische Technisierung des Körpers repräsentiert die sich ausweitenden Grenzen der Industrialisierung des Körpers" (127). Nach Michel Foucault „sollen fügsame Körper produziert werden" (132).

85 O'Neill setzt daher auf eine Untersuchung der Mikroprozesse des politischen Körpers „als Gesamtheit der materiellen Elemente und Techniken, welche als Waffen, Schaltstationen, Verbindungswege und Stützpunkte den Macht- und Wissensbeziehungen dienen, welche die menschlichen Körper besetzen und unterwerfen, indem sie aus ihnen Wissensobjekte machen" (a.a.O., 115).

86 Vgl. Michel Foucault, Überwachen und Strafen. Die Geburt des Gefängnisses. Frankfurt 1977.

Der Körper mit seinen Empfindungen wie Schmerz, Hunger, Lust, mit seinen Emotionen und Zeichnungen ist einerseits ein Instrument willkürlicher Prägung und Deutung, andererseits ein gegebener und nur partiell veränderbarer Teil des Menschen, weder rein kultur-historisch und damit auch politisch „gemacht" noch rein naturalistisch-biologisch determiniert. Ein damit verbundenes altes philosophisches Problem betrifft die Frage nach dem Verhältnis von Leib und Seele und Geist. Im „(nach-)cartesischen Duell" macht das denkende Ich das Rennen und vertreibt die Seele. Der Körper gestaltet sich zur Darstellungs- und Projektionsfläche der Psyche, aber auch gesellschaftlicher Normierungen. In den Vergesellschaftungstendenzen und Technisierungen der Neuzeit droht die Seele aus dem Körper zu verschwinden, der Körper zum Schweigen gebracht zu werden. Damit wurde es höchste Zeit für seine Thematisierung, die mit einer Aufarbeitung der „Geschichte des Körpers"[87] als anthropologische Zivilisations- und Vernunftkritik im Gefolge Foucaults begonnen hat.

Komplementär zu der Renaissance der Körperverdrängung kann man gerade in psychologischen Handlungsfeldern und philosophischen Begründungen eine Art Reinszenierung und Revitalisierung von Körper und Natur entdecken, die der Digitalisierung die Stirn bietet. An der Grenze der Wahrnehmbarkeit von Körper und Bild liegt der Ansatzpunkt für das Gefühl. „Somit käme alles darauf an, die Schnittstelle zwischen Bildern und Körpern als eine des Schmerzes festzuhalten und sich nicht in die schmerzlose Dummheit einer in sich befriedeten Intelligenz einzulassen. Wer's erträgt und versteht, dem sei gesagt: Man muß heute für diese Niederlage kämpfen, auch wenn man es nicht kann."[88]

Die Skizze lässt darauf schließen: Der Leib ist „Schauplatz des Selbstbewusstseins, der Gefühle und des Geistes [...] scheinbar vertrautes Gehäuse fühlbaren Lebens [...], Kreuzungspunkt des absolut Unpersönlichen, Fremden, des unvermittelt Anderen der Natur".[89] Demzufolge ist der Körper „Form, Gestalt, Ritual, Spiel. Sein Zustand ist Bewegung, fixiert oder offen, tot oder lebendig – je nachdem, ob es zu einem Dialog der Formen kommt oder nicht."[90] Er fungiert als Träger eines lang ausgedehnten vorbewussten und demzufolge auch vorbegrifflichen bzw. gar vorsprachlichen Erfahrungs-Wissens. Elementare geschöpfliche Körpererfahrungen (Steuerbarkeit und Nicht-Steuerbarkeit von Körperprozessen) bilden die Basis für Welterfahrung, Verständigung und Deutung.

87 Norbert Elias, Über den Prozeß der Zivilisation. 2 Bde. Frankfurt 1978; Dietmar Kamper / Volker Rittner (Hg.), Zur Geschichte des Körpers. Perspektiven einer Anthropologie. München / Wien 1976.

88 Dietmar Kamper, Bilderkörper X Körperbilder, 24.

89 Bernd Beuscher / Dietrich Zilleßen, Religion und Profanität. Entwurf einer profanen Religionspädagogik. Weinheim 1998, 141. Vgl. dazu Hartmut Böhme, Der sprechende Leib. Die Semiotiken des Körpers am Ende des 18. Jahrhunderts und ihre hermeneutische Tradition. In: Kamper / Wulf (Hg.), Transfigurationen des Körpers, 157.

90 Bernd Beuscher / Dietrich Zilleßen, Religion und Profanität, 142.

Der Körper ist „in". Seit den achtziger Jahren ist der Körper ein zentraler Topos der Geistes- und Kulturwissenschaften. In der „Erlebnisgesellschaft"[91] wird das „Schwinden der Sinne" mit der „Wiederkehr des Körpers"[92] beantwortet. Leiblichkeit und Körperlichkeit werden gegenwärtig in vielen Wissenschaften breit diskutiert.[93] In der philosophischen, soziologischen und historischen Anthropologie[94], der Pädagogik und Psychologie[95], auch in der Ästhetik[96] werden die Gespräche und Beiträge unermüdlich geführt. Der medizinische Diskurs dreht sich um die Funktionalität des biologischen bzw. physikalischen Körpers, dabei kommt auch der psychosomatischen Struktur Bedeutung zu.[97] Soziologisch ist von der Technisierung und Medikalisierung des Leibes die Rede. Zwischen der Domestizierung und Bedienung der Körpermaschinerie und psychosomatischer Einfühlsamkeit, aber auch zwischen fachkundiger Genauigkeit und Dillettantismus ist ein Weg zu bahnen.

---

91 Wolfgang Schulze, Die Erlebnisgesellschaft. Kultursoziologie der Gegenwart. Frankfurt [8]2000.

92 Dietmar Kamper / Christoph Wulf (Hg.), Die Wiederkehr des Körpers. Frankfurt 1982; Das Schwinden der Sinne. Frankfurt 1984.

93 Vgl. z.B. John O' Neill, Die fünf Körper. Medikalisierte Gesellschaft und Vergesellschaftung des Leibes. München 1990; Elisabeth List / Erwin Fiala, Leib – Maschine – Bild. Körperdiskurse der Moderne. Wien 1997.

94 Maren Lorenz, Leibhaftige Vergangenheit; Claudia Benthien / Christoph Wulf (Hg.), Körperteile. Eine kulturelle Anatomie. Reinbek 2001; Hans-Peter Waldrich, Perfect Body. Körperkult, Schlankheitswahn und Fitnessrummel. Köln 2004. Das Gespräch um Körper, Leib, Seele und Geist ist ein alter Topos im philosophischen Diskurs. Der hat jedoch auch dazu geführt, dass mit dem griechischen Denken eine Dicho-bzw. Trichotomie des Menschen erhoben wurde. Nachaufklärerisches Denken bemüht sich darum, die abgekoppelten Dimensionen des Menschseins wieder einander zuzuführen, ohne die Aufklärung damit ungeschehen zu machen. Die Wiederkehr der Leiblichkeit scheint auch in der jüngeren Geschichte notwendig: Das „Schwinden der Sinne", das sich in der nächsten und übernächsten Generationen nach dem „Euthanasieprogramm" der Nationalsozialisten weiterhin in politischem Allmachtswahn, nun im Zeitalter des Technizismus auch mit Abstraktionen wie der Digitalisierung bemerkbar macht, findet Antworten in teils hilflosen Bildern des politischen Körpers, teils kreativen leiblichen Umgangsformen mit Leben und Tod. Die in den achtziger Jahren beschworene Wiederkehr des Körpers macht Leib und Leben zum Thema. Pädagogen suchen nach Wegen, den Körper aus starren Schemata herauszuholen und die Frage nach dem lebendigen Körper und seinen Bildern bewusst aufzugreifen.

95 Aus der nahezu unerschöpflichen Debatte seien hier exemplarisch genannt: Peter Geißler (Hg.), Körperbilder. Sammelband zum 3. Wiener Symposion Psychoanalyse und Körper. Gießen 2003; Aglaja Stirn, Schwerpunktthema: Körperkunst und Körpermodifikation. Gießen 2003; Gundi-Leila Baxa, Verkörperungen. Systemische Aufstellung, Körperarbeit und Ritual. Heidelberg [2]2004.

96 Vgl. Erika Fischer-Lichte (Hg.), Verkörperung. Tübingen 2001; Elisabeth Jappe, Performance – Ritual – Prozeß. Handbuch der Aktionskunst in Europa. München / New York 1993.

97 Heinrich Schipperges in kultureller Betrachtung von Krankheit und Leiblichkeit, z.B. Der menschliche Leib aus medizinischer und philosophischer Sicht. Aschaffenburg 1984 sowie ders.; Leiblichkeit. Studien zur Geschichte des Leibes. Aachen 2001. Vgl. aus dem medizinischen Bereich Thure von Uexküll, Psychosomatische Medizin. Modelle ärztlichen Denkens und Handelns. München [6]2003; Reinhard Plassmann (Hg.), Integrierte Medizin. Neue Modelle für Psychosomatik und Psychiatrie. Gießen 2002.

2.2 Im Gespräch mit den Ahnen: Philosophische Ansätze zu Leib und Raum

2.2.1 Philosophische Wurzeln zum Weltverhältnis

Die Wiederentdeckung der Leiblichkeit beginnt in Europa mit Schopenhauer und Nietzsche und findet eine erste Blüte in der Lebensphilosophie.[98] Im 19. Jahrhundert steht die Sorge um den menschlichen Körper im Mittelpunkt. Nach dem Verschwinden des menschlichen Leibes aus der Philosophie entbehrt sie auch der Konkretion des Lebens. Zwar hat schon Leibniz das Fenster in der Wand der Erscheinungen gesehen, das einen Blick auf das Ding an sich ermöglicht. Schopenhauer geht den Weg zur Überwindung der Entfremdung vom Erkenntnissubjekt und seinem Objekt vom Willen her an. Damit wird der Leib philosophisch zum Thema, bleibt jedoch Objekt des Verstehens. Mit Nietzsche kommt die Leiblichkeit als Wert in die Philosophie. Zu den Verächtern des Leibes spricht Zarathustra: „Der Leib ist eine große Vernunft", der Geist die kleine Vernunft.[99] Böhme analysiert philosophiegeschichtlich: Der Mensch ist nicht von seiner Physiologie her zu erklären, sondern im und als Aufbruch widmet er sich der Kunst und Selbstgestaltung. Dennoch bleibt auch bei Nietzsche der Leib unbewusst, Ich und Leib zerfallen kommunikationslos. Erst die Reformbewegung bringt mit der Erfahrung des Selbst die konkrete Hinwendung zu „leiblichen Existenzweisen".[100]

Die philosophische Richtung, die sich detailliert mit Leiblichkeit beschäftigt, ist die Phänomenologie.[101] Edmund Husserl und in seinem Gefolge Maurice Merleau-Ponty haben Fundamente zu einer gegenwärtig tragfähigen Leibtheorie geschaffen. Auch die Lebensphilosophie Gabriel Marcels und der mit der Phänomenologie verwobene Existentialismus Martin Heideggers haben darauf Einfluss genommen. Bei Husserl steht noch das Bewusstsein im Vordergrund. Maurice Merleau-Ponty und Jean-Paul Sartre sowie Bernhard Waldenfels, der die Leiblichkeit in der Lebenswelt verankert, berücksichtigen stärker ethische Aspekte. Hermann Schmitz macht durch die Thematisierung des leiblichen Spürens als eigentliche Gegebenheitsweise leiblicher Phänomene auf den Leib als Gefühlsraum aufmerksam und gibt damit Anhaltspunkte für ästhetisches Denken.[102]

---

98 Gernot Böhme, Anfänge der Leibphilosophie im 19. Jahrhundert. In: Kai Buchholz u.a. (Hg.), Die Lebensreform. Entwürfe zur Neugestaltung von Leben und Kunst um 1900. Bd. 1. Darmstadt 2001, 14–51.

99 Friedrich Nietzsche, Also sprach Zarathustra (1882–85). Ein Buch für alle und keinen. Stuttgart 1921, 46.

100 Gernot Böhme, Anfänge der Leibphilosophie im 19. Jahrhundert, 150.

101 Vgl. Elisabeth Ströker / Paul Janssen: Phänomenologische Philosophie. Freiburg / München 1989; Bernhard Waldenfels, Einführung in die Phänomenologie. München 1992.

102 Hermann Schmitz, System der Philosophie. 5 Bde. 1977ff.; ders., Der Leib, der Raum und die Gefühle. Ostfildern 1998.

2.2.2 Edmund Husserl: Der Leib als Umschlagstelle von Natur und Geist

Edmund Husserls Philosophie entfaltet sich als strenge Wissenschaft aus konkreten Erfahrungen; er begibt sich auf den Weg „zurück zu den Sachen selbst“[103], einen Weg, der je weiter davon abführt, desto weiter er sich diesen „Sachen“ annähert. Seine Phänomenologie ist vor allem Bewusstseinsphilosophie, er rückt die „Wesensphänomenologie“ in eine „Bewußtseinsphänomenologie“ ein.[104] Bei ihm dominiert das Bewusstsein, das mit der Welt intentional verflochten ist und von daher in sich selbst auf Anderes bezogen bleibt, prinzipiell Unbestimmtes in Bestimmtes überführt. Die leibliche Beschaffenheit des Menschen treibt die Spannung von konstituierendem Bewusstsein und sinnlichen Erfahrungen bis zum Zerreißen. Der Leib erhält seine Bedeutungsleistung nicht ausschließlich aus dem Bewusstsein, kann aber andererseits auch nicht einer dem Bewusstsein transzendenten Dingwelt zugeordnet werden. Die Rücknahme der Leiblichkeit in ein reines Leibbewusstsein findet seine Grenzen darin, dass sich der Leib als ein „merkwürdig unvollkommen konstituiertes Ding“ entpuppt.[105]

Husserl thematisiert den Leib als ein „System von Wahrnehmungsorganen“.[106] Er setzt die Frage nach der Konstitution der Leiblichkeit so an, „daß der räumlich erfahrene Körper, der mittels des Leibes wahrgenommen wird, der Leibkörper selbst ist“[107]: Der Leib ist bei aller Erfahrung von raumdinglichen Objekten als frei bewegtes Sinnesorgan „mit dabei“.[108] Er steht damit auf beiden Seiten des Konstitutionsgeschehens. Das Ding macht sich durch seine Ausdehnung bemerkbar, der Leib allerdings ist durch die Problematik der Doppelempfindung gekennzeichnet, wie sie insbesondere beim Tasten erfahren wird; „ich sehe mich selbst, meinen Leib, nicht, wie ich mich selbst taste. Das, was ich gesehenen Leib nenne, ist nicht gesehenes Sehendes, wie mein Leib als getasteter Leib getastetes Tastendes ist.“[109] Die cartesianische Unterscheidung von res cogitans und res

103 Edmund Husserl, Hua III, 42f.

104 Bernhard Waldenfels, Einführung in die Phänomenologie. München 1992, 30. Vgl. dazu Käte Meyer-Drawe, Der Leib – „ein merkwürdig unvollkommen konstituiertes Ding“. In: Christoph Jamme / Otto Pöggeler (Hg.): Phänomenologie im Widerstreit. Zum 50. Todestag Edmund Husserls. Frankfurt 1989, 291–306.

105 Edmund Husserl, Hua III, 42f; Hua IV 159. Diese „Rätselhaftigkeit des solipsistisch konstituierten Leibes“ nimmt sich vor allem Käte Meyer-Drawe zu Herzen: Der Leib – „ein merkwürdig unvollkommen konstituiertes Ding“ (a.a.O., 291–306; Zitat: 296). Meyer-Drawe schließt sich Adornos Diktum von Husserl als „Dialektiker wider Willen“ an und kommt zu folgender Würdigung: „Unsere Leiblichkeit ist Menetekel fragiler Erkenntnis, weil sie in ihrer Andersheit das Bewußtsein derart gemahnt, daß es nicht alles ist. Husserls Programm einer Philosophie als strenger Wissenschaft in Gestalt einer Phänomenologie der Erfahrung belastet uns in ihrer disziplinierten Unruhe mit einem philosophischen Erbe, das in seinem Folgenreichtum noch unausgeschöpft ist“ (303).

106 Edmund Husserl, Hua IV, 68.

107 A.a.O., 144.

108 Ebd.

109 A.a.O., 148.

extensa wird auf der Ebene der Beschreibung der geistigen Formung des Wahrnehmungsmaterials durchgehalten; damit entgeht Husserl dem Problem, dass das Tasten in Konkurrenz zum reflektierten Bewusstsein tritt.

So erhält der Leib Bedeutung für den Aufbau der räumlichen Welt. Wichtig ist hier die doppelte Konstitution des Leibes als Materie und das Vorkommen der „Empfindnisse“: Zwei sich konstituierende Dinglichkeiten korrelieren zu dem Notwendigkeitszusammenhang von Wahrnehmungsauffassung (etwa Berührung) und Leibeswahrnehmung mit Berührungsempfindung. Der Leib wird zum Leib durch die „Lokalisation der Empfindungen als Empfindungen“.[110] Erlebnisse finden bei Husserl letztlich im Bewusstsein statt.

Daraus ist zu entnehmen:

a) Dialektischerweise ist der Leib in der (Vermittlungs-)Rolle, die ihn zur „*Umschlagstelle*“ zwischen Natur und Geist macht.[111]
b) Der Leib ist eine „physisch-aesthesiologische Einheit“[112], in dem Schichtenmodell verbindet sich der materielle Leib (die hyletische Unterlage) über die Unterschicht lokalisierbarer Empfindungen und eine mittlere Schicht abhängiger, nicht lokalisierbarer Empfindungen mit der Oberschicht der Seele. Damit tritt der Leib als Leib und als besonderes *materielles* Ding auf.[113]
c) Als Orientierungszentrum räumlichen Seins ist er *„Nullpunkt“ aller Orientierungen* und postiert darin eine Sonderstellung, ein letztes zentrales (und stetiges) „Hier“, was allerdings eine gewisse eigentümliche perspektivische Verkürzung mit sich bringt: „Derselbe Leib, der mir als Mittel aller Wahrnehmung dient, steht mir bei der Wahrnehmung seiner selbst im Wege und ist ein „merkwürdig unvollkommen konstituiertes Ding“.[114] Er kann sich relativ frei und spontan kinästhetisch bewegen.

Husserls Bewusstseinsphänomenologie zeigt sich als eine Dialektik des Leibes zwischen Notwendigkeit und Instrumentalität, welche die Wahrnehmung als Akt der Weltzugänglichkeit erschließt. Die Leiblichkeit ist mitverantwortlich für das Verhältnis zur Mitwelt, zu den Anderen, denn das Subjekt ist eines unter vielen.[115] Husserl zeigt, wie die Anderen in der Fremderfahrung auftreten und entdeckt, dass die Subjektivität durch die Schrankenerfahrung des Ich an der Fremdheit als „Zugänglichkeit des original Unzugänglichen“ an die Grenzen

110 A.a.O., 151.
111 A.a.O., 286.
112 A.a.O., 155.
113 Husserl spricht von „beseelten Leibern“, um die „animalische Natur“ von der materiellen zu unterscheiden (a.a.O., 32). Dies kommt bei der Frage nach der Intersubjektivität nochmals vor: Alles Leibliche kann seelische Bedeutung annehmen. Der Leib ist dabei auch „Organ des Geistes“ (a.a.O., 96).
114 A.a.O., 158f.
115 Vgl. a.a.O., 89.

stößt. Die Subjektivität rückt in den Bereich der Zwischensphäre der (letztlich monadologischen) Intersubjektivität, die allen und doch keinem gehört. Doch Husserl hält daran fest, dass die „Appräsenz" der anderen auf eine „Urpräsenz" meiner selbst verweist; die Anderen konstituieren sich in der „Ent-Fremdung" eines „Ur-Ich", dessen Eigen-Sein durch keine Fremdheit verwischt ist.[116] Dass sich in der Tasterfahrung, die das Ding zum Leib konstituiert, möglicherweise die Fremderfahrung zeigt, ist außerhalb seines Blickfeldes. Hier ist von Bedeutung, dass ohne den Leib räumliches Denken und Wahrnehmen nicht möglich wäre.

2.2.3 Gabriel Marcel: Körper-Haben und Leib-Sein in Bezogenheit

Gabriel Marcel spricht vom Körper-Haben und Leib-Sein. Der Körper erscheint als eine Grundform des Habens; „*existieren heißt eben inkarniert sein*".[117] Insofern lässt sich Marcels Philosophie auch als „Philosophie der Inkarnation" bezeichnen. Ich kann mich von meinem Leib nicht trennen und unterscheiden: „Wird dieser Leib, als der ich inkarniert lebe, objektiviert, so erscheint mein Körper, das Mißverständnis des Leibes. Dieser Körper kann, wie die imaginäre Seele, die ihn informieren soll, in beliebiger Weise objektiv betrachtet, klinisch untersucht und chirurgisch amputiert werden. Diesen Körper habe ich; ich bin aber mein Leib."[118] Mit dem „Corps que j'ai" und dem „corps que je suis" handelt es sich um „Überlegungen zwischen Verfügbarkeit und Unverfügbarkeit, zwischen Sein und Haben, zwischen Metaproblematischem und Problematik, zwischen Mysterium und Technik": „Der Leib ist beide in einem: erfragbar, insofern ich über ihn verfügen kann und sagen darf, ich habe einen Körper; unerfragbar und unverfügbar, insofern ich – soll nicht außer acht bleiben, was diesen ersten Satz möglich macht, ihn begründet und sinnvoll werden läßt – im gleichen Atemzug sagen muß, daß ich mein Leib bin."[119]

Es geht Marcel dabei nicht um Vermittlungen zwischen Innen und Außen, Selbst und Umwelt. Basis für die Leiblichkeit ist vielmehr das Unvermittelte, das Bezogen-Sein vor aller Vermittlung, bei dem alle Philosophie anzusetzen hat: Das „Atmosphärische ist wesentlich Ausstrahlung des Leibes, und im Unterschied zum Körper-Haben, das sich gleichsam isoliert, erschließt sich das Leib-Sein dieser Sphäre des ‚Zwischen', ja, es konstituiert sich in ihr."[120] In diesem Sinne ist eine Differenzierung von Indiviual- und Sozialpsychologie sekundär. „Ich bin, indem ich immer schon dem Anderen verbunden und der Gemeinschaft anderer Men-

---

[116] Edmund Husserl, Hua VI, 189.

[117] Gabriel Marcel, Leibliche Begegnung. Notizen aus einem gemeinsamen Gedankengang. Bearb. v. Hans A. Fischer-Barnicol. In: Hilarion Petzold (Hg.), Leiblichkeit. Philosophische, gesellschaftliche und therapeutische Perspektiven. Paderborn 1985, 9.

[118] A.a.O., 16.

[119] A.a.O., 29.

[120] A.a.O., 24.

schen einbezogen bin; Gesellung, Gemeinsamkeit, Beisammensein wird dann nicht mehr als Funktion zwischen Individuen verstanden, die negative Konflikte aufweist und positiv geregelt werden müßte – sondern als Grund der Existenz selber. [...] Das menschliche Selbst ist nicht nur nicht ablösbar; es ist vielleicht nichts anderes als dieses Beim-Anderen-Sein."[121]

Marcel zeichnet seinen Ansatz in das Thema der Geschichtlichkeit ein. Im Gegensatz zum Körper ist der Leib der unausweichlichen Verstrickung in die Geschichtlichkeit unterworfen: „Einen Leib kann ich aber nicht wahrnehmen, ohne zugleich seine Geschichte mit wahrzunehmen, zu erfahren und zu erleiden: zu verstehen. Insofern genügt es nicht zu sagen, daß ich mein Leib bin. Ich bin als Leib auch immer meine Vergangenheit, ja meine Zukunft [...] Mein Leib als Gestalt meines Lebens und Sterbens ist nicht wie der Körper nahezu zeitlos zu betrachten und zu verstehen, sondern nur geschichtlich: als eine nicht klar konturierte, nicht eindeutig abgrenzbare, vieldimensionale – oder polyphone – Form meiner Anwesenheit."[122] Leiblichkeit ist dabei eine Manifestation des Mysteriums: „vielleicht nichts anderes als die uns faßbare Gestalt jener universalen dynamischen Satzung oder Verfügung oder Ordnung des wesentlich Unverfügbaren, das wir Schicksal nennen"[123], denn der Leib wird zum Niederschlags- und Präsentationsort kosmologischer Verbundenheit: „In unserem Leibe nimmt die Beziehung zu allen Menschen, die wir lieben, und nimmt die Geschichte unseres Einbezogenseins ins Universum Gestalt an".[124] Das Dasein des Menschen im Zwischen, in seiner Einbezogenheit, stellt den Anhaltspunkt für eine Ethik dar: „Ein rechtes Verständnis des Leibes als Zeit- und Schicksalsgestalt wäre der Grund und der Grundbegriff einer möglichen Moral, die den Anforderungen philosophischer Kritik genügen könnte."[125] Von diesem Schicksal aus wird nach zwischenmenschlichen Beziehungen gefragt. „In dieser Erfahrung wird realisiert, was Leib als Einbezogensein, als immer schon Verbundensein mit dem anderen in letzter Wahrheit ist: Wesensgestalt des Menschen ohne Ausschluß irgend eines anderen Seienden, das umfassende Präsentsein in Gemeinschaft. Und gerade dies wird in der Erfahrung geschlechtlicher Vereinigung offenbar."[126]

Diese Erwägungen führen zu einer Frage nach leiblicher Existenz und leiblicher Leidenschaft – zu der leiblichen Liebe als Erkennen: „und Adam erkannte sein Weib". „Wird der Leib in diesem Sinn als das Organ und die Gestalt einer universalen Kommunion verstanden, darf von ihm als einem erkennenden Leib gesprochen werden: das Organ des Erkennens, in dem alle sinnenhaften und geisti-

121 A.a.O., 25.
122 A.a.O., 34.36.
123 A.a.O., 36.
124 A.a.O., 37.
125 A.a.O., 40.
126 A.a.O., 42.

gen Wahrnehmungsfähigkeiten integriert und der Wirklichkeit empfangend aufgetan sind."[127] Marcel versteht Erkennen im Sinne des leiblich-bewussten Gewahrwerdens, „ein Gewahren, in dem ein mehr oder minder vollkommenes Einbezogensein, ja ein Einswerden mit dem geliebten Menschen geheimnisvolle Gestalt und offenbare Gewißheit annimmt."[128] Der Leib wird zum Ort der Erkenntnis: „Ein solches Erkennen ist dem Leibe verbunden, ja es ist nahezu ununterscheidbar vom Gewahrwerden des Leibes, der in einem letzten Sinn nicht nur Möglichkeit oder gar Instrument unserer Begegnung mit anderen Menschen, sondern als Gestalt diese Erschlossenheit und diese Beziehung zu den anderen ist."[129]

„Die Zusammengehörigkeit des Körpers mit der Umwelt macht meinen Leib aus. Doch das Denken muß noch einen Schritt weitergehen. Diese Zusammengehörigkeit ist lediglich ein Aspekt der Leibhaftigkeit. Wie gesagt worden ist, Leben sei immer mehr als Leben, so läßt sich auch sagen, der Körper als dieser mein Körper ist immer mehr als nur Körper; dieses ‚mehr' ist Entfaltung und Beziehung: es ist mein Leib. Denn als die Gestalt meiner lebendigen Anwesenheit in Zeit ist mein Leib immer schon einbezogen: die leidvoll, aber auch verheißungsvoll offene Beziehung zu allen."[130]

Mit der Geschichtlichkeit des Leibes formuliert Marcel Ansätze für eine Wissenschaft vom Körper, die jeglichem Solipsismus mit Beziehung trotzt. Die Einbezogenheit des Leibes macht das inkarnierte Schicksal der Unverfügbarkeit aus. Für den Weg zum Leibsubjekt ist hier wichtig, dass a) Leiblichkeit die geschöpfliche Grundform des Lebens als gewordene und soziale, also über sich selbst hinausweisende Existenz ist; b) mit ‚Körper' stets die abstrahierte veräußerte und befragbare Gestalt der Leiblichkeit gemeint ist, c) Personwerdung sich nicht ohne das Gewahrwerden der eigenen Leiblichkeit und Körperlichkeit vollzieht, d) der Leib als Ort der Erkenntnis und damit auch des Lernens gilt, weil an ihm der Kontakt mit dem Lebensraum stattfindet und e) davon auszugehen ist, dass das Körperempfinden auf das Ich-Bewusstsein Einfluss nimmt. Wie aber gestaltet sich dieses Verhältnis zur räumlichen Welt?

2.2.4 Maurice Merleau-Ponty: Leibliche Verankerung in der Welt

Merleau-Ponty nimmt Husserls Phänomenologie auf und verarbeitet sie in der Weise, dass das transzendentale Subjekt auf ein existierendes inkarniertes Subjekt zurückgeführt wird, also das transzendentale Bewusstsein zur leiblichen Existenz konkretisiert wird, ohne das Tranzendentale aufzugeben.[131]In seiner „strukturalen

127 A.a.O., 43.
128 A.a.O., 44.
129 A.a.O., 45.
130 A.a.O., 45.
131 Vgl. zu diesem Abschnitt auch Bernhard Waldenfels, Das Problem der Leiblichkeit bei Merleau-Ponty.

Ontologie"[132] verflüssigt Merleau-Ponty Husserls Dialektik, indem er erkennt, dass eine Phänomenologie, welche die leibliche Verfasstheit des Menschen ernst nimmt, dem Bewusstsein nicht die letzten und ursprünglichsten Konstitutionsleistungen zutraut; dies impliziert das Gewahrwerden der Tatsache, dass das Bewusstsein immer voraus oder hinterher, aber niemals zugleich ist (Nicht-Koinzidenz).[133] In seiner Ehrung Husserls formuliert Merleau-Ponty die philosophische Aufgabe als ein Weiterdenken, das nicht bloße Wiederholung und auch nicht bloße Entstellung ist[134]: In diesem Sinne geht es bei Merleau-Ponty um ein Denken des Ungedachten, welches das Denken wie ein Schatten begleitet und dessen Überführung in Licht eine Änderung des Denkens und ein Zu-Tage-Fördern neuer Schatten beinhaltet.[135]

Merleau-Pontys Philosophie lässt sich als „Existentialphänomenologie" bezeichnen: Der Sinn der Existenz nach Merleau-Ponty ist, den Ort des Menschen in der Welt wiederzufinden. Unter den Grundmotiven des Leibes, der Freiheit und des Anderen nimmt die Leiblichkeit eine zentrale Stellung ein, weil sie das *Medium zur Welt, zu den Anderen und zu sich selbst* bildet.[136] Der Leib bietet die Entfaltungsmöglichkeit für zeitliche und räumliche Beziehungen in Aktivität. Er bildet damit die aktuelle Wirklichkeit des Menschen, ein *Verhältnis* zwischen Leib und Welt, in dem sich physiologische Veränderungen vollziehen, aber auch das Selbsterleben stattfindet.

---

132 Bernhard Waldenfels, Einführung in die Phänomenologie, 56.

133 „Schon mein Leib, der meine Wahrnehmung inszeniert, führt zur Auflösung des Irrtums einer Koinzidenz meiner Wahrnehmung mit den Dingen selbst." (Maurice Merleau-Ponty, Das Sichtbare und das Unsichtbare. Übers. v. Regula Giuliani / Bernhard Waldenfels. München 1986, 24).

134 Eingang in seine Philosophie finden die Humanwissenschaften, u.a. auch Hegel und Marx, die Lebensphilosophie Henri Bergsons und Gabriel Marcels, die Gestalttheorie, Scheler und Heidegger. Merleau-Ponty steht Bergson näher als Sartre, knüpft an den späten Husserl an und berücksichtigt dessen Nachlassschriften, auch das 2. Buch der Ideen.

135 Vgl. Maurice Merleau-Ponty, Der Philosoph und sein Schatten. In: ders., Das Auge und der Geist. Philosophische Essays. Hg. u. übers. v. H.W. Arndt. Hamburg 1984, 45–67. Merleau-Pontys „Analysen der Leiblichkeit heben an mit der Widersprüchlichkeit einer Philosophie, die sich erstens Wesensbestimmungen zum Ziel gesetzt hat, gleichwohl aber alles ‚Wesen zurückversetzt in die Faktizität', die sich zweitens als Transzendentalphilosophie entfaltet und ineins in ihren Befunden erkennt, daß die ‚Welt vor aller Reflexion in unveräußerlicher Gegenwart je schon da ist. Sie ist schließlich strenge Wissenschaft und gleichwohl der Versuch der ‚direkten Beschreibung aller Erfahrung'." Solche Spannungen werden nicht synthetisch aufgelöst, sondern die Leiblichkeit fordert mit Meyer-Drawe ein Denken in Gestalt einer „Dialektik ohne Synthese" (Maurice Merleau-Ponty, Das Sichtbare und das Unsichtbare. Übers. v. Regula Giuliani / Bernhard Waldenfels. München 1986, 129).

136 Vgl. Bernhard Waldenfels, Einführung in die Phänomenologie, 54f. im Anschluss an Paul Ricœurs Bestimmung der „Phénoménologie existentielle" in Encyclopédie française XIX von 1957, 19.10.8–19.10.12. Demnach geht es, im Gegensatz zu Merleau-Ponty, Jean-Paul Sartre um die Aufdeckung der Entfremdung menschlicher Existenz und Gabriel Marcel um die Wiedergewinnung der metaphysischen Dimension des Menschen.

Sprechen andere von Existenz, so setzt Merleau-Ponty beim Verhalten an. In der „Phänomenologie der Wahrnehmung“ wird die Existenz umgesetzt in eine „fungierende Intentionalität“; diese ist in der Wahrnehmung immer schon am Werk (aber auch in allem motorischen, affektiven, sexuellen, sprachlichen, kulturellen und sozialen Verhalten).[137] Die Wahrnehmung bildet das Grundphänomen; sie ist der nur begrenzt perspektivische und horizontale Kontakt zur Welt. Welt und Erfahrung sind unabgeschlossen. Die Leiblichkeit ist das Pendantphänomen; der Leib eröffnet unterschiedliche Dimensionen von Erfahrung: „Er verankert uns im jeweiligen Hier, von dem aus sich Spielräume der Bewegung auftun. Empfindend steht er in unmittelbarem Einklang oder Mißklang mit den Rhythmen des weltlichen Geschehens, wahrnehmend erkundet er die Vielfalt der Dinge. In den Gebärden der Körper- und Wortsprache bringt er Sinn hervor in schöpferischem Ausdruck.“[138]

Menschsein ist bei Merleau-Ponty gebunden an das Zur-Welt-Sein, das die Verankerung des Menschen in einer Situation meint: „Der Mensch steht nicht gegenüber, sondern ist Teil des Leibes, in dem die Strukturen, der Sinn, das Sichtbarwerden aller Dinge gründen.“[139] Merleau-Ponty widmet sich der Frage, worin sich die Sonderstellung des Leibes bekundet und worauf sie sich gründet. Damit steht auch die Einheit des Menschen auf dem Spiel, die vielerorts in der Leib-Seele-Problematik verhandelt wird. Wissenschaftliche Objektivationen (Psychologie und Physiologie) vermögen nicht das Besondere des Leibes gegenüber dem Körperding zu erklären. Der Physiologe kann nicht das Verhalten auf mechanische Vorgänge reduzieren, der Psychologe schreibt dem Leib Eigenschaften einer besonderen Ichnähe zu, die z.T. schon bei Descartes zu finden sind: Ständigkeit, Fähigkeit zur Doppelempfindung (z.B. bei Selbstberührung), Affektivität, kinästhetische Empfindungen. Das Besondere bei Merleau-Ponty ist, dass er dem Empirismus und dem Idealismus in einer Mittelposition begegnet: Gegen die empiristische Sicht des Leibes als eines Äußeren ohne Innerlichkeit verweist er darauf, dass jegliche Dingerfahrung bereits die Leibesfunktion beansprucht; gegen die idealistische Betrachtung des Leibes als bloßem Leibbewusstsein ohne Äußerlichkeit stellt er die Bindung jeglicher (Selbst-)Erfahrung an den Leib entgegen.

Der Leib ist das Medium des Weltlebens und Verankerung in der Welt[140]: Merleau-Ponty geht mehr vom Leben als vom Sprachgebrauch aus. Der Leib ist wie bei Husserl das Medium der Welthabe; der eigene und der fremde Leib werden

---

137 Maurice Merleau-Ponty, Phänomenologie der Wahrnehmung, 15.

138 A.a.O., 60.

139 Zur-Welt-Sein ist bei Merleau-Ponty „Etre au monde“. Maier schlägt dafür in Abgrenzung zu Heideggers und Sartres In-der-Welt-Sein („Etre-dans-le-monde“) die „von der Geburt bis zum Tode reichende Verankerung des Menschen in der ihn umgebenden Welt“ oder „das ursprüngliche Verankertsein in einer Situation“ vor (Willi Maier, Das Problem der Leiblichkeit bei Jean-Paul Sartre und Maurice Merleau-Ponty. Tübingen 1964, 35).

140 Vgl. Bernhard Waldenfels, Das Problem der Leiblichkeit bei Merleau-Ponty, 156.

somit zweifach unterschieden, einmal als „fungierender Leib" in der Vermittlungsfunktion und einmal als „Körperding" in der Rolle des Dinges unter Dingen. Damit ist der Leib immer dem unmittelbaren Erleben und Miterleben von mir oder jemandem zugänglich, während sich der Körper als einer unter anderen einer äußeren Beobachtung oder Behandlung präsentieren kann. Leiblichkeit und Körperlichkeit werden unterschieden; mein Körper ist ein Teil dieser Welt, die sich mir aber nicht ohne meinen Leib vermittelt, so ist das Ursprüngliche der philosophischen Bemühungen der fungierende Leib. „Die Funktion des lebendigen Leibes kann ich nur verstehen, indem ich sie selbst vollziehe, und in dem Maße, in dem ich selbst dieser einer Welt sich zuwendende Leib bin."[141] Zu merken ist der Leib vor allem dort, wo er dem Tun, den Projekten Schranken setzt: Nicht zufällig verdankt die Leibtheorie (auch Merleau-Ponty) viel der Medizin und der Psychopathologie, die an den Grenzen des Lebens arbeiten und mit ihnen umgehen. In meinem Tun, in meinen Projekten gibt es so etwas wie Blindheiten, ich selbst befinde mich in ihnen, immer und in irgendeiner bestimmten Weise.[142] Dieser Begrenztheit setzt Merleau-Ponty aber noch etwas gegenüber: positive Initiative, Intentionalität und Transzendenz in statu nascendi.

In Fortführung von Husserls Inszenierungsgedanken betont Merleau-Ponty bereits die Anonymität des ursprünglichen Wahrnehmungsimpulses als eine Art uneigentlicher Intentionalität: Die Wahrnehmungserfahrung „in aller Strenge" besagt, „daß *man* in mir wahrnimmt, nicht daß ich wahrnehme."[143] Die Entpersönlichung ist die Spiegelseite der vorpersonalen Horizonte meines leiblichen Lebens. „Der Leib im konkreten Ich integriert als eine präpersonale, anonyme, generelle, natürlich und kulturell erworbene Existenz, als das, was das Ich, im Verein und mit den Andern, immer schon ist und aus sich gemacht hat in der persönlichen Existenz als einer ‚Incarnation perpétuelle'[...]; er steht für die erste und die zweite Natur, ist ‚natürlicher' und ‚kultureller Leib' in eins [...]".[144] Unter der Ambiguität des Leiblichen entsteht nach Merleau-Ponty eine ontologische Zweideutigkeit, eine Art Doppel-Realität: „Der Geist geht über in den Leib wie umgekehrt der Leib in den Geist".[145] In jedem Fall resultieren aus der distanzierenden Bewegung von der leiblichen Existenz zum Wissen um den Leib und zum Wirken auf den Leib sowie aus der Rückbindung allen Wissens und Wirkens an gelebte Leiblichkeit zwei Spannungsfelder: Zwischenbereiche zwischen Leib und Körperlichkeit einerseits, zwischen Leib und Geistigkeit andererseits.

---

141 Maurice Merleau-Ponty, Phänomenologie der Wahrnehmung, 99.

142 Rudolf Boehm spricht in seinem Vorwort daher auch von der „Philosophie der Endlichkeit" (a.a.O., XIII).

143 A.a.O., 253.

144 Bernhard Waldenfels, Das Problem der Leiblichkeit bei Merleau-Ponty, 161 (Hervorhebungen S.L.).

145 Maurice Merleau-Ponty, Das Auge und der Geist. Hamburg 1967, 190f. Waldenfels wirft Merleau-Ponty diesbezüglich eine gewisse „Einseitigkeit", wenn auch nicht Ausschließlichkeit vor: Bernhard Waldenfels, Das Problem der Leiblichkeit bei Merleau-Ponty, 165).

Anhaltspunkt der äußeren Distanz, des äußeren Blickes, ist der Leib als faktische Tatsache, etwa die Erfahrung der Materialität des Leibes in der Krankheit. Diese Spannung zwischen dem Leib und seiner Körperlichkeit, dem, was mich trägt und was mich belastet, hält ein Leben lang an und kommt nie zu einer Integration; selbst der tote Leib, der Leichnam, ist ein gewesener Leib. Handelt es sich hier um eine Dialektik von aktuellem Leben und habituellem Gewordensein, zeigt sich noch eine Dialektik innerhalb der Aktualität selbst: „Die Differenz zwischen meinem persönlichen Wollen und meiner präpersonalen Leiblichkeit, die hier zutage tritt, ist nicht nur die Vorbedingung einer theoretischen und praktischen Reflexion auf den Leib, einer freiwilligen Selbstspaltung, sie bricht auch von sich aus auf im Zustand des moralischen Konflikts, wenn einer die Herrschaft über sich, über seinen Leib verliert. Dabei geht es nicht mehr nur um Lebendigkeit und Verfestigung, sondern um Freiheit und Versklavung des Lebens. Diese Möglichkeit einer moralischen Zerrissenheit ist die andere Wahrheit des leibseelischen Dualismus. Innere Distanz bedeutet also, *daß ich nicht in meiner Leiblichkeit aufgehe, sondern als Person den Leib zu übernehmen habe, der ich als natürliches Ich schon bin*“[146] – ohne dass es sich dabei um ein reines oder eindeutiges Verfügen handeln würde.

Entgegen empiristischer und idealistischer Manier, die äußere Distanz bzw. die innere Distanz zu übersteigern und damit die Ambiguität der Seinsweise wie die an die Leiblichkeit gebundene Welt und Mitwelt zu leugnen, gilt: „Der Dualismus behält also sein partielles Recht, aber nur in Form einer Spannung, die innerhalb der leiblichen Existenz herrscht, sofern der Leib in der Welt verankert und für das persönliche Ich offen ist. *Der Leib selbst ist gleichsam eine vorläufige Skizze meines ganzen Seins*‘ [...], er ist nicht mehr, aber auch nicht weniger.“[147]

Mit diesen Philosophien des 20. Jahrhunderts ließen sich somit die Bezogenheit der Existenz, die Liminalität des Leibes und seine Medialität als Elemente leibräumlicher Subjektkonstitution herausarbeiten. Folglich ist Weltwahrnehmung räumlich und leiblich zugleich; unsere Sprache kennt „Zugänge“, „Öffnungen“ und „Erschließungen“ und nimmt sie selbstverständlich in Gebrauch. Merleau-Ponty gestaltet in seinem dialektischen Denken die Spannung von Körper und Leib dahingehend, dass mit dem gegebenen Körper ein Entwurf menschlichen Lebens gegeben ist, den es auszugestalten gilt. Als Skizze ist das Leben auf eine Fertigstellung hin angelegt, bleibt als solches jedoch Fragment; die Leiblichkeit verweist als Entwurf darauf, dass die Personalität jedes Menschen auf Wachsen und Vervollkommnen angelegt ist. Daher ist sie bei aller Bildung und Menschwerdung zu berücksichtigen.

---

146 Bernhard Waldenfels, Das Problem der Leiblichkeit bei Merleau-Ponty, 168.

147 A.a.O., 169. Zitiert wird Merleau-Ponty (Hervorhebung S.L.).

2.3 Leiblichkeit als Topos der Religionspädagogik

Was die gesellschaftliche und philosophische Gegenwart bestimmt, ist auch in Theologie und Religionspädagogik Thema: Der Körper boomt. Die Theologie, allzumal die protestantische, hat Tendenzen zur Körperverleugnung propagiert und sich auf die Offenbarung des Geistes gestützt, Frömmigkeit in Überzeugungen und Spiritualität auf geistigen statt auf geistlich-sinnlichen Feldern gesucht. Das hat, nicht zuletzt auch bei vielen Jugendlichen, zu der Abkehr von Religion, zu stärkerem Interesse an westlichen Interpretationen der Praxis östlicher Religionen (Meditationen), aber auch zu Esoterik, Okkultismus und anderen Heilsanbietern beigetragen. Auf der anderen Seite haben liturgische Bewegungen und die Jugendbewegung Leiblichkeit betont.[148] Theologen und vor allem Theologinnen suchen zur Leibfeindlichkeit in Kirche und Theologie Alternativen.[149] Dabei haben vor allem kirchliche Strömungen mit „Körperlichkeit" und „Sinnlichkeit" zu tun. Es sind insgesamt Versuche einer Elementarisierung gelebter Religion, die vom Leib ausgeht, zu beobachten. Liturgische Bewegungen zielen mehr auf geistige, spirituell-leibliche Bewegtheit. Mit dem Politischen Nachtgebet 1968 und der ersten liturgischen Nacht auf dem Kirchentag 1973 in Düsseldorf ist eine neue spirituelle Bewegung in Gang gekommen, die vor allem Gemeinschaftserlebnisse sucht. Auch die EXPO gab diesen Bewegungen Raum. Klöster bieten nicht nur Führungen an, sondern laden zu Einkehrtagen, Begehungen religiöser Zeiten in meditativem und liturgischem Mit-Leben ein. Feministische Theologinnen machen darauf aufmerksam, dass der Körper in irdischer Sprache himmlische Zeichen setzt.[150] Raumzeitlich-liturgische und rituelle Ansätze finden in neuen Gottesdienstformen Gestalt.[151] In den Ostermärschen werden aus Demonstrationen Prozessionen. Kirche kann sich durch solche Bewegungen als Lerngemeinschaft begreifen.

In der *kirchlichen Jugendarbeit* wird „Erlebnispädagogik" in Anspruch genommen: „In erlebnispädagogischen Kursen wächst eine Verbundenheit der Teilnehmenden untereinander; gemeinsames Tun schafft Vertrautheit; eine gewisse körper-

---

148 Vgl. Michael Klessmann / Irmhild Liebau: Leiblichkeit ist das Ende der Werke Gottes. Körper – Leib – Praktische Theologie. Göttingen 1997.

149 Z.B. Die verlorene Leiblichkeit. Nach-denklichkeiten über ein Problem im Umkreis der Theologie Paul Tillichs. Protokoll einer Tagung der Ev. Akademie Bad Boll 1997; Leiblichkeit und Religiosität. Zur Dimension des Körperlichen in Gottesdienst und Alltag, Schule und Gesellschaft. WzM 55 (2003) 6; Gertraud Ladner, FrauenKörper in Theologie und Philosophie. Feministisch-theologische Zugänge. Münster 2003.

150 Z.B. Herta Leistner, Laß spüren deine Kraft. Feministische Liturgie. Grundlagen – Argumente – Anregungen. Gütersloh 1997; Teresa Berger, Sei gesegnet, meine Schwester. Frauen feiern Liturgie. Geschichtliche Rücklagen, praktische Impulse, theologische Vergewisserungen. Würzburg 1999.

151 Siehe z.B. Tilmann Haberer, Die Thomasmesse. Ein Gottesdienst für Ungläubige, Zweifler und andere gute Christen. München 2000.

liche Lockerheit löst auch intellektuelle Verkrampfungen; auch kontroverse Diskussionen sind plötzlich dem ‚Kursklima' nicht abträglich; es entsteht ein Kontakt höherer Ordnung – vielleicht läßt sich eine strukturelle Analogie zu spirituellen Erfahrungen aufzeigen."[152] Erlebnispädagogischen Formen werden konkret spirituelle Implikationen zugesprochen: „Klettern – Gehalten werden, Gesichert sein, Vertrauen spüren; Sichern – Verantwortung für den anderen übernehmen; Höhlenklettern – Jona-Erfahrung, Auferstehung entdecken; Bootfahren – Schöpfung erleben; Kooperationsaufgaben – ein Leib, viele Glieder, Gemeinschaft der Heiligen"[153]. Die Körperwahrnehmung ist dabei wichtig.[154]

Jugendliche im Konfirmandenalter, vor allem Mädchen, beschäftigen sich mit den Veränderungen von Körpern und Sexualität. Für den *Konfirmandenunterricht* ist die Körperlichkeit zentral.[155] Sie fordert didaktisch und methodisch Raum. So wird getanzt, meditiert, gemalt und gestaltet; auch hier beziehen erlebnispädagogische Ansätze den Körper in das Lerngeschehen ein oder machen ihn zum Lerngegenstand.[156] Elemente des Bibliodrama, der Gestaltpädagogik[157], verschiedene Meditationsformen und theaterpädagogische Körperübungen kommen zur Geltung. Geschlechtsspezifisches religiöses Lernen wird entworfen.[158] Aus den Entwicklungen kann man lernen: Wo ich mich und meine Mitmenschen als seelisch-körperlich-geistige Einheiten ernst nehme und mich bemühe, anderen Gelegenheit zu geben, einen Ort zu finden, wo Geist, Seele und Leib zusammenkommen können, wird Religion lebendig.

In praktisch-theologischer Hinsicht werden derzeit Perspektiven zur Leiblichkeit vor allem unter Aufnahme von religionswissenschaftlichen, pastoraltheologischen

---

152 Ralph-Ruprecht Bartels (ehemals Landesjugendpastor), Gedanken zu Erlebnispädagogik und Spiritualität. Unveröfftl. Manuskript.

153 Ebd.

154 Udo Kliebisch / Dirk Weyer, Selbstwahrnehmung und Körpererfahrung. Interaktionsspiele und Infos für Jugendliche. Mühlheim 1996.

155 „Bisherige leiblich orientierte Entwürfe zum KU gehen vom Lernenden aus, nicht vom Lerngegenstand" (Barbara Hanusa / Silke Leonhard, Abendmahl mit KonfirmandInnen: focussiert, erprobt, gefeiert. Überlegungen zu Leiblichkeit in der Konfirmandenarbeit. In: Bernhard Dressler u.a. (Hg.), Konfirmandenunterricht. Didaktik und Inszenierung. Hannover 2001, 336–355. Hier: 338).

156 Vgl. Sven-Olaf Lütz / Andreas Quattlender, Erlebnisorientierte Konfirmandenarbeit. Konzeption und Gestaltung. Düsseldorf 1999. Zum Thema Sexualität und KU vgl. Godwin Lämmermann, Sexualpädagogik in der Kirche. In: PTh 88 (1999), 378–391.

157 Wolfgang Longardt, Wachsen wie ein Baum. Ein Praxisbuch gestalteter Religionspädagogik. Düsseldorf 1998. Gestaltpädagogik wird hier über den Ganzheitsbegriff (Ganzheit, Ganzheitlichkeit) symbolisch entfaltet. Insbesondere die Nähe zur Symboldidaktik macht sich deutlich (23).

158 Sabine Ahrens / Annebelle Pithan (Hg.), KU – weil ich ein Mädchen bin. Ideen – Konzeptionen – Modelle für einen mädchengerechten KU. Gütersloh ^{2}2000; Thorsten Knauth (Hg.), KU – weil ich ein Junge bin. Ideen – Konzeptionen – Modelle für einen jungengerechten KU. Gütersloh 2002.

und liturgisch-ästhetischen Perspektiven entwickelt.[159] Dabei werden explizit religionspädagogische Fragen nur am Rande berücksichtigt.[160]

Im pädagogischen Diskurs wird Leiblichkeit vor allem als Dreh- und Angelpunkt ästhetischer Bildung und Sozialität begriffen. Reformpädagogisch orientierte Ansätze zu Erziehung und Unterricht fragen nach den Zusammenhängen lebendigen Lernens.[161] Von schulpädagogischer Seite beklagt Horst Rumpf die „übergangene Sinnlichkeit" und ruft zu „Belebungsversuchen" der Schule auf, in denen „Aufmerksamkeit" gefordert ist.[162] Entwürfe Humanistischer Pädagogik und Psychologie legen Wert auf das Lernen im „Hier und Jetzt".[163] Gestaltpädagogisches Lernen sucht der Subjektwerdung im leiblichen Lebensprozess durch „Lernen in Bezogenheit" nachzukommen.[164]

---

[159] Michael Klessmann / Irmhild Liebau (Hg.), Leiblichkeit ist das Ende der Werke Gottes. Körper – Leib – Praktische Theologie. Göttingen 1997. So lautet der Titel der Dietrich Stollberg gewidmeten praktisch-theologischen Festschrift. Sie dreht sich um psychologische, psychotherapeutische und theologische Gedanken zur Konkretwerdung einer Theologie, die von ihren Wurzeln her alles andere als körperfreundlich oder emotional wirksam war. „Die Menschwerdung – Leibwerdung – Gottes soll nicht nur verkündigt werden, sie soll mit allen Sinnen spürbar und erfahrbar werden". Stollberg gilt als Vertreter einer Praktischen Theologie der „Verleiblichung" (8). In der Festschrift werden vier Dimensionen von Leiblichkeit für die praktische Theologie in würdigender Weise ausgeführt: Seelsorge und Pastoralpsychologie, Liturgie und Ästhetik, Psycho- und Körpertherapie sowie unter gesellschaftliche und religionswissenschaftliche Perspektiven. Die Bedeutung der Leiblichkeit als „Fundament gerade für praktisch-theologisches Denken und Handeln" soll im Gespräch mit Nachbarwissenschaften reflektiert werden. Die Praktische Theologie konzentriert sich von allen theologischen Richtungen und Disziplinen am ehesten auf die menschliche und kommunikative Ingebrauchnahme von Religion. Die Religionspädagogik bleibt dabei unerwähnt! Als Gefährtin im Gespräch mit der Pädagogik spitzt sie die Kontaktaufnahmen mit Religion immerhin auf Bildungs-, Erziehungs- und Wachstumsprozesse zu. Stollberg hat praktische Erfahrungen in der TZI-Arbeit. (Siehe auch Dietrich Stollberg, Art. Leiblichkeit. In: Werner Böcker u.a. (Hg.), Handbuch Religiöser Erziehung. Bd. 1. Düsseldorf 1987, 119–126).

[160] Manfred Josuttis, Der Weg in das Leben. Eine Einführung in den Gottesdienst auf verhaltenswissenschaftlicher Grundlage. München 1991; ders.: Religion als Handwerk. Zur Handlungslogik spiritueller Methoden. Gütersloh 2002; ders., Heiligung des Lebens. Zur Wirkungslogik religiöser Erfahrung. Gütersloh 2004.

[161] Ruth C. Cohn, Von der Psychoanalyse zur themenzentrierten Interaktion. Von der Behandlung einzelner zu einer Pädagogik für alle. Stuttgart 1975; Ruth C. Cohn / Christina Terfurth (Hg.), Lebendiges Lehren und Lernen. TZI macht Schule. Stuttgart 1993.

[162] Horst Rumpf, Die übergangene Sinnlichkeit (1981). Weinheim 1988 sowie ders., Belebungsversuche. Ausgrabungen gegen die Verödung der Lernkultur. Weinheim 1987.

[163] Carl R. Rogers, Ruth Cohn sowie die Gestaltpädagogik beziehen sich damit auf Zeit als Teil des psychologischen Feldes: „Vergangenheit, Gegenwart und Zukunft haben nur in dem Maße Einfluß auf ein Individuum, in dem bzw. in der sie in seinem gegenwärtigen Erleben repräsentiert sind." (Hans-Jürgen Walter, Gestalttheorie und Psychotherapie. Opladen ²1985, 93 – eine detaillierte Darstellung der Gestalttheorie).

[164] Jörg Bürmann, Gestaltpädagogik und Persönlichkeitsentwicklung. Bad Heilbrunn 1992, 11f.34.

Im Rahmen der Elementarisierungsdebatte, welche die religionspädagogische Wissenschaft seit Hans Stock durchzieht, wird die Frage nach dem Elementaren religiösen Lernens und Lehrens virulent. Das leitende Paradigma derjenigen Strömungen Praktischer Theologie und Religionspädagogik, die sich der Phänomenologie zuwenden, wird jüngst als Bewegung „von der Handlungstheorie zur Wahrnehmungstheorie und zurück" bezeichnet.[165] Die Konzentration liegt auf der Wahrnehmung „gelebter Religion".[166] Dimensionen der Leiblichkeit werden hier kaum beachtet.[167] Jedoch im Rahmen Ästhetischen Lernens findet der Leib als Ort des Lernens ansatzweise explizite Beachtung.[168] Die Religionspädagogik hat relativ unabhängig von der Praktischen Theologie eine Diskussion um den religiösen und ästhetischen Zusammenhang von Religion und Bildung begonnen.[169] Dabei ist neben dem Gender-Aspekt[170] die Frage nach den Möglichkeiten zur Wahrnehmung gelebter bzw. profaner Religion leitend.[171]

Zusammengefasst: Für den Konfirmandenunterricht und die kirchliche Jugendarbeit spielt der Körper implizit und explizit eine wichtige Rolle.[172] Auch in Entwürfen zum Religionsunterricht werden Zugänge zu Religion über Körpererfahrungen erschlossen.[173] „Herz, Kopf und Hand" sind für religionspädagogische

---

165 Failing / Heimbrock, Gelebte Religion wahrnehmen, 275. Peter Biehl spricht sogar vom „Paradigmenwechsel", nämlich „von der Handlungswissenschaft zur Wahrnehmungslehre" (Peter Biehl, Festsymbole. Zum Beispiel: Ostern. Kreative Wahrnehmung als Ort der Symboldidaktik. Neukirchen 1999, 22).

166 Albrecht Grözinger / Jürgen Lott (Hg.), Gelebte Religion. Im Brennpunkt praktisch-theologischen Denkens und Handelns. FS für Gert Otto. Rheinbach-Merzbach 1997; Albrecht Grözinger / Georg Pfleiderer (Hg.): Gelebte Religion als Programmbegriff systematischer und praktischer Theologie. Zürich 2002.

167 Eine Ausnahme ist in dieser Hinsicht der Band von Failing und Heimbrock.

168 Georg Hilger, Ästhetisches Lernen. In: ders. u.a. (Hg.): Religionsdidaktik. Ein Leitfaden für Studium, Ausbildung und Beruf. München 2001, 305–319; Andreas Prokopf / Hans-Georg Ziebertz, Wo wird gelernt? – Schulische und außerschulische Lernräume. In: A.a.O., 234–247, bes. 239–241. Dorothea Bähr, Zwischenräume. Zur genaueren Analyse der Leibthematik in didaktischer Hinsicht siehe Kap. 3.

169 Vor allem: Joachim Kunstmann, Religion und Bildung. Zur ästhetischen Signatur religiöser Bildungsprozesse. Gütersloh / Freiburg 2002; Dorothea Bähr, Zwischenräume; Failing / Heimbrock, Gelebte Religion wahrnehmen. Bernd Beuscher / Dietrich Zilleßen, Religion und Profanität, Weinheim 1998.

170 .Sybille Becker führt in ihrem feministisch-religionspädagogischen Ansatz die Ambiguität des Leibes als Element für religiöse Bildung ein (Sybille Becker, Leib – Geschlecht – Bildung. Perspektiven für die Religionspädagogik. Münster 2005, bisher die einzige konzeptionelle religionspädagogische Arbeit zu Leiblichkeit).

171 Zu dieser Frage haben Zilleßen und Beuscher, Heimbrock und Failing gearbeitet.

172 Siehe z.B. den Band von Bernhard Dressler u.a. (Hg.), Konfirmandenunterricht. Didaktik und Inszenierung.

173 Peter Biehl u. Mitarbeit von Ute Hinze / Rudolf Tammeus, Symbole geben zu lernen I: Einführung in die Symboldidaktik anhand der Symbole Hand, Haus, Weg. Neukirchen 1988; Peter Biehl u. Mitarbeit von Ute Hinze / Rudolf Tammeus / Dirk Tiedemann, Symbole geben zu lernen II: Zum Beispiel: Brot, Wasser und Kreuz. Beiträge zur Symbol- und Sakramentendidaktik. Neukirchen 1993 sowie ders., Festsymbole: Zum Beispiel Ostern.

Praxis seit Pestalozzi ein gängiger Grundsatz. Religionspädagogisch steht ein konzeptioneller Entwurf auf der Ebene didaktischer Theorie noch aus.

3 Lernräume der Tradition

Eine am Lernort Schule ansetzende Religionspädagogik und schulisch ausgerichtete Didaktik hat letztlich auf die Bedingungen, Möglichkeiten und Grenzen schulischen Religionsunterrichts einzugehen. Woran aber orientiert sich eine Religionspädagogin, wenn sie religiöses Lernen in seiner Elementarizität zur Sprache bringen will? Wie geht sie dabei mit Wirklichkeit um? Als Nachfolgerin der Katechetik liegt es der alten Disziplin Religionspädagogik nahe, in der Lehre dem Aufbau und der Struktur von Theologie zu folgen. Als kritische Verbündete der Pädagogik macht es für sie Sinn, sich anthropologisch und humanwissenschaftlich zu verwurzeln.

Eine Topographie beschreibt geographische Örtlichkeiten, indem sie Orte in ein Gelände einzeichnet. Ihre berühmteste Erscheinungsform ist die Landkarte. Sie bietet dem Betrachter ein Orientierungssystem, das ihm erlaubt, Orte und Landschaften hinsichtlich ihrer Größenverhältnisse und Beschaffenheiten zueinander ins Verhältnis zu setzen. Eine Topographie hat zugleich eine heuristische Funktion: Sie kann Kunstwerke nach Landschaftsgesichtspunkten untersuchen und ordnen. Eine Landkarte macht ihren Schemacharakter deutlich; sie unterliegt in ihrer Beschränktheit der Perspektive, die sich dem Produzenten und dem Beobachter bietet, und eröffnet damit zugleich eine relative Vielfalt der möglichen Landschaftsdarstellung. Meine Lernorttopographie ist in dieser Hinsicht bewusst topozentrisch gehalten, d.h. auf den Beobachtungsort als Mittelpunkt bezogen, da ich nur einige der Orte im Auge habe, die für die Voraussetzung schulischen Religionsunterrichts elementar sind. Eine Topographie nötigt zu einer lustvollen Bewegung: Mit dem Finger auf der Landkarte lässt sich virtuell von einem zum anderen Ort reisen, die Aufmerksamkeit auf Verbindungen ziehen, die längst vergessen, noch nie hergestellt oder alltäglich gegangen werden. Ihre entscheidende Leistung bedeutet zugleich ihre Einschränkung: Verhältnisse, die in Wahrheit dreidimensional existieren, werden in die Zweidimensionalität der Fläche gebracht, graphologisch in Schrift und Zeichnung übertragen und büßen damit ihre Räumlichkeit zunächst ein. Eine Topographie, die es mit dem „Trans-" der Religion aufnimmt, hat erst recht die Schwierigkeit, auch die weiteren Dimensionen transkribieren und damit notgedrungen auch simplifizieren zu müssen. Umso mehr wird es zur Sache der Geographen wie der Landkartenbenutzer, im Vorgang der Betrachtung diese Räume wieder aufzubauen: lesend, imaginativ, dank

Kreative Wahrnehmung als Ort der Symboldidaktik. Neukirchen 1999; Dietrich Zilleßen / Uwe Gerber, Und der König stieg herab von seinem Thron. Das Konzept religion elementar. Frankfurt 1997.

der menschlichen Einbildungskraft und der Intermediarität menschlicher und religiöser Räume.

Es liegt nahe, dass es in der Religionspädagogik so etwas wie eine Tradition des Umgangs mit Leiblichkeit gibt. Der Motor religionspädagogischen Treibens ist mit Richard Kabisch die Frage: „Wie lehren wir Religion?“[174] Ausgangspunkt dieser Bestrebungen zur Lehr- und Lernbarkeit von Religion ist, nachzuzeichnen, zu begreifen und zu gestalten, wie das Lehren und Lernen von Religion funktioniert. Das schließt sowohl die Konzeptionierung von Unterricht als auch die theologischen und sonstigen (psychologischen, politischen, humanwissenschaftlichen) Voraussetzungen dafür ein. Wenn hier religionspädagogische und -didaktische Ansätze auf ihr Verständnis von Leiblichkeit befragt werden, lautet somit die Frage, die Erkundungen zur Lehr- und Lernbarkeit von Religion vorantreibt: „Wie lehrte man in der Tradition die Handhabung von Religion, und welche Rolle hatte die Leiblichkeit dabei?“

Phänomenologische Zugänge zu der religionspädagogischen Gretchenfrage haben einen Zugriff, der sich von den Kategorien Raum, Zeit und Körper her ergibt. Ich frage nach dem Raum religionspädagogischer Prozesse und damit nach den Bedingungen und Strukturen des Unterrichts. Mit der Dimension der Zeit kommt die Frage nach Zeiträumen und -strukturen, nach den religiösen und religionspädagogischen Prozessen in den Blick. Insbesondere sollen hier die Konstruktionen und Umsetzungen von Leiblichkeit bei Person und Religion abgetastet werden. Religion tritt dabei in der je konzipierten und unterrichteten Gestalt zu Tage.

Die Auswahl zur Wahrnehmung, kritischen Analyse und Würdigung des Lehr- und Lernraumes von Religion erfolgt hier eklektisch und modellhaft an grundlegenden und angewandten religionspädagogischen Konzeptionen des 20. und 21. Jahrhunderts. Auswahlkriterium ist die Nähe zur Phänomenologie. Leitfrage für die historisch gewachsene Erdung der Leiblichkeit in der Religionspädagogik ist dabei der Blick für modellhafte Lern-Räume. Der Zugriff auf die Konzeptionen macht sich auf die Suche: *Wo kann ich mich mit meiner Frage und Suche nach Leiblichkeit einklinken? Welche Räume gibt die jeweilige unterrichtete Religion her?* und *Wie ist es dabei um den Lern-Raum der leiblich mitgehenden Lernenden und Lehrenden bestellt?* Wie also geht die Religionspädagogik, sprich: namhafte Religionspädagogen, mit Leiblichkeit um?[175]

---

174 Richard Kabisch, Wie lehren wir Religion? Versuch einer Methodik des evangelischen Religionsunterrichts für alle Schulen auf psychologischer Grundlage. Göttingen 1913.

175 Dass hier ausschließlich männliche Religionspädagogen betrachtet werden, liegt nicht an einer bewussten Ausklammerung der weiblichen Größen, sondern an einer Auswahl an Konzeptionen.

3.1 Martin Rang: Synästhesie des Wortes in der „Grenzsituation"

Sich in einer Phase der Profanisierung und Säkularisierung und der damit verbundenen Verarbeitung religionspädagogischer Vergangenheit von Religionspädagogik mit der Evangelischen Unterweisung zu beschäftigen, stellt ein notwendiges, wenngleich heikles Unterfangen dar. Die Rezeption dieser Phase religionspädagogischen Schaffens kann Fragen nach Macht und Ohnmacht, pädagogischerseits nach Autorität und Emanzipation nicht mehr außer Acht lassen. Hier soll das religionspädagogische Lernmodell Martin Rangs von einer Seite betrachtet werden, die phänomenologisch nach dem Leib-Raum-Konzept fragt.[176]

Evangelische Erziehung zwischen 1933 und 1945 bedeutet Nazismus und Volk ohne Raum: Allem Anschein nach wird die Wende durch die Machtergreifung Hitlers mit wenigen Ausnahmen als großes Ereignis positiv begrüßt.[177] Gemeint ist ein Staat, in dem Gott den Menschen anredet, gerade auch durch staatliche Erziehungs- und Unterrichtsmaßnahmen.[178] Auf der Grundlage eines Trennungsdenkens in Luthers Zwei-Reiche-Lehre werden Magdalene von Tilings „Grundlagen pädagogischen Denkens" von Karl Jarausch zu einer Tatpädagogik („Grundlagen pädagogischen Handelns") fortgeschrieben. Hier gilt es, mit der „Unfreiheit des Menschen" Ernst zu machen.[179] „Kittels Formel von der ‚Schule unter dem Evangelium' kann von ihm vor und nach 1945 leitmotivisch – in der Abwehr der liberalen (Religions-)Pädagogik mit ihrem Kriterium der „pädagogischen Autonomie" des Lehrers hin zum Bekenntnis zum Lehrer als dem „Diener der Ordnungen Gottes" verwendet werden.[180] Die Definition der innerchristlichen und innertheologischen Positionen erfolgt über theologische Kategorien, nicht über politische. Auf der Basis des deutschen Glaubens wird die Religionspädagogik selbstverständlich abgelehnt; für die „Deutsche Glaubensbewegung" gilt das Christentum als „historisch überholte Größe", sie wird daher selbst von den Deutschen Christen bekämpft.[181] Der Kirchenkampf bringt evangelische Christen und die Religionspädagogik wieder dahin, sich auf sichere Fundamente von kirchlicher Lehr- und Lebensform zu stellen.

---

176 Martin Rang, Handbuch für den biblischen Unterricht in zwei Bänden. Tübingen 1939. Nachfolgende Zitate beziehen sich auf die dritte Aufl. von 1948. Martin Rang (1900–1988), Professor für „Evangelische Religionswissenschaft und Religionspädagogik" wird 1933 an der Pädagogischen Akademie in Halle an der Saale von den Nationalsozialisten suspendiert und zwei Jahre später in das Amt des Studienrates zurückversetzt. Gespickt mit Erfahrungen aus dem Unterricht an einer Wiesbadener Schule sowie aus der Mitarbeit in der Bekennenden Kirche verfasst er sein zweibändiges Handbuch für den biblischen Unterricht.

177 Vgl. zu dem Folgenden: Karl Ernst Nipkow / Friedrich Schweitzer (Hg.), Religionspädagogik. Texte zur evangelischen Erziehungs- und Bildungsverantwortung seit der Reformation. Bd. 2.2.: 20. Jahrhundert. Gütersloh 1994, 34–41.105–143.

178 „Die restlose Preisgabe eines kritischen aufklärerischen Bildungsbegriffs zugunsten wirklichkeitsgehorsamer Pädagogik zeigt ihre Kehrseite" (a.a.O., 34).

179 Vgl. a.a.O., 35.

180 Vgl. ebd.

181 „Statt des Christentums sollte ‚den deutschen Kindern das Bild germanisch-heldischer Sittlichkeit religiös verbindlich' gemacht werden" (Schroth: Völkische Religiosität im christlichen Religionsunterricht. SchuEv 11 (1935/36), 160. Zit. nach: Nipkow / Schweitzer (Hg.), Religionspädagogik 2.2, 36). „Die religionspädagogischen Vorstellungen der radikalen und gemäßigten Deutschen Christen liefen auf eine Synthese von Nationalsozialismus und Christentum hinaus" (ebd.).

Differenzierungen gab es zwischen den Deutschen Christen und dem deutsch geprägten Christentum. Anhänger eines deutschgeprägten Christentums sind Hermann Tögel und Magdalene von Tiling, welche wie bei den Dt. Christen bejaht, „daß der Religionsunterricht auf ‚reformatorischer' Grundlage die ‚Grundwahrheiten unseres Lebens an Beispielen aus der heutigen Gesetzgebung und der sich neu gestaltenden Sitte' verdeutlicht."[182] Ein religionspädagogisch bedeutsamer Prüfstein wird die Behandlung des Alten Testaments, denn die theologische Sicht definiert sich „gleichzeitig neutestamentlich und antijüdisch."[183] Konfliktträchtig ist schließlich der Kampf um die evangelische Bekenntnisschule, eingebunden in Diskussionen um „Gemeinschaftsschule" und „Einheitsschule".[184] Die Argumentation bekommt einen Dreh zugunsten der Vereinbarkeit von Christentum und Nationalsozialismus, die Bekenntnisschule bleibt erhalten.

Es sieht so aus, als ob das sich evangelische und pädagogische Modell ganzheitlicher Erziehung einem völkisch-rassistisch aufgefüllten Ganzheitsgedanken unterwirft, der zu einem Topmodell totalitärer Pädagogik avanciert.[185] Drohende „Entkonfessionalisierung" soll durch kirchliche Appelle an den Staat gebremst werden, dafür werden Gemeinden in die Pflicht genommen[186], wobei führende Vertreter der Bekennenden Kirche den Ton angeben. Oskar Hammelsbeck, an Barth, Bonhoeffer und Barmer Thesen orientiert, bekommt als Mitglied der Schulkammer der Vorläufigen Kirchenleitung II eine zentrale Stellung. Von der die Zwei-Reiche-Lehre einschränkenden theologischen Voraussetzung aus, dass die Königsherrschaft Christi als ungeteilter Gehorsam unter dem einen Herrn in allen Lebensbereichen gilt, tritt Hammelsbeck dafür ein, nach dem Krieg auf die flächendeckende Wiedereinführung einer evangelischen Konfessionsschule zu verzichten. Er trägt maßgeblich zu zwei Vorschlägen bei: Als Pflichtschule soll es eine christliche Gemeinschaftsschule geben, die als „Allgemeine christliche Staatsschule" bezeichnet wird[187]; wo die Verhältnisse es erlauben, könne daneben eine „Schule mit der Bibel" eingerichtet werden.[188] Hammelsbeck tritt dafür ein, an der produktiven Spannung von Glaube und Bildung sowie von Theologie und Pädagogik festzuhalten.[189] Nach dem Krieg erfolgt eine ausdrückliche Anerkennung der begrenzten pädagogischen Autonomie.

Faktisch lassen sich in der Praxis unter dem Stichwort Evangelische Unterweisung Anliegen vieler Gruppierungen unterbringen. Methodologisch kenntnisreiche Lehrerinnen und Lehrer können auf die Reformpädagogik und damit auf Formen wie Singen und Erzählen zurückgreifen.[190] Neben Helmuth Kittel prägen Martin Rang und Oskar Hammelsbeck schließlich mit ihren Vorstellungen in der kirchlichen Phase der Verkündigungskonzeption den schulischen Religionsunterricht und Konfirmandenunterricht. Rangs Werk, das nicht auf zeitgenössische Themen wie Staat, Volk oder Rasse eingeht, sondern in der Nazischule ein christliches Profil herausarbeitet, ist noch Jahre nach dem Krieg für die Ausbildung der Religionslehrerschaft prägend.[191]

---

182 A.a.O., 37.

183 Ebd.

184 Vgl. a.a.O., 38.

185 Unter Berufungen auf Ernst Krieck, Vgl. a.a.O., 39.

186 „Die evangelische Kirche zieht sich aus der öffentlichen Schule in den innerkirchlichen Raum zurück und baut neue Formen christlicher Erziehung in Form einer pfarrgemeindlichen ‚Kinderlehre' bzw. ‚Christenlehre' auf" (ebd.).

187 Die Beschränkung galt neben evangelischem und katholischem Religionsunterricht für einen historisch bedeutsamen christlichen Einschlag in der Kultur.

188 „Der Name soll vor der Verwechslung mit dem katholischen Konfessionsschulideal bewahren." (Christian Grethlein, Religionspädagogik. Berlin / New York 1998, 107).

189 Vgl. Nipkow / Schweitzer (Hg.), Religionspädagogik 2.2, 41.

190 Vgl. Dieter Stoodt, Art. Evangelische Unterweisung. LexRP I, 521–526.

191 „Je mehr der Schwerpunkt des evangelischen Religionsunterrichtes aus der staatlichen Schule fort und in die rein kirchlichen Veranstaltungen hinübergleitet, desto mehr haben wir Veranlassung, das, was wir an Breite der Wirkungsmöglichkeiten verlieren, durch Straffheit

3.1.1 Rangs Konzeption: Kirchliche Erziehung zum Gehör des Wortes

Rang knüpft explizit an Bohnes die Evangelische Unterweisung begründende Konzeption in ihren Einwänden gegen die vom liberal-theologisch geprägten Geist der Religionspädagogik im Kulturprotestantismus und damit auch an die Lebensreform an.[192] Zur anderen Seite hin unterscheidet er Unterricht von Predigt und grenzt sich pädagogisch gegen Diesterwegs pädagogische Autonomie ab. Eher sind reformpädagogische Prinzipien am Werk. Anleihen entstammen der Existenzphilosophie (Jaspers, Heidegger) sowie durchaus „modernen" Erkenntnissen der Religionspsychologie. Die theologische Begründung des Religionsunterrichts exklusiv in der Taufe – entsprechend der Entdeckung der Souveränität des Evangeliums durch die Arbeit der Dialektischen Theologie – bringt eine streng systematisch orientierte und konfessionelle Ausgestaltung mit sich.

Der Auftrag des Religionsunterrichts ist nach Rang „kirchliche Erziehung" und damit „Kirche in der Schule".[193] Der Grundgedanke „Religionsunterricht ist Verkündigung" dreht sich um eine Vernetzung von biblischem Unterricht und Glaubenslehre.[194] Inhaltlicher Mittelpunkt dieses nachgeholten Taufunterrichts ist das Wort Gottes, eine Kraft, die in das menschliche Leben hineinwirkt. Die Bibel ist Sprachrohr für Gottes Wort und offenbart die (Heils-)Geschichte. Als Aufgabe der Verkündigung entpuppt sich damit, Gottes Wort im biblischen Wort zu hören und zu Gehör zu bringen.[195] Verkündigung ist damit „die durch das menschliche Tun hindurch wirkende Gegenwart des göttlichen Wortes"[196], der Religionsunterricht wird zu Bekenntnis und Anrede: Das religionspädagogische Bemühen hat dahin zu zielen, „daß die Geschichte, daß das Wort der Bibel durchscheinend werde, damit durch dieses Fenster hindurch der Strahl des Gotteswortes das Kind treffe".[197] Der Religionsunterricht führt in seiner Erziehung zu mündiger Gemeinschaft auf Kirche hin. Ziel der religiösen Erziehung ist die

---

und Entschiedenheit zu ersetzen." (Martin Rang, Handbuch für den biblischen Unterricht I, 8. Vgl. auch: Martin Rang. In: Religionspädagogik in Selbstdarstellungen. Bd. I. Hg. v. Bernhard Albers. Aachen 1980, 119–133).

192 „Es darf insbesondere seit Bohnes bahnbrechendem Buche ‚Das Wort Gottes und der Unterricht' als gemeinsame Überzeugung der neueren Religionspädagogik gelten, daß der christliche Religionsunterricht seinen Auftrag und seinen Inhalt nicht von Größen menschlicher Kultur und Bildung, sondern von Gottes Offenbarung und Gottes Befehl herleitet." (Martin Rang, Handbuch für den biblischen Unterricht I, 17.) Vgl. Gerhard Bohne, Das Wort Gottes und der Unterricht. Berlin ^{2}1932.

193 Martin Rang, Handbuch für den biblischen Unterricht I, 82.

194 A.a.O., 17. Gemäß dem Vorwort zur ersten Auflage. Nachfolgende Verweise beziehen sich auf die dritte Auflage, Tübingen 1948. Vgl. auch Horst Klaus Berg (Hg.), Die Methodik in der Evangelischen Unterweisung. Berlin 1966.

195 Vgl. Martin Rang, Handbuch für den biblischen Unterricht I, 18.20.

196 A.a.O., 28.

197 A.a.O., 19.

Wiedergeburt; in „der Geschichte finden die Kinder sich und ihr Leben wieder.“[198]

Die kirchliche Verwurzelung des Religionsunterrichts findet ihre Entsprechung in der Nähe zu kirchlichem Leben und Gottesdienst. Kirche als Teil der geistigen Heimat ist gleichermaßen kämpfende und bekennende wie erhaltende und pflegende Kirche.[199] Das Kind gehört durch die Taufe zu der Gemeinde des Heiligen, und diese Gemeinschaft wird auch im Religionsunterricht gepflegt. Ihre Formen werden hier als liturgische Formen gelernt. Die liturgische Gemeinschaft ist also keine Seelengemeinschaft, sondern Unverfügbarkeit und Pädagogik kommen hier dialektisch zusammen: Der Gottesdienst gehört zur „Formung des religiösen Lebens“[200]; man öffnet sich dem heiligen Wort und lässt sich von ihm anrühren. Auch die Schüler nehmen dem Wort gegenüber eine gottesdienstliche, ja andächtige Haltung an. „Das Verhältnis des Kindes zum Wort ist primär nicht Verständnis oder gar Bekenntnis, sondern Andacht“[201], denn in der Andacht kommt auch das Heilige des Wortes zur Sprache. Für die Gestaltung des Religionsunterrichts ergibt sich daraus eine gottesdienstliche Gemeinschaftshaltung und rhythmisch-liturgisches Leben. Zur liturgischen Gestaltung gehört z.B. auch die Pflege des Liedgutes. „Der Sinn eines Liedes ist, daß es gesungen, nicht daß es ‚behandelt‘ wird.“[202] Liturgisches Leben ist Leben in der Wiederholung der Öffnungsbewegung für den schöpferischen Geist, auch wenn es sich dabei hinsichtlich der Vernunftleitung zunächst nur um ein „notdürftiges“ Verständnis handelt.

Der Religionslehrer, in der Kirche ein kirchlicher Amtsträger, welcher zur Glaubenserziehung bevollmächtigt wird, steht somit zum einen als bekennender Zeuge mit seinem Engagement, seiner Person und seinem Glauben für den Unterricht ein.[203] Praktisch fungiert er auch als unterrichtender Liturg. In der enormen Bedeutung des Unterrichts innerhalb der geisteswissenschaftlichen Pädagogik liegt zum anderen seine Aufgabe darin, den Unterricht so zu strukturieren, dass sich das Zeugnis – unter Einschluss pädagogischer Unverfügbarkeit – in der Kraft Gottes lebendig und wirkmächtig entfalten kann.[204] Da der Schüler „Hö-

---

198 Ebd.

199 A.a.O., 89.

200 A.a.O., 110.

201 A.a.O., 116.

202 A.a.O., 122.

203 Mit Oskar Hammelsbecks „Leben unter dem Wort“ qualifiziert Rang: „Der Religionsunterricht hat sich in diese auch das Leben des Kindes umfassende kirchliche Unterweisung einzuordnen“ (80); das Kind soll den Alltag als Tag des Herrn begreifen.

204 So die Akzentuierung in kurzen Überblickskapiteln zur Geschichte der Religionspädagogik wie bei Adam/Lachmann: Religionspädagogisches Kompendium. Vgl. Martin Rang, Handbuch für den biblischen Unterricht I, 107. Zur Bedeutung des Unterrichts in dieser geisteswissenschaftlichen Pädagogik vgl. Christoph Bizer, Präludium: Zum Spiel religionspädagogischer Theorie. In: JRP 12 (1995). Neukirchen 1996, 9–25. Hier: 13.

rer" des Wortes ist, gehören auch der Ausbau psychologischer und insbesondere empathischer Sensibilität zu seiner Aufgabe: „Er muß also in liebevoller Einfühlung in die Seelenwelt des Kindes und Jugendlichen sich vorzustellen suchen, wie eigentlich dieser zwölfjährige Junge oder jenes fünfzehnjährige Mädchen das Wort aufnimmt."[205]

Religionsunterricht kann nicht immer lebensnah sein, denn Leben ist beides, Alltag und Grenzsituation. „Lebensnähe" gilt nicht als ein theologisches, sondern als ein methodisches Kriterium, welches davor bewahrt, dass die Verkündigung lediglich dogmatische Lehre bleibt.[206] Von Gott sprechen in der Verkündigung geschieht über die „Grenzsituation", die dem Glaubenden ein „Zeichen für jene sie völlig transzendierende ‚ewige Grundsituation' des Menschen" vor Gott ist.[207] Daher wird dem zu-hörenden Kind eine wirkliche Grenzsituation berichtend gegenübergestellt.[208] Der Religionsunterricht zeigt damit bewusst eine Lebensseite, die im Alltag kaum oder gar nicht, verzerrt oder gebrochen zur Anschauung kommt, „die aber in den seltenen und außerordentlichen Zeiten unseres Lebens fühlbar wird, wo hinter Gewohnheit und Alltag und rationaler Welt eine geheimnisvolle Tiefe sich auftut, ein weiterer und tieferer Lebensprospekt hinter der Vorbühne des täglichen Lebens"[209]

Religiöser Unterricht zielt auf Anschauung, ist entwickelnd und hat missionarische Impulse. Lernen und Begreifen geschieht hier nicht durch Nachahmung und Einfühlung, sondern aus der Erzählung von biblischen Menschen in Grenzsituationen kann ein Kind hörend verstehen, was es nie erlebt.[210] Die wichtigste Form ist daher die Erzählung; in ihr geschieht Begegnung und Anrede. Dabei ist auf die Wahrung der heiligen Sprache zu achten, denn das biblische Wort ist ein gehörtes Wort: Der „Schüler als Hörer" nimmt Gottes Wort nicht nur verstandes- und erlebensmäßig auf, sondern lernt, „es als ein Wort [zu] hören, das voller Autorität ist und mich unmittelbar angeht".[211] Das Neue Testament ermöglicht in den Christusgeschichten damit eine Begegnung mit Christus.

---

205 Martin Rang, Handbuch für den biblischen Unterricht I, 22.25.

206 Vgl. a.a.O., 60.72.

207 A.a.O., 77. Bei Rang wird der philosophische Begriff der Grenzsituation einer theologischen Prüfung unterzogen. Hier wird Kritik an der Philosophie laut, dass sie selbst sich der Grundsituation, nämlich dem Zugriff Gottes entzieht. Demgegenüber macht Rang die Grenzsituation biblisch als Zeichen von Gottes Führung fest (77–79).

208 A.a.O., 67.

209 A.a.O., 63. Daneben ist deutlich herausgestellt, philosophisch wie pädagogisch, dass die Grenzsituation als ein nötiger Umweg für die Durchleuchtung des Alltags wichtig ist (vgl. 80).

210 „Der psychologisch richtige Weg führt von dem Wirken Gottes im Großen zum Wirken Gottes im Kleinen, von der Verlorenheit des Menschen in Tod und Verzweiflung zur Verlorenheit in der Gleichgültigkeit und Unlebendigkeit des Alltags, von der Errettung aus höchster Not zu der gnädigen Bewahrung" (a.a.O., 80f; vgl. auch 70).

211 A.a.O., 20.

Während Rangs Grundlegungen in der Andacht münden, in welcher das unverfügbare Wort zur Sprache kommt, versteht er dann unter der Methodik den Bereich des Unterrichts, in dem er verfügt, reglementiert und Unterrichtserfolg zu sichern intendiert, „das nur ‚ahnende' Verstehen zu einem vollen und klaren Verstehen zu steigern" sucht.[212] Ausschließlich dem „immanenten Verstehen" dient nämlich die „Besprechung", welche die biblische Geschichte mittels Veranschaulichung und Textvergleich auf die „äußerliche Anschaulichkeit", die „innere Situation" und den „Aufbau" hin veranschaulicht und in den theologischen Kontext einbettet, der das „unmittelbare, gewissenerweckende Wirken" veranlassen soll[213]: „Zum anschaulichen Verständnis der Einzelgeschichte muß das grundsätzliche Verständnis der Gesamt- oder Heilsgeschichte hinzutreten."[214] In Abwendung der Herbart-Zillerschen Formalstufen und deren Umsetzung für den Religionsunterricht durch Pfennigsdorf und Schieder erhebt Rang den reformerischen Anspruch, „die Unterrichtsform aus dem Unterrichtsstoff [selbst zu] entwickeln."[215]

3.1.2 Das didaktische Modell: Titanic und die Sturmstillung. Die Behandlung einer neutestamentlichen Einzelgeschichte.[216]

Ein Stoffplan, den Rang für die Behandlung der neutestamentlichen Geschichte erstellt, baut sich nach einer bibeltheologischen, in Ansätzen evangeliengetreuen Anordnung auf; zugleich haben sich hier die religionspsychologischen und ansatzweise entwicklungspsychologischen Erkenntnisse niedergeschlagen, in den Lernprozessen wachse das Kind allmählich von der naiveren Jesusliebe in den reifen Christusglauben hinein.[217] Der Abschnitt über „Jesus den Helfer" sieht u.a. die Sturmstillungsgeschichte vor und verweist auf den Kontext „Über das Sorgen" in der Bergpredigt.[218] Wunder sind, so wird der Unterrichtende gelehrt, in didaktischer Hinsicht als religiöse Krafttaten zu behandeln, an deren sittlichem Charakter man ablesen kann, aus welcher Macht sie stammen.[219]

Rang stellt eine Unterrichtsstundenkonzeption zur Stillung des Sturms (Mk 4,35–41) vor, in welcher die zu behandelnde biblische Geschichte mit einer Beispielgeschichte verzahnt wird. Dabei baut sich eine Unterrichtsstruktur auf, die eigenes

212 A.a.O., 127.
213 A.a.O., 127–143.148–158.
214 A.a.O., 132.
215 A.a.O., 144.
216 Martin Rang, Handbuch für den biblischen Unterricht II, 252–256.
217 Vgl. a.a.O., 54–65.
218 Vgl. a.a.O., 37–44.
219 Vgl. a.a.O., 88.93.

und fremdes Erleben dialektisch in Einklang bringt.[220] Wie kann man sich diesen Unterricht vorstellen?

Didaktische Phantasie: In der „Sehschule" in Halle

Bei dem Lehrer Martin Rang geht es kirchlich-bewegt zu. Die Kinder und Jugendlichen sitzen in ihren Bänken, vor sich jeweils eine Bibel auf dem Tisch. Der Lehrer beginnt den Unterricht mit einem Lied und kündigt dann an, heute sei die Wundergeschichte von der Sturmstillung Jesu dran. Dazu werde er zunächst von einem Schiffsuntergang erzählen.

So schildert er eindrücklich und in glühenden Farben die Titanicgeschichte. Die Schüler sitzen zu Beginn aufrecht und gespannt in ihren Bänken und gehen bei der Erzählung innerlich mit den Passagieren der Titanic mit. Unruhe macht sich im Klassenzimmer breit. Der eine oder die andere fragt gleich nach, wie denn dieses und jenes geschehen konnte. Sie hören dann noch einen vorgelesenen Ausschnitt aus dem Augenzeugenbericht eines der Überlebenden. Hierbei stellt sich heraus: Die einen verzweifeln auf dem Schiff in völliger Panik, die anderen bewahren Ruhe. Woher nehmen sie die Ruhe? Es wird erarbeitet, dass das Vertrauen zu Gott in dieser Situation die Kraft zur Überwindung der Todesangst gegeben hat. Daraufhin erzählt der Lehrer die Sturmstillungsgeschichte. „Ah!", sieht man es in einigen Gesichtern der Kinder blitzen, „Den Jüngern ergeht es bestimmt auch so wie den Passagieren der Titanic. Andere sagen: „Jesus hat so viel Gottvertrauen, dass er sogar ruhig schlafen kann!" Für die weitere Besprechung der Wundergeschichte schlagen die Schüler ihre Bibeln auf, blättern eifrig und lesen die Geschichte. Der Lehrer leitet die Besprechung ein und gibt dazu Denkanstöße. So entwickelt sich ein Gesprächsgang, in dem der Lehrer noch ein paar Mal nachhakt. „Wann hat ein Kind Angst?"; „Warum hat man denn im Dunkeln Angst?" Die Schüler überlegen, melden sich und antworten: „Wenn man nichts sieht und alleine ist!", „Weil es unheimlich ist!". Im Gespräch wird erklärt, dass ein Kind die

---

[220] 0. Zur Einführung noch einmal der Ausgangspunkt: „Unser Erleben", also kindliches Erleben der Angst, beispielhaft an der „Panik bei einem Schiffsuntergang".
I. Veranschaulichung mit dem Ziel der Problemverdeutlichung:
Ia. Beispielgeschichte: Untergang der Titanic (Vorgeschichte, ausführliche Schilderung der Panikszenen, abschließender Augenzeugenbericht; berichtetes Erlebnis in Entsprechung zur geschilderten Lage der biblischen Geschichte. Feststellung der Unterscheidung der beiden in Menschengruppen verkörperten Haltungen: die Verzweifelten und die Ruhigen).
Ib. Erzählen der biblischen Geschichte – Augenmerk der Schüler auf der unterschiedlichen Haltung / Situation von Jüngern und Jesus (Jünger in Aufregung – Jesus schläft: Erzählung von während der Schlacht bei Wagram schlafenden Napoleon zur Verdeutlichung, Mt-Wort zum Verständnis der „inneren Haltung" der Jünger. Wende von der „Todesangst vor der Naturgewalt" zu „staunende[r] Scheu vor der Macht Jesu": Erschauern der Jünger vor der Wundertat Jesu).
II. Vertiefung: persönliches, gegenwärtiges und tieferes Verstehen in der „geistigen Bedeutung": Geborgenheit „bei Jesus auch i m Tod, nicht nur v o r dem Tod", Grenzsituation der Angst eines Kindes – Angst und Zuversicht der Erwachsenen (mit Veranschaulichung anhand des Gorch Fock-Wortes). Zeichen der Hand zur Geborgenheit im Tod.
III. Verstärkung / Transfer zur Verkündigung des Wunders als „Zeichen für die Macht Christi und die Liebe Gottes"; Liedkatechese „Wie mit grimmigem Unverstand ..." – Begreifen des Todes als „großes Dunkel, in dem man versinken kann".
IV. Andächtiges Hören des biblischen Wortes Rö 8 „Wer kann uns scheiden von der Liebe Gottes?" (Martin Rang, Handbuch für den biblischen Unterricht II, 254).

Angst verliert, wenn die Mutter im Zimmer Licht anknipst oder der Vater auf dem dunklen Weg die Hand des Kindes in seiner eigenen festhält. „Haben Erwachsene auch Angst?" – „Vielleicht", mutmaßen einige. „Also, wenn ich als Erwachsener auf der Titanic wäre, dann hätte ich vielleicht auch ein bisschen Angst." – „Ja, Erwachsene fürchten sich auch manchmal. Nicht vor diesem Dunkel, aber vor Krieg oder vor dem Tod sicher auch", bekräftigt der Lehrer die Schülerantwort. Die Angst der Erwachsenen ist der der Kinder gleich, hat aber andere Auslöser. Schließlich erzählt der Lehrer von der „Gorch Fock": „Das Meer, in das mein Leib versinkt, ist auch nur die hohle Hand meines Heilandes, aus der mich nichts reißen kann." Die Geborgenheit gilt auch hier, wie auf der Titanic, nicht nur der Errettung *vor*, sondern *im* Tod. Die Schüler bekräftigen das und singen ein Lied, welches die Rettung im Tod herausstellt:

Wie mit grimmgem Unverstand Wellen sich bewegen!
Nirgends Rettung, nirgends Land vor des Sturmwinds Schlägen!
Einer ist's, der in der Nacht, einer ist's, der uns bewacht:
Christ, Kyrie, du wandelst auf der See.
...
Einst in meiner letzten Not laß mich nicht versinken.
Sollt ich von dem bittern Tod Well auf Welle trinken,
reiche mir dann liebentbrannt, Herr, Herr, deine Glaubenshand!
Christ, Kyrie, komm zu uns auf die See![221]

Der Lehrer fragt nach dem Beweggrund für das Anfügen der vierten Strophe. Die Schüler bekräftigen, was sie nun schon kennen: Wichtiger als die Rettung vor dem Tod ist die Errettung *im* Tod! Der Tod ist nichts anderes als das unheimliche Dunkel, im dem zu versinken wir uns fürchten. Wer jedoch Gottes in Hand gehalten ist, dem verschwindet das Grauen vor dem Meer und dem Dunkel. Die Schüler hören andächtig dem predigenden Schlusswort zu: „Wer will uns scheiden von der Liebe Gottes?" (Rö 8,35.38f).

3.1.3 Umgang mit Religion: Kirchlich wirkendes Wort

Lernraum als Raum der Grenzerfahrung: Religiöses Lernen funktioniert bei Rang durch den Aufbau von Räumen. In ein liturgisches Konzept eingebettet, wird das Schiff zum (inneren) Ort und Bezugspunkt, ja zum religiösen Raum für die Lernbewegung der Schüler.

Rang geht dabei von den kindlichen und menschlichen Grunderfahrungen der Existenz aus; hier wird die Grenzsituation der Angst aufgenommen und diese Not an der Beispielgeschichte vom Untergang der Titanic konkretisiert.[222] Die Vorgeschichte mit ihren ausführlichen Schilderungen der Panikszenen veranschaulicht das Beispiel „Panik bei einem Schiffsuntergang" und lässt die SchülerInnen einen Ein-Blick bekommen, wie Angst sichtbar und spürbar wird. Der Augenzeugenbericht in Ich-Form bietet Raum zur Perspektivenübernahme. Die

221 EG 592,1.4. Text nach Johannes Daniel Falk 1816, 1819, Melodie 1829 von Karl Loewe.
222 Vgl. dieses Beispiel auch bei Kabisch, Wie lehren wir Religion? 177.

so geförderte Erschließung der beiden in den Menschengruppen verkörperten Haltungen zeigt: Es gibt die Verzweifelten und die Ruhigen. Diese Perspektivität findet sich in der biblischen Geschichte wieder. Im Laufe der Erzählung und deren Ausgestaltung werden die Kinder in die Verzweiflung, in die Grenzsituation der Jünger, geworfen. Möglicherweise liegt in dem Wunder des Überlebens, das aus der Beispielgeschichte bekannt ist, zugleich auch ein Keim der Hoffnung und (Er-)Kenntnis der Existenz in Gottes Nähe. Der Religionslehrer kann nun den Retter vor Augen malen, wie er die Wogen der Angst glättet. Vermutlich macht sich auch ein Seufzer der Erleichterung im Klassenzimmer breit. Das Augenmerk der Schüler liegt wiederum auf dem Spannungsbogen von Jüngern und Jesus: hier die Jünger in Aufregung – dort Jesus, der schläft. Zur Verdeutlichung wird ein anderes Beispiel gewählt, es folgt ein Matthäus-Wort zum Verständnis der „inneren Haltung“[223] der Jünger. Und dann kommt die Wende, das Schiff hört auf zu schwanken, die SchülerInnen gehen mit: Die Jünger verlieren ihre „Todesangst vor der Naturgewalt“ und erschauern vor der Wundertat Jesu, ja, es packt sie die „staunende Scheu vor der Macht Jesu“.[224]

In dieser Grenzsituation spitzt sich die Grundsituation der Existenz zu.[225] Rang weiß sich doppelt zu helfen: Die Grenzerfahrung findet einen Niederschlag in den Personen der Geschichten und damit im Raum des Schiffes. Die Kinder können die Lage der Jünger sehen, sich möglicherweise in sie hineinversetzen, ohne auf eigene (nicht vorhandene) konkrete Schiffserfahrungen rekurrieren zu müssen und auch ohne explizite Impulse zur Identifikation („Ich als Jünger“) zu bekommen, sie können Ähnlichkeiten verwandter Angstsituationen realisieren; im Raum der Anschaulichkeit kann die Situation der Jünger und auch der Schiffspassagiere von innen her, als innere Situation, verstanden werden. Dazu trägt auch der Augenzeugenbericht in Ich-Form bei: Die SchülerInnen sehen vor sich den Überlebenden (bzw. ihren Religionslehrer, der beim Lesen in die Rolle eines der Überlebenden tritt). Die Beschreibungen und die in Gang gesetzte Phantasie der Lerngruppe nimmt zum einen auf die „schauerliche“ Todesangst der gesamten Schiffsbesatzung vermutlich auch atmosphärisch Einfluss, andererseits sieht sie sich einem Geretteten gegenüber, der *personal* für das Vertrauen in

223 Martin Rang, Handbuch für den biblischen Unterricht II, 254.

224 Ebd.

225 Inwieweit Rangs Erfahrungswelt des untergegangenen Dampfers in den eigenen die konkrete Situation betreffenden Erfahrungshorizont hineinreicht, bleibt nur zu vermuten. Das gegenwärtige Pendant ist keine Erzählung, sondern die neueste Verfilmung der Titanic. Ich vermute, dass das Medium Kinofilm die Betrachter – auch Kinder und Jugendliche – ebenso hautnah in die Paniksituation der dargestellten Personen versetzt. James Camerons „Titanic“ (USA 1997) kam am 8.1.1998 in die deutschen Kinos. Vgl. zur veränderten Wahrnehmung der Zuschauenden und der religionspädagogischen Ausschöpfung eines „gebrochenen Mythos“: Hans-Martin Gutmann, Der Herr der Heerscharen, die Prinzessin der Herzen und der König der Löwen, 138–146.

das göttliche Geschehen steht, der die Erfahrung göttlicher Rettung in der Bewegung der Geschichten bis zum Hineinschlüpfen verkörpert.

Was die SchülerInnen bis hierher im Erzählten zwar nicht leiblich, aber räumlich nachvollzogen haben, wird nun durch Erklärungen und Fragen zu einem persönlicheren, gegenwärtigen und tieferen Verstehen in der „geistigen Bedeutung"[226] gefestigt: „Geborgen sind wir bei Jesus auch i m Tode, nicht nur v o r dem Tode"[227]. In der Grenzsituation der Angst eines Kindes, die der von Erwachsenen gleich ist, wird die göttliche Hand zum bergenden Raum, zum Schiff der Geborgenheit im Tod. Da liegt es nahe, das Wunder als „Zeichen für die Macht Christi und die Liebe Gottes" zu verkündigen und dieser Verkündigung gemeinschaftlich Stimme zu geben: Im Lied „Wie mit grimmigem Unverstand ..." erscheint der Tod als „großes Dunkel, in dem man versinken kann".[228] Das andächtige Hören des biblischen Wortes schließt den Unterricht ab und öffnet den immanenten Raum in den kosmischen Raum hinein.

Rang sieht bewusst einen Weg von außen nach innen vor. Die Not der Situation der Todesgefahr wird im Erzählen an die Schüler herangetragen. Das Eingehen auf die „Grenzsituation" der berichteten und dann auch der biblischen Gestalten schafft damit in erster Linie Raum für das Mitgehen und -empfinden. Die Innenwelt der Unterweisung dieser Geschichte käme ohne die Anschaulichkeit der Figuren und Handlung nicht aus und umgekehrt. Der Religionslehrer öffnet durch das Erzählen mehrere Räume und kann auch den Retter narrativ auftreten lassen, der die Wogen der Angst glättet. Er lässt das äußerliche Verständnis literarisch vermitteln, d.h. das den Tod überschreitende Vertrauen äußert ein Schriftsteller durch die Person eines Matrosen, von dem jedes Kind weiß, dass kein anderer so eng verbunden mit der See ist und der vermutlich zudem noch den Seemannstraum manch kleiner Jungen verkörpert. Das Eingehen auf die „Grenzsituation" der biblischen Gestalten schafft damit in erster Linie Be-Weg-ung für das Mitgehen zu einem persönlicheren, tieferen und gegenwärtigen Verständnis. Die Erzählung gewährt der Grenzsituation Raum: Die Innenwelt der Geschichte kommt ohne die Anschaulichkeit der Figuren und Handlung nicht aus und umgekehrt. Der didaktische Impuls für die Besprechung „Wann hat ein Kind Angst?" lässt in der distanzierenden Formulierung für den Lernenden zunächst einmal offen, ob er sich selbst als jenes Kind sieht oder sich dieser Grenzsituation in der Anschaulichkeit nähert, nämlich aus der Perspektive eines Beobachters, der sich „Angst" als die körperlichen, seelischen Aktionen aus der Erinnerung, aus den Wahrnehmungen der anderen erschließt.

---

226 Martin Rang, Handbuch für den biblischen Unterricht II, 254.

227 Ebd. Hervorhebungen im Original.

228 Im Gegensatz zur Katechese als Lehransatz von 1914/15!

Eingebunden ist der Unterricht mit all seinen Facetten in ein rituelles, an theologischen Grundfesten orientiertes Konzept. Der Weg durch die Stunde weist in seiner liturgischen Ausrichtung einen Weg in das innerliche Leben: von der Angst über die Bewegung der Anrede auf den Schüler zu und durch den Entscheidungsspielraum in den inneren Kosmos der Sicherheit. Dazu erfordert es gemeinschaftlich-leibliches Mittun, aber auch das Wiederkehrschema der Verkündigung. Das Wort Gottes bekommt in diesem Konzept den Raum der Predigt für seine eigene Verwirklichung zugesprochen. Aus der mirakulösen Geschichte schält sich für die SchülerInnen eine Wundergeschichte heraus, die das Wunder als Zeichen für die Macht Christi ereignen und erkennen lässt, aus der Geschichte ein Wort der Verkündigung und des Glaubens. Bereichert wird das Konzept jedoch noch um ein weiteres Element: Das äußere Verständnis muss gefördert werden, in bestimmten Punkten geht es um Aufklärung, und zwar nicht betreffend soziologischer oder politischer Kontexte, sondern theologisch gilt es, das personal und narrativ partiell Erlebbare in den Raum der Heilsgeschichte zu überführen. Die SchülerInnen wiederholen und bewegen ihr Wissen im Sinne der Festigung in Gemeinschaft. Auswendiglernen und Nachsprechen nehmen einen festen Platz ein, der nicht nur geistig zu haben ist, sondern körperliche Anstrengungen des Sprechens einfordert und die Worte chorisch rhythmisiert.

Der Raum, den das bedrohte Ich für sich „innerlich" sichern muss: „Grenzsituation". Der Unterricht gestaltet sich bezüglich der Raum-Zeit-Konstruktion in einer ausgesprochenen Bewegung des Eintauchens in die Grenzsituation „Enge/Angst" im Bogen bis zum Unterrichtsschluss der Vereinigung mit dem kosmischen Raum. Martin Rang stellt (im Gefolge von Jaspers) in seinem biblischen Unterweisungsunterricht die SchülerInnen in Grenzsituationen, aus denen heraus christliche Formen rituell in Gebrauch genommen werden. In der Anschauung der inneren wie äußeren Situation der Figuren offenbart sich nicht nur die Grenzsituation der biblischen Erzählung – so etwa in die Sturmstillungsgeschichte – und begegnet als Grundsituation des Menschen vor Gott, sondern begleitet als Passagewort über die Grenze hinweg. Das Wort Gottes schafft sich damit unter den Lernenden Gehör. Die Lernenden sind über die Grenzsituation in ihre Grundsituation geworfen und werden ihrer Existenz vor Gott gewahr.

Der Umgang mit der Sturmstillungsgeschichte im Konzept Martin Rangs zeigt, dass mit der Anrede, dem Entscheid, Ruhigen und Unruhigen eine Alternative und damit den Lernenden ein Raum eröffnet wird, sich auf verschiedene Seiten zu positionieren. Diese Räume finden sich in der biblischen Geschichte wieder; diese dient als Schlüssel für die Eröffnung des Raums der Ruhe, die am Schluss des Unterrichtsprozesses durch das Evangelium verstärkt wird. Verkündigung ist damit nicht die missionarische Unterweisung, sondern ein Ereignis, das Raum für sich ereignende Erkenntnis beansprucht. Die Räume der Geschichte werden wie die Räume der Lernenden und der Welt bewegt; indem der Schüler die Räume bewegt und sich in ihnen bewegt, lernt er leibhaftig, Grenzsituationen anzuerkennen, ihnen nicht auszuweichen, sie zu bestehen, indem sie begangen werden. Die Grundsituation bzw. Grenzsituation vor Gott lässt sich als Raum beschreiben, in dem die gefährdeten Lernenden ihr Inneres sichern. Die Sturmstillung baut sich „Lebensraum" auf, der die Lernenden atmosphärisch umgeben kann und sich in der jeweiligen Kameradschaft transferiert. Die Grund- und Grenz-Situation und die biblische Geschichte gestalten sich darin aneinander. Dieser Raum ist „Körperraum", indem er die körperliche Haltung und seelische Haltung beeinflusst (Ermöglichung des aufrechten Ganges). Die körperhafte Leiblichkeit kommt hier partiell zum Tragen, indem dem Ereignis durch Hören und Singen Raum gegeben ist. Resonanz und Reflexion werden nicht explizit körperbezogen vorgenommen, doch der innere Erfahrungsraum der Lernenden wird konsequent beachtet.

Von deutlicher kritischer Brisanz erscheint mir das Verhältnis von Unterricht und Verkündigung. Auch der Lehrende hält Geist, Körper und Seele bereit, für eine – auch institutionelle – Sache einzustehen, um deren Stand er möglicherweise selbst ringt und deren Tür ihm bisher eher angelehnt erscheint. Auffallend sind in jedem Fall das geforderte leiblich-leibhaftige Engagement des Religionslehrers, die Konkretion einer kritischen Haltung zur Welt durch die andere Wirklichkeit des Evangeliums, ein ganz sinnlicher Bezug zu Kirche, ihren Formen und kirchlicher Gemeinschaft – und das in einer Zeit der Konkurrenz durchaus gemeinschaftsorientierter Heilsanbieter. Der Ort des Religionsunterrichts steht auf der Kippe: Ist er – missionarisch – ausführendes Organ der Kirche oder Bindeglied der Berührung zwischen Schule und Kirche? Gemeinsam ist beiden, dass Religion hier in ihrem Ereignischarakter virulent wird.

3.1.4 Der Leib als liturgisch-bewegter Träger des Wortes

Der Weg des personalen Lernens erfolgt hinsichtlich der Subjektivität reformpädagogisch über einen zu gestaltenden Innenraum, der bis dorthin vor allem zum Hervorbringen von Religion nutzbar war und nun zur Dimension wachsender Bildung und ritueller Entfaltung von Religion eingerichtet werden kann. Dieser Raum wird jedoch kommunikativ zu Bild (Symbol), Sprache (Mythos) und Darstellung (Ritual) gebracht. Körperliche Bewegung konzentriert sich auf Singen, Gebet und Segensempfang, so dass rituelle Verhaltensmomente, wie sie Manfred Josuttis für die Liturgik beschreibt, nicht nur schulisch im Sinne einer Erprobung „inszeniert", sondern im vollen Ernst religiöser Wirklichkeit vollzogen werden. Was hier als Situation aufgenommen wird, verhandelt innere Beweglichkeit und Prägung von außen durch die Form miteinander, ohne in Betroffenheitspädagogik zu kippen. Die Qualität der Rangschen Konzeption sehe ich in der Chance eines Modells für das spannungsreiche Zusammenspiel von Leiblichkeit in Bewegung und Form, genauer in der leiblich zugänglichen kritischen Wieder- oder Neubelebung zeitweilig längst tot geglaubter kirchlich-theologisch verfasster Formen, der Inanspruchnahme von Ritualen und der liturgischen Akzentsetzung auf Gestalten der Heiligen Schrift. In Abgrenzung zu anderen Ansätzen der so genannten „Unterweisung“ müsste hier vielmehr von „Einführung“ die Rede sein.[229] Die symbolisierende Kraft des Wortes wird von Lehrenden und Lernenden synästhetisch wahr- und synergetisch in Anspruch genommen. Deutlich wird, dass der Religionsunterricht in seiner Identifikation mit Kirche selbst wenig Raum zur Verfügung hat. Der Lernort Schule ist als solcher noch nicht erkannt.

3.2 Martin Stallmann und die existentiale Intellektualisierung des Christlichen: hermeneutische Raumbeschneidung

3.2.1 Das Konzept: Hermeneutik und Didaktik, Fraglichkeit und Antwort

Martin Stallmann (1903–1980) war von 1946 an nebenamtlicher Dozent für Religionspädagogik an der Pädagogischen Hochschule in Lüneburg und wurde 1961 an die Pädagogische Hochschule nach Göttingen berufen. An der dortigen Theologischen Fakultät erhielt er eine Honorarprofessur. 1968 wurde Stallmann emeritiert.

Evangelische Religionspädagogik in der Nachkriegszeit: In der Folge von Krieg und Unterweisung erfolgt eine starke Konzentration auf den Religionsunterricht. Kittels Ruf „Nie wieder Religionspädagogik“ wirkt autoritativ, aber nicht lange. Ab 1950 wird die Forderung nach einem „deiktischen“[230] Religionsunterricht gestellt, der auf die religiöse Frage und Bedeutung der Bibel hinweisen soll. Damit wird die Frage nach dem Verstehen und die Not einer Interpretation laut.[231] Hans Stock und andere erheben an die Verkündigungskonzeption den Vorwurf, „man braucht die Evangelientexte als Material und Beleg für eine lehrhaft-kerygmatische Unterweisung“.[232] Die Wende zu einem später so genannten hermeneutischen Religionsunterricht[233] steht an, der bereits zwar Schülerbezogenheit andenkt, dem es aber an didaktisch-methodischer Konsequenz dahingehend (noch) fehlt. Stock geht vom ungläubigen Schüler aus und nimmt damit die Situation des „modernen Menschen“ wieder ernst. Der Neuansatz verändert noch nicht die Mittelpunktstellung der Bibel; es gibt zunächst polemische Spannungen mit der sich noch weiter behauptenden Evangelischen Unterweisung. Im Gefolge des späten Gogarten, für den Christen-

---

229 Nicht ohne Affinitäten zu Manfred Josuttis, Die Einführung in das Leben. Pastoraltheologie zwischen Phänomenologie und Spiritualität. Gütersloh 1996.

230 Gert Otto (zu Erich Weniger), „Deiktischer Unterricht“ als Ausweg. In: Gert Otto, Schule, Religionsunterricht, Kirche. Göttingen [3]1968, 65–72.

231 „Religionswissenschaftliche Untersuchungen zum Umgang mit der Bibel in der Ev. Unterweisung decken in der Folgezeit die wissenschaftliche Unhaltbarkeit üblich gewordener ‚Auslegungen‘ auf“ (Religionspädagogik 2.2, 47). „Otto Baumgartens ‚Anklagen des Wahrheitssinns‘ im Zeichen intellektueller Redlichkeit kehren zum Teil wörtlich wieder“ (Nipkow / Schweitzer (Hg.), Religionspädagogik 2.2, 47).

232 Hans Stock, vgl. A.a.O., 47.

233 Vgl. Gert Otto, Handbuch des Religionsunterrichts. Hamburg 1964.

tum eine geschichtliche Größe ist und der die „Säkularisierung als theologisches Problem" (1953) versteht, unterscheidet Martin Stallmann zwischen Christentum und Glauben. Der Religionsunterricht wird schul- und bildungstheoretisch begründet; als auslegender Unterricht ist er mit anderen Fächern wie dem Deutschunterricht vergleichbar und dient der Schule auch grundsätzlich bei ihrer Aufgabe der Erschließung der geschichtlichen Überlieferung.[234] Im Gegensatz zu der kulturprotestantischen Religionspädagogik, welche dieses ebenso gefordert hatte, werden Stallmanns Ausarbeitungen existenztheologisch begründet.[235] Stallmann setzt sich rege mit Rang auseinander. Seine ‚radikal-kerygmatische' Position setzt sich nachfolgend nicht durch; durch Käsemanns Einfluss wird die scharfe ‚Kontrastierung von Jesushistorie und Osterkerygma' rückgängig gemacht.[236] Konsequenterweise differenziert man erneut zwischen schulischem Religionsunterricht und gemeindlichem Konfirmandenunterricht – eine schon zu Anfang des Jahrhunderts von Bornemann, Kabisch und Niebergall getroffene Unterscheidung, die aber durch Rang und andere rückgängig gemacht worden war. Gert Otto fordert die Berücksichtigung der Lernorte und innergemeindlicher anderer Situationen.[237]

In der Unterscheidung von schulischem und kirchlichem Unterricht unter Rücksichtnahme auf den säkularen Lernort „Schule" hat ein christlicher Religionsunterricht seinen schulpädagogisch legitimen Ort im Rahmen der Auslegung von Überlieferung in der Schule. Stallmann denkt bei aller schultheoretischer Begründung von der vorfindlichen Religion her: Das Christentum ist ein konstitutives Element der Tradition, in der die Schule steht und die sie auszulegen hat. „Die Schule pflegt den Überlieferungszusammenhang, indem sie das Überlieferungsgut auslegt. Tradition wird so vergegenwärtigt, dass ihre Frage uns in der Wirklichkeit unserer Geschichte trifft. So geht die Schule mit allem geschichtlich Gegebenen um, weil nichts davon mehr selbstverständlich ist. [...] Auch das Christentum wird in der Schule ausgelegt, es wird verständlich gemacht von seinem Ursprung her."[238] Das Christentum, mit dem es die Schule zu tun hat, ist mit dem Namen „Religion" benannt. So wie Christentum vom christlichen Glauben unterschieden wird, wird auch zwischen Religion und Glauben unterschieden: Schulischer Religionsunterricht beschäftigt sich mit dem Phänomen Christentum als *Religion*. Christlicher *Glaube* hingegen hat seinen Ort in einem davon getrennten kirchlichen Unterricht.

Religionsunterricht ist demzufolge der Ort für existentiale Interpretation; die Aufgabe des Unterrichts ist Exegese und nicht Predigt. Anthropologischer Ausgangspunkt des Unterrichts ist, gespeist vom Existentialismus Heideggers, die

---

234 Vgl. Nipkow / Schweitzer (Hg.), Religionspädagogik 2.2, 48–49.

235 „Rang hatte von den ‚Grenzsituationen' gesprochen, Kabisch von der Schulderfahrung im Gewissen; Stallmann spricht die ‚Fragwürdigkeit' der menschlichen Existenz am radikalsten an" (ebd.).

236 Hans Stock, Studien zur Auslegung der synoptischen Evangelien im Unterricht. Gütersloh 1959, 34. Vgl. Nipkow / Schweitzer (Hg.), Religionspädagogik 2.2, 50.

237 Vgl. die heutige Diskussion um außerschulische Lernorte auch innerhalb des Religionsunterrichts!

238 Martin Stallmann, Vom Religionsunterricht in der Schule (1958). In: Horst Gloy (Hg.), Evangelischer Religionsunterricht in einer säkularisierten Gesellschaft. Göttingen [2]1972, 115–121. Hier: 116.

Fraglichkeit des Menschen. Die Schule hat die Schülerinnen und Schüler durch „Arbeit am Bibeltext“ dazu anzuleiten, die Gegenwart und sich selbst (als geschichtliches Wesen) mit Hilfe der christlichen Überlieferungen zu verstehen. Eine solche Arbeit kann den Kindern und Jugendlichen zwar nicht den Glauben vermitteln, sie ist jedoch unentbehrlich, um die Gegenwart als Ort ursprünglicher Erfahrung von Freiheit und Verantwortung[239] wahrnehmen zu lernen. Der Hermeneutische (auslegende) Religionsunterricht fordert die christliche Tradition zu existentialen Grundsachverhalten wie Angst, Hoffnung, Vergänglichkeit etc. heraus, um so einen Beitrag zur Selbstwerdung des Menschen zu leisten. Daneben soll er auch dazu verhelfen, die biblische und christliche Tradition besser und sachgemäßer zu verstehen.

Stallmanns Auseinandersetzung mit Rang: Martin Stallmann setzt sich in seinen „Katechetischen Beiträgen“[240] vor dem Hintergrund der existentialen Theologien von Bultmann und Gogarten kritisch mit Martin Rang und seiner Selbstverständlichkeit didaktischen Konzeptionierens auseinander. So wie der Glaube das Gestaltungsprinzip der biblischen Erzählungen und nicht die Begründung von historischen Jesus-Aussagen ausmacht, ist das Kerygma als „Überlieferungsgeschehen“, nicht als fixierbares Überlieferungsgut zu begreifen. Das hat zur Folge, dass nicht das Berichtete, sondern der „Vorgang des Berichtens“ angesehen werden muss, der sich auf Jesus Christus richtet. Das macht einen neuen Ansatz notwendig. Das Nacherzählen zielt in seiner Form an der Textintention vorbei, die Zeugnis der Christusherrschaft ist. Für Stallmann ist undenkbar, dass sich das pro me erzählend realisieren ließe, denn es erzählt Vergangenes, und das existentiell Betreffende kann nur Gleichzeitiges sein. In den Hermeneutiken, angefangen bei Augustinus über Luther bis zur Gegenwart lasse sich die erzählende Vergegenwärtigung biblischer Geschichte als christliches Unterrichtsprinzip nicht nachweisen. Der christliche und insbesondere der biblische Unterricht darf sich nicht der Verkündigung, sondern muss sich der Auslegung, der Exegese verpflichten: „Auf die Erfahrungen in der Begegnung mit ihr hin muß christliche Tradition ausgelegt werden, und dabei wird die Verkündigung selbst als Anrede verständlich, durch die der Mensch immer schon nach dem Verständnis seiner selbst gefragt ist.“[241] Damit gilt es, das Verhältnis von Hermeneutik und Didaktik so zu überdenken, dass eines nicht ohne das andere vollzogen wird, ohne jedoch in einer vermeintlichen Identität bzw. „Harmonie“ von Didaktik und Hermeneutik aufzugehen: „In der Didaktik fallen hermeneutische Entscheidungen“.[242] Hier liegt der Fingerzeig, mit kritischem Blick auf Dilthey, insbesondere auf der Notwendigkeit der Kon-

---

239 Martin Stallmann, vgl. a.a.O.

240 Martin Stallmann, Zur hermeneutischen und didaktischen Problematik des biblischen Unterrichts. in: ders., Die biblische Geschichte im Unterricht. Katechetische Beiträge I. (1963) Göttingen ²1969, 203–263.

241 A.a.O., 249.

242 A.a.O., 257.259.

kretion geschichtlicher Wirksamkeit; damit kommt erstmalig der Hörer des Evangeliums als Angesprochener explizit zur Geltung. Überlieferung ist kein inhaltlicher Kanon, sondern „ein immer schon und immer noch im Gang befindliches Geschehen, das der Auslegung bedarf, um als das verstanden zu werden, was es ist: als die geschichtliche Welt des Menschen, die ihn je auf verschiedene Weise [...] umfängt".[243]

Die schulische Begründung des Religionsunterrichts entbehrt nicht der theologischen Fundierung und Einforderung wissenschaftsorientierter, exegetisch-theologischer Arbeit; (historisch-)kritisches Potential und existentielle Betroffenheit tragen dazu bei, dass eine Erziehung zu Dialogfähigkeit in Gang kommt. Theologisch wird Predigt und Unterricht in Unterscheidung aufeinander bezogen: Ein Ansatz, der vom Kerygma ausgeht, dessen Dreh- und Angelpunkt der Glauben ist, der die theologischen Gehälter (Predigt) zum Ausgangspunkt nimmt, entwickelt sein Konzept folgenschwer anhand der Facetten des christlichen Kerygmas. Stallmann ist zum einen derjenige, der eine säkulare Begründung des Standorts Schule als religionspädagogischen Ort liefert. Zum anderen liegt ihm genau aus diesem Grund an einer Didaktik des Verstehens von Glauben, die ganz deutlich Bezüge zu Kirche, zum Verkündigungskonzept und zu Unterweisungsstrukturen aufweist; ohne den dogmatischen Rückhalt und ohne die Kirchlichkeit, ohne die Ekklesiologie des Unterweisungsprogramms, an der sich die Hermeneutik abarbeitet, ist das hermeneutische Konzept nicht denkbar. Das gleiche gilt für die praktisch-theologischen Voraussetzungen.[244] Unterricht steht also unter dem Gesetz, die Jugendlichen auf das zu hörende Evangelium vorzubereiten oder das dort gehörte Evangelium nachzubereiten.[245] Der Unterschied zu Rang macht sich in der Sprachhandlung deutlich: Verkündigung geschieht in

---

243 A.a.O., 260.

244 In seiner katechetischen Theologie von 1972 setzt sich Christoph Bizer kritisch mit dem Stallmannschen Konzept von Unterricht, Predigt und Verkündigung im Verhältnis zur Evangelischen Unterweisung und zum Hermeneutischen Unterricht auseinander (Christoph Bizer, Unterricht und Predigt. Analysen und Skizzen zum Ansatz katechetischer Theologie. Gütersloh 1972): „Dort war in der Theoriebildung der Ort, den die unter den jeweiligen gesellschaftlichen Verhältnissen ihren Anspruch konkret vertretende Kirche einzunehmen hätte, durch Verkündigungstheorien besetzt, deren Verhältnis zur Praxis nicht methodisch überprüft, sondern im Vertrauen auf die Homiletik als verifiziert vorausgesetzt und in zentralen Punkten fraglos übernommen wurde" (72). Bizer stellt heraus, dass sich Stallmann in seinem Plädoyer für einen „Anschluß des Unterrichts an die Predigt" im Gefolge von Martin Doerne „dem traditionellen homiletischen Duktus" (74) überlässt und die für Predigt konstitutive reformatorische Unterscheidungsstruktur von Gesetz und Evangelium vermissen lässt.

245 „Von seinen Kritikern aus dem Lager der Evangelischen Unterweisung ist nicht erkannt worden, wie sehr Stallmann als radikaler Vertreter der Wort-Gottes-Theologie mit der genannten, anfechtbaren Unterscheidung von ‚Verkündigung' in der Predigt und ‚Auslegung' im Unterricht den Zusammenhang mit dem Verkündigungsauftrag der Kirche zu wahren sucht, viel strenger, als es seines Erachtens der verkündigende Unterricht leiste, weil dieser bei Rang das Glaubenszeugnis historisch objektiviere" (Religionspädagogik 2.2, 49).

der ersten und zweiten Person, Unterricht demgegenüber nur in der dritten Person. Der Lehrer ist kein Verkündiger, sondern ein Kundiger, der sich als Gesprächspartner bereitstellt. Im Übrigen arbeitet man nach Stallmann entmythologisierend auf existentiale Interpretation hin: ‚Situation' wird hier existential verstanden, d.h. allgemein anthropologisch auf menschliche Grundsituationen hin.[246]

Konkret sieht Stallmanns Unterrichtskonzept so aus: Wissend um die neuere Bibelwissenschaft, fragt sein Konzept der Exegese nicht nach dem historischen Jesus, sondern sucht danach, Bibeltexte (Perikope) als Niederschläge des christlichen Glaubens und konkretes Leben in christologischer Ausrichtung – nämlich mit Bultmanns Entmythologisierungsprogramm unter der Frage nach der Offenbarung der Wahrheit in Christus und den heutigen Verstehensbedingungen dieser Glaubensvoraussetzung – in Einklang zu bringen. Für ihn ist die Bibel eine „Ur-Kunde des Glaubens"[247]; die Überlieferung gilt es unterrichtlich kritisch zu verstehen. Das didaktische Büchlein von 1968 systematisiert und institutionalisiert in seinem Aufbau noch einmal Stallmanns Gedankengang[248]: Der Unterricht ist schultheoretisch begründet, erfordert hermeneutisch-theologische Fundierung und macht sich unter dieser Maßgabe didaktische Elementaria zu Nutze, die auch für die Methodik gelten. Was theologisch dialektisch gedacht wird, wird pädagogischerseits eher trichterförmig enggeführt. Anschaulichkeit, Selbsttätigkeit und Lebensnähe als didaktische Grundsätze werden kritisch unter die Lupe genommen und didaktisch aufbereitet: Nicht die gegenständliche Anschaulichkeit ist entscheidend, sondern die Unanschaulichkeit des Heils soll so anschaulich wie möglich gemacht werden; Selbsttätigkeit beruft sich nicht auf ein um Bemühen und Beteiligung drehendes Aktivitätsprinzip, sondern Gott kommt im Unterricht als derjenige zu Wort, von dem aus den Schüler die Frage nach sich selbst und damit die Fraglichkeit menschlicher Existenz trifft; Lebensnähe versteigt sich nicht in der Forderung, dass das Leben in der Schule beheimatet sein muss und so etwas wie alltägliche Wirklichkeit ins Spiel zu bringen hat, sondern die Aufgabe liegt im Verständlichmachen, dass in der Bibel die Selbstverständlichkeit des Lebens hinterfragt und nach seiner eigentlichen Wirklichkeit gefragt wird. Damit einher geht die Konzentration des Unterrichts auf ein fragend-entwickelndes Gespräch, das die Auslegung (für den damaligen Leser) und Deutung (für den gegenwärtigen Lernenden) von Texten methodisiert.

---

246 Es geht in der Auferweckung der Tochter des Jairus nicht um die Totenauferweckung, sondern durch den Zuspruch des „Fürchte dich nicht!" (Mk 5,36) wird die Todesfurcht aufgehoben. Vgl. das Beispiel in Martin Stallmann, Biblischer Unterricht im Zeichen von Entmythologisierung und existentialer Interpretation. ZThK 51 (1954), 216–250.

247 Klaus Wegenast, Art. Stallmann, Martin. LexRP II, 2031–2034. Hier: 2031.

248 Martin Stallmann, Evangelischer Religionsunterricht. Düsseldorf 1968.

3.2.2 Das Modell: Didaktik und Hermeneutik der Perikope von der Sturmstillung

Entsprechend der existentiellen Ausrichtung der Religionspädagogik gestalten sich auch die Modelle als Beispiele zur Erläuterung katechetischer Fragen. Das „Problem der biblischen Erzählung im Unterricht" wird zunächst an der Sturmstillungsgeschichte, dann weiterhin auch am Gleichnis vom verlorenen Schaf und an der Zachäusgeschichte exemplifiziert.[249] Stallmann legt dar, dass der Weg nicht von der Exegese zur Katechese geht, sondern zur Predigt; von dort kann man zurückgehen hinter die Predigt, zur Katechese. Der Aufsatz liest sich wie ein Kommentar zur markinischen Sturmstillungsgeschichte: Hier wird systematisch exegetisiert, Erzähltradition, Form der Wundergeschichte und die markinische Redaktion beschrieben und mit dem Aufbau der Großform Evangelium und seiner theologischen Konzeption bis zum Messiasgeheimnis erklärt. Es geht dabei nicht um „die" überlieferte Sturmstillungsgeschichte, aber auch nicht um eine Reduktion auf einen bloßen Skopus oder didaktischerseits um eine Lehre, die aus der Erzählung zu ziehen wäre; vielmehr hat Stallmann das „Verfahren" und die Theologie des jeweiligen Evangelisten im Blick. Von daher bildet der synoptische Vergleich und der Evangeliumskontext das Instrument der theologischen Unterscheidung, das den kerygmatischen Charakter von Mt und Mk deutlich hervortreten lässt. Stallmann stellt bei allen Evangelisten abgesehen von aller unterschiedlicher Profilierung eine „Vernachlässigung des Erzählerischen"[250] fest, das zugunsten der Lehre, des Kerygmas, zurücktritt. In den folgenden Modellen geht es um den Brückenschlag von der Exegese zum Unterricht, da, nicht von ungefähr, dem Anschein nach die Vorbereitung auf den Unterricht um ein Vielfaches wichtiger ist als der Unterricht selbst. Dem muss Stallmann Einhalt gebieten. Am Beispiel der Gleichnisse vom verlorenen Schaf und verlorenen Groschen legt er sein Verständnis von Predigt dar und bestimmt das Verhältnis von Unterricht und Predigt. Zum ersten Mal ist nicht nur vom Verstehen, sondern von den „Bedingungen des menschlichen Lebens als eines auf das Verstehen angewiesenen Daseins"[251] die Rede, das „Bedürfnis des Hörers"[252] wird erwähnt – mehr aber auch nicht; die inhaltliche Struktur fragt nicht weiter nach Wirklichkeit und Bedürfnis, der Entwurf spricht vielmehr von „Planung". Die Kategorie der Erfahrung ist noch nicht entdeckt. „Der katechetische Entwurf fixiert Leitfragen, die den Gang des Unterrichts festlegen", über diese Bestimmung hinaus gibt es keine Impulssetzung.

---

249 Martin Stallmann, Von der Exegese zur Katechese I. Das Problem der biblischen Erzählung im Unterricht, erläutert am Beispiel der Geschichte von der Stillung des Sturmes. In: ders., Die biblische Geschichte im Unterricht I, 88–107.

250 A.a.O., 98.

251 A.a.O., 127.

252 A.a.O., 128.

Didaktische Phantasie: Unterricht im „Hermeneutikum" in Göttingen

Ähnlich wie in einem theologischen Proseminar sitzen im Klassenzimmer etliche Jungen und Mädchen vor Tabellen. Sie fertigen einen synoptischen Vergleich an. In langen fragend-entwickelnden Unterrichtsgesprächen wird ausgelegt und interpretiert. „Könnt ihr euch erklären, wie Jesus das macht, den Sturm stillen?", fragt der Lehrer. Die Schüler äußern Vermutungen. „Es war gerade das Ende des Sturms, Zufall!". „Warum liegt Markus dann soviel daran, diese Geschichte als Wundergeschichte darzustellen?" Schweigen, langes Überlegen in der Klasse. Hin und wieder erhellt sich das Gesicht des einen oder der anderen. Hermann stellt klar: „Herr Studienrat, ich habe etwas von einem Messiasgeheimnis gelesen. Könnte es sein, dass die Geschichte damit zusammenhängt?" – „Hermann, bitte erklär doch mal deinen Mitschülern, was das ist." Hermann versucht bereitwillig Auskunft darüber zu geben, dass der Evangelist Markus die Verborgenheit des Christus herausstellt. „Ich habe das so verstanden, dass diejenigen, die im Boot sitzen, nicht wirklich Jünger, sondern nachfolgende Gemeinde sein sollen. Sie erkennen den Christus wirklich erst in dieser Notsituation, in der Anfechtung." Der Lehrer ist zufrieden, als am Ende der Stunde die Struktur der markinischen Sturmstillungsperikope erklärt ist.

3.2.3 Umgang mit Religion: Existentiell-geschichtliches Verstehen

Wie kommt die Religion zu ihrem Raum, wie wird der Lernende des Wortes gewahr? Im Focus liegt die Situation in der Tradition. Biblische (und andere) Überlieferung wird existential auf Gegenwärtigkeit hin ausgelegt, um die Existenz aufzuschlüsseln. Indem der Unterricht nach Existentialien (Heidegger) fragt, ist die Körperlichkeit sicher implizit mitbedacht: Bei Angst, Sorge, Verstehen, Gestimmtheit, im In-der-Welt-Sein ist der ganze Mensch, das körperlich-emotionale, das leibliche Befinden, der Mensch mit allen Ahnungen, Befürchtungen, Erfahrungen und Hoffnungen mit im Spiel. Die transzendentale (immanent bleibende Transzendenz) Grundverfassung des Daseins, das In-der-Welt-Sein, ist ein konkretes, nahezu leibräumliches Mitsein, Wohnen-bei. Damit ist die Subjekt-Objekt-Spaltung aufgehoben (denn erst das theoretisch isolierte Bewusstsein wird zur Quelle der keinesfalls ursprünglichen Entgegensetzung) und auch die Abgetrenntheit des Subjekts von der Welt.

So ist auch der Religionsunterricht gedacht; die Ansage ergeht an den Schüler, ereignet sich dort. Die „Begegnung mit Überlieferung und deren Interpretation [geht] nicht ohne existentielle Betroffenheit vor sich".[253] Diese Betroffenheit ist in der existentialen Situation aufgenommen, wobei die konkrete Situation selbst, der Raum der Berührung von Wort und Schüler als der Ort, an dem die doppelte und wechselseitige Erschließung anzusiedeln wäre, nicht explizit wahrgenommen wird. Das Auftreffen des Wortes, die Anrede, stößt auf eine Wand; was sich da-

253 A.a.O., 102.

mit eröffnet, ist nicht (mehr) Gegenstand des Unterrichts. Die Treffsicherheit ist zwar existential garantiert, doch steht das Geschehen in der Unverfügbarkeit – hier sogar in der gesetzten Unanschaulichkeit. Der Interpretationsprozess ist stets von der Sache her konsequent gedacht, nimmt jedoch nicht das auf, was etwa unter gegenwärtigen rezeptionsästhetischen Kriterien oder im Modus einer Applikation stattfindet. Steht sich die Hermeneutik selbst im Wege und verschließt sich vor dem Raum, den sie braucht und beansprucht? Was passiert hier mit dem von Rang eröffneten Raum im Hermeneutischen Unterricht?

Vermittlung über „den garstigen Graben der Historie" zur Existenz. Die Frage nach dem Warum, jenem Warum, das auf den Grund, Sinn und Lebensbezug von Religion ausgerichtet ist, taucht mit dem hermeneutischen Unterricht als religionspädagogische Frage auf. Die Frage nach dem Warum solchen Lernens wird mit der Hermeneutik geradezu provoziert. Das so genannte „Vermittlungsproblem"[254] erfährt hier seine Geburtsstunde. Der bei Rang existentiell als Raum der Grenzsituation eröffnete Raum, in dem auch solche Fragen ihren Ort hätten, verschließt sich jedoch wieder, weil die Orientierung der Religion und Theologie sich von der Räumlichkeit in die Zeitlichkeit verlegt. Grenzräume werden nur für die Lernenden nicht mehr sichtbar geschweige denn begehbar, sondern treffen bestenfalls über den garstigen Graben der Geschichte hinweg in logischen Analogieschlüssen und intellektuellen Übertragungen auf die Fraglichkeit. Damit ist die (noch nicht als solche religionspädagogisch institutionalisierte) Kategorie der Erfahrung ebenfalls in die Geschichtlichkeit verlegt; im Bezug auf die Gegenwart scheint sie von Stallmann hinlänglich mit Psychologie identifiziert zu werden, einem Zugang, dem er sich theologisch verschließt. Der Lebensraum der Lernenden wird nur da berührt, wenn und wo eine existentielle Betroffenheit am Werk ist – was den Prozess des „Betreffens" eigentlich ausmacht, ist nicht im Blickfeld, er wird durch das Erkennen verstellt.

Mehrfach wird bei Stallmann deutlich, dass es um das Hören des Wortes geht.[255] Predigt als Hören nimmt dabei wiederum vor allem die existentielle Seite des Lernenden, des Menschen ernst, bedient sich aber nicht der Frage nach seiner Situation und damit danach, wie das Hören denn vor sich geht. Angesprochen ist das existentielle Aufmerken, das Betroffensein von der anderen Wirklichkeit, der

---

254 Vgl. auch Nipkow / Schweitzer (Hg.), Religionspädagogik 2.2, 50.

255 In der doppelten Verneinung: „Es könnte sein, daß falsche methodische Anstrengungen, gegen die die Exegese aufgeboten wird, sich nur dann als irrig erweisen, wenn der Weg von der Exegese zur Katechese ausdrücklich die Predigt in Rechnung stellt, wenn der Unterricht, statt selbst das Christliche verwirklichen zu wollen, die Wirklichkeit der gepredigten Schrift und des gehörten Wortes voraussetzt und seine Aufgabe in der Bemühung um das Verstehen dieser Wirklichkeit erkennt, um ein Verstehen, das das Hören der Verkündigung nicht überflüssig machen, sondern dessen Unentbehrlichkeit begreifen möchte" (Martin Stallmann, Von der Exegese zur Katechese II (1961). in: ders., Die biblische Geschichte im Unterricht I, 107–132. Hier: 108).

von Stallmann angedachte Prozess ist das Verstehen, und das erfolgt raumlos. Die Situation des Hörers als leibräumliche kommt nur insofern zur Geltung, als sie in Existentialien aufgeht. Der Resonanzraum, den das Hören benötigt, kommt nicht zur Geltung – weniger als es etwa bei Luther selbst bei dem „Tätelwort" thematisiert wird.[256] Als Lernende werden wir Hörende in eine Bewegung hinein genommen, aber diese wird nicht zu Ende geführt. Damit ist nicht einmal das darstellende Handeln, geschweige denn das vollziehende Handeln gewährleistet.[257]

Wird die Situation zwar geschichtlich, aber ortlos, geht das auf Kosten der Konkretion von Religion und der Leiblichkeit des religiösen Lernens. Stallmann kann man hinsichtlich seiner existentialen Theologie in der Neigung, „Glauben auf das Personale und christliche Tradition auf den Frage- und Forderungscharakter zu reduzieren", zu Recht eine Tendenz zur „Entkörperung" zuschreiben.[258] Dies zeigt sich didaktisch in der Skepsis bis zur Abweisung der Veranschaulichung des Glaubens; der Ort des Ereignis-Werdens ist nicht vorgesehen und damit in unanschauliche Innenräume der lernenden Person, den Kopf oder das Gewissen verlagert.[259] Damit ist ein entscheidendes Problem des Religionsunterrichts am Nerv getroffen: Die „Nichtvorzeigbarkeit Gottes" steht der pädagogischen Forderung nach „originaler Begegnung" gegenüber.[260] Auch hier werden allgemeine Lebenszusammenhänge und entwicklungsbedingte Lernvoraussetzungen anfänglich in den Blick genommen. Das führt dazu, dass moderne didaktische Kategorien (Klafki) rezipiert werden. Es kommt jedoch nicht dazu, Religion in den Lernenden zu situieren, sondern die Distanz zur Religion wird so weit vergrößert, dass die Anschauung verloren geht.

---

256 „natura verbi est audiri" (WA 4, 9, 185; 1513/16) Vgl. zum „Tätelwort" Luthers „Wort als Gnadenmittel", ausgelegt von Ernst Bizer, Fides ex auditu. Neukirchen 1958; Albrecht Beutel, In dem Anfang war das Wort. Studien zu Luthers Sprachverständnis. Tübingen 1991; Oswald Bayer, Leibliches Wort. Reformation und Neuzeit im Konflikt. Tübingen 1992; Hans-Ulrich Gehring, Schriftprinzip und Rezeptionsästhetik. Rezeption in Martin Luthers Predigt und bei Hans-Robert Jauß. Neukirchen 1999.

257 Friedrich Daniel Ernst Schleiermacher, Praktische Theologie (1850). Berlin/N. York 1983.

258 Wolfram Janzen, Existentiale Theologie und Religionspädagogik. Das Beispiel Martin Stallmanns. Aachen 1990, 221.

259 Dass bereits Heideggers Sein und Zeit nicht ohne eine existenzielle Räumlichkeit sein kann, akzentuiert Peter Sloterdijk, „Im Dasein liegt eine wesenhafte Tendenz auf Nähe". Marginalie zu Heideggers Lehre vom existentialen Ort. In: ders., Nicht gerettet: Versuche nach Heidegger. Frankfurt 2001, 396–403.

260 Wolfram Janzen spitzt die Kritik und Skepsis auf den Punkt zu, dass zwar Hinweise auf Ort, Möglichkeit und Form von Verkündigung, Glauben im Unterricht gegeben werden; „(m)it Hilfe seines Ansatzes gelingt es Stallmann wohl, an der Erfahrung des Schülers anzusetzen, nicht aber die Glaubensaussagen wieder in die Wirklichkeit des Schülers zurückzubeziehen". Damit verschafft sich die Kritik an ausschließlichem Sprachhandeln, an primärer Begriffsbezogenheit Raum. Janzen schlussfolgert daraus, dass (zumindest?) die „Außenseite des Glaubens" veranschaulicht werden kann und muss und stellt die Notwendigkeit interaktionalen Geschehens heraus (Wolfram Janzen, Existentiale Theologie und Religionspädagogik. Das Beispiel Martin Stallmanns. Aachen 1990, 223).

3.2.4 Der objektivierte existentiale Körper

Die hermeneutische Konzeption von Stallmann beruft sich auf das Hören und geht von einem analytischen, zerstreuenden Hören aus. Das angesprochene Verstehen ist also nicht auf Hören im Sinne von Vernehmen gebaut, sondern erfordert den Intellekt. Die Existentialien, deren Wirkung „Betroffenheit" intendiert, lassen auf einen heimlichen Lehrplan schließen, in den die Lernenden mit ihrer leiblichen Befindlichkeit eingeschlossen sind. Hier schimmert etwas von dem durch, was Heidegger mit der Situation meint: die „existentiale Bestimmtheit des je möglichen entschlossenen Daseins".[261] Diese Form der Eingeschlossenheit lässt historische Analyse zu; für das Verstehen als Erkenntnisprozess gibt es keinen Garanten, da der Weg dorthin nicht im Blick ist.

Beim Verlassen der performativen und rituellen Lernformen des Erzählens und der liturgischen Formen gewinnt der hermeneutische Ansatz zwar eine neue analytische Schärfe; diese droht jedoch auf Kosten der Personalität zu gehen und vor allem den Ort der intendierten Betroffenheit und die Bewegung des Betreffens außer Acht zu lassen. So ließe sich Stallmann anraten, wie Sloterdijk Heidegger jüngst vorwirft und durch sein Sphären-Projekt ans Licht bringt, nämlich das „eingeklemmte Projekt Sein und Raum [...] aus seiner Verschüttung zu bergen".[262]

3.3 Peter Biehl und die Symbol(isierungs)didaktik: Vermittlungsräume von Theologie und Lebenswelt

3.3.1 Das Konzept: Kreative Wahrnehmung christlicher Symbole

Eine Position, die auf eine subjektorientierte und zugleich kommunikativkritische Vermittlung von Glaubenswelt und Lebenswelt hinaus ist, nimmt Peter Biehl ein. Biehls Ausgangspunkt ist die Erfahrung als Kulminationspunkt einer Korrelation von Glauben und Leben. Sein Erfahrungsansatz gipfelt in der Symboldidaktik, die sich vor allem um die Vereinigung von Erfahrung und Glauben bemüht.[263] Daher konzentriert sich die Symboldidaktik auf die „Vermittlung"[264]

---

261 Martin Heidegger, Sein und Zeit (1926). Tübingen 1979, 299.

262 Peter Sloterdijk, Im Dasein liegt eine wesenhafte Tendenz auf Nähe, 403. „Seine [Heideggers] eilige Wendung zur Wer-Frage läßt ein einsames, schwaches, hysterisch-heroisches Existentialsubjekt zurück, das meint, beim Sterben der Erste zu sein, und das über die verborgeneren Züge seiner Einbettung in Intimitäten und Solidaritäten kläglich im Ungewissen bleibt" (402).

263 Peter Biehl macht den für die Didaktik weitreichenden symboldidaktischen Ansatz in drei Bänden fruchtbar, die neben theoretischen Grundlegungen, didaktischen Strukturen und von LehrerInnen erprobten Unterrichtsbeispielen auch Materialsammlungen beinhalten. Peter Biehl, Symbole geben zu lernen I+II sowie ders., Festsymbole. Unterrichtsbeispiele finden sich in den ersten beiden Bänden.

von verfasster (auch kirchlich formierter) christlicher Religion und Lebenswelt als eine Bewegung zwischen diesen beiden Polen. Die Struktur des Symbols als „Brücke des Verstehens“[265] verweist in mehrfacher Hinsicht auf Brückengänge; Symbole der Lebenswelt werden zu denen der christlichen Religion in ein Verhältnis gesetzt, im Vorgang der Symbolisierung wird die Wechselbeziehung von Glauben und Leben hermeneutisch ausgetragen. Was als Religion zugrunde liegt, zeigt sich als eine auf Vermittlung angelegte hermeneutische Theologie in der dialektischen Spannung von Evangelium und Religion: *Vermittlung* gilt hier als „fundamentalhermeneutische Kategorie“, die „das Praktischwerden der von den christlichen Symbolen inspirierten *Erneuerung* im sozialen Feld umfaßt.“[266]

Die Entwicklung und Ausgestaltung der Symboldidaktik(en) fällt in die Phase des Ringens um Konkretion an den Grenzen der problemorientierten Zugänge. Anfänge sind um 1975 gelegt; Erich Feifel und Georg Baudler führen dort katholischerseits die Korrelation von „Lebens- und Glaubenssymbolen“ in einer Symboldidaktik weiter. Auf evangelischer Seite liegt der Ausgangspunkt bei Peter Biehl im Erfahrungsbegriff; von der Erfahrungsorientierung führt der Weg weiter zur Symboldidaktik.[267] Damit ist einerseits ein Weg zur nachdrücklichen Inanspruchnahme von Wahrnehmung gesetzt: Wahrnehmung, die im Leib verwurzelt ist, wird als fundamentale Kategorie konzeptionell eingetragen.[268] Die Symboldidaktik beruft sich auf die Phänomenologie; trotzdem ist das Lernen nicht als von der Wahrnehmung ausgehende Sinnespädagogik gemeint, sondern wird als symbolerschließende hermeneutische Arbeit gedacht.[269] „Erscheinung und Wahrnehmung bilden also ein unteilbares Geschehen, das die Betroffenen als Handeln Gottes begreifen.“[270] Im gebrochenen österlichen Sehen ist dann theologisch begründet, was das „Schauen“, den kreativen Blick auf die Verheißung, ermöglicht.

Symboldidaktik geht es um die wechselseitige Erschließung von Subjekt und Religion im Symbol. Sie ist nicht verständlich ohne die ihr eigene Entwicklung innerhalb der letzten 20 Jahre. Von Anfang an werden Erfahrungsbezug und Symbolverständnis aufeinander bezogen. Für die Klärung des Symbolverständnisses tragen humanwissenschaftliche Ansätze wie Wissenssoziologie und Psychoanalyse dazu bei, die theologische Symboltheorie von Paul Tillich und Harvey Cox mit dem hermeneutischen Symbolverständnis von Paul Ricœur in lebensweltlicher Orientierung zu unterlegen. In der kritischen Symbolkunde werden Alltags-Symbole Grundkonflikten der psychosozialen Entwicklung zugeordnet und in einem erfahrungsorientierten Interpretationsprozess auf christliche Symbole be-

---

264 Peter Biehl, Festsymbole, 5.

265 Jürgen Oelkers / Klaus Wegenast (Hg.), Das Symbol – Brücke des Verstehens. Stuttgart 1991.

266 Peter Biehl, Symbole geben zu lernen I, 191.

267 Ausschlaggebend ist hier: Peter Biehl / Georg Baudler, Erfahrung – Symbol – Glaube. Grundfragen des Religionsunterrichts. (Rph 2) Frankfurt 1980. Zur Entwicklung, Geschichte und kritischen Wirkungsgeschichte der Symboldidaktik siehe Peter Biehl, Festsymbole, 1–19. Vgl. Harry Noormann, Religionspädagogik 1994. Ein Situations- und Literaturbericht. In: JRP 11 (1994). Neukirchen 1995, 213–246. Hier: 235.

268 Peter Biehl, Festsymbole, 33–44.

269 A.a.O., 57 (mit Verweis auf eine Replik von Zilleßen).

270 A.a.O., 40f.

zogen. Die Symbole Hand, Haus und Weg verkörpern dabei symboldidaktische Überlegungen zu Raum, Körper und Zeit. In einem nächsten Schritt zieht Biehl religionsphänomenologische und sozialwissenschaftliche Ritualtheorien für eine Sakramentenhermeneutik und -didaktik hinzu und erschließt Brot, Wasser und Kreuz als Vergegenständlichungen, *hermeneutisch verdichtete Materialisierungen* von Taufe und Abendmahl. Das Kreuz bildet sowohl die christologisch-kreuzestheologische Mitte, als es in seinem kommunikativen Gebrauch und in seiner kritischen Funktion auch zum lebensweltlichen Skandalon wird. Die Symboldidaktik wird in einem dritten Schritt unter Verarbeitung kritischer Diskussionen hinsichtlich des Symbolbegriffs zugunsten subjektiver, ästhetischer und kommunikativer Komponenten erweitert. Einflüsse der Semiotik, die den kommunikativen Gebrauch des Zeichens zum Maßstab macht, jedoch die Wahrheitsfrage aus der Religionspädagogik ausgrenzt, werden kritisch verarbeitet; die Symbolbildung wird in der symbolischen Interaktion verankert, deren phänomenologische Seite wird gestärkt. Dies trägt dazu bei, vom „Symbol-Zeichen" als einem der Lebenswelt präsentativen, doch in religiöser Hinsicht repräsentativen Phänomen zu sprechen und die Symboldidaktik damit als „Symbolisierungsdidaktik" zu qualifizieren.[271] Damit ist für Biehl der Schritt getan, die Wahrnehmung der Handlung voranzustellen und religionspädagogisch die Leitkategorie der Erfahrung durch die der Wahrnehmung abzulösen. Symboldidaktik wird als kommunikative Didaktik zur „*Wahrnehmungsschule*"[272], dem das Moment der Gestaltung inhärent ist: Wahrnehmung drängt auf Gestaltung des Wahrgenommenen.

Symboldidaktik entwickelt sich als kommunikative Didaktik, die im Zusammenspiel von drei Didaktiken agiert: „Der Vermittlungsaspekt steht im Zentrum der lerntheoretischen Didaktik, die Frage nach den Inhalten und Strukturen bleibt uns von der bildungstheoretischen Didaktik aufgegeben, die kommunikative Didaktik richtet das Interesse auf den zuvor vernachlässigten Beziehungsaspekt.[273] Entsprechend ergibt sich die symboldidaktische und traditionserschließende Struktur durchgängig als Verschränkung von hermeneutischen, symboldidaktischen und problemorientierten Ansprüchen und Aspekten und lässt sich von der Absicht leiten, Erfahrung, Tradition und Situation zu vereinen und nach symbolischen „Schlüsselerfahrungen" zu suchen.[274] Bildung wird hier in Dimensionen von Wahrnehmung entworfen: In der „Wahrnehmung des Ich, des anderen, Fremden und der Natur sowie der Geschichte" vollzieht sich Subjektwerdung, dessen Grund, das Personsein, in der Wahrnehmung der Spuren Gottes entfaltet liegt.[275] Dafür stehen sechs didaktische Prinzipien Pate: „Wahrnehmungsfähigkeit", „Selbsttätigkeit", „Handlungsorientierung", „Geschichtsbezug durch Er-

271 A.a.O., 19.
272 Vgl. a.a.O., 23.
273 A.a.O., 79.
274 So der Band JRP 16 (1999). Neukirchen 2000.
275 Peter Biehl, Festsymbole, 66.

zählen", „Resymbolisierung durch originale Begegnung" sowie „Unterbrechung und Überbietung".[276]

3.3.2 Das Modell: Festsymbol Ostern

Die Vermittlung leisten per se Symbole; christliche Symbole wie Ostern haben entsprechende, ambivalente Symbole in der Lebenswelt.[277] Es geht darum, christliche Symbole auch im Unterricht als solche zu begreifen. Im *Festsymbol Ostern* verdichten sich diese zu einem Symbolkomplex, der das Lichtsymbol als wesentliche Gestalt und damit als Leitfaden durch die didaktische Gestaltung festlegt: „Ostern", das elementare christologische „Symbol-Zeichen", das sich insbesondere in der Lichtsymbolik manifestiert.

Didaktische Phantasie: Göttingen, Symbolgymnasium

In einem Stuhlkreis sitzen Jungen und Mädchen eines Religionskurses im 9. Jahrgang. Der Lehrer legt eine Folie auf den OHP, auf der ein Bildausschnitt zu sehen ist. Ein karger, dunkler Raum. Durch ein kleines Gitterfenster dringt von links oben ein heller Lichtstrahl, der sich nach rechts unten hin ausdehnt. Die SchülerInnen beschreiben den Bildausschnitt und äußern seine Wirkung. Der Lehrer erklärt, der Lichtstrahl treffe auf einen Menschen, aber die Person sei hier noch nicht zu sehen – eine Leerstelle im Bild, die von den SchülerInnen eigenhändig gefüllt werden solle. Alle bekommen eine Kopie mit dem Bildfragment und machen sich an die Arbeit, einen Menschen zu entwerfen, ihn in das Bild hineinzusetzen und dem Bild einen Titel zu verleihen. Die SchülerInnen schauen einander beim Arbeiten zu, vergleichen und verändern. Robert zeichnet eine Frau, die eine Sonnenbrille zum Schutz aufsetzt, und nennt das Bild „Geblendet". Artur stellt sich einen Mann vor, der bei etwas Unerlaubtem überrascht wird und instinktiv die Arme schützend vor das geblendete Gesicht hält: „Ertappt!" Der Lehrer zeigt das Original, auf dem ein Mann zu sehen ist, der seine zum Himmel geöffneten Hände vor den Körper hält und sein Sicht der Sonne entgegenstreckt. Die Schüler betrachten hin und deuten: „Ein Lichtanbeter", vermutet Tatjana. „jemand, der im Gefängnis sitzt und für den das Licht die einzige Hoffnung darstellt – wie in einer Höhle." Katharina fällt auf, dass der Raum an das Grab erinnert. Sie vermutet, dass der Lichtstrahl die Erscheinung des Auferstandenen darstellen soll.

3.3.3 Umgang mit Religion: Christliche Form(en) in der Lebenswelt erkennen

Die Gesamtintention in ihrer Akzentuierung von Festcharakter und der ästhetischen Dimension ist nicht nur christologisch legitimiert, sondern aus der eschatologischen Mitte christlicher Religion begründet und gefordert: „Erst die kosmische Christologie vollendet die existentiale und geschichtliche Christologie

[276] A.a.O., 131–136.
[277] Ich gehe vom letzten Band der Didaktik aus.

Bultmanns und Pannenbergs."[278] Eingelöst wird sie hier durch eine inhaltliche Vorauswahl und materielle wie methodische Animation zu Verfahren, in denen die Wahrnehmungsfähigkeit zur Geltung kommt. Die phänomenologische Dimension kommt durch die Erschließung des lebensweltlichen Kontextes zum Zuge. Der Symbolkomplex setzt dabei Hoffnungspotential frei. Auferstehung meint weniger ein Für-Wahr-Halten eines historischen Ereignisses als vielmehr das Einspielen in einen Erfahrungsprozess, in dem der Übergang von Tod und Leben gestaltet wird. Die Wahrnehmung darin enthaltener elementarer Wahrheit wird situativ angebahnt, ist jedoch zugleich unableitbar und geistgewirkt. Es geht daher nicht darum, am Auferstehungsgeschehen teilzunehmen, sondern „das Symbol der Auferstehung *als Symbol* wahrzunehmen", und zwar „als Gestalt".[279] Damit bestimmt sich die „*kreative Wahrnehmung* als Ort der Symboldidaktik" aus der von Jugendlichen gelebten Religion und den von dort her eingebrachten Symbolen (aus der Lebenswelt), den interaktiv zu erschließenden biblisch-theologischen Inhalten und dem Erfahrungsprozess, in dem die Jugendlichen selbst Subjekte und Agenten der Wahrnehmung werden.[280]

3.3.4 Rekonstruktierte Leiblichkeit

Der Schüler lernt mit der Osterkerze und am Osterfeuer seine Schattenerfahrungen zu durchbrechen und zu erleuchten. Das geschieht sowohl durch körperliche Erfahrungen, etwa dass er als Blinder geführt wird und schließlich die Blindenbinde von seinen Augen genommen wird. Im Vordergrund stehe weiterhin Formen hermeneutischen Unterrichts: Lesen, Verstehen und handlungsorientierter, gestaltender Mitvollzug von traditionellen Verkörperungen der Ostererfahrung in ästhetischen Formen (in Texten, Bildern, Liedern). Der Lernende nimmt Religion unter Einsatz seiner Sinne vor allem interpretierend, gelegentlich auch vollziehend in Gebrauch; christliche Religion kommt in der ihr eigenen ästhetischen Qualität, aber vor allem in ihrer Kommunikativität materiell zum Vorschein. Die sinnliche Wahrnehmung dient dem besseren Verstehen, wie Religion funktioniert, und sie wird auch dementsprechend eingesetzt – und gelenkt. Der Körper als *Ort* für kreative Wahrnehmung wird zum (An-)Zeichen für das wahrnehmende und vermittelnde Subjekt mit seinen Sinnen und der Bewegung auf Glauben und Bildung hin entworfen: Der Leib-Körper als symbolbildendes und symbolwahrnehmendes Organ – in der Rekonstruktion.

Biehls Konzept ist pragmatisch mit Blick auf den real-existierenden Lernort Religionsunterricht an der öffentlichen Schule konzipiert und erprobt. Im Umgang mit den Phänomenen der Lebenswelt werden Symbolisierungen kritisch und in

---

[278] A.a.O., 281.
[279] A.a.O., 284f.
[280] Ebd.

der perspektive lebensfördernder Religion wahrgenommen. Die Lernenden nehmen Religion – teils probeweise vollziehend, zumeist interpretierend – in Gebrauch und bewegen sich auf der Schwelle zu Räumen christlicher Religion. Ansatzpunkt ist das Symbol; der Leib bildet den gedachten Ort für kreative Wahrnehmung leiblicher (An-)Zeichen von Glauben und Bildung. Die Wahrnehmung bleibt jedoch nicht als solche phänomenologisch bestehen, sondern geht in der Reflexivität einer theologisch geschulten und bildungsorientierten Vernunft auf. Problematisch wird es dort, wo der Weg der Vermittlung theologisch beim Sehen als Schauen transzendenter Erkenntnis ansetzt. Indem die Ostererfahrung für einen Wahrnehmungsprozess zur Verfügung gestellt wird, diese Vermittlung jedoch letztlich nur vom Verstehen einer Dogmatik gesteuert wird, erscheint das Sehen gar nicht als ein echtes, wahrnehmendes Sehen (οραω), sondern impliziert von vornherein ein verständiges Verstehen (οιδα). Droht die Wahrnehmung von Religion damit schulsystemorientiert in Hermeneutik aufzugehen und von geisteswissenschaftlicher Bildungstheorie absorbiert zu werden? Didaktisch-methodisch könnte dieser Weg die Vermutung nahe legen: Was zusammengehört, wird von der christologischen Dogmatik schon für den Lehrenden entworfen, und danach werden Lernprozesse aufgebaut und arrangiert. Es bleibt damit offen, wie Subjektivität (z.B. geformt in Lebensgefühl oder biographischer Schattierung), Glauben und religiöse Form zusammenkommen und wie die religiöse Wahrnehmung vom Lernenden aus zu Haltungen des Lebens und Glaubens gelangt.

3.4 Am Scheitelpunkt: Sammlung und Sendung

Der Lernort von Religionsunterricht ist ursprünglich die Kirche bzw. Gemeinde gewesen. Katechese und Unterweisung haben über Jahrhunderte ihren Platz in der Nähe des Ortes, an dem Religion kultisch und gemeindlich gelebt wird. Die Frage nach dem Lernort des Religionsunterrichts stellt sich erst seit der religionspädagogischen Abkoppelung des Religionsunterrichts von „Kirche in der Schule". Die Behauptung eines eigenen Raums in der Schule, einem Ort, an dem Kinder und Jugendliche bis zu einem Drittel ihrer Zeit verbringen, ist nicht per se eine Raumfrage, sondern ist an ein institutionelles, pädagogisches und staatliches Verhältnis gebunden. In der Schule hat der Religionsunterricht seither über die interne Struktur hinaus eine starke öffentliche Seite, muss sich nach außen gegenüber anderen Konfessionen, Religionen, Fächern legitimieren und häufig um seinen eigenen Platz kämpfen. Unter diesem Anblick hat sich der Religionsunterricht seiner inneren Festigung zu versichern, will er den Angriffen nach außen standhalten. Mit einem „Ich stehe hier und kann nicht anders!" ist es nicht getan. In dieser Suche ist deutlich geworden, dass der Lernort Schule sich von dem der Kirche zwar unterscheidet, sich im Sinne einer (über-)lebensnotwendigen Rückbindung schulischen Lernens jedoch nur schwerlich von Orten gelebter gemeinschaftlicher Religion abkoppeln lässt, wenn er in Sachen *Religion* erkennbar bleiben will.

Man kann nicht nicht-leiblich mit Religion umgehen. Religion funktioniert, indem ihre Erscheinungsformen von Menschen leiblich wahrgenommen werden. Der Kontext, in dem dies pädagogisch geschieht, ist das Lernen. Religion braucht Raum und sucht sich Räume. Im Lehren und Lernen von Religion wird individuell und kommunikativ mit ihren Räumen und Formen umgegangen, werden Räume (aus-)gebildet; sie werden vor allem zunächst einmal wahrgenommen und betreten. Dieser Umgang geschieht mit dem Körper, der selbst ein Leib-Raum ist und in sich Räume eröffnen kann. Religiöses Lehren und Lernen stellt sich damit als eine leibräumliche Bewegung dar: Religion nimmt den Leibraum des Menschen in Anspruch, wird von und in ihm als Wirklichkeit wahrnehmbar und bewegt in ihm Geist, Seele und Körper. Die wahrnehmbare Religion hinterlässt Wirkungen, versetzt den Menschen vielleicht sogar in Schwingungen, in einen Rhythmus, der etwas von göttlichen Rhythmen ahnen lässt. Worauf richtet sich Religionspädagogik und -didaktik, wenn sie der Leiblichkeit entsprechen will?

4 Schritte zur leiblichen Gestaltung religiöser Bildung

4.1 Religionsdidaktisches Vor-Haben

4.1.1 Leiblichkeit als religions-didaktische Größe

Die Notwendigkeit der Beschäftigung mit leiblichem Lernen als bildendem Umgang mit Religion ist von mehreren Seiten her gegeben. Im Zuge der Bildungsdiskussion, in der Leistung den gegenwärtigen gesellschaftlichen und politischen Angelpunkt schulischer Bildung darstellt und auch im Bereich religiöser Bildung die Nachfrage nach Kompetenzen steigert, ist pädagogische Aufmerksamkeit auf den Vorgang von religiösem Lernen als Kern des religionspädagogischen Bildungsprozesses vonnöten.

Religion ist nur leiblich wahrzunehmen und zu vollziehen, sonst bleibt sie intellektualisierte Abstraktion und kommt in ihrer ereignishaften und vorgängigen Dimension nicht zur Geltung. Christliche Religion hat Erscheinungsformen, die, körperlich-sinnlich in Anspruch genommen, das Verhältnis zu Gott räumlich zur Entfaltung bringen. Geht diese Konkretion in der religiösen Bildung verloren, droht Religion zu einer toten Materie zu verkümmern. Religiöses Lernen und Lehren ist an die menschliche Fähigkeit zu Wahrnehmung und Handlung gebunden, die von daher auch für den Religionsunterricht essentiell sind.

Angesichts der Standardisierungen in schulischen (und universitären) Lernbereichen zeichnet sich ab, dass *Personalität* eine Größe bilden kann, die strukturellen Umbrüchen standhält. Religionsunterricht schließt die Aufmerksamkeit auf die

Person stärker ein, weil diese – über rein pädagogische Anthropologie und pädagogische Beziehungen hinaus – in Fragen nach Religion, Religiosität und Glauben schon von vornherein verwickelt ist. Da Religion die Bewegungen zwischen Mensch und Gott, Immanenz und Transzendenz ist, wird diese Verdoppelung der Personalität zu einem Spannungsfeld, in dem Zielsetzungen von Bildung und Erziehung und demzufolge auch das Lernen selbst weitsichtig und zugleich situativ ausgelotet werden müssen. Angelpunkt für eine solche Balance ist der *Leib*, der zum einen anthropologisch das Medium zur Welt bietet; mit und durch den Körper lebt und erlebt der Mensch die Welt als Mitwelt. Für das religiöse Lernen wiederum ist entscheidend, dass der Leib als Tempel des Heiligen Geistes (1 Kor 6) den Ort des Zusammenfallens von Fleisch und Wort bildet. Die Menschwerdung Gottes entbindet das Mensch-Sein von meta-physischer Vergeistigung und bindet es an die Konkretionen christlicher Religion. In der Frage nach Leiblichkeit ist die phänomenale Wirksamkeit so stets auf die Frage nach substantieller Wahrheit verwiesen.

Ein Lehrer muss seine „Sache" reflektiert haben, damit er das eigene Verhältnis zur Sache nicht zum „Gesetz" für die SchülerInnen macht, sondern sie vielmehr – erfüllt von der Sache – eigene Wege darin gehen lässt. Eine Didaktik, die den Namen *leiblich* verdient, lebt davon, dass Unterrichtende die Unterrichts-"motive" in sich aufgenommen haben und durch sich hindurch klingen lassen, um sie dann auch für die Lernenden freizugeben. In praktischer Ausrichtung sind Unterrichtswege zu bahnen, welche die Lehrenden dazu befähigen, sich in ein Verhältnis zur christlichen Religion zu setzen, indem ihnen selbst erst einmal leibräumliche *Zugänge* zu Religion gewährt werden. In Anbetracht der Schwierigkeiten, welche die begangenen Wege unter den Bedingungen der Normalität aufzeigen, ist eine Bearbeitung in Auseinandersetzung mit theologischen, pädagogischen und anthropologischen Gegebenheiten erforderlich, welche auf die schöpferische Verbundenheit und Kraft des Menschen setzen und die Leiblichkeit so als religionspädagogische Größe verankern, dass nicht nur Lehr- und Lernkörper, sondern auch die Religion konkret wahrnehmbar und sprachfähig werden kann. Dafür braucht es nicht weniger als Handwerkszeug für eine religionspädagogische Wahrnehmungslehre und nicht mehr als ein leibräumliches Lernkonzept, welches in den didaktischen Handlungsfeldern die pathische Seite des Religionsunterrichts ebenso berücksichtigt wie die aktionale.

Religionspädagogisch sind Wegmarken des Innehaltens geboten, die den Religionsunterricht als Lernprozess zum leibräumlichen Umgang mit Religion im Auge behalten und den Bildungswegen nicht nur Meilensteine der Handlungsorientierung, sondern auch die Verzahnung mit der Wahrnehmung von Selbst, Gott und Welt an die Seite stellen. Die gegenwärtige Religionspädagogik verzeichnet zu einer Zeit der Traditionsbrüche gegenwärtig Übergänge „von der Handlungsorientierung zur Wahrnehmungswissenschaft".[281] Religiöse Bildung wird im Kontext von Ästhetik reflektiert.[282] Bisher sind Kriterien und vor allem Wege religiö-

---

[281] Peter Biehl, Festsymbole; Failing / Heimbrock, Gelebte Religion wahrnehmen; Dietrich Zilleßen, Religionspädagogische Lernwege der Wahrnehmung. In: Dietrich Zilleßen u.a. (Hg.), Praktisch-theologische Hermeneutik. Ansätze, Anregungen, Aufgaben. Rheinbach-Merzbach 1991, 59–85.

[282] Joachim Kunstmann, Religion und Bildung.

ser Wahrnehmung nur in Ansätzen für schulischen Religionsunterricht herausdestilliert worden. Elemente eines in der Lebenswelt ansetzenden profanreligiösen Religionsunterrichts sind mit Blick auf ästhetische Praxis ermittelt worden.[283] Die Schwierigkeit, religiöse Wahrnehmung mit Blick auf die Lernorte Kirche und Schule – auch konkret – zu organisieren, wird von den Symbol- und Zeichendidaktiken, von Gestalt- bzw. liturgiedidaktischen Bemühungen sowie den Beiträgen zu einem Performativen Religionsunterricht aufgegriffen.[284] Auf dem Weg zu Lernwegen „individuelle[r] Aneignung von Religion" sind Symbol- und Ritualkonzepte auf die Frage nach der Leiblichkeit noch nicht hinreichend untersucht worden; offen ist vor allem, wie dabei die Eigenständigkeit der Religion, die „Logik der Religion"[285] (Symbole, Rituale, Formen), berücksichtigt werden kann.[286] Die Rolle der Leiblichkeit ist in der Praktischen Theologie betrachtet, aber in der Religionspädagogik bisher nicht systematisch erörtert worden.[287] Der Leib als (Gestaltungs-)Raum religiösen Lernens ist anfänglich bedacht, jedoch noch nicht hinreichend reflektiert.[288]

4.1.2 Focusing – ein Instrument zur Körperwahrnehmung

Ich greife in diesem Zusammenhang das *Focusing* auf. Als Methode zur Körperwahrnehmung liegt beim Focusing die Aufmerksamkeit auf dem Spüren am eigenen Leib.[289] Man achtet auf das Gefühl im Leib, um in einer Situation einen körperlich spürbaren Hinweis auf das eigene Verhältnis zu den Gegebenheiten zu bekommen und z.B. Entscheidungshilfen zu gewinnen.

Focusing ist ein ursprünglich aus den USA stammender Ansatz, der auch als Therapiekonzept praktiziert wird. Urheber ist Eugene T. Gendlin, ein Schüler und Nachfolger von Carl R. Rogers[290] und später Professor für Psychologie und Phi-

---

[283] Dorothea Bähr, Zwischenräume.

[284] Vgl. Peter Biehl, Religionspädagogik und Ästhetik. JRP 5 (1989), Christoph Bizer, Kirchgänge im Unterricht und anderswo. Zur Gestaltwerdung von Religion. Göttingen 1995; Michael Meyer-Blanck / Bernhard Dressler, (Hg.), Religion zeigen. Religionspädagogik und Semiotik. Münster 1998; Peter Biehl, Festsymbole; Bernhard Dressler u.a., Konfirmandenunterricht; Klie / Leonhard, Schauplatz Religion.

[285] Joachim Kunstmann, Religionspädagogik. Tübingen / Basel 2004, 179.

[286] Gerhard Büttner / Veit-Jakobus Dieterich, Religion als Unterricht. Ein Kompendium. Göttingen 2004, 177.

[287] Michael Klessmann / Irmhild Liebau (Hg.), Leiblichkeit ist das Ende der Werke Gottes. Göttingen 1997; Manfred Josuttis, Religion als Handwerk. Zur Handlungslogik spiritueller Methoden. Gütersloh 2002; Joachim Kunstmann, Religion und Bildung.

[288] Christoph Bizer, Gestaltungsräume im christlichen Religionsunterricht. In: Michael Wermke (Hg.), Aus gutem Grund: Religionsunterricht. Göttingen 2002, 61–72; Georg Hilger u.a., Religionsdidaktik, 239–241; Silke Leonhard, Mit dem Körper Religion lernen? Ein Plädoyer für Leiblichkeit im Religionsunterricht. In: WzM 55 (2003) 6, 353–360.

[289] Eugene T. Gendlin, Focusing. New York 1978.

[290] Begründer des klientenzentrierten Ansatzes der Humanistischen Psychologie.

losophie an einer Chicagoer Universität. Focusing basiert auf (phänomenologisch-)philosophischen sowie auf psychologischen Grundlagen. Grundlegende Annahme ist, dass es ein „ES“[291], ein „ETWAS“ gibt, welches im Körper wirkt und welches man mit dem „Felt Sense“ erspüren kann. Der Felt Sense ist das menschliche Gespür, ein körperliches Empfinden und Ausgangspunkt für die Wahrnehmung von Situation und Dingen, mit denen man sich gerade beschäftigt. Der Körper, so wird vorausgesetzt, hat seine eigenen Möglichkeiten und Regeln zur Orientierung in der Welt, er treibt schneller als Gefühl und Verstand den Lebensfluss voran und ist für den nächsten Schritt unseres Tuns wesentlich mitverantwortlich. Beim Focusing lernt man, seine Körperreaktionen bewusst wahrzunehmen und für das Leben und Wahrnehmen einzusetzen; der Körper beeinflusst schließlich Sprache und Handeln maßgeblich.

Als psychologische Haltung und Methode wurde Focusing in den sechziger und siebziger Jahren im Kontext der Humanistischen Psychologie zunächst beobachtet, dann genutzt und systematisiert.[292] Eugene T. Gendlin hat Wahrnehmungsprozesse zu verbessern gesucht und die Art und Weise des körperlichen Erlebens als maßgeblichen Faktor für persönliche Heilerfolge ermittelt.[293] Initiierend für dieses Verfahren wurde eine Beobachtung, die Gendlin in einer empirischen Studie machte: In Therapien hatten vor allem diejenigen Klienten Heilungs- und Lernerfolge, welche nicht nur ein gedankliches und seelisches, sondern auch ein körperliches Gespür für ihre jeweilige Situation entwickelten. Infolge dessen konzentrierte Gendlin seine Arbeit auf diese leibliche Wahrnehmung für kreative Prozesse, entwickelte „Focusing“ als Ansatz in Haltung und Methode weiter und stellte den Körper ins Zentrum seiner Praxis von Humanistischer Psychologie und phänomenologisch-pragmatischer Theorie. Focusing wurde so als Methode zur Persönlichkeitsentfaltung seit den sechziger Jahren experimentell und phänomenologisch entwickelt und professionalisiert.[294] Gendlin gibt dem personzentrierten Ansatz der Humanistischen Psychologie eine neue Grundlage, spezifiziert Konzepte und Methoden und gilt von daher dort als wichtigster Theoretiker nach Carl R. Rogers. Durch seine empirische Forschung, therapeutische Erfahrung und die philosophische Einbettung begründet und entwickelt er einen eigenständigen Ansatz.[295]

Seit den achtziger Jahren hat Focusing in Deutschland zunächst in die Psychologie und von dort aus auch in Bereiche von Bildung und Gesellschaft Eingang gefunden.[296] Gendlins erlebensbezogene Methode bewegt sich mit Phänomenologie, Hermeneutik und Pragmatismus auf einem erkenntnistheoretischen Ter-

---

291 Anders als beim psychoanalytischen Bedürfnis geht es im humanistischen Sinne um die an der Grenze des Bewusstseins liegende Verbindung von Leib und Welt.

292 „Ich hab nix er-funden, ich hab' etwas *ge*-funden, also wiedergefunden!“ (Zitat von Eugene T. Gendlin auf der Tagung „Philosophie“ im Focusing-Zentrum Weingarten am 30.10.1998).

293 Hanko Bommert (Hg.), Das Selbsterleben in der Psychotherapie. München 1978.

294 Eugene T. Gendlin, Focusing. Reinbek 1998.

295 Ehemals experiential therapy, später Focusing-oriented psychotherapy. Das diesbezügliche Interesse liegt neben dem speziellen therapeutischen Setting auch in der Selbsthilfe.

296 Beispiele finden sich in Kombinationen mit etlichen Verfahren wie Therapien, Coaching, Personalführung, Supervision etc. Vgl. Winfried Bergermann, Focusing. Selbsthilfe durch Körpererfahrung. München 1995; Ann Weiser Cornell, Focusing – Der Stimme des Körpers folgen. Hamburg 1997 sowie die Websites www.focusing.org, www.focusing-daf.de und www.focusing.de.

rain, auf dem auch Religionspädagogik Fuß fassen kann. In seinen Ausführungen zur Körperlichkeit hat Gendlin parallel das Augenmerk spezifisch auf die körperbezogene Wahrnehmung und Sprachbildung gelegt und Leiblichkeit im Gefolge von Husserl, Merleau-Ponty als gespürte, durch Körperaufmerksamkeit bewusst erlebte Situiertheit des Menschen in der Welt erarbeitet.[297] Während sich viele andere Ansätze auf Deutungen von Körpersymptomen beschränken, kommt dem Körper beim Focusing *konzeptionell* ein hoher und handelnder Stellenwert zu; in Handlungszusammenhängen ist er nicht nur in den seelischen Haushalt eingebunden, indem Denken und Körper aufeinander Einfluss nehmen, sondern er ist auch das Medium zur Welt.

Focusing ist im deutschsprachigen Raum pädagogisch bisher kaum erfasst worden. Ausgebildete Focusingtrainer arbeiten dennoch praktisch mit Kindern.[298] Dabei wird auch auf den Zusammenhang von Focusing und Kreativität eingegangen.[299] Während Gendlin Focusing nicht explizit auf Religion bezieht[300], liegt das Interesse einiger Focusing-VertreterInnen auf der Rolle der Spiritualität, die partiell auch als religiöse Erfahrung wahrgenommen und interpretiert wird.[301] Vereinzelte sprachphilosophische Erkundungen haben die Rolle des Körpergespürs für wichtig erachtet.[302] In einem Beitrag der Praktischen Theologie ist Focusing als „Kontakt zur Gegenwart, zum Hier und Jetzt des eigenen Körperseins an der Grenze zwischen unbewusstem und Sprachlich-Bewußtem" rezipiert worden. [303] Die Rolle des Focusing in religionspädagogischen Prozessen wurde bisher kaum bedacht.[304]

---

297 Eugene T. Gendlin, Die umfassende Rolle des Körpergefühls im Denken und Sprechen. Übers. v. Hans J. Schneider. Dtsch. Z. Philos. Berlin 41 (1993) 4, 693–706.

298 Marta Stapert, Focusing in school. A Manual for „Clearing the Space in classroom". In: The Folio 16 (1997) 1/2, 1–18; Franz Heintz, Focusing mit Kindern. Eine Untersuchung zur Veränderung des ‚experiencing' anhand geleiteter Übungen (Pilotstudie). Diplomarbeit am Seminar für Psychologie Koblenz-Landau 1991.

299 Sondra Perl, Felt Sense: Writing with the body. Boynton / Cook 2004.

300 Eine Ausnahme bildet Eugene T. Gendlin, Focusing as Part of Spiritual Renewal. www.focusing.org/spirituality.html.

301 John Shea, Religious experiencing. William James and Eugene Gendlin. Lanham MD 1987; Peter Campbell / Edwin McMahon, Biospirituality. Focusing as a way to grow. Chicago [2]1997. Im Deutschen: BioSpiritualität. Glaube beginnt im Körper. Übersetzt und mit einem Nachwort versehen von Hans-Joachim Petsch. München 1992; Elfie Hinterkopf, Die Dimension der Spiritualität in Beratung und Therapie. Übers. v. Elke Bracht. Karlsruhe 1995; Winfried Bergermann, Focusing. Selbsthilfe durch Körpererfahrung.

302 Hans-Julius Schneider, „Zwischen den Zeilen". Wittgenstein und Gendlin über die nichtregelhafte Seite der Sprachkompetenz. Dtsch.Z.Philos. Berlin 45 (1997), 415–428.

303 Hans-Martin Gutmann, Ich bin's nicht. Die Praktische Theologie vor der Frage nach dem Subjekt des Glaubens. Neukirchen / Wuppertal 1999, 160f.

304 Martin Gottstein, Focusing – eine Hilfe für's tägliche (Berufs-)Leben. In: Die Zeitung. Hg. v. Verband Evangelischer Religionspädagogen und Katecheten in Bayern e.V. Frühjahr 1991, 24–27; Silke Leonhard, Bei Leibe: Religion zu Wort kommen lassen.

4.1.3 Folgerungen für die Religionspädagogik und ihre Didaktik

Religion ist ein leibräumliches Geschehen, das christlich gelebt, theologisch überdacht sowie religionspädagogisch zugänglich und handhabbar gemacht werden kann. In dieser Arbeit erkunde ich die Rolle der Leiblichkeit für religiöse Lernprozesse. Leitend ist die Vermutung, dass Religion am Lernort Körper gelernt wird, Focusing ein Weg zur religionspädagogischen Wahrnehmung ist und Leiblichkeit demzufolge eine elementare religionsdidaktische Größe sein muss. Prozesshafte Wahrnehmung ist die Voraussetzung für einen Lernbegriff, welcher der Leiblichkeit des Menschen Rechnung trägt. Durch den experimentellen Umgang mit Focusing lässt sich leibliches Lehren und Lernen in Unterrichtsprozessen als situatives Verhältnis von Religion, Person und Bildung wahrnehmen und auf die Rolle der Leiblichkeit und die Gestalt von Religion befragen.

Die Aufmerksamkeit richtet sich also auf den leiblich-bildsamen Umgang mit Religion und die Rolle der Wahrnehmung gelebter Religion für religiöses Lernen in der Schule. Grundlegend dafür ist zum einen ein phänomenologisch-hermeneutischer Religionsbegriff, der von Religion als räumlicher und sinnlicher Erscheinung ausgeht und Theologie und Lebenswelt gestaltästhetisch in sich aufzunehmen und in ein dynamisches Verhältnis zu setzen vermag. Religionspädagogischer Anknüpfungspunkt ist die Leiblichkeit des Menschen (der Lehrenden wie Lernenden), an der sich Geschöpflichkeit und Ebenbildlichkeit, Endlichkeit und Unendlichkeit, Individualität und Kommunikabilität, Natur und Kultur festmachen. Verantwortungsvolles Lernen in christlicher Freiheit verkommt zu einer leeren Abstraktion, wenn sie sich nicht am vorgängigen leibräumlichen, je individuellen körperlichen und räumlichen Kontakt mit der Welt bewährt.

4.2 Erkundungsfragen

Die Dissertation stellt sich die Entwicklung eines Lernkonzepts zur Aufgabe, welches die Leiblichkeit des Menschen im Licht der Leibhaftigkeit Gottes als Basis religionspädagogischer Anthropologie, religiöser Bildung und schulischen Religionsunterrichts würdigt.

Unter der Leitfrage *Wie und unter welchen Bedingungen kann religiöses Lernen bestimmt werden, dass es zu personalen Bildungsprozessen beiträgt und so die Leiblichkeit christlicher Religion zur Geltung bringt?* ist zu erörtern:

- Unter welchen erkenntnistheoretischen, theologischen, pädagogischen und religionspädagogischen Voraussetzungen kommt die Subjektivität und Körperlichkeit von Lernenden und Lehrenden zur Geltung?
- Wie kann Lernen im Rahmen religiöser Bildung personal („mit Herz, Kopf und Hand“, Pestalozzi), d.h. körperlich-seelisch entworfen und gestärkt werden?

- Wie lässt sich die Leibräumlichkeit christlicher Religion für religiöses Lernen didaktisch in Anspruch nehmen?
- Wie ist hierbei die Rolle der Schule einzuschätzen und ggf. perspektivisch zu entwerfen?

Dazu gilt es,
a) Dimensionen von Leiblichkeit in traditionellen Konzepten und aktuellen Ansätzen zu rekonstruieren,
b) den Wert des Focusing-Ansatzes für Bildung am Lernort Körper auszuloten,
c) das leibräumliche Wahrnehmungspotential von Religion für Bildungszusammenhänge fruchtbar zu machen und
d) die Möglichkeiten und Grenzen leiblichen religiösen Lernens für schulische Bildungsprozesse aufzuzeigen.

Eugene T. Gendlins Ziel ist es, den Körper philosophisch einzuholen; mein Interesse ist, dazu beizutragen, dem Körper in der Religionspädagogik vernehmbaren Einzug zu gewähren.

4.3 Phänomenologisches Vor-Gehen

4.3.1 Phänomenologie als Erkenntnismethode

Mit der Frage nach der Leiblichkeit steht zugleich die Phänomenologie als Erkenntnismethode auf dem Programm.[305] Den Ausgangspunkt dieser Erkenntnistheorie bilden die „Logischen Untersuchungen" Edmund Husserls mit dem programmatischen Diktum „Zurück zu den Sachen selbst!", der auf den Zugang zur Ursprünglichkeit der Dinge zielt und das Sein der Dinge als ein So-Sein in einer so oder so bestimmten Weise der Gegebenheit einschließt.[306] Die Intentionalität als Korrelation von Bewusstseinsakt und Gegenstand sowie die Urteilsausschaltung, die eidetische Reduktion (εποχη) als eine besondere Erkenntniseinstellung ermöglichen hier eine Wesensanschauung und damit auch Erkenntnis. Dem Spätwerk Husserls gemäß ermöglicht der Begriff der Lebenswelt die Verbindung von transzendentaler Abstraktion und weltlicher Konkretion. Diese Grundlinien werden zunächst vor allem in der anthropologischen Wendung der Pädagogik aufgenommen.

---

305 Zu einem Überblick und der Unterscheidung zwischen Ansatz und Methode siehe Bernhard Waldenfels, Einführung in die Phänomenologie.

306 „Vernünftig oder wissenschaftlich über Sachen urteilen, das heißt […], sich nach den Sachen selbst richten, bzw. von den Reden und Meinungen auf die Sachen selbst zurückgehen, sie in ihrer Selbstgegebenheit befragen und alle sachfremden Urteile beiseitetun" (Edmund Husserl, Hua III, 42).

Phänomenologisch kommt so die Subjektivität ins Spiel. Der Mensch nimmt die Welt wahr und gestaltet sie bzw. sein Verhältnis zu ihr. Dies lässt sich mit Husserl differenzieren. In der natürlichen Einstellung von „Menschen des natürlichen Lebens, vorstellend, urteilend, fühlend, wollend" beschreibt er: „Ich bin mir einer Welt bewußt, endlos ausgebreitet im Raum, endlos werdend und geworden in der Zeit. Ich bin mir ihrer bewußt, das sagt vor allem: ich finde sie unmittelbar anschaulich vor, ich erfahre sie."[307] Dem gegenüber steht die phänomenologische εποχη, die Urteilsausschaltung, welche die Einstellung des Urteilers zunächst einklammert und sich von innehaltender erster Wahrnehmung leiten lässt.[308] Husserl konzentriert sich hinsichtlich der Leistung dieser εποχη auf das Bewusstsein, das „in seinem Eigenwesen durch die phänomenologische Ausschaltung nicht betroffen ist", sondern als transzendentale Möglichkeit das „Bewusstseinserlebnis", das stets das Bewusstsein von etwas ist[309] und die Möglichkeit nicht nur zur immanenten Wahrnehmung, sondern auch zu transzendentalem Erleben eröffnet. Als naiver Mensch „sehe und fasse [ich] das Ding selbst in seiner Leibhaftigkeit."[310] Diese Wahrnehmung kann der Illusion oder Halluzination unterliegen. „Ist sie es aber, und das sagt: läßt sie sich im aktuellen Erfahrungszusammenhange, ev. unter Mithilfe korrekten Erfahrungsdenkens ‚bestätigen', dann i s t das wahrgenommene Ding w i r k l i c h und in der Wahrnehmung wirklich selbst, und zwar leibhaftig gegeben."[311]

Weniger interessieren hier die Bedingungen der Möglichkeit von Wahrnehmung als vielmehr deren Grund. Phänomenologische Wahrnehmung kann sich auch auf Sprache und Texte beziehen; insofern integriert Phänomenologie auch Hermeneutik. Religionspädagogische Hermeneutik nimmt das Verstehen von Lernprozessen ins Visier und benötigt dazu phänomenologische Lernwege der Wahrnehmung.[312] Als Zielperspektive ist zu ermitteln, wie Wahrnehmung als leibliche funktioniert, und zwar in religiösen Lernprozessen und ihrer Institutionalisierung in der Schule und Lehrerbildung. Dafür sind Wahrnehmungen, Erkundungen und Experimente als Formen der Recherche nötig, um ein Problem von möglichst vielen Seiten zu behandeln. Dazu gilt es auch, das Verhältnis von Focusing, Wissenschaft und Subjektivität auf das Problem der Körperlichkeit zu konzentrieren. Inwieweit Empirie und Phänomenologie zusammenhängen und was sie unterscheidet, wird an der Methodik experimentellen Arbeitens und der Dialektik von erkennendem Subjekt und zu Erkennendem im Erkenntnisprozess deutlich. Radikaler Konstruktivismus in der Epistemologie würde bedeuten: Es gibt kein

---

307 Edmund Husserl, Die phänomenologische Fundamentalbetrachtung. In: Edmund Husserl. Die phänomenologische Methode. Ausgewählte Texte. Stuttgart 1985, 131–195. Hier: 131.

308 „Die ganze, in der natürlichen Einstellung gesetzte, in der Erfahrung vorgefundene Welt [...] gilt uns nichts, sie soll ungeprüft, aber auch unbestritten eingeklammert werden" (a.a.O., 143).

309 A.a.O. 147.149.

310 A.a.O., 161.

311 Ebd. (Hervorhebung i.O.).

312 Dietrich Zilleßen, Religionspädagogische Lernwege der Wahrnehmung, 59– 85.

Erkennen ohne das erkennende Subjekt. Von dessen kognitiver Struktur ist das Erkennen abhängig, mit dem es in Verbindung steht. Der gemäßigte pädagogische Konstruktivismus berücksichtigt bei der kognitiven Konstruktionsleistung die am eigenen Leibe erfahrbaren Wurzeln menschlichen Erkennens, weil er von lebenden Systemen der Selbstorganisation ausgeht.[313] Das Kriterium für Wissenschaftlichkeit ist nun die Widerlegbarkeit. Da Erkenntnisprozesse im zunächst individuellen Erkenntnisakt jedoch nicht nur reine Kognitionsprozesse sind, sondern in einer phänomenologischen Weise auch Momente der Intuition, des Gespürs, ja gar der Körperlichkeit und Emotionalität beinhalten, geht es bei der Frage nach Wissenschaftlichkeit um intersubjektive Nachvollziehbarkeit und Bestreitbarkeit.

Für die Religionspädagogik ist die Diskussion um einen Paradigmenwechsel von der Handlungswissenschaft zur Wahrnehmungslehre angeregt worden.[314] Das legt nahe, dass das Verhältnis von Theologie und Ästhetik ein neues Feld der Erforschung darstellt. Für das Verhältnis von Wahrnehmung und Erkenntnis ist entscheidend, dass man nicht phänomenologisch arbeiten kann, ohne Phänomenologie zu praktizieren. Das impliziert terminologisch nicht zwangsläufig eine Sprache, die weniger mit abstrakten Begriffen arbeitet, als vielmehr ein Konzept, das mit Hilfe der Phänomenologie bestehende Konzepte befragt, erweitert und bereichert und eine der Sache und den Personen angemessene Darstellung und Sprache ausprägt.

Phänomenologie ist eine Methode, wenn man darunter einen „Weg, der den Zugang zur Sache eröffnet", versteht: Phänomenologie wird damit zur „Schule des Sehens".[315] Sie lässt sich hier als eine Form der Wissenschaft „von unten" begreifen, in welcher die Aufbaugesetze aus der anschaulichen Beschreibung der Sache selbst gewonnen werden. Damit befragt sich Wissenschaft als positive Wissenschaft selbst und sieht ihre eigenen Mechanismen und Vorgänge an. Nicht von Systemen, tradierten Wissenschaften und Annahmen her, sondern „von den Sachen und Problemen selbst muß der Antrieb der Forschung ausgehen".[316] Erkenntnis wird so zu einer Bewegung der Annäherung an die Sachen, nicht im

---

313 Die verschiedenen Spielarten des Konstruktivismus lenken die Aufmerksamkeit auf Interaktion, Emotion, Kognition, Neurobiologie etc. Im Kontext von Bildung gilt: „Bildung als Formbildung setzt Lernen und Wirklichkeit voraus, erschöpft sich aber nicht darin. Der Bildungsbegriff vermag der Wirklichkeitskonstruktion eine Richtung zu geben" (Horst Siebert, Pädagogischer Konstruktivismus. Lernen als Konstruktion von Wirklichkeit. München ²2003, 28). Vgl. auch Kersten Reich, Die Ordnung der Blicke Perspektiven des interaktionistischen Konstruktivismus. Neuwied 1998.

314 Failing / Heimbrock, Gelebte Religion wahrnehmen, 11. Peter Biehl, Festsymbole, 22, spricht davon, dass nunmehr Wahrnehmung die Erfahrung als Kategorie ablöse.

315 Ebd.

316 Edmund Husserl, Hua XXV, 61. Zitiert nach Bernhard Waldenfels, Einführung in die Phänomenologie, 18, vgl. insg. 17f.

Sinne einer puren Intuition: Es geht vielmehr „um einen Prozeß, in dem Sachgehalt und Zugangsart unauflöslich miteinander verschränkt sind“.[317] Lévinas ergänzt: „Anders wahrnehmen ist Anderes wahrnehmen“.[318] Damit hängt die Formfindung schriftlicher Forschung zusammen; die Dinge stellen sich dar, indem sie sich darstellen. So wird aber die Frage von Wirksamkeit und Wahrheit unweigerlich aufgeworfen.

Es geht darum, dass alles, was sich dem erkennenden Subjekt in seiner leibhaftigen Wirklichkeit darbietet, zunächst einmal als solches hinzunehmen ist, als was es sich gibt, und das auch in den Schranken, in denen es sich gibt. Dies muss thematisiert werden, aber auch noch auf einer nächsten Ebene, der Phänomenalität der betrachteten Phänomene selbst. Bernhard Waldenfels schlägt eine Abänderung von Kants Maxime vor: „Habe Mut, dich deiner eigenen Sinne zu bedienen!“[319] In didaktischer Form lautet die Einladung zur Erlangung philosophischer Kompetenz, die dem Sehen als zentraler Tätigkeit des Erkennens entspricht: „Habe Mut, dich deiner eigenen Wahrnehmung zu bedienen“.[320]

Traditionell hält die Phänomenologie dazu zwei Zugangsweisen bereit. In der eidetischen Reduktion erfolgt die Rückführung des real oder fiktiv Gegebenen und Gebbaren auf sein ειδος, sein Wesen. Mit dem „Wesen“ ist dann das gemeint, was sich beim Durchspielen verschiedener Erfahrungsbedingungen und -kontexte als invariant und damit relativ konstant erweist (imaginative Variation). Darüber hinaus eröffnet die transzendentale oder phänomenologische Reduktion den Blick auf Differenzen zwischen dem direkt vollzogenen und indirekt thematisierten Weltbezug. „Im Übergang von der natürlichen zur transzendentalen Einstellung zeigt sich keine andere Welt, aber die Welt zeigt sich anders, unfertig, entstehend, erschlossen und verschlossen zugleich, mit einem Sinn in statu nascendi, wie Merleau-Ponty sich wiederholt ausdrückt“[321] Dies sind Ausgangspunkte für eine intentionale Analyse, in der Schichten, Phasen und Horizonte – das, was sich zeigt, weist vielfältig über sich hinaus – der Sinnkonstitution zu erfassen gesucht werden.

Das Bewusstsein ist auf vielfältige Weise mit dem verflochten, was sich in ihm konstituiert. Schon hier ist auch die Leiblichkeit, ohne dass sie explizit auf die Körperlichkeit bezogen wird, konstitutiv; Perspektivität, Beweglichkeit und Affektion verweisen auf den Leib als Angelpunkt, von dem aus sich alles räumlich orientiert, der anderes bewegt, indem er sich selbst bewegt, der fremde Reize spürt, indem er sich selbst spürt. Der Leib ist die „Umschlagstelle“ zwischen Natur und Geist.[322] Diese Bedingung bringt mit sich, dass der Leib selbst unter die

---

317 A.a.O., 19 (Hervorhebung i.O).

318 Emmanuel Lévinas, Die Spur des Anderen. Untersuchungen zur Phänomenologie und Sozialphilosophie. Freiburg 1983, 156.

319 Bernhard Waldenfels, Einführung in die Phänomenologie, 19.

320 Vgl. Philipp Thomas, Habe Mut, dich deiner eigenen Anschauung zu bedienen. Phänomenologie und Emanzipation. ZDPE (2001) 2, 104–112.

321 Bernhard Waldenfels, Einführung in die Phänomenologie, 31.

322 Edmund Husserl, Husserliana IV, 286, zit. nach Bernhard Waldenfels, Einführung in die Phänomenologie, 32.

Dinge gerät, die er mitkonstituiert. Leiberfahrung macht sich somit zwischen Eigen- und Fremderfahrung kund. Das verweist auf den Zusammenhang der „Appräsenz" der Anderen und der „Urpräsenz" meiner selbst; die Anderen konstituieren sich als „Ent-Fremdung" eines „Ur-Ichs". Diese Gegebenheit ist auch Leiblichkeit, Intersubjektivität und Zeitlichkeit. Dabei spielt ein zeitlicher Hiatus eine Rolle: Das „Nachgewahren" der Re-Flexion kommt zu spät. Dagegen setzt Husserl die Wahrnehmung als Gegenwärtigung, als den Urmodus der Erfahrung gegenüber allen Formen der Vergegenwärtigung (Erinnerung, Erwartung, Bild- und Zeichenvorstellung).

4.3.2 Zur Bedeutung der Phänomenologie für Theologie und Religionspädagogik

Um Religion für religionspädagogische Zusammenhänge aufzuschließen, stellt die Systematische Theologie traditionell Kategorien bereit. Sie befindet sich dabei im Gespräch mit Nachbarwissenschaften. Die Sozialforschung ihrerseits stützt sich auf qualitative und quantitative Analysen empirischer Befunde. Auf ihre Verfahren greift z.B. auch die Religionssoziologie zurück, wenn sie gegenwärtig Zusammenhänge von Religion und Lebenswelt zu erfassen sucht. Was leistet nun der phänomenologische Zugang zu Religion, wo doch zum einen die Systematische Theologie klare Begrifflichkeiten zur Verfügung hat und Sozial- und Humanwissenschaften durch empirisch ausgefeilte und beweiskräftige Methoden Befunde sichern könnten?

Hans-Günter Heimbrock weist auf die Öffnung gegenüber der Wirklichkeit hin. „Von Husserls Ruf ‚Zu den Sachen selbst!', vom Primat der Wahrnehmung her, wird eine phänomenologische Annäherung (gegenüber jeder Bemächtigung systematisierender Fest-Stellungen des Gegenstandes in Begriffen) stets auf dem Offenhalten der Erfahrung des Religiösen insistieren. Phänomenologie in diesem Sinne ist für die Theologie als ‚anti-formalist correction' hilfreich, wie Edward Farley das genannt hat."[323] Nicht zu unterschlagen ist damit in der Tat „die unvermeidliche Vagheit dieses Religionskonzeptes gegenüber (etwas) klarerer sozialwissenschaftlicher Begrifflichkeit von substantiellem versus funktionalem Religionsbegriff wie auch gegenüber systematisch-theologisch verfahrender Analyse von Religion."[324]

---

[323] Vgl. Hans-Günter Heimbrock, Öffnung zum Leben. Hans-Günter Heimbrock, Öffnung zum Leben. Ein Forschungsbericht zur Phänomenologie in der neueren Praktischen Theologie. IJPT (2000) 4, 253–283. Hier: 279.

[324] Ebd.

Aber: „Phänomenologische Impulse helfen aufs ganze gesehen dazu, die Erfahrungsorientiertheit Praktischer Theologie zu stärken.“[325] Damit geht es um eine Verständigung über Praxis, in welcher ebenso das Alltägliche und Unscheinbare ins Blickfeld rückt und die Wirklichkeit nicht von der „Dominanz des Lehrhaften“ bemächtigt wird. Gelehrte und gelebte Religion werden so reflexiv aufeinander bezogen: „Phänomenologie verhilft weiterhin der Theologie insgesamt dazu, die Einsicht in ihre notwendige Kontextualität ernst zu nehmen und in kleine Münze umzusetzen. [...] *Theologie* als lehrhaft-reflexives Element von Religion in Gestalt (kulturell bedingter) wissenschaftlicher Theorie ruht auf lebensweltlich elementarer Theoriebildung, folgt der religiösen Erfahrung von Individuen und Gruppen rekonstruktiv sekundär, um die Identität ihres Erfahrungskerns sowie den Wahrheitswert von Religion systematisch zu explizieren und zu kommunizieren.“[326] Religiöse Erfahrung kann damit in die Theoriebildung Eingang finden, ohne auf Termini reduziert zu werden; sie muss dennoch eine ihr angemessene Sprache finden, um kommunikabel zu bleiben. In dieser Arbeit werden daher Beschreibungen religiöser Erfahrungen von den Reflexionen getrennt; die Reflexion denkt der Erfahrung auf ihrem Weg nach und versucht sie je nach Kontext begrifflich zu präzisieren.[327]

In gegenwärtigen Lernsituationen kann nur sehr bedingt von Vertrautheit und Kenntnissen im Umgang mit Religion ausgegangen werden. Heimbrock hebt hervor, dass in einer phänomenologischen Erschließung von Religion die Fremdheit religiöser Zusammenhänge und ihre Einbindung in jeweilige kulturelle Symbolsysteme zutage treten. Religiöse Erfahrung macht sich also insbesondere an der *Wahrnehmung des Fremden* bemerkbar: „Dort, wo Religion als Fremdheitserfahrung zugelassen werden kann, wo sie weder gegenstandstheoretisch noch methodologisch pränormiert ist oder im Reflexionsprozeß letztlich ausgeschaltet werden soll, kann gerade die Spannung zwischen Bestimmtheit und Unbestimmtheit, die Spannung zwischen erfahrbaren Unbestimmtheiten in der Lebenswelt einerseits und theologisch zentraler und rational nicht aufklärbarer Unbestimmtheit Gottes als ‚Geheimnis‘ des Lebens andererseits produktiv aufgenommen werden.“[328] Der fremde Blick auf Religion kommt im religionspädagogischen Kontext der Situation religiöser Naivität entgegen. Gefragt ist eine Haltung der Neugier und des Alphabetisierens und Buchstabierens von Religion im Erstkontakt.

Eine religionspädagogische Wahrnehmungslehre erfordert demzufolge Korrekturen am Handlungsverständnis: „Phänomenologisch angeleitete Thematisierung von gelebter Religion kann sich zum einen nicht mehr nur auf das ‚Handeln‘ mehr oder weniger autonomer Subjekte beschränken, sondern muß von ‚Ver-

---

325 A.a.O., 277.

326 A.a.O., 278f.

327 Erfahrungen erfolgen in phänomenologischer Beschreibung als schmaler Petitabsatz.

328 A.a.O., 280.

halten‘ und ‚Erleben‘, von nicht verfügbaren Einbezogenheiten ausgehen. Zu rechnen ist daher zusätzlich mit der Relationiertheit menschlicher Existenz in außermenschliche und gegenständliche Welt als kosmologische Einbezogenheit, als Existenz in Natur und Geist.“[329] Was Manfred Josuttis für die Liturgie beansprucht, gilt damit für das Feld Praktischer Theologie überhaupt: Indem berücksichtigt wird, dass Theologie sich hier in einem Feld bewegt, in dem per se gar nicht gehandelt werden kann[330], vermag der Grundbegriff „Handeln“, praktisch-theologisch und auch sozialethisch neu aufgegriffen, Verengungen auf kommunikatives Handeln durch Phänomenologie und Ästhetik zu überwinden. „Indem Phänomenologie Grundbegriffe wie Feld, Gestalt und Horizont einspielt, können auch neue theologisch bedeutsame Gestaltungsperspektiven inszenatorischer Praxis ins Spiel kommen. Das Verhältnis von Wahrnehmen, Verstehen und Gestalten wird dann – jenseits diskurstheoretischer Fragen – neu klärungsfähig.“[331] Für eine religionspädagogische, an Leibräumlichkeit und Personalität orientierte Wahrnehmungslehre bedeutet diese Öffnung, dass diese drei Handlungsperspektiven prozessual ineinander greifen, zumal quer dazu das Verhältnis von Theorie und Praxis ebenfalls immer wieder aufeinander bezogen bleiben muss.

Theologie erweist sich so als Lebens-Bedeutsamkeit: Gegenüber der alleinigen Operation mit dem normativen Leben „läßt sich ein praktisch-theologisch brauchbarer, nicht hypertropher und nicht mystifizierender Lebensbegriff durch die alltagsnahe Strenge und herbe Nüchternheit anderer biblischer Rede vom Leben gewinnen und sichern. Hier ergeben sich für die praktisch-theologische Theoriebildung wesentliche Entsprechungen zwischen phänomenologischer und biblischer Anthropologie, insbesondere im Blick auf weisheitliche Traditionen im Alten Testament: die Untrennbarkeit von Sinn und Sinnlichkeit, die Verankerung der Sozialität in der Mitgeschöpflichkeit als Inkorporiertheit, die bleibende Anbindung der Wahrheits- und Evidenzfrage an Leiblichkeit, die Fragilität des Verhältnisses von Fremd- und Selbsterfahrung.“[332] Die Chance der Fremdheit in religiösen Lernprozessen liegt darin, neue Blicke zu eröffnen. Hieraus ergibt sich: Die phänomenologische εποχη ist die Chance, Religion als solche in ihrer Fremdartigkeit wahrzunehmen und dennoch für die Eigen-Art aufzuschließen. Wo aber schaut man *didaktisch* hin, wenn man phänomenologisch ‚Religion‘ wahrnehmen will?

---

[329] A.a.O., 281f.

[330] „Wer sich der Realität des Göttlichen auszusetzen versucht, muß etwas tun in einem Lebensbereich, in dem kein Mensch etwas tun kann“ (Manfred Josuttis, Der Weg in das Leben, 35).

[331] Hans-Günter Heimbrock, Öffnung zum Leben, 282.

[332] A.a.O., 282f.

4.3.3 Phänomenologische Erschließung für die didaktische Praxis

Gegenwärtige phänomenologische Ansätze nehmen verschiedene Phänomene von Religion ins Visier. Peter Biehl konzentriert sich auf die Wahrnehmung des *Symbols*, wie es sich in Lebenswelt und Kirche zeigt. Daher kann Biehl als Phänomenologe begriffen werden.[333] Christoph Bizer setzt bei der Wahrnehmung von *Bibel* an und entfaltet den Bibeltext auf der Grundlage der Gestaltpädagogik didaktisch als in Raum gestaltete Sprache.[334] Hans-Günter Heimbrock lenkt den Blick auf die *Alltagswelt* und erkundet mit Hilfe von Psychoanalyse und Gestalttheorie den Zugang zu lebensweltlichen Phänomenen wie Klängen und Bildern.[335] Auch Dietrich Zilleßen geht Bildern und Klängen in der *Lebenswelt* nach und ertastet in ihnen religiöse Spuren.[336] Josuttis betrachtet *Liturgie* und religiöse Methoden.[337] Andere nehmen den *Kirchenraum* wahr, lesen *Bilder*.

In der Grundlagentheorie der Disziplin Religionspädagogik geht es gemäß Peter Biehl zunächst um „die Entwicklung eines vielschichtigen Erfahrungskonzepts, in dem aus theologischen Gründen Erfahrung und Glaube in rechter Weise unterschieden und aufeinander bezogen sind“[338]. Dies geschieht durch das Eintragen von Wahrnehmung: „In der Sicht einer radikalisierten Phänomenologie erscheinen Erfahrung und Wahrnehmung in einem dialektischen Verhältnis. Die Erneuerungsfähigkeit der Erfahrung durch Wahrnehmung ist ein Kriterium für lebendige Erfahrung. Wir haben daher ein phänomenologisch durchdachtes Wahrnehmungsverständnis in das Erfahrungskonzept einzubeziehen. In diesem Zusammenhang ist auch die sinnlich-leibliche Fundierungsdimension von Erfahrung herauszuarbeiten.“[339]

Aus diesem Grund integriert Religionspädagogik phänomenologische Aspekte in Theologie und Religionswissenschaft (Dogmatik und Phänomenologie, Religions-

---

333 Die phänomenologische Einstellung findet religionspädagogisch eine Entsprechung, wenn die Voraussetzungen der Wahrnehmung mitbedacht werden. Eine Wahrnehmungslehre, die ihr Komplement in einer kritischen Symbolkunde findet, hat Biehl in seiner Symboldidaktik für religionspädagogische Praxis fruchtbar gemacht.

334 Christoph Bizer, Die Schule hier – Die Bibel dort. Gestaltpädagogische Elemente in der Religionspädagogik. Eine Rede. In: Wilfried Bergau u.a. (im Auftrag des Ev.-luth. Landeskirchenamtes Hannover), Arbeitshilfe für den ev. Religionsunterricht an Gymnasien. Bd. 49. Hannover 1992, 7–22.

335 Failing / Heimbrock, Gelebte Religion wahrnehmen, insbes. 233–250.

336 Beuscher / Zilleßen, Religion und Profanität.

337 Manfred Josuttis, Der Weg in das Leben; ders., Religion als Handwerk.

338 Peter Biehl, Der phänomenologische Ansatz in der deutschen Religionspädagogik. In: Hans-Günter Heimbrock (Hg.), Religionspädagogik und Phänomenologie, 15–46. Hier: 35.

339 Ebd. Ein solches Erfahrungskonzept und ein revidiertes Lebenswelt-Konzept, das auf Alltagserfahrung hin konkretisiert wird, tragen schließlich dazu bei, dass die Religionspädagogik sich „der Aufgabe zuwenden [kann], neue, vielfältige Formen gelebter Religion als das Unalltägliche im Alltäglichen wahrzunehmen“ (ebd., im Rekurs auf B. Waldenfels, P.L. Berger und H. Luther).

phänomenologie) und rezipiert Umgestaltungen von Phänomenologie in der Pädagogik.[340] Um religiöse Phänomene in der Alltagswelt und Phänomene des Glaubens angemessen religionspädagogisch zur Sprache bringen zu können, postuliert Biehl, „phänomenologisch orientierte Methoden in ein sachgemäßes Verhältnis zu empirischen, hermeneutischen und ideologiekritischen Forschungsansätzen zu setzen".[341] Deren Mitte sieht er, in Abgrenzung zu Heideggers Beschränkung auf die Auslegung, in einer komplementären, auf Sinnfindung ausgerichteten Zirkelstruktur von Hermeneutik und Phänomenologie: „Die phänomenologische ‚Einlegung' von Sinn ist also auf die Auslegung und Aneignung von Sinn angewiesen."[342] Eine phänomenologisch orientierte Religionspädagogik hat damit hinweisenden Charakter auf solche Forschungsmöglichkeiten, die mit Hilfe phänomenologisch orientierter Methoden sachgemäß bearbeitbar sind. In diesem Fall geht es darum, „ein Lernverständnis zu entwickeln, das dem vielschichtigen Wahrnehmungs- und Erfahrungskonzept entspricht."[343] Dazu gehört nach Biehl die Erforschung kindlicher und jugendlicher Welt- und Selbstverhältnisse, der Jugendkultur, Biographie- und Lebenslaufforschung und das didaktische Prinzip der Lebensweltorientierung. Religionspädagogik als Wahrnehmungslehre ergibt sich aus der Aufnahme von Phänomenen durch die christliche Religion im Kontext der Lebenswelt Lernender. Zur religionspädagogischen Wahrnehmung wird sie nach Biehl, indem sie „ihr kritisches Potential durch die Wahrnehmung biblischer Verheißung [gewinnt]; eine Verheißung verändert Wirklichkeit und erschafft neue Möglichkeit".[344]

---

340 Heimbrock bemüht sich um einen positionsneutrale Darstellung der Rezeption von Phänomenologie in der Religionspädagogik durch drei Perspektiven. Nach zwei Phasen, in denen zunächst das Interesse an der deskriptiven, „eidetischen" Phänomenologie vorherrscht und sich Phänomenologie mit Hermeneutik und Didaktik zu den Methoden geisteswissenschaftlicher Pädagogik verbindet, „konzentriert sich das Interesse auf das Spätwerk Husserls und auf einen lebensweltlich orientierten Seitenstrang der Phänomenologie (M. Merleau-Ponty, B. Waldenfels). Die sinnlich-leiblichen, sozial und geschichtlich vermittelten Lebensvollzüge sind nicht nur Ausgangspunkt, sondern ständiger Bezugs- und Endpunkt der Reflexion" (Peter Biehl, Der phänomenologische Ansatz in der deutschen Religionspädagogik, 26). Die Rezeption der Phänomenologie in der englischen Religionspädagogik bezieht sich vornehmlich mehr auf Wesensschau, auf möglichst objektive, rein äußerliche und relativistische Beobachtung und Beschreibung von fremder Religiosität im Sinne von Religionsphänomenologie. Jedoch ist insbesondere von Allison Leech ein Weg zur Annäherung an Religion herausgearbeitet worden, auf welchem die eigenen Vorüberzeugungen und Vorprägungen der Wirklichkeitswahrnehmung reflektiert werden (Vgl. Allison J.H. Leech, Another Look at Phenomenology and Religious Education. In: Hans-Günter Heimbrock (Hg.), Religionspädagogik und Phänomenologie, 93–100). Zu diesen und ähnlichen Problemen im Umgang mit Phänomenologie auch die Beiträge von W. K. Kay und H. G. Heimbrock in diesem Band.

341 Peter Biehl, Der phänomenologische Ansatz in der deutschen Religionspädagogik, 26.

342 A.a.O., 38.

343 A.a.O., 39.

344 A.a.O., 45. Vgl. auch Christoph Bizer, Verheißung als religionspädagogische Kategorie. WPKG 68 (1979), 347–358. Bizer erarbeitet pädagogische Funktionen und christologische Modelle der Verheißung in didaktischer Hinsicht. „Insbesondere legitimiert der Arbeits-

Setzt man Religionspädagogik als Wahrnehmungskunst an, siedelt man sie in der Nähe der Künste an und betont ihren ästhetischen Einschlag.[345] Methodisch verbindet sie unterschiedliche Verfahren miteinander. Dazu gehört die phänomenologische Intuition und Beschreibung. „Grundlage der Disziplin bleibt vor- und außerwissenschaftliche Erfahrung, sofern sie mit Hilfe der Phänomenologie ihre lebensweltliche Dimension wieder aneignet."[346] Genau aus diesem Grund ist m.E. auch die Aufnahme religionsphänomenologischer Möglichkeiten und Methoden gegeben, wie sie Manfred Josuttis in seiner Religionsmethodik entwickelt hat.[347] Nicht nur die Lebenswelt, sondern auch die Beschaffenheit christlicher Religion legt einen phänomenologischen Umgang mit Religion nahe. So eröffnet sich ein Ausblick auf Religionsdidaktik als Wahrnehmungslehre.

Kant fragt transzendental nach den Bedingungen dessen, was ich wahrnehme, nach den Bedingungen der Möglichkeit des Wahrnehmens.[348] Husserl fragt später nach dem Grund der Wahrnehmung. Wie mache ich das, dass ich wahrnehme? Mit Husserl lässt sich eine Theorie des Aufbaus der Wahrnehmung erstellen. Bei der Methodisierung von Wahrnehmung landet man bei Gestalt. Ästhetik achtet auf das Wahrnehmungsgeschehen, sie ist Wahrnehmung, Einschätzung und Gestaltung von Welt. Damit ist auch der Handlungsbegriff eingestrickt: Wahrnehmung als primäre Handlung bedeutet auch religionspädagogisch eine Ausweitung des Handlungsbegriffs.[349] Welche Chancen bieten ästhetische Ansätze, das religiöse Lernen zu präzisieren?

Albrecht Grözinger zeigt in seinen Versuchen zur „ästhetischen Phänomenologie", wie die ästhetische Dimension und Form der Erzählungen auf die ästhetische Dialektik Gottes zwischen Präsentation und Entzug verweist.[350] Georg Hilger benennt den Zusammenhang von Wahrnehmung als ästhetische Erfahrung, wie ihn Hans Urs von Balthasar entwickelt hat. Ästhetische Erfahrung bezeichnet

begriff Verheißung *reflexiv*, ermöglicht Selbstvergewisserung und Austausch des Lehrers über sein Fach und über seine Rolle" (Hier: 355, Hervorhebung i.O.).

345 „Religionspädagogik ist eine der Kunst benachbarte Wissenschaft" (Peter Biehl, Der phänomenologische Ansatz, 45).

346 Ebd.

347 Manfred Josuttis, Religion als Handwerk.

348 Vgl. Immanuel Kant, Kritik der reinen Vernunft (1781). Hg. v. Ingeborg Heidemann. Stuttgart 1989.

349 Rolf Huschke-Rhein benennt deutlich auch Defizite in den Forschungsmethoden und resultiert daraus zehn Grundsätze für die Handlungsforschung. Für das Feldmodell der Hermeneutik gilt der Beginn mit einer Hypothese bzw. einem Vorverständnis, das in einem Untersuchungsfeld erprobt und überprüft wird, und schließlich kommt eine Veränderung durch die Interaktion zustande (Rolf Huschke-Rhein, Systemisch-ökologische Pädagogik. Bd. II: Qualitative Forschungsmethoden. Hermeneutik, Handlungsforschung. 3. veränderte Aufl. 1993, 188ff).

350 Albrecht Grözinger, Praktische Theologie und Ästhetik. Ein Beitrag zur Grundlegung der Praktischen Theologie. München 1987, 132 – dargestellt an Offenbarungserzählungen.

einen „Modus der Weltzuwendung", der philosophischerseits von einem theoretischen und praktischen Modus zu unterscheiden ist und Aisthesis (im Sinne als Sinneswahrnehmung), Poiesis (im Sinne Gestaltungs- und Handlungsfähigkeit) und Katharsis (im Sinne von Entscheidungs- und Urteilsfähigkeit in der Wahrnehmung) umfasst.[351] Manfred Josuttis benennt Sehen, Hören und Träumen als zentrale und dabei sehr wohl pathische Handlungsformen religiöser Wahrnehmung.[352]

Die Erziehungswissenschaft macht die phänomenologische Lern-Aufmerksamkeit als Lern- und Erkenntnisprozess anschaulich. Es geht dabei um das genaue „Hinschauen und beschreiben lernen durch stille Fokussierung der Aufmerksamkeit auf scheinbar Allbekanntes oder Nebensächliches".[353] Dabei geht es um eine Lern-Aufmerksamkeit, die statt auf eine Bestätigung und Korrektur von Vor-Annahmen auf das bewusste, fremde Kennen-Lernen setzt. „Diese Lern-Aufmerksamkeit bringt die Schüler nicht dazu, in sich ein weltenthobenes abstraktes Subjekt zu aktualisieren [...], das sie ihrer leiblichen und geschichtlichen Situiertheit diesem [Lerngegenstand] gegenüber enthebt. Im Gegenteil: Sie vertieft sich in das vor den Sinnen Befindliche, sie tastet dem Merkwürdigen nach, sie hebt es in Bewusstsein, sie lässt Phantasmen spielen, sie schöpft die begrenzten Perspektiven aus, ohne auf vielleicht gedächtnismäßig gespeicherte Erklärungen zurückzugreifen, die die Irritation und die darin steckende Aufforderung zum genauen Hinschauen und Beschreiben auslöschen könnten".[354]

Der ästhetische Zugang zu Religion soll hier exemplarisch an praktischen Erprobungen und Reflexionen von Traditionsstücken christlicher Verheißung geschehen. Focusing bietet einen Zugang, der Erfahrung, Wahrnehmung und Handlung in ein spannungsvolles Verhältnis setzt, aber auch Grenzen der Wahrnehmung aufzuzeigen verspricht.

4.3.4 Lernort Universität: Wissenschaft und ihre Wissenschaftlerin

Wenn man sich nach einigen Jahren Schul- und Unterrichtspraxis in Sachen Religionspädagogik für einige Zeit aus der Schule zurückzieht und von einem anderen Standpunkt aus auf den schulischen Religionsunterricht blickt, so entdeckt

---

351 Georg Hilger, Wahrnehmung und Verlangsamung als religionsdidaktische Kategorien. Überlegungen zu einer ästhetisch inspirierten Religionspädagogik. In: Hans-Günter Heimbrock (Hg.), Religionspädagogik und Phänomenologie, 138–157. Hier: 141.

352 Manfred Josuttis, Religion als Handwerk.

353 Horst Rumpf, Die Fruchtbarkeit der phänomenologischen Aufmerksamkeit für Erziehungsforschung und Erziehungspraxis. In: Max Herzog / Carl F. Graumann (Hg.), Sinn und Erfahrung. Phänomenologische Methoden in den Humanwissenschaften. Heidelberg 1991, 313–335. Hier: 322.

354 A.a.O., 323.

man Vertrautes als fremd, Selbstverständlichkeiten als eigenartig, Altes als neu und Neues als alt. Aus anderen Positionen stellt sich die Wirklichkeit anders dar; in dieser Verfremdung liegt die Chance der veränderten Wahrnehmung als schöpferisches Potential, das auf die Wirklichkeit zurückwirken kann.

Mein Ort, von dem aus ich das schulische Lernen von Religion betrachtet und damit meine Wahrnehmung für die Leiblichkeit religiösen Lehrens und Lernens schärfe, ist die Universität. Von hier aus experimentiere ich in Zusammenarbeit mit Schule und anderen religionspädagogischen Orten. Vor allem in der universitären Ausbildung von Religionslehrerinnen und -lehrern, aber auch in der Lehrerfortbildung, im Konfirmandenunterricht und als Leiterin eines Kirchenchores werde ich unterrichtlich tätig. Mein Tun wird durch Beobachtungen und Reflexionen, Literaturrecherche, Gespräche, die Schulung meiner eigenen Wahrnehmung und nicht zuletzt durch Raum für experimentelles Probehandeln vorangetrieben. Forschung und Lehre greifen dabei ineinander. Mir liegt daran zu zeigen, wie der lernende und lehrende Umgang mit Religion Gestalt gewinnt; in dieser Hinsicht wäre mit den „Dingen", wie sie oben genannt werden, Religion gemeint, deren Fülle der Formen und Erscheinungen. Damit wäre klar, dass eine „leiborientierte Phänomenologie" im religionspädagogischen Rahmen verdeutlicht, dass Religion in phänomenologischer Hinsicht gar nicht umhin kommt, den Leib als Angelpunkt zu begreifen. Hinzu kommt die Tatsache, dass die Leiblichkeit hier selbst zum Ding wird, indem der Akzent der Arbeit darauf liegt, wie eine religionspädagogische Bestimmung von Leiblichkeit aussehen kann. Wie können Wissenschaftler und Wissenschaftlerinnen mit dieser Gegebenheit umgehen?

Ausgehend von der Veränderung des Erfahrungsbegriffs in den Naturwissenschaften, die mit der zunehmenden Erkenntnisgewinnung biologischer Vorgänge auch ein verändertes Verhältnis von Mensch und Natur mit sich bringt, und der Beobachtung, dass sich Entwicklungen der Naturwissenschaft als Neigungen in den Humanwissenschaften widerspiegeln, erachten sozialwissenschaftliche Überlegungen zur Körperlichkeit des Wissenschaftlers die Achtung leiblich-sinnlicher Erkenntnis als unzulänglich und ungenau, als arbiträr: Der Wissenschaftler-Körper erliegt einem „Schattendasein".[355] So plädiert Franz Breuer für „[e]mpathische Potenzen der Erkenntnis". Auf der Basis einer „prinzipiellen Strukturidentität von Erkenntnissubjekt und Erkenntnisobjekt" oder „Anthropomorphie" setzt er auf die Interaktivität zwischen Subjekt und Objekt, die Verquickung der Untersuchungssituation mit „alltagsweltlichen Zusammenhängen"

---

355 Franz Breuer, Wissenschaftliche Erfahrung und der Körper/Leib des Wissenschaftlers. Sozialwissenschaftliche Überlegungen. In: Clemens Wischermann / Stefan Haas (Hg.), Körper mit Geschichte. Der menschliche Körper als Ort der Selbst- und Weltdeutung. Stuttgart 2000, 33–50. Hier: 38. Vgl. Linus S. Geisler, Das Verschwinden des Leibes. In: Universitas 51 (1996), 386–397.

der Beteiligten.[356] Sein Gewährsmann, der Ethnopsychoanalytiker Georges Devereux, hat dafür die Struktur von Übertragung und Gegenübertragung epistemologisch untersucht und genutzt.[357] Breuer fordert die methodische Berücksichtigung dieser Basisgrößen: Wissenschaftler-Subjekte müssen als leibhaftige Personen mit Eigenschaften, Konzepten, Standpunkten und Perspektiven aufgefasst werden, die es ernsthaft als Erkenntnisvoraussetzung zu thematisieren gilt. Im produktiven Sinn stellt sich damit die pragmatische Frage: „Welche Erkenntniszugänge sind unter Beachtung, Ausnutzung, Reflexion dieser Voraussetzung möglich, die ohne eine solche Quelle verschlossen blieben?“[358] Bei der Suche nach den „Möglichkeiten des Ablesens am Wissenschaftler-Körper“, die über die Sozialwissenschaften hinaus ebenso gilt, geht es um „Aufmerksamkeit, Sensibilität, Wahrnehmung, Beschreibungsmöglichkeiten, Dokumentation und Reflexion der Resonanzen und Transaktionen“[359], die der Kontakt mit dem Untersuchungsgegenstand bei der forschenden Person auslöst.[360]

Die Selbstverdoppelung betrifft auch das Medium, in dem religionspädagogische Wissenschaft betrieben wird: die Sprache. Petra Muckel sieht Symptome, Metaphern, Symbole und Schemata als Schnittstellen einer körperbezogenen Epistemologie.[361] Kernpunkt ist folgender Syllogismus: „(1) Wahrnehmung ist fundamental für die Bildung von Erkenntnisstrukturen und Verstehensprozesse; (2) Wahrnehmung ist körperlich verankert; dann müssen auch (3) die Bildung von Erkenntnisstrukturen und die Verstehensprozesse selbst körperlich verankert sein.“[362] Die Sprache, die in körperlichen Erfahrungen verankert ist, ist für die Aneignung von Welt, aber vor allem für die „identitätsbezogene Verwurzelung“

---

356 Franz Breuer, Wissenschaftliche Erfahrung, 39. 48.

357 „Es erweist sich, dass ‚die logische Trennung‘, die durch die Leugnung der Selbstwahrnehmung des Beobachteten entsteht, inadäquat ist [...], dass es produktiver ist, dem Objekt Wahrnehmungen zuzubilligen und ihm zu gestatten, Aussagen zu machen, während man dem Beobachter – d.h. dem, der als solcher definiert ist – gestattet, auch Aussagen über Aussagen zu machen“ (Georges Devereux, Angst und Methode in den Verhaltenswissenschaften. Frankfurt 1967, 310).

358 Franz Breuer, Wissenschaftliche Erfahrung, 49.

359 Ebd.

360 Beispielhaft illustriert Breuer ein persönliches Forschungstagebuch, das der kultivierten Reflexion der kognitiven Auseinandersetzung dient, die supervisorische Begleitung der Forschungsverläufe, die personale Resonanzen zur Sprache bringt, die Reflexion des Kontakts und der Kontaktgeschichte mit dem Untersuchungsfeld. Wichtig ist dabei auch das Aufdecken von Charakteristika eigener Wissenschaftlerperspektiven als „konstruiert“, indem systematisch konfrontiert wird mit Vergleichen, alternativen und konkurrierenden Positionen und Sehweisen, auch durch außen stehende Beobachter und Experten, so dass „Divergenz-Information“ erzeugt wird und Dezentrierung möglich ist (a.a.O., 49f).

361 Petra Muckel, Sprache, Körper, Erinnerung – Wechselwirkungen zwischen Sprache und Körper. In: Clemens Wischermann / Stefan Haas (Hg.), Körper mit Geschichte. Der menschliche Körper als Ort der Selbst- und Weltdeutung. Stuttgart 2000, 51–64.

362 A.a.O., 63.

in der Welt unabdingbar.[363] Die Erkenntnismöglichkeiten stoßen an Grenzen, weil die Verknüpfung von Körper und sprachlichem Verstehen in der Wahrnehmung beide in ein Abhängigkeitsverhältnis stellt, das die Möglichkeiten von Wahrnehmung und Erkenntnis zugleich begrenzt. Die Verankerung in der Leiblichkeit ermöglicht in erkenntnistheoretischer Betrachtung zwar Erkennen, Welterfahrung und Verstehen, dennoch werden diese Möglichkeiten auch beschränkt, da der Körper als Ort der Erkenntnis nicht aufgegeben, von anderer Perspektive aus betrachtet werden kann („blinder Fleck"). Der Sehende steht sich nicht als Teil des Sichtbaren gegenüber und kann den eigenen Körper nicht verlassen. Dieser Teil des Erkennens, nämlich der Körper selber, bleibt damit zumindest partiell im Dunkeln. Das Paradoxe und Besondere ist also letztlich sogar, dass über den Leib schreiben auch – trotz des Computers – ein leibliches Schreiben ist, denn das Sprechen und Schreiben, das Kommunizieren über den Leib, geht nicht ohne den Leib. Die leibliche Situierung in der Welt ist im Text beim Schreiben wie Lesen enthalten. Über den Leib zu schreiben impliziert in einem weiteren Schritt auch, sich der Selbstverdoppelung im Leib gewahr zu werden. Dieses doppelte „Paradox der Selbstbezüglichkeit"[364] gilt es bei allem zu berücksichtigen. Folglich ist somit einerseits aufgrund der Grundstruktur phänomenologischer Erkenntnis das Subjekt von Vornherein an der Erkenntnis beteiligt. Aus diesem Grund gilt für mich, diesen Erkenntnisprozess dem Leseprozess transparent zu machen und somit ein schreibendes Wissenschaftler-Ich zu etablieren.

4.3.5 Methodische Verfahren im Einzelnen

Die Basis für einen konzeptionell-didaktischen Beitrag zur leiblichen Konkretion von Religion und Bildung ist *Phänomenologie*; sie schließt in diesem Fall den interpretativen Umgang mit Sprache, Schrift und Text und somit auch *Hermeneutik* ein. Um religiöses Lernen am Körper als vorgängiges Verhältnis von Bildung und Religion erfassen, untersuchen und darstellen zu können, ist das Zusammenspiel verschiedener Verfahren vonnöten:

a) *Qualitativ-empirische Teile*, die von mir aus verschiedenen Rollen heraus teils in teilnehmender Beobachtung, zumeist jedoch in beobachtender Teilnahme durchgeführt und reflektiert werden, gewähren einen Zugang zur Wirklichkeit, der exemplarisch die Aufmerksamkeit in Wahrnehmung überführt.
b) *Phänomenologische Beschreibungen* dienen der Erfassung von Erfahrungsgrundlagen, sie vollziehen im Kern aber auch Wahrnehmung und machen die Wissenschaftlerin, das Wahrgenommene und den Prozess der Wahrnehmung so nachvollziehbar, dass die aus ihnen zu schlussfolgernden Behauptungen daran

363 Ebd.

364 Bernhard Waldenfels, Das leibliche Selbst. Vorlesungen zur Phänomenologie des Leibes. Frankfurt 2000, 9.

überprüfbar werden. Es gehört zum Prinzip der Arbeit, das Verhältnis von Darstellung und Mitteilung im Interesse einer Aneinandergestaltung von Theorie und Praxis immer wieder auszubalancieren und dabei kulturelle poetische Formen (Erzählung, Imagination) in Anspruch zu nehmen, die solche Verzahnungen verdeutlichen helfen.[365]

c) *Historische Rekonstruktionen* vergegenwärtigen traditionelle Konzepte der Religionspädagogik des 20. und 21. Jahrhunderts.
d) *Interpretationen* der Erfahrungen dienen der Theoriebildung und entwickeln Termini auf Zusammenhänge und Begriffsschärfung hin.
e) *Referate* wissenschaftlicher Ansätze ordnen und präzisieren das Verhältnis von wissenschaftlichen Gesprächspartnern und eigenen Erkenntnissen.

Eine mit Blick auf schulisches Lernen und didaktische Strukturen angelegte Dissertation brächte sich um das ihr eigene Prinzip der Wahrnehmung, wenn sie nicht die Wechelwirkung von Theorie und Praxis in ihre Struktur eintragen würde. Im Zuge der phänomenologischen Erkundung leiblichen religiösen Lernens

a) kommt christliche Religion in einer ästhetischen Lerngestalt vor, welche die Fragen nach Leiblichkeit in der Spannung von Wahrnehmung und Wahrheit hält;
b) liegt der personale Focus auf ReligionslehrerInnen als Lernenden und Lehrenden – in der Reflexion kommt nicht zuletzt die Autorin selbst in den Blick;
c) werden Expertengespräche, universitäre und humanistische-psychologische Seminare sowie schulischer Religionsunterricht als empirische Schauplätze für religiöse Wahrnehmungs- und Lernprozesse genutzt;
d) werden Lernmethoden für die Auslotung von Lern-Wegen zu einer leiblich-religiösen Lernkultur dargestellt, beschritten und reflektiert.

4.4 Der Erkundungsweg

Das folgende Kapitel eruiert, wie Focusing und pädagogischen Gegebenheiten für ein leiblich verankertes Wahrnehmungslernen ausschlaggebend sind und erschließt somit Elemente pädagogischer Anthropologie als Grundlagen religiöser Bildung.

Welche anthropologischen, und pädagogischen Voraussetzungen sind für leibliche religiöse Bildung zu beachten? Inwieweit kann der Körper zum Lernort werden?

---

365 Schleiermacher formuliert den Zusammenhang von Darstellung und Mitteilung allererst für den Gottesdienst, greift aber auch auf den kirchlichen Unterricht vor (Friedrich Daniel Ernst Schleiermacher, Praktische Theologie, 71; Bernhard Dressler, Darstellung und Mitteilung. Religionsdidaktik nach dem Traditionsabbruch. rhs 45 (2002) 1, 11–19.

- Welche Rolle hat das Focusing für die Phänomenologie?
- Was bedeutet Leibräumlichkeit für pädagogisches Nachdenken?
- Wie ist leibliches Lernen zu bestimmen?

Die gegenwärtige Religionspädagogik verzeichnet Übergänge „von der Handlungswissenschaft zur Wahrnehmungslehre“[366] bzw. zur Handlungstheorie zurück.[367] Diese Beobachtungen können im dritten Kapitel begrifflich geschärft werden, weil auch der religionspädagogische Hintergrund sorgfältig beleuchtet wird. Da der Umgang mit dem Körperraum in der religionspädagogischen Tradition bisher wenig betrachtet worden ist, wird eine Extrapolation von Umgangsformen mit Körper und Raum erforderlich, welche diejenigen Bedingungen ermittelt, unter denen religiöses Lernen und Lehren geschieht.

In welcher Weise wird christliche Religion ästhetisch wahrnehmbar?

- Welche Räume des Lernens und Lehrens von Religion nehmen gegenwärtige religionsdidaktische Ansätze in Anspruch, und wie kommt der Körper dort zum Tragen? Inwieweit und wie nehmen gegenwärtige Unterrichtskonzepte Spuren oder Ansätze von Körperlichkeit in sich auf, und welche verborgenen und neuen Konzepte von Leiblichkeit treten dabei zutage? Macht sich dabei die „Wiederkehr des Körpers“[368], welche die Sozialwissenschaften seit den achtziger Jahren verzeichnen, auch in der Religionspädagogik bemerkbar, oder ist eher ein „Schwinden der Sinne“[369] zu spüren?
- Wie kann Focusing religiöse Lernprozesse unterstützen und darstellbar halten?
- Wie lässt sich leibliche personale Bildung denken?

Schließlich zeige ich als Schulpraktikerin Elemente wahrnehmungsorientierten Religionsunterrichts auf. Auf diese Weise werden die Möglichkeiten und Grenzen schulischer Wahrnehmungsprozesse ermittelt. Dabei werden die Kriterien und vor allem die Wege religiöser Wahrnehmung herausdestilliert.

Wie kann Leiblichkeit durch Focusing im Religionsunterricht der Sekundarstufen berücksichtigt werden?

- Wie bereitet eine Religionslehrerin Unterricht vor?
- Kann im vorgängigen Schulunterricht Religion leiblich greifbar werden?
- Ausblickend: Wie lässt sich eine Lernkultur zur religiösen Bildung situieren?

366 Peter Biehl, Festsymbole, 22.
367 Failing / Heimbrock, Gelebte Religion wahrnehmen, 11.275.
368 Kamper / Wulf, Die Wiederkehr des Körpers.
369 Dietmar Kamper, Das Schwinden der Sinne.

Eine wissenschaftliche Untersuchung wird vielschichtig und in diesem Sinne räumlich, wenn sie mehreren Lesarten und Rezeptionsweisen gerecht wird, ohne die Suche nach Wahrheit aufzugeben oder sich der Nachprüfbarkeit zu verschließen. Selbst unter der Voraussetzung des „impliziten Lesers“[370] können nicht alle dem Leseprozess zugänglichen Verständnisfenster auch der Autorin bewusst sein. Ich möchte daher diejenigen Lesarten nennen, die mir in diesem Rahmen wichtig sind.

a) Der Zugriff auf die vorliegende Arbeit wird von der Frage nach der Dimension von Leiblichkeit religiöser Lehr- und Lernprozesse angetrieben. Die Kategorien Raum, Leib und Zeit lassen sich auf verschiedenen Ebenen der Darstellung und Mitteilung in Form und Szene bringen; Konkretionen wechseln sich mit Reflexionen ab.
b) Eine weitere Lesart ergibt sich aus der Suche nach dem Verbindungsstück von gelehrter und gelebter Religion. Unter der Perspektive der Lehre und ihrer Lehrenden, die gelebte Religion für Unterrichtsprozesse aufzuschließen suchen, finden sich performative Schritte zu einer personbezogenen Religionsdidaktik. Für die Frage, wie Humanistische Pädagogik religionsdidaktische Gestalt gewinnen kann, soll ein Orientierungsrahmen bereitgestellt werden.
c) Schließlich sei zumindest im Ansatz genannt, dass die Arbeit sich mit dem schreibenden Ich außerdem der Suche nach Darstellungswegen stellt, personbezogene Wissenschaft zu treiben.

Als christliche Religionspädagogin befasse ich mich im Rahmen dieser Arbeit mit der eigenen, christlichen Religion. Dafür gibt es zwei triftige Gründe. Zum einen kenne ich mich in meiner eigenen Religion aus. Daneben notiere ich die religionspädagogische Not, aber auch die Neugier im Umgang mit anderen nichtchristlichen Religionen. Der Begriff „Fremdreligion“ macht die Notwendigkeit von Begegnungen sehr bewusst. Dass ich die Seite religiösen und interreligiösen Lernens in dieser Arbeit nur marginal einbeziehe, liegt nicht an einem Desinteresse; vielmehr beobachte und vertrete ich, dass im Zuge der religionsunterrichtlichen und politischen Beschäftigung und des Dialogs mit den Weltreligionen das Fragen nach den Wurzeln der eigenen geformten Religiosität und dem Umgang damit erst recht deutliche Konturen erhält. Dazu sind auch Erkundungen in Nachbarwissenschaften nötig. Da es sich bei Wahrnehmung um eine anthropologische Kategorie handelt, greife ich Erkenntnisse der Humanwissenschaften auf, auf die sich Religionspädagogik in den letzten hundert Jahren bezieht: Philosophie, Psychologie, Soziologie, Pädagogik und Ästhetik.[371] Dazu kommen soziologische Aspekte (auch der Sportwissenschaft und verwandter Bereiche, in denen vor allem Bewegung eine Rolle spielt).

---

370 Wolfgang Iser, Der implizite Leser. München 1994.

371 Der Begriff Geisteswissenschaften, der auf die Methodologie der entsprechenden Wissenschaften Bezug nimmt, ist hier weniger ergiebig.

Religion ist ein leibräumliches Geschehen, das christlich gelebt, theologisch überdacht sowie religionspädagogisch zugänglich und handhabbar gemacht werden kann. In dieser Arbeit erkunde ich die Rolle der Leiblichkeit für religiöse Lernprozesse. Leitend ist die Arbeitshypothese, dass Religion am Lernort Körper gelernt wird, Focusing ein Weg zur religionspädagogischen Wahrnehmung ist und Leiblichkeit demzufolge eine elementare religionsdidaktische Kategorie sein muss. Die Konzeption prozesshafter Wahrnehmung impliziert einen Lernbegriff, welcher der Leiblichkeit des Menschen Rechnung trägt. Durch den experimentellen Umgang mit Focusing lässt sich leibliches Lehren und Lernen in Unterrichtsprozessen als situatives Verhältnis von Religion, Person und Bildung wahrnehmen und auf die Rolle der Leiblichkeit und die Gestalt von Religion hin befragen.

II. Focusing: ein Gefährt(e) leiblichen Lernens

1 Streifzüge in die pädagogische Aufmerksamkeit: Lern-Körper und Lehr-Gänge

1.1 Körperinszenierungen: Jugend zwischen Machart und Mach-Art

> „Hunger soll man nicht beherrschen können? Ich kann dem Körper das abtrainieren." So entgegnet mir eine 16-jährige Schülerin im Religionskurs mit dem Thema „Anthropologie" auf den Hinweis, dass hinter allen kulturellen Formungen des Menschen natürliche Bedürfnisse wie Hunger nicht geleugnet und „wegtrainiert" werden können.

Man kann zwar die Leiblichkeit verleugnen, ignorieren, vertuschen, aber man kann nicht nicht-leiblich sein, ebenso wenig, wie man nicht nicht kommunizieren kann. Watzlawicks Diktum von der Unmöglichkeit der Nicht-Kommunikation ist rhetorisch wie phänomenologisch auch als anthropologisches Apo-Diktum lesbar: An der doppelten Verneinung – im Paradoxon – wird klar, dass die Körperlichkeit samt ihrer Empfindungen und Wahrnehmungen aus dem Leben nicht auszuklammern ist. Wer sich in keiner Weise bewegt, wer gar nichts mehr spürt, der ist tot. In der Phänomenologie geht es um Erscheinungen; in einer „leiborientierten Phänomenologie" nimmt „das Erforschen und Bedenken der Dinge direkt oder indirekt immerzu auf den Leib und auf die leibliche Situation Bezug".[372] Daraus ergibt sich: Für die Menschwerdung, die das Verhältnis zur Welt und den Dingen einschließt, ist die Leiblichkeit konstitutiv.[373]

Die körperliche Sozialisation kann begriffen werden als „Prozess, in dem ein Individuum auf der Grundlage seiner biologischen Ausstattung Körperlichkeit, Körperbewusstsein und Körperausdruck in wechselseitiger Auseinandersetzung mit seiner Umwelt entwickelt".[374] Erkenntnissen der Entwicklungspsychologie

---

[372] Bernhard Waldenfels, Das leibliche Selbst, 9.

[373] Vgl. Bernhard Waldenfels, Einführung in die Phänomenologie, 30.

[374] Renate Nestvogel, Weibliche Körpersozialisation in interkultureller Perspektive. In: Doris Schuhmacher-Chilla (Hg.), Das Interesse am Körper, 34–63. Hier: 35. Sozialisation lässt sich dabei verstehen als „Prozess der Entstehung und Entwicklung der menschlichen Persönlichkeit in Abhängigkeit von und in der Auseinandersetzung mit den sozialen und dinglich-materiellen Lebensbedingungen, die zu einem bestimmten Zeitpunkt der historischen Entwicklung einer Gesellschaft existieren. Sozialisation bezeichnet den Prozess, in dessen Verlauf sich der mit einer biologischen Ausstattung versehene menschliche Organismus zu einer sozial handlungsfähigen Persönlichkeit bildet, die sich über den Lebens-lauf hinweg in Auseinandersetzung mit den Lebensbedingungen weiterentwickelt" (Klaus Hurrelmann,

zufolge spielen gerade die Wahrnehmung der körperlichen Veränderungen, die die Geschlechtsreifung während der Pubertät mit sich bringt, für die Körpersozialisation eine entscheidende Rolle.[375] Diese Zeit körperlicher, psychischer und geistiger Umbrüche erleben viele Jugendliche als destabilisierend, insbesondere hinsichtlich geschlechtsspezifischer Herausforderungen.

Dass vor allem der Körper zum Durchbruch kommt, macht sich auch und insbesondere in der Jugendkultur bemerkbar. Die Körperbesessenheit der Erlebnisgesellschaft steht der Körpervergessenheit der Wissenschaft deutlich entgegen. Spannungen inmitten aller Körperkulturen bleiben als Paradoxa erhalten: durch Zugriffe von Medizin, Sport – nicht selten werden Leistungskampf und Körperbewusstsein gegeneinander ausgespielt – und die ästhetische Manipulation der Körper-Welten.

a) In den Ausdrucksformen der Jugendkultur ist der Körper zum einen der *Ort der Orientierung*. Dazu gehören der Tanz als Form der Ekstase, aber auch das Ausprägen von Geschlechtlichkeit sowie der Sport. So wird der Körper im Vergnügungssport zum Gegenstand der Stilisierung: „Im Vergnügungssport wird [die Welterfahrung], paradoxerweise, als Mythos ewiger Jugendlichkeit auch für die Erwachsenen weiterentwickelt und zugleich ökonomisch ausgebeutet" – hier im Dienste einer gewissen Weltflucht, den bedrückenden Erfahrungen der eigenen Endlichkeit durch Schönheit und Jugend zu entkommen.[376] „Sportlichkeit" wird so zum Wert.[377] Tätowierungen (Tattoos) und Körperbemalungen fungieren als leibliche Stilmittel, sie geben ihm religiöse und kulturelle Insignien auf und an der Haut.[378] Beim Piercing durchzieht der Metallschmuck die Haut: „Jede Religion schmückt ihre Tempel [...] Und wir Tätowierten sehen den Körper als Tempel an."[379] Christliche Motive werden mit denen anderer Kulturen und Religionen bunt gemischt. Die Geschichte des Christentums zeugt von Tätowierungen –

Einführung in die Sozialisationstheorie. Über den Zusammenhang von Sozialstruktur und Persönlichkeit (1986). Weinheim 1993, 14).

375 Die Unsicherheiten werden in psychosozialen Entwicklungsmodellen mit Krisen assoziiert. Vgl. Erik H. Erikson, Identität und Lebenszyklus. Frankfurt 1973.

376 Eckart Liebau, Körper-Kunst und Leibes-Übung: Sport und Spiel in der Schule. In: Doris Schuhmacher-Chilla (Hg.), Das Interesse am Körper. Strategien und Inszenierungen in Bildung, Kunst und Medien. Essen 2000, 64–72. Hier: 70.

377 Lotte Rose, Sportlichkeit als Stil. In: Gerold Becker (Hg.): Körper. Seelze 2002, 16–17. Vgl. dazu insgesamt den sehr guten Einblick dieses Heftes in die Thematik anhand von kurzen, aber aussagekräftigen Schlaglichtern.

378 Zur Entstehung von Kleidung, zu den Zusammenhängen von Tätowierungen als Körperveränderungen, Kleidung und Körperlichkeit, Kinderkleidung und Körpersozialisation, Gerüche und Körperlichkeit, Konfektion, Körpervermessung, Körperbilder; Kleidung, Körper, Sinne; Körper, Schulkörper, Gesellschaft siehe Heinz Janalik / Doris Schmidt, Kleidung, Körper, Körperlichkeit. Teil 1: Lehren, Teil 2: Lernen. Baltmannsweiler 1998.

379 Interview mit Alex, 24, als leibhaftigem Beispiel für den Kult mit der Haut. Johannes Wendland, Tätowierungen – Seele auf der Haut. Chrismon (2001) 1, 12–19. Hier: 14.

Fisch und Kreuz zur Gemeinschaftsbildung und Identitätssicherung – eine Kunst, die Schmerzen verursacht und das sichtbare Werk als Entlohnung verspricht. Tätowierungen verweisen auf die traditionelle Strategie des Verbergens. Mit dem Einsetzen der Moderne nehmen sie eine neue Aufgabe wahr: „im Intimen des Körpers etwas vom kosmologischen Gedächtnis der Menschheit zu konservieren."[380] Die kommunikative Wirkung liegt in einer unkomplizierten, sinnlichen und wenig konventionellen Kommunikation. Einerseits signalisiert die Tätowierung „Angebot und Wunsch nach Berührung" (nicht zwingend handgreiflich und körperlich), „andererseits scheint sie die Funktion einer Panzerung zu übernehmen, durch die man sich vor ungewollten Berührungen zu schützen versucht; vor Berührungen, die keine Berührungen, sondern Eingriffe und Vereinnahmungen sind."[381] Die Körperhaut wird so als Kontakt-, aber auch als Grenzfläche betont.

b) Dass der Körper einerseits *Ort der Identitätsstiftung*, andererseits aber auch der *Identitätsgefährdung* ist, zeigt das insbesondere Mädchen und Frauen in der westlichen Welt betreffende Thema des Essens. In der Zerrissenheit der Fundamente, auf dem entzogenen Boden des „Traditionsverlust[es]", findet die Unvollkommenheit eine Sehnsucht nach Ewigkeit in der Konservierung der Körper[382] und nach Überwindung der Grenzen in Spiritualität, Esoterik und Therapie. Kulturelle Symbolisierungen des Essens zeigen die Bedeutung des Körpers auf mehreren Ebenen. Der Anstieg der Essstörungen anorektischer, bulimischer und adipöser Art mit steigendem Ernährungswohlstand in den reichen Industrieländern der westlichen Welt und einem Trend zu zunehmend schlanker Schönheit, die ins Blasse, Magersüchtige und eher Lebensabgewandte zielt, ist seit längerem bekannt.[383] Häufig wird er mit dem klassischen weiblichen Rollenkonflikt der postmodernen Frau in Verbindung gebracht. „Das gesellschaftliche Verlangen nach schlanken, attraktiven Frauen, die weiblich-mütterlich einerseits, leistungsbereit und leistungsfähig andererseits ihr Leben flexibel meistern sollen, kennzeichnet westliche Gesellschaften und erklärt den Anstieg der Bulimie."[384] Dem Körper droht damit die Anpassung an die Technologie, Inszenierungen werden so zum Eigentlichen. Insofern spricht Böhme vom „Inszenierungswert"[385], der den neuen Lebensstil inszeniert und Familien sprengt. Die Familie geht dabei als ein den-

---

380 Stephan Oettermann, „Heavily tattooed". In: Dietmar Kamper / Christoph Wulf (Hg.), Die Wiederkehr des Körpers. Frankfurt 1982, 335–349. Hier: 348.

381 A.a.O., 349.

382 Als solches lässt sich die KörperWelten-Ausstellung begreifen. Vgl. dazu Kap. I.2.1.2.

383 Vgl. Waltraud Posch, Körper machen Leute. Der Kult um die Schönheit. Frankfurt 1999.

384 Der Göttinger Ernährungswissenschaftler Volker Pudel in einem Schlusswort zu Maja Langsdorff, Die heimliche Sucht, unheimlich zu essen. Frankfurt 1995, 314.

385 Gernot Böhme, Aisthetik. Vorlesungen über Ästhetik als allgemeine Wahrnehmungslehre. München 2001, 21.

kender Körper verloren.[386] Hintergrund ist die Ökonomie als ein System, das auf Bedürfnisbefriedigung aus ist. Begierden von Macht und Ruhm sind gesteigert. Als Nahrungsaufnahme versorgt das Essen und der Prozess des Essens physiologisch den Organismus und gibt ihm physikalische Energie und Vitalität. Als emotional-sinnliche Tätigkeit kann das Gefühl des Hungers gestillt und Sättigung als ein Zustand der Zufriedenheit, inneren Ruhe und Ausgeglichenheit erreicht werden. In diesen beiden Tätigkeiten verbinden sich Notwendigkeit und Genuss. Die soziale Seite des Essens, nämlich die kommunikative Mahlzeit, stellt seit Urzeiten ein Ritual des Zusammenlebens dar. Kulturelle Prägungen lassen die Sozialität und ihre Wandlungen zutage treten. Die Paradoxie, dass alle Models und Mannequins gleich aussehen, birgt eine Täuschungsgefahr, die geschöpflichem Zynismus gleichkommt. Körperbilder und Essbilder geben sich in paradoxen Wechselbädern sprichwörtlich die Hand: hier das delikate üppigste Mal, dort die karge Reinheit in hellen, leichten und leuchtenden Sphären. Insbesondere Mädchen und Frauen imaginieren bei dem Wort „Figur" vermutlich weniger Gestaltumrisse als ein verzerrtes Spiegelbild, das in der Mehrzahl der Fälle das unangenehme Gefühl des Zu-dick-Seins mit sich bringt. Der Körper wird letztlich zu einer „Landkarte von Problemzonen" parzelliert.[387] Der Hunger, der als elementar leibliches Thema das 20. Jahrhundert beherrscht hat, ist am Ende nicht nur gestillt, sondern bewegt sich auf Übersättigung zu. Jedoch sind damit keine schlaraffenlandartigen Zustände erreicht, sondern die Verdauungs- und Verarbeitungsvorgänge geraten ins Stocken, das Lernen ist am Fließprozess gehindert.

In der Agonie der Erlebnisgesellschaft erhält der Körper einen Projektcharakter, der auf Körper-Design zielt – mit dem Ziel, Gesundheit und Wohlbefinden erlebbar zu machen, darin maximal leistungsfähig zu sein und Leid zu ersparen. Dazu tragen auch Strömungen des Gesundheits, Schönheits- und nicht zuletzt auch des Forschungsmarktes bei. Dass der Mensch sich als ein leibliches Wesen nicht nur in der Welt zwischen Ich und Mit-Ich, sondern auch zwischen Körper-Sein und Körper-Haben bewegt, wird dabei unterschlagen. Das zeigt nicht zuletzt der Drang nach Ideal und Perfektion, der zwar einerseits das Leiden unterschla-

---

386 „In einer Welt, in der Millionen hungern und andere unter Übergewicht leiden, gibt es Leute, die sich ‚Eß-Schmuck' auf Plastik anstecken: Ringe, Nadeln, Halsketten und Ohrringe in junkfood-Formen: wie Hamburger, Hot Dogs und Apple Pie. Zudem verbreiten Kochbücher und Gourmet-Magazine, was man ‚Gastro-Pornos' [Alexander Cockburn] genannt hat, entführen den urbanen Ästhetiker in die ländliche Idylle frischer Früchte und Gemüse, verschmelzen New York und die Provence, mischen Moral und Wahnsinn, Ökonomie und Extravaganz, all das in einer Welt von Sensationen zweiter Hand, deren einzige Konkurrenz die Welt der Sex-Bücher zu sein scheint, deren Metaphern gleicherweise gastronomisch sind. Man könnte hinzufügen, daß beides solipsistische Künste sind, Idylle einer selbstsüchtigen Versöhnung mit dem Verfall der verleiblichten Familie." (John O' Neill, Die fünf Körper, 63).

387 Luc Boltanski, Die soziale Verwendung des Körpers. In: Dietmar Kamper / Volker Rittner (Hg.), Zur Geschichte des Körpers. Perspektiven einer Anthropologie. München / Wien 1976, 138–177. Hier: 139.

gen möchte, jedoch genau damit das Martyrium des geschundenen, leidenden, teils fast ausgemergelten, vom Tod gezeichneten Körpers erst inszeniert.

Gerade am Körper zeigt sich daher die Tragfähigkeit von Lebens- und Lernkonzepten. Sein Lebensrhythmus ist einerseits vorgegeben; elementarste Merkmale der Körperlichkeit verbinden über kulturelle Grenzen hinaus Geburt und Tod, Wachstum, Gedeihen und Verfall, Lust und Schmerz. Andererseits nimmt er Strömungen, Verunsicherungen, Festigungen und Stärkungen auf. Häufig fungiert er als ein Spiegel des Lebens: Als Medium und Tor zur Welt nimmt er das, was ist, in sich auf und setzt es energetisch um, in aller Gebrochenheit. Die Wahrnehmung der eigenen und anderen Leiblichkeit ist durch diese Bilder vorgeprägt; es gelingt uns nur partiell, die Vor-Bilder aufzudecken und die Muster freizulegen, die unser Erleben vorstrukturieren und prägen. Unterschiedlichste Körperbilder der globalisierten Welt sind „Doppelbilder", indem sie das Vertraute aufnehmen und auf das Unerfahrene, Andere Bezug nehmen. Geschlechtlichkeit ist eine Dimension der Leiblichkeit, für die beides zutrifft: Einerseits werden Mädchen zu Frauen, Jungen zu Männern „gemacht", andererseits ist mit der körperlichen Geschlechtlichkeit auch biologisch das Frau- bzw. Mann-Werden vorgegeben. Dabei ist nicht zu verkennen, wie die Geschlechtszugehörigkeit „Weiblichkeit" und „Männlichkeit" als „kulturelle Phänomene, die auch körperlich ausgedrückt werden", geprägt sind.[388] Die Schwierigkeit und Brüchigkeit der Zuordnung wird z.B. durch Schönheitsbilder, die Gratwanderung von Androgynität bzw. Transsexualität deutlich.

1.2 Zum pädagogischen Umgang mit dem Körper

1.2.1 Zwischen Verdrängung und pädagogischer Aufmerksamkeit

Der Körper ist ein Medium der Erziehung. Norbert Elias und Michel Foucault gehen davon aus, dass im Zivilisationsprozess in den Dimensionen der Soziogenese eines Staates und der Durchsetzung neuer Verhaltensstandards (in den auch Erziehung involviert ist) ein Kontrollprozess menschlichen Verhaltens stattfindet. Ansatzpunkt ist der menschliche Körper, der – bei Elias mit Blick auf psychologische und bei Foucault auf soziologische Veränderungen – einem Transformationsprozess unterliegt, dessen Ende im „Verschwinden des Körpers" anzusiedeln ist.[389] Betrachtet man die Geschichte des Menschen als Körperge-

[388] Petra Kolip, Geschlecht und Gesundheit im Jugendalter. Die Konstruktion von Geschlechtlichkeit über somatische Kulturen. Opladen 1997, 114.

[389] Norbert Elias, Über den Prozeß der Zivilisation. Soziogenetische und psychogenetische Untersuchungen. Frankfurt 1976ff.. Vgl. Michel Foucault, Überwachen und Strafen. Die Geburt des Gefängnisses. Frankfurt 1977; Vgl. Hermann Steinkamp, Der Körper als Produkt der Gesellschaft. Zu Michel Foucaults Topos des ‚politischen Körpers'. In: Michael

schichte im Rahmen des Zivilisationsprozesses, gewinnt man die Einsicht, dass die zunehmende Kontrolle der körperlichen Bedürfnisse menschliches Verhalten allmählich aufspaltet und das Innen teilweise mystifiziert. „Eine zunehmende Kontrolle der körperlichen Bedürfnisse trennt das menschliche Verhalten in ein ‚Innen' und ein ‚Außen'. Den Impulsen und Trieben wird die spontane Entladung verwehrt. In ‚Körper' und ‚Geist' entstehen zwei vermeintlich selbständige Sphären. Das ‚Innere' wird zum ‚Eigentlichen' des Menschen; der Körper wird Mittel und Zweck".[390] Die psychologische Geschichte der Körperverdrängung – im Moment der Trennung von Innen und Außen wird die Psychologie geboren – läuft mit einer soziologischen und ästhetischen Entwicklung einher. Hier spielen körperliche Gewalt als Strafe in der (auch staatlichen) Machtausübung sowie Tod und Sterben eine entscheidende Rolle: Letztlich wird der Körper verdrängt, sogar sprachlich mit einem „Bann des Schweigens"[391] behaftet. Entsprechend lässt sich die Geschichte der Sinne im Prozess der Zivilisation als eine Geschichte der Hierarchisierung lesen; das Auge gewinnt im Laufe der Zivilisation eine Dominanzstellung.[392] Die Entwicklung von Buch, Massenmedien und Kulturinstitutionen wie Film und Theater hätten ohne die Dominanz des Sehens nicht so Erfolg und Begehren auf sich gezogen; umgekehrt fördern diese Medien eine vornehmlich optische Wahrnehmung.[393]

Mit der zunehmenden Zivilisierung des Körpers vergrößert sich auch die Distanz zwischen Kindheit und Erwachsenen. Kindheit wird zu einem zivilisatorisch notwendigen Lebensabschnitt.[394] Der Körper fungiert als Instrument der Erziehung, indem der zivilisatorische Erwachsenenstand und das entsprechende Ver-

---

Klessmann / Irmhild Liebau (Hg.), Leiblichkeit ist das Ende der Werke Gottes. Göttingen 1997, 220–230.

390 Reinhard Klotz, Die verdrängte Körperlichkeit im Rahmen des Zivilisationsprozesses und ihre pädagogischen Auswirkungen. Engen 1992, 358. Ein historisches Beispiel ist mit der Hitlerjugend, den „Falken" und dem „Bund deutscher Mädel" (BdM) gegeben. Mit Foucault tritt auch die soziologische Seite (Zentralisation der Macht, Ersetzen des Körpers durch die Seele, Erschaffung des Gefängnisses, Verschwinden des gestraften Körpers aus der Öffentlichkeit, Disziplinartechnologie) der Körperverdrängung, auch unter Einbezug der Rolle der Kirche, ans Tageslicht. Die Medizin trägt nicht unerheblich zu einer Entkörperlichung der Wissenschaft bei.

391 Norbert Elias, Über den Prozeß der Zivilisation I, 184.

392 „Es wird ähnlich und vielleicht noch stärker als das Ohr zum Vermittler von Lust, gerade weil die unmittelbaren Befriedigungen des Lustverlangens in der zivilisierten Gesellschaft durch eine Unzahl von Verboten und Schranken eingesetzt sind" (a.a.O., 281).

393 Walter Herzog zeigt dies insbesondere am Beispiel der Werbung eine „Verschiebung der [primär haptisch-taktilen, olfaktorischen und gustatorischen] Sexualität ins Auge" (Walter Herzog, Der Körper als Thema der Pädagogik. Ursprünglich in: ders., / Bruno Meile (Hg.): Schwerpunkt Schule. FS Konrad Widmer zum 60. Geburtstag. Zürich 1979, 181–231. Wiederabdruck in: Hilarion Petzold (Hg.), Leiblichkeit. Philosophische, gesellschaftliche und therapeutische Perspektiven. Paderborn 1985, 259–301. Folgende Zitate beziehen sich auf diesen Band. Hier: 279).

394 Vgl. Philippe Ariès, Geschichte der Kindheit. München 1975.

halten erreicht werden. Damit wird die Kontrolle des kindlichen Körpers ein Anliegen pädagogischen Handelns. Der Körper symbolisiert nach wie vor nicht nur Wachstum und Gedeihen, sondern er ist das Medium und die Maßnahme der Erziehung, da Lohn und Strafe auch auf körperlichem Wege ausgeübt und erfahren werden. Der pädagogisch verdrängte, disziplinierte und funktionalisierte instrumentalisierte Körper kehrt jedoch anders wieder – in der Paradoxie zwischen Erleben und Überwinden.[395] Die Körpervergessenheit provoziert eine Körperversessenheit, die zu erlebnisorientierten Gegenbewegungen geführt hat.[396]

Im Bewusstsein dieser Pole ist vom Körper auch in der Pädagogik, wenn überhaupt, stets dialektisch die Rede. Der Körper war und ist am ehesten in Sportwissenschaft und Sportpädagogik thematisiert worden. Von dort aus wurde eine systematische Aufarbeitung der Körperverleugnung und -wiederkehr betrieben.

1.2.2 Am Beispiel der Sportpädagogik: Verschwinden und Wiederkehr

Walter Herzog bemerkt eine „Verdeutlichung des Körpers" in der Pädagogik.[397] Er leitet von Norbert Elias' Zivilisationsgeschichte der Körperlichkeit als einer Geschichte von Kontrolle und Verdrängung die „Exkommunikation des Körpers aus dem pädagogischen Prozeß"[398] her. Ende der siebziger Jahre beschreibt er die Schule mit ihrem „kognitiven Klima" als anti-körperlich.[399] Da Körperlichkeit sich aber nicht verdrängen ließ, kehrte sie in Symptomen wieder. Pädagogisch geht es nach Volker Klotz um eine Auseinandersetzung mit dem Körper des Kindes, der in seiner Sexualität bedrohlich erscheint und Funktionen der Produktivität und Fügsamkeit einnimmt. In einer sportsoziologischen Analyse weist Klotz nach, dass gesellschaftliche Phänomene wie Gewalt, Vandalismus, Alkohol und Drogenkonsum sowie Rückzüge in Sekten und Esoterik in der zivilisatorisch bedingten Entkörperung begründet liegen. Die „Leibeserziehung" ist daher bis zum gegenwärtigen Sportunterricht auch als erzieherisches Mittel konzipiert.

Die Konsequenz liegt in der Forderung nach einem „pädagogischen Sportbegriff", der den ganzen Rahmen von Unterricht betrifft, da die „unselige Folgen des Zivilisationsprozesses" bekämpft und verhindert werden müssen: „Die Körperlichkeit des Schülers wird erst dann ernstgenommen, wenn jede Form von

---

395 Dietmar Kamper / Christoph Wulf (Hg.), Die Wiederkehr des Körpers. Frankfurt 1982, 9.

396 „Körpererfahrung und Körpererlebnis sind die Schlagworte der Gegenbewegung zur Aufklärung, zur Industriekultur und zum Sport" (Stefan Grössing, Einführung in die Sportpädagogik. Lehren und Lernen im Sportunterricht. Wiesbaden 1988, 24).

397 Walter Herzog, Der Körper als Thema der Pädagogik, 271.

398 A.a.O., 296.

399 Ein solches Symptom der Wechselwirkung von Verdrängung und Wiederkehr ist auch die Rockkultur der siebziger Jahre, wäre aber ähnlich ebenso auf gegenwärtige Formen populärer Musikkultur zu übertragen.

Unterricht den Körper akzeptiert. [...] *Der Körper muß ins Bewußtsein aller Fächer eindringen, nicht nur als Element theoretischer Reflexion, als ‚Stoff', sondern zuallererst als praktisches Element des pädagogischen Handelns.*"[400] Die Geschichte lehrt, dass Sport für alle zwar Bewegung und Erfahrung ermöglicht, aber zugleich der Körper auch politisch missbraucht werden kann.[401] Daher ist eine „Alternative Bewegungskultur" als Paradigmenwechsel proklamiert worden.[402] Deren Charakteristika bestehen in systemvernetzender, ganzheitlicher Wahrnehmung. Aus der Kraft der Utopie einer menschenfreundlichen Gesellschaft sollte aus dieser Bewegungskultur, im Gegensatz zum herkömmlichen Sport, ein politisches Mandat und Kontakt zu gegenkulturellen Bewegungen erwachsen. Umwelt gilt hier als „leibökologischer Körperbezug"[403] im Bewusstsein androgyner Dimensionen, die auf kulturübergreifende, bewegungskulturelle Lernprozesse ausgeweitet wird. Statt auf Institutionalisierung, Professionalisierung und formaler Struktur (wie beim DSB) wird eher auf eine spontane Selbstorganisation und deinstitutionalisierende Prozesse gesetzt. Kritisch kann man jedoch ebenso in der gegenwärtigen Freizeitkultur durch Bodybuilding und Aerobic eine „Linie der Disziplinierung des Körpers" erkennen, die das „Problembewußtsein gegenüber Formen einer sich zunehmend aufblähenden und scheinbar verselbständigenden Freizeitbewältigung" erfordert.[404]

Ein entscheidender Ansatzpunkt zur Aufarbeitung von Verdrängung und symptomatischer Wiederkehr ist z.B. das Plädoyer für einen „am Körper festgemachte[n] Sportbegriff" – der Weg zu einem Körperverständnis, das den Körper „als nie vollendetes Kunstwerk" begreift und pädagogische Arbeit an der Körperlichkeit für notwendig erklärt.[405] Daran knüpft auch der Sportpädagoge Edgar Beckers an; am Beispiel der Geschichte der Medizin stellt er die kulturelle Frage nach einem „ursprünglicheren" Umgang mit dem Körper und entfaltet diese humanistisch-pädagogisch im Sinne der Menschenbildung von Theoder Litt.[406] Mit der Entstehung metaphysischer Systeme und dem Siegeszug der Rationalität erfolgt eine „Absonderung" des Körpers. Widerstandsphasen des Körpers bleiben ohne Resonanz, es offenbart sich eine fortschreitende Beherrschung von Körper und Sinnlichkeit. Da das Bewusstsein nicht von Reglementierung und Distanz zu

---

400 A.a.O., 295–297 (Hervorhebung S.L.).

401 Vgl. Michael Krüger, Einführung in die Geschichte der Leibeserziehung und des Sports. Teil 3: Leibesübungen im 20. Jahrhundert. Schorndorf 1993. Vgl. Sport und Turnen in der Weimarer Republik.

402 Klaus Moegling, Alternative Bewegungskultur. Vom Leistungssport zur Ökologie des Leibes. Frankfurt 1988.

403 A.a.O., 123.

404 Dieter Hoffmann, Leibes-Übung. Ein Streitbuch über die neuen Moden in der Körperkultur. Darmstadt / Neuwied 1984, 15. Vgl. Bernd Wedemeyer, Starke Männer, starke Frauen. Eine Kulturgeschichte des Bodybuildings. München 1996.

405 Reinhard Klotz, Die verdrängte Körperlichkeit, 373.

406 Edgar Beckers, Vom Gang des Bewußtseins und dem Schwinden der Sinne. Sankt Augustin. Bd. I: Mythos, Sinnlichkeit, Körperlichkeit. 1995. Bd. II: Der Körper zwischen Religion und Wissenschaft. 1997. Hier: Bd. II, insbesondere 249–260.

trennen ist, lässt sich erahnen, dass es nicht um eine „Wiedergewinnung" von Körper, Sinnlichkeit und Subjektivität geht, sondern eine Neubesinnung geleistet werden muss. Dazu gehört auch, Gesundheit und Leistungsfähigkeit zu unterscheiden, Krankheit und Tod als Teil des Lebensprozesses anzunehmen und Gesundheit als einen komplexen Zusammenhang zwischen biologischer Funktionsfähigkeit, soziokultureller Leistungsfähigkeit und individueller Gestaltungsfähigkeit zu begreifen.[407] Insbesondere in der letzten Kreativitätsfunktion drückt sich ein individueller Sinn aus. Beckers erarbeitet einen ästhetischen Bildungsbegriff, der in der tätigen Auseinandersetzung mit der konkreten Lebenswelt zur Selbstgestaltung führt und in dessen Mittelpunkt das Subjekt, sein Körper und die Bewegung stehen. Das Ästhetische, die Aisthesis (αισϑησις), wird zur hermeneutischen Methode, „die durch das Sinnenbewußtsein den Kreislauf vom Erfahren zum Gestalten in Gang bringt"[408]. Dazu muss mit Adorno zunächst „die Fähigkeit restituiert werden, Erfahrungen zu *machen*".[409] Beckers schließt daraus, dass der Leib als Vermittlungsorgan für die Gliederung des Verhältnisses vom Ich zur Welt sorgt. Leibliche Bildung lehnt sich auch hier an Heidegger an, wenn sie eine „bestimmte Weise des menschlichen In-der-Welt-Seins"[410] meint, die „Erfahrung von Ich und Welt über den Leib"[411]. Sport zeigt eine kulturspezifische Form des Umgangs mit dem Körper, die sich in Mustern des geformten Verhaltens zeigt. Der funktionalen Behandlung des Körpers entspricht dabei eine funktionale Erfahrung; da Wahrnehmung und Bewegung eine Einheit ergeben, beeinflusst ein vorgegebener Bewegungsablauf Art und Richtung der Wahrnehmung. So gesehen erfüllt Sport einerseits erzieherische Aufgaben im Rahmen der Absicht, sich sportlich, nämlich im Kontext sportlicher Inszenierungen, zu betätigen. Andererseits bietet die Bildungsseite des Sports „die Möglichkeit, andere Formen des Umgangs mit dem Körper bewußt zu machen. Dies setzt jedoch die Wiederherstellung von Sinnlichkeit als sinnlicher Erfahrung voraus."[412] Dazu gilt es das zentrale Element der Bewegung deutlicher hervorzuheben. Sport als Spielen „eröffnet die Möglichkeit zur Exploration von Verhaltensalternativen, zum Erproben anderer Sichtweisen".[413] Dieser Dimension wird letztlich zuerkannt, ge- und verformte Verhaltensmuster aufzudecken und zu korrigieren, Perspektiven körperlich zu erweitern und bei der Bewältigung von Lebenssituationen zu helfen. Antinomien moderner Lebenswelt werden in ihrer Unauflösbarkeit zwar nicht beseitigt, doch „die Fähigkeit von Widersprüchen kann zur kritischen Revision

---

407 Dass gegenwärtig zunehmend wirtschaftlich-ökonomische Bedingungen dafür eine Rolle spielen, bleibt hier außen vor.

408 A.a.O., 256.

409 Theodor Adorno, Erziehung zur Mündigkeit. Frankfurt 1972, 122.

410 Ommo Grupe, Grundlagen der Sportpädagogik. München 1969, 112. Vgl. 9.11.55f.

411 Edgar Beckers, Vom Gang des Bewußtseins II, 258.

412 A.a.O., 259f.

413 Hier in der Unterscheidung von Spielen, Spiel und Sport (play, games, sports) nach Brian Sutton-Smith, Die Dialektik des Spiels. Eine Theorie des Spielens, der Spiele und des Sports. Schorndorf 1978.

des eigenen Verhaltens anleiten und die Fähigkeit fördern, sich – zustimmend oder ablehnend – entscheiden zu können. Und wenn Bildung bedeutet, eine ‚Ordnung' entwickeln zu können, dann kann Sport eine wichtige Aufgabe leisten, indem er die Voraussetzungen schafft, um Widersprüche zu erkennen, sich mit ihnen auseinanderzusetzen, damit der Mensch ‚in dieser Entfremdung nicht sich selbst verliere'".[414]

Eine gegenwärtige Pädagogik, die sich an den lernenden und lehrenden Personen ausrichtet, kommt nicht umhin, Körperlichkeit zu thematisieren. Gerade Jugendkulturen leben von der Präsentation und Repräsentation von Körperlichkeit.[415] Sie werden aufgenommen und – zum Teil in einem fatalen hedonistischen Zusammenhang von Schönheit und Leistung – als Vorbilder genutzt. Zur pädagogischen Sensibilität gehört, zunächst die sozio-kulturellen Einflüsse herauszustellen, die zu einer „somatischen Kultur" gehören.[416] Das betrifft nicht nur Schönheitsideale und ihre Schattenfiguren, Kleidung, Schmuck, Musik, virtuelle Körper in den Medien, kulturspezifische Regeln einer Körpersprache, sondern zudem Konventionen, wie Körper wahrgenommen und bewertet und wie über Körper gesprochen wird. Den Körper zum Thema zu machen, Möglichkeiten und Grenzen seiner Entwicklung aufzuzeigen und seine Rolle als gefühlter, beseelter Teil des Menschen für das Lernen zu verdeutlichen, sind wichtige pädagogische Aufgaben. Die Körpersozialisation Jugendlicher hat mit der Aufgabe, Körperlichkeit zu einem Bestandteil des Selbst zu ermöglichen, ebenso mit dem unmittelbaren Körpererleben als auch mit der Auseinandersetzung damit zu tun, wie Körpererfahrungen und Körperbilder verarbeitet werden. Die Körperbilder, die vornehmlich im inneren und äußeren Sehen zugänglich sind, brauchen Vergegenwärtigungen, in denen Grenzen und Berührungen von Körperempfinden und Körperbildern ermöglicht werden. Das Vergleichen der Körperbilder dient nicht vorrangig der Messung am Ideal, sondern der Balance. „Du sollst dir kein Bildnis machen", mahnt auch hier dazu, keine Verabsolutierungen an Götzenkörpern vorzunehmen, sondern den Körper-Bildungsprozess als Teil der Individuation zwischen individueller Entwicklung, die nicht ausschließlich nach dem Vorbild

---

414 Edgar Beckers, Vom Gang des Bewußtseins, insbesondere 260 (mit einem Zitat von Wilhelm von Humboldt, Bildung und Sprache. Besorgt von C. Menze. Paderborn ²1965, 26).

415 Bei vielen Jugendlichen dient der Tanz als ritualisierter Ausdruck von Stimmungen und Konflikten; schon von daher sind Körpererfahrungen ein wichtiger Punkt auch des religiösen Lernens am Selbst. Siehe Gabriele Klappenecker, Zwischen Körperkultur und Selbstauslöschung. Formen jugendlicher Ersatzmystik. In: Glaube und Lernen (2002) 2, 2–15; Christoph Bizer, Ulis Tanz. In: ders., Kirchgänge im Unterricht und anderswo. Zur Gestaltwerdung von Religion. Göttingen 1995, 11–30; Alexandra Frey, Der Tanz in der religiösen Erziehung. Zur Bedeutung tanztherapeutischer Elemente im Schulfach Religion. Frankfurt 1998; Siegfried Macht, Mit Liedern tanzen. Der Liedtanz als Medium der Religionspädagogik. Münster 2000.

416 Luc Boltanski, Die soziale Verwendung des Körpers, 154f. Dass auch die Religionskultur somatisch angelegt ist, zeigt der Band von Markus Witte, Religionskultur. Zur Beziehung von Religion und Kultur in der Gesellschaft. Würzburg 2001.

des Optimalen verläuft, größtmöglicher Wahrnehmung und Entfaltung auszupendeln. In jedem Fall besteht bei einer pädagogischen Exkommunikation des Körpers die Gefahr der Ausblendung, dass es sich bei Lernenden, Zöglingen, Schülerinnen und Schülern um leibliche Wesen, nämlich um Menschen, handelt, zu deren Individuation die Ausbildung und Stärkung des Leibbewusstseins gehört. Wie kommen Jugendliche zu leiblichem Selbstbewusstsein?

1.2.3 Körper und Selbst-Wahrnehmung

Sportwissenschaftlich-wahrnehmungsorientierte Analysen von Bewegungserfahrung zeigen, dass Körpererfahrung und Selbstkonzept in unmittelbarem Zusammenhang stehen.[417] Bewegungserfahrung kann die Selbsttheorie in mehrfacher Weise günstig beeinflussen; bei angemessenen Bewegungsformen erfolgt eine Vergrößerung des Verhaltensspielraumes.[418]

Von der Wahrnehmung sportlicher Betätigung her wird die Einflussnahme des subjektiven Erlebens der Bewegung und deren Dimensionen beschrieben.[419] Körpererfahrung lässt sich demnach ausdifferenzieren in Körperschema, Körperorientierung, Körperausdehnung, Körperkenntnis, Körperbild, Körperbewusstsein, Körperausgrenzung und Körpereinstellungen.[420] In bewegungserzieherischen Formen wie Tanzimprovisation oder Akrobatik, aber auch in pädagogischen Konzepten wie der „Bewegten Schule" wird die Körpererfahrung gefördert.[421] Was verändert sich mit der veränderten Gewichtung der Körperwahrnehmung? Eine Analyse der „Renaissance des Körpers"[422] hinsichtlich des Verhältnisses von Authentizität und Körpererfahrung im Hinblick auf Identitätsbildung kommt zu dem Schluss: „Die Subjektivierung der Lebensverhältnisse und der Umbau des Leistungsmotivs sowie eine körperbezogene Aufmerksamkeit

---

417 „Der Mensch ist in seinem Erleben und Verhalten auf die Welt bezogen, er lebt in beständiger Auseinandersetzung mit der sozialen und materialen Umwelt, in der die Selbst- und Körpererfahrung erworben und verändert wird" (Peter Paulus, Körpererfahrung und Selbsterfahrung in persönlichkeitspsychologischer Sicht. In: Jürgen Bielefeld (Hg.), Körpererfahrung. Grundlage menschlichen Bewegungsverhaltens. Göttingen ²1991, 87–124).

418 Vgl. a.a.O., 116f.

419 Zur Symbolik der Bewegung vgl. Gabriele Piber, Bildung durch „Meditatives Bewegen". Eine sport- und religionspädagogische Grundlagenreflexion. Salzburg 1992; Andre Lapierre / Bernard Ancouturier, Die Symbolik der Bewegung. München 1998 (Sportwiss. Bewegungslexikon).

420 Strukturierung des Gesamtkomplexes „Körpererfahrung" nach Jürgen Bielefeld (Hg.), Körpererfahrung, 17.

421 Christoph Anrich, Bewegte Schule, bewegtes Lernen I+II. Leipzig 2000 / 2002.

422 Volker Rittner, Körper und Körpererfahrung in kulturhistorisch-gesellschaftlicher Sicht. In: Jürgen Bielefeld (Hg.), Körpererfahrung, 125–155. Hier: 142. Rittner untersucht die Körperthematisierung sozialwissenschaftlich und bemerkt Formen der Körperaufwertung.

gestalten eine neue Wert-Ordnung".[423] Die Konsequenz pädagogischer Körperaufwertung liegt in der Verquickung von Körper- und Identitätsarbeit: „*Körperthematisierung* wird zu einem Akt der Identitätsarbeit und Identitätssicherung, in gewisser Weise zur letzten Ressource der individuellen und sozialen Selbstvergewisserung in hochkomplexen Gesellschaftssystemen."[424]

Generell besteht ein enger Zusammenhang zwischen Selbstwertschätzung und Körpereinstellung; Fitnesstraining beeinflusst das Selbstkonzept und verbessert das Selbstwertgefühl.[425] In einem solchen Lernverständnis ist der Körper zugleich Subjekt und Objekt der Erfahrung: „In diesem Zusammenhang kann *Körperkenntnis* eine wertvolle und hilfreiche Voraussetzung der Körpererfahrung sein, da durch die Informationen über den eigenen Körper Anstöße gegeben werden, bestimmte Aspekte des Körpers bzw. der eigenen Körperlichkeit gezielt zur Erfahrungsquelle zu machen." [426] Es bleibt nicht bei der rein körperlichen Wahrnehmung, sondern ein körperbezogenes Lernen setzt darauf, dass die Körperkenntnis die Körpererfahrung im Blick auf das Verhältnis von Wissen und Erfahrung unterstützt. Körperkenntnis ist eine rein perzeptiv-kognitive Leistung des Individuums; daher ist davon auszugehen, dass der Ausbau dieser Fähigkeit parallel zur kognitiven Entwicklung verläuft. In der Pubertät wird das Vermögen über Körpervorstellungen durch die eigene leibliche Erfahrung jedoch auch irritiert. Zur Körperwahrnehmung gehört die Ausbildung von Körperbewusstheit: „Wenn im Rahmen einer Körper- und Bewegungserziehung Körperbewusstheit, aufgefasst als Teil der Selbstbewusstheit, gefördert wird, so erweitern sich damit die Grenzen des Selbstbewusstseins bzw. Ich-Bewusstseins".[427] Das Körperkonzept, zu dem körperbezogene Vorstellungen, körperbezogene Einstellungen und

---

[423] A.a.O., 146. Gesundheit und Fitness werden zu Lebensstilelementen (145). Dieser Körperkult war vor allem zuerst in den USA festzustellen (146f) durch Fitness-Zentren, Health-Clubs und Körpertherapien.

[424] A.a.O., 147.

[425] Joachim Mrazek, Einstellung zum eigenen Körper. Grundlagen und Befunde. In: Jürgen Bielefeld (Hg.), Körpererfahrung, 223–251. Hier: 236ff., mit der Einschränkung: „Körperliche Aktivität, vielleicht noch allgemeiner jede Form von Bewegungserfahrung, kann also einen positiven Effekt auf die Einstellung zum eigenen Körper haben, wenn sie längerfristig als etwas Selbstverständliches in den Lebensplan eingebettet ist und nicht als etwas Besonderes und Außergewöhnliches erlebt wird"(238). Dabei wird Körpereinstellung vor allem von der sozialen Rückmeldung über diese Leistung beeinflusst.

[426] Christa Bielefeld / Jürgen Bielefeld, Körperkenntnis. Das faktische Wissen über Bau und Funktion des eigenen Körpers und seiner Teile. In: Jürgen Bielefeld (Hg.), Körpererfahrung, 188–222. Hier: 215f.

[427] Martina Peter-Bolaender, Förderung von Körperbewusstheit und Körperbewusstsein durch Tanzimprovisation. In: Jürgen Bielefeld (Hg.), Körpererfahrung, 252–279. Hier: 254.). Körperbewusstheit bezieht sich hier nach Maier auf drei Bewusstheitsfelder: Wahrnehmung, Empfindung / Gefühl, Gedanke. Insbesondere das Tanzen ist eine Form der Bewegung, welche die Körperbewusstheit fördert. Vgl. auch Hilda Maria Lander, Meditatives Tanzen. Stuttgart 1987 sowie Detlev Kappert, Tanztraining, Empfindungsschulung und persönliche Entwicklung. Bochum 1990.

auf den eigenen Körper bezogene Handlungspläne gehören, lässt sich also erlernen in dem Sinne, dass Vorstellungen aktiviert, Einstellungen positiv gefördert und Handlungsspielräume genutzt und erweitert werden.[428] Die Einstellung zum eigenen Körper bei Kindern und Jugendlichen umfasst Dimensionen wie Figur, Aussehen, Leistungsfähigkeit; sie ist generell sehr positiv, sinkt aber vom 10. bis 16. Lebensjahr deutlich ab und wird differenzierter. Geschlechtsspezifische Unterschiede können bei den Aspekten Figur und Leistungsfähigkeit (mit 16 Jahren deutlicher) bemerkt werden. Im Bereich der körperlichen Leistungsfähigkeit und Figur ist die Körpereinstellung bei sportlich Aktiven positiver als bei Nicht-Aktiven.[429] Daher gelten motorische und psychomotorische Lern- und Übungsmöglichkeiten als eine wichtige Grundlage für die Entwicklung der Persönlichkeit, bei der Spaß, Spiel und Abwechslung gefragt sind. „Körperliche und psychische Gesundheit sind in der Regel miteinander verknüpft und können gemeinsam, besser als durch jede andere Übung oder Therapie, durch Bewegung erreicht und aufrechterhalten werden."[430] Von Bedeutung ist, dass Gesundheit und körperliche Leistungsfähigkeit nicht gleichzusetzen sind; hier ist pädagogisch gefragt, nicht nur die Begrenztheit des Lebens akzeptieren zu lernen, sondern auch die geschöpfliche Freiheit wahrzunehmen.

Die pädagogische Vernunft des werdenden Ichs in der Selbstwerdung bzw. Identitätsbildung ist nicht allein am eigenen Leben und leiblichen Dasein orientiert, sondern macht sich an einer Ethik des Anderen fest. Wo das Andere, Fremde erscheinen darf, wo ihm Raum gegeben werden kann, vollzieht sich eine nicht in sich kreisende Selbstbewegung.[431] Entsprechend akzentuiert Mrazek die Dichotomie von „Körper sein und Körper haben": Der Körper bildet analog der Leibtheorie von Merleau-Ponty das Bindeglied zwischen Selbst und Umwelt, indem der Körper einerseits Bestandteil der Persönlichkeit (Subjekt), andererseits wie ein vom Selbst getrennter Gegenstand manipulierbar ist.[432] Ommo Grupe unterscheidet in ähnlicher Gewichtung Körper und Leib: *Leiblichkeit bezieht sich stärker auf das Erleben, Empfinden und Bewusstsein des Menschen* – das Verfügen, die Reflexion über den Leib und die Stellungnahme zu ihm. „Die Leiblichkeit des Menschen wird in den dynamischen und prozesshaften Charakter des menschlichen Lebens eingeschlossen. Sie wird vom Vollzug des Menschenlebens und seinen möglichen Verwirklichungen, seiner Plastizität und Unvollendetheit her begriffen. Gegenüber ihren formalen und logischen Aspekten werden ihre Erlebnisaspekte und

---

428 Joachim Mrazek, Einstellung zum eigenen Körper, 227–228. Die Messung körperbezogener Einstellungen geschieht hier recht schematisch nach den Kriterien stabil / variabel; real / ideal, wobei entwicklungsbedingte und gruppenspezifische Unterschiede berücksichtigt werden.

429 A.a.O., 242.

430 A.a.O., 245.

431 Vgl. Micha Brumlik, Das Ich und die Anderen. Zu einer Pädagogik der Interaktion. www.kirche.net/he/pwt/download/brumlik_1996.htm.

432 Joachim Mrazek, Einstellung zum eigenen Körper, 223.

veränderlichen Sinnqualitäten betont".[433] Als Merkmale eines neuen Leibverständnisses gelten a) die Vieldeutigkeit und Veränderlichkeit des menschlichen Verhältnisses zum Leib, b) der Leib als Träger und Mittler des menschlichen Weltverhältnisses, c) der Leib als Kennzeichen menschlicher Aktivität.

Am Beispiel der Sportpädagogik wurde deutlich, dass lange Zeit das pädagogische Verhältnis vorrangig als Rollenmuster betrachtet worden ist. Das Vergessen der Leiblichkeit verleugnet, dass die pädagogische Beziehung eine menschliche und damit auch leibliche Begegnung ist. Erst der Aufbau einer wahrnehmenden Bewegungskultur verändert auch ein fachliches Lernverständns.

1.3 Werde, der und die du bist! Zur reformpädagogischen Entfaltung des Menschseins

Was für den Körper im Zusammenhang der Pädagogik einzelner Fächer gilt, ist auch im Kontext von Schule proklamiert. Horst Rumpf begreift „Schulgeschichte als eine Geschichte der Beherrschung pathischer Leiblichkeit".[434] Er konstatiert seit 1980, dass die Schule im fortschreitenden Zivilisationsprozess die Aufmerksamkeit auf das Sinnliche im Prozess des Heranwachsens übergeht. Damit wird die Unabhängigkeit des Körpers von Regungen und Kundgaben gesucht. Die pathische Leiblichkeit, die dem Subjekt nicht verfügbar ist, weil sie stimmungs- und situationsabhängig ist, steht dem Lernen als Einstudieren in das Verfügungswissen entgegen. Rumpf fordert jedoch zu einer Kurskorrektur heraus, in der Sinnlichkeit zu ihrem Recht kommt: durch eine veränderte Lernkultur, die sich daran orientiert, wie Menschen mit der Welt spürbar in Berührungen treten.[435] Als Patin dafür steht nicht zuletzt eine Pädagogik, die sowohl historisch wie konzeptionell am Wachsen und Werden des Menschen anknüpft. Pädagogische Impulse zur Entfaltung der Leiblichkeit wurden und werden in der reformpädagogischen Schule gesetzt. Körperbewusstsein und leibliche Erziehung und Ausbildung sind pädagogische Dimensionen der Landerziehungsheime.

Mitte des 19. Jahrhunderts werden Auswege aus dem vermuteten sittlichen Verfall in dem kindgemäßen Unterricht als „pädagogische Bewegung" verstanden, die die Schule vom Leben aus zu reformieren sucht. Alle Richtungen der Reformbewegungen wenden sich Anfang des 20. Jahrhunderts gegen die rein intellektuelle „Lernschule". Reformpädagogik lässt sich aus einer Kontinuität von Reformmotiven begreifen, die zentrale Motive und Ideen der klassischen Pädagogik fortsetzt und „angemessen verwirklicht": Schulkritik und Ansätze zur Reform der Schule, darunter

---

433 Ommo Grupe, Grundlagen der Sportpädagogik. Anthropologisch-didaktische Untersuchungen. Schorndorf ²1975, 18. Siehe auch: Ommo Gruppe, Lexikon der Ethik im Sport. Schorndorf ³2001.

434 Horst Rumpf, Die übergangene Sinnlichkeit, 48.

435 Ders., Belebungsversuche. Ausgrabungen gegen die Verödung der Lernkultur. Weinheim / München 1987.

Arbeit, „ästhetische Erziehung", „Ausweitung des Unterrichts" sowie innere Schulreform einschließlich der Reform der „Methode" vom Prinzip der Anschauung aus, gehören zu den Essentials.[436] Musterbeispiel dafür ist die Rezeption von Wilhelm Meisters Lehr- und Wanderjahren von Goethe.

Am deutlichsten tritt die Leiblichkeit als ein Merkmal der Leibeserziehung hervor. Die in den 20er Jahren in einer Reformschule praktizierte Freikörperkultur und Nacktgymnastik geht zurück auf die Lebensreformbewegung der damaligen Jahrhundertwende. In ihnen spielte Leiblichkeit eine große Rolle für die Veränderung der Lebenskultur.[437] So wurde der Körper zum Ort der Proteste gegen Modernisierung und Industrialisierung. Dabei liefen die damit verbundenen Intentionen in verschiedene Richtungen: Es gab sowohl eine sozialistische als auch eine völkisch-nationale Freikörperkultur. Für manche Körperreformer wie z.B. die Tanzlehrerin Isadora Duncan wurde die Arbeit am Körper zur übersteigerten Erwartung an die Verbesserung des Menschen, so dass dem Körperkult Erlösungscharakter gleichkam.[438]

Neben dem schrittweisen Einzug von Gymnastik und Volkstanz in die Schule sind vor allem Anregungen des Sports angekommen. Die reformpädagogische Schule nahm jedoch auch die natürlichen Formen der Leibesübung in ihr Schulleben und Unterricht auf: Schwimmen, Bodenturnen, Wandern, Waldlauf, Geländespiel.[439] Das Spiel wurde neu entdeckt. Mit zwei Österreichern nahm auch das „natürliche Turnen" Einzug. Die Begründung: „Man kann sagen, das Kind ist, wie überhaupt der Mensch, körperlich bedingt, aber nicht *bestimmt*. Wir müssen seine Leiblichkeit pflegen und bilden, damit es ein ganzer Mensch wird."[440] In der Odenwaldschule z.B. galt der Körper- und Bewegungskultur gesonderte Aufmerksamkeit. „Im Unterschied zum üblichen Schulturnen waren hier die freien Betätigungsformen der Körperübungen und der Natursport mit einbezogen."[441] Entsprechend wurde eine „hygienische" Lebensweise bevorzugt.[442]

---

[436] Jürgen Oelkers, Reformpädagogik. Eine kritische Dogmengeschichte. Weinheim / München ^{3}1996, 48f. Aus der einschlägigen reformpädagogischen Literatur sei in jedem Fall genannt: Wilhelm Flitner / Gerhard Kudritzki (Hg.), Die Deutsche Reformpädagogik, Düsseldorf 1961; Herman Nohl, Die pädagogische Bewegung in Deutschland. HPäd 1 (1928), 302–374; Wolfgang Scheibe, Die reformpädagogische Bewegung 1900–1932. Weinheim / Basel ^{9}1984.

[437] Kai Buchholz u.a., Die Lebensreform I, Darmstadt 2001.

[438] „Der Tanz muss im Körper jene Fähigkeiten entwickeln, durch welche die Herrschaft des Geistes über den Körper zum Ausdruck gebracht wird." Abgedruckt in: Meike Sophia Baader, Körper als Tempel des Geistes? Körperreformbewegung und ihre Wirkung. In: Gerold Becker, Körper, 99–101. Hier: 100.

[439] In der Ecole d'humanité gehört bis heute Skilaufen zum Programm.

[440] Wolfgang Scheibe, Die reformpädagogische Bewegung 1900–1932. Weinheim / Basel ^{10}1994, 134.

[441] A.a.O., 132. Hingegen war die Turnhalle bis 1934 verpönt.

[442] Das bedeutete keinen Alkohol, keine stark gewürzten Speisen, reichlich Obst, Gemüse, Milch, Eier, Fisch. Die Freiheit von Nikotin und Alkohol wurde jedoch eingefordert.

Hygiene meinte die körperliche und seelische Gesundheit. Klaus Mann schildert seinen Aufenthalt in der Odenwaldschule Oberhambach so:

> „Der Tagesablauf war straffer ausgefüllt als der, den ich von der Bergschule her gewohnt war (zu Anfang machte ich ihn enthusiastisch mit; später wurde ich von manchem befreit): er begann mit einem Dauerlauf im Walde und mit kalten Duschen; zwischen den Unterrichtsstunden des Vormittags gab es ‚Luftbad' auf einer eingezäunten Hügelwiese, zu der man im Trab lief und wo, die Jungen von den Mädchen getrennt, splitternackt Freiübungen gemacht wurden. Die ‚praktische Arbeit' nach Tisch bestand, wie in der Bergschule, aus Holzhacken, Kartoffelschälen, Schreinern oder im Garten graben. Sonntagsvormittag gab es eine Andacht, wo Paulus [Paul Geheeb], ein Mitarbeiter oder ein älterer Kamerad etwas Besinnliches vorlas, vor jeder Mittagsmahlzeit sprach Paulus einen tiefsinnigen Spruch – meist von Goethe oder aus dem Neuen Testament, soweit ich mich erinnere; abends fiel einem Kameraden diese Aufgabe zu."[443]

Außerdem wurden die Landerziehungsheime im Sinne der Kunsterziehungsbewegung zu Trägern der musischen Erziehung (Singen, Tanz, Gymnastik, Laienspiel). Die reformpädagogische Schule nahm so auch die Jugendmusikbewegung auf, die als Teil der Kunsterziehungsbewegung neue Arbeitsweisen und Ansätze vom Musizieren eingebracht hat. Der Ausgangspunkt lag nicht in der Schule selbst, sondern im freien Jugendleben. Erziehung zur Musik und Erziehung durch Musik wurde zum Programm. Das Volkslied als musischer Ausdruck des Wandervogelideals lebte auf. Die Schulmusik ging durch die Erweiterung der Orffschen Schulwerke davon aus, dass das Kind nicht Singen lernen soll als etwas, das von außen herangetragen wird, sondern „dass es auf sich und sein Inneres hören soll"; der Lehrer „zeigt dem Kinde das größte Wunder bei der Musik, dass sie gar nicht zuerst nur draußen, irgendwo im Raum um das Kind herum ist, ja dass sie nicht einmal nur in der Kehle sitzt, um von da herauszuströmen, sondern dass irgend etwas im Kinde ist, das ganz drinnen singt. Es ist die Gnade, die Musik ihm hier zuteil werden lässt, dass es auf seine Stille horchen lernt."[444]

Im schulischen Laienspiel, das sich an Shakespeares Dramen orientierte und als Stegreifspiel aus dem Unterricht entwickelte, kam die Schule als Masse auf die Bühne. Im Gefolge und Sinne der antiken Paideia (παιδεια) sollte eine Entfaltung des Musischen ermöglicht und gefördert werden: „Ganz im Einklange mit diesen Grundsätzen (des Unterrichts) erstreben wir eine Entfaltung des Musischen, die ausgeht von der schönen Durchbildung des jugendlichen Leibes und gipfelt in Maß und Ehrfurcht vor der strengen Forderung der hohen Gebilde der Kunst, wie es die Griechen in unerreichbarer Höhe uns vorlebten."[445]

Damals wie heute war und ist Unterricht in der reformpädagogischen Schule nach Geheeb nur ein Teil der ganzheitlichen Erziehung. Im Gefolge von Pesta-

---

443 Klaus Mann, Kind dieser Zeit. Frankfurt 2000, 177f. Vgl. Meike Sophia Baader, Körper als Tempel des Geistes.

444 Original bei Flitner / Kudritzki, Die deutsche Reformpädagogik I, 151.

445 Wolfgang Scheibe, Die reformpädagogische Bewegung 1900–1932, Weinheim / Basel [10]1994.

lozzi trotzt Bildung mit Herz, Kopf und Hand dem Intellektualismus: Schulreisen, Leben mit Natur, Arbeits- und Lebensgebiete liegen eng beieinander. Luftbäder im Freien als Nacktkultur gibt es nicht mehr, ebenso wenig wie den Frühsport. Trotzdem achtet die Ecole d' humanité auf die leibliche Erziehung, indem sie weiterhin ihr Familiensystem bewahrt hat, das körperliche und seelische Wohl jedes einzelnen Kindes in den kleinen Lerngruppen schätzt, sich den wahrnehmungs- und bewegungsorientierten Abläufen in der Freiheit des Lebensraumes im Berner Oberland widmet und sich nicht den Leistungsbestimmungen staatlich anerkannter Abschlüsse beugt. Aus der Laienspielbewegung hat sie eine Musicaltradition aufgebaut. Die geistige, seelische und körperliche Entwicklung zu einer leiblichen Individuation steht im Vordergrund. Die Reformpädagogik hat in ihren Konzepten und Schulen den Körper genau im Visier, sie kommt gar nicht ohne ihn aus.

2 Focusing – Achtsamkeit auf die Leibräumlichkeit des Lebens

2.1 Begegnung mit Eugene T. Gendlin[446]

New York, Manhattan, Upper West Side. Strahlende Sonne, 21 Grad. An einem Freitag Anfang Dezember, Punkt 13 Uhr bin ich mit Prof. Dr. Eugene T. Gendlin verabredet. Ich betrete das Apartmenthaus an der Ostseite des Hudson River. „I'd like to visit Mr. Gendlin!“ Der Pförtner meldet mich telefonisch an und gibt mir den Weg frei. Ein moderner Fahrstuhl. Nur ein Stockwerk, dann ist's soweit. Herzklopfen, Unruhe, vorfreudige Spannung. Kurzes Warten vor einer hellen Tür. Sie geht auf. Nun steht er also leibhaftig vor mir. Der hagere, leicht gebeugte ältere Mann schaut mich durch seine großen dunklen Augen an. Man sieht ihm sein Alter – etwas über 70 Jahre – nicht an. Ein „Hallo!“ im amerikanischen Akzent, eine einladende Bewegung mit ausgestrecktem Arm und geöffneten Händen, die Tür schließt er wieder zu, und ich soll Platz nehmen, wo es beliebt. Ein Scherz?

---

[446] Es geht in der folgenden Erzählung um eine erste religionspädagogische Wahrnehmung von Focusing: Meine eigenen Zugänge, die Kommunikation über das Papier hinaus, Formen und Aspekte verdichten sich in einer Erzählung, in welcher Focusing und seine religionspädagogischen Implikationen angelegt sind. Der Begründer Gendlin, Focusing, in Technik der Anwendung und Methodik, philosophische Essentials und die Frage nach Religion und Körperlichkeit bzw. Leiblichkeit kommen in der Schilderung dieser Begegnung narrativ zu Wort. Die Form des Erzählens mit den erzählerischen Mitteln (stream of consciousness, Innerer Monolog) weist Strukturähnlichkeiten zu dem Gegenstand des Erzählens auf. Die Erzählung gründet sich auf Begegnungen vom 4. und 5.12.1998 und 6.3.1999, die durch akustische Mitschnitte empirisch unterfüttert sind und durch meine schriftlichen Aufzeichnungen im Anschluss an die Gespräche nachgestaltend rekonstruiert wurden.

Ich sehe mich um: Der schmale dunkle Flur mündet in einen von Tageslicht hell erleuchteten Raum mit beigefarbenen Wänden. Geradeaus richtet sich mein Blick auf die wiederum düstere, durch einen halbhohen Tresen und eine Säule abgeteilte Küchenzeile. Links daneben ein tiefer Sessel, zwei Stühle, an der Wand um die Ecke ein großes Fenster, eine Terrassentür. Gegenüber der Küchenzeile ein langes, dick gepolstertes Sofa, an der vierten Seite ein Küchentisch mit drei Stühlen. Drei Wände sind kahl, an der vierten über dem Sofa hängt das aus Spielkarten geformte Wort „HAPPY"; beschriebene Blätter Papier auf den Möbeln und dem Fußboden, auf dem Tisch ein Minipult, darauf ein aufgeschlagenes Buch und zwei, drei Bücher daneben: ein kleiner Lese-Altar. Ob er hier wohl lebt?, frage ich mich. Sein Apartment mutet wie ein Arbeitsdomizil an, denn das Haus, in dem er mit seiner Frau und einigen Katzen lebe, so erklärt er mir, befinde sich auf der anderen Seite des Hudson River. Hier entstehen also Gendlin-Schriften über Focusing; hier wird philosophiert.

Wer ist dieser Gendlin?

„Nimm Platz!", bittet er mich nochmals. Ich finde einen einzigen freien Platz auf dem Sofa und setze mich dorthin. Es riecht nach Curry. „Entschuldigung, ich muss noch etwas kochen, meine Tochter kommt nachher von der Schule, sie ist erst siebzehn." Er rührt im Kochtopf, gibt ein paar Zutaten hinzu, rührt, stellt die Eieruhr. Während unseres Treffens wird sie sich noch zigmal in unser Gespräch einschalten und Gendlin magisch in die Küchenzeile ziehen. Nicht nur sein Sprechen, sondern selbst das Vor-sich-her-Murmeln dort geschieht in deutscher Sprache, mit „a bissl" Wienerisch, was ihn mir vertraut macht, und a little bit American touch. Wir befinden uns schließlich im Herzen Amerikas. Dazu gehört auch, dass wir uns sofort auf ein „Du"[447] einigen. Ich nenne ihn also fortan „Gene".

Er lädt mich ein, für ein paar Minuten mit auf die Terrasse zu kommen, wo er, dazu jeweils eine blaue Pudelmütze über das Haupt gezogen, geschäftig rauchend abwechselnd die Sonne, den Hudson River und mich ansieht. Ich spüre, wie Wind, Sonne und Blicke mich durchfluten. Es fühlt sich gut an. Als die Eieruhr ertönt, hat er aufgeraucht. Wir gehen wieder hinein. Gendlin rührt im Topf und probiert. Mit gewohntem Schwung um die Säule findet er den Weg zu seinem Sessel zurück, rückt die dicke Schaumstoffauflage zurecht, auf der er seit seinem Unfall im letzten Jahr immer Platz nimmt, und setzt sich nieder – das ist wohl der richtige Ausdruck für einen gebürtigen Österreicher. Ich schaue ihn mir genau an. Wieder fallen mir seine Augen auf, die tiefen Höhlen, aus denen eine lange Lebenserfahrung aufscheint, zuweilen angestrengt fragend aus der Fremde blickend, dann wieder ganz warm und zustimmend. Und die Hände: sehr groß, die Finger entsprechend seiner Körperform lang und knochig, übereinander gebeugt

[447] Die Humanistische Psychologie kennt das „therapeutische Du", das zur besseren Anbahnung einer Beziehung dient.

im Schoß. In ständigen langsamen, weit ausgeholten Bewegungen macht er Gesten, die Güte spüren lassen. Gendlin muss einmal recht stattlich gewirkt haben, sein gebeugter Gang lässt die ehemalige Körpergröße nun bestenfalls erahnen. Ob es wohl der Unfall war, der ihn gebeugt hat? Wie mag er die Emigration nach Amerika erlebt haben? Für einen winzigen Moment blitzt das Bild eines jüdischen Wiener Bub vor mir auf. Dann wird die imposante, würdige Erscheinung des weisen amerikanischen Philosophen wieder näher und stärker, das spüre ich inmitten der Aufregung. Er schaut mich an. Ich lasse Situation und Atmosphäre wirken. Es geht los.

„Was führt dich zu mir? Worüber werden wir sprechen?"

Zielgerichtete und zugleich offene, prozessorientierte Fragen. Ich umreiße zunächst recht grob meine Situation und erzähle von meinem Beruf als Lehrerin, meiner gegenwärtigen Tätigkeit an der Universität und dem Selbstverständnis als Religionspädagogin. „An Leiblichkeit bin ich schon lange interessiert. Das hat auch biographische Gründe, nicht nur, aber auch in allem, was mit Religion zu tun hat. Auch mein Unterricht war sehr körperorientiert – also pädagogisch und theologisch ist das mein Thema, und ich habe entdeckt, dass ich mich da in einer Entwicklung wiederfinden kann, wie man Religion unterrichtet, jetzt und demnächst ... So bin ich auf Focusing gekommen."

„Aaaah ja! Und ich, ich bin schon lange auf der Suche nach Religion!", begeistert sich Gendlin.

Gendlin und Religion? Das erstaunt mich. Mir ist immer wieder signalisiert worden, Gendlin schreibe nicht über Religion. Er spreche auch nicht gern darüber. „Nun ja, ich schreibe nicht wegen der vielen Verfolgten, weißt du. Außerdem bin ich in Sachen Religion nur Kunde. Für das Schreiben sind andere zuständig. Aber interessiert bin ich schon."

Letzteres meint er ernst, das kristallisiert sich in den folgenden Gesprächen immer stärker heraus. Aus meinem Erstaunen wird Freude.

„Was Focusing ist, weißt du? Kennst du das?"

Während ich nicke, erklärt Gene: „Focusing ist: die Aufmerksamkeit auf den Körper herzugeben. Nicht der große Gefühlsschwall, sondern dieses kleine ‚Äääähhhh' hier neben dem Mittagessen." Dabei verzieht er seine Miene und drückt sich mit den Händen in die Magengegend. „Focusing ist eigentlich nichts weiter als der Name für diese kleine Tür zu einer anderen Wahrheit, dieser Unterlage da herunter. Den hier unten" – dabei tippt er sich wieder an den Bauch – „kann ich besuchen, der ist froh, wenn ich zu ihm komme. Wir nennen das den ‚Felt Sense', das Empfinden dafür, wie wir Situationen erleben."

„Das Bild von der ‚kleinen Tür' gefällt mir gut. So empfinde ich das, was ich von Focusing weiß, auch." Ich erzähle, dass ich selbst inzwischen Focusing praktiziere, ein paar Trainerstunden genossen habe, aber noch „am Herumtasten" bin.

Gene unterbreitet mir sein Angebot: „Gut. Ich bring' dir an Focusing bei, was du noch brauchst, und du erzählst mir was von Religion?"

Ich bin einverstanden. „Okay!".

„Womit geht's los?"

„Ich habe ein paar Themen mitgebracht!" Welcher Lehrling trifft schon unvorbereitet eine Abmachung mit dem Meister?

„Okay, erzähl mir was!"

Also reiße ich zunächst kurz an, was mich alles beschäftigt: die Begeisterung darüber, Focusing für mich und meine Arbeit entdeckt zu haben, meine Fragen zu Raum und Zeit, was Focusing von sich aus mit Religion zu tun hat, die Fragen, wie Körper und Leib daran beteiligt sind.

„Okay!", resümiert Gendlin knapp. „Womit wollen wir beginnen?"

Ich lege sogleich mit dem los, was mir gerade im Magen liegt, erzähle und schildere meine Eindrücke von einem religionspädagogischen Arbeitskreis mit Lehrenden und Studierenden. Die Lehrerinnen und Lehrer haben mit Focusing den erneuten Einzug seelsorgerlicher Elemente in den Religionsunterricht vermutet, was sehr skeptisch diskutiert worden ist. „Warum begreifen diese Lehrer nicht, dass es hier ganz elementar um Wahrnehmung geht und welche Möglichkeiten sich damit auftun?" Während ich noch erzähle, beginnt etwas in meinem Bauch zu grummeln, und meine Hände legen sich automatisch dorthin. Gendlin schaut mich schweigend und konzentriert an. In mir beginnt von selbst ein Focusingprozess. Mein Gegenüber ermuntert mich, dem nachzugehen. „Lass dir nur Zeit. Wir haben Zeit."

Jemand hat Zeit! Mein Atem wird etwas ruhiger. Stille. Ich spüre meinen körperlichen Empfindungen nach. „Es ist so schwer in mir unten drin." Wieder Stille. Die Zeitbewegung lässt nach, alles wird immer langsamer, um mich herum verläuft das Leben nach und nach im Zeitlupentempo. Gene sieht mich noch immer aufmerksam an. Jetzt bleibt die Zeit fast stehen. „Etwas ist schwer.", echot er leise mit amerikanisch-wienerischen Akzent.

Nun fühle ich innen etwas von unten nach oben brodeln: „Ich bin trotzig!"

„Jaaa, da ist Trotz. Gut! Kannst du ihn willkommen heißen?"

Ich spüre den Trotz. Es ist gut, ihn zu haben. Dabei kommen mir Bilder in den Sinn. „Ich habe Lust, mich in die Ecke zurückzuziehen und für mich zu arbeiten."

„Aha, gut, da ist etwas in dir, das will sich zurückziehen!", federt mir die tiefe Stimme entgegen.

Bei ihrem Klang kommt erneut eine Bewegung in meinen Bauch, und es entsteht ein zweites Bild: „Ja, aber da ist noch etwas anderes. Ich lasse mich nämlich nicht in das Loch da unten zurückdrängen! Ich will weiter, hochgehen von da unten und kämpfen!" Ich spüre, wie sich Fäuste in meinem Bauch ballen.

Kleine Pause.

„Gut! Du kannst kämpfen. Da ist viel Kraft“, sagt mir Gendlin nun auch lauter zurück.

Die Worte hinterlassen ihre Wirkung. Ich spüre, wie mich diese Kräfte langsam weiter und stärker machen.

„Da hast du also die zwei Trotzenergien. Beides ist doch gut, nicht? Damit kannst du doch arbeiten“, resümiert Gendlin.

Ich bin erleichtert und kann diese Kraft spüren. „Wirklich, ich bin erleichtert!“ Es ist fast ein bisschen Stolz dabei.

„Behalte die Erleichterung noch einen Moment. Das wollen wir feiern.“ Wir feiern die Erleichterung mit viel Lächeln. Schließlich räuspert sich Gene.

„Also, Focusing kannst du. Das sehe ich schon ...“

„Rrrrrrring!“ Die Eieruhr klingelt wie verabredet. Gendlin erhebt sich etwas mühsam aus seinem tiefen Sessel, geht zu der Säule, schwingt sich um sie herum in die schmale Küchenzeile hinein, geht zum Herd, rührt, probiert, stellt die Eieruhr erneut und kehrt zurück.

Nun kann es weitergehen. Wir können unser Gespräch fortsetzen. Er schaut mich an. „Was hast du noch?“

Ich überlege einen Moment. „Wie ist das mit dem Leib und dem Körper? Du sprichst und schreibst eigentlich hauptsächlich vom Körper!“

„Für mich ist es eine wichtige Frage, ob klar wird, dass da so ein unangenehmes, körperliches, pickiges, na ja ... da ist.“ Gene verzieht seine Miene und legt eine Hand in seine Magengegend, denn dort findet sich das Gefühl. „Denn dort muss man hinein. Sonst schwebt man da. Das Unklare im Magen, was man dort gleich neben dem Mittagessen fühlen kann, ungefähr dieselbe Stelle, so körperlich muss es sein. Ich tu immer das Wort ‚leiblich‘ vermeiden, weil die Philosophen aus dem Leib irgend so etwas Wunderbares machen, was hiermit gar nichts zu tun hat. Darum sag ich immer ‚körperlich‘, und das stört sie dann.

Also mit Leib ist gewöhnlich so etwas mit Bedeutungen gemeint. Und der Körper ist den wissenschaftlichen Neurologen übergeben. Ich will den Körper zurücknehmen von denen und den Leib, den können die Philosophen ...“

Gene führt seinen Satz nicht zu Ende. Was will er sagen? Den können die Philosophen ruhig ..... behalten, benützen, stilisieren? Mir fällt ein, dass Gendlin in seinen Schriften immer dann, wenn die Worte ausgehen oder Leerstellen da sind, die man selbst ausfüllen muss oder wenn es viele Möglichkeiten für Wörter gibt, fünf unterstrichene Punkte schreibt. Er spricht auch so!

Nun fährt er fort: „Ich spreche über den Körper, obwohl ich auch Philosoph bin und nur Philosoph bin eigentlich. Aber ich will den Körper in die Philosophie einführen, denn der fehlt dort!“

Das leuchtet mir ein. Aber ich möchte es noch genauer wissen. „Und was hat der Körper, was der Leib nicht hat?“

„Dass man weiß, das ist diese schwere Sache, die da im Sessel sitzt, und etwas Gewöhnliches. Ja natürlich, der Leib, der ist ja schrecklich wichtig und blablabla. Aber ich sitz daher und wenn ich weiter will, dann muss ich da hinein.“ Gendlin zeigt dabei wieder auf seinen Bauch.

Ich weiß zwar noch nicht, ob ich ihm in dieser Unterscheidung Recht geben werde, aber ...

Routiniert zückt der Meister seine Zigaretten und das Feuerzeug, setzt sich seine Pudelmütze wieder auf und öffnet die Balkontür. Ich komme hinterher. Der Wind erfrischt mein angestrengtes Gesicht. Ich schaue auf den Hudson River und entspanne ein wenig. „Kennst du meine Bücher?“, reißt er mich aus dem momentanen Abtauchen hoch. „Sicher“, kommentiere ich und zähle auf, was ich studiert oder erst durchgestöbert habe. „Und die Website im Internet, kennst du die auch? So etwas mit ‚Focusing‘ und ‚dot org‘? Die mit ‚org‘ sind nämlich Nonprofit-organisations.[448] „Mein Nicken korrespondiert mit meinem Stolz, mich in diesem Medium auch recht gut auszukennen. Anscheinend ist selbiges auch nötig, denn Gene behauptet sogleich: „Wenn du die Website kennst, dann hast du alles von mir.“

Habe ich richtig gehört? Ein Philosoph setzt mich in Kenntnis, dass alles von ihm Wichtige auf einer Homepage im Internet zu haben sei. Spätestens jetzt müsste ich es realisieren: Ich bin tatsächlich in Amerika ...

Zurück zu Sessel und Sofa, zu gefestigtem Setting.

„Gut, was noch?“ treibt Gendlin an.

„Lass uns von Spiritualität sprechen!“ Ich möchte mich ans „Eingemachte“ herantasten.

„Okay! Was kann ich sagen? Die Spiritualität sucht sich, wie das bei Jung, bei den vier Typen da ist, sie sucht sich das aus, was gerade nicht gelebt wird.“[449]

In seinen Äußerungen sprudelt er Weisheiten in den Raum; bei mir kommen sie nur mit Verspätung zur Wirkung. Ich werde viel Zeit brauchen, um diese Worte durch mich „hindurchgehen“ zu lassen, um sie zu verstehen. Ich buchstabiere für mich: „Was im Innern nicht lebendig ist, wird in der Beziehung zu Gott möglich.“ Und schon geht er weiter.

„Aber das nur zuvor. Was weiß ich sonst davon? Wenn man Spiritualität erlebensmäßig anwendet, dann sind die Erlebensweisen sehr ähnlich wie beim Focusing, das hat viel miteinander zu tun. Da gibt es so ein Buch, kennst du das? ‚Biospirituality?‘“[450]

---

[448] Dem deutschen Status für Gemeinnützigkeit entsprechend.

[449] Jung unterscheidet die vier Bewusstseinsfunktionen Denken, Fühlen, Intuieren, Empfinden. Vgl. Carl Gustav Jung, Psychologische Typen (1921). GW VI. Zürich [13]1978, 527.

[450] Edwin McMahon / Peter A. Campbell, Bio-Spirituality. Focusing as a way to grow. Chicago 1985, [2]1997. In deutscher Übersetzung: Biospiritualität. Glaube beginnt im Körper. Aus dem Amerikanischen übersetzt und mit einem Nachwort versehen von Hans-Joachim Petsch. München 1992.

„Ja, ich habe es bereits. Auf dem Stapel, den ich durcharbeiten möchte, liegt es ganz oben."

Ich bin noch nicht so recht zufrieden mit dem, was zu Spiritualität zu sagen wäre. Könnte es sein, dass das Wort nicht genau genug sagt, was ich meine? Dafür ist das Wort „Erleben" bei mir hängen geblieben.

Gendlin scheint meine Gedanken zu erkennen. „Das ist das, was ich sagen kann. Aber sag du mir mehr!"

Ich versuche es. „Bei allem, was ich lese und höre von Focusing, werde ich mir zunehmend sicherer, dass Focusing eine Methode ist, die Wege zur Wahrnehmung von Religion eröffnet. Ich kann es noch nicht so genau verorten, es ist bisher nur ein Eindruck. Aber ich ahne, dass das, was dort passiert, so etwas von ..... hat, dass ich da etwas erlebe, was ..... ist ...". Meine Sprache findet noch keinen Weg nach oben zum Mund. Stattdessen breite ich die Arme aus. Das Wort „Transzendenz" fällt mir zwar ein, ich spüre jedoch, dass es hier und jetzt nicht richtig ist. Das Wort „Erweiterung" würde es besser treffen. „Focusing hat so was von Erweiterung, dass man ....." Wieder nehme ich meine Arme zu Hilfe, sie sind schneller als meine Worte.

Jetzt geschieht etwas Merkwürdiges. Gendlin schaut mich groß an, lächelt ein wenig und sagt: „Ja, tu nur weiter. Du hast viel mehr als du sagst!"

Woher weiß er das? Was ist dieses „mehr", und wo soll es sein? In jedem Fall, so merke ich, ist hier Raum davon zu sprechen. Aber mit Vorsicht ... Also: „Da ist etwas, das weitergeht als ich selber, außerhalb von mir ..."

Gene kennt das, so sagt sein Kopfnicken; gleichzeitig bewegt er einen Arm nach oben. „Aaah ja. Da ist schon etwas. Jaja ... Weißt du, ich habe einen Kater. Der hat so eine Art, dass er immer mit der Pfote über die Hand streicht. Und ... der Kater weiß, dass ich weiß, er ist kein Mensch. Und das ist halt seine Art ... So ist es auch mit Gott. Der wird das schon wissen!"

Ich brauche unsere Sprechpausen um zu verstehen. Hier muss ich für mich doch mal übersetzen: „Also, wir wissen, dass Gott weiß, wir sind nicht so groß wie Gott ..."

„Aber das kennst du eh schon. Sag mir mehr!"

Er will etwas von mir hören. Ich bin die Theologin, von der Antworten erwartet werden, die zumindest unseren Dialog weitertreiben sollen, das wird mir erst nach und nach klarer. Wie aber kann ich anknüpfen, vielleicht mit Religiosität? Wenn Focusing etwas von Religion kennt, dann wird das in irgendeiner Weise bei Gendlin selbst zusammenkommen. Wie könnte sie aussehen, Gendlins Religiosität? Vielleicht liegt sie gar in der Praxis? Ich versuche es.

„Wie ist das zum Beispiel mit dem – Beten?"

Gendlin überlegt kurz. „Ich bin ja Jude, das weißt du. Ich habe mich gefragt, warum denn die Juden hundertmal am Tag dieses eine Gebet beten, du weißt schon.[451] Schließlich hab ich mich bei einem Rabbi erkundigt, ob sie, die, die beten, meine ich, also ob die beim Beten auch richtig *dabei* sind. Der Rabbi hat geant-

---

[451] Gemeint ist das Sch'ma Israel (Dt 6, 4ff.).

wortet: ‚Natürlich sind wir *dabei.*‘ Wie nennt man das im Deutschen: Betet ihr richtig, mit ...“ Gendlin rudert mit den Armen. „Wie heißt das doch gleich?“

Rrrrrrring. Pause zum Nachdenken. Gendlin erhebt sich und schwingt sich um die Säule herum in die Küche. Man sieht, wie es in ihm arbeitet. Soll ich ihm Worte anbieten? Nein, er findet sie selbst. Als er nach dem Abschmecken murmelnd wiederkommt, versucht er es erneut: „Heißt es: ‚mit Andacht‘? Ja, ich glaube, das ist es. Das Beten nicht irgendwie, einfach so, sondern *mit Andacht.* Verstehst du, was ich meine?“

Ich verstehe: Es geht ihm nicht um das Beten, das Tun an sich, sondern um das Erleben von Gottes Gegenwart im Gebet. Ich würde diese Wahrnehmung religiöse Erfahrung nennen.

Es klingelt – diesmal an der Wohnungstür. Gendlin erhebt sich und öffnet die Tür. Eine junge, hagere Frau mit langen rotblonden Haaren, langem Rock und Sandalen kommt herein. „That's Elizabeth!“, stellt Gendlin sie mir nicht ohne Stolz vor, „meine Tochter. Sie kommt jetzt aus der Schule!“ Elizabeth gibt mir freundlich die Hand, fragt mich, wie mir New York gefalle, geht zur Küchenzeile, rührt im Kochtopf, erzählt mir nebenbei auf meine Anfrage hin, dass die Schule okay sei, stellt den Herd aus und verschwindet mit ihrem Mittagessen nach nebenan.

„Wo waren wir?“, fragt Gendlin

„Es ging um Focusing und Spiritualität ... Sag mir doch bitte etwas zu Raum und Zeit beim Focusing!“

„Gut. Es gibt drei Räume im Focusing: Der Raum von dem, der im Sessel sitzt. Ich sitz hier im Sessel und hab meinen Raum. Dann gibt es den Raum beim Focusing und dann den Raum, der sich auftun kann. Bei Euklid gibt es nur den leeren, mathematischen Raum, der ist wie auf ..... Wie nennt ihr das? Auf ‚Millimeterpapier‘, ja. Der ist ganz anders als der Raum hier, und beide sind erst einmal nicht zusammenzubringen.“

Unter dem letzteren verstehe ich den situierten Raum, den Raum der erlebten Situation. „In der Vergegenwärtigung, beim Erinnern, da habe ich den anderen Raum auch. Da kommen beide zusammen.“

„Ja? Tu nur weiter!“

Diese Art zu philosophieren gefällt mir gut. „Dann ist Verstehen möglich! Ich habe die Situation und das Drumherum.“

„Ja, der mathematische Raum geht nicht ohne.“

„Und die Zeit? Hängt die bei dir mit dem Raum zusammen?“ Etwas in mir drängt danach, das alles zusammenzubekommen.

„Die Zeit ist abhängig vom Raum. Da habe ich viel von Aristoteles.“

„Mir geht es so: Im Felt Sense ist die Zeit, das Zeiterleben ganz anders als sonst!“

„Ja, sicher ... Da ist die Zeitausdehnung in der Weite.“ Gendlin breitet die Arme aus. Aus mir sprudelt es. „Das ist aber so, dass das, was vergangen ist, und was sein wird, zusammenkommen, vom Woher zum Wohin. Also, dass wirklich die Ewigkeit mit dem Augenblick zusammenfällt. Etwas ganz Intensives. Die Ewigkeit im Augenblick." Das Sprechen selber ist ein Teil des Verstehens. Ich spüre, dass mir mit den Worten Bilder kommen. Es macht ungeheuren Spaß, auf solche Weise zu philosophieren. Oder zu theologisieren?

Gendlin springt auf. „Wann, sagst du, kommst du wieder?"

„Im Februar bin ich wieder in Amerika ...", antworte ich vergnügt.

„Gut. Nein, nein, wir haben schon noch Zeit. Ich will nur nicht vergessen, dir zwei Sachen mitzugeben." Er geht in ein anderes Zimmer, man hört einen Computer laufen und drucken. Schließlich kommt er mit ein paar bedruckten Seiten zurück. „Church Project" steht auf dem ersten Paper zu lesen. „Ist etwas ganz Kleines ... unveröffentlicht. Es handelt von einem Versuch, Focusing in die Kirchen zu bringen", erklärt Gendlin.[452]

Nun läutet das Telefon. Gendlin hebt den Hörer ab und nimmt ihn mit ins Nebenzimmer. Ich bin immer noch etwas verblüfft. Mr. Focusing hat selbst Unterstützung für kirchliche Gemeinden ausgearbeitet – spannend! Wie sein Projekt wohl aussieht? Ich setze mich auf dem Sofa bequem zurück und lese: „Church Project".

Gendlin hat sich überlegt, verstehe ich, wie durch eine unterstützende Gruppe, die mit Focusing arbeitet, das innere Erleben der einzelnen Teilnehmenden im Gottesdienst vertieft und aufgefangen werden kann. Dazu soll die Gemeinde vor dem Gottesdienst die eigenen Bezüge zur Gottesdienstthematik fokussieren, um im Gottesdienst eigenen Erfahrungen einen Ort geben zu können. Nach dem Gottesdienst soll Focusing in der „supportive group" als Verarbeitung zur Wahrnehmungshilfe dienen. Der eine unterstützende Faktor dabei ist das Focusing, das andere, so wird es bei Gendlin sehr deutlich, ist die Gruppe selbst. Gendlin kommt es darauf an, durch das Miteinander-Teilen den Menschen Wege zu „community", zu erlebbarer Gemeinschaft zu eröffnen. Ein Weg, der Gottesdienstvorbereitungen und -nachgespräche empathisch unterstützen kann.

Gendlin kommt zurück und legt den Hörer auf. „Wo machen wir weiter?"

„Ich habe das „Church Project" gelesen!"

„Das ist eine kleine Sache. Ich habe keine genaue Gemeinde vor Augen, denn ich finde keine, die das einmal ausprobiert! Das wäre doch schön, in so einer Gemeinde mit einem neuen Pastor ... Wie heißt das allgemeine Wort dafür?"

Ich suche nach dem amerikanischen Wort. „Minister? Pastor?", er antwortet auf Deutsch: „Nein, ich meine, ein ... ein Geistlicher. Also sagen wir, in einer Gemeinde, in welcher der Gottesdienstbesuch weniger wird, könnte doch ein neuer Geistlicher so anfangen ... Aber wie gesagt, ich finde sie nicht!"

Mir fallen spontan ein oder zwei Gemeinden ein, in denen solch ein Projekt sicherlich zünden würde. Diese Gemeinden haben allerdings eh schon Struktu-

---

452 Eugene T. Gendlin, Focusing as Part of Spiritual Renewal. www.focusing.org/spirituality.html.

ren, welche den Gemeindegliedern viel Verbundenheit geben. „Ich vermute, dass diejenigen Gemeinden, in denen so ein Projekt problemlos anlaufen würde, eh schon sehr offen für weitere und tiefere Arten des Erlebens im Experimentieren mit Gottesdiensten sind. Mir fällt auf, dass wir im religionspädagogischen Bereich übrigens ähnliche Wünsche und Ansatzpunkte haben, was das religiöse Erleben angeht. Es gibt sogar schon Ideen, so etwas wie Focusing auch für den Gottesdienst selbst zu nutzen. Wir arbeiten sehr an der Wahrnehmung, zum Beispiel in Bild- Musik- und Erzählmeditationen."

„Ah ja, das ist interessant! Ich hätte jetzt nicht gewagt, den service[453] anzutasten ... Aber da tut ihr anders und seid viel weiter ..."

„Ich glaube, Ideen sind schon da. Aber mir fehlen noch ein paar konkrete Anleitungen. Dies ist ja eine Form von Gruppenfocusing. Wie kann ich das am besten angehen?"

Gendlin lässt sich auf ein pragmatisches Vorgehen ein. „Ja, erzähle, mit was für Personen arbeitest du?"

„Also eigentlich – in der Schule, in der ich zuletzt war, hatte ich es mit Fünft- und Sechstklässlern zu tun, die waren kurz vor der Pubertät."

„Oh, Focusing geht auch sehr gut mit Kindern, weißt du das?", wirft er ein. „Da gibt es eine Frau, die kennt sich damit aus, besser als ich.[454] Mit Grundschülern ist es sicher am einfachsten. Später verlernen die das dann, und dann muss man sie zurückführen."

„Und nun bin ich gerade an der Universität", fahre ich fort. Ich erzähle von den Studierenden, die mein religionsdidaktisches Seminar besuchen, berichte von meiner Idee, einen Gottesdienst mit Studierenden und Schülerinnen zu gestalten. „Dabei arbeite ich eigentlich sowohl mit Jugendlichen als auch mit Erwachsenen. In dem Gottesdienst soll es unter anderem Bildbetrachtungen geben. Ich hatte mir vorgestellt, dass wir für die Erschließung des Bildes, auch im Gottesdienst selbst, vielleicht mit Hilfe von Focusing einen Zugang von innen her zu dem Bild gewinnen könnten. In der Gruppe fühle ich mich aber noch unsicher darin, wie ich diesen Zugang anbahnen könnte."

„Ein Bild?"

„Ja. Ein modernes Weihnachtsbild. Es heißt ‚Herbergssuche'.[455] Da sind Maria und Joseph in einer riesigen Stadt zu sehen, vielleicht in New York."

Ein Leuchten geht durch Genes Augen. „Oh, das ist schön! Bisher kenne ich Maria und Joseph nur anders ..."

„Joseph zieht Maria in einem Karren vor einer anonymen Häuserfassade. Maria hat große, hohle Augen ..."

„Dazu kann ich was sagen. Wenn du das Bild anschaust, geh in deinem Körper runter in den Rumpf." Mit diesen Worten lässt Gene seine Hand den Brust-

---

453 Der amerikanische Ausdruck für Gottesdienst.

454 Marta Stapert, Focusing in school. The Folio 16 (1997), 1–17.

455 Beate Heinen, Herbergssuche. 1981. Als Postkarte hg. v. d. Materialstelle für Gottesdienst, Nürnberg.

korb entlang hinunterfahren bis zum Bauch. „Frag: Wo ist es, das Bild? Das ist eine ganze Kleinigkeit. Aber es ist geerdet. Dann werden etliche, nun ja, vielleicht auch nur einige, aber einige werden auch dort sein können. Die suchen, okay, manche vielleicht auch nicht. Aber du wirst schon bei einigen das sehen."

„Ich hatte das schon so angebahnt, aber ... Meine Versuche, den Körper einzubeziehen, haben mir irgendwie immer wieder signalisiert: Du musst vorsichtig sein ..."

Gendlin geht meiner Vorsicht nach. „Vorsichtig?"

„Ja, denn ich hab immer gedacht, die denken: Jetzt soll auch noch der Körper beim Lernen dabei sein."

„Und was ist damit?"

„Es geht darum, sich mit dem Körper mit etwas auseinandersetzen zu müssen, was man nicht gewohnt ist und vielleicht auch nicht will!"

„Aaah, ja. Na, das kann schon sein. Du kannst schon vorsichtig sein, aber du kannst trotzdem experimentieren. Du willst ja nicht missionary, nicht? Nur ... probieren. Lade sie ein zu sprechen, von da unten her, wo das Bild oder was weiß ich sonst ist. Keiner muss was sagen, aber es wär' halt schön, das aufsteigen zu lassen. Dann wirst du merken, wo sie sind." Auch hierbei zeigt Gene immer wieder auf seinen Bauch.

„Mit diesem methodischen Tipp kann ich was anfangen. Danke!" Es gibt Zeiten, da brauche ich solche Konkretionen.

„Du sollst Focusing kombinieren mit anderen Zugangsweisen. Allein, das ist nicht gut. Da bin ich nicht für. Focusing zusammen mit anderen Sachen, davon kannst du viel gewinnen!" Gendlin holt tief Luft. „Gut. Erzähl mir dann später, wie es damit weitergeht!"

Die Zeit schreitet voran. Unser Treffen neigt sich dem Ende zu. Wie ist unsere Schlussrunde, der Abschied zu gestalten? Ich schaue aus dem Fenster in den Himmel.

Auch Gendlin ist stiller geworden. Dann räuspert er sich. „Du hast da so etwas ... das hat mit der Religion zu tun. Was hast du gesagt vorhin? Das geht so nach oben und nach unten ..."

Ich erinnere mich zwar nicht mehr genau, versuche aber noch einmal in mich hineinzuspüren. In mir steigt ein Bild auf. Ein Baum wächst von unten durch meinen Körper und nach oben heraus. So taste ich mich an Worte heran. „Es ist so ... In mir ist es ruhig, wenn ich daran denke, ja, das spüre ich richtig, dass ich irgendwie ... verwurzelt bin." Ich prüfe noch einmal kurz. „Verwurzelt? Ja, das ist das richtige Wort. Da ist jemand, gut, ich sage Gott zu ihm, du kannst ihn auch anders nennen. Der geht durch mich durch. Ich bin darin eingebunden und doch beweglich, frei. Die Wurzeln gehen nach unten unendlich weiter, und das wächst nach oben heraus, da oben hin und ganz weit! Unendlich." Mit diesen Worten zeige ich aus dem Fenster in den Himmel über der Stadt, in dem ich lese.

„Ja, unendlich, das ist schön ..." Gene lächelt. „Verbunden."

„Ja, eine Beziehung mit dem da außen, und das verstehe ich nicht alles und kann auch gar nicht alles begreifen. Aber irgendwie ... Tief in mir drin ist so ein Vertrauen. Ich bin auf irgendeine Weise aufgehoben. Ein großes Vertrauen. Und es gibt Momente, jetzt, da spüre ich das richtig ..."

„So etwas Unendliches ...? Sagen wir, im Einzigen? Ist das richtig?"

Ich lasse die Worte wirken. „Vielleicht im Augenblick. Unendlichkeit im Einzigen, im Augenblick ..."

„Nu ja, Augenblick, das geht bei mir nicht", widerspricht Gendlin. „ Das ist bei mir anders belegt. Aber ich würde sagen: Unendliches im Einzigen."

„Das könnte ich auch sagen ... Unendliches im Einzigen ...", stimme ich ein.

„Moment, das darf nicht verloren gehen, das muss ich gleich aufschreiben!" Während Gene seinen Block zückt, ahne ich, wie aus dem Boden des Apartments ein schlanker Baum wächst. Seine Äste ragen durch das Balkonfenster in den Himmel, bis man sie gar nicht mehr erkennen kann.

Wie schön, so verbunden zu sein. Es tut gut, wiederkommen zu dürfen.

Gendlin steht auf. Seine Stimme reißt mich aus den Gedanken. „Ich habe jetzt gleich einen Termin. Und ich habe gar keine Lust – das ist ein gutes Zeichen! Aber wir sehen uns eh im Februar wieder ..."

Ich gehe nachdenklich aus dem Haus. Ein warmer, pulsierender Baum hat uns durch den Raum hindurch miteinander verbunden. Unendlichkeit im Einzigen ... Oder im Augenblick ... Man muss verbunden sein mit etwas, das man nicht versteht, das größer ist als man selbst.[456]

2.2 Exemplarisch: Focusing als Körperkonzept und phänomenologische Methode[457]

2.2.1 Der Focusingprozess: Das Manual spielen lernen

Einem praktischen Ansatz kommt man am ehesten auf die Spur, indem man ihn ausprobiert. Das Focusing-Manual von Eugene T. Gendlin ermöglicht einen literarischen Einstieg in die Methode des Focusing. Die Anleitung[458] ist als Lebens- und Orientierungshilfe für den Leser bestimmt und wendet sich im Leseprozess auch ganz konkret an ihn.

---

456 Vgl. Alexander Lowen, Die Spiritualität des Körpers. Innere Harmonie durch Bioenergetik. München 1991, 11.

457 Zur enzyklopädischen Komprimierung der Focusingterminologie siehe Gerhard Stumm / Alfred Pritz (Hg.), Wörterbuch der Psychotherapie. Wien / New York 2000; Gerhard Stumm u.a. (Hg.), Grundbegriffe der Personzentrierten und Focusing-orientierten Psychotherapie und Beratung. Stuttgart 2003.

458 Eugene T. Gendlin, Focusing (1998), 64 –71.

Ich schließe die Zimmertür, setze mich an meinem Schreibtisch ruhig hin, stehe doch noch einmal auf, hole Tee, überprüfe die Zimmertemperatur. Es könnte eine Spur wärmer sein, aber der Heizlüfter gibt nicht mehr her. Also lege ich das kleine gelbe Taschenbüchlein so vor mich hin, dass meine Nase nicht zu dicht am Buch „klebt". So beginne ich, mir Abschnitt für Abschnitt laut vorzulesen und dabei Focusing zu erproben.

„*1. Freiraum schaffen*
Erst bitte ich Sie, einmal ganz ruhig zu sein. Entspannen Sie sich einen Moment. Nun gehen Sie mit Ihrer Aufmerksamkeit in Ihr Inneres, in Ihren Körper, vielleicht in Ihren Magen oder Ihre Brust. Achten Sie darauf, was dort vor sich geht, wenn Sie fragen: ‚Wie steht es mit meinem Leben? Was ist im Moment für mich das Wichtigste?' Horchen Sie in Ihren Körper hinein, und lassen Sie die Antworten langsam von dort kommen. Wenn etwas auftaucht, dringen Sie nicht hinein. Treten Sie einen Schritt zurück, sagen Sie: ‚Ja, das ist da. Ich kann es hier fühlen.' Lassen Sie einen kleinen Raum offen zwischen dem Etwas und Ihnen. Dann fragen Sie, was Sie sonst noch fühlen. Warten Sie erneut auf die Antwort. Normalerweise sind es mehrere Dinge."

Es ist nur noch das Ticken der Uhr zu hören, ab und zu auch der Heizlüfter. Ich bin ein wenig müde, spüre, wie sich mein Bauch beim Sitzen von innen in die Jeanshose presst. „Wie steht es mit meinem Leben? Was ist im Moment für mich *das Wichtigste*?", lasse ich durch meine eigene Stimme laut ertönen. Komische Fragen. Soll ich jetzt mal eben mein ganzes Leben überdenken? Das kann kaum sein. Leichte Bewegungen, nur sehr zart, werden im Unterbauch spürbar. Ich lese mir die Fragen erneut laut vor, diesmal in einer anderen Betonung: „Wie steht es mit meinem Leben? Was ist *im Moment* für mich das Wichtigste?" Ah ja, mein Herz hüpft; jetzt spreche und verstehe ich die zweite Frage anders: Es geht um diesen Augenblick, um das *Jetzt*. Okay. jetzt gerade ist es mir wichtig, diesen Focusingprozess so genau wie möglich zu erleben. Ja, ich will jetzt Focusing probieren, das ist entscheidend. Bei dem Wort „Focusing", erst recht, als ich es noch einmal laut spreche, geht eine leichte, aber deutliche Bewegung in meinem Rumpf abwärts vom Brustkasten bis zum Unterbauch. Jedes Mal, wenn ich das Wort laut sage, kommt die Bewegung wieder, immer in die gleiche Richtung abwärts. Ich probiere es noch ein paar Mal. Nun wird es noch eigenartiger: Es ist so, als ob ich dieses Etwas, was sich da bewegt, beim Luftholen kurz nach oben mitziehe. Sobald ich zum Sprechen ansetze, geht „es" wieder abwärts. Zugleich lasse ich ein wenig von dem Etwas, einen Luftzug, durch den Mund nach draußen. Es wird trotzdem nicht weniger! Je öfter ich diese Bewegung wiederhole, desto mehr spüre ich eine Art Kreislauf: Einatmen, dabei das Etwas aus dem Unterbauch durch den Rumpf nach oben holen, sprechen und ausatmen, dabei das Etwas wieder senken. Dieses Etwas muss etwas Unerschöpfliches sein, arbeitet es jetzt in meinem Kopf weiter.

Ich merke: Für einen Moment war ich richtig konzentriert in der Bewegung drin. Ich lese jetzt noch einmal ein Stückchen weiter in dem Absatz. Fühle ich sonst noch etwas? Meine Müdigkeit ist weg, mein Kreislauf irgendwie angeregt. Mir ist es angenehm hier an meinem Schreibtisch. Oh, anscheinend habe ich etwas vergessen zu tun. Ich stelle mir vor, dass dieses Etwas, dieses kreislaufartige Hoch und Runter, vor mir ist und kann es jetzt fast sehen. Es ähnelt einem Schlauch. Wenn ich das Wort „Focusing" wiederhole, spüre ich wieder die Bewegung in mir, sehe aber gleichzeitig außerhalb, dass in dem Schlauch das Etwas kreist. Es beginnt oben und zieht sich für den Moment, den das Wort dauert, einmal durch den Schlauch hindurch, bis es wieder oben ankommt. Ich beginne unwillkürlich zu lächeln: Welch urige Dinge man hier erlebt!

„2. Einen Felt Sense kommen lassen
Wählen Sie unter den soeben aufgetauchten Problemen eines aus. Dringen Sie aber nicht hinein. Treten Sie einen Schritt zurück. Natürlich hat das Problem, mit dem Sie sich beschäftigen, viele Aspekte – zu viele, um an jeden einzelnen davon zu denken. Sie können aber alle diese Aspekte gleichzeitig fühlen. Achten Sie auf die Stelle, an der Sie gewöhnlich Gefühle empfinden, und sehen Sie, welches Gefühl das Problem in seiner Gesamtheit in Ihnen auslöst. Lassen Sie dieses komplexe Gefühl auf sich wirken."

Wieso ist jetzt von Gefühlen die Rede? Ging es beim Focusing nicht eigentlich um körperliche Empfindungen? Ich stutze etwas, lasse mich aber wieder auf die Bewegungen ein.

Das, was hier als Problem bezeichnet wird, ist bei mir ein Auftrag: Focusing. Focusing ist hier und jetzt für mich dran, das weiß und spüre ich auch mit Neugierde. Einen Schritt zurücktreten, wie mache ich das? Ich lehne mich auf meinem Schreibtischstuhl zurück. Vor mir sehe ich jetzt einen Haufen Bücher über Focusing, dazwischen eine Szene mit einem Therapeuten und einem Klienten im Gespräch, ein Bild von Gendlin, eine Schulklasse, ein räumliches Bild mit vielen Bildteilen, die alle ineinander übergehen, die Grenzen sind fließend. Was löst es in mir aus? Ich atme automatisch ruhig und gleichmäßig, als ich mir diese Frage stelle. Normalerweise spüre und reagiere ich am schnellsten mit dem Unterbauch, manchmal auch mit dem Oberbauch: Dort befindet sich meine leibliche Mitte. Es fühlt sich dort jetzt aber ganz gut an, pulsierend, leichte Bewegungen gehen auf und ab, ich spüre vor allem das Atmen. Es ist so ..., so ... – wie soll ich das sagen? So ..... „rhythmisch" vielleicht? Ich lese erst einmal weiter.

„3. Den Felt Sense beschreiben; einen ‚Griff' finden
Welcher Art ist dieser unklare Felt Sense? Lassen Sie ein Wort, einen Satz, ein Bild aus dem Felt Sense entstehen. Es kann ein Eigenschaftswort sein, wie ‚eng, schmutzig, angsteinflößend, blockiert, schwer, nervös', ein Satz oder ein Bild. Bleiben Sie in Berührung mit dem Felt Sense, bis Worte oder Bilder kommen, die genau dazu passen."

Wieder einmal ist zunächst mein Kopf im Vordergrund. Hat sich bei mir nicht etwas verdreht? War nicht zuerst das Bild vor mir da? Oder besser: Hatte ich nicht schon viel früher, als es noch darum ging, den Freiraum zu bereiten, so eine Art Felt Sense? Habe ich etwas falsch gemacht? Aber ich habe ja schon alles erlebt. Möglicherweise gehen diese Bewegungen ineinander über oder können einander auch auf andere Weise ablösen.

Also, Focusing ist so wie ..... . Ich nehme Gendlins Möglichkeit zur Offenheit, ausgedrückt durch die fünf unterstrichenen Punkte, bildlich für bare Münze und warte weiter ab, was jetzt aus meinem Bauch kommt. So ..... ein Schlauch? So war mein Bild vorhin. Nein, es passt nur für einen Teil, ist sonst zu eng. Ich probiere es noch einmal. Focusing ist für mich wie ....., wie ....., wie ein großer farbiger Gummiball. Das könnte hinkommen, es fühlt sich im Bauch etwas besser an. Oder? Ich bin noch nicht ganz zufrieden und lese weiter.

„*4. Vergleichen*
Gehen Sie hin und her zwischen dem Felt Sense und dem Wort (oder Satz oder Bild). Prüfen Sie, wie gut beide zusammenpassen. Achten Sie darauf, ob ein kleines körperliches Signal Ihnen bestätigt, daß Sie das richtige Wort gefunden haben.

Um das herauszufinden, müssen Sie sich sowohl den Felt Sense als auch das Wort vergegenwärtigen.

Wenn sich der Felt Sense verändert, muß ich auch das Wort oder das Bild verändern, bis es genau die Eigenschaft des Felt Sense trifft."

Der Gummiball trifft es auch nicht ganz. Er ist zu glatt und rund. Es ist eher irgendetwas Tiefes. Ein Meer vielleicht. Ich prüfe und sage laut vor mich her: Focusing ist ein Meer. Jetzt fühle ich die Tiefe, sie ist stimmig; aber das Meer ist zu grenzenlos, und das passt mir nicht, da wäre ich ja verloren. Also weiter. Focusing ist wie ein großer, tiefer See. Das fühlt sich gut an. Noch einmal laut: Focusing ist wie ein großer, tiefer See. Ich atme tief durch, ein Seufzer. Es stimmt! Ob ich den See noch genauer sehen, beschreiben kann? Er ist tiefblau, in einem wunderschönen Himmelblau, und er ist nicht ruhig. Ströme fließen in ihn hinein und auch wieder hinaus. Er kann sprudeln. Der See umfasst das Wasser vieler Ströme in sich. Jawohl, jetzt stimmt das Bild für mich: Focusing ist ein großer, tiefer, blauer See, der irgendwo sprudelt. Ich atme weiter tief und ruhig. Nun versuche ich das Bild wie mit einem Teleobjektiv noch ein ganz klein wenig schärfer zu stellen: Der See wird aus einer Quelle gespeist, dort sprudelt und brodelt es am meisten! Ich seufze erleichtert über diese kleine Aufregung und bin froh, denn ich hab's: Focusing ist für mich ein großer, tiefer, blauer See an einer sprudelnden Quelle. Hier und Jetzt.

„*5. Fragen*
Nun fragen Sie: ‚Woran liegt es, daß dieses Problem in mir dieses bestimmte Gefühl hervorruft (das Sie soeben benannt oder mit einem Bild umschrieben haben)?'

Achten Sie dabei darauf, daß Sie den Felt Sense wieder spüren, frisch und lebendig (und nicht nur in der Erinnerung). Wenn er da ist, berühren Sie ihn, fühlen Sie ihn, fragen Sie: ‚Was macht das ganze Problem so ..... [setzen Sie Ihre Beschreibung ein]?' Oder: ‚Was ist in diesem Gefühl? ' Sollten Sie darauf eine schnelle Antwort erhalten, ohne daß ein ‚Shift' im Felt Sense eintrifft, lassen Sie diese Antwort an sich vorübergehen. Gehen Sie mit der Aufmerksamkeit wieder ihn Ihren Körper und suchen Sie den Felt Sense erneut. Dann fragen Sie wieder. Bleiben Sie in Kontakt mit dem Felt Sense, bis die Antwort mit einem ‚Shift', einer körperlichen Erleichterung und Entspannung, eintrifft."

Ich frage mich also laut: Was macht das ganze Focusing für mich zu so einem tiefen, blauen, großen See, der von einer sprudelnden Quelle gespeist wird? Mir fällt nicht gleich etwas ein. Ich versuche, meinen Felt Sense dafür wiederzubekommen. Es gelingt: Wieder atmen wie vorhin, der Felt Sense kommt tatsächlich wieder, und da ist auch wieder die sprudelnde Quelle. Ich beginne vorsichtig zu ahnen. Es hat etwas mit Tiefe zu tun, mit Ruhe, mit viel Natürlichem. Und der See, den ich mir vorstelle, den ich spüre, hat wie Focusing auch einiges Ungewisses. Ich kann nicht alle Orte in ihm auffinden. Dazu müsste ich eine professionelle Tiefseetaucherin sein, und die bin ich beim Focusing nicht, zumindest jetzt und noch lange nicht. Ich kann schon ein wenig schwimmen und habe große Lust, es besser zu lernen, mich im See zu bewegen, theoretisch wie praktisch. Die Tiefe des Sees, die Dimensionen des Focusing, die ich in weiten Teilen nur ahnend spüre, zieht mich an. Es bleibt aber auch ein kleines Unbehagen. Vielleicht gibt es doch den einen oder anderen Sog? Wohin wird mich diese Strömung, stark oder schwach, noch führen, in welche Tiefen und Untiefen? Werde ich wieder an die Oberfläche kommen und von der Tiefe erzählen können?

Ich merke immer deutlicher, wie sich Bild und „Felt Sense" von Focusing einander anpassen, dass es mein Verhältnis dazu, das ich spüre und erahne, gut ausdrücken kann – auch wenn Unausdrückliches bleibt. Ich freue mich darüber.

„*6. Annehmen und schützen*
Nehmen Sie alles, was mit einem Shift kommt, in einer freundlichen Haltung entgegen. Lassen Sie es eine Weile auf sich wirken, selbst dann, wenn es nur eine leichte Entspannung war. Was auch immer kommt, es handelt sich nur um einen einzelnen Shift unter mehreren, die noch kommen werden. Nach einer kleinen Weile werden Sie weitermachen wollen, doch vorerst halten Sie einen Moment inne.

Wenn Sie beim Lesen dieser Anleitung irgendwo eine kleine Weile damit verbracht haben, auf ein unklares, umfassendes körperliches Empfinden eines Problems zu horchen, dann war das Focusing. Es spielt dabei keine Rolle, ob ein Body Shift eintrat oder nicht. Er kommt ohne unser Dazutun. Wir haben keine Kontrolle darüber."

Ich bin ganz zufrieden mit meinem kleinen Focusingprozess, der beim Lesen entstanden ist. Das Bild passt zu Focusing, aber auch zu mir. Ich würde es gern noch etwas auskosten. Mein Weiter-Denken schaltet sich verstärkt ein. Wieso ausgerechnet ein See? Fragen und Theorien sprudeln in meinem Kopf. Symbole, Biographie, Imaginationen, Tiefenpsychologie ..... – Das Bild ist nach wie vor gut und genau.

2.2.2 Aufmerksamkeit auf den Leibraum: gespürte Subjektivität

Was sich bei der Lektüre von Focusing eingestellt hat, lässt sich am ehesten ausgehend von der gespürten *subjektiven Wirkung* beschreiben. Körperempfindungen und Emotionen waren mit im Spiel: Begeisterung, verbunden mit Neugier, Körperspannung und -entspannung und dem beglückenden Empfinden von Größer-Werden, Weiter-Gehen und Wachsen – ähnlich den Empfindungen, wenn man seine Interessen und Ahnungen in eine größere Ordnung eingebettet sieht, wenn man sich in einer noch ungeahnten Weise plötzlich verstanden fühlt und etwas erkannt hat. Mein Prozess ähnelt in seiner Dynamik dem Ringen um eine *Gestalt* dessen, was Focusing für mich darstellt: ein großer, tiefer, blauer See an einer sprudelnden Quelle. Beim Lesen braucht man wie beim Schwimmen das Denken nicht auszuschalten und soll es auch gar nicht, trotzdem funktioniert es fast wie von selbst, und es gelingt durch die Anleitung, immer wieder „zu dem Etwas da unten" zu gehen und es „zu besuchen", eine nahezu räumliche Beziehung zwischen dem gemächlichen Vorwärtskommen und der Quelle, dem körperlichen Empfinden, aufzubauen. Dabei prüft man mit dem Gespür *zwischen* Kopf und Bauch, inwieweit die gefundenen Symbole stimmig sind. Eine Spannung zu dem Wort „Problem" ist geblieben: In dem Manual wird eine handwerkliche Problemlösungshilfe angeboten, die sich vermutlich mit diesem psychologischen Schlagwort vermarkten lässt. Das Focusing-Manual ist Selbsthilfe und Training für Probleme und vertrackte Situationen. In sechs Schritten wird dem Leser ermöglicht, zum eigenen Felt Sense zu kommen. Des Weiteren kann die Anleitung. in einem weiten Verständnis von Lernen, Wahrnehmung und Erkenntnis, zu einem körperlich-sinnenhaften Spüren von Gegenständen, Menschen, Räumen oder Themen verhelfen. Demnach markiert der Körper nicht nur die Grenze von Ich und Welt, sondern er selbst *bildet* die individuelle, schöpferisch gegebene Grenz- und Kontaktzone, an der solche Austauschprozesse stattfinden. Auf praktische Weise konstituiert der gespürte Körper die Subjektwerdung.

Diese Austauschprozesse werden hier phänomenologisch als Wahrnehmung skizziert. Schon bei Husserl konstituiert sich das Subjekt in der Wahrnehmung. Hier wird ersichtlich: Unter Ausschaltung der natürlichen Einstellung nimmt jemand in einer phänomenologischen Reduktion ein ETWAS als Anderes differentiell wahr, indem er die Aufmerksamkeit nach innen, auf den Körperraum lenkt. In einem Kontaktprozess, der in verschiedenen Phasen die aus dem Hintergrund sich absondernde Figur im Prozess der Wahrnehmung zu einer Gestalt verhilft. Die Subjektbezogenheit dieser Wahrnehmung ließe sich so vor allem an der Leiblichkeit des Wahrnehmungsprozesses festmachen: Mein Körper wird als Resonanzraum dafür bereitgehalten, dass das Wahrgenommene in, an und mit mir Gestalt gewinnt, mich formt und damit symbolisiert wird. Das Erleben der Wirklichkeit lässt sich als Kontakt darstellen. Dieser gestaltet sich leibraumzeitlich als Kontaktzyklus. Nach Perls und Goodman hat der Kontakt idealtypisch die vier Phasen: Vorkontakt, Kontaktnehmen, Kontaktvollzug und Nachkontakt.[459] In den hier nach sechs Momenten differenzierten Phasen wird die Bewegung als leibräumliche Dynamik der Gestaltfindung deutlich, die den Körperraum in Anspruch nimmt.

---

[459] Vgl. Martina Gremmler-Fuhr, Grundkonzepte und Modelle der Gestalttherapie. In: Reinhard Fuhr u.a., Handbuch der Gestalttherapie. Göttingen u.a. 1999, 345–392. Hier: 361f, nach Perls und Goodman.

2.3 Genetisch: Zur Entstehung des Focusing

Wie es zur Entstehung von Focusing kommt, wird aus Hintergründen der Psychologie- und Psychotherapiebewegungen ebenso wie in Philosophiegeschichte deutlich, lässt sich konkret aber auch im Bereich von biographischen und institutionellen Zusammenhängen aufzeigen.

Erlebnisbewegung in der westlichen Welt. Die psychologischen und in diesem Falle auch empirischen Grundlagen finden sich vor allem bei Carl Rogers in der Humanistischen Psychologie[460]. Der initiatorische Ansatz der Humanistischen Psychologie ist die Klientenzentrierte Gesprächstherapie und -führung, die auf Carl R. Rogers zurückgeht (seit 1940–42). Zu Rogers und seinem Therapiekonzept finden sich Parallelen durch die empirisch angelegte Methodik sowie die Theoriebildung im Wechselverhältnis von Phänomenologie und Empirie. Beide haben ein Interesse, ihre Persönlichkeitstheorie im Humanistischen Menschenbild und in Axiomen rückzubinden.[461] Geht es Rogers vorrangig um zwischenmenschliche Beziehung in der Welt, dehnt Gendlin zum einen den Beziehungsbegriff auf eine naturhafte, kosmisch-leibverbundene Interaktionalität aus und spezifiziert Kommunikation zu einer generativen Sprachbildung. In diesem Kontext stellt Focusing eine spezifische Form von Weltbezug dar.

Von Rogers ausgehend, ist Gendlin den folgenden Weg gegangen: Im Amerika der siebziger Jahre entsteht nach den Vietnamkriegen, im Zuge von Reformen von Universitäten und Schulen, der Bedarf an Nähe wie Begegnung.[462] Diese Phänomene werden auch von Human- und zunehmend auch von Kulturwissenschaften reflektiert.[463] Heute kommt Focusing, wie etliche andere Körperverfahren und Körperansätze, dem Begehren der amerikanischen und europäischen Erlebnisgesellschaft[464] nach „neuer Körperkultur" entgegen, die aus der Therapieszene ebenso in den Sport- und Freizeitbereich gezogen ist. Als an das Erlebnis gebundener Ansatz geht Focusing den Bedürfnissen der Erlebnisgesellschaft in methodischer Hinsicht nach, lenkt jedoch zugleich deren Loslösung von großen und entscheidenden Themen menschlicher Existenz, indem es das Elementare als Blickpunkt der Erfahrung in den Mittelpunkt stellt.

---

460 Deutlich erkennbar ist die Verwandtschaft zu Klientenzentrierter Gesprächsführung und -psychotherapie, aber auch zu Axiomen, Haltungen und Elementen der Gestalttherapie (Perls) und der Themenzentrierten Interaktion (Ruth Cohn).

461 Vgl. zu diesen Zusammenhängen v.a. Gesellschaft für wissenschaftliche Gesprächspsychotherapie (Hg.), Die klientenzentrierte Gesprächspsychotherapie. (1975). München [16]2003 sowie Carl Rogers / P. Schmid, Person-zentriert. Mainz 1991.

462 Auch die Encountergruppen entstehen zu dieser Zeit.

463 Petzolds Band „Leiblichkeit" ist immerhin von 1985: Hilarion Petzold (Hg.), Leiblichkeit. Die deutsche Übernahme der therapeutischen Konzepte und ihrer Methodiken beginnt einige Jahre später und ist bis heute nicht abgeschlossen.

464 Wolfgang Schulze, Die Erlebnisgesellschaft. Kultursoziologie der Gegenwart. Frankfurt [8]2000.

Humanistische Psychologie und Konzepte. Die Humanistische Psychologie entsteht als dritte Richtung der Psychologie nach Auschwitz zwischen Behaviorismus und Psychoanalyse (maßgebliche Gründer sind Carl R. Rogers und Abraham Maslow) mit einem anthropologischen Ansatz, der in der Therapie die Unterstützung des elementar menschlichen Bestrebens nach bewusster Förderung des Selbst in Eigenverantortlichkeit sieht. Sicherlich beruht es nicht auf einem Zufall, dass es gerade Emigranten, einige davon Juden, sind, die in Amerika auf diese gesellschaftliche Not mit prophetisch-präsentischer Gabe reagieren. Etwa zur gleichen Zeit entwickeln Ruth Cohn aus Psychoanalyse und Gruppenpädagogik die Themenzentrierte Interaktion als psychologisch-pädagogisches Modell, während Lore und Fritz Perls in Abgrenzung zur Psychoanalyse an der „Konzentrationstherapie" arbeiten, aus deren Verbindung mit Gestaltpsychologie dann gestalttherapeutische Ansätze hervorgehen. Encountergruppen häufen sich, die Gruppendynamik wird ausgefeilt, Hilarion Petzold und andere entwerfen eine Leibtherapie. All diese Modelle der Lebenshaltung, Kommunikation und Therapie greifen auf gemeinsame und ähnliche Wurzeln zurück. Martin Bubers Philosophie der Begegnung leistet hier Vorschub (der Mensch wird am Du zum Ich); der Existentialismus (Albert Camus, Jean-Paul Sartre, Martin Heidegger Maurice Merleau-Ponty) prägt die Annahme, dass befriedigendes und glückendes Leben im Hier und Jetzt der Gegenwart möglich ist. Aus dem Humanismus stammt das Bild des schöpferischen Menschen, aus der östlichen Weisheit – vor allem aus dem Zen-Buddhismus – meditative Bewusstseinshaltungen, aus dem Judentum weisheitlicher Umgang mit dem Leben und den Dingen, aus der Tiefenökologie Konzepte zur organismischen Selbstregulation und -organisation (Ken Wilber, Gregory Bateson).

Zu den Grundhaltungen der Humanistischen Psychologie gehört das Konzept von *awareness* als Bewusstheit, das teilweise weiter ausdifferenziert wird in Achtsamkeit (wachsame, abgrenzende Aufmerksamkeit auf sich herausbildende Figuren), Gewahrsein (umfassende intuitive wie kognitive Intentionalität in Analyse und Zusammenschau) und einem mittleren Modus (Ausgewogenheit, inneres Schweigen und Aussetzen aller Dialoge vor jeder Differenzierung). In diesen Bewusstseinshaltungen macht sich eine humanistische Wertschätzung dem Leben und der Schöpfung gegenüber kund, die sich in Axiomen und vor allem im Persönlichkeitsmodell widerspiegelt und sich durch Konzepte wie z.B. den Umgang mit dem Leben als Wachstumsprozess, wertschätzende Haltung den Gesprächspartnern und Klienten gegenüber, geschützter Interaktionsraum, oder eine interaktive Gestaltfindung auszeichnet. Focusing stärkt die körperliche und emotionale Wahrnehmung.

Aus pädagogischen Verbindungen mit der Humanistischen Psychologie stammen Lernkonzepte, deren Nähe zueinander und Abgrenzungen voneinander je nach Akzentsetzung variieren; Geltung und Akzeptanz reichen in jedem Fall weit. Im

Wesentlichen haben sich aus den Gestalttherapiekonzepten Strömungen von Gestaltpädagogik entwickelt, die confluent education, Integrative Pädagogik und Gestaltpädagogik im engeren Sinne und Themenzentrierte Interaktion im weiteren Sinne umfassen.[465] Carl R. Rogers hat das Personzentrierte Lernen entwickelt, das die persönliche Weiterentwicklung in den Blick setzt.[466] Im Übrigen hat Ruth C. Cohn mit der Themenzentrierten Interaktion ein psychologisch-pädagogisches Gruppenkonzept vorgelegt, in dem der Einzelne, die lernende Gruppe und das Thema, das sich im Gruppenprozess lernend gestaltet, im Rahmen der transpädagogischen Situation des „Globe", ausbalanciert werden. Bei all diesen Formen spielt zum einen Körperlichkeit wie Emotionalität schon insofern eine Rolle, als sie unabdingbar zum humanen Menschsein hinzugehören, nicht verdrängt werden, und im prozesshaften Lernen beachtet werden. Focusing bietet hier einen Weg, den gespürten Körper zum Dreh- und Angelpunkt gestaltenden Lernens zu machen.

Biographisches zu Eugene T. Gendlin. Der heute unter dem Namen bekannte Eugene T. Gendlin wird 1926 als Eugen Gendelin in Wien geboren und besucht die Volksschule und zwei Jahre Bundesrealschule.[467] 1938 emigriert er mit seiner Familie auf der Flucht vor den Nationalsozialisten nach Amerika, wo er seitdem lebt. Er studiert Philosophie an der Universität Chicago, interessiert sich dort insbesondere für Phänomenologie und Existenzphilosophie (Dilthey, Husserl, Heidegger, Merleau-Ponty, Sartre), aber auch für Wittgenstein und den Pragmatismus. 1950 absolviert Gendlin den MA mit einer Arbeit über „Wilhelm Dilthey and the problem of comprehending human significance in the science of man". Bereits während des Studiums entstehen mehrere Veröffentlichungen.[468]

Gendlin lässt sich psychotherapeutisch ausbilden und studiert von 1952–1958 noch Psychologie. Er begibt sich, zunächst inkognito, als Klient in das von Carl R. Rogers geleitete Counseling Center an der Chicago University, um ein empirisches Erprobungsfeld für seine Konzepte zu suchen. Rogers fördert ihn nach anfänglicher Skepsis als Assistenten. 1958 promoviert Gendlin über „The function of experiencing in symbolization". Rogers überträgt ihm die Leitung des

---

465 Aus der Fülle der Literatur sei herausgegriffen: Annedore Prengel, Gestaltpädagogik. Therapie, Politik und Selbsterkenntnis in der Schule. Weinheim 1983; Reinhard Fuhr, Gestaltpädagogik – Ein Weg zu personalem Wissen. In: Pädagogik (1990) 5, 11–16; Jörg Bürmann, Gestaltpädagogik. Bad Heilbrunn 1992; Olaf-Axel Burow, Gestaltpädagogik. Trainingskonzepte und Wirkungen. Ein Handbuch. Paderborn 1993; Rainer M. Halmen (Hg.), Gestalt in Aktion. Praxisfelder und Perspektiven der Gestalttherapie und Gestaltpädagogik (Die 3. Berliner Gestalttage). Berlin 1997; Zeitschrift für Gestaltpädagogik (hg. i.A. der Gestaltpädagogischen Vereinigung, GPV, e.V.). Bergisch-Gladbach 2000.

466 Carl R. Rogers, Freiheit und Engagement. Personenzentriertes Lehren und Lernen. Übers. aus d. Amerikan. v. Wolfgang Rhie. München 1984; Lernen in Freiheit. Zur inneren Reform von Schule und Universität. Aus d. Amerikan. übers. von Frank u. Claire Höfer. Frankfurt 1988; Person-zentriert. Grundlagen von Theorie und Praxis. Mainz 1991.

467 Aus Gendelin [gesprochen: gɛndə'li:n] wird Eugene T. Gendlin [´dschɛntlIn].

468 Z.B. Eugene T. Gendlin, A process concept of relationship. Counseling Center Discussion Papers, 3,2. Chicago 1957.

Forschungsprojektes „Klientenzentrierte Psychotherapie mit psychiatrischen Patienten“ an der Universität von Wisconsin. 1962 publiziert er die erste Gesamtdarstellung seines Ansatzes.[469] 1963 wird Gendlin zunächst Associate Professor, später Professor an den Departments of Behavioral Sciences and Philosophy an der University of Chicago. Er gründet das Journal „Psychotherapy: Theory, Research, and Practice“ und bleibt bis 1976 deren Herausgeber. 1964 erscheint einer der wichtigsten Artikel: „A theory of personality change“[470]. 1967 taucht zum ersten Mal in einer Publikation der Begriff des „Focusing“ auf.[471] Es folgen Aufsätze zur „Experiential psychotherapy“ und „Experiential phenomenology“ (1973). 1978 erzielt er durch das Erscheinen von „Focusing“ mit seiner Methodik einen Durchbruch. Er bekommt eine Gastprofessur in Belgien, überträgt Focusing auf Träume und leitet etliche Formen von Seminaren, die zum Teil in Transkriptform veröffentlicht werden.[472] 1996 erscheint sein Lehrbuch, über Focusing als Ansatz für Schulen übergreifende Veränderungsprozesse.[473] Seit seiner Emeritierung lebt Gendlin mit seiner zweiten Frau Marion Hendricks-Gendlin, der Direktorin des Focusing Institutes, in New York, wo er weiterhin lehrt und vor allem pragmatisch-philosophische Schriften publiziert.[474] Mit Focusing entwickelt er das Kreativitätskonzept „Thinking at the edge“[475], das auf eine Subjektorientierung des Wissenschaftsparadigmas hinwirkt.

Im 1986 gegründeten gemeinnützigen Bildungsinstitut ist Focusing organisiert, öffentlich und damit auch gesellschaftsfähig gemacht worden: „The Focusing Institute“ betreibt seitdem Forschung und Lehre, publiziert in beiden Bereichen[476] und sieht sich dabei nach wie vor den Gebieten Psychologie und Philosophie verbunden, während zugleich durch das Hinzutreten neuer Anwendungsgebiete zunehmend soziale, politische, pädagogische und kulturelle Bereiche angesprochen werden. Die deutschen Schulen, die sich auf den „Vater“ Gendlin beziehen und vornehmlich in engem Kontakt zu ihm stehen, gehen unterschiedliche Wege.[477]

---

469 Eugene T. Gendlin, Experiencing and the creation of meaning. A philosophical and psychological approach to the subjective (1962). Evanston, IL 1997.

470 Eugene T. Gendlin, A theory of personality change. In: Philip Worchel / Donn Byrne (Ed.), Personality change. New York 1964; deutsch: Eine Theorie des Persönlichkeitswandels (1992). Übersetzt und bearbeitet von Johannes Wiltschko. Würzburg ²1994.

471 Focusing manual and post-focusing questionnaire 1967, Experiential focusing 1969.

472 „Focusing Bibliothek“ des Dt. Ausbildungsinstituts für Focusing und Focusingtherapie, Würzburg.

473 Eugene T. Gendlin,. A handbook of the experiential method. Guilford New York 1996; deutsch: Focusing-Orientierte Psychotherapie. Ein Handbuch der experientiellen Methode. Übersetzt von Teresa Junek. München 1998.

474 Vgl. Johannes Wiltschkos Vorwort zu Eugene T. Gendlin / Johannes Wiltschko, Focusing in der Praxis. Eine schulenübergreifende Methode für Psychotherapie und Alltag. (Leben lernen Bd. 31) Stuttgart 1999, 7–11.

475 TAE, bisher nur in Auszügen veröffentlicht.

476 Regelmäßige Publikationen vor allem in der Zeitschrift: The Folio; daneben zahlreiche Schriften, Artikel in psychologischen und philosophischen Fachzeitschriften und vor allem auf der Website.

477 Mittlerweile existieren etliche europäische Focusinginstitute in Deutschland, den Niederlanden, Österreich, der Schweiz, Irland sowie einige weitere in den USA (z.B. Berkeley, CA), Australien, Japan. Während z.B. das „Deutsche Ausbildungsinstitut für Focusing und Focusingtherapie Würzburg“ (kurz: DAF. Siehe www.daf-focusing.de.), das erste und älteste Institut auf deutschem Boden, eher dezentral mit Seminaren an vielen Orten Deutschlands

In der (Aus-)Bildungsstruktur der verschiedenen Focusing-Institute ist *Kontakt* ein Axiom zur Persönlichkeitsbildung und Förderung der Begegnung von Menschen untereinander, ein Moment, das den Focusing-Ansatz in geographische Breiten streut und Interessierte wie Kenner durch Erfahrungsaustausch und Diskurs in einer Art Focusing-Netzwerk miteinander verbindet. Die Idee der *Vernetzung* der Welt findet in technischen Möglichkeiten, insbesondere im Internet, weitreichende Unterstützung. Das Wichtigste bleibt dabei die *Verbundenheit*, die durch das Prinzip der *Koordination* vom Focusing Institute New York aus, auch im Geflecht mit übergreifenden Gesellschaften, eingelöst wird.[478]

Ausbildung. Wie in vielen anderen psychosozialen Bereichen bieten die Institute selbstständig verschiedene Möglichkeiten der beruflichen Qualifikation an: *Aus-, Fort- und Weiterbildungen* in Focusing, Focusingbegleitung und -training, Focusingtherapie, Formen von Beratung, Supervision oder Coaching. Je nach gegenwärtigem bzw. zukünftigem Tätigkeitsfeld sind Berufsvoraussetzungen mitzubringen.[479] Der Praxisanteil – Selbsterfahrung und Begleitung bei Anleitung von Focusingprozessen bei einzelnen und in Gruppen sowie Supervision – steht dabei im Vordergrund, wird jedoch durch Theorie, u.a. im Literaturstudium, ergänzt und vertieft.

Struktur und Ambiente des vernetzten Arbeitens lädt dazu ein, über die Veranstaltungen hinaus Experimente in eigenen und für die Focusingbewegung neuen

organisiert ist und auf einen persönlichen, humanistischen bis therapeutischen Stil setzt, dabei eine Affinität zu spirituellen Formen hat und sich auch mehr und mehr mit religiösen Fragen beschäftigt, organisiert sich z.B. das „Deutsche Focusing Zentrum Karlsruhe" eher im Blick auf die gesellschaftliche und wirtschaftliche Realität und hat sich demzufolge in einem eher als kybernetisch zu bezeichnenden Zuschnitt auf Supervision, Beratung und Coaching, also auf persönliche und persönlichkeitsorientierte Formen des Managements spezialisiert (Deutsches Focusingzentrum Karlsruhe, www.focusing.de. Weitere Institute sind u.a. das PBZ Iserlohn, Focusing Netzwerk Bamberg). Damit reicht die Focusing-Szene nicht mehr nur bis zum Klischee der Psychologen und sozialpädagogisch festgelegten Idealisten, sondern die Vermarktung trägt zu einer Irritation des Images bei: Von Angestellten bis zu Führungskräften, von Hauptschullehrerinnen bis zu Meditationstrainern, von jungen dynamischen Aufsteigern in der Wirtschaft bis zu gereiften Theologieprofessoren finden sich Männer und Frauen zusammen, die sich zeigen lassen wollen, wie Probleme im Einklang mit sich und der Beziehung zur Umwelt besser gelöst werden können, wie das Klima in Schule, Kirche und Betrieb gereinigt werden kann und wie man Sachen und Interessen leiborientiert auf den Grund geht. Focusing etabliert sich damit in der einen Richtung als steuernde Antwort auf die Frage nach Persönlichkeitsbildung in betrieblichen und sozialen Systemen, auch in seiner Methodik. Zum anderen lässt es sich als Methode in allen Bereichen einsetzen, die im weitesten Sinne etwas mit Wachstum, Heilung, Lernen und Bildung zu tun haben und fördert dort die Wahrnehmung auf personal-leiblicher Ebene.

478 DFG (Deutsche Focusing-Gesellschaft) und GWG (Gesellschaft für wissenschaftliche Gesprächspsychotherapie).

479 Zukünftige Focusing-TherapeutInnen müssen bereits eine andere Therapieausbildung gemacht haben.

Handlungsfeldern zu erproben und damit zu einer Weiterentwicklung beizutragen. Dabei herrscht insgesamt ein erstaunlich geringes hierarchisches Gefälle: Wie Focusing ein partnerschaftliches Miteinander fördert und sich selbst als solches deklariert, so zeichnet sich auch der Habitus der nahezu weltweiten Kooperation mit impulsiver Bereitschaft zu Transferierungen und Überprüfungen aus. Schon aus diesem Grund ist es nicht verwunderlich, dass im Zirkel der „Szene" von Focusing-Praxis, Weiter-Bildung und Auseinandersetzung immer mehr zur Verbreitung in verschiedenen Bereichen von Wissenschaft, Kultur und Leben beigetragen wird.[480] Dazu gehören auch Forschungsansätze, die in der Breite vor allem psychologische und psychotherapeutische Handhabbarkeit und Theoriebildung stützen. Daneben finden sich aber auch Verarbeitungsversuche im humanwissenschaftlichen Dialog. Im philosophischen Diskurs wird vor allem die Leibbezogenheit von Sprache herausgestellt.[481] Die pädagogische Verarbeitung erschließt Konzepte zur Integration von Focusing in Schule und Kindergruppen.[482] Im Bereich von Religion und Theologie dreht sich die bisher schmale wissenschaftliche Beschäftigung mit Focusing vor allem um das religiöse Erleben.[483]

Die Formen von Focusing zeigen, dass persönlicher Kontakt wichtig ist. Es wird eine Verbindung geschaffen zwischen Theorie und Praxis, Philosophie und Psychologie/Psychotherapie; die Ebenen überlagern sich wechselseitig. Vernetzung und Verbindung liegen im Erleben.

---

480 Während das Würzburger „Focusing Journal" vor allem psychologische und philosophische Themen intensiviert, nimmt die amerikanische Zeitschrift „The Folio. A Journal for focusing and experiential therapy" darüber hinaus Erfahrungen und Ansätze für den Transfer auf. Vgl. z.B. Vol. 18: „Focusing and medicine". Vgl. weiterhin etwa Sondra Perl, Through teachers' eyes: portraits of writing teachers at work. 1986; „Private Writing: Finding What You Have to Say". In: Peter Elbow / Pat Belanoff, A community of writers: A workshop course in writing. New York, 1989.

481 Hans J. Schneider, Die Leibbezogenheit des Sprechens. Zu den Ansätzen von Mark Johnson und Eugene T. Gendlin. Synthesis Philosophica (Zagreb) 1995, 81–95. Vgl. auch ders.; Die Situiertheit des Denkens, Wissens und Sprechens im Handeln. Perspektiven der Spätphilosophie Wittgensteins. Dtsch. Z. Philosoph., Berlin 41 (1993) 4, 727–739.

482 Franz Heintz untersucht 1991 in einer empirisch geleiteten Pilotstudie die Veränderung des Erlebens und kommt zu dem Ergebnis, dass Kinder mit Hilfe von Focusing ihr eigenes Erleben besser kennen lernen und ausdrücken. (F. Heintz, Focusing mit Kindern – eine Untersuchung zur Veränderung des ‚experiencing' anhand geleiteter Übungen – eine Pilotstudie. Diplomarbeit am Seminar für Psychologie der Universität Koblenz-Landau 1991. Dieses und mehr in „Focusing with children", The Folio 16 (1997).

483 John Shea vergleicht das „experiencing"-Konzept Gendlins mit der Rolle des Gefühls bei William James und stellt damit religiöse Erfahrung als „bodily-felt-relating to the divine" in einem „unfolding process" heraus (87). Gendlins Hauptbeitrag zu religiöser Erfahrung wird als „his understanding of experiencing as inherently a situated, interpersonal, unfolding process" gewürdigt (97). In: John Shea, Religious experiencing. William James and Eugene Gendlin. Lanham MD 1987. Peter Campbell und Edwin McMahon haben eine praktische Einführung zur religiösen Selbsterfahrung mit Focusing erarbeitet: BioSpiritualität.

2.4 Sokratisch: Gendlins Pragmatische Phänomenologie

Eugene T. Gendlins Philosophie ist in Deutschland bisher kaum rezipiert.[484] Gendlin selbst sieht sich als Pionier einer sich gerade formierenden Richtung mit dem Namen „After Post-Modernism“[485], welche sowohl die durch den Primat der Vernunft gekennzeichnete Moderne als auch die Postmoderne zu überwinden sucht, in welcher man über die Sprache nicht hinauskomme und daher in dieser Begrenztheit zur Beliebigkeit dekompensiere. Sein leibzentrierter Ansatz lässt sich als Methode hermeneutischer Phänomenologie begreifen, die unter dem Zeichen des Pragmatismus steht.[486] Sind es vor allem Martin Buber und Sören Kierkegaard, welche von den emanzipativen Strebungen seines fundamentalistisch aufgewachsenen Lehrers Carl R. Rogers aufgenommen wurden, so wird der philosophische Boden, auf dem Focusing steht, vor allem durch die Phänomenologie bereitet, wie sie in der Lebensphilosophie von Gabriel Marcel ihren Ausgang nimmt, transzendental und intentional von Edmund Husserl fundiert und im Hinblick auf die Subjektivität der Wahrnehmung bei Maurice Merleau-Ponty spezifiziert wird.

Als weitere Gewährsphilosophen sind neben Martin Heidegger und Ludwig Wittgenstein zwei zeitgenössische Phänomenologen wichtig: Bernhard Waldenfels und Hermann Schmitz. Beide vertreten ein „anticartesianisches“ Leibkonzept; Waldenfels fußt im wesentlichen auf Merleau-Ponty, darüber hinaus auf Husserl, Scheler und Plessner, und zieht Gestalttheorie, Ethologie, medizinische Anthropologie, Pathologie und Brücken zu Körpergeschichte, Körpertechnik und Körperpolitik hinzu, um zu einer Theorie der Generativität und eines Polymorphismus des Geschlechtsleibes zu kommen, die auf ein leibliches Responsorium und eine entsprechendes Ethos der Sinne hinausblickt. Hermann Schmitz leistet mit seiner „Neuen Phänomenologie“ Verbindungen zu Religion und Ästhetik, greift implizit auf Mystik, auf Heidegger, Dilthey und mit William James auf den amerikanischen Pragmatismus zurück und konzipiert Leiblichkeit im Rahmen einer Raumordnung, die einen phänomenologischen Körperbegriff und formale Logik zu einem (kosmologischen) Prozess-Modell vereint.

Gendlin will im Gefolge von Existentialismus und Phänomenologie „den Körper in die Philosophie holen“.[487] Den Angelpunkt bildet das körperliche Empfinden und Wahrnehmen, das als Erleben klassifiziert wird. In seiner Person und dem

---

484 Am ehesten hinsichtlich des Zusammenhangs mit Ludwig Wittgenstein und Mark Johnson bei dem Potsdamer Sprachphilosophen Hans-Julius Schneider.

485 Eugene T. Gendlin, Language beyond postmodernism. Evanston 1997.

486 Als „hermeneutical phenomenology“ wird sie auch von David Michael Levin bezeichnet in seinem Essay: Making Sense: The Work of Eugene Gendlin. Human Stud 17/3 (1994), 343–353. Entsprechend versteht sich auch die Phänomenologie von Thomas Fuchs als hermeneutische Phänomenologie (Thomas Fuchs, Leib, Raum, Person).

487 Interview am 06.03.1999.

Denken werden Philosophie und Psychologie nicht nur stetig aufeinander bezogen, sondern deutlich miteinander verknüpft; sie verschmelzen in einer phänomenologisch-prozessorientierten Theorie des Erlebens und seiner Veränderung.[488] Damit formuliert Gendlin die Grundlagen der Phänomenologie als radikal am Erleben orientierte Praxis.

2.4.1 Gendlins pragmatische Theoriebildung

Wenn Philosophie als verschlossen erscheint, wie es für pragmatistische Orientierungen in der Religionspädagogik den Anschein hat, dann wird es Zeit, die Tür von verschiedenen Seiten her zu öffnen und Räume zu entdecken, in denen sich Leiblichkeit nach und nach erzeigt.[489] Im Vorwort zu Gendlins Buch „Körperbezogenes Philosophieren" regt Johannes Wiltschko dazu an, das Philosophieren im entdeckenden Sinn als „prozeßanregendes, ganzheitliches Tun" und „Spürendes Denken" zu versuchen.[490] Am Konzept des Buches wird *performativ* deutlich, wie Gendlin mit seinen philosophischen Konzepten umgeht, wie der gespürte und spürbare Körper bei all seinem Tun, und so auch beim Denken und Sprechen beteiligt ist. Das Bändchen besteht aus Aufzeichnungen philosophischer Gespräche, wie sie auf Tagungen mit Gendlin geführt wurden. Gendlin eröffnet dort ein Forum, in dem die Teilnehmenden ihm von sich aus Fragen und Themen zuspielen. Das Besondere dieser Gesprächsform ist die *Gesprächshaltung*, die Weise des Experten zu antworten. Er nimmt den Faden des Fragenden sprachlich und atmosphärisch auf und leitet sokratisch zum Philosophieren an. Dabei wird getan, was gesagt wird. Im Gegensatz zu in sich geschlossenen („verschnürten") Traktaten oder Lexikonartikeln schafft diese verschriftlichte Form des mündlichen sokratischen Dialogs daher auch für den Leser einen Gesprächsraum, in den er lesend und denkend eintreten kann, in dem er seine mitgebrachten Fragen stellen könnte und in dem er zu weiterem Denken und Sprechen angeregt würde. Mit solcher pragmatischen Weise der Erkenntnistheorie setzt Gendlin Bausteine für eine „First-Person-Science", eine Art der Wissenschaft, in der die Person des Wissenschaftlers nicht nur vorkommen darf, sondern gerade zu einer personalen Beteiligung herausgefordert wird.[491] Entsprechend kommunikativ haben sich auch die beiden Interviews und die philosophische Tagung mit ihm gestaltet. Denken und Sprechen wurden, genau wie beim expliziten Focu-

---

[488] Eugene T. Gendlin, A process model (1981). Siehe auch www.focusing.org/philo.html.

[489] Ein offenes, aber dennoch nahezu komplettierendes System seiner Philosophie ist in Eugene T. Gendlin, A Process Model (1998), bisher ausschließlich im Internet veröffentlicht unter www.focusing.org/process.html.

[490] Eugene T. Gendlin: Körperbezogenes Philosophieren. Gespräche über die Philosophie von Veränderungsprozessen. Focusing-Bibliothek Bd. 5. Würzburg 1994, 5.

[491] Ansätze zu einem Konzept offener Wissenschaft finden sich in: Johannes Wiltschko, Focusing als Fahrzeug des Denkens. Focusing Journal 3 (1999), 2–11.

singprozess, mit Empfindungen und Gefühlen zu Wahrnehmungsbewegungen verknüpft.

Es kommt also vor allem auf die philosophische Haltung mit ihren Annahme an, aus der heraus solch ein Kommunikationsprozess möglich ist. Wenn Philosophie bei Gendlin eine Weise ist, den Erfahrungen nachzudenken und sie im Sprechen weiterzuentwickeln und neue Erfahrungen zu ermöglichen, auf welche elementaren Erfahrungen geht sie ein? Wenn TheologInnen und ReligionspädagogInnen sich mit philosophischen Überlegungen beschäftigen, denken sie die Verbindung zu Religion und Pädagogik. Auch ohne gleich auf sofortige didaktische Verwertbarkeit zu setzen, wird religiöse Kompatibilität und mindestens Affinität zum Kriterium für die Bereitschaft und Akzeptanz. Was können also ReligionspädagogInnen finden, wenn sie sich in diese Art des mitdenkenden Sprechens einklinken?

„Jeder lebendige Körper ist eine Wechselwirkung. Er hat die Umwelt – als Wechselwirkung – schon in sich. Sehen und Hören usw. kommt dann erst später dazu und ist nie fundamental. Das Fundamentale ist immer der Körper, der selbst die Wechselwirkung ist.“ (76) „Man muss also mit einem Körper anfangen, der selbst eine Interaktion, eine Wechselwirkung mit der Umwelt ist. Eine Pflanze ist eine Wechselwirkung mit der Umwelt [...] Der Körper einer Pflanze ‚weiß‘ über das Licht und über das Wasser und über die Erde, weil er das Licht und das Wasser und die Erde ist.“[492]

Der Körper hat Priorität. Gendlin summiert vier Sätze zu einer Theorie über den Körper, welche den „Körper“-Begriff mit Hilfe der Konzepte in Verbindung zum Felt Sense, dem sinnenhaften Gefühl, aufbauen. Wie Hermann Schmitz geht Gendlin in der Rede vom Körper stets vom gefühlten Körper, dem eigenleiblichen Spüren aus.

„Wenn wir über den Körper sprechen, meinen wir einen Körper, der sich selbst von innen fühlt oder sich selbst von innen empfindet.“(57)

Zweitens trägt jeder lebendige Körper, ob Pflanze, Tier oder Mensch, als lebendiger Organismus zum Lebensprozess bei, indem er auch das Wachstum in sich trägt und aus sich herausbringt.

„Ein lebendiger Körper impliziert immer den nächsten Schritt oder das nächste Ereignis.“ (57)

Drittens wird mit der organismischen Interdependenz hervorgehoben,

---

492 Gendlin / Wiltschko, Focusing in der Praxis, 31. Zahlen im Zitat beziehen sich von hier an auf Eugene T. Gendlin, Körperbezogenes Philosophieren. Dass Körperwissen im sozialen Milieu verankertes „kollektives leibliches Wissen“ voller „verinnerlichter und verborgener Imperative“ ist, sieht Käte Meyer-Drawe, Symbolträchtige Automatismen. Das praktische Wissen des Leibes. In: Gerold Becker u.a. (Hg.), Körper, 10–11.

„daß sich in einem lebendigen System alle Tatsachen kreuzen. Das nächste Ereignis wird von allen Tatsachen zusammen produziert oder implizit gesteuert." (58)

Und viertens symbolisiert die Versprachlichung des Körpers die Lebendigkeit jedes Teilsystems dahingehend,

„daß dieser Körper, den wir in einer Theorie über Focusing brauchen, nicht nur der menschliche Körper ist, sondern jeder lebendige Körper." (58) „Ich kann also [...] das Wort ‚Körper' auch für alle lebendigen Körper verwenden. Ich drehe mich sozusagen um und wende das, was ich vom Focusing lerne, auf alle lebendigen Körper an. So kann ich jetzt die Metakonzepte, die ich gerade schnell skizziert habe, benutzen, um über alle lebendigen Körper zu sprechen und vielleicht sogar auch über die, die nicht lebendig sind." (58)

Eine Parallele findet sich bei Hermann Schmitz; der Leib eines Menschen ist zunächst einmal das, „was er von sich spüren kann, ohne sich auf das Zeugnis der fünf Sinne und des perzeptiven Körperschemas zu stützen".[493] Waldenfels' Unterscheidung zwischen „fungierendem Leib" und „Körperding" wird auf dieser Ebene noch nicht getroffen.[494] Der materiale Körper ist hier zugleich der physikalische Körper, der (wie Gendlin häufig illustriert) das Mittagessen in der Mitte verdaut, der spürende und wahrnehmende Körper, der aus dem inneren Fühlen heraus sich und andere wahrnimmt, und das Körperbild, welches von Anderen wahrgenommen wird. Es gibt keine Körperlichkeit außerhalb des Spürens, außerhalb des Lebens. Der Körper ist als lebendiger Organismus in jedem Fall gefühlter und fühlbarer Körper. Gendlin zieht für die Körperphilosophie die Konsequenzen, dass das Menschsein niemals ohne die Körperlichkeit denkbar ist und dass der menschliche Körper grundsätzlich nicht ohne das Körpererleben auskommt. Im Sinne seines pragmatischen Konzepts kann damit immer vom „Körper, wie er hier im Sessel sitzt" die Rede sein, was die konnotativ belegte philosophische Begrifflichkeit vom „Leib" zunächst einmal entkrampft. Es wird allerdings noch zu prüfen sein, inwieweit dieser Habitus zu Präzision oder Unschärfen führt. Damit ist nicht nur die Unterscheidung von Körper und Leib, sondern auch die von Körper und Körperbild aufgegeben; denn das Körperbild als Wahrgenommenes ist ebenfalls nicht von der Körperlichkeit des Wahrnehmenden zu lösen. Gendlin setzt früher an, nämlich bei einer organismischen Einbindung des Menschen. So wird mit dem Körperbegriff die Bezogenheit als Welthaftigkeit, „Selbstbezug *im* Fremdbezug" dimensioniert und vor aller Erfahrbarkeit angesetzt.[495]

---

493 Hermann Schmitz, Der Leib, der Raum und die Gefühle, 12.

494 Das Körperding ist das zu beschreibende, der fungierende Leib nimmt wahr, handelt, empfindet, spricht usw. in Sprache, Sexualität usw. und übt mit diesen Leistungen Funktionen aus. (Vgl. Bernhard Waldenfels, Das leibliche Selbst, 42).

495 Bernhard Waldenfels, Das leibliche Selbst, 284 (Hervorhebung i.O.).

Die meisten Phänomenologien, auch die religionspädagogischen, haben ihren Ansatzpunkt in der Wahrnehmung.[496] Gendlins Philosophie beginnt nicht mit der Wahrnehmung, sondern mit der Verbundenheit des Körpers mit der (Um-) Welt. In „The primacy of the body, not the primacy of perception"[497] begründet er, dass ein Konzept, welches erst mit der Perzeption – mit der kognitiven Wahrnehmung – ansetzt, den Menschen und damit auch Personalität zu einer autistischen Größe verkommen lässt.[498]

„If one begins with the body of perception, too much of interaction and intricacy has to be added on later. Perceptions is not the bottom. There is an implicit interactional bodily intricacy that is first – and still with us now."[499]

Körperlichkeit schließt Geschöpflichkeit in der Weise ein, dass alle geschaffene Lebendigkeit nicht nur am Lebensprozess teilhat, sondern auch auf diesen in einem prozesshaften Verständnis der Feldtheorie Einfluss nimmt. Dies geschieht in der von Waldenfels beschriebenen Weise der Responsivität: Es gibt ein Worauf, auf welches der Körper antwortet, und es gibt ein Wofür, das der Körper als Frage mitbringt. Vielen kulturanthropologischen Annahmen entgegen, welche auch die Bedingtheit körperlicher Entwicklung und Ausprägung in den Vordergrund stellen, insistiert Gendlin auf einem Weiterwirken einer Urgeschichte in implizit wirksamer, interaktionaler körperlicher Verstrickung: Der Mensch kommt bereits in einer Einbindung zur Welt, er ist keine Monade, sondern von vornherein nicht allein. Was aber heißt das? Peter Sloterdijk geht in seiner poetischen Morphogenese der Menschheit als „Sphärenbildung" davon aus, dass man im Leben von vornherein nicht allein, sondern zu zweit ist. Die räumliche Urform menschlichen Lebens ist die „Blase". Diese Situation der „impliziten interaktionalen körperlichen Verwicklung"[500] entrollt sich aber nicht wie die Erfüllung einer Vorsehung, sondern Entwicklung und Verwicklung halten einander die Waage.

„Wenn man die Annahmen ändert, bekommt man stets etwas anderes heraus, aber *genau nur das*. Und man findet immer *mehr*, als von den Annahmen selbst folgen würde. [...] Es gibt also immer eine Ordnung. [...] Es ist eine Ordnung für das Fortsetzen, für das kontinuierliche, aber neue Weitergehen [...] Wenn man, wie üblich, das körperliche *neu* Entwerfen und *neu* Weitergehen außer acht läßt und nur mit der Anschauung und mit den Kulturen rechnet, dann wird alles relativ" (30). „Wenn wir der Erfahrung die Deutung, die Interpretation und alles das immer von außen dazugeben müssen, dann kommt *alles relativ* heraus" (31).

---

[496] So Biehl, Heimbrock und Zilleßen. Vgl. Kap III.1.3.

[497] Eugene T. Gendlin, The primacy of the body, not the primacy of perception: How the body knows the situation and philosophy. Man and World 25 (3–4) 1992, 341–353.

[498] In dieser Denkrichtung grenzt er sich von der pragmatischen Semiotik (Charles S. Peirce) wie vom Dekonstruktivismus ab und führt auch Merleau-Ponty weiter.

[499] Eugene T. Gendlin, The primacy of the body, not the primacy of perception.

[500] So lautet Gendlins wörtliche Übersetzung der intricacy.

Gendlin verfolgt in seinem Angriff auf den Dekonstruktivismus einen Empirismus, der sich postmoderner Relativierungen und dem Anschein von Willkür entzieht und stattdessen einer evolutionären Ordnung von dynamischer Prägnanz unterwirft. Da ist der Hintergrund philosophischer wie psychotherapeutischer Strömungen bei der Rede vom Körper mit zu bedenken. Gendlin grenzt sich einerseits von Vorstellungen ab, in denen man (implizit) gewöhnlich vom Körper im Sinne der Naturwissenschaften spricht. Damit wären etwa Körper im mathematischen Sinn gemeint, rein formallogische Gestalten oder, wie traditionell in der naturwissenschaftlichen Behandlung, leere und unbeseelte Menschen, die funktionieren wie Maschinen im Sinne einer Konstruktion. Viele Richtungen der Psychologie und auch der Philosophie bemühen sich in psychosomatischer Sicht darum, den Körper aus dem platonischen Verständnis eines Gefängnis der Seele zu befreien.[501] Daneben steht die Beobachtung, dass die meisten Philosophen, und hier werden die Phänomenologen eingeschlossen, ausschließlich vom Leib reden. Der Leib wird, bei Merleau-Ponty wie auch später bei Waldenfels und Schmitz, stets als der wahrgenommene Leib, als „Perzeptionen von jemandem“[502] verhandelt, wobei die „natürliche“ Gegebenheit, dass der Körper seinen eigenen Lebensprozess macht, außer Acht steht. Es geht nicht darum, eine Wahrnehmung der fünf Sinne zu konstruieren und Theorie darauf zu setzen, sondern den Körper als in die Welt hineingeborenen und in der Welt situierten Organismus als Erfahrungs- und Erkenntnisgrundlage zu nehmen. Daher ist es Gendlins erklärtes Ziel, nicht nur den therapeutischen Fokus auf den Körper zu legen, sondern den Körper in die Philosophie zu holen.

G.: Ich tu’ immer das Wort „leiblich“ vermeiden, weil die Philosophen aus dem Leib irgend so etwas Wunderbares machen, was hiermit gar nichts zu tun hat. Darum sag ich immer „körperlich“, und das stört sie dann. Also, mit Leib ist gewöhnlich so etwas mit Bedeutungen gemeint. Und Körper ist den wissenschaftlichen Neurologen übergeben, und ich will den Körper zurücknehmen von denen und den Leib, den können die Philosophen ... Ich spreche über den Körper, obwohl ich auch Philosoph bin und nur Philosoph bin eigentlich. Aber ich will den Körper in die Philosophie einführen, denn der fehlt dort.

L.: Und was hat der Körper, was der Leib nicht hat?

G.: Dass man weiß, das ist diese schwere Sache, die da im Sessel sitzt, und etwas Gewöhnliches. Ja, natürlich, der Leib, der ist ja schrecklich wichtig und blablabla. Aber ich sitz’ daher und wenn ich weiter will, dann muss ich da hinein [zeigt auf den eigenen Bauch].[503]

Der Körper ist das, was Aufmerksamkeit bekommt, beim Focusing wie in der Philosophie; so wird nicht nur konsequent vom Körper statt vom Leib gesprochen, sondern auch das Philosophieren auf den Körper zurück bezogen. Gendlin fügt biologische, philosophische und psychologische Annahmen zu einem orga-

---

501 Platon, Phaidon oder Von der Unsterblichkeit der Seele, 67c5; 67d1. In: ders., Sämtliche Dialoge. Hg. v. Otto Apelt. Bd. II (1922–23). Hamburg 1988.

502 Gendlin / Wiltschko, Focusing in der Praxis, 31.

503 Auszug aus dem Transkript von Interviews am 08.12.1998 / 06.03.1999 (G = Eugene T. Gendlin, L = Interviewerin alias Verfasserin).

nismischen Konzept zusammen: Der Körper ist, wie in tiefenökologischen und holistischen Konzepten zur Selbstorganisation ebenfalls angelegt[504], zum einen der Pflanzenkörper, der mit der Umwelt verwachsen ist, zugleich kann aber der Mensch diesen Körper von innen her fühlen.[505] Da dies in seinen Schriften und Reden stets mitbedacht und offen gelegt ist, erübrigt sich für ihn die Rede vom Leib.

2.4.2 Woran Gendlin sein Herz hängt: Die Fortsetzungsordnung (responsive order)

Gendlins Ordnung zeugt nicht von einem flächigen Welt-Bild, sondern er beschreibt einen räumlich und zeitlich dynamischen Prozess, der in den Schriften und Gesprächen in sehr optimistischer und zugleich nahezu meditativer Weise entfaltet wird.[506] Mit der *Fortsetzungsordnung* (responsive order)[507] schreibt er – in Anlehnung an holistische Selbstorganisationstheorien, wie sie etwa von Gregory Bateson oder Ken Wilber vertreten werden – das evolutionäre Prinzip der Welt und des Lebens mit Hilfe von Wittgenstein und Diltheys Hermeneutik hermeneutisch und dialogisch fort.[508]

Wenn man einatmet und den Atem anhält, will der Körper ausatmen. Wenn man eine ganz komplizierte Situation hat, die noch nie jemand ganz genau so gehabt hat, [...] dann impliziert der Körper einen nächsten Schritt. Der ist so wie Ausatmen. Und doch ist er ganz neu. Er ist noch nicht da. Mit Focusing bekommt man diese kleinen Schritte dazwischen. Und da ist es sehr wichtig, sich nicht nur zu fragen, was man in der schwierigen Situation tun soll, sondern den Felt Sense der Situation kommen zu lassen, denn in ihm kreuzt sich viel mehr als man weiß.

---

504 Vgl. Erich Jantsch, Die Selbstorganisation des Universums. Vom Urknall zum menschlichen Geist. München / Wien 1979; Gregory Bateson, Ökologie des Geistes. Anthropologische, psychologische, biologische und epistemologische Perspektiven. Übers. v. Hans Günter Holl. Frankfurt 1994; Ken Wilber (Hg.), Das holographische Weltbild. Wissenschaft und Forschung auf dem Weg zu einem ganzheitlichen Weltverständnis. Übers. aus d. Amerikan. v. Erwin Schuhmacher. München 1990; Rupert Sheldrake, Das schöpferische Universum. Die Theorie des morphogenetischen Feldes. Aus dem Engl. v. Waltram Landmann und Klaus Wessel. Frankfurt / Berlin 1996.

505 Vgl. Gendlin / Wiltschko, Focusing in der Praxis, 30–32.

506 Original: Eugene T. Gendlin, A new model. Journal of Consciousness Studies 6 (1999) 2–3, 232–237. Übersetzt von Jutta Ossenbach: Ein neues Modell. Weder Atomismus noch Holismus, sondern Prozesse. www.focusing.org/einneues.html.

507 „Instead [of making perception the model-instance of experience,] bodily interaction functions in language and precedes perception and interpretation" (Eugene T. Gendlin, The responsive order: A new empiricism. Man and World 30 (1997), 383–411; siehe auch www.focusing.org/gendlin4.html). Aus der Fortsetzungsordnung leitet Gendlin einen veränderten Empirismus ab, der auf logische und prozesshaft-offene Strukturen Bezug nimmt.

508 Vgl. auch Humberto R. Maturana, Die Organisation und Verkörperung von Wirklichkeit. Ausgewählte Arbeiten zur biologischen Epistemologie. Braunschweig [2]1985; ders., / Francis Varela, Der Baum der Erkenntnis. Die biologischen Wurzeln des menschlichen Erkennens. Bern / Wien 1987.

Und von diesem Felt Sense aus kann der Körper einen richtigen nächsten Schritt fühlen, den man vorher vielleicht noch nie gesehen hat. [...]

Wie kann denn vom Focusing Neues kommen? Wie ist das möglich? Die Antwort ist, daß das Leben in den Situationen, die wir miteinander leben, viel, viel, viel komplizierter und interessanter ist, als das bißl, das wir im allgemeinen aussprechen können. Deshalb kann vieles vom Leben selbst kommen. Sogar die Pflanze weiß eine ganze Menge, was die Botaniker noch nicht wissen." (68)

Als Fortsetzungsordnung ist gegeben, dass Mensch, Natur und Geschichte von sich aus leben, indem sie zusammen in eine offene Ordnung eingebunden sind. Ein System bestimmt Verhalten und Fortgang des Lebensprozesses, das sich, geleitet von wenigen und sehr einfachen Regeln, als lebendiger Prozess selbst reguliert. Diese offene, zirkuläre Ordnung kombiniert Konzepte und das Erleben (experiencing) miteinander und fügt Kosmologie und Empirismus phänomenologisch und tiefenstrukturell zusammen. Gegen eine radikal konstruktivistische Sicht, die glaubt, alles sei konstruiert, postuliert Gendlin, ähnlich wie Waldenfels, die *Responsivität* der Natur, die dem Gestaltprinzip der *Prägnanz* an jedem Punkt des Prozesses folgt.

„Was die Natur zurücksagt, ist immer genau. [...] Die Frage ist jetzt, wie wir eine Ordnung denken können, die so ist. Eine Ordnung, die nicht einfach eine schon *formulierte* Ordnung ist. Es ist klar: Die Natur hat eine formulierte Ordnung nicht. Sie ist reicher als das. Die Natur kann auf jede Formulierung antworten, zurücksprechen, aber immer *genau.* [...] (80) Wenn du mit etwas anderem anfängst, kriegst du etwas anderes heraus, aber immer genau das. Es ist eine Ordnung, die sich auf viele verschiedene Weisen fortsetzen läßt, aber immer nur genau." „Das gibt uns also die Idee von einer Ordnung, die nicht fertig ist. [...] (81) Die Ordnung ist so, daß sie immer genau zurückgibt. Und sie gibt immer mehr zurück, als wir hineingeben. [...] Sie hat immer mehr Details und mehr Möglichkeiten weiter fortzusetzen. Das ist die Fortsetzungsordnung. [...] Es kommt, was kommt, und du kannst es nicht einfach verstellen, wie du es willst. Und doch respondiert es auf genau die Weise, in der du anfängst und frägst." (82)

Was aber ist Natur? Und woher kommt sie? Die Frage nach dem Woher des Raumes wird bei Gendlin narrativ in einer schöpfungstheologischen Anekdote beantwortet:

„Mir hat das meine Großmutter vermittelt. Das hab ich dir schon erzählt. Da sind wir auf dem Balkon gestanden und da war der Sonnenuntergang und da hat sie gesagt: ‚Nur Gott macht Sonnenuntergänge.' Das hab ich dann ganz genau verstanden, das war mir dann ganz klar. Ich hab' das genau gewusst. So wie du erklärt hast von Kindern, die manchmal etwas wissen. Wenn das Gott ist, dann ist's okay. Ganz klar. Und was das dann mit dem Tempel zu tun hat, das weiß ich bis zum heutigen Tag nicht."[509]

Gott ist ein werktätiger Schöpfer, der sich quasi prozesstheologisch in den Rhythmen des Lebens und in der Anschauung vollzieht. Das Vorangehen in dieser Ordnung geschieht in einem Prozess der Wechselwirkung, wobei die Entwicklung, das Wachsen und Vergehen einer bestimmten Werteteleologie unter-

509 Interview mit Gendlin am 06.03.1999. Gemeint ist der Tempel als Kultstätte, Ort der Anbetung.

liegt. Anhand der Subtilität der Fortsetzung, die eine körperliche ist und sich beim Focusing im Felt Shift niederschlägt, ergibt sich die kosmologische und kommunikative Bestimmung der Richtung.

„Diese körperliche Wechselwirkung kann die ganzen Komplikationen des menschlichen Daseins aufnehmen, absorbieren. Und dann, nachher, kann sie *noch einen* Schritt entwerfen oder skizzieren (imply), auch wenn er noch nicht da ist. Das gibt eine gewisse Richtung, eine Wertrichtung. [...] Es ist eine Zielhaftigkeit von innen, so daß der nächste Schritt immer wieder ein Schritt ist von ..." (77)

Gemeint ist dies als ein Schritt des Körpers zum „*leiblichen Antworten*" in Gestalt bildender Kraft mit Komplikationen von Sprache, Kultur.

„Jeder lebendige Körper impliziert den nächsten Schritt."[510]

Diese Ordnung ist implizit teleologisch; es gibt einen Plan, der nicht von außen festgelegt und bestimmt wird, vielmehr resultiert er aus dem Prozess der organismischen Erfahrung und nimmt von dort aus neue Möglichkeiten in sich auf.

„Der organismische Plan kann also organismisch zu etwas ganz Neuem führen."[511]

Es gibt vielmehr einen dynamischen Schöpfungsplan, der wie ein Programm behandelt wird.

„Das Programm darf man nicht so verstehen, als wäre es ein *Inhalt*." (77)

Dennoch wird mit der Art und Weise der Geschichte eine Heilsrichtung verheißen, „ES" will immer etwas Lebensförderliches.

„Das Ziel ändert sich, aber daß man leben will, ändert sich nicht." (77)

Aus der Heilserwartung wird ein Heilsweg, der nicht eingleisig verläuft. Das Leben gestaltet sich vielmehr so, dass man in einer Landschaft des Lebens ständig zu Entscheidungen herausgefordert wird, die nicht nur über den weiteren Weg, sondern auch über die weitere Wegebnung entscheiden. Dabei unterliegt die Ordnung einer Transzendentalität.

„Wenn du nicht verbunden bist mit etwas, was du nicht verstehst, dann ist's schlecht."[512]

Mit diesem Raum werden transzendente Anklänge an paradiesische Urzustände oder an eine positive Utopie des Menschen vor und nach aller Erfahrung deutlich.

---

510 Gendlin / Wiltschko, Focusing in der Praxis, 37.

511 A.a.O., 34f.

512 Interview mit Gendlin am 09.12.1998.

„Jeder Lebensprozess ist mehr als das, was sich wiederholt."

Der Lebensprozess wird in dem organismischen Prozessmodell Gendlins durch das Zusammenspiel der Konzepte „Kreuzen" (crossing), „implizit gesteuert" (implicitly governed) und „Wiederhergestelltes Kreuzen" (restored implicit governing) unterstützt.[513] In dialektischer Weise wird so Entwicklung mit Verwicklung zusammengebracht. Das Konzept, welches diese Kontinuität mit dem Vorhandenen und der Neuschöpfung zusammenbringt, welches also Gewohnheit und Spontaneität, Determination und Freiheit unter einem Dach zueinander in Beziehung setzt, heißt „carrying forward". Im Deutschen ist „carrying forward" mit „Weitertragen" wörtlich wie metaphorisch treffend übersetzt; das gängigere „Fortsetzen" entspricht jedoch eher dem deutschen Sprachgebrauch. Das Subjekt des *Fortsetzens* ist der Organismus; da der Körper, „das Fundamentale", die Vielfalt der Umwelt in Wechselwirkung ist, wird er dank seiner Wechselwirkung zum Medium der Absorption aller Komplikationen menschlichen Lebens, der „intricacy". Der interaktionale Körper nimmt selbst einen nächsten Schritt vor, den er impliziert: das Konzept des „Implying" als Pendant und Bedingung zum Carrying forward. „Es ist eine Zielhaftigkeit von innen, sodass der nächste Schritt immer wieder ein Schritt ist, der vom vorherigen impliziert wird."[514] *Implizieren* meint nicht eine inhaltliche Teleologie, sondern das „Programm" will „etwas Neues", das dann „etwas Richtiges" ist.

„Das Ziel ändert sich, aber dass man leben will, ändert sich nicht. *Es* will leben, von Anfang an."[515]

Die transzendentale Instanz begibt sich als göttliches Prinzip in das Leben hinein und sorgt als Wille dafür, dass das Leben weitergeht, ohne als inhaltliche Vorbestimmung zu wirken. Eine besondere Versuchung liegt darin zu bestimmen, was der Mensch ist.

„Wenn wir annehmen, daß wir als Menschen so eine Ordnung wie die mathematische nicht sind, wenn wir also annehmen, daß wir eine Fortsetzungsordnung sind, dann können wir alle die verschiedenen Theorien, die existieren, benutzen. [...] (84) Wenn man aber glaubt, daß man wirklich als Mensch so ist, wie es diese Theorie sagt, ist alles verloren [...] Wenn man einmal weiß, daß man so eine Ordnung überhaupt *nie* ist, dann kann einem jede Fortsetzung helfen. [...] Warum soll man sich mit Konzepten erwischen? Konzepte sind nur Werkzeuge, hilfreiche *procedures*, Vorgehensweisen." (85)

Als Verheißung ist vieles schon angelegt – auch wenn Gendlin m.E. mit der banalen Aussage, alles sei bereits vorweg angelegt, deutlich pauschalisiert:

---

513 Vgl. Eugene T. Gendlin: Körperbezogenes Philosophieren, 36–52.

514 Gendlin / Wiltschko, Focusing in der Praxis, 37.

515 Ebd.

„Wir können jetzt schon die Wissenschaft, die sie in 20 Jahren haben werden, benützen.[...] Alle möglichen Möglichkeiten, die wir nicht kennen, *sind schon da.*" – „*...get a felt sense and something further will happen that doesn't fellow*". (86)

Was ist eine Fortsetzungsordnung?

„Das ist eine Ordnung, die ganz genau präzise auf das antwortet, was und wie man frägt. Diese Antwort ist gar nicht beliebig, aber sie ist immer reicher als jede logische Form [...] *not determined and not arbitrary*". (86)

Der nächste Schritt ist nicht-logisch, doch es kommt immer auf die Haltung an. Jedes Wie, jedes Implizite führt zu einer ganz spezifischen Antwort, die zugleich mehr ist als die Frage. Der ganze Kosmos ist eine Fortsetzungsordnung.

Wir sind z.B. gewöhnt zu wissen, daß der Felt Sense sich anders fortbewegt, wenn wir in einer guten Beziehung sind. Es macht einen Unterschied, *wie* wir etwas anschauen, welche Fragen wir stellen. [...] Aber alles andere in der Welt sind wir gewöhnt, auf die alte Weise zu denken: daß es schon formiert und mathematisch ist, und daß wir es nur noch nicht genau wissen [...] *das Ganze ist so.* Der Körper, der Blutstrom und draußen die Bäume und der ganze Kosmos ist so." (88)

Damit schafft sich phänomenologisches Denken Raum: Andere Philosophien heben etwas heraus, nur die Phänomenologie geht davon aus, dass dieses eigentlich schon da ist und im Sinne sokratischer Hebammenkunst nur noch hervorgeholt werden muss:

„Herausheben" ist eine Idee der Phänomenologen, die [dem Felt Sense] ähnlich ist."(88)

Im Gegensatz zur Systemtheorie von Habermas, der „die Welt ganz bequem in verschiedene Teile geschnitten" (84) habe und damit das Nebeneinander zulasse, ohne das Ineinander verschiedener Welten zu erklären, postuliert Gendlins Philosophie das Hervorbringen von „Geschichten", die sich doch in einer globalen Welt abspielen:

„Ich meine, ich habe wenigstens einen Schritt hinein [in die Welt] gemacht, zu denken, wie das geht, daß mehr als eine Geschichte die Natur fortsetzen kann, daß die Natur eine Ordnung hat, die das erlaubt. Und dann kann man sagen: Also die Geschichte, die *ich* da erzähle, ist halt noch eine Geschichte. Die Natur ist reich genug, *diese* Geschichte auch noch auszuhalten." (84)

Die Welt ist in zeitlicher Hinsicht keine „fertige" und geschlossene Ordnung. Ihre Mythenbildung gehört zur Weltentstehung und dynamischen Welterhaltung dazu. Dabei geht es weniger um naiven Fortschrittsglauben als um das Schritt-für-Schritt-Vorangehen und eine nahezu prophetische Tätigkeit der komplexen Wirklichkeitsschau. Trägerin ist die leibliche Kompetenz des Voranschreitens in einem von vornherein vertrauenswürdigen Lebensraumprozess.

„Jeder Körper weiß, wie gelebt werden soll.“[516]

Diese Annahme könnte einem Vorwurf des Relativismus in dem Maße unterzogen werden, als der Fortgang des Lebens willkürlich in der Hand eines Gottes, des Schicksals oder in Menschenhand läge. Doch Gendlin geht es eben gerade nicht um eine selbstmächtige und technizistische Ungebundenheit des Daseinsfortschritts, sondern um die leiblich gebundene Entwicklung aus der Situation, der Komplexität der Erfahrungen, der „intricacy“ als Knäuel dessen, was war und ist.

2.4.3 Das leibliche Weltverhältnis: Situiertheit und Präsenz

Der physikalische Körper ist selbst verdichteter Raum, der alles, was seine nähere und weitere Situation ausmacht, implizit als Spuren in sich enthält.

„Der Körper lebt konkret die Interaktion mit der Welt. Er sitzt auf einem Sessel und sein Gewicht ist da und er schwitzt, weil es zu heiß ist, und er atmet die Luft ein und isst und geht aufs Klo usw. Der Körper lebt, der Körper erlebt und lebt die Situationen, in denen wir sind. Der Körper ist nicht nur ein Ding im Raum, das drei Dimensionen hat“[517]

Im Körperprozess als Lebensprozess schwingt alles mit.

„Der Körper ist die ungeteilte Vielheit der Situation“.[518]

Wie lässt sich erhellen, was eine *Situation* ist?[519]

Ursprünglich in der Bezeichnung dessen, was vor allem geographisch oder militärisch die ‚Lage‘ oder ‚Stellung‘ bezeichnet, gewinnt die Situation philosophisch vor allem in der Existenzphilosophie an Bedeutung. Karl Jaspers hat den Situationsbegriff, angeregt durch seine Kierkegaard-Lektüre (dort ohne terminologische Fixierung), 1919 als Fachterminus in der „Psychologie der Weltanschauungen“ eingeführt. Erkennende Subjekte stehen nun immer in Situation, das „In-Situationen-Sein“ ist unausweichlich; wir sind immer in Situationen, Gelegenheiten treten auf und kehren nicht wieder, wenn sie versäumt werden. An der Situation, in der man sich befindet, kann man grundsätzlich arbeiten. Doch gibt es Situationen des Daseins, „über die wir nicht hinaus können“[520]. Im „bloßen Dasein“ werden sie verdrängt oder vergessen, wir haben es eher mit konkreten Situationen zu tun, die wir von Interessen geleitet meistern, planen und auf die wir handelnd reagieren. Die unvermeidliche Schuldverstrickung, die Tatsache, dass wir leiden, kämpfen und sterben müssen und dem Zufall unterworfen sind – solche „Situationen können

---

516 A.a.O., 34.

517 A.a.O., 91.

518 A.a.O., 32.

519 Vgl. hier und zur philosophischen Bedeutungsgeschichte der ‚Situation‘: Franz Josef Wetz, Art. Situation. I. Philosophie. HWPH IX (1996), Spp. 923–929. Situationen „kennzeichnen meine individuellen Lebensumstände mit ihren darin eingeschlossenen Grenzen und Möglichkeiten, die sich mir allerdings erst dann zeigen, wenn ich mich zu bewußtem Leben entscheide“ (Sp. 925).

520 Karl Jaspers, Einführung in die Philosophie. München 1953, 21.

wir nicht überschauen, hinter ihnen sehen wir nichts anderes mehr; wir können sie nur klären".[521] Doch „Grenzsituationen [...] erschüttern den Menschen und bringen ihn zu sich".[522] Sie erinnern an die Grundsituation des Menschen, die in Orientierungslosigkeit und Ungesichertheit besteht. Die Grenzsituationen machen die Grundsituation des Menschen erfahrbar. Wir reagieren darauf entweder durch Verschleierung oder, „wenn wir sie wirklich erfassen, durch Verzweiflung und Wiederherstellen: wir werden wir selbst in einer Verwandlung unseres Seinsbewußtseins"[523].

Bei Martin Heidegger kennzeichnet die Situation das eigentliche Leben; dem uneigentlichen, (unbewussten?), „ist die Situation wesenhaft verschlossen. Es kennt nur die allgemeine ‚Lage', verliert sich in den nächsten ‚Gelegenheiten'".[524] Die Situation gründet nach Heidegger in der Entschlossenheit (und ist an das In-der-Welt-Sein gebunden: „So wie die Räumlichkeit des Da in der Erschlossenheit gründet, so hat die Situation ihre Fundamente in der Entschlossenheit. Die Situation ist das je in der Entschlossenheit erschlossene Da, als welches das existierende Seiende da ist. [...] Die Entschlossenheit bringt das Sein des Da in die Existenz seiner Situation."[525]

Mit *Situation* ist demzufolge das angesprochen, was präsentisch da ist, sich im Horizont des Erlebens befindet. Waldenfels verdeutlicht das für die Kategorie „Raum" in der Umschreibung „worin die Handlung stattfindet", das Aktionsfeld.[526] Damit ist eine bestimmte zeitliche und räumliche Bedingung genannt, die bei Gendlin in der praktischen Umsetzung die Konnotation des Präsentischen bekommt. Hermann Schmitz bezeichnet mit der Situation bereits „einen im Innern mehr oder weniger diffusen, aus Sachverhalten, zumeist auch Programmen und Problemen, gebildeten Hof der Bedeutsamkeit ganzheitlich zusammengehaltenes Mannigfaltiges", der in der leiblichen Erscheinung zum „vielsagenden Eindruck" wird.[527] Meine Situation ist an das Hier und Jetzt gebunden und wird für

---

521 A.a.O., 203.

522 Karl Jaspers, Von der Wahrheit (1947). München 1980, 871.

523 Karl Jaspers, Einführung in die Philosophie, 21.

524 Martin Heidegger, Sein und Zeit, 300.

525 A.a.O., 299f. Der Existenzialismus ist insofern transrationalistisch, als der Erkenntnisvorgang nur dann wertvoll ist, wenn er als eine Verhaltensweise der Gesamtpersönlichkeit gilt. Am existenziellen Denken ist jeweils der ganze körperlich-geistig-seelische Mensch beteiligt; nur solcher Einstellung erschließt sich Wahrheit! Die Grundverfassung des Menschen ist das In-der-Welt-Sein, was nach Heidegger gleichzeitig der „Überstieg" (Transzendenz) des Daseins in diese Welt heißt, also eine immanent bleibende Transzendenz. Durch die Grundverfassung des Daseins wird die Entgegengesetztheit von Subjekt und Objekt aufgehoben (nichtursprüngliches „Bewußtsein" ist die Quelle dieser Entgegensetzung). Damit wird der Bewusstseinsbegriffs überwunden und mit ihm die noch bei Husserl starke Abkoppelung des Subjekts von der Welt. Dasein ist Mitsein und damit auch Kommunikation. Ein Kennzeichen des Daseins ist das „Sich-vorweg-Sein" (Existenzialität im eigentlichen Sinne). Sich-vor-den-Tod-Bringen ist eine unbewusste dauernde Handlung des existierenden Menschen, in der er sich als Ganzes und Abgeschlossenes, Begrenztes erlebt. Heidegger geht in seiner fundamentalontologischen Phänomenologie des Daseins der Frage nach dem Sinn des Seins nach und begeht einen hermeneutischen Weg vom Nichts zum Sein. Gendlin übernimmt von Heidegger das „In-der-Welt-Sein", kritisiert jedoch, dass Heidegger dies dann hinter sich gelassen habe und die Philosophie nicht weiter in dem In-der-Welt-Sein betrieben habe (Gendlin / Wiltschko, Focusing in der Praxis, 90f).

526 Bernhard Waldenfels, Das leibliche Selbst, 108f.

527 Hermann Schmitz, Der Leib, der Raum und die Gefühle, 33.

mich auch so spürbar. Damit wird Heideggers Begriff der Befindlichkeit radikalisiert; ich befinde mich nicht nur mit anderen in der Welt, sondern ich habe die Welt zugleich in mir, an mir, vor mir. Die „Situation“ ist die existentialistische Variante der „Atmosphäre“, bei der es um das Spüren geht; damit macht sich die Eingebundenheit des Erlebens als eines nicht nur inneren Vorgangs im Sinne einer emotionalen Verortung deutlich.[528]

Gegen die Philosophie der Griechen, welche die Natur von der Kultur, Sprache und Logik her erklärt (Kulturnatur), behauptet Gendlin eine Natur des Menschen; eine metaphysische Theorie des Selbst lehnt er ab, sieht aber den Menschen in seiner Personalität an. Da der Mensch in seiner Natürlichkeit in die ihn umgebende Welt räumlich und zeitlich verstrickt ist, kann eine Person nur als ein Prozess beschrieben werden und nicht als ein hierarchisch-statischer Aufbau des Selbst.[529]

> „Aber die menschliche Natur ist ganz klar, ganz offensichtlich. Es ist ganz offensichtlich, ob das, was du siehst, ein Mensch ist oder etwas anderes.“ (59)

Damit wird aber auch deutlich, dass entgegen der von Hermann Schmitz vertretenen Unterscheidung von Körper und Leib ein Verständnis von Leib und Körper als eines Organismus gefragt ist. Auch die von Schmitz proklamierte apersonale Gefühlstheorie, nach der Gefühle letztlich verdichtete Atmosphären sind, die ausschließlich von außen kommen, ist so nicht haltbar.[530] Der Mensch ist mehr als nur ein Gehäuse und eine Funktion für ein transpersonales Geschehen. Die räumlich erlebte Leiblichkeit erfährt, wie Thomas Fuchs darlegt, ein Pendant in einer Einheit eines Gesamtorganismus. „Phänomenaler Leib (Innenaspekt) und organischer Körper (Außenaspekt) erweisen sich somit nicht nur als koextensiv, sondern als gleichermaßen unteilbar ausgedehnte, jeweils als ‚Selbst‘ sich konstituierende Ganzheiten.“[531]

Der Mensch ist, da er von einem Menschen auch begriffen werden will, nicht perspektivisch, sondern nur aspektivisch und als Prozess zu erfassen. Im Sprechen über sich selbst schafft er eine Verbindung zu sich selbst; es gibt keine Theorie über das Selbst, das mich als Theoriebildende ausklammert.

> „Der erste Aspekt ist also, daß das Ich nicht aus etwas anderem erklärt oder definiert werden kann. Man kann das Ich mit nichts anderem gleichsetzen. Man muß sich also auf sich beziehen, während man über das Ich nachdenkt.“ (114)

---

528 Die Verwobenheit der Situation erinnert an den Globe in der Themenzentrierten Interaktion. Vgl. Ruth C. Cohn, Von der Psychoanalyse zur Themenzentrierten Interaktion.

529 Johannes Wiltschko karikiert diese Annahme in der Frage: Haben Sie schon einmal ein „Selbst“ gesehen? Zur Phänomenologie des Ichs. In: Wolfgang W. Keil u.a. (Hg), Selbst-Verständnis. Beiträge zur Theorie der Klientenzentrierten Psychotherapie. Bergheim 1994.

530 Siehe die Kritik bei Thomas Fuchs, Leib, Raum, Person, 82–85.

531 A.a.O., 148.

Daher ist das (erlebensmäßige und sprachliche) Vollziehen im Prozess der Theoriebildung unabdingbar. Im Gegensatz zur Theorie der sog. Gestalttherapie wird das Ich nicht mit allem identifiziert, was wahrgenommen wird, sondern es bildet sich in Differenzerfahrung heraus.

„*Wenn man einen Felt Sense hat, dann ist auch das Ich anders.* Man hat dann so ein Gefühl: Ah ja, *da* sind meine Probleme oder meine Gefühle oder mein Felt Sense – und ich bin *hier*. Alles andere ist *da*. [...] Es ist ein natürlicher Abstand, der da ist." (115)

Dabei spielen Figur und Hintergrund, Explizites und Implizites, Bewusstes und Unbewusstes insofern eine Rolle, als das Potential und Ideal dahin geht, verschiedene Lebensebenen im Kontaktfluss zu halten – auch innerleiblich.

„Es ist immer *jemand* drinnen (115) Es ist jemand oben, und es ist jemand unten. Der unten ist manchmal tief verschollen oder verschüttet... *Es ist einer oben, und es ist einer unten, und gibt eine mögliche Kontinuität*, die aber nicht immer da ist." (116)

Das Ich hat ein Recht, aus dem Inhalt ein Selbst zu formen, indem es Kontakt aufbaut, so wie es auch mit dem Außen Kontakt erhält. Das leibliche Ich ist die (semi-)permeable Grenze von Innen und Außen, indem es nach innen wie nach außen Öffnung und Verschließen organismisch und denkend regelt.[532]

„Obwohl es da die verschiedenen Teile gibt, das Ich und das, womit ich mich identifiziere, wenn ich will, und der Inhalt und das und jenes, *ist es doch immer nur* ein *Organismus*. Das, worauf wir innerlich Aufmerksamkeit geben, hat selbst ein eigenes Leben und sagt uns etwas zurück, z.B. wenn wir nicht recht haben. Es ist wie eine andere, wie eine eigene Person. *Aber*, es ist nicht eine andere Person. Es ist mit mir in einem Organismus. Was es mir zurückgibt und was es dann ist, *hängt daher davon ab, welche* Haltung *ich ihm gegenüber habe.* [...] Wir sind beides: ein Organismus *und* viele Teile." (118)

Das Ich lebt mit allem anderen in *einem* Organismus, in einem organismischen Großleib, und bewegt sich mit den anderen Gliedern in einer interdependenten Wechselbeziehung, das gehört zu seiner Natur (Vgl. Rö 12,4; 1 Kor 12,12ff!).

Nach Gendlin sind wir „interactional" – im Gegensatz zu „dependency"! „Das ist *human nature*. Unsere Natur ist so, daß wir in Wechselbeziehungen mehr können als wir allein können. Das brauchen wir, bis wir mit uns selber die Wechselbeziehung herstellen können." (119)

„Reife" könnte mit der Fähigkeit einhergehen, Weltverhältnisse und Beziehungen in sich aufgenommen zu haben und die Kompetenz dafür zu haben, Leben als Balance zu leben.

„Aber je stärker das Ich wird, desto größer können die Erfahrungen sein, ohne daß es zerbricht." (120)

532 Man achte auf die Unterscheidung zwischen Ich, Selbst-Struktur und Inhalt (Eugene T. Gendlin, Körperbezogenes Philosophieren, 116–117).

Dabei kann der Prozess des Lebens, ganz im Sinne des ersten Postulats von Hartmut von Hentig, die Menschen zu stärken, personstärkend sein.[533] Lernen bedeutet folglich das lebenswichtige Ausprobieren, das Erproben solcher Balancen und den Aufbau intermediärer Räume.

„Spielen ist etwas, das auf irgend eine Weise direkt mit dem Ich zusammenhängt." (120)

Leben gestaltet sich leibräumlich als Einzug in die und Beschreitung der Welt. Der Lebensprozess ist der Anthropologie des Wohnens vergleichbar; dazu gehören gewissermaßen eine geburtliche Landnahme, der Bezug des Hauses – architektonische Maßnahmen, um sich in der Welt einzurichten und sie für einander lebbar zu erhalten. Im Zuge dieses wohnenden Lebensprozesses ist es für Lernen und Entwicklung geboten, immer wieder Neuland zu entdecken und sich in anderen Gefilden auch heimisch machen zu können. Die Fremde ist nicht automatisch der Fremdheit enthoben; das Erkunden, Begehen und Bestaunen unbekannten Terrains lässt auch den Leibraum erfahren. Dabei hat der Leib eine entscheidende Funktion: Er bildet einen individuellen Zwischenraum von äußerer Realität und psychischer Innenwelt. Damit hilft er unmittelbar beim Aufbau des für das kulturelle Leben eines symbolisierenden Menschen notwendigen „intermediären Bereichs", in dem von außen nach innen und von innen nach außen vermittelt wird.[534] Dieser *intermediäre Raum* betrifft nicht nur den individuellen Erfahrungsbereich. Peter Sloterdijk macht mit seiner narrativen Menschheitsgeschichte als Sphärenbildung deutlich, „daß Übertragung die Formquelle von schöpferischen Vorgängen ist, die den Exodus der Menschen ins Offene beflügeln. Wir übertragen nicht so sehr unbelehrbare Affekte auf fremde Personen als frühe Raumerfahrungen auf neue Orte und primäre Bewegungen auf ferne Schauplätze. Die Grenzen meines Übertragungsvermögens sind die Grenzen meiner Welt."[535] Es wird deutlich, dass die Geschöpfe es ihrem Schöpfer gleichtun: Sie leben durch die Bewegung und Übertragung ihrer Erfahrungen in den Entdeckungszusammenhängen neuer Räume. Bewegung und damit Gehen als leibliche Verkörperung der Ausdehnung des Aktionskreises gehört zur Selbstwerdung. Es geht um kulturelle Fähigkeiten zu Raumaufbau und Übertragung. Dafür muss der Körper ein Lernort werden. Mit dem intermediären Raum der Leiblichkeit lässt sich der „Ort der Symbolbildung" beschreiben."[536]

---

533 Hartmut von Hentig, Bildung. Ein Essay (1996). Weinheim / Basel 1999, 55.

534 Lothar Teckemeyer, Lernen in intermediären Räumen. Aus der Praxis des Psychodrama-Lernens. In: Klie / Leonhard, Schauplatz Religion, 308–325; Donald W. Winnicott: Vom Spiel zur Kreativität. Stuttgart 1971, 22f. 121–127.

535 Peter Sloterdijk, Sphären I, 14. Dabei stößt der Mensch freilich auf die Grenzen des Begehbaren. Ausdehnung ist so nicht automatisch mit Freiheit gleichzusetzen: Kain hat mit seinem Präventivschlag dafür gesorgt, dass zwar der Handlungsraum durch seine Vertreibung zwangsläufig erweitert wurde, sein Autonomiebestreben hat jedoch die Grenzen des Machbaren überstiegen, die Konsequenzen sind Heimatlosigkeit (Gen 4,1–16).

536 Lothar Teckemeyer, Lernen in intermediären Räumen. Ebd.

Thomas Fuchs fasst diese Aspekte phänomenologischer Anthropologie in kritischer Rezeption von Hermann Schmitz so zusammen:

„Das organismisch verkörperte Subjekt erscheint in phänomenologischer Einstellung als Leiblichkeit; der Leib ist gewissermaßen das Integral über dem lebendigen Organismus. Seine Strukturen und Richtungen haben ihre systematischen Einstellungen in den gleichsinnig ausgerichteten physiologischen Prozessen. Die absolute Räumlichkeit des Leibes ist daher nicht die Projektion eines unleiblichen und unräumlichen Bewußtseins. Vielmehr ist dieses Bewußtsein selbst ein leibgebundenes und kann als solches nur in einem Organismus entstehen, der als ein unteilbares Ganzes die strukturäquivalente Basis für den Leib darstellt. Es ist ein und dasselbe Leben, dessen wir als erlebtes innewerden, und das äußerlich, in seinem Sein-für-andere als organischer Prozeß erscheint."[537]

Ich resümiere für mich: Leben ist Haben und Sein von Leiblichkeit als Weise des (wie die Existentialisten sagen:) In-der-Welt-Seins, des (wie die Gestalttheoretiker sagen:) Kontakts mit der Welt. Die gegenwärtige philosophische Diskussion um den Leib ist von der Phänomenologie angeregt worden und schlägt auf der einen Seite eine ethische Richtung ein, daneben zieht das Körperthema ästhetische Kreise. Waldenfels nimmt die Differenz zwischen Leiberfahrung und der Erfahrung des Leibes als solchem ernst und ermöglicht damit den Umgang mit Körperbildern. Dabei geht er jedoch stets von einem unbeseelten Leib aus, d.h. die cartesische Spaltung zwischen Leib und Seele schleicht sich derart ein, dass das Gefühl für nicht ausschlaggebend gilt, um wahrzunehmen. Schmitz wiederum macht das Gefühl zu einer wahrnehmungsbildenden Größe im Leib, vernachlässigt jedoch die Körperlichkeit des Leibes. Damit droht die Situation des Leibes als Umschlagstelle zwischen Natur und Kultur unterschlagen zu werden.[538] Im Zuge einer pragmatisch-ästhetischen Grundierung eines religionspädagogischen Lernkonzeptes geht es um die Erschließung und Gestaltung, d.h. die Verbundenheit von individuell gelebtem Leben, Gott und Welt. Focusing erweist sich hier in der zwischenleiblichen Verbindung von Mensch und Welt durch den Felt Sense als eine produktive Weise der Situierung, in der das Gefühl am Ort des Körpers zum Tragen kommt.

2.5 Personalität – Einwohnung – Selbstwerdung

Gendlin legt 1964 eine Theorie der Persönlichkeitsveränderung vor, die auf Bildung hin befragt werden kann und die sich wie eine humanistisch-psychologisch inspirierte Theorie zur konstruktiven Selbst-Werdung liest.

---

537 Thomas Fuchs, Leib, Raum, Person, 150.

538 Auf diesem Boden fördert Thomas Fuchs eine phänomenologische Anthropologie zutage, dessen teleologischer Leibentwurf auf Personwerdung zielt: Thomas Fuchs, Leib, Raum, Person.

In „Eine Theorie des Persönlichkeitswandels“[539] stellt Gendlin zusammenfassend eine elementare Form körperbezogenen Erlebens und Erfahrens dar und überträgt die Konzepte auf psychologische und therapeutische Bereiche. Dabei werden Erlebensstile unterschieden, um zu zeigen, dass strukturgebundenes Erleben alte, erlernte Erlebnismuster erhält und Prozesserleben implizit wirksam wird, indem es die Persönlichkeitsentwicklung weitertreibt.[540] Diese Entwicklung ist jedoch nicht von vorgefestigten Wachstumsstufen bestimmt, sondern verläuft in einem Selbstexplorationsprozess, der einen für die Person geordneten und hierarchischen Charakter hat. Dabei hat die (hier: therapeutische) Beziehung die Aufgabe, auf den Prozess zu antworten, um mit dem Fühlen zu interagieren, den Prozess auch zwischenmenschlich in Gang zu halten und damit zu fördern. Erst in diesem Austausch kann auch der Selbstprozess vorankommen. Es geht darum, implizite wirksame und gefühlte Bedeutungen voran zu tragen, den Prozess in seinem Stil im Fluss zu halten und ihn wieder in Fluss zu bringen; dann verändern sich unmittelbare innere Bezugspunkte als auch Symbolisierungen. Der Begriff „Inhalt“ greift hier zu kurz, da es sich bei dem konkret stattfindenden Prozess um eine Einheit handelt, die in einem interagierenden prozesshaften Bezugsrahmen eingebettet ist.

Dieser Prozess markiert auf therapeutischer Ebene Wege auf einem „natürliche[n] Prozeß der Selbstheilung“[541], wobei an dieser Stelle noch einmal deutlich wird, dass es hier nur begrenzt um „Selbstheilung“ geht. „Das Selbst“ wird aus dem therapeutischen Rahmen heraus verstanden als „die der Person eigenen Antworten auf ihr implizit wirksames Erleben“.[542] Es gibt also gar keine aus inhaltlichen Charakteristika festgesetzte Persönlichkeitstheorie noch einen vorgefertigten Entwicklungsverlauf. Pädagogisch gesehen wird hier eine Form von personaler Erziehung bzw. Bildung assoziiert, die auf den (sehr wohl unabgeschlossenen!) Individuationsprozess des Selbst zielt. Individuation und Menschenbildung bleibt eine lebenslange Erziehungs- und Bildungsaufgabe, die Früchte der Erkenntnis und Selbstwerdung scheinen in fruchtbaren Momenten ereignishaft auf. Das Selbst kann damit nicht als ein Status oder eine Lebens- bzw. Daseinsform, geschweige denn als Abschluss eines Entwicklungsweges ver-

[539] Eugene T. Gendlin, Eine Theorie des Persönlichkeitswandels.

[540] Zum Menschenbild und Veränderungsmöglichkeiten im pädagogischen Feld siehe A. und R. Tausch.

[541] Agnes Wild-Missong, Mit Focusing im Leben. Focusing-Bibliothek Bd. 3. Würzburg ^{2}1996, 8.

[542] Eugene T. Gendlin, Eine Theorie des Persönlichkeitswandels, 20. Hier wird der Bezug zu Dilthey deutlich. „Mein Dilthey sagte: Jedes Erleben ist auch ein Verstehen und ein Ausdruck. Auch jeder Ausdruck ist ein Erleben und ein Verstehen. Und alles Verstehen ist auch Erleben und Ausdruck. [...] Wenn man jemanden versteht, kreuzt sich die *eigene* Erfahrung mit der des anderen. Unser Verstehen ist ein neues Weiter-Erleben. Um Dilthey zu verstehen, müssen wir ihn weitertragen, und zwar mit den Konzepten kreuzen und weitertragen. Dann gibt es ein neues Verstehen, das zugleich ein neues Erleben ist. [...] Der ‚Erlebensstrom‘ von Dilthey ist mein experiencing“ (124). Daraus leitet Gendlin die englischen und deutschen Ausdrücke für Erleben und Erfahrung ab.

standen werden, wie das in religionspädagogischen Entwicklungsmodellen angenommen wird, sondern das Selbst ist ein zwischenleiblicher Prozess. Das humanistische Erbe des freien und schöpferischen Menschen lässt sich hier als ein Energiefluss verstehen, als ein Austauschgeschehen ausmachen, das in vielfältigen Formen und Stilen vor sich geht und den sozialen Kontakt mit anderen einschließt.

Aus dem philosophischen Kontext ist deutlich geworden, dass sich das leibliche Weltverhältnis in einer Dialektik von Situiertheit und Bezogenheit bewegt. Gendlin rekonstruiert dieses Verhältnis nicht abstrakt, sondern personalisiert den Prozess in einer Körperspannung von Erleben und Wahrnehmung. Es bleibt zu klären, wie die Fortsetzung des Prozesses geschieht – ob auch hier von einer heuristischen „Findigkeit des Körpers" als „verkörperte[m] Suchen und Erfinden" zu sprechen wäre oder andere Determinanten ins Gewicht fallen.[543] Dann läge es an jedem Menschen, den Lebensprozess mittels Felt Sense zu führen bzw. den in der Fortsetzungsordnung implizierten nächsten Schritt in relativer empfangsbereiter Passivität kommen zu lassen. Wie aber können wir dieses gelebten Lebens innewerden, es in seinen Außenbeziehungen veräußern? Welche Rolle spielt die Focusing-Methode dabei?

3 Körperkontakt zur Welt: Wahrnehmung zwischen Rezeption und Produktion

3.1 Gestaltwahrnehmung

Die menschliche Wahrnehmung bildet den Schlüssel zur Welt und damit auch zu sich selbst; ohne sie gäbe es keinen Lebensfluss, es wäre kein Miteinander und auch kein Lernen möglich. Focusing als Methode zur Wahrnehmung wird vor allem vor dem Hintergrund der Gestaltwahrnehmung verständlich.

3.1.1 Wahrnehmung als Voraussetzung von Erkenntnis

„Der alte Mann machte morgens einen Spaziergang und nachmittags einen Spaziergang, sprach ein paar Worte mit seinem Nachbarn, und abends saß er an seinem Tisch. Das änderte sich nie, auch sonntags war das so. Und wenn der Mann am Tisch saß, hörte er den Wecker ticken, immer den Wecker ticken. Dann gab es einmal einen besonderen Tag, einen Tag mit Sonne, nicht zu heiß, nicht zu kalt, mit Vogelgezwitscher, mit freundlichen Leuten, mit Kindern, die spielten – und das besondere war, daß das alles dem Mann plötzlich gefiel. Er lächelte. ‚Jetzt wird sich alles ändern', dachte er. Er öffnete den obersten Hemdknopf, nahm den Hut in die Hand, beschleunigte seinen Gang, wippte sogar beim Gehen in den Knien und freute sich. Er kam in

[543] Bernhard Waldenfels, Findigkeit des Körpers. Dortmund 2004, 43.

seine Straße, nickte den Kindern zu, ging vor sein Haus, stieg die Treppe hoch, nahm die Schlüssel aus der Tasche und schloß sein Zimmer auf. Aber im Zimmer war alles gleich, ein Tisch, zwei Stühle, ein Bett. Und wie er sich hinsetzte, hörte er wieder das Ticken, und alle Freude war vorbei, denn nichts hatte sich geändert. Und den Mann überkam eine große Wut. Er sah im Spiegel sein Gesicht rot anlaufen, sah, wie er die Augen zukniff; dann verkrampfte er seine Hände zu Fäusten, hob sie und schlug mit ihnen auf die Tischplatte, erst nur einen Schlag, dann noch einen, und dann begann er auf den Tisch zu trommeln und schrie dazu immer wieder: ‚Es muß sich etwas ändern.' Und er hörte den Wecker nicht mehr. Dann begannen seine Hände zu schmerzen, seine Stimme versagte, dann hörte er den Wecker wieder, und nichts änderte sich. ‚Immer derselbe Tisch', sagte der Mann, ‚dieselben Stühle, das Bett, das Bild. Und dem Tisch sage ich Tisch, dem Bild sage ich Bild, das Bett heißt Bett, und den Stuhl nennt man Stuhl. Warum denn eigentlich?'"[544]

Peter Bichsels Kurzgeschichte „Ein Tisch ist ein Tisch" handelt davon, wie ein Mann aus Langeweile nach und nach die Gegenstände in seinem schlicht eingerichteten Zimmer umbenennt. Aus dem Bett wird so ein Bild, aus dem Tisch wird sprachlich ein Teppich, aus dem Stuhl ein Wecker und aus der Zeitung ein Bett. Der Mann prägt sich schließlich die neuen Bezeichnungen ein und hat seine Freude an diesem Spiel, doch seine Einsamkeit wird dadurch gesteigert, dass er sich nicht mehr verständlich machen kann und vereinsamt. Die parabelhafte Kurzgeschichte von Peter Bichsel lehrt, dass ein Tisch auch ein für jeden erkennbarer Tisch bleibt – die Konvention der Repräsentation. „Wahrnehmung ist durch die Sinnesorgane und das Gehirn vermittelte Repräsentation der objektiven Realität, d.h. des eigenen Körpers und der Umwelt, im Bewußtsein."[545] Dieser philosophische Wahrnehmungsbegriff legt den Schwerpunkt auf die Faktizität der Erscheinung von Realität im Bewusstsein. Lebensgeschichtliche Forschungen zeigen, dass die mit der Geburt beginnende „coenästhetische Wahrnehmung", die intuitiv-"ganzheitliche", zunehmend der „diakritischen Perzeption" weicht.[546] Die Dialektik von Wahrnehmung und Repräsentation kommt darin zum Ausdruck, dass Wahrnehmung weder nur äußere noch objektive Realität „abbildet", sondern auch den subjektiven Charakter dieser „Abbildung" von Wirklichkeit impliziert. Ein Tisch ist eben doch nicht nur ein Tisch. Der kritische Punkt, inwieweit das Wahrnehmen ein Für-Wahr-Nehmen ist, spiegelt die Dialektik der „Wahrheit" des Wahrgenommenen und der Konstruktion der Wirklichkeit wider.

---

544 Peter Bichsel, Ein Tisch ist ein Tisch. In: ders., Kindergeschichten. Neuwied / Berlin 1969, 21–31.

545 Michael Stadler / Martina Plümacher, Art. Wahrnehmung. Enzyklopädie Philosophie und Wissenschaftstheorie IV. Hg. v. Jürgen Mittelstraß. Stuttgart 1996, 1722–1731. Hier: 1722.

546 René Spitz, Vom Säugling zum Kleinkind. Stuttgart 1967, 152. Hier zit. nach Horst Rumpf, Die übergangene Sinnlichkeit, 34f. Horst Rumpf greift auf Spitz zurück, wenn er verdeutlicht: „Das ganzheitlich Empfangene löst im Menschen auch ganzheitliche Reaktionen aus – d.h. nicht eine gerichtete und willkürlich gesteuerte Einzelaktion." Diese Form der Wahrnehmung ist nach Spitz eine Funktion der „coenästhetischen Organisation"; bei coenästhetischer Rezeption, die den Charakter des Empfangens, des Resonanzgebens betont, zeigt das System sein „stummes Wirken". Es zieht den Menschen quasi in die Wahrnehmung hinein.

Während sich die empirisch-naturwissenschaftliche Thematisierung der Wahrnehmung vornehmlich mit physikalischen, anatomischen und physiologischen Abläufen beschäftigt, arbeitet die Erkenntnistheorie an der Rolle der Wahrnehmung im Aufbau von Wissen. Bei den klassischen Philosophen ist die Frage nach Wahrnehmung zugleich die Frage nach den Möglichkeiten des Erkennens: Was macht einen Tisch zum Tisch? Platon glaubte, dass die ein Wahrnehmungsurteil benötigenden Begriffe nicht der Wahrnehmung entspringen können, da sie einem Vergleich der Wahrnehmungsdinge zugrunde liegen. Aristoteles hingegen ging davon aus, dass Abstraktionsprozesse an die von der Seele aufgenommenen „Formen“ der Anschauungsgegenstände anknüpfen. Descartes hat später durch die Trennung von res extensa (Körper und Dinge als das ausgedehnte nicht denkende Sein) und res cogitans (Seele als das nicht-ausgedehnte denkende Sein) den Dualismus von Materialität und Bewusstsein verschärft. Damit wurde einem atomistisch-mechanistischen Menschenbild im Sensualismus, aber auch in subjektiv-idealistischen Strömungen zum Wahrnehmungsbegriff der Weg bereitet. Wahrnehmung wird in leiblicher Hinsicht als Gestaltprozess begreifbar.

3.1.2 Gestaltfindung

„Immerfort diesen Tisch sehend, dabei um ihn herumgehend, meine Stellung im Raume wie immer verändernd, habe ich kontinuierlich das Bewusstsein vom leibhaftigen Dasein dieses einen und selben Tisches, und zwar desselben, in sich durchaus unverändert bleibenden. Die Tischwahrnehmung ist aber eine sich beständig verändernde, sie ist eine Kontinuität wechselnder Wahrnehmungen. Ich schließe die Augen. Meine übrigen Sinne sind außer Beziehung zum Tische. Nun habe ich von ihm keine Wahrnehmung. Ich öffne die Augen, und ich habe die Wahrnehmung wieder. D i e Wahrnehmung? [...] Die Wahrnehmung selbst ist aber, was sie ist, im beständigen Fluß des Bewusstseins und selbst ein beständiger Fluß: immerfort wandelt sich das Wahrnehmungs-Jetzt in das sich anschließende Bewusstsein des Soeben-Vergangenen“.[547]

Gestaltpsychologie und Gestalttheorie haben zu Beginn des 20. Jahrhunderts die atomistischen und elementaristischen Auffassungen von Wahrnehmung durch ein holistisches Gestaltkonzept überwunden. Durch den damit verbundenen Gedanken der Selbstorganisation wurde mechanistischen Menschenbildern der Boden entzogen. Letztlich ist Erkennen damit an das Wahrnehmen gebunden. Die verschiedenen Theorien sind an ihrem erkenntnistheoretischen Status orientiert und bewegen sich zwischen naiver Unmittelbarkeit der Realitätserfassung und radikal konstruktivistischen Annahmen, nach denen die Wahrnehmung auf der Basis kognitiver Selbstreferenz konstruiert wird. Die Gestalttheorie betont den autochthonen Charakter der Wahrnehmung und registriert, dass das Abbild der Welt nicht wie ein Bild wirkt, sondern wie die Realität selbst. In der Phänomenologie spielt der Begriff der Wahrnehmung eine zentrale Rolle, da er für den Konstitutionsprozess entscheidend ist. Ernst Cassirer hat herausgestellt, dass die

547 Edmund Husserl, Hua III, 73f.

Wahrnehmung in wissenschaftlichen Kontexten anderen Prinzipien unterliegt als die ästhetische und die religiöse Wahrnehmung. Cassirer betont die „geformte Gesamt-Anschauung“[548]: „Denn es gibt für uns kein Sehen und es gibt für uns nichts Sichtbares, das nicht in irgendeiner Weise der geistigen Sicht, der Ideation überhaupt, stünde. Ein Sehen und ein Gesehenes außerhalb dieser ‚Sicht‘, eine ‚bloße‘ Empfindung außerhalb und vor jeder Art der Gestaltung, ist eine leere Abstraktion. Immer muß das ‚Gegebene‘ schon in einer bestimmten ‚Hinsicht‘ genommen und sub specie dieser Hinsicht erfaßt sein: denn sie erst ist es, die ihm seinen ‚Sinn‘ verleiht. Dieser Sinn ist hierbei weder als sekundär-begriffliche, noch als assoziative Zutat zu verstehen: sondern er ist der schlichte Sinn der ursprünglichen Anschauung selbst. In dem Augenblick, wo wir von einer Form der ‚Sicht‘ in eine andere übertreten, erfährt nicht etwa nur ein einzelnes Moment der Anschauung, sondern diese selbst in ihrer Totalität, in ihrer ungebrochenen Einheit, eine charakteristische Metamorphose.“[549]

Dafür seien zunächst grundlegende, der *Theorie der Gestalttherapie* entnommene Annahmen unter dem Aspekt der Form vergegenwärtigt. *Gestalt* begreife ich hier phänomenologisch als eine Ordnung zum Verständnis von Organismen, Geschehensverläufen und dem „Zusammenspiel der zahlreichen Funktionen innerhalb eines komplexen beständigen Gebildes“.[550] Zugleich gilt der gestalttheoretische Grundsatz der Übersummativität, nämlich dass das Ganze stets mehr und damit auch anders ist als die Summe seiner Teile; die Ordnung transzendiert sich damit selbst.[551] Folgt man den Annahmen des Gestaltansatzes, so lässt sich die

---

548 Ernst Cassirer, Philosophie der symbolischen Formen. 3. Teil: Phänomenologie der Erkenntnis (1929). Darmstadt 1994, 144.

549 A.a.O., 155f.

550 Reinhard Fuhr u.a., Handbuch der Gestaltpädagogik. Ebd. Im Kontext religionspädagogischer Konzeptionierung von Körperlichkeit sind Gestalttheorie, Gestaltpsychologie, Gestalttherapie und Gestaltpädagogik hinsichtlich der Genese als auch in ihren Konzepten selbst einem Gestaltverlauf ähnlich: Der erste Schritt wirkt auf andere Bereiche ein und transformiert die anderen Schritte. Ich beziehe mich bei den theoretischen Grundlagen hauptsächlich auf Konzepte der Gestalttherapie, da auch die Ansätze der Gestaltpädagogik im Wesentlichen auf der Gestalttherapie von Fritz Perls und Paul Goodman beruhen. In den theoretischen Grundlagen zur Gestalttherapie folge ich vor allem Martina Gremmler-Fuhr, Grundkonzepte und Modelle der Gestalttherapie, a.a.O., 345–392 sowie Hans-Jürgen Walter, Gestalttheorie und Psychotherapie. Opladen ²1985. In religionspädagogischer Hinsicht sei bereits hier genannt: Christoph Bizer, Die Gesellschaft auf dem Dachboden und von einem biblischen Kobold. Ein religionspädagogischer Versuch zur Gestaltpädagogik. In: JRP 7 (1990). Neukirchen 1991, 161–178.

551 Bemerkenswert an der Entstehung der Gestalt-Theorie hinsichtlich des Zusammenhangs mit Philosophie und Psychologie ist, dass die weit geführte Aufsplitterung von Dingen dem Wesen von Erscheinungen, die dem Bewusstsein gegeben sind, nicht näher kommt, sondern ferner liegt – so die Erkenntnis von Christian von Ehrenfels (Über „Gestaltqualitäten“(1890). In: Ferdinand Weinhandl (Hg.), Gestalthaftes Sehen. Ergebnisse und Aufgaben der Morphologie. Zum 100jährigen Geburtstag von Christian von Ehrenfels. Darmstadt 1974, 11ff.

gemeinsame Grundannahme festhalten, dass Entscheidendes und Wesentliches erfasst wird, wenn man der Gestalt eines Menschen, eines Dings, eines Themas Aufmerksamkeit widmet. „Gestalt" ist dabei zugleich ein *gestaltpsychologisch* beschreibbares Erfahrungsphänomen, das der ästhetischen Form entspricht: Das Wahrgenommene und Wahrzunehmende wird im Akt des Wahrnehmens so gestaltet, dass es sich prozesshaft als Ganzheit, als Gestalt vorfindet, so gebrochen, fragmentarisch es auch sein mag. Der Begriff „Gestalt" wird im Gestaltansatz mit dem Holismus zusammengebracht. Somit ist die erkenntnistheoretische Position – dass Menschen in ihrem Zugriff auf die Wirklichkeit die Gestalt (re-)konstruieren bzw. inszenieren, indem sie Ganzheiten erleben und wahrnehmen – verbunden mit der anthropologisch-evolutionären Annahme der organismischen Selbstorganisation, wonach sich Systeme selbst regulieren, Gestalten entfalten und zu neuen und anderen Gestalten transformieren.[552] Mit dieser Selbstorganisationsannahme ist eine schöpferische Anpassung im Sinne dynamischer Balance verstanden. So kommt es zu einer „paradoxen Theorie der Veränderung", welche zum Grundprinzip der Haltung von Gestalt gehört; inmitten des „flow-Erlebnisses"[553] und der existentiellen (Wahl-)Freiheit ist Veränderung dann möglich, wenn das Dasein in seiner Selbstregulierung angenommen wird. Den anderen Pol bilden die Wünsche, Absichten und Sehnsüchte der Menschen, so dass auch hier wiederum eine dynamische Balance von Passion und Aktion gefragt ist. Dazu gehört allerdings auch, dass nur *ver*formt, verändert werden kann, was bereits *ge*formt ist. Durch die Räumlichkeit des Lebens kommt man nicht umhin, Dingen in der Wahrnehmung Form zu verleihen, die noch gar keine Form haben.

Was Wahrnehmung betrifft, so sind alle Umstrukturierungen an Gestalten fruchtbare und produktive, kreative Prozesse im Sinne des Wachsens und Lernens. Wenngleich eine heuristische Separierung von Wahrnehmendem und Wahrzunehmendem für die therapeutische, pädagogische und sicher auch theologische Arbeit sinnvoll ist, werden Wahrnehmen und Deuten, Erleben und Handeln nicht getrennt, sondern als Aspekte der komplexen Wechselbeziehungen in das Organismus-Umwelt-Verhältnis hinein genommen. Gestalten sind transponierbar, sie fügen sich in umfassendere Gestalten ein. Ihre Komponenten sind aufeinander bezogen und voneinander abhängig. Die Veränderung bereits einer Komponente im Feld oder Prozess treibt die Dynamik der Gestalt voran. Der Prozess einer Gestaltung ist unabschließbar; gleichwohl gibt der homöostatische Prozess der Evolution eine Tendenz zur geschlossenen Gestalt und zur

---

552 Vgl. Ken Wilber, Eros, Logos, Kosmos. Frankfurt 1996; ders., Eine kurze Geschichte des Kosmos. Frankfurt 1997 sowie Erich Jantsch, Die Selbstorganisation des Universums. Vom Urknall zum menschlichen Geist. München / Wien 1979.

553 Mihaly Csikszentmihalyi, Das Flow-Erlebnis. Jenseits von Angst und Langeweile: im Tun aufgehen. Stuttgart 1985 („*Flow* ist das, was wir ‚autotelisches Erleben' nennen", 59, Hervorhebung i.O.).

Transformation vor.[554] Damit wird deutlich, dass sich Leben und Wahrnehmung als ein prozessuales Gefüge darstellt.

Wie Menschen Wirklichkeit wahrnehmen, indem sie Gestalt bilden, stellt sich auf der Basis des Organismus-Umwelt-Ansatzes mit Hilfe des Figur-Grund-Konzepts als Kontaktmodell dar. Nach dem räumlich gedachten *Figur-Grund-Konzept* schält sich in der Wahrnehmung und Gestaltbildung vor einem Hintergrund eine Figur verschwommen oder deutlich heraus. Im Figur-(Hinter-) Grund-Konzept liegt eine grundlegende gestaltpsychologische Dynamik des Bewusstseins; die psychoanalytisch angesiedelte Unterscheidung von Bewusstem und Unbewusstem wird damit in ein Kontinuum aufgelöst, in einen Strom des Erlebens. Gestaltbildung vollzieht sich als Auflösung von Figur und Hintergrund im Bewusstsein bzw. als Hervortreten-Lassen der Figur vor dem Hintergrund. Figur und Hintergrund bilden schon bei Edmund Husserl die Grundkomponenten für die Wahrnehmung. Während in der natürlichen Einstellung die Wirklichkeit als gegebene hingenommen wird, stellt sich in der εποχη, der phänomenologischen Urteilsausschaltung (Reduktion), durch die Methode der Einklammerung in dem Erlebensstrom vor dem Hof der Hintergrundanschauungen die Dingwahrnehmung dar. Die Aufmerksamkeit wird so zur Intentionalität.[555]

Die Frage nach dem Auslöser für Gestaltbildung wird (gestalt-)therapeutisch in menschlichen Bedürfnissen angesiedelt. Bedürfnisse werden nicht allein auf intrapsychische (Tiefenpsychologie) oder ein Reiz-Reaktionsmuster (Behaviorismus) beschränkte Desiderate zurückgeführt, sondern ergeben sich aus dem Zusammenhang von Organismus und Umfeld. Aus dieser Spannung geht auch die Bedeutungsbildung hervor.[556] Die Grundannahme der *Verbundenheit von Organismus und Umwelt*[557] lenkt die Aufmerksamkeit in der Gestalttherapie „in selbstreflexiver Weise auf die Existenz des Organismus in Abgrenzung zum Umweltfeld".[558] Es geht darum, wie die existentielle bzw. persönlichkeitsbildende Beziehung als Verbundenheit mit und in Abgrenzung von der Umwelt nachhaltig beschrieben werden kann. „Die Organismus-Umwelt-Differenzierung spiegelt also die Figur-Hintergrund-Dynamik auf die Leinwand unserer Existenz zurück."[559] Gegenüber einer Subjekt-Objekt-Trennung entspricht die erlebensmäßige Perspektive einer Abgrenzung im Sinne der Selbstorganisation einem Fluss der Gestaltbildung, da jede Gestalt wieder als neue Figur oder neuer Hintergrund wahr-

---

[554] Siehe dazu auch Rupert Sheldrake, Denken am Rande des Undenkbaren. Über Ordnung und Chaos, Physik und Metaphysik, Ego und Weltseele. Bern 1993.

[555] Edmund Husserl, Die phänomenologische Fundamentalbetrachtung. Hua III, 48–108. Bei Husserl freilich ist das Herausschälen des Bewusstseins das Entscheidende.

[556] Martina Gremmler-Fuhr, Grundkonzepte und Modelle der Gestalttherapie, 354.

[557] Gespeist durch die organismische Theorie Kurt Goldsteins sowie die Feldtheorie Kurt Lewins.

[558] Ebd.

[559] A.a.O., 355.

genommen werden kann. Aus der Beobachterperspektive hat dieser Prozess intersubjektive wie subjektive Gegebenheiten: Es gibt ein Wirkungsgefüge bedeutungshaltiger Kräfteverhältnisse in einem Feld (Lerngruppe, Institution). Zugleich werden subjektive Bedeutungen im Erleben der Eingebundenheit des Organismus in das Umfeld deutlich. Damit wird, bei aller Konzentration auf das Einzelne und Besondere, klar, dass es als Ausschnitthaftes Teil eines größeren umfassenderen Prozesses ist.

3.1.3 Kontaktprozess

Das Wechselspiel von Verbindung, Zusammenschließen, Differenzierung und Trennung wird gängigerweise in dem *Kontaktmodell* der Gestalttherapie erklärt; es kann im Buberschen Sinn als ein Kommunikationsmodell der Begegnung gelesen werden, welches sowohl die Innen- als auch Außenperspektiven verdeutlichen möchte.[560] *Kontakt* erlangt durch die Feldtheorie Lewins, neurophysiologische Studien Goldsteins sowie gestaltpsychologische Arbeiten von Wertheimer, Köhler und Gelb Kontur. Der Kontakt ist der „Verknüpfungsprozeß" mit der Welt, der „Berührung und Grenze zugleich" markiert.[561] Der Kontaktprozess gestaltet sich in den Phasen Vorkontakt-Kontaktaufnahme (hier ist Erleben, Gefühl, „das Erleben (‚Gefühl') der situativen Korrelation im Hinblick auf eine ‚intuitiv' erfaßte Möglichkeit, eine Ahnung des Ergebnisses" – der Kontaktvollzug als „Interaktion des Organismus mit der Umwelt" und Nachkontakt (außerhalb des Gewahrseins).[562] Diese den Verlauf der Gestaltbildung kennzeichnenden Austauschprozesse werden praktisch mit zwei Kontaktmodellen der Gestalttherapien näher beschrieben. Perls und Goodman gehen bei dem Kontaktzyklus von einem idealen „guten" Kontakt aus, das mit Attributen wie Gesundheit und Normalität belegt wird. Neben diesem normativen Kontaktverständnis kann das Kontaktmodell jedoch auch als heuristisches Instrumentarium zur kommunikativen Reflexion und Erforschung des Erlebens zur Verfügung stehen, da es die Intentionalität des Lebens und Erlebens voraussetzt.[563] Gegenüber vielen anderen Kommunikationsmodellen[564] hat das Gestaltmodell den Vorteil, dass es sowohl Mensch und Sache, Mensch und Umwelt als auch Kontaktprozesse im Menschen einbezieht: eine Voraussetzung, die aufgrund der zwischenleiblichen Dimension des Lebens auch religionspädagogisch essenziell ist.

---

560 Vgl. Martin Buber, Ich und Du (1923). In: Das Dialogische Prinzip. Gütersloh ^{9}2002.

561 Jörg Bürmann, Gestaltpädagogik und Persönlichkeitsentwicklung, 125.123.

562 A.a.O., 127.

563 Beide Modelle sind dargestellt in Martina Gremmler-Fuhr, Grundkonzepte und Modelle der Gestalttherapie.

564 Z.B. Psychoanalyse, Symbolischer Interaktionismus, Systemtheorie.

„Kontakt ist jede Art von lebendiger Wechselbeziehung im Organismus-Umweltfeld, bei der eine Kontaktgrenze zwischen Organismus und Umweltfeld entsteht, über die ein Austausch besteht.“[565]

Die Dynamik von Organismus und Umwelt lässt sich phänomenologisch als zwischenleibliche Spannung und Erregung kennzeichnen.

„Kontakt ist der Prozeß, der folgende drei unterscheidbaren, aber miteinander verknüpften Vorgänge beschreibt:

1. die Figur-Hintergrund-Auflösung oder Gestaltbildung, durch Grenzbildung,
2. die Differenzierung zwischen Organismus und Umweltfeld,
3. der Austausch zwischen Organismus und Umweltfeld an dieser Grenze.[566]

In Wirklichkeit ist der Prozess komplexer. Dies hat die Cleveland School in einer Erweiterung des Gestaltzyklus unter Aspekten des „Erlebens“, der Empfindung, Bewusstheit, Energie, Handlung, Kontakt, Lösung und Abschluss hervorgehoben.[567] Diese Gesichtspunkte tragen dazu bei, die energetische Seite des Kontaktprozesses zu verdeutlichen. Problematisch ist dieses Modell hinsichtlich der Wahrnehmung dennoch: Zwar werden hier unter dem Begriff „Erleben“ körperliche und räumliche Aspekte mit einer kognitiven Bewegung zusammengeführt, jedoch wird dabei die psychische Eingebundenheit der wahrnehmenden Menschen ausgespart. Der Erlebensbegriff von Nevis und anderen wird zu einer vegetativ-physiologischen Bewusstheit komprimiert, ohne die damit verbundenen Gefühlsregungen und ihre Einflussnahme in den Prozess zu berücksichtigen. Das hätte zur Folge, dass sich eine so vermittelte Gestalttheorie vornehmlich auf die Außensicht der Bedingungen des Wahrzunehmenden beschränkt. Wie sich in der Wahrnehmung Gestalt bildet, wenn man das leibseelische Erleben wie beim Focusing einbezieht und welche Rolle der Körper dabei einnimmt, soll am Beispiel von Denken und Sprechen verdeutlicht werden.

3.2 Focusing – hermeneutischer Weg zum produktiven Verstehen

Mein Schreibtisch ist ein wichtiger Ort. Ein Tisch mag ein Tisch sein, aber dieser Tisch ist etwas Besonderes, für mich zumindest. Manchmal höre ich meinen Schreibtisch fast rufen. Ich weiß, er ist heute dies und morgen das: heute Ruhepol zum Nachdenken, Thron des Stolzes für geleistete Aufgaben und erkannte Zusammenhänge, dann wieder einsamer Platz, vor dem ich flüchte; wenn mir nichts einfällt, wenn ich mit manchen Tätigkeiten Schwierigkeiten habe. Hier ist der Ort, wo ich meinen Gefühlen freien Lauf lasse – nein, vielleicht stellen sich manche Gefühle zum Arbeiten hier überhaupt erst ein! Zwischen magnetischer Anzie-

565 Martina Gremmler-Fuhr, Grundkonzepte und Modelle der Gestalttherapie, 355.
566 Ebd.
567 A.a.O., 368–370.

hungskraft und Abstoßungskraft dieses Ortes verbringe ich letztlich viele Stunden hier.

Ich versuche hier und jetzt im Schreiben einen Felt Sense zu meinem Schreibtisch zu bekommen. Noch geistert die Geschichte vom alten Mann, der den Tisch zum Teppich umbenennt, in meinem Kopf herum. Ich atme durch. In meinem Rumpf fühlt es sich gut an. Ein lebendiger, aber recht ruhiger Atem, ein leichtes Herzklopfen, was ich wohl über den Schreibtisch herausfinde. Er strahlt nicht gerade in seinem Fabrikweiß, das kahl und sachlich-nüchtern wirkt. Da ich aber stets unendlich viele bunte Dinge auf dem Tisch drapiere, macht sich das Rohweiß nicht mehr so stark bemerkbar. Seine Form schmiegt sich in meine Arbeitsecke in meinem Arbeitszimmer; von schräg rechts dringt Abendsonne durch das Fenster auf die lange rechte Seite des Tisches. Ich sitze mit Blick und Ausrichtung auf eine unbefensterte Ecke. Dort befindet sich in Augenhöhe, auf einem kleinen Podest stehend, der Computerbildschirm. Ich sehe also am Schreibtisch sitzend in die Welt elektronischer Texte hinein – elektronischer, nicht virtueller, da auf dieser Seite meines Arbeitsplatzes das Internet nichts zu suchen hat. Mir ginge die Konzentration sonst verloren. Auf dem Podest rechts neben dem Bildschirm thronen zwei Plüschstrauße, die mir stets gut zureden, wenn ich müde geworden bin oder mir nichts einfallen will, links steht die gewachsene Sammlung an Disketten und Compact Discs. Auf der abgerundeten Seite unten vor mir liegen Papiere, auf der kurzen Seite links ein Ordner. Doch, es ist buchstäblich mein Arbeits-Platz, an dem ich für mein Leben gern verweile und je nach Gemütsbewegung lässig oder gerade auf dem Stuhl sitze, die Beine übereinander schlage oder ständig zwischen Aufstehen, Sitzen und Hin-und-Her-Gehen pendle. Der Schreibtisch selbst bewegt sich aufgrund seiner Schwere nicht einen Millimeter weit, aber an ihm bewegt sich so vieles. Hier sitze ich manchen Morgen in aller Herrgottsfrühe und kann mit dem Blick aus dem Fenster erkennen, dass rundum noch alle Fenster zugezogen sind und die Stadt großenteils noch schläft. Spät abends lasse ich mich auch gern beim kühlen Weißwein und einer brennenden Kerze auf dem Fenstersims nieder und denke dem sich neigenden Tag nach, wenn ich mit mir und meinen Gedanken allein sein möchte. Von hier führe ich die wichtigen und ernsthaften der Telefonate, wenn meine Aufmerksamkeit nicht auf den Schreibtisch und seine Ecke, sondern die am Telefon erzählte und gehörte Welt gerichtet ist. Mein Schreibtisch, so merke ich belustigt beim Eintippen, könnte unendliche Geschichten erzählen. Ich bin mir sicher, er freut sich mit den beiden Plüschsträußen, dass ich immer wieder zu ihm zurückkomme.

3.2.1 Freiraum für Situierung und inneren Raumaufbau

Wahrnehmung ist räumlich und als solche leiblich. Hermann Schmitz benennt vier Raumstrukturen, an denen sich das Raumverständnis des Focusing begrifflich erhellen lässt. Der leibliche Raum ist dort der „elementare, ursprüngliche Raum, ohne den es keinen Zugang zu erfahrbarer Räumlichkeit in irgendeinem Sinn gibt“. Der Gefühlsraum, „in dem sich Gefühle als räumlich ortlos ergossene, leiblich ergreifende Atmosphären ausdehnen“, steht „durch das Vermögen der Gefühle, im affektiven Betroffensein sich fühlen zu lassen“, in Verbindung mit dem leiblichen Raum. Der von Schmitz so genannte Ortsraum als „der dem Leib durch Fläche entfremdete Raum“ leitet die mathematisch und naturwissenschaftlich gängige Raumvorstellung; er besteht „aus wechselhaft besetzbaren, relativen, d.h. nur durch ihr gegenseitiges Verhältnis nach Lage und Abstand bestimmten Orten, die den Raum vollständig ausfüllen". Und schließlich gilt die Wohnung als „Kultur der Gefühle im umfriedeten Raum", in der sich alle drei genannten Formen der Räumlichkeit zusammenfinden.[568]

„Focusing ist eine kleine Tür"[569]: Im Focusing ist der erste Raum der Körper, darunter lässt sich der materielle, substantielle Körperraum verstehen, dessen Grenze in der Haut markiert ist (Körperhülle). „In jedem Körper-Raum ist einer drin"; Gendlins Redewendung bezeichnet den Gefühlsraum, der spürt und lebt. Der entfremdete Raum kann jeder Raum sein, den ich noch nicht betreten habe. Focusing macht möglich, den entfremdeten Raum zu betreten, das Erleben des Anderen durch den Gefühlsraum in sich aufzunehmen und Gelebtes eigenleiblich spürbar zu machen. Waldenfels zeigt mit seiner verhaltensorientierten Zugangsweise zum Leib die Weisen auf, wie nach Gendlin durch den Körper im Innenraum der Welt Wohnung bezogen werden kann im Empfinden, Wahrnehmen, in Orientierung und Bewegung, zwischen Spontaneität und Gewohnheit.

Gendlins leibliches Wahrnehmungsmodell setzt jedoch die Räumlichkeit des Lebens voraus, Sphären, in denen sich das Leben bewegt und mit denen es untrennbar verbunden ist. Er radikalisiert die Leibräumlichkeit dahingehend, dass der biologische Körper ein Teil dieser Verbundenheit mit der Welt ist; Körper und Umwelt befinden sich in unendlicher Interaktion. Diese Interaktion wird im Innenraum des Körpers spürbar. Der leibliche Raum ist in der Verbundenheit und *Bezogenheit* auf die Welt angesiedelt.

> „Aber die Verbindung, die continuity [...] den ununterbrochenen Fortgang zwischen den Pflanzen und den Tieren und uns, den müssen wir wieder herstellen [...], denn ein lebendiger Körper, ein Pflanzenkörper und ein Tierkörper, ist schon ungemein kompliziert und verwickelt und lebt." (59–60)

Auch die Zeit ist gegeben; hier kann der Mensch nur geduldig warten. Eine pathische Haltung ist erforderlich. Passion ist das Kennzeichen der Wahrnehmungshandlung: geduldiges Sich-Einstellen auf das Kommende. Es kommt nicht nur darauf an, den Lebensraum als οικος, als bewohnbare Landschaft zu erhalten, sondern von innen geduldig zu arbeiten und dadurch den Schöpfungsprozess in Gang zu halten. Tiefenökologische Bestimmungen des Menschseins lassen diese Verbundenheit des Menschen mit seiner Umgebung deutlich werden. Der Organismus selbst ist die Interaktion – diese Verflochtenheit mit der Welt zu trennen, bedeutet Erstarrung und Tod.

---

568 Hermann Schmitz, Der Leib, der Raum und die Gefühle, 51.

569 Eugene T. Gendlin, Focusing ist eine kleine Tür. Gespräche über Focusing, Träume und Psychotherapie. Focusing-Bibliothek IV. Würzburg 1993.

„Wenn man Körper und Umwelt voneinander trennt, bleibt der Körper als bloße Maschine zurück."[570]

Damit ist auch der Sündenfall benannt: Diejenige Philosophie, die eine (vermeintliche) Unabhängigkeit, ein Monadentum oder Solipsismus proklamiert, verdammt den Körper aus der organismischen Mit-Steuerung in die Abhängigkeit des Maschinenwartes und verdammt Gott deistisch zu einem Uhrmacher, der den Schalter auf „on" stellt und die Maschine Mensch loslässt. Der Körper braucht jedoch als pulsierende Verdichtung die Eingebundenheit in die Welt.

„Einen Radioapparat kann man in die Wand einstecken oder nicht, er bleibt immer ein Radio. Das Lebendige ist nicht so. Die Struktur ist nur da, wenn die Wechselwirkung weitergeht. Denn sie *besteht* aus Wechselwirkung. [...] Dann ist der Körper die ungeteilte Vielheit der Situation." (78)

Focusing verbindet als Methode der Wahrnehmung durch ihre körperdurchlässige Aufmerksamkeit die Lebenswelt mit der leibseelischen Innenwelt. Religionspädagogisch formuliert: Wer diese Leibräume durch Verkürzungen und Intellektualisierungen aushöhlt, untergräbt die Individuation und verhindert durch Feststellungen und Reklamierungen letztlich wirkende Wahrnehmung und den Kontakt zur Welt. Diese sind nötig, doch nicht von der Wahrnehmung zu lösen, wenn es um die Beachtung der Interdependenz von Religion und Erkenntnis geht. Körperlichkeit braucht den Raum der Welt, zu der sie in dynamischem Kontakt steht. Der Raum wiederum ist ohne die (auch biologische) Körperlichkeit nicht belebt. Gegen alle Theorien, in denen der Mensch eine Maschine sei, die mit der Wahrnehmung beginne, als sei der Mensch separiert von der Umwelt und nähme die Umwelt nur durch die Sinne wahr, proklamiert das Focusingkonzept die kreatürliche *Teilhaftigkeit* des Menschen an der (Schöpfungs-)Welt. In aller Vorsicht gegenüber einer Beschreibung von Religion, bei der sich der Philosoph ausschließlich als Rezipient und Kunde sieht, steht Gott darin als ein Initiator, der das Weitergehen rhythmisch in der Hand hat und mehr „macht" als spricht. Die Formen, die wir im Leben erfahren, sind gegeben – kontingent, phänomenologisch, ästhetisch, handwerklich – und erfordern leibliche Wege der Aufnahme in das eigene Haus. Wohnung in der Welt zu beziehen heißt hier, wahrzunehmen und das je Andere am eigenen Leibe durch das Erspüren der Grenzen und Konturen als stimmige Form zu ertasten und begehbar zu machen. Organismische Selbstregulation regelt das Zugehen und Entfernen als Bewegung.

3.2.2 Experiencing als leiblich spürbarer Kontakt

Der Fortgang des Lebens- und Wahrnehmungsprozesses ist nicht-logisch, sondern vom Erleben her induziert. Was hier mit einem leib-räumlichen Arbeitsplatz

570 Gendlin / Wiltschko, Focusing in der Praxis, 33.

buchstäblich wie symbolisch vereinfacht ausgeführt ist, gilt auch für alle komplexeren Zusammenhänge: Gendlin geht davon aus, dass ein Körperbild von der Wirklichkeit entsteht und dieses in die Wirklichkeitsauffassung integriert wird, indem ein Kontakt zwischen Körpergefühl und Sprache aufgebaut wird. Die Wahrnehmung von Wirklichkeit lässt sich demzufolge als körpersprachliche Bewegung fassen. Das Erleben betont explizit das körperliche Element der Wahrnehmung im „Felt Sense"; der Schreibtisch wird so zu einem besonderen, empfundenen Ort.

Der Felt Sense ist von „einer besonderen Art inneren körperlichen Bewußtseins [...] die körperliche Wahrnehmung eines bestimmten Problems oder einer bestimmten Situation [...] die körperlich gespürte Bedeutung eines Problems oder Themas".[571]

Diese Beziehung von Innen und Außen lässt verschiedene Rückschlüsse zu. Wenn ich mich von einer Situation, in die hinein ich „geworfen" bin, berühren lasse und sie spüre, ihre Interpretation mit meinem Felt Sense überprüfe, sinkt die Ignoranzschwelle, die mich sagen lässt: „Das geht mich nichts an." Man kann nicht nicht wahrnehmen, aber man kann sich verschließen, indem Situationen rationalisiert oder verdrängt werden.[572] Im „körperlichen Innewerden"[573] wird Welt so aufgenommen und gewinnt an spürbarem Sinn. Gendlin wendet sich damit gegen den Primat solcher Art von Wahrnehmung, die als „Perzeption"[574] das ausschließlich aktive Richten von Aufmerksamkeit in den Vordergrund stellt. Vielmehr spielen die Empfindungen als Erlebnisqualitäten des Repräsentierten schon vor der Deutung des Bewusstseinsinhaltes als Repräsentation von etwas *im pathischen Sinne* eine Rolle. Bevor und ohne dass ich den Schreibtisch sehen kann, ist er spürbar für mich präsent. Wahrnehmbar wird die Situation, weil sie atmosphärisch spürbar ist.

Mit dem Experiencing-Konzept baut Gendlin das Grundverhältnis des Menschen zur Welt auf. Gegenüber der Phänomenologie, die auf Erfahrung fußt, liest sich dieser Ansatz eher wie eine „Theorie der Erfahrung"[575], die sich aber zugleich immer wieder auf das Erleben bezieht, das starke Anlehnung an religiöse und ästhetische Erfahrung aufweist. Anders als beim radikalen Konstruktivismus bildet hier der Körper beim Er-Leben von Welt die räumliche Schnittstelle von Natur und Kultur, die dem Menschen den Zugang zur Welt als präsentische leib-

---

571 Eugene T. Gendlin, Focusing (1998), 30.

572 Vgl. die Widerstandprozesse aus der Gestalttherapie (Egotismus, Deflektion).

573 Hans-Martin Gutmann, Ich bin's nicht, 161.

574 Gendlin bezieht sich auf den englischen Begriff ‚perception' von lat. percipere = Erfassen, Sammeln.

575 „Gendlin's inquiries into language and conceptualization, social relationships, reflexivity and therapy retain always the heart of the phenomenological epoche, which is to articulate experience as actually had, rather than as theorized. This leads Gendlin to an instructive confrontation with post-phenomenological critics" (Kenneth Liberman, Knowing and Being: Eugene Gendlin's Experience. Human Stud 17/3 (1994), 355–362).

liche Erfahrung spürbar macht. Vermittlung und Unmittelbarkeit kommen im Körper so zusammen, dass für die Wahrnehmung nicht nur Rezeption, sondern auch Produktion und Komposition am Werk ist. Gendlins Art und Weise der Beschreibung des Erlebens vollzieht präsentisch das Erleben mit.[576]

Zum menschlichen Körper kommen neben dem „Pflanzenkörper" noch die fünf Sinne dazu. „Aber es ändert nicht die Grundtatsache, daß der Körper eine Interaktion ist und daß es ein Wissen gibt, das ein Sein-Wissen ist." Dazu kommt, *„daß wir unsere Situationen mit unserem Körper erleben und uns in Situationen körperlich verhalten.* [...] Ich habe einen Felt Sense über das, was ich sagen will. [...] Wir erleben unsere Situationen mit – oder vom oder im – Körper. Der Körper ist die Interaktion. [...] Wir erleben die Situationen nicht nur mit dem Körper, wir konstruieren die Situationen auch mit dem Körper."(63)

Gendlin akzentuiert mit der Verbsubstantivierung „Erleben" bzw. „Experiencing" den Prozesscharakter, in den das Subjekt im (Bewusstseins-)Strom des Gewahrwerdens von Dingen und Ereignissen eingebunden ist und den es selbst erfährt und initiiert.

„Das Erleben (*experiencing*) enthält die Verbindungen schon unmittelbar in sich. Wenn dem Erleben die Verbindungen erst mittelbar dazugegeben werden müssen, sind die Zugaben verschieden und deshalb relativ." (32) Es geht darum zu verstehen, „daß der Körper vor und nach aller Kultur [...]immer *unmittelbar* in den menschlichen Situationen und Beziehungen lebt und aktiv ist. Wenn alles nur Absprache wäre, dann würde alles Menschliche so oben drüber schweben."(33)

Die theoretische Grundlage bietet das Werk „Experiencing and the creation of meaning".[577] Gendlin erarbeitet, „how experiencing functions in our cognitive and social activities", und entwickelt „a thinking that employs more than conceptual logic, rules, or distinctions. We become able to think with the intricacy of situations (experience, practice, ...)".[578] Logik und Erfahrung kommen so zusammen, dass die experientielle und damit die subjektive Seite von Bedeutungen beim Denken ein größeres Gewicht erhält. Funktionale Beziehungen zwischen Erfahrung und Logik im Denken wie z.B. Metaphern (als Verdichtungen) und Metonymien (als Suchbewegungen) werden im Zusammenhang ihrer „emergent qualities" (der Kreativität sich erhebender, hervorgehender Eigenschaften) betrachtet. Die Bindung der metaphorischen Bedeutung an ihre Situation und das daraus hervorgehende stetig neue Erwachsen neuer, präziser Bedeutung in *jeder*

---

576 „The experimental psychology of Eugene Gendlin offers a complex description of bodily feeling in terms of a full inward bodily sensing of one's situation." Der Aufsatz untersucht Gendlins Beschreibung des „‚carrying forward' of feeling into the future and of the ‚focaling' or sensing of a whole bodily direction. It then endorses his account of the modern intricacy of bodily feeling expressed in the New Awareness Movement." Kritische Fragen betreffen die soziale Formation und inwieweit Gendlin dieses Moment mit derselben Schattierung von Komplexität behandelt wie das Körpergefühl (Jerald T. Wallulis, The Complexity of Bodily Feeling. Human Stud 17 (1994) 3, 373–380).

577 Eugene T. Gendlin, Experiencing and the creation of meaning.

578 A.a.O., Preface to the paper edition XIff.

ihrer Situationen hat in der Metapherntheorie bereits Beachtung gefunden[579], doch was der Gebrauch in einzelnen Situationen bedeutet, ist ohne ein anderes Analyseinstrument schwierig zu bestimmen. Gendlin kehrt die gängige relativistisch-philosophische Ordnung zu einer radikal empiristischen um, indem er die Natur mit der ihr eigenen, nicht naiven, sondern komplexen Fortsetzungsordnung als fundamentale „responsive order" voranstellt und seine Logik experientiell aufbaut. Damit kommt dem jeweiligen Prozess und seinem Stil Vorrang vor den Inhalten, welche gar nicht losgelöst von den Prozessen existieren, sondern mit diesen verändert werden. „IOFI" („instance of itself"), das sich wie eine Abduktion der Fortsetzungsordnung liest, wird als Prinzip funktionaler Beziehungen von Experientialität und Bedeutung entwickelt und auf Philosophie und Psychotherapie hin konzeptionell angewendet: „Meaning is experiencing qua instance of itself".[580]

Ein Erlebnis zeichnet sich dadurch aus, dass es als sinnliche Erfahrung von etwas geleitet wird. Als Komplementärbegriff zur Wahrnehmung macht es gängigerweise die subjektiven Gegebenheiten sichtbar. Bei aller gewissen Unmittelbarkeit, die einem Erlebnis gegenüber der Erkenntnis anhaftet, kann man nicht davon ausgehen, dass es einer rein naturalistischen Erkenntnis nachkommt. Um die Wende zum 20. Jahrhundert werden „Erlebnis" und „Erleben" zu nahezu philosophischen Modebegriffen für systematische Intentionen in Logik, Erkenntnistheorie, Ästhetik, Ethik, Psychologie und Anthropologie. Die Archäologie des Erlebensbegriffes führt jedoch bis in die Mystik, philosophischerseits allerdings nur bis in die Mitte des 19. Jahrhunderts.[581] Das Erleben ist ursprünglich auch kein Terminus der naturwissenschaftlich betriebenen Psychologie des 19. Jahrhunderts. Eine Ausnahme bildet J.G. Fichte, bei dem in der Konjunktion von „leben und erleben" das Erleben als Interpretament von Leben auftritt, das den Akzent auf das transitive Moment der Selbstvergessenheit des Subjekts im Zustand reflexionsloser Erfülltheit setzt. In dieser transzendentalen Theorie des Wissens ist das Erleben erstmalig in einem Zusammenhang, der den eigentümlichen Sachverhalt zu einer transzendentalen Theorie der Subjektivität erhebt. Die weitere Begriffsgeschichte des „Erlebens" ist die einer hermeneutischen Verschränkung von Unmittelbarkeit und Vermittlung, die als ästhetisches und religiöses Erleben vor allem in der Erfahrung von Religion, Liebe und Kunst liegt; sie hängt an der des „Erlebnis", denn sie tritt erst als dessen den Prozess kennzeichnendes Verb bzw. nominales Synonym auf (das Erleben).

Erleben meint also: „noch am Leben sein, wenn etwas geschieht", es setzt sich selbst in ein Verhältnis zu den Ereignissen des Geschehens. Gendlin bezieht sich dabei vor allem auf Wilhelm Dilthey und seine hermeneutischen Überlegungen zum Verstehen. Dilthey entwickelt in seiner Lebensphilosophie eine Theorie des Erlebnisses auf der Grundlage der erkenntnistheoretischen Begründung des eigenen Wahrheitsanspruches der Geisteswissenschaften. Er fordert eine „beschreibende und zergliedernde Psychologie, die den wahren Gegebenheitscharakter des Psychischen nicht überspringt". Dieser ist in innerer Erfahrung aufweisbar; die

---

579 Siehe dazu Anselm Haverkamp (Hg.), Theorie der Metapher. Darmstadt ²1996, insbesondere: Roman Jacobsen, Der Doppelcharakter der Sprache und die Polarität zwischen Metaphorik und Metonymik (1956), 163–174; Max Black, Die Metapher (1954), 55–79; Paul Ricoeur, Die Metapher und das Hauptproblem der Hermeneutik (1972), 356–375.

580 A.a.O., 202.

581 Einen Überblick gewährt Konrad Cramer, Art. Erleben, Erlebnis. HWPH II, 702–711.

psychische Tatsache tritt im Unterschied zum nur hypothetisch herstellbaren Zusammenhang physischer Gegenstände auf, „welche im Bewußtsein als von außen, als Phänomene und einzeln gegeben auftreten", sowie auch „von innen, als Realität und als lebendiger Zusammenhang originaliter".[582] Erlebnis und Erleben existieren als ausdrückliche identifikatorische Verbindung; psychischer Zusammenhang wird nicht nur erlebt, sondern sein Modus des Gegeben-Seins ist das Erleben. Auf diesen vom Erleben nicht zu unterscheidenden Strukturkontext des Psychischen (ein auf inneren Beziehungen beruhendes Beziehungsganzes) als einer immanenten teleologischen psychologisch-hermeneutischen Grundlegung basiert der Aufbau der geschichtlichen Welt in den Geisteswissenschaften. Die Kategorie der Bedeutung ist eine dem Erlebnis immanente zirkuläre Bewegung; Innesein und Inhalt werden in einer universalen Funktionalität nicht unterschieden. Für Dilthey gilt hermeneutisch, dass jede Deutung von einem Aspekt des Lebens eigentlich ein Weiterleben ist. Das intentionale Erlebnis bei Edmund Husserl steht in engem Zusammenhang damit. Intentionalität ist die Weise im ureigensten Sinne von Erleben selbst, als es das Bewusstsein von etwas im Bezug auf diesen Gegenstand darstellt. Martin Heidegger ersetzt in den dreißiger Jahren den Gebrauch des Erlebensbegriffes zusehends durch den der „Existenz".

Im Erlebnis liegt das Moment der Unmittelbarkeit, die keiner fremden Beglaubigung bedarf und aller vermittelnden Deutung vorausgeht. Der Fluss des Erlebens birgt eine zeitliche, nahezu unbegrenzte Dauer in sich; das „Erlebte" ist das, was aus diesem Fließen einen gewissen Ertrag für den Lebenszusammenhang gewinnt. Aus der romantisch-pantheistischen Vorgeschichte übernimmt Gendlin eine im Leben und als Leben selbst aufgehende Universalität. „Die Begriffe *Sinn* und *Gefühl* versuchen nicht die psychologisch-empirische Bestimmtheit dieses Zustands anzugeben, sondern die ihm als Ausdruck der Selbstauslegung eines Lebensganzen spezifisch eignende Bedeutsamkeit zu beschreiben".[583] Das spezifische Erleben, das man im Focusing findet, ist der Felt Sense.

> „Felt Sense ist die körperlich gespürte, augenblickliche Befindlichkeit, die Sie spüren können, wenn Sie Ihre Aufmerksamkeit in Ihre Körpermitte richten. [...] Ein Felt Sense formt sich aus dem körperlichen Erleben in einer Situation. Man kann zu allem und jedem einen Felt Sense kommen lassen [...] gleichsam als körperliche Resonanz [...] Der Felt Sense ist also das subjektive, körperliche Fühlen einer Situation. Felt Sense ist implizites [...] Erleben". (33)

An dieser Stelle ist die Verwurzelung in der Humanistischen Psychologie prägend.

In der Humanistischen Psychologie gibt es starke Affinitäten von Begegnung (Encounter) und Erleben.[584] Die „Experiential therapy" wurde dann zur „erlebensbezogenen Methode". Empi-

582 Wilhelm Dilthey, Einleitung in die Geisteswissenschaften. Versuch einer Grundlegung für das Studium der Gesellschaft und der Geschichte. Gesammelte Schriften I. Leipzig 1922, 143.

583 Konrad Cramer, Art. Erleben, Erlebnis, 704.

584 Ansätze der Übereinstimmung finden sich schon bei Rogers.

risch fand dieses Denken Niederschlag in den Darstellungen der Experiencing-scale.[585] Focusing bildet in der Psychotherapie eine erlebnisaktivierende Methode; Gendlin übersteigt mit der körperlichen Elementarisierung das „reine Verbalisieren von Gefühlen".[586]

In diesem Konzept „leiblich-seelischen Gewahrseins meiner Situiertheit"[587] verbindet sich der awareness-Begriff der Humanistischen Psychologie mit der existentialistischen Verortung des Daseins in der Welt derart, dass die Befindlichkeit als Situation des Menschen in der Welt *im* und *am* Körper situiert wird und dort einen existentiellen Ort und Sinn bekommt.[588]

Befindlichkeit ist nach Martin Heidegger die ontologische Bezeichnung für „die Stimmung, das Gestimmtsein"[589]: „In der Befindlichkeit ist das Dasein immer schon vor es selbst gebracht, es hat sich immer schon gefunden, nicht als wahrnehmendes Sich-vorfinden, sondern als gestimmtes Sichbefinden."[590] Die Befindlichkeit „erschließt das Dasein in seiner Geworfenheit und zunächst und zumeist in der Weise der ausweichenden Abkehr." Die Stimmung „erschließt das Da ursprünglicher, sie verschließt es aber auch entsprechend hartnäckiger als jedes Nichtwahrnehmen [...] Die Stimmung überfällt." Sie „steigt als Weise des In-der-Welt-Seins aus diesem selbst auf".[591]

Im Felt Sense tritt also die Situation, in der ich mich befinde bzw. wir uns befinden, spürbar zutage, sie wird mir als Atmosphäre des gemeinschaftlichen und gesellschaftlichen, ja in bestimmten Punkten auch des globalen Raumes zugänglich, so dass sich das Unendliche im Einzelnen bzw. im Augenblick des Felt Sense verdichtet. Die Atmosphäre ergreift den Menschen, sie „weht" ihn quasi an.

„Der körperliche Felt Sense enthält implizite Informationen der Umwelt [...] wenn sich der Pflanzenkörper selber fühlen könnte, dann wären in diesem Fühlen implizit alle Informationen über das Wasser und das Licht und wie man Blätter bildet und was das Nächste wäre, das der Pflanzen-Prozess braucht, enthalten. Das würde uns nicht überraschen. Wir wären nur darüber überrascht, dass sich die Pflanze selber fühlen kann."[592]

Gendlin verdeutlicht am Beispiel einer Pflanze, dass im Sich-Selber-Fühlen implizit alle Informationen enthalten sind, die das Leben in seinem Prozess braucht. Der Mensch unterscheidet sich von der Pflanze dadurch, dass die Interaktionalität nicht durch die Sinne ersetzt, jedoch um sie ergänzt wird. Darüber hinaus lebt der Mensch in der Komplikation und Verwicklung von Situationen (intricacy). Im

---

585 Gesellschaft für wissenschaftliche Gesprächspsychotherapie (Hg.), Die klientenzentrierte Gesprächspsychotherapie (1975). München [16]2003, 155ff.

586 A.a.O., v. a. 34ff. 75.

587 Hans Julius Schneider, ‚Zwischen den Zeilen', 423.

588 „a special kind of internal bodily awareness [...] the body's sense of a particular problem or situation" (Eugene T. Gendlin, Focusing (1978), 10). Mit Sinn wird deutlich, „dass sich mehr ankündigt als das, was explizit da ist" (Bernhard Waldenfels, Das leibliche Selbst, 70).

589 Martin Heidegger, Sein und Zeit, 134.

590 A.a.O., 135.

591 A.a.O., 136.

592 Gendlin / Wiltschko, Focusing in der Praxis, 38.

Felt Sense „kreuzen" (Dilthey), also vernetzen sich Erfahrungen und Vorbedingungen in einer Fülle, die über das Wissen hinausgeht. Daraus erschließt Gendlin ein menschliches Wissen, das ein „Sein-Wissen" ist. Lässt man das körperliche Gespür, den Felt Sense, einer Situation kommen, kreuzt sich in ihm mehr, als man weiß. Implizites wird in der Retrospektivität entfaltet; von diesem Felt Sense her erfühlt man, wie es weiter geht. Der Körper impliziert den nächsten Schritt.

Gendlin hat anfänglich den Terminus „felt meaning" als Terminus für die leibliche gefühlte Qualität eingeführt.[593] Später benannte er das Phänomen mit „felt sense", der die Komponenten des Fühlens, Spürens und des Sinnes in sich trägt. Die Bedeutung des „Sense" bewegt sich zwischen dem „Sinn beimessen, bedeutungsvoll, sinnenhaft", das dem älteren Terminus näher kommt, und dem damit ergänzten „auf die Sinne bezogen, sinnlich".[594] Im Felt Sense verdichtet sich: Der Körper ist nicht selbst zum Motor für Zeit, Entwicklung, Fortgang und Prozess geworden, sondern zu dessen Fahrzeug, das auf die Zufuhr von Energie angewiesen ist. Erst der Treibstoff treibt den Körper an. Mein Felt Sense ist also eine Verortung eines Aspekts von Welt und zwar in genau der verdichteten Weise, wie ich sie sehe. Damit verbindet sich eine „unentfaltete Komplexität von Lebensaspekten".[595] Als solches, erst sinnhaftes, vorsprachliches Gespür für ein Etwas braucht der Felt Sense die Entfaltung. Daher verbindet er sich mit den so genannten „Konzepten", d.h. mit spezifischen Prozessqualitäten, die das responsorische Worauf und Woraufhin entwickeln. Wenn man einen Selbstwerdungs-, Entwicklungs- bzw. Lernprozess extrapolieren will, können die Konzepte dabei helfen, mit denen der Felt Sense zum Fluss des Prozesses beiträgt. Mit ihnen lässt sich auf die theologischen und pädagogischen Implikationen dieses Prozesses eingehen.

Beim Konzept „Weitertragen" (*carrying forward*) geht es darum, „daß wir, wenn wir mit der Philosophie frisch anfangen wollen, *von den Situationen* ausgehen müssen." (45) Das Steckenbleiben wird durch das Hineintragen in das Neue aufgehoben. Dieses Voranbringen meint die „Beziehung zwischen dem ä...ä...ä..., also einem Felt Sense und Worten, einem Satz oder einer Gedichtzeile, die das ä...ä...ä... auflösen oder mitnehmen oder weiterbringen. [...] *Mit ‚weitertragen' meinen wir die Beziehung, die wir fühlen, wenn etwas, das wir sagen, den Felt Sense richtig weiterträgt.*[...] Es ist ein Konzept, das man nur mit *mehr als* einem Konzept definieren kann." (47) Konzepte wie Weitertragen sind „Konzepte, die man nur definieren kann durch mehr als Konzepte, *nämlich durch die Beziehung zwischen Konzept und Felt Sense*, [...] weil das ‚*Weitertragen*' benannt, wie wir es im Körper erfahren, wenn etwas, das wir sagen oder denken, den Felt Sense weiterträgt. [...] Wenn man die Felt Sense-Seite dieser Beziehung nicht hat, kann man diese Beziehung nicht definieren." (47)[596]

---

593 Eugene T. Gendlin, Experiencing and the creation of meaning.

594 Übersetzungen operieren meist mit dem Ausdruck „sinnenhaftes Gefühl", wobei das Gefühl hier nicht vorrangig Emotion im eigentlichen Sinne meint, sondern das körperliche Fühlen und Empfinden. Siehe Anm. Ia in Eugene T. Gendlin, Die umfassende Rolle des Körpergefühls im Denken und Sprechen, 694.

595 Gendlin / Wiltschko, Focusing in der Praxis, 188.

596 Eugene T. Gendlin: Körperbezogenes Philosophieren (Seitenzahlen in Klammern beziehen sich auf dieses Buch; Kursivsetzungen i.O.).

Das Konzept „Kreuzen" (*crossing*) benennt die Art und Weise des Zusammenkommens der vielen Einzelaspekte einer Geschichte im Felt Sense. „Da entdecke ich, [...] daß im Felt Sense die ganze Geschichte unserer Beziehung drin ist [...] Alle diese tausend, hunderttausend Details *kreuzen sich*, [...] so daß das, was herauskommt, ein Produkt dieses Kreuzens ist." (50) Die leibliche Kommunikation, wenn Worte in einem Zusammenhang codiert werden und decodierbar sind, dass sich die Bedeutung der Worte über Zeiten und kommunikative Zusammenhänge abhängig von Benutzern ändert, die Weise der Metaphern- und Symbolbildung ist vor allem Gegenstand der Semiotik. „Wenn ein Wort den Felt Sense weiterträgt, dann ändern sich – wie wir gesehen haben – Wort und Felt Sense. Das, was das Wort gewöhnlich sagt, *kreuzt* sich mit dem Felt Sense. Dadurch kann man dann verschiedene neue Details herausheben. Ein anderes Wort würde sich anders kreuzen."(51)

Das Konzept „Implizit gesteuert" (*implicitly governed*) bezeichnet die implizite Steuerung der Aufmerksamkeit, die einmal bewusst auf ein bestimmtes Etwas gelenkt wird; zunächst liegt die Konzentration auf einem Körpergefühl, das dann später implizit angelegt ist. Hierin liegt die körperliche Basis für Gewöhnung, man achtet zunächst bewusst auf Haltungen, die dann „in Fleisch und Blut übergehen" (z.B. wenn man Autofahren lernt, das ritualisierte Händefalten beim Beten etc.).

Das Konzept „Wiederhergestelltes Kreuzen" (*restored implicit governing*) zeigt die Verbindung von impliziten Prozessen und der Bewusstheit, die situativ da ist; „denn wenn uns etwas bewußt wird, ist es nach einiger Zeit implizit gesteuert *und* auch bewußt, und das hat dann große Vorteile. Wenn es aber *nur* bewußt wird, dann geht alles andere verloren."(52)

Im Konzept „Implizieren" (*implying*) als grundlegendes Konzept der Symbolbildung scheint sowohl das Unbewusste der Tiefenpsychologie auf als auch der Gedanke der Morphogenese. „Das Leben ist von Anfang an [...] unentfaltet."(53) Die Ent-Faltung des Lebens zeigt, dass es sehr viel komplizierter und verwickelter ist, als es zunächst aussieht. „Wenn ein Konzept eine Beziehung zu einem Felt Sense hat, wird es immer so sein, daß wir, wenn wir genauer schauen, mehr Verwicklung finden werden, und wenn wir die klären, dann kommt noch mehr Verwicklung. [...] Das Implizite ist immer mehr verwickelt als die Konzepte. Die Konzepte helfen uns nur."(55)

Jeder Moment des Erlebens ist immer schon beides: Konzept und Felt Sense. Das Verhältnis der beiden zueinander ist: Jeder der beiden impliziert den anderen und ist doch davon unterschieden. Was wie ein untergründiger, ja unbewusster Verlauf klingt, auf den das Subjekt keinen Einfluss nimmt, wird durch Gendlin gerade an der Grenze des Sagbaren und Machbaren bewegt, so dass Herz, Kopf und Hand in einem Prozess coagieren. Anders als etwa bei solchen Meditationen, wo Denken und körperliches Gespür ausgeschaltet werden wollen, geht es hier darum, auf einer Ebene geduldigen Er-Wartens der Welt das Kommende zu empfangen und zugleich die Potentialität, die im Kommenden schon gegenwärtig aufscheint, mit den eigenen Kräften zu füllen.

„Mein freies Denken darf von der Felt Sense-Seite nicht überwältigt werden. Das Denken muß immer wieder da sein, es muß immer wieder kritisch da sein, es muß wieder das, was ich von außen weiß, hereinbringen, es muß immer wieder Fragen stellen. Sonst bleibt das Erkennen stecken."(44) Man soll die zwei, beide [Felt Sense und die Konzepte], frei machen, so daß sie selbständig ihre Sache machen können.[...] in Wirklichkeit machen die beiden einander Komplikationen. Wenn wir aber beide frei lassen, dann hören diese Komplikationen wieder auf." (45)

Jede Interpretation ist auch ein Weiterleben und produktive Wahrnehmung. Hermann Schmitz und Gernot Böhme nennen solches Erleben von Situiertheit das Spüren von Atmosphären. Atmosphäre ist hier das leibliche Spüren von räumlicher und geschichtlich verdichteter Anwesenheit, in seiner Wechselbeziehung zur Umwelt. Aisthesis, Poiesis und Katharsis finden hier ihren Kulminationspunkt.

Durch das Erleben wird der Kontakt mit der Welt hergestellt. Kontakt kann die Qualität von Begegnung haben im Sinne Martin Bubers. Experiencing ist eine körperliche Weise, in der Bezogenheit auf die Situiertheit Lebens-Raum zu schaffen: „In Sphären leben heißt, die Dimension erzeugen, in der Menschen erhalten sein können. Sphären sind immunsystemisch wirksame Raumschöpfungen für ekstatische Wesen, an denen das Außen arbeitet."[597]

Die Gesamtheit des Organismus bewegt sich in einem Fließgleichgewicht, der schwankenden Balance. Im (gestalt-)therapeutischen Sinn regeln Kontaktfunktionen den Austausch, Distanz und Nähe zwischen den Polen Zugehörigkeit und Eigenständigkeit. Daher beziehen sich einige auf das Verschmelzen und Austauschen, andere auf die Abgrenzung. Diese Kontaktfunktionen lassen sich beim Focusing als leiblich-psychologische Funktionen begreifen, die auf die Grenzziehung und Berührung mit der Welt achten. Focusing ermöglicht durch den Zwischenraum einen Prozess, in dem der Kontakt fließend ermöglicht wird.

Konfluenz gilt als das Verschmelzen im Organismus-Umweltfeld, Mitschwingen und Ineinanderfließen. Als Gegenpol stellt sich die Differenzierung und Abgrenzung dar.[598] Kontakt ist also das dynamische Pendeln zwischen diesen Polen. Konfluenz bewegt sich als grundlegende Funktion für lebendige Prozesse an den Grenzen zwischen Organismus und Umwelt, welche das Verhältnis von Eigenständigkeit und Zugehörigkeit (Individualität und Gemeinschaft) regeln. Das Focusing gestaltet diese Kontaktzone in der Wahrnehmung methodisch aus; *Introjektion* ist die ungeprüfte Übernahme von Fremdem, ohne dass es vom Organismus geprüft wird. Sie wirkt als kulturbildende Kraft. Dieses Stadium ist häufig nötig, bevor Assimilation stattfinden und Lerngegenstände „zerkaut" werden können.[599] Die Gegenbewegung zur Introjektion stellt die *Projektion* dar. Die Kontaktgrenze verlagert sich dabei stark „in" den Organismus hinein; was dem Eigenen zugehörig ist, wird als fremd und zum anderen gehörig erlebt. Die Fähigkeit zu Projektionen stellt die Voraussetzung für Visionen und Pläne und Orientierung dar. Jegliche Wahrnehmung braucht ein Maß an Projektion, indem der Raum des Erlebbaren (intermediärer Raum)

597 Peter Sloterdijk, Sphären, 28.

598 Widerstand suggeriert aus therapeutischer Sicht zumeist etwas, das es zu überwinden gilt, die Notwendigkeit oder gar positive Wirksamkeit wird dabei ausgeblendet. Daher bevorzuge ich den eher existenzialistisch gefärbten Begriff der Grenze.

599 Vgl. Zilleßens didaktische Schritte des religionspädagogischen Umgangs mit der Bibel als Text (Aneignung; Abgrenzung / Differenzierung; Integration und Auseinandersetzung) in Zilleßen / Gerber, Und der König stieg herab von seinem Thron, 45f.

ausgedehnt wird. Während sich Konfluenz, Introjektion und Projektion auf das Verschmelzen beziehen, haben die Kontaktfunktionen Retroflektion, Egotimus und Deflektion ihre Aufgabe in der Differenzierung und Abgrenzung. *Retroflektion* macht deutlich, dass jeder Kontakt auch mit aggressiven Elementen zu tun hat. Hier geht es um die Aggression des Zurückhaltens und Zurückwendens gegen den Organismus, die sich körperlich in Anspannung und Verspannung bemerkbar macht. Die Gegenbewegung besteht im spontanen Ausleben und Entfalten von Aktivitäten. *Egotismus* heißt die Vermeidung des Sich-Einlassens zugunsten des Prüfens, was eine Verzögerung des Kontaktverlaufs mit sich bringt. Im Distanzieren, Drüber-Reden kann man sich durch Selbstbeobachtung vor voreiligen Aktionen schützen, ist jedoch auch davon bedroht, in ständiger und zunehmender Isolation zu leben. Hier liegt ein Zurückschrecken vor Kontaktvollzug, vor Verirrung und Frustrationen. Den Gegenpol bildet Hingabe und das Eingehen von Risiken. *Deflektion* meint grenzüberschreitende Austauschprozesse zwischen Organismus und Umwelt, die auf andere als die ursprünglich angestrebten abgelenkt werden. Ablenkung und Konzentration bilden den rhythmischen Wechsel von Aufmerksamkeit in Lockerheit und Stringenz im Lernvorgang. *Reaktivität* ist die häufig kampfbedingte Drosselung der Erregung durch Angstreaktionen, die nicht wahrgenommen werden. Dabei wird Angst vermieden; sie wird durch Snobismus, Trotz oder moralische Verurteilung häufig als verbale Angriffe heruntergefahren und kann bis zum „Todstellen“ in Angegriffenheit reichen. Im positiven Sinne geht es um einen Modus des Überlebens.

An der Schnittstelle „Experiencing“ entsteht der Kontakt zwischen dem Einzelnen und Anderen; sie bildet die leibliche Umschlagstelle von Individualität und Sozialität. Die Kontaktfunktionen helfen in therapeutischen Zusammenhängen dabei, im Sinne der Schulung der Aufmerksamkeit Störungen wahrzunehmen. Für den Fließprozess wie das Focusing stellen sie reflexiv die Gründe dafür dar, wo und wie am Körper das Eigene und Andere wahrgenommen wird. Mit den Kontaktfunktionen lassen sich auch Kommunikationsstile einschätzen. Entscheidend ist, wie die Beteiligten Kontakt erleben und wie nützlich das für jeweilige Situationen ist. Lerngruppen haben in unserem Bildungssystem ein hohes Maß an Introjektion. Es bleibt die Frage, wie nützlich bzw. schädlich das für den Prozess ist. Daher kann mit Hilfe der Kontaktfunktionen auch kommunikative Kompetenz gefördert und unterstützt, wenn nicht geschult werden. Konfluenz lässt sich mit Hilfe von Focusing anleiten – nicht umsonst ist der entscheidende gestaltpädagogische Schritt die confluent education als Unterstützung der Vernetzung, eher in heuristischer Qualität als in Wahrheitsaussagen.

3.2.3 Denken und Sprechen aus dem Felt Sense

In seiner leiblichen Prozesstheorie misst Gendlin dem Körper eine entscheidende Rolle beim Denken und Sprechen zu und entwickelt eine Funktionalität des Leibes für Sprache.

„We have noticed that the body is not just an orienting center of perceiving, nor only a center of motions, a but also of acting and speaking in situations ... The body-sense after language moves beyond language. It is more than formed, and interactional“.[600]

---

[600] Eugene T. Gendlin, The primacy of the body, not the primacy of perception.

Gendlin kümmert sich weniger darum, wie der Spracherwerb etwa bei Kindern erfolgt. Aus seinen Annahmen ließe sich in einer Parallele zur Kurzgeschichte Bichsels schließen: Wörter werden gehört, gesehen, aufgenommen und geliehen. Menschen bekommen Worte und sie eignen sie sich an, indem sie situativ wieder verwendet werden. Sie sind da und kommen nach und nach wieder, in neuen Situationen, in wachsender Komplexität (intricacy). Im Sprechen-Lernen findet so leibliche Weltaneignung statt. Der Körper impliziert das Vorangehen des Lebensprozesses, weil er von Situationen auf eine (rituelle) Weise des Körperwissens weiß. So hat er auch Sprache auf implizite Weise in sich: Die Wörter *stellen sich* zum Aussprechen (Ergänzung der Verfasserin: vorerst auch zum Denken) *ein*, sie *kommen* auf leibliche Weise. Wenn das nicht der Fall ist, sind wir blockiert und müssen warten. Das heißt, dass der Leib völlig Neues implizieren kann, das noch niemals da gewesen ist. Das sinnenhafte Gefühl, das es braucht, um den Prozess fortzuführen, stellt sich nicht automatisch ein. Wenn man jedoch lernt, wie man solch ein Gefühl kommen lässt, öffnen sich viele neue Möglichkeiten für weitere Schritte des Denkens und Sprechens.

Die Funktion des Leibes beim Denken und Sprechen erschließt sich von der Praxis zur Philosophie.[601] Gendlin legt dar, dass Denken und Sprechen eine Ordnung haben, die komplexer und umfassender ist als ihre logischen Formen, ihr Begriffssystem, Unterscheidungen und Regeln. Das, was gemeinhin von sprachlichen Formen und Strukturen nicht abgedeckt wird, das, was über sie hinausgeht, ist jedoch kein Chaos, sondern in einer größeren Ordnung (wider order) aufgehoben. Gendlin arbeitet dabei mit dem Gestaltkonzept von Figur und Hintergrund, zeigt aber auch auf, dass Formen und Unterscheidungen nicht die einzige Ordnung sind, sondern dahinter eine größere Ordnung – im Sinne der Übersummativität – zu finden ist. Dabei spielt der Leib die entscheidende Rolle. Mit Gendlins Worten gesprochen: Mit jeder Form (Kategorie...) ist etwas „Überschießendes“ verbunden, etwas, was mit dieser untrennbar verbunden ist, aber von ihr nicht abgedeckt wird. Dies ist Teil einer größeren Ordnung (im Gegensatz zur Behauptung, dies sei chaotisch) und hängt wesentlich mit der Rolle des Leibes im Denken und Sprechen zusammen. Der Leib *impliziert* (also enthält, birgt in sich, kennt und gebiert aus sich,...) einen nächsten Schritt, den Anfang der Richtung des Sprechens, Handelns, Fühlens, Wollens. Dieser Leib, der ein Teil der Welt ist, ist der unmittelbare Ort der Erfahrung. Die Sprache ist ihm „eingefaltet“, sie ist „implizit“, indem der Körper die Sprache „kennt“. Bei der Sprachfindung stellt sich sinn(en)haftes Fühlen ein (Felt Sense). Wörter, Gedanken, Sätze kommen aus dem Leib wie eine Erwartung. „Dieses *Kommen* ist charakteristisch für den Leib“[602], so wie Hunger, Schlaf und Orgasmus „kommen“.

601 Zu diesem Teil siehe insbesondere die Abhandlung von Eugene T. Gendlin, Die umfassende Rolle des Körpergefühls im Denken und Sprechen. Vgl. auch Hans J. Schneider, Die Leibbezogenheit des Sprechens, 81–95.

602 Eugene T. Gendlin, Die umfassende Rolle des Körpergefühls im Denken und Sprechen, 695.

Der alte Mann in Bichsels Erzählung hat zwar die Bezeichnungen geändert und vermutlich hat ihm diese andere Sprache für einen Moment ein besseres Empfinden verschafft; doch, hätte er seine Situation fokussieren können, wäre ihm sicher nicht die verlorene gemeinsam erlebte Sprachbasis mit den anderen entgangen.

Entscheidend ist, dass die Suggestion, Sprache fungiere als ein geschlossenes System, vom Focusing ausgehebelt wird: Der Körper benutzt die sprachlichen Formen zur Kommunikation, legt im Prozess der Interaktion aber mehr in die Wörter hinein, als sie jemals von Begriffen oder Unterscheidungen selbst enthalten. Diese genaueren Erscheinungen der Prägnanz nennt Gendlin *Subtilität*.

Husserls Phänomenologie präzisiert, wie man Strukturen der Erfahrung ans Licht bringt. Er differenziert Wahrnehmung, Gefühl und Wollen. Die Erfahrung von Situationen ist jedoch komplexer als Theorien und Begriffe. Die Subtilität lässt sich nicht mit einem Netz von Unterscheidungen einfangen; die herausfordernde Aufgabe ist, zu denken, wie diese Subtilität, die Ordnung, die größer und mehr ist als die Unterscheidungen, funktioniert. Heidegger führt Husserl fort durch die Behauptung eines grundlegenderen „Verstehens“[603]: Jene „gestimmte Art von Verständnis, mit der wir unsere Situationen schaffen...“, reiche weiter als das Erkennen und werde (Kritik:) ganz von einem philosophischen Ansatz bestimmt.[604] Damit skizziert er eine Veränderung, die von der Praxis zur Philosophie führt. Heidegger räumt (auf dem Wege zu Kant) keine Veränderung von der Praxis zur Philosophie ein, nur von der Philosophie zur Praxis.

Für Gendlin lässt sich beschreiben, „daß die Relativisten annehmen, die Subtilität der Erfahrung stamme vollständig aus Formen (aus sozialen Regeln, Unterscheidungen...), die die Erfahrung jedes Individuums schon immer im Voraus determinieren.“[605] Die Unterscheidungen und Wörter jedoch zerbrechen nicht, wenn sie weiter gebraucht werden, sondern sie „arbeiten“ und „öffnen sich zugleich in Richtung auf einen anspruchsvolleren Schritt“.[606]

Gendlin bezieht sich in seiner leiblichen Sprachlogik auf Ludwig Wittgenstein.[607] Nach Wittgenstein gehört zur Sprachfähigkeit, also zur „Grammatik“, die Formkompetenz und die projektive Fähigkeit zur Aufgabe der Philosophie, die hier als „Vergewisserung über etwas Bekanntes“, „eine schon immer ausgeübte Fähigkeit reflexiv zu verstehen“, formuliert wird.[608] Die „Fähigkeit, sich zwischen den Zeilen zu bewegen“[609], das heißt etwas von der Sprachkompetenz zu erfassen, das nicht auf Formen und Regeln beruht, ohne sich in Mystifikationen der Sprache als einer geheimnisvollen Macht zu ergießen, führt über Wittgenstein zum Erschließen einer „projektiven Kompetenz“[610]: darunter ist die Fähigkeit zu verstehen, Formen zu übertragen. Gendlin

603 Martin Heidegger, Sein und Zeit, 142–148.

604 Eugene T. Gendlin, Die umfassende Rolle des Körpergefühls im Denken und Sprechen, 696.

605 A.a.O., 697.

606 A.a.O., 698.

607 Eugene T. Gendlin, What happens when Wittgenstein asks ‚What happens when ...?‘. Philosophical Forum XXVIII.3, Spring 1997 (siehe auch www.focusing.org/gendlin5.html). Hans Julius Schneider, ‚Zwischen den Zeilen‘.

608 Hans Julius Schneider, ‚Zwischen den Zeilen‘, 422.

609 A.a.O., 417.

610 A.a.O., 422.

bezieht sich auf eine Ordnung *zwischen* den Zeilen: Sein Bezug auf Leibempfindung ist ein seelischer. „Das Nichtbegriffliche kann durch eine ‚vollständige Beschreibung' niemals eingeholt, niemals vollständig in Begriffliches transformiert werden."[611] Eingebettet in eine größere Ordnung ist das Hin- und Hergehen zwischen der begrifflichen und der nichtbegrifflichen Seite als leibliche Arbeit an und mit der Sprache.

Um konzeptionell herauszustellen, wie man mit Hilfe dieses leiblichen Implizierens auf etwas vertraut, wie man mit ihm denkt und handelt, entwickelt Gendlin neun Funktionen des Leibes in der Sprache. Danach bestimmt sich der Leib durch die Fähigkeit, weitere Ereignisse zu implizieren. In diesem Implizieren weist sich Intentionalität aus, d.h. er kennt Situationen, hat Sprache implizit in sich, so dass Wörter auf leibliche Weise zu uns kommen – und zwar fließend oder nach einem Warten, sie können völlig Neues enthalten. Dieses leibliche Implizieren ist evolutionär wert-gerichtet. *Focusing will das Kommen-Lassen des sinnhaften Gefühls in unserem situierten Leib lehrbar machen.*[612] Gendlin kombiniert hier Gestaltlogik und Leiblichkeit: Während logisch reine Neuordnung durch Umstrukturierung möglich ist, erschafft der Leib Neues. Die Evolution verlangt und impliziert diese aus der Gestalttheorie bekannte Übersummativität als Transzendenz. Die Fortsetzung der fließenden Gestalt des Lebensprozesses übersteigt die gesprochene Sprache darin, „dass das Leben in den Situationen, die wir miteinander leben, viel, viel komplizierter und interessanter ist als das Bisschen, das wir im Allgemeinen aussprechen können. Deshalb kann vieles vom Leben selbst kommen."[613] Das Ganze ist mehr, komplexer und weitreichender als die Summe seiner Teile.

Der Felt Sense ist die leibliche, nicht-begriffliche Seite der Sprachkompetenz, die eine „offene Handlungskompetenz" markiert von etwas, das gegenständlich vorliegt, aber Unendliches damit transportiert. Es geht um ein Gewahrsein von Sprache, das anders ist als das Bewusstsein: Ähnlich wie Wittgensteins Ziel der Klarheit in der Philosophie akzentuiert auch Gendlin das Hin- und Hergehen zwischen der begrifflichen (logischen) und der nicht-begrifflichen Seite. „Dieses fortschreitende Handeln erfordert aber immer wieder ein Innehalten und ein leiblich-seelisches Gewahrsein der konkreten Situiertheit, damit sie nicht zur mechanischen Routine wird, die im Hergebrachten verharrt"[614]. Gendlins sprachphilosophischer Weg schlägt eine Projektionsrichtung von der Erfahrung zu den „kommenden" Worten ein; die Ordnung mit aus dem Körper kommender Subtilität, also leiblicher Prägnanz, ist mit den Formen nicht einzufangen. Die dialogischen und handlungsbezogenen Aspekte von Sprache machen den Verdacht auf Mystifikationen zunichte und stärken eher die Ausbildung primär sozialer Fähigkeiten.

---

611 A.a.O., 424.

612 Eugene T. Gendlin, Die umfassende Rolle des Körpergefühls im Denken und Sprechen, 702–705. „Die Logik stellt nur bereits zugeschnittene Einheiten neu zusammen. Der Leib dagegen, insbesondere ein stärker leibliches Denken, erschafft Neues" (702).

613 Gendlin / Wiltschko, Focusing in der Praxis, 38.

614 Hans Julius Schneider, ‚Zwischen den Zeilen', 426.

Von dort aus kann der Ausblick auf die (für ihn reflexive) Art des Philosophierens genommen werden[615], und das impliziert in der Philosophie ein Exemplifizieren in der Arbeit selbst. Ausgehend von Wittgensteins Annahme, die Rede nicht als regelgeleitet anzusehen, weil diese ausschließlich aus dem Gebrauch der Sprache rekrutiert, untersucht Gendlin den Zusammenhang von Sprache und Metasprache.[616] Mit Wittgenstein zeigt er, wiederum im *Vollzug* der Sprache, dass sprachliche Bedeutungen und demzufolge auch Abhandlungen über Sprache situativ entstehen und aus dem sprachlichen Stoff und Stil sind, den sie zeigen. Damit wird eine Trennung von subjektivem und objektivem Sprachgebrauch hinfällig. Gendlin führt Wittgenstein am Beispiel des „What happens..." in der Weise weiter, dass Metasprache über Sprachgebrauch nur in der Weise gebraucht werden kann, in der wir normalerweise sprechen. „What happens when Wittgenstein asks ‚What happens when ...?' Das „happening in the examples" und „The happening of the examples" fallen zusammen, „Familienähnlichkeit" („family resemblance") ist selbst ein Beispiel von Familienähnlichkeit: „all words mean what happens in the situation in which we use them" und „the different uses of any word share only a family resemblance"; das Gemeinsame an allen Fällen und Beispielen ist die *intricacy*, die „Verwickeltheit", wie Schneider es übersetzt und die mit Husserls „Subtilität" (Gendlins Übersetzung) einhergeht. Alle Wörter über den Gebrauch von Wörtern können sagen, wie sie funktionieren (Prozess); Darstellung und Mitteilung der Sprache sind nur reflexiv voneinander zu unterscheiden.

„It is not true that what Wittgenstein showed cannot be said. It seem so because it cannot be said as a substitution in a theoretical language. Of course it can be said, but only in the language he uses to show it, the same language in which we normally speak."

Gendlin akzentuiert experientielle, also erlebensbezogene Konzepte als Brücken zwischen Phänomenologie und logischer Formulierung.[617] Seine Methode geleitet zum Hin- und Hergehen, um natürliches Verstehen und logische Formulierung aneinander gedeihen zu lassen. Auf der subjektiven Seite benötigen die Konzepte unmittelbare Bezugspunkte („direct reference") zu einer gefühlten oder impliziten Bedeutung („implicit meaning"). Zwischen dieser und der logischen Seite gibt es keine Übereinstimmung, vielmehr wird in einer logischen „explication" das Implizite vorangetragen („carried forward"), eine Relation, die in vielen Funktionen sichtbar wird. Das Subjektive ist keine innere Parallele. Es erfüllt spezifische Funktionen in der Sprache. Sind diese einmal verortet, führen sie ebenso zu Weiterentwicklungen auf der logischen Seite.

---

615 Für Schneider geht es „um die primär soziale Fähigkeit, sich zwischen den Zeilen zu bewegen" (a.a.O., 427).

616 Vgl. Ludwig Wittgenstein, Philosophische Untersuchungen (Teil I 1936/37; Teil II 1949). Auf der Grundlage der kritisch-genetischen Edition neu hg. von Joachim Schulte. Frankfurt 2003.

617 Eugene T. Gendlin, Crossing and Dipping: Some Terms for Approaching the Interface between Natural Understanding and Logical Formulation. Mind Mach 5 (1995) 4, 547–560.

„In crossing, truth cannot be representational, not the accuracy of a copy. Rather, there is a truth of what can cross – what can make sense. We can understand each other, across different experiences and different cultures, because by crossing we create in each other what neither of us was before. Communication and making sense does not rest on pre-existing commonalities, as if we can understand only what we already know."[618]

Sprachphilosophische Versuche zur Verortung der Philosophie im Handeln würdigen Gendlin als denjenigen, der „Gegründetheit des Denkens und Wissens im weiteren Sinne (man könnte formulieren: dessen, was an der Sprache nicht Handlung, sondern Widerfahrnis ist)" darlegt.[619] Symbolisierung und Situierung kommen zusammen, Rezeption wird mit Produktion verbunden, Handlung und Ereignis halten die Spannung zueinander aufrecht.

Sprachbildung und Sprachgebrauch schließen Körperlichkeit als emotionale und körperliche Bewegung ein, die im Kontakt mit den Formen neue Wege geht. Dabei ist Wert auf die passive und aktive Seite zu legen: Der Geist ist mehr als der Buchstabe, was durch das Focusing geübt und woran durch schlichte sprachphilosophische Überlegungen erinnert werden kann.[620] Um dieses pragmatische „Philosophieren als vorsichgehendes Tun" [621] darzustellen, muss man es selbst praktizieren: Ich nehme die Annahmen Gendlins für-wahr und betrachte sie so, dass die Richtung einer Ästhetik eingeschlagen wird, wie sie für religionspädagogisches Handeln erforderlich und hilfreich ist. Daher fällt der Blick unterwegs schon auf Hinweisschilder, die den Blick auf die religionspädagogische Landschaft anlocken.

„Das Tun und das Reflektieren müssen also zusammen sein. [...] Das Wort soll phänomenologisch genommen werden und nicht als etwas schon Fixiertes, das ‚von außen' hereingebracht wird. Wenn ich zeige, dass ich das tue, dann reflektiere ich. Ich bin sehr für das Reflektieren. Das ist nicht etwas, das ich nächstes Jahr machen werde; jetzt mache ich es."[622]

---

618 A.a.O., 560

619 Hans Julius Schneider, Die Situiertheit des Denkens, Wissens und Sprechens im Handeln, 727. (Im amerikanischen Original: The Situatedness of Thinking, Knowing and Speaking: Wittgenstein and Gendlin. In: David Michael Levin (Ed.)., Language beyond postmodernism. Evanston, IL 1997, 97–116). In „Thinking beyond patterns: Body, Language and situations" stellt Gendlin das Projekt dar, mit mehr als Regeln und Formen zu denken. Eugene T. Gendlin, Thinking beyond patterns: Body, Language and situations. In: Bernard den Ouden / Marcia Moen (Ed.), The Presence of feeling in thought. New York 1992 (siehe auch: www.focusing.org/tbp.html).

620 Zu der Replik von Gendlin, dem das Aktive wichtiger ist, siehe „Reply to Schneider" im Anschluss daran in: Language beyond postmodernism, 116–119.

621 Eugene T. Gendlin: Körperbezogenes Philosophieren, 7 (Seitenzahlen in Klammern beziehen sich fortan auf dieses Buch; Kursivsetzungen i.O.).

622 Gendlin / Wiltschko, Focusing in der Praxis, 222.

3.2.4 Symbolisches Verstehen

„Jedes Wort bringt einen neuen Aspekt dessen, was man sagen will. Jedes Wort trägt den Felt Sense auf seine besondere Art weiter." (97)

Gendlin bezeichnet diejenige leibliche Erfahrung, aus der heraus und von der er inspiriert oder geleitet wird, als ‚mit der Sprache arbeiten', als ein „sinnhaftes Gefühl".[623] Damit wird – nun gemäßigt konstruktivistisch – dann auch im Denken Kreativität möglich, die über die Begrifflichkeit hinausgeht, z.B. wenn hier Wahrnehmung dargestellt werden soll, die als solche Wahrnehmung gar nicht fassbar werden kann. Gendlin beschreibt mit dem Motto „Thinking at the edge: Denken am Rand der Begrifflichkeit", wie sich das Denken durch Focusing verändert.[624] In der universitären Praxis lehrt er *theory construction.* (Logik-Konzepte miteinander verbinden und kombinieren) in Verbindung mit Focusing und berücksichtigt, wie man das Lernen fokussiert. Er sucht hemming and hawing, das Steckenbleiben und Stottern, denn er bekämpft „die Gewohnheit, daß wir objektiv sein sollen, daß wir nur sagen sollen, was klar ist und daß das, was nicht klar ist, gar nicht existiert oder nur persönlich ist" (94). Denn: „Der Organismus reagiert immer auf irgendeine Weise auf etwas in der Welt, und wenn du das artikulierst, kommt etwas heraus"(95). Gegen die Falle zu glauben, es gäbe schon irgendein allgemeingültiges Konzept, welches das Gefundene bereits ausdrückt, empfiehlt er das phänomenologische Beschreiben. „Was heißt ‚beschreiben'? Beschreiben heißt, das so auszudrücken, daß es jemand anderer finden kann" (95).

Die Metaphernbildung ist zunächst subjektiv geprägt. So ist es kontraproduktiv, das Eigene aufzugeben, weil es von keinem Wort ausgedrückt werden kann. Den Fluss treibt man mehr voran, wenn man dem Gefühl beim Kontakt mit dem, was man ausdrücken möchte, einen Namen zu geben versucht. Damit ändern sich die Worte und werden metaphorisch. Worte können als niedergeschriebene Aspekte durch den Felt Sense überprüft werden, um evtl. noch etwas Stimmigeres, Treffenderes zu finden. So erhalten die Worte metaphorische Bedeutung und sind damit interaktional und kommunikativ zu verfolgen. Auch begriffliches Arbeiten mit Focusing setzt also beim Aufbau des Eigenen an. Das, was beschrieben werden kann, was der Körper an Wissen mitbringt, wird aufgegriffen. Der Felt Sense ist der Korrektor der Gedanken; daher wird an ihm immer wieder auf die „Richtigkeit" hin überprüft. Gelesene andere Statements kann man auf später vertagen, ohne sie wegzudrängen. Ein solches Denken verläuft in zwei Richtungen des

[623] Hans Julius Schneider, ‚Zwischen den Zeilen', 423.

[624] Eugene T. Gendlin, A philosophical car for focusers, 1999 Model. www.focusing.org/Car1999.html. Deutsch: Ein philosophisches Auto für Focusing-Leute (Modell '99). Übers. v. Jutta Ossenbach. Focusing Journal 5 (2000), 4–7. Eugene T. Gendlin, Introduction to Thinking At The Edge. The Folio 19 (2004) 1, 1–11 (deutsch: Wo noch Worte fehlen) sowie Eugene T. Gendlin / Mary Hendricks, Thinking At The Edge (TAE) Steps. A.a.O., 12–25.

Denkens. Derartige Konzepte müssen ineinander passen, daher verknüpft Gendlin bei der Theoriebildung Logik und Felt Sense.

„Die fertige Theorie ändert man nicht mehr, außer es würde sich etwas als einfach falsch herausstellen. Aber die Theorie kann bei jeder Anwendung *offen* benützt werden. ‚Offen benützen' heißt, daß man die nur logischen Folgerungen nicht gleich annimmt. Nachdem eine Theorie logisch aufgebaut ist, hat sie das *logische* Vermögen, bei jeder Anwendung etwas Spezifisches zu ergeben. Aber dann muß man noch überprüfen, ob das, was sich ergeben hat, auch felt-sensemäßig recht hat. Nachdem jeder Satz *dieser* Theorie auch einen Felt Sense bringt, kann man in dieser Theorie nicht nur logisch vorgehen, sondern immer auch frisch prüfen und nachfühlen, wie sich der Felt Sense mit jeder neuen Anwendungssituation *kreuzt*. Daraus können ganz neue Konzepte kommen, die oft logisch nicht mehr passen. Das macht aber (101) nichts, denn man kann mit der Logik viele Schritte gehen, und wo immer man dann ankommt, kann man dann überprüfen: Wie ist denn das auf der *Felt-Sense-Seite*. Da kommt dann etwas Neues vom Felt Sense. Beide Mächte beibehalten, das ist mein Prinzip." (102)

Vielen Wissenschaftlern geht es bei der Erforschung und Entwicklung von Konzepten[625] ähnlich: Bevor die Konzeption, die Worte und Sätze „kommen", ist der Felt Sense da.

„Wenn mir das passiert, dann muß ich daran arbeiten. Dann fehlt meinen Konzepten etwas. [...] (102) Wenn man das Neue einmal ausdrücken kann, dann sieht man, wie man die Konzepte genauer und so gestalten kann, daß sich der Konflikt aufhebt. Dann ist man dankbar, daß sich der Konflikt gezeigt hat." (103)

Das Ereignis ist eine Symbolisierung des Erlebens seit der Erweiterung des ursprünglichen Rogersschen Begriffs des Symbolisierens[626], da der Felt Sense (damals noch pre-conceptual feeling, PCF) zwar bewusst, aber scheinbar noch nicht symbolisiert ist:

Symbolisieren geschieht nicht nur sprachlich oder bildlich, sondern „daß die Ereignisse selber das Erleben immer schon *unmittelbar* ‚symbolisieren'. Wenn man ein noch unklares Erleben zum ersten Mal in Worte ausdrückt, heißt das also nicht, daß es zum ersten Mal symbolisiert würde. Es heißt, das Erleben mit Worten *weiter* zu symbolisieren. Erleben kann immer auf neue Weise *weiter* symbolisiert werden. Das Konzept des Symbolisierens habe ich damals noch durch zwei weitere neue Formen des Symbolisierens erweitert: erstens das Richten, das Beziehen der Aufmerksamkeit auf einen Felt Sense von etwas und zweitens das Herausheben eines bestimmten Aspektes des Felt Sense als ein gefühltes ‚dieses da'." (105)

In pragmatischer Ausführung des Konzepts der „Zwischenleiblichkeit" von Merleau-Ponty und der „Kommunikativität" von Waldenfels ergibt sich die Einbettung des Körpers in die Natur als prozesshafte Konstruktion von Selbstbezug und Fremdbezug. Im responsorischen Verhältnis zur Welt ist der Körper

[625] Zur Bedeutung des Wortes „Konzept" bei Gendlin siehe Körperbezogenes Philosophieren, 107ff. Vgl. das Einsetzen anderer Worte wie „Hypothese", „Ansatz", „Beschreibung", „Hinweis", „Wegweiser" etc (108).

[626] Das Bewusstsein ist zugleich immer das Symbolisierte.

zugleich Grenze von Außen und Innen, Medium von Ich und Welt. Experiencing ergibt sich in diesem Zusammenhang als Weg und Intentionalität der Symbolisierung, als Gewinn von Bedeutung.[627] Mit dem Focusing wird die symbolische Erschließung von Zusammenhängen möglich. Als solche stellt Focusing einen Beitrag zur Hermeneutik dar.

Hermes war Götterbote und Vermittler zwischen Gott und Menschen. Hermeneutik resultiert aus der klassischen Sprachwissenschaft als „Kunst der Auslegung“. Seit Schleiermacher ist sie eine spezifisch geisteswissenschaftliche Methode für eine Lehre vom Verstehen. Insbesondere Wilhelm Dilthey bemüht sich um eine Erfahrungswissenschaft der geistigen Erscheinungen und um die Erfassung geschichtlicher Seelenvorgänge durch Verstehen. In seiner Kritik der historischen Vernunft wird er zum Schöpfer der Erkenntnistheorie der Geisteswissenschaften, er arbeitet an Nachweisen für deren Selbstständigkeit nach Gegenstand und Methode gegenüber den Naturwissenschaften. In der abendländischen Tradition werden gemeinhin drei Typen von Offenbarungen der menschlichen Natur akzeptiert: Materialismus (Positivismus), objektiver Idealismus und philosophischer Relativismus (Idealismus der Freiheit). Der Mensch erfährt, was er sei, durch die Geschichte (von Dilthey geistesgeschichtlich untersucht). Geschichte hat es mit den Menschen als seelischen Ganzheiten und mit deren Strukturen zu tun. Diese sind aber nicht durch konstruktive, erklärende Psychologie zu erfassen, sondern dazu braucht es eine beschreibende und verstehende Psychologie.

Focusing als Kommunikationsinstrument zeigt auf, dass leibliches Verstehen nicht nur rückwärtsgewandt erfolgt. Vielmehr trägt der Kommunikationspartner – sei es im Dialog oder auch im Gespräch mit sich selbst – aus der gespürten Körperlichkeit neue Bedeutungen in die Sprache ein. Gendlin bestätigt damit die Unablösbarkeit von Rezeptivität und Produktivität im Denk- und Sprachfluss. Sinn- und Sachzusammenhänge werden durch die Leiblichkeit nicht nur ausgelegt, sondern durch „Einlegung“ kreativ erweitert.

3.2.5 Focusing und Ritualität

Waldenfels charakterisiert in seinem leiblichen Responsorium – Leiblichkeit ist hier unter dem Blickwinkel betrachtet, dass es immer schon auf fremde Ansprüche antwortet – drei phänomenologische Erlebens- und Verhaltensweisen, Tun und Reden[628]: Intentionalität ist auf Sinnfindung aus und antwortet auf die Frage nach dem „Woraufhin“ (Hermeneutik); Kommunikation hat als Frage des „Wonach“ die Regelhaftigkeit im Blick (ein Moment der Semiotik); Responsivität im engeren Sinn antwortet auf die Frage nach dem „Worauf“ mit dem Anspruch.[629] Bezogen auf die Leiblichkeit ergibt sich daraus das Sensorium als der Bereich des

---

[627] Mohanty liest das Verhältnis von Erleben und Bedeutung kritisch vor der Hintergrundfrage, ob experiencing bedeutungsvoll ohne Form und Symbolisierung sein kann. Er macht die Rechnung jedoch ohne den Felt Sense. (Jitendra N. Mohanty, Experience and meaning. In: David Michael Levin (Hg.), Language beyond postmodernism. Evanston 1997, 176–189).

[628] Vgl. dazu Bernhard Waldenfels, Antwortregister. Frankfurt 1994, 327–332.

[629] Bernhard Waldenfels, Das leibliche Selbst, 365–378.

Bemerkens, das Motorium als der Bereich des Bewirkens.[630] Waldenfels arbeitet heraus, dass erst das dritte Moment der Responsivität, „ein Worauf, das der Antwortlichkeit des Verhaltens zuvorkommt", über Sinnhorizonte und Regelsysteme hinausgehe, indem es mit dem Fremden zu tun habe.[631] Gendlins Ansatz ist als hermeneutisches Instrumentarium verankert. Focusing konzentriert sich zunächst einmal mehr auf die inhärente Intentionalität; es geht ihm um das fortsetzende Verstehen. Die Responsivität ist darin angelegt, dass der Körper auf die Welt, das Dasein, antwortet. Die Regel, wonach Antwort und Intention erfolgen, ist der Austauschprozess von Einleibung und Ausleibung, wie er in der biologischen Natur auch stattfindet. Was Waldenfels als philosophische Merkmale skizziert, ist im Ritual vereint. Hier fügt sich Focusing als ein Ritual ein.

Rituale haben liminale Funktionen und dienen dazu, Übergänge begehbar zu machen.[632] Focusing schafft in der Wahrnehmung und Begehung des Körpers als Grenze einen „Übergangsritus", der in seiner Liminalität nach Turner einen Zustand der „communitas", der Unbestimmtheit und Potentialität eröffnet.[633] Auch zwischen Anspruch und Antwort liegt eine „Schwelle". „Die Schwelle verbindet, indem sie trennt".[634] Focusing dient der Schwellenbegehung und übernimmt organismische liminale Funktionen. Es verbindet, indem es das Ich vom Anderen unterscheiden hilft. Der Weg der Verbindung ist weniger einer der Trennung als der Unterscheidung. Hier scheint ein transzendentales Moment auf. So eignet sich durch die Fundierung im Ritus der eigentlich liturgische Begriff des „Responsoriums" hier zur Bezeichnung des „leiblich verankerten Verhältnis zur Wirklichkeit", wobei das Antworten über verschiedene Register läuft.[635]

Carolin Humphrey und James Laidlaw haben herausgearbeitet, dass Rituale an rituelle Einstellungen gebunden sind.[636] Ihnen zufolge typisiert Ronald Grimes Rituale nach deren Erfahrungen und unterscheidet Ritualisierung, Anstandsregel, Zeremonie, Magie, Liturgie und Feier. Ritualisierung bezeichnet ethologisch die

---

630 So auch die zirkuläre Kausalität in Viktor von Weizsäcker, Der Gestaltkreis (1940). Frankfurt 1973.

631 Bernhard Waldenfels, Das leibliche Selbst, 368.

632 Victor W. Turner, Liminalität und Communitas. In: Andréa Belliger / David J. Krieger (Hg.), Ritualtheorien. Opladen / Wiesbaden 1998, 251– 262 (Zur begleitenden Funktion des Übergangsritus siehe bereits Arnold van Gennep, Les rites de passage (1908). Übers. v. Klaus Schomburg, Übergangsriten. Frankfurt 1986). Vgl. dazu Victor W. Turner, Das Ritual. Struktur und Anti-Struktur. Frankfurt / New York 1989, 94–127; ders., Vom Ritual zum Theater. Der Ernst menschlichen Spiels. Frankfurt / New York 1995.

633 Ders., Liminalität und Communitas. Vgl. ders., Das Ritual, 95f.

634 Bernhard Waldenfels, Das leibliche Selbst, 372.

635 Ebd.

636 Zu den Ritualen zählen „nicht-intentionale", „vorgeschriebene", „elementare", „archetypische" und „wieder-erkennbare" (Carolin Humphrey / James Laidlaw, Die rituelle Einstellung. In: Andréa Belliger / David J. Krieger (Hg.), Ritualtheorien. Opladen / Wiesbaden 1998, 135–155. Hier: 135).

„stilisierte, wiederholte Gebärde und Körperhaltung bei Tieren" als eine Handlung, der man nicht ohne weiteres pragmatische oder anpassende Funktionen unterstellen kann[637], die genauso bedeutungslos wie nutzlos scheint und doch im Kontext als Handlung begriffen werden kann. Ritualisierung gründet auf dem (biologischen) Rhythmus, den wir in uns tragen und der uns trägt – auf der „Verbindung von Wiederholung, Mitteilbarkeit und Verspieltheit". Alle anderen Ritualtypen setzen dies als eine spezifische kulturelle Lenkung voraus. In der leiblichen Haltung des Focusing als einer Inwärtsgerichtetheit ergibt sich das dynamische Miteinander der spielerisch-kreativen Gestaltung von Themen und Bewusstseinsinhalten. Focusing verleiht ihnen eine Gestalt und schafft eine Mitteilbarkeit in leiblich-symbolischer Interaktion, die sich zwischen der Offenbarung und Verhüllung bewegt. In der Übung und Wiederholung festigt sich das Vertrauen auf die Sensibilität, welche die Exaktheit und Prägnanz des zu Sagenden und Gemeinten für den je Einzelnen und in der Mittelbarkeit auch für die Kommunikation fördert. Rituale konstruieren und bestätigen soziale Wirklichkeit: Mit Hilfe der Rituale kann Zufall in Ordnung verwandelt werden. Focusing fördert in einer dynamischen Ordnung ein momentanes, weil situatives Erscheinen der Wirklichkeit zutage.

Nach Tambiah ist eine rituelle Handlung „auf drei Arten performativ: erstens im Sinne von Austin, wonach etwas sagen gleichzeitig auch etwas tun (als konventionelle Handlung) bedeutet; zweitens in dem davon völlig verschiedenen Sinn einer dramatischen Performance, in der die Teilnehmer verschiedene Medien benutzen und den Vollzug intensiv erfahren; und schliesslich in einer dritten Bedeutung im Sinne eines lexikalischen Wertes (der Begriff stammt von Peirce), den die Akteure während der Performance dieser zuschreiben und aus ihr ableiten".[638] Über ihren semantischen Gehalt hinaus geben sie der Handlung eine Wirklichkeit setzende Fähigkeit. So kann festgehalten werden, dass Rituale „metaperformative kommunikative Handlungen" sind, „die einen besonderen Bezug zur performativen Rede haben, da sie die Konventionen, auf denen performative Rede gründet, durch eine ihnen spezifische generative Pragmatik festlegen."[639] Focusing tut, was es sagt: Es fokussiert. Inmitten sprachlicher Dekonstruktion konstruiert es und schafft auf eindrückliche Weise eine ausdrückliche Prägnanz, bei der Bedeutung als Gestalt dramatisch und im Sinne einer Dramaturgie reflektierend wahrnehmbar wird.

---

637 Ronald Grimes, Typen ritueller Erfahrung. In: Belliger / Krieger (Hg.), Ritualtheorien, 119–134. Hier: 120.

638 Stanley J. Tambiah, Eine performative Theorie des Rituals. In: Belliger / Krieger (Hg.), Ritualtheorien, 227–250. Hier: 230.

639 Belliger / Krieger (Hg.), Ritualtheorien, 21.

3.3 Focusing – ästhetisches Handwerkszeug

3.3.1 Ästhetische Erfahrung

Der Zugang des Focusing impliziert Momente der ästhetischen Erfahrung. Aufgrund der an der Sprache festgemachten Theorie greife ich auf ein vor allem in der Literaturästhetik verarbeitetes Modell zurück. Hans Robert Jauß charakterisiert ästhetische Erfahrung von der rezeptiven und kommunikativen Seite.

„Auf der rezeptiven Seite unterscheidet sich ästhetische Erfahrung von anderen lebensweltlichen Funktionen durch die ihr eigentümliche Zeitlichkeit: sie läßt ‚neu sehen' und bereitet mit dieser entdeckenden Funktion den Genuß erfüllter Gegenwart", sie führt in andere Welten der Phantasie und hebt damit den Zwang der Zeit in der Zeit auf; sie greift vor auf zukünftige Erfahrung und öffnet damit den Spielraum möglichen Handelns; sie lässt Vergangenes oder Verdrängtes wiedererkennen und bewahrt so die verlorene Zeit. Auf der kommunikativen Seite ermöglicht ästhetische Erfahrung sowohl die eigentümliche Rollendistanz des Zuschauers als auch die spielerische Identifikation mit dem, was er sein soll oder gerne sein möchte[640]; sie lässt genießen, was im Leben unerreichbar oder auch schwer erträglich wäre; sie gibt den exemplarischen Bezugsrahmen für Situationen und Rollen vor, die in naiver Nachahmung, aber auch in freier Nachfolge übernommen werden können; sie bietet schließlich die Möglichkeit, gegenüber allen Rollen und Situationen die Verwirklichung seiner selbst als einen Prozeß ästhetischer Bildung zu begreifen."[641]

Ausgangspunkt der Ästhetischen Erfahrung ist nach Jauß eine Haltung, die „ästhetische Neugier", die „neues Sehen in entdeckender Funktion" vermag.[642] In einer vorreflexiven ästhetischen Einstellung ist die Erwartung auf ein die Alltagswelt transzendierendes Etwas gerichtet: die Eröffnung einer anderen Welt jenseits der Alltagswirklichkeit ist [...] die auffälligste Schwelle zur ästhetischen Erfahrung."[643]

Ästhetische Erfahrung hat erschließenden Charakter durch die Leidenschaft für eine Sache oder einen Menschen, die dem Menschen in seiner „exzentrischen Positionalität" vorbehalten und allein der poetischen Darstellung zugänglich ist.[644] Diesen erschließenden Charakter hat Ernst Bloch als „utopischen Vorschein" verstanden[645]; ästhetische Erfahrung ist aber nach Jauß auch in erinnern-

640 Jauß veranschlagt drei Richtungen ästhetischer Identifikation, die das verkörpern, was oberhalb, unterhalb und außerhalb der Gesellschaft zu stehen scheint. Vgl. Hans-Robert Jauß, Ästhetische Erfahrung und literarische Hermeneutik. Frankfurt 1982, 37.

641 A.a.O., 39f.

642 A.a.O., 32.

643 A.a.O., 33.

644 Siehe Plessners Begriff der „exzentrischen Positionalität" als die Erkenntnis, dass dem Menschen die Zentralität seiner Existenz bewusst ist (Helmuth Plessner, Die Stufen des Organischen und der Mensch. Einleitung in die philosophische Anthropologie. In: Gesammelte Schriften IV. Hg. von Günter Dux, u.a. Frankfurt 1981).

645 Nach Ernst Bloch, Das Prinzip Hoffnung. Bd I. Frankfurt 1959, 108f. Siehe Hans-Robert Jauß, Ästhetische Erfahrung und literarische Hermeneutik, 38.

dem, „rückschauendem Wiedererkennen“ wirksam. Bezieht man das Utopische nicht auf einen zeitlichen Vor- bzw. Rückgriff, sondern auf die körperliche Seite der ästhetischen Erfahrung, dann wird mit dem utopischen Vorschein dem, was keinen Ort hat, im Körper Raum gegeben. Anders gesagt: Das, was sonst nicht sichtbar und spürbar ist, kommt im und durch das Focusing zum Er-Scheinen. Im Focusing als ästhetischem Prozess wird damit auch deutlich, dass Lebenswelt und Alltag zwar als Folie in den Prozess einbezogen sind, sich aber hier gerade das Nicht-Alltägliche zeigt. Gründe dafür können in den Grenzen des Sprachlichen liegen, dem sich das Focusing als sprachbildendes Moment vorschaltet. Ästhetische Erfahrung hat nach dem Muster humanistischer Bildung eine „vororientierende Leistung“ darin, dass „die Vorstellungskraft der Poesie den Vorzug vor der logischen Begrifflichkeit der Philosophie“ hat.[646] Im teilnehmenden Beobachten, als Schaupielerin und Zuschauerin zugleich, gelingt mir so in einem kontinuierlichen Fließgeschehen, was normalerweise in ein Nacheinander zerlegt ist; die ästhetische Erfahrung geht davon aus, dass der Betrachter auf der reflexiven Ebene durch das Einnehmen der Zuschauerrolle (incl. entsprechender Rollendistanz) die wieder erkannten Dinge und lebensweltlichen Situationen ästhetisch genießen und genießend verstehen kann.[647]

Das produktive Vermögen der ästhetischen Erfahrung und ihre kathartische Wirkung gehen hier in eins: Der Dichter, der seine Erfahrung in ein poetisches Gebilde verwandelt, findet in der Freude über die Vollendung des Werks zugleich eine Befreiung des Gemüts, an der sein Adressat teilhaben kann.[648] Zugleich handelt es sich hier aber auch um eine Erfahrung der Grenze und des Widerstands. Die Grenze markiert sich an der Grenze der Natur. Die schöpferische ästhetische Erfahrung meint im Sinne der Annäherung an Prägnanz „nicht allein das Hervorbringen in subjektiver Freiheit, ohne Regeln oder Vorbild, oder das Erschaffen möglicher Welten jenseits der bekannten, sondern auch die Fähigkeit des Genies, die eine bekannte, vorgewusste und sinnfremd gewordene Welt in ihrer Anfänglichkeit und Bedeutungsfülle wiederherzustellen.“[649] Kindliche Wahrnehmung wird zur Herausforderung der ästhetischen Erfahrung. Die Moderne bringt hier die Erneuerung der Wahrnehmung mit dem Wiedererkennen verdrängter Erfahrung zusammen. Dabei entstehen Möglichkeiten hinsichtlich der Zielhaftigkeit ästhetischer Produktivität: „dass die ästhetische Produktion ein vorgegebenes Telos nachschafft oder das Telos aus sich heraussetzt, das sich im Werk erfüllt, [...] dass die ästhetische Tätigkeit kein anderes Ziel hat als ihre Bewegung selbst,

---

646 A.a.O., 35.

647 „Was im Leben uns verdrießt / man im Bilde gern genießt.“ (Johann Wolfgang von Goethe, Parabolisch. Goethes Werke. Vollständige Ausgabe letzter Hand, Bd. 1–4: Gedichte, Stuttgart und Tübingen 1827 (Motto).

648 Die Erlebnislyrik hat das als „Heraustreten aus sich selbst und Erfülltwerden durch göttliche Inspiration“ erklärt (Hans-Robert Jauß, Ästhetische Erfahrung und literarische Hermeneutik, 40f).

649 A.a.O., 42.

mithin in ihrem Ergebnis, das nurmehr der Schein der Vollendung tragen kann, [und das] den Werkcharakter der Kunst dementiert."[650]

Ästhetische Erfahrung geht nicht im erkennenden Sehen auf, sondern vollzieht sich auch im Innenraum: „Und was der ganzen Menschheit zugeteilt ist, will ich in meinem innern Selbst genießen".[651] Der Prozess des Genießens setzt das Subjekt aus den umgebenden Zwängen frei. Das ästhetische Genießen vollzieht sich in exzentrischer Positionalität als „Selbstgenuß im Fremdgenuß".[652] Im Rückgriff auf Aristoteles, Augustin und Freud benennt Jauß ästhetischen Genuss in den Grunderfahrungen von Poiesis, Aisthesis und Katharsis. Aus ihnen ergeben sich im Zusammenspiel die Zusammenhänge von selbstständigen ästhetischen Funktionen der Produktion, Rezeption und Kommunikation.

Poiesis benennt „das produzierende Bewusstsein im Hervorbringen von Welt als seinem eigenen Werk".[653] Damit kann der Mensch sein Bedürfnis, in der Welt heimisch zu werden, tätig ausrichten, indem er „der Außenwelt ihre spröde Fremdheit benimmt", sie zu seinem eigenen Werk macht und damit ein Wissen erlangt, das über das sich reproduzierende Handwerk hinausgeht. *Aisthesis* ist „das rezipierende Bewußtsein im Ergreifen der Möglichkeit, seine Wahrnehmung der äußeren wie der inneren Wirklichkeit zu erneuern".[654] Im Rückgriff auf die aristotelische zweifache Wurzel der Lust am Nachahmen wird hier die Erkenntnis durch sinnliches Empfinden und Fühlen spürbar. Kunst wird als erneuertes Sehen, vor allem als „komplexe Wahrnehmungsprägnanz"[655] erfahrbar. Damit wird für den Kunstbegriff der Vorrang des sinnlichen Erkennens vor dem begrifflichen Erkennen ins Recht gesetzt. Mit der *Katharsis* schließlich öffnet sich die subjektive zur intersubjektiven kommunikativen Erfahrung; sie ist die gesellschaftliche „Beipflichtung zu einem vom Werk geforderten Urteil oder in der Identifikation mit vorgezeichneten und weiter zu bestimmenden Normen des Handelns."[656] Der Genuss der durch Rede oder Dichtung erzeugten eigenen Empfindungen kann beim Zuschauer sowohl zur Umstimmung seiner Überzeugung wie zur Befreiung seines Gemüts führen. Hier liegt auch die „ideale Bestimmung aller Kunst, den Betrachter aus den praktischen Interessen und Verstrickungen seiner Alltagswirklichkeit zu lösen, um ihn durch Selbstgenuß im Fremdgenuß in die ästhetische Freiheit seines Urteils zu setzen."[657]

---

650 A.a.O., 43. Schon Schiller beklagt den Verlust der Einheit von Genuss und Arbeit. Gegenwärtig ist jedoch noch immer von einem Hiatus zwischen Arbeit und Genuss auszugehen, und auch von einer Differenzierung gegenüber Erkennen und Handeln.

651 Johann Wolfgang von Goethe, Faust. Der Tragödie erster Teil. Hg. v. Lothar J. Scheithauer. Stuttgart 1971, 52 (V. 1770).

652 Hans-Robert Jauß, Ästhetische Erfahrung und literarische Hermeneutik, 84.

653 A.a.O., 88.

654 Ebd.

655 Ebd, Zitat von Dieter Henrich.

656 A.a.O., 88f.

657 A.a.O., 88.

Die Bindung an die ästhetische Identität findet sich in der Entdeckung, „daß für die aufgegebene Suche nach der Identität seiner selbst eine ästhetische Identität, die unverlierbare Möglichkeit, sich selbst zu erzählen, [...] eintreten kann".[658] Erhalten bleiben die Freiwilligkeit ästhetischen Sinnverstehens und der Spielcharakter der ästhetischen Erfahrung: „Das Ritual ist obligatorisch, der Tanz bleibt freiwillig."[659]

3.3.2 Präsenz durch leibliche Präsentation

Focusing sucht in einem Prozess das Fokussierte spürbar zu machen und zur Erscheinung zu bringen. „Das grundlegende Wahrnehmungsereignis ist das Spüren von Anwesenheit."[660] Gernot Böhme stellt unter Berufung auf die Neue Phänomenologie von Hermann Schmitz einen Weg zur Wahrnehmung vor, der beim Spüren von Atmosphären ansetzt und von dort aus die Objektwahrnehmung ableitet. „Aisthetik" [661] – ein Kunstwort, das die Aisthesis als zentrale Kategorie der Ästhetik würdigt – ist also im Gegensatz zu einer Kunsttheorie eine „allgemeine Wahrnehmungslehre" und entwickelt die Bedeutung des leiblichen Wahrnehmens für Erfahren, Denken und Handeln.[662] Im Gegensatz zur klassischen, am Objekt ausgerichteten und auf Schönheit bzw. Urteilskraft zielenden Ästhetik hat eine „Aisthetik" daher „Wahrnehmung als Weise leiblicher Anwesenheit zu entwickeln und die affektive Betroffenheit durch den Gegenstand der Wahrnehmung zu berücksichtigen".[663] „Die Produktion von Atmosphären ist eine wichtige, geradezu definitorische Intention für ästhetische Arbeit. Wahrnehmungserfahrung soll vermittelt und letzten Endes affektive Betroffenheit erzeugt werden."[664]

„Für die Ästhetik ist nicht eine besondere Wahrnehmungsweise, der so genannte ästhetische Blick, konstitutiv, der etwa aus der alltäglichen Dingwahrnehmung durch Abstraktion, Rahmung, Verhaltung und Zweckfreiheit oder sonstige Disziplinierung gewonnen würde, sondern umgekehrt: Grundlegend für die Ästhetik ist das Spüren von Atmosphären, und von diesem ist durch einen langen Weg von Differenzierung, Spezifizierung und Disziplinierung die alltägliche

---

658 A.a.O., 43f.

659 Jurij M. Lotman, Die Struktur literarischer Texte. München 1972, 12.

660 Gernot Böhme, Aisthetik, 45.

661 Vgl. Martin Seel, Ästhetik des Erscheinens. München 2000. Für ihn geht es um die Wahrnehmung um der Wahrnehmung willen; atmosphärisches Erscheinen kommt erst dadurch, dass es dargeboten wird – also in der Präsentation.

662 Gernot Böhme, Aisthetik, 29.

663 A.a.O., 31, vgl. 12.27. Solche antike Wissensvermittlung geht nicht nur über Kognition, sondern auch über Affektivität. Schon bei Aristoteles ist begründet, Künste als Wissensformen aufzufassen: die technai (τεχναι) als Formen des Wahrmachens (aletheuein, αληϑευειν) und des Tuns / Herstellens (poiein, ποιειν). Alexander Gottlieb Baumgarten hat diesen ästhetischen Ansatz in seiner „Theorie sinnlicher Erkenntnis" fortgeführt.

664 Ihm geht es um das existentialistisch gewachsene Gefühl, das sicher als Schmerz aus der Verarbeitung ökologischen Katastrophen als Bleibendes einer Naturästhetik ist.

Wahrnehmung von Dingen abgeleitet."[665] Damit bekommt auch die lebensweltlich orientierte Wahrnehmung sowie die von Religion Kontur. Als Naturästhetik orientiert sie sich an der Umgebung und ist folglich mit Heidegger als Befindlichkeit konzipiert „im Sinne von Spüren, in welcher Umgebung man sich befindet". Im Bereich des Realen muss Wahrnehmung „als ästhetisches Bedürfnis deutbar sein"; ihre Inszenierungen machen dann Sinn, wenn sich das unstillbare Begehren auf die Wirklichkeit bezieht. Dabei verläuft der Weg der sinnlichen Erfahrung von der Wahrnehmung der Atmosphären als eine prozessuale Relation zwischen Subjekt und Objekt selbst.[666]

Der „Dingwahrnehmung" geht eine unbestimmte Erregung, ein sensus, ein Gefühl voraus. Wenn wir etwa das Gefühl haben, dass jemand in einen Raum kommt, ist diese Stimmung noch nicht nach Sinnen ausdifferenziert: „Unbestimmt und ohne Grenzen in die Weite ergossen, ziehe ich mich durch das Spüren, dass da jemand kommt, quasi auf mich zusammen beziehungsweise zerlege den Raum dadurch, dass jetzt meine Aufmerksamkeit geweckt wird, in Richtungen und Sinndimensionen."[667] Wahrnehmung lässt sich schrittweise als Ausdifferenzierung anlegen, bei dem das Spüren den Anfang nimmt, spezifische Sinneswahrnehmungen unterschieden werden und sich schließlich an den Polen ein Ich und ein Wahrnehmungsobjekt ausdifferenzieren. Sie gestaltet sich also primär an konkreten Dingen als Wahrnehmung von gestimmten Räumen. Das Wahrnehmungsereignis liegt demnach vor jeder Subjekt-Objekt-Spaltung. Gleichwohl unterliegt der Prozess Wahrnehmungsschlüsseln – Bedingungen von Wahrnehmung, die mit darüber entscheiden, ob und wie überhaupt wahrgenommen wird. Genau diese Grenzbegehung zwischen Subjekt, Eigenschaft und Welt nennt Böhme nach Schmitz *Atmosphären.* Wahrnehmung lässt sich hinsichtlich des Ichs als das leibliche Spüren von Atmosphären bestimmen und ist qua Spüren „eine Erfahrung davon, dass ich selbst da bin und wie ich mich, wo ich bin, befinde."[668] Im Focusing situiert sich nicht nur das Wahrzunehmende, sondern auch der Mensch noch einmal selbst. Dinge, also Konkreta, lassen sich in Ingressions- und Distanzerfahrungen so spüren, dass sie eine „affektive Betroffenheit"[669] erzeugen. Sie sind zwar objektive Gegebenheiten, werden jedoch subjektiv erfahren. Focusing macht jedoch auch deutlich, dass Atmosphären nicht Anwehungen sind, die als Gefühle wahrgenommen werden, unbestimmt in die Weite ergossen sind und nicht im vermeintlichen Innenraum abgeschlossen und für andere grundsätzlich vernehmbar sind. Stattdessen sind *Gefühle* die Voraussetzung dafür, Atmosphären in Ingressions- und Distanzerfahrungen als „gestimmte Räume" zu vernehmen. Sie bestimmen sich sowohl vom Wahrnehmungssubjekt als auch vom Wahrzunehmenden her und bilden ein Verhältnis von Subjekt und Objekt. Für die ästhetische Arbeit ist die Produktion von Atmosphären eine unabdingbar

[665] Gernot Böhme, Aisthetik, in gewisser Abgrenzung zu Martin Seel.
[666] Böhme benennt das „Spüren von Anwesenheit als Kandidaten für eine grundlegende und umfassende Wahrnehmungsweise" (a.a.O., 41).
[667] Ebd.
[668] A.a.O., 42.
[669] A.a.O., 46. Der Begriff geht auf Hermann Schmitz zurück.

wichtige Intention, die auch von ihren dinglichen Konstituenten her potentiell zugänglich ist. Ob sie tatsächlich wahrgenommen werden, ist jedoch unverfügbar. Dafür hilft das Focusing dabei, dem eigenen Gefühl für die Dinge auf die Spur zu kommen und in einer kontemplativen Haltung die Ausstrahlung der Dinge aufzunehmen.

3.3.3 Synästhesie durch Synergie

Beim Felt Sense handelt es sich um ein Moment synästhetischer Wahrnehmung. Die „Vielheit der Sinne" (Hören, Sehen, Tasten, Riechen, Schmecken) ist keine Ansammlung von Sinnen, die wie zufällig zusammenfindet, sondern kulminiert in einem Ausgangspunkt, von dem aus die Sinne sich differenzieren, was in einem leibliche (An-)Ordnungsprozess stattfindet.[670] Die synästhetische Wahrnehmung ist der Regelfall, entsprechend haben die Dinge eine „synästhetische Struktur".[671] Dem entspricht auf der Seite des Leibes eine Synergie (Mit- bzw. Zusammen-Wirken): Der Leib funktioniert als „synergetisches System", d.h. die Teile des Leibes werden im Zusammenspiel miteinander tätig.[672] Waldenfels erklärt das mit Merleau-Ponty so, dass es Übergänge der Sinne gibt. Räumliche Orientierungen können dabei irritiert werden, wenn man z.B. in einen Spiegel schaut und sich in anderen Personen, Rollen etc. „wieder findet". In Rauschzuständen können Sinnessphären vertauscht werden – ein Phänomen, das am ehesten vom Drogengenuss oder von Künstlern bekannt ist. In der Tat handelt es sich dabei um Grenzverwischungen: Sphären überlagern und überschneiden sich. Auch neuere Metapherntheorien nehmen nicht mehr eine Übertragung eines Sinnes auf einen anderen an, sondern gehen von einer von vornherein gemeinsamen Sphäre aus, welche die Zusammenhänge stiftet.[673] Das heißt für die Sinne: Statt z.B. daran anzusetzen, dass man „goldene Töne" akustisch hört und dann auf Bildlichkeit überträgt, spielen die Sinne synergetisch zusammen und wirken in „Entsprechungen"[674], also Korrespondenzen ineinander, weil wir uns von vornherein in mehreren Sphären bewegen. Genau dieses Phänomen macht der Felt Sense kenntlich, indem die Bedeutung gewinnenden Sphären in einer gefühlten Schnittstelle als Fokus zusammenfallen und gemeinsam leiblich wirken. Synergetisch antwortet der Leib auf Widerfahrenes im Zusammenspiel seiner Kräfte und Empfindungen.

---

670 Bernhard Waldenfels mit Bezug auf Merleau-Ponty, Erwin Straus und Helmuth Plessner.

671 Bernhard Waldenfels, Das leibliche Selbst. Frankfurt 2000, 91.

672 A.a.O., 92.

673 Paul Ricœur, Die lebendige Metapher. München 1986, bes. 273. Vgl. Bernhard Waldenfels, Das leibliche Selbst, 93f.

674 Charles Baudelaire, Correspondances. Die Blumen des Bösen (Les fleurs du mal 1857). Auswahl, Übertr. u. Nachwort v. Wilhelm Richard Berger. Göttingen 1997, 12f.

3.3.4 Performance

In der Philosophie der symbolischen Formen beschäftigt sich Ernst Cassirer mit dem Bereich der Kultur. „Denn das Grundprinzip des kritischen Denkens, das Prinzip des Primats der Funktion von dem Gegenstand, nimmt in jedem Sondergebiet eine neue Gestalt an und verlangt eine neue selbständige Begründung. Neben der reinen Erkenntnisfunktion gilt es, die Funktion des sprachlichen Denkens, die Funktion des mythisch-religiösen Denkens und die Funktion der künstlerischen Anschauung derart zu begreifen, daß daraus ersichtlich wird, wie in ihnen allen eine ganz bestimmte Gestaltung nicht sowohl der Welt, als vielmehr eine Gestaltung zur Welt, zu einem objektiven Sinnzusammenhang und einem objektiven Anschauungsganzen sich vollzieht."[675] Cassirer erweitert diesen Gedanken zu einer philosophischen Anthropologie: „Alle diese Formen sind symbolische Formen. Deshalb sollten wir den Menschen nicht als animal rationale, sondern als animal symbolicum definieren. Auf diese Weise können wir seine spezifische Differenz bezeichnen und lernen wir begreifen, welcher neue Weg sich ihm öffnet – der Weg der Zivilisation."[676] Kants transzendentale Einheit der Apperzeption in der Einheit von Selbst- und Gegenstandsbewusstsein wird von Cassirer tradiert, indem er einerseits nach bestimmten Funktionsleistungen und Erfahrungsregionen unterscheidet, die Vielfalt der symbolischen Welten und des menschlichen Seins aufzeigt, andererseits die Einheit der Erfahrung und die Bindung menschlicher Tätigkeit und Erfahrung an Formen verdeutlicht. Jede symbolische Form hat eine sinnlich erfahrbare Bedeutung. Bei Cassirer handelt es sich um geistige Energie, die an ein konkretes sinnliches Zeichen geknüpft ist und die Begriffsbildung ebenso einschließt wie die Ausdruckssymbolik in der Kunst und dem Mythos. Menschliches Leben ist daher immer eine Gestaltung seiner selbst durch den Menschen als Kultur schaffendes Wesen, da er so auch einen Distanzierungsprozess in Gang bringt. In diesem Zusammenhang ist die emanzipatorische Kraft hervorzuheben: „Im ganzen genommen könnte man die Kultur als den Prozess der fortschreitenden Selbstbefreiung des Menschen beschreiben. Sprache, Kunst, Religion und Wissenschaft bilden unterschiedliche Phasen in diesem Prozess. In ihnen allen entdeckt und erweist der Mensch eine neue Kraft – die Kraft, sich eine eigene, eine ‚ideale' Welt zu errichten."[677]

Ein Kulturbegriff, der die Leiblichkeit der Verstehenden berücksichtigt, kommt nicht umhin, seine personale Entstehung und Ausprägung von körperlichen Formen als maßgeblichen Anteil zu berücksichtigen. Focusing führt zu einem besonderen Ansatz von Symbol. Damit führt es Ernst Cassirer fort, die Bestrebung des homo symbolicus freizusetzen, sich nicht nur in seiner Welt einzurichten, sondern selbst schaffend tätig zu werden. Für den homo symbolicus, den Kultur schaffenden Menschen, kann das Focusing einen Weg zu rezeptiver und produktiver kultureller Tätigkeit bedeuten. Am Beispiel des Künstlers kann die Kulturalität von Goethes „geprägter Form, die lebend sich entwickelt"[678], klar werden.

---

675 Ernst Cassirer schließt noch an: „Die Kritik der Vernunft wird damit zur Kritik der Kultur. Sie sucht zu verstehen und zu erweisen, wie aller Inhalt der Kultur, sofern er mehr als bloßer Einzelinhalt ist, sofern er in einem allgemeinen Formprinzip gegründet ist, eine ursprüngliche Tat des Geistes zur Voraussetzung hat." (Ernst Cassirer, Philosophie der symbolischen Formen, 11).

676 Ernst Cassirer, Versuch über den Menschen. Einführung in die Philosophie der Kultur (1944). Hamburg 1996, 51.

677 A.a.O., 345.

678 Johann Wolfgang von Goethe, Urworte. Orphisch (Oktober 1817). In: ders., Gedichte. Ausw. u. Einl. v. Stefan Zweig. Stuttgart 1998, 193f. Vgl. dazu auch Christoph Bizer, Luthers Kleiner Katechismus, im Blick auf den Konfirmandenunterricht aufs Neue gelesen. In:

Der Künstler tritt vor seine unfertige Skizze und setzt ihr eine Linie hinzu. Während er davor steht, fühlt er, ob es diese Linie war, die das Bild braucht, oder ob sie wieder zu löschen ist. Das, was dem Bild fehlt, ist ..... Die Punkte, die bei Gendlin unterstrichen sind[679], markieren das Begehren des nächsten Schrittes. Dabei „verändern sich die alten Formen, während sie implizit arbeiten“[680]; der Schritt dorthin kommt aus dem sinnhaften Leibgefühl (Felt Sense). In dieser *Leerstelle* ist, geschrieben oder gesprochen, der nächste Schritt implizit enthalten, die nächste Lücke *impliziert* die nächste Linie einer Skizze, sie war gleichzeitig da und doch nicht da; sie wird erwartet. „*Jede Situation, jedes Stückchen Praxis, impliziert viel mehr als jemals gesagt wurde.*“[681] Leib, Sprache und Situation sind weder dasselbe noch verschieden; jedes Wort hat die anderen implizit in sich. Die Leerstelle, die Gendlin häufig „Lücke“ nennt, ist die ungesagte Sprache, die Situation, der Leib, „eine merkwürdige Qualität, eine Beunruhigung, ein Hunger, ein Verlangen, das auf eine sehr fordernde Weise weiß, was es will“.[682] Damit impliziert der Leib etwas noch nie in einer Situation da Gewesenes, während die Situation über das hinausgehen kann, was der Leib fühlt.

Die Performance gilt unter ästhetischen Gesichtspunkten mit der Aktionskunst „zu den freiesten und spontansten Ausdrucksformen, welche die Kunst unseres Jahrhunderts hervorgebracht hat“.[683] Eine Performance „beabsichtigt nicht die Herstellung eines dauerhaften materiellen Produkts, sondern die Schaffung eines einmaligen, ephemeren Ereignisses, das mit den Sinnen Wahrgenommen; im Gedächtnis festgehalten werden kann.“[684] Ihre künstlerischen Vor- und Elementarformen liegen in der Körperkunst, sie schließen das Risiko ein und machen sich zu lebenden Kunstwerken. Elisabeth Jappe nennt Kriterien für die Performance als eine neue Sprache der Kunst: Im Gegensatz zum Theater findet die Performance in der Regel nicht im fingierten Raum, sondern in einer Reaktion auf die Wirklichkeit des vorfindlichen Raumes statt. Überhaupt bedeutet Performance eine stark raumbezogene Arbeit. Zeit und Zeitwahrnehmung verändern sich mit ihr, die Persönlichkeiten der Künstler werden stärker einbezogen, und sie entwickelt sich als ein Prozess im Verlauf. Als Prozess der Symbolisierung wirkt Focusing durch den Erlebnisraum und gestaltet den Raum der Darstellbarkeit. Bei allem Prozesscharakter des Focusing geht es um eine ereignishafte Symbolfindung, deren Generativität und Produktivität in einer Kunst der Wahrnehmung gründet, aber auch eine Selbst-Verständlichkeit deutlich macht, indem die Art

---

Bernhard Dressler u.a., Konfirmandenunterricht. Didaktik und Inszenierung. Hannover 2001, 88–130.

679 Siehe Kap. II.2.1.

680 Eugene T. Gendlin, Die umfassende Rolle des Körpergefühls im Denken und Sprechen, 699.

681 A.a.O., 701 (Hervorhebung i.O.).

682 Ebd.

683 Elisabeth Jappe, Performance – Ritual – Prozeß. Handbuch der Aktionskunst in Europa. New York 1993, 5.

684 A.a.O., 10.

und Weise der Körper-Sprache mitentdeckt wird und zum leitenden Prinzip wird, um kreativ zu gestalten. Focusing zeichnet, ja entwirft den performativen Weg des Entwerfens von der Form zur Gestalt.[685]

3.4 Focusing – ein Instrument zur Gestaltbildung

Gendlin konzipiert mit seinem Focusingkonzept einen anthropologischen Ansatz zur Personalität, der sich erkenntnistheoretisch zwischen Phänomenologie, Ästhetik und Hermeneutik bewegt. Leiblichkeit erscheint hier als körperliche Verbundenheit mit der Welt im Rahmen eines (organismisch-kosmologischen) Prozess-Modells, das prozesstheologisch einer offenen Schöpfungsordnung nahe kommt. Wahrnehmung wird daraus zentral entwickelt als das leibliche, zwischen Mensch und Welt verbindende und beide räumlich aufeinander beziehende Er-Leben (experiencing), was logische Formen implizit in sich erhält, aber diese transzendiert. Der Überschuss (manifestiert im Felt Sense) ist nicht chaotisch, sondern kann auf eine fühlbare, nicht vorgeformte Weise mit Symbolen (Worten, Konzepten) interagieren. Aus dieser Interaktion ergeben sich kontinuierliche, nicht-logische, aber dennoch präzise Schritte des Denkens, Sprechens und Handelns, die den Lebensprozess weiter tragen (carrying forward) und fortsetzen (responsive order, Fortsetzungsordnung). Pragmatischer Zugriff zu dieser Phänomenologie ist Gendlins Ansatz zur Wahrnehmung durch die Methode des Focusing: Sie sorgt dafür, dass das implizite körperliche Erleben mit dem Denken, Sprechen und Handeln mitgenommen und in einem Symbolisierungs- bzw. Gestaltungsprozess verbunden wird. Auf diese Weise entsteht bei Gendlin eine metaphorische Sprache, die zugleich mehr ist als „Konzepte“, indem sie das Erleben einschließt und mit ihm arbeitet. Im konstruktivistischen Bildungsprozess kann mit den Konzepten die Sprache in ihrer Bedeutung für den Lebensprozess untersucht werden; die Sprache selbst wird relativiert.

Es ist deutlich geworden, dass das Focusing, was Gendlin in seinem Lebensraumkonzept als erlebensbezogene Methode entwickelt hat, ein elementares Element des Wahrnehmungsprozesses darstellt und insofern von ästhetischer wie hermeneutischer Qualität ist. Der Focusingprozess konzentriert sich mit den körperlichen Empfindungen als spürbare Bewegung auf die körperliche Präsenz des Wahrnehmenden und des Wahrgenommenen. Damit kann durch das Focusing sowohl Atmosphäre in ihrer Gestaltfindung als auch Gegenständliches in seiner Ausstrahlung begreifbar und beiden durch das Kommen-Lassen der Worte

---

685 Zum performativen Zusammenhang von Entwurf und Praxis siehe Andrea Sabisch, „Entwerfen“ oder „Die Welt aus der Sicht einer Fliege“. In: Klaus-Peter Busse (Hg.), Kunstdidaktisches Handeln. Dortmund 2003, 414–427: „Die dem Prozess des Entwerfens inhärente Wechselwirkung zwischen immateriellen und materiellen Prozessen macht die Dynamik des Entwerfens aus. [...] Praxis und Poiesis verschränken sich im Prozess des Entwerfens“ (426).

Sprache und Symbol geliehen werden. Als phänomenologische Reduktion der Alltagswahrnehmung holt das Focusing auch die Dinge in die Gegenwart des konkreten körperlich spürbaren Ortes bzw. der gesprochenen Worte, die anders gar nicht präsent wären. In hermeneutischer Hinsicht bildet das Focusing ein Ritual für die leiblich-symbolische Interaktion, die den Kontakt mit Fremdem möglich macht.

Was bedeuten diese Einsichten in die Leiblichkeit der Wahrnehmung für das Lernen?

4 Bei Leibe lernen: Bildung als experientieller Prozess

4.1 Leiblichkeit, Kultur, Bildung

4.1.1 Bildung in ästhetischer Perspektive: Lebensformung

„Werde, der du bist!“ und „Erkenne dich selbst!“ – zwei klassische Imperative zur Bildung des Menschen. Ich rekonstruiere sie auf dem Hintergrund des bisher Gesagten, um das Verständnis von Bildung zu präzisieren, wie es sich von Focusing her ergibt.

„Werde, der du bist!“ notierte einst Pindar.[686] Statt inhaltlichen Können zum Maßstab zu erheben, impliziert seine Inschrift einen Bildungsbegriff, der auf Individuation, nämlich Identität im Werden setzt, und legt damit ein individuelles, an die Person gebundenes Paradoxon nahe, dem eigenen Bild ähnlich zu werden und die leibeigene geprägte Form auszufüllen. Einsprüche gegen ein solches Bildungsverständnis könnten subjektivistische Verkürzungen eines Blickwinkels betreffen, der Erfahrung und Selbst-Erfahrung, Erleben und Wahrnehmen in solipsistischer Weise und in Abgrenzung eines Subjekt-Objekt-Schemas gleichsetzt. Eine konsequente Beachtung phänomenologischer Einsichten setzt die Erfahrung als situiert bei den Dingen und bei der Person an, sucht sich aber auch dem Bild des Sich-Näher-Kommens anzunähern und in der Differenzierung einen gangbaren Weg zu finden.[687] Das impliziert, sich auf neue, sehr unbekannte Wege einzulassen, das Sein dem Werden zu öffnen. Bildung bleibt dabei etwas, das sich – in aller Gebrochenheit – auf das Selbstverhältnis richtet. Im göttlichen Tempel kann die eigene Hinfälligkeit und Fragmentarität nicht vergessen werden. „Γνωθι σεαυτον“ als „Erkenne dich selbst“ ist deshalb im praktischen Sinne mehr

[686] Pindars Inschrift am Apollon-Tempel mit dem Befehl des Gottes von Delphi: γενοι, οιος εσσει μαεθων (Werde, der du bist, indem du lernst), Pyth. 2,72.

[687] Vgl. etwa zum vermeintlichen Subjektivismus bei Mollenhauer: Micha Brumlik, Das Selbst und seine Erfahrung. Die verborgene Ethik in Klaus Mollenhauers Hermeneutik. In: Cornelie Dietrich / Hans-Rüdiger Müller (Hg.), Bildung und Emanzipation, 155–161.

als ein „Sorge um dich selbst", pädagogisch wohl eher als ein „Achte auf dich selbst" im Sinne pädagogischer Achtsamkeit zu verstehen. Es wird verständlich, dass die bildende Arbeit an sich selbst im Wechselprozess und in Auseinandersetzung von Außen und Innen her geschehen muss. Dabei öffnet die Entwicklung und Veränderung der Leiblichkeit und Zwischenleiblichkeit neue Möglichkeiten und setzt andererseits auch dem Verwandeln Grenzen. Bildung, die einen leiblichen und orientierenden Bezug zur Welt in den Vordergrund stellt und sich nicht auf Kanon-Bildung versteift, muss z.B. auf die Mitmenschlichkeit achten.

Der Zusammenhang von Bildung und Leiblichkeit macht sich am ehesten in der Hinwendung zu „Bildung und Ästhetik"[688] fest, der Suchbewegung zu einer Hermeneutik der Leiblichkeit, die Klaus Mollenhauer (in seinen Distanzierungen von Fragestellungen und Annahmen emanzipatorischer Pädagogik) begonnen hat. Mollenhauer stellt elementare Zusammenhänge zwischen Kultur und Erziehung her, die von der Leiblichkeit des Kindes und der Materialität und Kulturalität der Welt her kulturell-ästhetisch begreifbar werden. Ausgehend von der Bildsamkeit des Kindes, die einer auf reformpädagogisches Wachstum angelegten Geschöpflichkeit und Formbarkeit des Kindes entspricht, geht es ihm darum, die eigene Welt mit der der Kinder zu teilen und als solche präsentabel zu halten. Bildung geschieht in selbsttätiger Aneignung. Mollenhauer zeigt exemplarisch, dass in der Komplexität dieser Welt ausgewählt und vorstrukturiert werden muss, was anverwandelbar ist und von daher repräsentiert wird. Der Weg zur Identität ist nur in einem Zusammenspiel von Außen- und Innenansichten möglich; Identität ist ein riskanter Entwurf, weil sie durch ihr differentes Verhältnis zwischen dem, was ist, und dem, was möglich ist, veranschlagt wird. Dabei ist die exzentrische Positionalität wichtig; das Identitätsproblem wird zur Bildungsaufgabe.

Phänomenologisch orientierte Pädagogen und Pädagoginnen wie Käte Meyer-Drawe sowie Cornelie Dietrich und Hans-Rüdiger Müller haben Mollenhauers Arbeit fortgesetzt.[689] In Weiterführung seiner Überlegungen zum Bildungsbegriff, insbesondere die Leibferne von Lernen und Erziehung betreffend, lässt sich Bildung mit Käte Meyer-Drawe als eine „spannungsreiche Lebenskunst" beschreiben; in ihr lernen Heranwachsende, in ihrer Doppelnatur die konflikthafte Beziehung von Leibhaben und Leibsein zu gestalten.[690] Dabei ist die Differenz zu berücksichtigen, dass wir Leib sind und einen Körper haben – eine Differenz, die nicht mehr im Denken, sondern im leiblichen Existieren selbst aufzusuchen ist. Leiblichkeit ist (wie das Ästhetische) eine Dimension, die schwierig in Bildungs-

688 Klaus Mollenhauer, Vergessene Zusammenhänge – Über Kultur und Erziehung. München 1983.

689 Käte Meyer-Drawe, Die Not der Lebenskunst. Phänomenologische Überlegungen zur Bildung als Gestaltung exzentrischer Lebensverhältnisse – Fünf Überlegungen. In: Cornelie Dietrich / Hans-Rüdiger Müller (Hg.), Bildung und Emanzipation. Klaus Mollenhauer weiterdenken. Weinheim / München 2000, 147–154.

690 A.a.O.,147.

theorien zu integrieren ist; zum einen lässt sich ihre Bedeutung nicht in objektivierbarer Hinsicht sagen, zum anderen birgt die Leiblichkeit (im Gegensatz zur Geistigkeit) auch unsere Fragilität, Hin- und Anfälligkeit, ja, Fragmentarizität. Für Mollenhauers wie Meyer-Drawes Bemühungen um einen Begriff „ästhetischer Bildung" ist die Frage leitend, „was es für ein Wesen, das ein Leib ist und einen Leib hat, bedeutet, vernünftig zu sein."[691] Der Leib ist dabei Element der Welt, nicht nur Medium. *Damit wird klar, dass „die Rehabilitierung unserer Sinnlichkeit eine Revision des Vernunftbegriffs zur Folge haben muß"*.[692] Da in der Vernunft auch passive Komponenten wie „Wahrnehmen" und „Vernehmen" enthalten sind, steht außer Zweifel, dass das Subjekt im Zentrum der Konstituierungen steht. Leiblichkeit hat dann auch etwas mit Auslieferung an die Welt zu tun, wobei das Denken nicht außen vor steht: „Denken meint dann eine ‚innere Armatur', die dem Fleisch der Welt Kontur verleiht."[693] Mollenhauer bindet die Frage nach Bildung an den Gegenstand, an dem man sich bildet. Am Beispiel von Träumen und Schlafen wird die Leibgebundenheit der Vernunft verdeutlicht: Hier erscheint die Ambiguität unserer leiblichen Existenz, indem sie uns selbst als exzentrische Positionalität vertraut und fremd in eins ist.[694] *„Bildung bedeutet in dieser Perspektive gerade nicht Identitätsfindung, sondern Gestaltung einer unausweichlichen Fremdheit mit uns selbst, also eine konflikthafte Lebensformung* unter historischen, gesellschaftlichen, aber auch naturgegebenen Bedingungen."[695]

4.1.2 Humanistisches Lernen: Gestaltpädagogik

Gestaltpädagogik ist ein Ausgangspunkt für die Beschreibung von Lernprozessen, die mit Schlüsselbegriffen wie Kontakt, Begegnung, Bewusstheit, mit dem Erkennen des eigenen Anteils und der Übernahme von Verantwortung zusammengebracht werden. Gestaltpädagogisches Lernen nimmt ihren Ausgangspunkt in der humanistischen Annahme eines freien, schöpferischen Menschen. Leben als „Ko-Existenz hat ihren Ausgangs- und Endpunkt in der Leiblichkeit".[696] Sie setzt sich seit den siebziger Jahren zum Ziel, lebendige Lernprozesse zu fördern.[697] Pädagogen und Pädagoginnen haben positive Erfahrungen mit Gestalttherapie auf Fragen zu Erziehung und Unterricht transformiert und erarbeiten seitdem Konzepte zum Lehren und Lernen als einem fruchtbaren Kontaktprozess. Dieser

---

[691] A.a.O., 153.

[692] Ebd.

[693] A.a.O., 154.

[694] A.a.O., 154, ästhetisch verifiziert an der Wahrnehmung des Caprichios von Goya „El sueno de la razon produce monstruos".

[695] Ebd.

[696] Im Zuge der Begegnung mit Marcel und den Schriften von Merleau-Ponty: Hilarion Petzold, Die Rolle des Therapeuten und die therapeutische Beziehung. Paderborn 1980, 230.

[697] Martina Gremmler-Fuhr, Grundkonzepte und Modelle der Gestalttherapie. Maßgeblich sind die „confluent education" sowie die „Integrative Pädagogik".

versteht sich im Anschluss an Rogers stets als auf Menschen als Personen bezogenes Lernen, das in Situationen stattfindet und Gegenstände zu bearbeiten hat. Sein Kern besteht darin, „neue Formen und Inhalte personzentrierten Lehrens und Lernens zu entwickeln, um den einzelnen dazu zu befähigen, in personen-, situations- und gegenstandsangemessener Weise eine dynamische Balance zwischen diesen Ebenen zu erreichen." Ruth Cohn hat mit ihrem Konzept der Themenzentrierten Interaktion das Dreieck von Ich, dem Wir der Gruppe und dem Es des Themas auszubalancieren gesucht und demzufolge eine stärkere Themenorientierung vorgeschlagen – eine für Institutionen wie die Schule auf den ersten Blick praktikabler scheinende Möglichkeit.

Als Gestalt-Lernen bezeichne ich in phänomenologischer Weite das inhärente Konzept der persönlichen Veränderung als Findungsprozess einer inneren Ordnung, die sich prozesshaft herstellt. Dabei hat man es präziser mit einem Lerngegenstand zu tun, d.h. man lernt an etwas. Grundlegend dafür ist der Wahrnehmungsprozess, der phänomenologisch als Gestaltwahrnehmung beschrieben wird und als Kontaktprozess fungiert, in dem die gleichen Prinzipien wie die der Gestaltwahrnehmung gelten (Form, Figur und Grund, Prägnanz, Variabilität und Konstanz, Isomorphie).

Für die Charakterisierung „lebendiger Lernprozesse"[698] gelten einige Gestaltmerkmale: Jede Gestalt hat eine Tendenz zum Schließen und zur Prägnanz. Die unabgeschlossene Gestalt mit Widersprüchen und Dissonanzen bindet so lange Energie, bis sie in ihrer Geschlossenheit als „stimmige Ordnung" wahrgenommen werden wird. Gestalt, die unabgeschlossen ist, neigt zur Erstarrung; sie wird beiseite gelegt oder ständig reinszeniert, ohne dass sie sich löst. Bei unabgeschlossenen Lerngestalten, die als Sackgasse erlebt werden, ist der Fluss ins Stocken geraten. Die Gestalt braucht eine Verstörung zu einer Unordnung, um verflüssigt zu werden und zu einer anderen Ordnung transformiert zu werden. Solche „Verstörung" geschieht gestalttherapeutisch durch Bewusstheit und existentielle Bestätigung. Ein lebendiger Lernprozess kann nur sehr partiell gesteuert werden, da er sich im Beziehungsgefüge von Organismus und Umfeld entwickelt. Damit haben auch Lernergebnisse ein hohes Maß an Offenheit und sind nur eingeschränkt zu beobachten und zu überprüfen. In einem institutionellen Rahmen sind jedoch oft Ziele vorgegeben (Lernziele); daraus resultiert eine Spannung von Zielorientierung und Ergebnisüberprüfung einerseits und individuellem und situativem Lernprozess andererseits, der zwar nicht lernzielorientiert, aber dennoch intentional und nicht beliebig ist.

Gestaltentwicklungen und -transformationen bergen gewisse „Risiken" dahingehend, dass sie Verunsicherungen und Ungewissheiten mit sich bringen. Das Akzeptieren dessen, was ist, führt zu weiteren Lernschritten; dennoch bleiben ge-

---

698 A.a.O., 350. Siehe auch 351f.

wisse Unsicherheiten, bis eine weiterführende Gestalt in einer neuen Ordnung erreicht wird. Da eine neue Ordnung stets komplexer ist als die alte und demzufolge neue Herausforderungen mit sich bringt, wird sie schrittweise angeeignet.

Für Jörg Bürmann stellt sich daher die Frage nach „persönlich bedeutsamem Lernen“ als einer „erlebten Verknüpfung des Menschen mit der Welt“, die zugleich als eine „Kategorie ‚subjektiven Erlebens‘“, eine „Kategorie ‚intersubjektiver Verständigung‘“ und als eine „Kategorie ‚hermeneutischen Sinnverstehens‘“ begriffen wird.[699] Persönlich bedeutsames Lernen ist dabei gegenüber dem „lebendigen Lernen“[700], das durch Aktivität und Interaktion gekennzeichnet ist und auf situative und äußerliche Prozessmerkmale rekurriert, durch ein „inneres Beteiligtsein [...] und eine situationsübergreifende Bezogenheit des Erlebens auf den Lebenslauf im Ganzen“ gekennzeichnet. Damit sind zwei partiell kongruente Lernbegriffe der Gestaltpädagogiken benannt. Bürmann verknüpft Gestaltpädagogik unter besonderer Berücksichtigung der Soziogenese des Menschen (nach G.H. Mead) und der hermeneutischen Seite der „Erfahrung“ (nach Gadamer), die das Erlebnis als grundlegende und letzte Einheit menschlicher Erfahrung darstellt.

Daher liegt der Akzent auf dem zweiten Konzept der „Bezogenheit“ des Menschen zur Welt.[701] *Bezogenheit*, ein Begriff von Hilarion Petzold, orientiert sich an französischen Strukturalisten wie Levi-Strauss, Foucault, Derrida, Merleau-Ponty sowie an Augustin. Unter diesem Aspekt entwickelt Jörg Bürmann Dimensionen persönlich bedeutsamen Lernens – in Abgrenzung und Verbesserung zum Begriff der „Struktur der Person-Umwelt-Beziehung“, die Petzold die „wesensmäßige Eingebundenheit des Menschen in die Textur seiner Lebenswelt“ bezeichnet[702] Ein „ganzheitlich-lebendiges Lernen“ in strukturierten Lernsituationen bezieht sich auf das situative Erleben im Hier und Jetzt; die Dimension der Zeit (Lebensgeschichte, Rückgriff auf Dilthey) verweist auf die Geschichtlichkeit des Menschen; überdies ist die Bezogenheit des Einzelnen zum engeren (Familie, Gruppe) und weiteren (zum politischen, sozialen und ökologischen System) Kontext von Bedeutung.

Aus pädagogischen Gründen verlangt das Perlssche „Selbst“ eine Entthronung des denkenden Bewusstseins zugunsten eines „wachen Gewahrsam“. Mit der Bezogenheit charakterisiert Hilarion Petzold die Struktur des Menschen in der Welt; sie korrespondiert damit der Findung des Ortes in der Situiertheit. „Das

---

699 Jörg Bürmann, Gestaltpädagogik und Persönlichkeitsentwicklung, 11f.34.

700 Beide Begriffe stammen ursprünglich von Ruth Cohn: Cohn / Terfurth, Lebendiges Lehren und Lernen.

701 So heißt die „existentialistische Kategorie der Struktur der Person-Umwelt-Beziehungen aus der Perspektive des konkreten einzelnen“ (Jörg Bürmann, Gestaltpädagogik und Persönlichkeitsentwicklung, 20).

702 Hilarion Petzold, Das Korrespondenzmodell in der Integrativen Agogik. In: Integrative Therapie (1978) 1, 21–58.

Konzept der ‚Bezogenheit' impliziert sowohl das vorgängige ökologische, soziale, geschichtliche Eingebundensein des Menschen in übergreifende natürliche und gesellschaftliche Sinnstrukturen, in die der einzelne durch Geburt und Sozialisation hineinwächst, die er ganzheitlich sinnlich erleben kann (der Mensch als Leibsubjekt) und die er reflexiv und im Prozeß der gemeinsamen Suche nach Konsens (Gespräche und Auseinandersetzungen mit den anderen) erkennen und sich aneignen kann."[703] Dabei ist der Einzelne durch die Bindungskräfte, die auf ihn gerichtet sind und die von ihm ausgehen, in denen er sich bezieht, Bezogener und Beziehender zugleich. Das Lösen kann dabei nur soweit in den Blick kommen, als es auch eine Ent-Bindung ist, die ebenfalls intentional verläuft. Zentrale Aufgabe eines integrativen Ansatzes in Therapie und Pädagogik ist für Petzold „die Restitution, Erhaltung und Entfaltung des Beziehungsgefüges zum Leib, zum anderen und zur Welt".[704] Darin gründet auch der Zusammenhang von Sinn auf Sinnenhaftigkeit. Bezogenheit als das „Erleben des eigenen Existierens im Kontakt mit der Welt" bedeutet Koexistenz, Verhältnis zum Raum, Verbundenheit zur Natur, Eingebundensein in gesellschaftliche Organisationen, Institutionen, Produktions- und Verfahrensabläufe und Geprägt- und Befangensein in einer Sprache.[705] So lässt sich sagen: „Persönlich bedeutsames Lernen wäre dann unter der hier an Mead entwickelten Perspektive die subjektive funktionale Neuverknüpfung von unterschiedlichen Erlebnis- und Erfahrungsebenen der Person-Umwelt-Beziehungen in einem konkreten, situativen Lernprozeß."[706] Bürmann schließt noch die Entwicklung von „zeit- und situationsübergreifenden Werten" an. Damit berücksichtigt er den Aspekt der Geschichtlichkeit wie lebensgeschichtlichen Gewordenseins und der diesbezüglichen Bedingtheit von Erleben, Erkenntnis und Theorien ein, der nur dann Wirkung für den einzelnen erzielen kann, wenn die Erfahrung der Geschichte wieder angeeignet, also Geschöpflichkeit als Gewordensein anerkannt wird.[707] Diese Aneignung geht den Weg über das Erlebnis, das auf Kontakt fußt und teleologische Aspekte der Erfahrungsgewinnung in sich vereint. Aus einer solchen Perspektive kann persönlich bedeutsames Lernen nicht auf „lebendiges Lernen" und „Selbsterfahrung im Kontakt" begrenzt werden, sondern es muß darauf ausgerichtet sein, „Geschichtliches als Element des eigenen lebensgeschichtlichen Gewordenseins erfahren zu lassen, um dadurch zu einer historischen Dimension des Selbstbewußtseins beizutragen."[708]

Vier (entwicklungsspezifische) Ebenen menschlicher Erfahrung werden in diesem Lernen angesprochen: erstens die „Ebene korrespondierender Rhythmen

703 Hilarion Petzold, Die Rolle des Therapeuten und die therapeutische Beziehung, 135.
704 Ebd.
705 A.a.O., 138–145.
706 Jörg Bürmann, Gestaltpädagogik und Persönlichkeitsentwicklung, 168.
707 A.a.O., 169, mit Gadamers Kritik an Dilthey.
708 A.a.O., 227.

und Bewegungsprozesse", (lebensgeschichtlich früh). An elementaren Aspekten wie Bewegungskoordination, Urvertrauen setzen z.B. Bewegungstherapien an. Zweitens wird auf der „Ebene komplementärer Korrespondenzen leiblicher Bewegungen" Trennung, Zusammensein und Kontakt als Grenzbewusstsein gefördert. Auf der dritten „Ebene der zielorientierten kooperativen Handlungen" werden gemeinsame Ziele, von der coenästhetischen zur diakritischen Wahrnehmung, zum instrumentellen Welterleben und wertbesetzten Handeln verfolgt. Hier setzen auch Psychosomatiker und die Balancenfindung der Themenzentrierten Interaktion an. Auf der vierten „Ebene geistig-politischer Korrespondenzen" geht es um Lösungen aus der leiblichen Bewegung sowie zeit- und ortsübergreifende Vorstellungen und Ideen, welche zur Orientierung an übergreifenden Seinsentwürfen anleiten.

Das wichtigste Anliegen einer auf Persönlichkeitsentwicklung gerichteten Gestaltpädagogik ist die „Verknüpfung dieser [inneren und äußeren] Welten in der persönlichen wie kollektiven Suche nach Sinn als Aufgabe zu sehen und die beständige Arbeit daran zu unterstützen."[709]

Dabei wird zu überlegen sein: Wenn das humanistisch-pädagogische Ziel darin besteht, in diesem Sinne „neue Formen und Inhalte personzentrierten Lehrens und Lernens" zu entwickeln[710], welche Aufgabe und Rolle gebührt dann dem Focusing? Was kann es dazu beitragen, menschliches, personales Lernen zu fördern?

4.2 Elemente leiblicher Lernkultur

4.2.1 Personalität

Es gibt jemanden, der lernt. Weder Lernen noch Lehren ist etwas gesichts- noch personloses, zu Beobachtendes und Messbares, sondern je ein personaler Prozess, der an das Subjekt gebunden ist und eine Richtung innerhalb des eigenen Organismus weiterentwickelt. Wer lernt, tut dies zunächst individuell als ein Mensch aus Fleisch und Blut, mit Gedanken, Gefühlen, Empfindungen, mit einem Leben, einer Biographie, in einer Familie, einem System, einer Schule, einer Gesellschaft, in einem Land usw. Selbst abstrahierteste Formen der Weltaneignung und -vermittlung mit Computern können nicht darüber hinweg sehen, dass es

709 A.a.O., 243 unter Berufung auf Viktor Frankl: „Man should not ask what the meaning of his life is but rather must realize that it is he who asked."

710 Olaf-Axel Burow sieht Gestaltpädagogik, Personzentriertes Lernen und Themenzentrierte Interaktion als unterschiedliche Akzentuierungen einer „Humanistischen Pädagogik" (Olaf-Axel Burow, Gestaltpädagogik und Erwachsenenbildung. In: Reinhard Fuhr u.a., Handbuch der Gestalttherapie, 1051–1068. Hier: 1052).

jemanden gibt, der auf die Enter-Taste drückt und dessen Aufmerksamkeit dabei auf den Finger, den Bildschirm, die Neugier gerichtet ist. Im Unterrichtssetting bleiben Geschlechtlichkeit und Rollen, die leibräumlich gebunden sind; Lehrerinnen verhalten sich (gebärden, bewegen und fühlen) anders als Schülerinnen und diese wiederum anders als und Lehrer und als Schüler, das ist habituell erprobt und muss im Unterricht stets im Auge behalten werden. Dennoch bleibt die Individualität wirksam: In jeder Rolle verbirgt sich ein Mensch, der lebt, empfindet, eigene Ziele, Sehnsüchte und Grenzen hat und den es als Lernenden und Lehrenden wahrzunehmen gilt. Seine Aufmerksamkeit ist die Grundvoraussetzung für das Lernen.

4.2.2 Situierung: die pädagogische Bezogenheit

Niemand lernt und lebt für sich allein, weder zeitlich, noch räumlich und auch nicht in personalen Bezügen. Zur Aneignung von Welt gehört auch die intersubjektive Wahrnehmung. Eine „pädagogische Situation"[711] wird, und das greift über ein „pädagogisches Verhältnis" hinaus, nicht nur von den am Unterricht beteiligten Rollen und Beziehungen zueinander bestimmt; die pädagogische Situation ist der leibräumliche Ort, an den sich Lernende und Lehrende im Unterricht begeben, ist der kommunikative Raum, in dem Lernen stattfindet. Jedes Lernen ist an Situationen gebunden. Lernen findet in leiblicher Situierung statt, d.h. mit dem Körper in Raum und Zeit: Im Leib findet die Welt, die nähere und weitere Umgebung einen Ort der Erkenntnis. Wir begeben uns mit dem Leib in Räume, um in ihnen die vorfindliche Welt zu erschließen, gewesene und erwünschte Welt in uns aufzubauen und für uns zurechtzulegen. Das funktioniert nicht ohne den Körper, der Situationen wahrnimmt. Damit kann aber auch nicht mehr das Klassenzimmer der einzige Ort des Lernens sein. Leibliches Lernen ist damit nicht nur pädagogisch situiertes, sondern auch situierendes Lernen in Bezogenheit. Dessen Rahmenbedingungen sind zum einen immer schon von Anderem her vorgegeben; von gesellschaftlichen, politischen, regionalen Bedingungen, von den Gegebenheiten dessen, was gelernt wird. Zum anderen finden stetig neue Lernbewegungen statt, indem Lernräume beschritten werden. Dabei wird nicht nur gelernt, was offiziell als „Lernstoff" vorgegeben ist. Das „Eigenlernen" und das „Angetansein" fördern zuweilen eine Aufmerksamkeit auf solche Situationen, in denen der Raum des ver-ordneten Lernens verlassen wird.[712] Für das organisierte Lernen will ein Setting bedacht sein, das Innen- wie Außenräume gleichermaßen

---

711 Unabdingbar ist, dass es um von Lehrenden wie Lernenden „subjektiv sinnvoll erlebte Situation" geht. Lernen geschieht also auch hier zunächst einmal subjektiv erlebbar. Das heißt in didaktischer Hinsicht, aus Stoffen erlebbare Themen mit wahrnehmbaren Strukturen zu machen (Theodor Schulze, Pädagogische Situation. In: Enzyklopädie Erziehungswissenschaft I. Stuttgart 1983, 537–541).

712 Horst Rumpf, Die übergangene Sinnlichkeit, 175–203.

beschreitet und im Aufeinandereinwirken und ins Spiel bringt. Organisationsformen des Lernens wie die Themenzentrierte Interaktion[713] achten darauf, dass Verhältnisse von Habitualisierungen und Neu-Schöpfungen, Ritualität und Kreativität, Reglement und Offenheit im Sinne einer pädagogischen, nach vorn hin teils offenen Fortsetzungsordnung stets wachsam bestimmt und ausbalanciert werden.

Der Leib ist unter dem Gesichtspunkt kultureller und ästhetischer Erziehung Fundament des Lernens, da er im kindlichen Lernraum die Kommunikation mit der Umwelt von Anfang an intakt hält und ermöglicht.[714] Kultur versteht sich demzufolge als „formierte Leiblichkeit"; in der Lebensform manifestiert sich Kultur als „gelebtes Weltbild".[715] Elementare Erziehung bestimmt sich unter den Bedingungen der Topologie des Lernmilieus. Sie orientiert sich am Modell der pädagogischen Situation, die unter dem Gesichtspunkt des Lernens thematisiert wird und Handlungsformen der Erziehung bestimmt. Ausblicke sind darüber hinaus auf die Frage nach der leiblichen Fundierung kognitiver Lernprozesse und über den Bereich der Kindheit hinaus im Lebenslauf zu gewähren.[716] Es gilt also, leiblicher Bildung pädagogisch Raum zu gewähren. Mit der pädagogischen Situation ermöglichen Lehrende den Lernenden die Teilhabe am sozialen Umgang. In der Teilhabe liegt die Voraussetzung für die Formung des kulturell bestimmten Umgangs mit der Welt. Die zentrale Aufgabe der pädagogischen Tätigkeit, welche auch die leibliche Kommunikation erfasst, besteht darin, der Leiblichkeit in pädagogischen Situationen aller Art Raum zu geben. Die pädagogische Situation bindet das Lernen des Kindes an konkrete inhaltliche Themen an. Das Lernen wird dann zu einer pädagogischen Situation, wenn die Aufmerksamkeit der Lehrenden sich darauf richtet, dass der Lernende etwas nicht kann und/oder das Lernen des Lernenden selbst ins Zentrum der Aufmerksamkeit rückt.[717] Es kommt also darauf an, dass das Lernen als leibliches Lernen überhaupt wahrgenommen und Teil der pädagogischen Situation wird.

4.2.3 Wahrnehmung und Gestaltbildung: ein Kontaktprozess

Lernen versteht sich in leiblicher Hinsicht als ein Kontaktprozess, in den Person und Sache durch das Lernen verwickelt und verändert werden.[718] Durch den Leib

---

713 Ruth C. Cohn, Von der Psychoanalyse zur Themenzentrierten Interaktion; Cohn / Terfurth, Lebendiges Lehren und Lernen.

714 Klaudia Schultheis, Leiblichkeit – Kultur – Erziehung. Zur Theorie der elementaren Erziehung. Weinheim 1998.

715 A.a.O., 146 (nach Erich Rothacker).

716 A.a.O., 230.

717 A.a.O., 226.

718 Dieses Verständnis entstammt der Gestaltpädagogik. Siehe u.a. Jörg Bürmann, Gestaltpädagogik und Persönlichkeitsentwicklung. Vgl. auch Carl R. Rogers, Freiheit und Engagement.

hindurch nehmen wir wahr. In der „natürlichen Einstellung“ nimmt der Bewusstseinsstrom die Welt, wie sie ist. In der Ausschaltung dieser natürlichen Einstellung wird die Natürlichkeit, die weiterhin da ist, „eingeklammert“ und eine Enthaltung des „gewöhnlichen“ Urteils, eine εποχη, geübt.[719] Die Aufmerksamkeit fokussieren wir auf das Wahrzunehmende. Solches phänomenologisches Erfassen als leiblicher Prozess schließt Assoziation, Strukturbildung und Emotionalität ein, setzt aber Raum und Leib und in ihm Differenz voraus.[720] Der Ausgangspunkt liegt direkt in der Körpermitte („Aha! Das kenne ich, hab ich begriffen!“). Vor einem Hintergrund zeichnet sich in dieser Form der Wahrnehmung eine Figur ab. Zu ihr nehme ich Kontakt auf, forme und gestalte, bedenke und bewege und verändere damit den Lerngegenstand genauso wie mich.[721] Im Kontakt mit dem Wahrgenommenen gewinnt der Lerngegenstand seine Wahrnehmungs- und Lerngestalt und bildet den Lernenden, und der Lernende bildet sich damit weiter: Lerngegenstand und Person bilden aneinander Formen aus und gestalten einander wechselseitig.

4.2.4 Wiederholung und Neuschöpfung im Erwerb perzeptiver Strukturen

Im Lernen werden Fähigkeiten erworben und ausgebildet. Dies geschieht einerseits durch Gewöhnung, andererseits durch Spontaneität.[722] Die Komplexität von Situationen bringt mit sich, dass wir in jeder neuen Situation auch erneut reagieren (müssen!), normalerweise in einer den Gegebenheiten angemessenen typischen, in jedem Fall aber mit dem Körper auch variablen Weise. Werden Umgangs- und Aneignungsformen geübt und auf andere Zusammenhänge übertragen, geschieht dies im Sinne von Verallgemeinerung und Generalisierung. Dieses Lernen kann man sich als Erwerb perzeptiver Strukturen vorstellen, der teils aktiv, aber auch implizit und damit in gewisser Passivität vor sich geht.

Merleau-Ponty bringt das Beispiel eines Organisten, der an einer ihm unbekannten Orgel ein Konzert einübt. Wie macht er das? Er setzt sich mit seinem Körper auf die Orgelbank. Indem er sich an typischen Gegebenheiten orientiert und mit seinem Leib Maß nimmt, ortet er seine Bewegungen und Richtungen am Spieltisch. Damit wird klar, dass bestimmte Strukturen erlernt werden, Zusammenhänge und nicht Einzelheiten. Woher nimmt der Organist sein Können und Wissen? Es ist im Leib inkorporiert. Seine Hände und Füße wissen genau, was sie tun müssen. Das Bewusstsein kommt gar nicht bei jedem Ton hinterher, doch der Körper weiß Bescheid. Der Leib nimmt das Können und Wissen in sich auf und transportiert es so, dass es in einer

---

Personenkonzentriertes Lehren und Lernen. Aus d. Amerikan. übers. von Wolfgang Rhiel, München 1984 und andere humanistisch-pädagogische Ansätze.

719 Edmund Husserl, Die phänomenologische Fundamentalbetrachtung. Hua III, 67–69.

720 Damit operiert auch die Feldtheorie Kurt Lewins als eine der Gestaltpädagogik zugrunde liegenden Theorie.

721 Schmitz spricht von „Einleibung“ als Form der leiblichen Kommunikation. Hermann Schmitz, Der Leib, der Raum und die Gefühle, 28–49.

722 Vgl. Bernhard Waldenfels, Das leibliche Selbst, 152ff.

neuen Situation alte Erfahrungen miteinander kreuzen lassen kann und daraus etwas Neues entsteht.[723]

Körper und umgebende Welt spielen im Lernprozess einander zu. In organisierten Lernprozessen spielen Ritualität und Prozesshaftigkeit in der Dramaturgie eine große Rolle.

4.3 Ein personzentrierter Lernprozess

Würzburg, in der herbstlichen Altstadt, Ende Oktober. Ein recht modern und zweckmäßig eingerichtetes Studio im ersten Stock eines Hauses. Hier befindet sich das Deutsche Ausbildungsinstitut für Focusing und Focusing-Therapie.[724] Ich bin mit Klaus Renn, einem der beiden Leiter dieses Instituts, verabredet. Er begrüßt mich und bittet noch um ein paar Minuten Geduld. Ich sehe mich um. Zwei helle Büroräume mit Büchern, Ordnern und Stellpappen, ein Computer, Drucker, Faxgerät. Eine freundliche und vor allem praktische Einrichtung. Hier also kann man Focusing von deutschen Profis lernen; Focusingtherapie, Ausbildungsseminare für Focusing und etliches mehr läuft hier organisatorisch zusammen. Ich werde in ein großes, mehrwinkliges Zimmer gebeten. Auf dem Weg dorthin einigen wir uns spontan auf das Du. „Nimm Platz, wo du magst!" Ich lasse mich auf dem grünen Flauschteppichboden nieder, nehme mir eines der unzähligen bunten Kissen. Ein gemütlicher Raum mit einem Tisch und Stühlen, amerikanischen Liegesitzen ohne Beine, mit denen man es sich auf dem Fußboden bequem machen kann, einem großen Spiegel, einer Videokamera, Matratzen, Decken, einem Familienbrett[725] – und viel Platz. Mir kommt in den Sinn: Raum zum Atmen, zum Bewegen, für Konzentration und Weitblick. Ich fühle mich hier wohl. Inzwischen sitzt mir Klaus in Lederhosen und Strümpfen im Schneidersitz gegenüber. Wir trinken grünen Tee aus chinesischen Tassen und beginnen. Zwei Stunden Zeit für Focusing liegen vor uns.

Was werden wir tun? Wir treffen zunächst Absprachen. Nach einigen Versuchen, in denen ich für mich Focusing probiert habe, geht es mir nun darum, professionelle Begleitung für einen Lernprozess zu bekommen und dabei genauer zu spüren, wie und was ich erlebe. Das Warum ist mir zu diesem Zeitpunkt noch gar nicht so wichtig. Klaus sichert mir zu, meinen Focusingprozess zu begleiten und dabei gleichzeitig transparent zu machen, was und wie etwas gerade geschieht. Er bittet mich, in mir nachzuspüren, wo ich ihn im Raum sitzen haben möchte,

723 Maurice Merleau-Ponty, Phänomenologie der Wahrnehmung, 175.

724 Kurz: DAF. Zu dessen Organisation siehe Web: www.focusing-daf.net. Vgl. Kap. II, 1.

725 Schachbrettähnliche Platte mit großen und kleinen Figuren ohne Gesichtern: aus der Systemischen Therapie für die Symbolisierung der Familienstrukturen in Familienskulpturen (Kurt Ludewig, Das Familienbrett. Ein Verfahren für die Forschung und Praxis mit Familien und anderen sozialen Systemen. Göttingen 1999).

mein Empfinden nach Nähe und Distanz zu ihm zu bestimmen. So rückt Klaus auf meinen Wunsch ein wenig weiter weg zum Fenster, so dass ich genügend Raum um mich verspüre, einen angenehmen Blickkontakt zu ihm halten kann und, wenn ich in seine Richtung schaue, auch die Perspektive des Himmels als Hintergrund vor mir sehe. Zu Beginn werde ich gefragt, wie ich mich fühle und was ich spüre. „Ich fühle mich hier wohl!", sage ich nun laut. „Jedoch mein Rücken tut seit Wochen weh, und das merke ich nun ganz besonders stark. Er fühlt sich an wie eine Stahlstange im Rücken. Ich habe den Wunsch, mich zu befreien." Klaus ermuntert mich, dieses zu tun und mir Freiraum zu verschaffen, und ich schiebe Personen und Dinge, die mir wichtig sind, mich aber im Moment an meiner Konzentration hindern, nach hinten weg, woanders hin an andere Orte. Klaus achtet darauf, dass es Orte sind, „an denen es ihnen gut geht!".

Dann erzähle ich von den zwei Themen, die ich mitgebracht habe, horche einen Moment lang in mich hinein und wähle eines aus. Ich möchte mein Arbeiten fokussieren: Es geht um meine religionspädagogische Doktorarbeit zum Thema Leiblichkeit und Focusing.

„Bring das andere Thema irgendwo hier in diesem Raum unter. Wo soll es hin?"

Ich stelle es in die Ecke hinter die leuchtend grüne Pflanze und beschreibe, wie es aussieht: bunt, mit viel Grün drin, das passt gut.

„Okay. Dann schauen wir uns jetzt dein Thema, die Arbeit, genau an. Wie ist sie, was empfindest du zu ihr?" Während Klaus mit mir spricht, ist sein Gesicht freundlich und mir sehr zugewandt, seine Hände deuten immer wieder auf seinen Bauch. Ich soll die Arbeit von meiner Mitte her von meiner Körpermitte her anschauen, verstehe ich. Ich nehme mir Zeit, den Felt Sense zu finden. Nach kurzer Zeit spüre ich eine Unruhe im Bauch: Irgendetwas Großes breitet sich aus. Während ich dieses Etwas erspüre und die Unruhe dabei zunimmt, kommt mir ein Bild: „Meine Arbeit sieht aus wie ein großes Paket: braun, in Packpapier, verschnürt. Sooo groß!" Mit diesen Worten reiße ich die Arme hoch, um die Größe zu zeigen. Nun soll ich auch das Paket, meine Arbeit, irgendwo hier im Raum unterbringen. Es passt genau in die Ecke zwischen den beiden Fenstern, auf die ich gucken kann. Bei all dem fühle ich in mich hinein, was in meinem leiblichen Zentrum, im Bauch und im Rücken ist. Während dieser Zeit spüre ich immer wieder Druck im Rücken und löse mich dann wieder davon, indem ich ihn mit meinen Rückenmuskeln und mit meinen Händen nach hinten wegschiebe. Allmählich werde ich etwas freier und beweglicher.

„Wie fühlt sich das in dir an, zu dem Paket dort?" Etwas breitet sich weit in mir aus, in mir sind Ruhe und Unruhe zugleich. Aber wo? Mein Herz schlägt ruhig und konstant, fest und sicher im Rhythmus, der mich trägt, den ich nicht beeinflussen kann. Überall sonst, vor allem in den Gliedmaßen, spüre ich großen Bewegungsdrang. Lust zum Schreiben! „Ja, das möchte ich tun – schreiben!" Sobald ich aber die Lust zum Schreiben meiner Arbeit fokussiere, wie sie ist, mich selbst am Schreibtisch vor mir sehe und dem Empfinden zu dieser Situation nachgehe, ist sie auch in der Herzgegend wieder da, die Unruhe: Das Herz hämmert ein Weilchen kräftig und unregelmäßig von innen gegen meinen Körper. Das kenne ich schon. Eine Art Herzrhythmusstörung. Ich spüre Bewegungsdrang. Mir schießen Gedanken durch den Kopf: Was mein Herz wohl aus dem Rhythmus bringt, Konkretes, Symbolisches? Aber in diesem Moment zeigt Klaus mit der Hand auf seinen Bauch und fragt, was ich spüre. „Ich möchte schreiben. Aber der Druck im Rücken ist wieder da. Ich fühle mich von hinten durch irgendetwas Metallenes festgenagelt. Es ist eine Aluminiumschiene im Rücken, die mich nach vorn schiebt.“ Klaus bittet mich, die Schiene genauer zu beschreiben. Zunächst ist sie völlig starr. Dann kann ich mich doch von ihr lösen und mich bewegen. Ich spüre, dass die Stange nah ist und merke, dass ich sie manchmal brauche, als Halt, jedoch nicht starr an sie geheftet sein will. Ich wünsche mir, sie solle sich meinem Rücken anpassen. Ich möchte beweglich sein und trotzdem Halt im Rücken spüren. Auf Geheiß suche ich ein Bild dafür: „Es ist ....., es ist .....“ Und schließlich finde ich es auch: „Es ist ein fahrender Stuhl!“ Die Assoziation „Rollstuhl“, welche mir im nächsten Moment durch den Kopf schießt, bringt mich zum Erschrecken und dann zu einem kurzen Lächeln, aber es gelingt mir, dem Bild weiter nachzuspüren. Es ist ein Schreibtischstuhl, der aus „Universitätsstoff“ ist: Sein Material ist recht fest, zum Teil widerständig, aber er hat ein weiches geschmeidiges Polster! Ich bin überrascht, dass der Stuhl für mich wirklich so aussieht wie mein Schreibtischstuhl zu Haus, azurblau mit winzigen weißen Tupfen, mit Rollen unterwärts, ohne Lehnen und sehr bequem. Erleichterung macht sich in meinem Körper breit. Mein Herz schlägt nun fröhlich und regelmäßig. Klaus hakt zur Vergewisserung noch einmal nach: „Geh noch mal nach unten [er zeigt dabei erneut auf den Bauch] und guck nach, ob das Bild stimmt!“ Ich spüre dieser Richtung nach. Die Erleichterung, der Felt Shift breitet sich aus. Es ist der fahrende Stuhl, das Bild ist stimmig. Ein schönes und vertrautes Bild, das mich froh stimmt.

Nun fordert Klaus mich auf, aufzustehen, der Suche nach dem fahrenden Stuhl nachzugehen und zu überprüfen, ob er weiterhin zu meinem Empfinden passt. Ich kann ihn als sichere Stütze in meinem Rücken spüren und mich mit ihm auch dem Paket nähern, um es genauer zu betrachten. Am liebsten würde ich es aufreißen, möchte aber doch nicht alles sehen. „Was wäre denn, wenn wir uns vorstellen, du kannst in das Paket irgendwie rein?“, fragt Klaus. Ich verstehe es und spüre, dass es drinnen warm ist. Da ist ein richtiges Herz, gesund und doch verletzlich, pulsierend und gut. Ich habe etwas Wesentliches gefunden! „Es wäre schön, einen kleinen Teil nach dem anderen auszupacken, etwa so als würde ich einen Adventskalender nach und nach entzaubern. Es macht Spaß!“ Für kurze Zeit kann ich die Lust am Auspacken genießen. Doch dann: „ Aber das Schreiben...“ Und wieder sinke ich zusammen, geduckt, in mich gekrümmt, gebeutelt. Klaus hakt nach, wie gewohnt die Hände auf den Bauch gerichtet: „Was ist da, mit dem Schreiben?“ In diesem Moment hallen in mir zahlreiche Stimmen. Ich fühle mich durch sie „gedeckelt“. Klaus übernimmt die Rollen dieser Stimmen und spielt sie. So kann ich ihnen antworten und entgegnen, mit ihnen schimpfen. Eine dieser Stimmen kenne ich schon länger und kann sie auch in meiner Biographie verankern. Mit jedem Dialog, den ich mit jeder Person, welcher die Stimme gehört (gespielt durch Klaus) aufnehme, verhallt eine nach der anderen Stimme. Ich fühle mich nach und nach freier und beweglicher. Es ist nahezu ein Befreiungsprozess und letztlich eine wohlige Freiheit zu toben, zu schreiben, wie es zu mir passt und wie ich es kann. Die Rückenschmerzen sind jetzt, nach 90 Minuten, fast weg.

Wir machen eine Viertelstunde Pause, lüften uns und den Raum gut aus, bewegen uns und treffen uns dann auf dem Teppichboden wieder, um von einer anderen Ebene aus zu reflektieren. Klaus sagt, es habe ihm Spaß gemacht, mich auf diese Weise zu begleiten; es seien Dinge aus meinem Leben positiv sichtbar geworden. Ich bin gut begleitet worden, sehe meine Art des Lernens deutlicher vor mir und habe gleichzeitig einiges von der Art und Weise des Prozesses wahrgenommen.

4.3.1 Aufmerksamkeit – die pädagogische Weise der Achtsamkeit

Je nach hermeneutischem Ansatz läge es nahe, den beschriebenen Focusingprozess auf seine Thematik hin zu interpretieren, z.B. würde man in einem tiefenpsychologisch orientierten Gesprächszusammenhang die zutage getretene Symbolik auf Urkonstellationen in der Familie oder psychische Strukturen hin analysieren. Es gehört zur Struktur des Focusing, sich nicht auf eine inhaltliche Auslegung des begleiteten Prozesses zu konzentrieren, da eine deutende Herangehensweise an vermeintliche „Inhalte" weder dem Focusingprozess noch dessen Interesse gerecht werden würde; es geht nicht um die Annäherung an eine idealtypische Persönlichkeit, sondern das Angelegte, Implizite für die Person wahrnehmbar zu gestalten und je nach Interesse des fokussierenden Subjekts in der Beziehung zum Ausdruck zu bringen.[726] Inhalte kommen in diesem personzentrierten Rahmen so weit zum Tragen, wie der Fokussierende sie aus- und überhaupt anspricht. Beobachtung und Sprache findet der *Prozess*. Es soll auch im Folgenden vielmehr darum gehen, den Focusingprozess unter pädagogischen Bedingungen zu beleuchten und die (von Gendlin beobachteten und dann handlungsorientierten „systematisierten") „Focusingbewegungen" auf Elemente des Lernens zu beziehen.[727]

---

[726] Dies verdeutlicht auch Gendlins Ansatz zur Verschriftlichung der Therapie, in dem Therapieprozesse genau beschrieben werden; es lebt von Transkriptionen mit Kommentaren, die auf den Prozess selber Bezug nehmen. Vgl. Eugene T. Gendlin, Focusing-orientierte Psychotherapie.

[727] Eugene T. Gendlin, Focusing (1998), 72.

Grundlegend für diesen Prozess ist die Aufmerksamkeit, die in meinem Fall auf den Arbeitsprozess fällt. Das Focusing verwendet sehr viel Zeit und Raum darauf, diese Aufmerksamkeit als Freiraum kommen zu lassen und auszugestalten. Die Selbstverständlichkeit der täglichen Arbeit wurde beiseite gerückt, stattdessen kam das Alltägliche als Besonderes in den Mittelpunkt. Horst Rumpf beschreibt, wie Erscheinungsformen auf dem Weg der Entselbstverständlichung zu lernenden Anbahnungen werden.[728]

Das, was selbstverständlich gehandhabt wird, ist für die nachdenkliche Reflexion zunächst einmal nicht zugänglich; es muss erst eine Irritation stattfinden. In diesem Fall wird eben nicht nach dem inhaltlichen Stand des Arbeitens gefragt, sondern nach dem Körpergefühl *zu* dem Arbeiten. Die durch einen neuen, irritierenden Rahmen veränderte Form des Lerngegenstandes bringt eine phänomenologische Fremdheit mit sich, die der Erstarrung des angeblichen Bescheid-Wissens trotzt. Damit wird nicht eine Verhärtung durch eine endgültige Einsicht aufgelöst, sondern eine Gegebenheit wird mit neuen Augen gesehen, die sich unter diesem Blickwinkel zu formieren beginnt.

Die phänomenologische Lern-Aufmerksamkeit wird als Lernprozess anschaulich. Es geht dabei um das genaue „Hinschauen und beschreiben lernen durch stille Fokussierung der Aufmerksamkeit auf scheinbar Allbekanntes oder Nebensächliches".[729] Eine solche Form der Aufmerksamkeit geht nicht davon aus, dass Vor-Annahmen bestätigt oder korrigiert werden, sondern sie setzt auf das Kennen-Lernen des Fremden im Vertrauten. „Diese Lern-Aufmerksamkeit bringt die Schüler nicht dazu, in sich ein weltenthobenes abstraktes Subjekt zu aktualisieren [...], das sie ihrer leiblichen und geschichtlichen Situiertheit diesem [Lerngegenstand] gegenüber enthebt. Im Gegenteil: Sie vertieft sich in das vor den Sinnen Befindliche, sie tastet dem Merkwürdigen nach, sie hebt es in Bewusstsein, sie lässt Phantasmen spielen, sie schöpft die begrenzten Perspektiven aus, ohne auf vielleicht gedächtnismäßig gespeicherte Erklärungen zurückzugreifen, die die Irritation und die darin steckende Aufforderung zum genauen Hinschauen und Beschreiben auslöschen könnten".[730] Bei dieser Form, dem *Staunen* Raum zu geben, ihm auf kindliche Weise nachzugehen, wird Bekanntes als fremd angesehen, Selbstverständliches der Selbstverständlichkeit enthoben, die Komplexität des Gegenstandes zunächst auf das Phänomen reduziert.[731]

---

728 Horst Rumpf, Die Fruchtbarkeit der phänomenologischen Aufmerksamkeit für Erziehungsforschung und Erziehungspraxis.

729 A.a.O., 322.

730 A.a.O., 323.

731 Schon bei Aristoteles, Metaphysik, 1. Buch, 2 (982b) gilt das Staunen als Anfang des Denkens: „Staunen ist der erste Grund der Philosophie" (Aristoteles, Metaphysik. Schriften zur ersten Philosophie Übers. u. hg. von Franz F. Schwarz. Stuttgart 1984, 21).

Der in ähnlicher Weise von der Aufmerksamkeit ausgehende Prozess des kindlichen Lernens in Freiarbeit ist von Maria Montessori beobachtet und beschrieben worden.[732] Ein Kind polarisiert seine Aufmerksamkeit so lange auf eine Aufgabe, bis es sie vollbracht hat und die Figur, die sich herausgeschält hat, zu einer gewissen Gestalt geschlossen ist. Natürlich handelt es sich dabei um einen idealtypischen Prozess, der ebenso gut auch durch Störungen unterbrochen werden kann. An den Erregungen und Entspannungen kann man jedoch ablesen, dass die Zufriedenheit einen höchsten Sättigungsgrad erreicht, wenn das Kind, in die Aufgabe versunken, im Fluss zu einem Flow-Erleben kommt und mit seinem Tun nahezu verschmilzt. Es bekommt im Lernprozess einen Felt Sense für das Tun, kann sich Dinge erschließen und produziert auf diese Weise einen Zugang zur Welt. Nicht von ungefähr steht in der Montessoripädagogik das Kind im sicheren Mittelpunkt, aber das Material, das ebenso Körperhafte, ist der Schlüssel zur Welt.

Kinder haben und nutzen von allein ihr Gespür, den Körper als Eintritt zum Wahrnehmen, Gestalten und Verstehen einzusetzen. Für sie ist es selbstverständlich, dass eine Krankheit eine Farbe haben kann oder dass man dem geliebten verstorbenen Haustier auch im Körper einen Ort der Erinnerung gibt.[733] Wenn diese Fähigkeiten nicht erhalten und gefördert werden, werden sie mit wachsendem Alter durch zunehmende Rationalisierung verdeckt. Diese Veränderungen betreffen in pädagogischer und didaktischer Hinsicht gerade diejenigen Lebensformen und Institution, die sich selbst dem Lernen verschreiben: die Schule mit ihrem organisierten Lernen. [734]

Die PISA-Studie und erst recht ihre missverstandenen Lesarten wie „Unsere Kinder lernen zu wenig!“ legen nahe, dass die Schule der pädagogische Ort und die Institution sei, wo das Lernen stattfinde. Das Nachdenken und Ausforschen, was dort geschieht, ist die Seite des Lernprozesses, die eine solche bestimmte Auf-

---

732 Maria Montessori, Kinder sind anders. Übers. v. Percy Eckstein u. Ulrich Weber. Bearb. v. Helene Helming. Stuttgart 1952, 165.

733 „Children learn to clear inside space by putting their bodily sense of a problem outside by drawing or painting the problem or the bodily felt sense of it“ (Marta Stapert, Focusing in school, 3).

734 Ich vermute, dass die Universität kaum anders verfährt und dort die Möglichkeiten nicht genügend genutzt werden. (Reinhard Fuhrs These zu Beginn eines pädagogischen Seminars: „In der Schule findet kein wirkliches Lernen statt“ erscheint mir zu einseitig.) Der hohe Stellenwert, welcher den strukturgenetischen Entwicklungsmodellen beigemessen wird, trägt im schulischen Rahmen nicht unerheblich zu fortschreitenden Intellektualisierungen bei. Damit wird nicht grundsätzlich der Gedanke der Entwicklung, die in vielerlei Hinsicht als Phasen beschreibbar bleibt, angezweifelt, sondern es muss im Gegensatz zu einem entwicklungshierarchischen Denken die Präsenz jeder Lebensphase an sich gewürdigt und damit ebenso in Rechnung gestellt werden, dass jeder Fortschritt, jede Weiterentwicklung auch wieder das Zurückgehen auf tiefere Ebenen erfordert. Schulische Rahmenrichtlinien und Anforderungskataloge behalten bis heute durchgängig drei bzw. vier Anforderungsbereiche (AFB) bei: Reproduktion, Reorganisation, Transfer und Problem lösendes Denken.

merksamkeit voraussetzt. Ein Lernen, das die Entwicklung der Persönlichkeit als Maßgabe setzt, geht dagegen davon aus, dass die Schule zwar den Raum für organisiertes Lernen bereitstellt, aber Lernen per se selbstverständlich immer und zu jeder Zeit stattfinden kann, da es in hohem Maße an die Wahrnehmung der Person gebunden ist. Kindliche Selbstvergessenheit im Spiel macht z.B. immer wieder deutlich, dass man auch ohne Zutun und ohne größere Bewusstheit lernen kann. Die Aufmerksamkeit und Wachheit auf das Leben und seine Bewegung bietet unendliche Lernanreize. Horst Rumpf verweist in seinen „Streifzügen in einer pädagogischen Aufmerksamkeit" nicht ohne Grund nachdrücklich auf das „Eigenlernen", das ohne Zutun Anderer jenseits des offiziellen Lernens geschieht – als „Prozess der Aneignung und Durcharbeitung von Realitäten, von Erfahrungen; der Bildung von Erkenntnissen, Urteilen, Gewohnheiten; Vorgänge, bei denen man es lernt, sich auf ganz verschiedene Erfahrungen einen Reim zu machen, sie mit seinen eigenen Erinnerungen, Hoffnungen, Strebungen zu verbinden, sich mit sich und der Welt schlecht und recht zu verständigen, bei allen Unverständlichkeiten und Bedrohlichkeiten, die es gibt".[735] Vor allem das „Angetan sein", die von Rumpf so bezeichnete Form „nicht distanzierender Weltvergegenwärtigungen" ist dabei zu berücksichtigen: „Was von den Differenzierungen seelischer Tätigkeiten aus als diffuses Gemisch erscheint, das charakterisiert aber wohl das ANGETANSEIN, bei dem jemand teilhat und sich nicht getrennt von einem Gegenstand, einer Situation, einem Gegenüber spürt."[736] Der Ansatz des Focusing kann es nicht nur Erwachsenen, sondern auch Jugendlichen ermöglichen, dieses Gespür mit ein wenig Übung in kurzer Zeit wieder zu finden und den eigenen Gestalten nachzugehen. Das Setting des begleiteten Focusingprozesses ist selbst eine Einladung zum Lernen.

Der Hinweis auf die Unverfügbarkeit des Lernens und die wenig auf einen Informationstrichter zielende pädagogische Aufmerksamkeit ist eine wichtige Voraussetzung nicht nur für das Lernen selbst, sondern auch, um menschliches und menschenwürdiges Lernen zu rekonstruieren. Ich halte eine Phänomenologie des Lernens für nötig, welche die Körperlichkeit berücksichtigt und sich dennoch nicht auf Lernpsychologie beschränkt, sondern auch den Lerngegenstand berücksichtigt, wie es für eine didaktische Konkretion der Fall ist und mir angemessen erscheint. Für eine Lehrerin ist es unabdingbar, selbst Faszination zu wecken, indem sie sich und andere mit den Gegenständen bekannt macht.

4.3.2 Die pädagogische Situation: Hilfe zum Eigenlernen

Ich möchte einige Merkmale einer *pädagogischen Situation* hervorheben, unter denen prozessorientierte, leibliche Lernprozesse möglich sind. Grundlegende Vor-

735 Horst Rumpf, Die übergangene Sinnlichkeit, 176.
736 A.a.O., 196f (Hervorhebung i.O.)

aussetzung für die Ermöglichung des partnerschaftlichen Focusingprozesses ist die *Beziehung, das pädagogische Verhältnis.* In diesem Fall handelt es sich um ein Partnerfocusing, d.h. der Prozess wird von einer anderen – hier von einer sehr fachkundigen – Person durch deren Gegenwart unterstützt. Diese Beziehung wird jedoch nicht im luftleeren Raum hergestellt: In dem Setting einer leibräumlichen *Inszenierung* hat der Prozess seinen Platz. Zu dieser Inszenierung gehört der Rahmen von Ort, Zeit, Bedingungen. Das pädagogische Verhältnis wird zu Anfang durch einige Vereinbarungen, eine Art *Kontrakt* gefestigt hinsichtlich des Spielraum von Distanz und Nähe und durch einen ungefähren Zeitrahmen, der für das Lernen zur Verfügung steht, ebenso der methodische Spielraum. Zu der Beziehung gehört auch, dass immer wieder Klarheit über das *Verhalten des Begleiters bzw. Lehrers* hergestellt wird.

Die Haltung des Begleiters bezeichnet man als zugewandt und „klientenzen triert", das bedeutet, dass sie sich so authentisch als möglich verhält[737], aufmerksam und aktiv zuhört. Im Selbsthilfeprozess hält sie sich zurück, indem sie die Äußerungen spiegelt bzw. nahezu mit den gleichen Worten und dem Tonfall zurücksagt. Der Begleiter wird sich jedoch zumeist eher wenig zu Deutungen oder gar zu Wertungen hinreißen lassen, etwa warum und wozu ich etwas so oder anders wahrnehmen würde.[738] Seine Rolle ist die eines Partners, nicht die eines allwissenden Beraters, denn das Subjekt der Veränderung ist der oder die fokussierende Person selbst.

Wesentlich im Focusingprozess ist, dass der Begleiter leiblich „da" ist und dem fokussierenden Partner seine ganze Zeit und Aufmerksamkeit widmet. Da Menschen im Alltag in der Regel sehr wenig ungeteilte Zeit füreinander haben, wird schon diese Art von Aufmerksamkeit, gemeinschaftlich-leibliche *Präsenz*, häufig bereits als sehr wohltuend empfunden. Die Aufmerksamkeit einer anderen Person, der man ein gewisses Vertrauen entgegenbringt, erleichtert es auch, auf sich selbst und seinen eigenen Veränderungsprozess aufmerksam zu werden. Diese Form freischwebender Aufmerksamkeit ist therapeutischerseits schon in der Psychoanalyse ausgebildet: Frei flottierend verfolgt der Begleiter die Bewegungen des

---

737 Ich bezweifle die Absolutheit des Authentizitätsbegriffes in pädagogischen Rahmen; die „selektive Authentizität" erscheint mir ehrlicher. Schulz von Thun nimmt die Äußerung Ruth Cohns auf: „Nicht alles, was echt ist, will ich sagen, doch was ich sage, soll echt sein" (Psychologie heute (1979), 3) Friedemann Schulz von Thun, Miteinander reden. Störungen und Klärungen I. Allgemeine Psychologie der Kommunikation. Reinbek 2003, 120f. (Vgl. zu der Problematik auch Thomas Klie, Konfirmandenunterricht – Trauerspiel, Musical oder Komödie? Dramaturgische Aspekte kirchlicher Unterweisung. In: PTh (2000) 4, 175–191).

738 Erstaunlich ist die Konzentration, Ruhe und sehr sorgfältige Auswahl, mit welcher Gendlin selbst einen Focusingprozess zu begleiten in der Lage ist. So erfahrbar auf dem Workshop in Weingarten, 31.10.1998.

Prozesses und achtet dabei zugleich auf die eigenen Resonanzen.[739] In diesem Fall – im beschriebenen Prozess handelt es sich um einen Focusingausbilder und ausgebildeten Therapeuten – wird Focusing mit anderen Ansätzen verbunden. Hier wird deutlich, dass Focusing methodisch kompatibel ist mit anderen psychologischen und pädagogischen Konzepten und es für den Prozess selber auch auf *methodische Kompetenz* ankommt: Die stimmliche Übernahme der Rollen entstammt dem Psychodrama bzw. Gestalttherapie und -pädagogik, mit dessen Hilfe das Beziehungsgeschehen von außerhalb situativ in den Prozess – und räumlich in das Setting – hineingeholt und damit gegenwärtig werden kann. Das Partnerfocusing übernimmt also stellvertretend und prozessfördernd das, was man beim alleinigen Focusing in exzentrischer Beziehung mit sich selbst tut: die Begleitung, das In-Beziehung-Treten, „Gesellschaft-Leisten". Durch die Unterstützung des Partners ist es leichter, bei diesem Prozess aufmerksam und konzentriert zu bleiben.[740] Die geschenkte Aufmerksamkeit des Anderen verhilft zum ebensolchen freundlichen Umgang mit dem eigenen Erleben.

Die „Pädagogische Atmosphäre" ist diesbezüglich für alle Formen des Lehrens und Lernens und das Gelingen eines komplexen Erziehungsprozesses mitentscheidend.[741] Die „gefühlsmäßigen und zwischenmenschlichen Voraussetzungen" sind prägend für die pädagogische Beziehung. Otto Friedrich Bollnow verweist mit seinen emotional-atmosphärischen Maßgaben auf die „Doppelseitigkeit" im pädagogischen Bezug, wie sie in der großen Vielfalt pädagogischer Situationen sichtbar wird, und stellt ihre anthropologisch-pädagogische Bedeutung heraus.[742] Für die Perspektive des Zöglings werden „Tugenden des Kindes" genannt, die seine Einstellung zum Erziehenden mitbestimmen: das Vertrauen zum Lehrenden, Dankbarkeit und Gehorsam, Liebe und Verehrung. Zur „Grundhaltung des reifen Erziehers" gehören Vertrauen, Güte, Geduld, verantwortungsvolle Bereitschaft, Heiterkeit und Humor. „Beides sind nur verschiedene Aspekte eines und desselben gefühlsmäßigen Mediums, das Erzieher und Kind in gleicher Weise umschließt und innerhalb dessen sich dann die beiden Seiten in einer immer nur relativen Weise unterscheiden lassen. Das ist es, was hier mit dem Begriff einer pädagogischen Atmosphäre bezeichnet werden soll. Es geht in ihr also um die pädagogische Situation im ganzen und insbesondere die Kind und Erzie-

---

[739] Diese frei flottierende Aufmerksamkeit ist bereits in der Psychoanalyse Freuds angelegt („gleichschwebende Aufmerksamkeit" nach Jean Laplanche / Jean-Bertrand Pontalis, Das Vokabular der Psychoanalyse I. Aus dem Französischen von Emma Moersch. Frankfurt ²1972, 169–171).

[740] Aus dieser Erfahrung heraus ermuntert Gendlin stark zum Partnerfocusing (Focusing 1998, 135–171) und hat in den USA die Gründung von sog. „Changes-groups" vorangetrieben, in denen sich jeweils zwei Leute finden können, die miteinander Partnerfocusing machen.

[741] Otto Friedrich Bollnow, Die pädagogische Atmosphäre. Untersuchungen über die gefühlsmäßigen zwischenmenschlichen Voraussetzungen der Erziehung (1964) Essen 2001.

[742] Das geschieht beispielhaft im Zusammenhang mit Fest und Feier in der Schule.

her gemeinsam übergreifende Gestimmtheit und Abgestimmtheit des einen auf den andern, die für das Gelingen der Erziehung erforderlich ist".[743]

Diese Form der Begleitung erinnert sehr an die pädagogische Situation, wie sie Maria Montessori für das Lernen vorgesehen hat. „Hilf mir, es selbst zu tun!" steht programmatisch für die Erziehung des Kindes in der Reformpädagogik, das unter dem Prinzip „Werde, der du bist!" als Baumeister seiner selbst an der eigenen Arbeit und Gestaltung seines Lebens wächst. Die Aufgabe des Lehrenden erfordern anders als in der Regelschule viel Geduld, da der Lernende als Subjekt des Lernens in der Freiarbeit auch eigene Entscheidungen über seinen Lernprozess trifft.: „[...]statt des Redens muß sie das Schweigen lernen, statt zu unterrichten muß sie beobachten; statt der stolzen Würde dessen, der unfehlbar erscheinen will, muß sie das Kleid der Demut anlegen".[744] Sicherlich findet eine solche Rollenbeschreibung der Lehrperson auch an einigen Punkten Grenzen; wenn ich als Lehrerin keine Vorgaben mache und z.B. auch Informationen aus meiner Rolle als Fach- und Sachkundige gebe, ergibt sich keine Kommunikation im Lernprozess. Zudem hängt es stark davon ab, was gelernt werden kann und soll, ob das methodische Repertoire und die diesbezügliche Dominanz der Lehrkraft nicht zuweilen auch stärker sein müssen. Dennoch findet sich ein eindeutiges Augenmerk darauf, dass zur Aneignung von Welt die intersubjektive Wahrnehmung ebenso gehört wie die Erfahrung, dass jemand den eigenen Lernprozess unterstützt, indem der Weg des Lernens flexibel bereitet und den geprägten Formen Raum für das „lebend sich Entwickeln" gegeben wird.

4.3.3 Ästhetische Praxis: Arbeit am Selbst-Bild

Der begleitete Focusingprozess stellt im pädagogischen Setting einen *Lernvorgang* dar, der den Leib zum Ausgangspunkt, die Bildung der Person zum Ziel nimmt und dabei auf die *Wahrnehmung* des Verhältnisses von lernendem Subjekt und Lerngegenstand setzt. In diesem Fall ist sogar das Thema *Lernen* implizit Gegenstand des Prozesses. Mit Hilfe des „Lehrers" nimmt die „Schülerin" ihre Arbeit wahr: Sie macht sich auf die Suche nach *Spuren* für eine *Form*, die zu ihrer Arbeit und ihrer Art des Lernens passt. „Das Lernen lernen" funktioniert prozesshaft, in einem Umfeld, in dem Zeit und Raum für Aufmerksamkeit auf ein ETWAS und die Verbindung zu eigenen Körperempfindungen gegeben werden.[745] Durch leibseelische *Konzentration* findet eine Auseinandersetzung mit dem Gegenstand statt,

743 Otto Friedrich Bollnow, Die pädagogische Atmosphäre, 12.

744 Maria Montessori, Schule des Kindes. Montessori-Erziehung in der Grundschule. Hg. v. Paul Oswald. Freiburg 1976, 122f.

745 In diesem Fall bringt die Lernende von sich aus etwas mit, was sie lernen will, woran sie Interesse hat und was von innen und außen auch nach der Beschäftigung und Erarbeitung drängt.

bei der die *Kommunikation* mit den eigenen Gesichtspunkten wie mit den Anregungen des Lehrenden den Fluss der Wahrnehmung vorantreibt. Auch Unterbrechungen oder Dinge, die zunächst als Störungen empfunden werden, werden in den Prozess einbezogen und stellen wichtige Marker für die Gestaltfindung des Themas dar. So ergibt sich ein Lernprozess in einer *Kontinuität* von Handeln und Erleben, der zu einem Ende findet, wenn der Zeitrahmen erschöpft ist oder der Sättigungsgrad soweit erreicht ist, dass eine passende Gestalt gefunden ist. Man kann am Ende ein aus dem Lernprozess verdichtetes Ergebnis „mit nach Hause nehmen". Gleichwohl ist solch ein Lernprozess nicht abschließbar; er könnte rhythmisch fortsetzt werden, neue Aspekte würden die Gestalt weiter transformieren.

Ich bin mit etwas Unklarem, einem *Thema* gekommen. Besser gesagt, „mein Arbeiten bzw. Schreiben" hatte ich schon vorher im Kopf, wusste aber bis zu Beginn des Treffens noch nicht, ob ich es in diesem Focusingprozess zum Thema machen wollte.[746] Die Entscheidung, womit ich mich beschäftigen wollte, kam aus dem Körpergespür: Er zeigte seine Unruhe zu diesem Thema und zog es damit als *Figur* in den Vordergrund – dieses Thema und kein anderes. Eine sehr genaue Wahl. Von da an spielen Körper und Emotionalität in der Steuerung dessen, was ich erfahre, eine große Rolle. Zunächst traue ich meinem Körper nicht so ganz; es kostet Mut und Konzentration, mich darauf einzulassen, den eigenen Regungen nachzukommen. Mit der Zeit und der Sicherheit des Zeitrahmens bemerke ich, dass sich dieses *Vertrauen* lohnt. Der Körper führt mich weiter in einige neue Ecken und Winkel meines gespürten Verhältnisses zum Thema „Arbeit" und förderte das Arbeiten selbst als eine bewegliche Sache zutage.

Das Thema entfaltet im Laufe des Prozesses seine anfängliche Verdichtung, bis es sich in einer kathartischen Gegenbewegung zu einer Gestalt findet. Im Focusingprozess wächst es, der Prozess transportiert es wie ein Fahrzeug, das an einen Ort fährt, dessen Lage ich vorher noch nicht oder nur kaum kenne. Wichtig ist, dass dieses innere Bild stimmig ist und ich es deswegen annehme. Der *Hintergrund* wird im Laufe des Prozesses immer wieder transparent, zugleich schälen sich neue, unbekannte *Figuren* heraus. Aus dem unklaren „Etwas" entsteht in mir eine bildhafte *Gestalt*. Ich nehme das Bild, das ich an meinem Rücken innerlich verortet habe, dort mit, und es begleitet mich. Manchmal ist der „fahrende Stuhl" auch festgeschraubt, wenn ich den Eindruck habe, mich in meinen Gedanken oder beim Schreiben „festgefahren" zu haben. Dann spüre ich in der Magengegend das Ringen mit den Schrauben, die den Stuhl festhalten. Die Bilder, Worte, Gefühle, Ausdrücke, Expressionen, die man für winzig kleine oder für größere Focusingprozesse findet, können sich im nächsten Moment, mit jeder kleinen Ver-

---

[746] In der Focusingtherapie bekommt das zu bearbeitende „Problem" die Relevanz dessen, was ich als Thema bezeichne. Daher auch oft die Bezeichnung „Problem" selbst in den Websites: Background ist so etwas wie Beratung, Hilfe zur Selbsthilfe.

änderung der Situation, ebenfalls mit verändern. Sie bieten keine Lösungen, sondern treiben das Leben einen Schritt weiter. Dort angekommen, mag der Felt Sense wieder ein anderer sein.

Die Focusing-Bewegungen lassen sich als ein Hin und Her *zwischen Denken und Fühlen* beschreiben, zwischen Kopf und Bauch sozusagen. Im *Erleben* sind sie jedoch zum Teil ineinander verschmolzen oder man knüpft noch einmal an einem anderen Schritt an oder beginnt gar neu, wobei dieser Beginn dann immer ein anderer ist. Manchmal gewinnt man den Eindruck, das Denken sei schneller als die körperliche Wahrnehmung; in solch einem Fall schaltet sich blitzschnell so etwas wie „Bedeutung" ein. Das Focusing nennt dies den „inneren Kritiker": Er zeigt deutliche Verwandtschaft mit dem Freudschen Über-Ich, ist aber vom Gewissen deutlich zu unterscheiden.[747] Wenn der Begleiter den fokussierenden Partner immer wieder auf den Felt Sense lenkt, kann es gelingen, Deutungen wieder einer körperlichen Überprüfung zu unterziehen und damit vorgefertigte Festschreibungen in neue Kontexte zu stellen. Es ist erstaunlich, wie sehr wir darauf getrimmt sind, selbst elementarste körperliche Empfindungen als Symptome oder Symbole zu interpretieren – mit dem Denken von einem ganz anderen Ort her. Es fällt schwer abzuwarten, was der Körper an dieser Stelle von selbst ausdrückt, wie eine Symbolisierung aussieht, die den Körper einbezieht, der sich mit Hilfe des Körpergefühls *Konzepte und Kategorien* sucht und diese nicht aufgepfropft werden. Beim Focusing erfolgt die Steuerung des Prozesses ganz bewusst vom Felt Sense her.

Das körperliche Erleben empfinde ich nicht als vollkommen neu. Manche Bewegung, die ich vorher auch kannte, tritt hier nur bewusster und in stärkerer Emotionalität ans Licht. Dass meine Rückenschmerzen im Laufe des Focusingprozesses schwächer werden und fast verschwinden, mag zunächst wie Zauberei klingen. Sie treten später schon noch wieder auf, es ist keine Wunderheilerei am Werk. Die klassisch psychosomatische Umgangsweise mit den Schmerzen wäre, direkt nach dem Symbol zu fragen. Etwa: „Was bedrückt dich denn?" Die Frage hätte mich in eine Richtung gelenkt und mir eine Idee – zunächst gedanklich – entlockt. Ich würde nach der „richtigen" Interpretation meiner Körperreaktion suchen. Aber die Verbindung zwischen Körper, Gefühl, Thema und Interpretation, dessen *leibliche Situiertheit* zu spüren, genau das zu erfassen, was hier und jetzt am Werk ist, das ist nur durch mein körperliches Erleben möglich. Die Überprüfung zeigt: Die Momente, in denen „Shifts" passieren, in denen mir klar wird, Ausdruck erlangt und sprachlich fassbar wird, was nun in diesem Moment stimmt, sind gänzlich befreiend spürbar. Diese Überprüfung könnte als produktive Spannung ebenso bei einer herangetragenen Interpretation stattfinden: Der Körper reagiert, soweit er auch von innen ist, darauf, inwieweit eine Deutung stimmig ist oder nicht. Das zeigt, dass der gespürte Körper nicht nur ein Indikator der Wirk-

---

747 Interview mit Gendlin am 8.12.1998: „Das Gewissen ist eine kleine, ruhige Stimme."

lichkeitswahrnehmung ist, sondern in einer vorverbalen Weise selbst zum Interpretanten des Geschehens wird.

Das *Symbol*, das vom Felt Sense als inneres Bild oder Wort gefunden wird, ist etwas Aktuelles und wird nicht als Endergebnis festgeschrieben. Ändert sich der Felt Sense zu einer Sache, entwickelt sich auch das Symbol – und damit die Ausdrucksform – weiter. Wenngleich die Methode etwas ist, das trainiert werden kann und die Rahmenbedingungen routiniert sein können, so baut sich doch jeder Lernprozess in einzigartiger Weise als von dem Fokus und von der Subjektivität des Lernens geprägt auf. Der Focusingprozess weist auf ein personzentrierten und an Körperspuren orientiertes Lernen, das sein Zentrum in der reformpädagogisch aufgenommenen und gegenwärtig in erlebnispädagogischen Richtungen wiederkehrenden Maßgabe Pestalozzis von „Kopf, Herz und Hand“[748] als leibliche Fließbewegung zwischen Empfinden, Denken und Gestalten findet.

Das Focusingkonzept integriert die Störungen und Grenzen, indem in den „Sackgassen“ phänomenologisch immer wieder ein kleiner „Freiraum“ geschaffen wird, um einem Aspekt Entfaltungsmöglichkeit zu verschaffen. Es besteht auch die Möglichkeit, dass Spuren von Bedeutsamkeiten, indem sie durch das Focusing deut-licher werden, im Prozess an Gewicht verlieren und wieder in den Hintergrund verschwinden, während neue Gesiichtspunkte zutage treten. Der Lernende entscheidet selbst darüber, inwieweit er sich auf Aspekte des Fokussierten einlässt. Im Rückgriff auf das psychoanalytische Modell des Über-Ichs werden (z.B. durch zeitliche, räumliche oder institutionelle Gegebenheiten) als „Kritikerstimmen“ mit aufgenommen, indem auch ihnen eine vernehmbare Gestalt verliehen wird und sie damit als Gegenüber oder Aspekt eines Themas kommunikabel werden. Focusing schult den Umgang mit ihnen, indem ihnen Raum gegeben wird, der innerhalb des Prozesses meist außerhalb des eigenen Körpers verortet wird. Damit müssen sie nicht zwangsläufig integriert werden, sondern können als nicht zum Eigenen gehörige Gestalten abgesondert werden.

Das ästhetische Verhältnis von Selbst und Anderem für die Bildung lässt sich durch Klaus Mollenhauers empirische Untersuchung erhellen, in welcher Komponenten des Spektrums ästhetischer Erfahrungen beleuchtet werden.[749] Die ästhetische Produktivität liegt in einer besonderen Konstitution des Leibes begründet; der Mensch verhält sich zu sich selbst in exzentrischer Weise. Das ästheti-

---

748 Das Drei-Kräfte-Modell zieht sich durch das gesamte Werk Pestalozzis, z.B. „Die Natur gibt das Kind als ein untrennbares Ganzes, als eine wesentliche organische Einheit mit vielseitigen Anlagen des Herzens, des Geistes und des Körpers“ (PSW 20, 56). Elementarbildung setzt sich „nicht weniger vor, als durch die Gesamtheit und Übereinstimmung all ihrer Mittel Herz, Geist und Hand zum Höchsten und Edelsten, dessen unsere Natur fähig ist, zu erheben“ (PSW 18, 50).

749 Klaus Mollenhauer, Grundfragen ästhetischer Bildung. Weinheim / München 1996.

sche Produkt ist eine „Differenz-Erfahrung"[750], diese ist an Sozialität gebunden. Die Frage nach der Bezeichnung der Produkte als ästhetischer „Ausdruck" provoziert zu der Aussage: „Ästhetische Erfahrung wäre demnach auch die Erfahrung der Differenz zwischen dem Individuell-Besonderen und dem Seelisch-Allgemeinen einer Kulturlage."[751] Zur Frage der (von der Kunstdidaktik provozierten) Behauptung, dass ästhetische Erfahrung ein kritisches Weltverhältnis ermögliche: „Die ästhetische Tätigkeit und die sich mit ihr einstellende ästhetische Erfahrung darf deshalb als ein Reservoir für Kritik gehalten werden, allerdings nur insofern, als darin das Subjekt die Differenz seiner Individualität zur gesellschaftlich-kulturellen Formation zur Darstellung bringen kann, jedenfalls in unserer Kultur, in der die Künste nicht mehr auf die Affirmation der Verhältnisse verpflichtet sind."[752] Mollenhauer fragt nach dem ästhetischen Symbol. „Ästhetische Symbole inszenieren ein anderes Ich, eines, das in den systemischen Netzwerken so wenig zu verorten ist wie in der absoluten Einzelheit der Selbsterfahrung eines Individuums." Mollenhauer sieht die Symbolisierung als freies Spiel: „Das freie Spiel zwischen Sinnlichkeit und Verstandestätigkeit eröffnet dem Kinde von Anfang an eine Sphäre des Daseins, die [...] nicht regellos ist, deren Regeln aber weder mit denen der Erkenntnis noch mit denen der Praxis identisch ist."[753] Focusing lenkt die Aufmerksamkeit dieser Erfahrung auf den leiblichen Kontakt zwischen dem Selbst und dem Bild und hilft, die Wahrnehmungen im leiblichen Bildungsprozess so zu repräsentieren, dass sie in kritischer wie annehmender Haltung präsent sein können.

4.3.4 Performativer Weg zum Wissen

Im Rahmen eines Lernprozesses kann Focusing den Charakter eines Rituals bekommen. Eine Form, kommunikatives Handeln von Ritualen als Erkenntnisprozess zu charakterisieren, liefert Theodore Jennings Jr. Grundlegend ist, dass ein Ritual auf dreierlei Weise als ein „Weg zum Wissen" fungiert.[754] Nach Jennings können Rituale – neben anderen Funktionalitäten „als das Vollziehen kognitiver Funktionen in ihren eigenen Formen verstanden werden. Ein Ritual ist nicht eine sinnlose Handlung, sondern eher eine von vielen möglichen Formen, durch welche die Menschen ihre Welt auslegen und konstituieren."[755] Damit ist es nicht nur ein Zugang zur Welt, sondern auch ein epistemologischer Zugang zum Zugang zur Welt. Jennings benennt drei Momente der kognitiven Funktion des Rituals: Das rituelle Handeln ist ein Mittel, Wissen zu gewinnen. Außerdem vermit-

750 A.a.O., 255.
751 A.a.O., 257.
752 Ebd.
753 Ebd. Sinnbild für dieses Spiel ist das „Globulus"-Spiel des Nikolaus von Kues.
754 Theodore W. Jennings Jr., Rituelles Wissen. In: Belliger / Krieger (Hg.), Ritualtheorien, 157–171. Hier: 159.
755 A.a.O., 157f.

telt die rituelle Handlung in einem pädagogischen Modus selbst ein Wissen, das ihr inhärent ist. Damit werden Überlegungen in den Hintergrund gestellt, die im Ritual bloße Illustration oder Dramatisierungen sehen. Die rituelle Performance stellt das Ritual zur Schau und macht es damit reflexionsfähig. „Rituelles Handeln ist ein Mittel, durch welches die Teilnehmer entdecken, wer sie in der Welt sind, und um was es in der Welt geht'."[756] Jennings zeigt die Leiblichkeit dieser Epistemologie.

> 1. „Rituelles Wissen wird durch und im Körper gewonnen. Wir könnten hier vom inkarnierten Charakter rituellen Wissens sprechen oder sagen, dass es durch die ‚Verkörperung' gewonnen wird. [...]. Es ist nicht so, dass der Verstand sich selbst in einer rituellen Handlung ‚verkörpert', sondern eher so, das der Körper sich selbst ‚versteht' oder durch sich selbst an einer rituellen Handlung teilnimmt. Wenn ich in eine rituelle Handlung involviert bin [...], dann denke ich nicht zuerst über die geeignete Handlung nach, um sie dann ‚auszuführen'. Es verhält sich eher so: meine Hand entdeckt die passende Haltung (oder mein Fuß den passenden Schritt), den ich dann ‚im Kopf' als geeignet oder richtig erkennen kann. [...]
>
> 2. Rituelles Wissen wird nicht durch losgelöste Betrachtung oder Kontemplation gewonnen, sondern durch Handeln. Im und durch Handeln [...] wird rituelles Wissen gewonnen, nicht im voraus, nicht im nachhinein. Ginge rituelles Wissen der Handlung voraus, dann müssten wir uns darauf beschränken, das Ritual als Demonstration und Illustration dessen zu verstehen, was wir auf andere Art schon wissen. Wenn rituelles Wissen in erster Linie erst nach dem Handeln gewonnen werden könnte, dann würde dem Re-Kognitiven anstelle des Kognitiven, dem Reflexiv-Kritischen anstelle des Aktiven eine ungebührende Priorität zukommen. Wenn man aber davon ausgeht, dass es so etwas wie rituelles Wissen gibt, bedeutet dies, dass es Wissen gibt, das mit Tun oder Handeln, mit einem körperlichen Tun oder Handeln identisch ist. [...]
>
> 3. Rituelles Wissen wird durch Änderung dessen, was wir wissen, gewonnen. [...] Rituelles Wissen wird nicht durch Losgelöstheit, sondern durch Engagement gewonnen – ein Engagement, das Dinge nicht so belässt, wie sie sind, sondern sie verändert und transformiert.
> Wenn wir bereit sind zu sagen, rituelles Wissen sei ein Wissen über die Welt oder die Welt in Gegenwart des Heiligen, können wir auch sagen, die Welt werde dadurch erkannt, dass sie verändert, und transformiert werde."[757]

Das Ritual konstruiert und ermöglicht Sinn durch Verkörperungen. Als Medium der Welterkenntnis kann Focusing das Entdecken der Welt zugänglich machen, indem es einen körperlich spürbaren Blick darauf freigibt. Damit wird deutlich, dass Focusing als Ritual zugleich Produkt, Medium und Ansatzpunkt rituellen Wissens ist. Das Ergebnis hat jedoch im Spannungsverhältnis zum Wiederholungscharakter des Rituals stets etwas Einmaliges. Von daher kann das rituelle Focusing im Lernprozess performativ zum Wissenserwerb führen.

4.4 Persönlich bedeutsames Lernen mit Focusing

Leibliches Lernen ist situiertes Lernen. Die Dinge kommen beim Lernen im Leib zur Erscheinung und zur Welt. Dabei wird auch das Körperschema erweitert und

---

[756] A.a.O., 159.
[757] A.a.O., 161.

verändert, also auch die Wahrnehmung des eigenen Körpers. Lernen ist damit auch zugleich wieder ein Verlernen, indem Lerngestalten sich wieder verlieren, verändern und andere zutage treten. „In-der-Welt-Sein will gelernt sein", sagt Waldenfels. Wohnen in der Welt und Lernen können nicht ohne einander: Im Lernen entsteht eine Welt für uns, die wir wahrnehmen, die immer wieder zerfallen würde, wenn von einer Sekunde zur anderen immer wieder alles anders liefe. Von daher ist der leiblichen Wahrnehmung und Verkörperung von Welt eine Verlässlichkeit inhärent, die es möglich macht, die Neuschöpfungen in Spontaneität und Freiheit auch zutage zu fördern. Der Körper *ist* nicht ohne Raum, das meint schulpädagogisch: Die Körperlichkeit von Lernenden bewegt sich im kommunikativen Raum der Schule. Das Erleben von Unterricht, die Wahrnehmung von Schule und in der Schule zeigt: Ein leiblich fungierender, lernender Mensch braucht Raum. Haltung und Verhalten spiegeln nicht nur den umgebenden Raum, sondern sind mit und in ihm verwoben. Aber es geht auch um den leiblichen Innenraum: Keine blinde Handlungsorientierung ist gefragt, sondern Erspüren, Wahrnehmung und Handlung in Ausgewogenheit. Beispielhaft geschieht dies im Focusing: Focusing legt mit seinem Konzept die Aufmerksamkeit auf die Leiblichkeit des Lernens. Aus dem therapeutischen Rahmen kommend, versteht es sich selbst als körperorientierte Methode, welche auf experientielles personales Wachstum und Veränderung setzt. In humanistisch-gestaltpädagogischer Weise stärkt Focusing das personzentrierte Lernen, indem es Freiheit und Personalität leibbezogen zusammenbringt und das Gefühl als gestaltbildende Größe einträgt.

Phänomenologisch lenkt der Focusingansatz die Aufmerksamkeit auf die prozesshafte Eingebundenheit von Leben und die subjektive Erfahrbarkeit von Wachstum und Bildung. Indem sich der Mensch mit seinem Körper existentiell, d.h. räumlich und geschichtlich in der Welt situiert und zugleich der Welt durch den Körper in sich aufnimmt und ihr somit Raum gibt, wird der Körper zur räumlichen Grenze im Übergang von Ich und Welt. Der experientielle Weg des Erspürens dieser atmosphärischen Verbundenheit wie der formbildenden Gestaltbildung des Selbst im Prozess der Veränderung ist Individuation (Persönlichkeitswandel) als Prozess der Wahrnehmung, womit der spürbare Kontaktprozess von Außen- und Innenwelt gemeint ist; er beschreibt einen ästhetisch-hermeneutischen Vorgang zwischen weltverbindendem atmosphärischem Fühlen bzw. Spüren und körperlichem Sprechen und Symbolisieren als weltformender, gestaltbildender Handlung. Dieser Prozess der Selbstwerdung und Menschenbildung ist unabschließbar, verläuft gleichwohl in dynamischer Balance von Produktivität und Rezeptivität, Ich und Welt. Focusing methodisiert das selbst- und gestaltbildende Moment der Aufmerksamkeit dahingehend, dass im Innehalten der Welt Innewerden und Veräußerung schöpferisch wirksam werden und es als ästhetisch-hermeneutisches Instrument Aktion und Passion, Präsentation und Repräsentation des Ästhetischen wahrnehmbar macht.

Die *Strukur* des Focusingkonzepts ist phänomenologisch als gefühlte *Gestaltwahrnehmung zwischen Innen und Außen* begreifbar. Beim Focusing nimmt man an der körperlichen Grenze Kontakt mit dem auf, was zu fokussieren ist. Die Wahrnehmung dessen, an dem gelernt wird, setzt in der Aufmerksamkeit auf die Körpermitte an. Alle Empfindungen, Bilder, Gedankenschritte gehen von dort aus und werden in der Verbindung vom Kopf zur Körpermitte durch das Hin- und Hergehen *verkörpert*. Wahrnehmung wird damit als ganzer Prozess in den Blick genommen. Auf diese Weise werden Wechselbeziehungen von Innen- und Außenwelten und -perspektiven transparent. Der Gestaltansatz verknüpft Phänomenologie und Hermeneutik auf der Grundlage gegenwärtigen subjektiven Erfahrens und Erlebens und macht damit leibliche Präsenz zum entscheidenden Punkt der Wahrnehmung. Die Haltung, in der Wahrnehmung geschieht, meint mit „Awareness" personales Gestaltbewusstein: In ihm wird Achtsamkeit und Akzeptanz gegenüber dem eigenen und fremden Leben deutlich.[758] So wird also später auch das Gewahrwerden der Bewegung zwischen Religion und Mensch zu ermitteln sein. Solches leibliches Lernen setzt darauf, dass vom gespürten Körper mit dem, was wahrgenommenen wird, eine Lernbewegung ausgeht, die im Hindurchgehen durch den Leib Richtung, Gestaltung und dabei Intentionalität entwickelt. Im leiblichen, gespürten Umgang mit der Welt lernt der Mensch, die Welt in seinem Leib zu formen und aus dem Leib heraus zu gestalten.

Focusing konzentriert sich so gesehen auf die Bewegung zwischen Ich und Es, die sowohl in einem Wir als auch in jedem Fall in einer Situation, dem engeren oder weiteren Globe stattfindet. Komprimiert: Beim Vorkontakt wird körperlicher und seelischer Freiraum dafür geschaffen, dass die Aufmerksamkeit auf etwas gerichtet werden kann, dazu gehört die Grenzziehung zu den Dingen, die zur Zeit ausgeklammert werden sollen. Zugleich nimmt mit der Steigerung der Bewusstheit auch die Erregung zu und drängt nach Handlung. Sie findet im Felt Sense als dem Er-Spüren des Fokus ihren Höhepunkt. Im Felt Shift entlädt sich die Spannung und vollzieht sich das in Austauschprozess von Organismus und Umwelt. Dieser Felt Sense führt auch zu Symbolisierungs-, Gestaltbildungsbewegungen in einem Hin und Her von Gedanken, Gefühlen, Körperempfindungen, in denen die Stimmigkeit durch das Vergleichen immer wieder überprüft wird. Zu einem kathartischen Kontaktvollzug kommt es ereignishaft im Felt Shift, wenn auf leibliche Weise das Ineinandergreifen von Focus und Symbol erfühlt wird und sich genauer herausprägt, indem es befragt, genauer angeschaut und so präzisiert wird. Für das Erlernen braucht es einen Nachkontakt, in dem das neu Er-

---

[758] Vgl. Reinhard Fuhr, Praxisprinzipien: Gestalttherapie als experientieller, existentieller und experimenteller Ansatz. In: Reinhard Fuhr u.a.(Hg.), Handbuch der Gestalttherapie, 417–438. Ergebnisse der Gestaltpsychologie bestätigen zentrale Aussagen der Phänomenologie. An den Wahrnehmungsgegenständen beobachtet man Gestalttendenzen; isomorphe Formen. Die Gesamtheit des Organismus: Fließgleichgewicht, schwankende Balance. Form, Prägnanz, Figur und Grund, Variabilität und Konstanz, Isomorphie.

kannte angenommen und über den Focusingprozess hinweg geschützt und mitgenommen werden kann. Dieser Rahmen markiert einen Grenzbereich zwischen therapeutischem und pädagogischem Handeln. Die Besonderheit, auf der auch die Aufmerksamkeit des Konzepts liegt, ist die Subjektivität des Lernens und Wahrnehmens, die insbesondere im gespürten, gefühlten Körper verankert wird. Bis hierher lässt sich schon sagen, dass Focusing die Wahrnehmung von Lernsituationen dahingehend schärfen kann, Lernen als personzentrierten Vorgang zu begreifen, der sich nicht nur von seinen Kognitionen her strukturiert, sondern zugleich als leibraumseelischer Prozess aufbaut. Der Weg der Symbolisierung und demzufolge auch der Sprache wird nicht originär von der Körperlichkeit aus gedacht, aber elementar auf sie bezogen und an diese Form der Subjektivität zurückgebunden. Damit verbindet sich auch eine Form pädagogischer Wahrnehmung, die nicht derartig in der Objektschau verharrt, dass Bildungs- und/oder Erziehungsziele unabhängig von Individualität und Weisen der Verbundenheit von Bildenden und Bildungsprozessen proklamiert werden könnten, sondern in deren Brennpunkt vielmehr Leiblichkeit, Personalität und Sozialität stehen.[759] Konsequenzen für institutionalisiertes Lernen können in der Grundhaltung des Lehrens und Lernens liegen, die die Subjektrolle des Schülerinnen- und Schülerdaseins betont und die Allmacht und Allforderung der Lehrenden aufgibt und zugunsten einer kundig-empathischen Unterstützung begreift. Denken ist hier keineswegs unerwünscht, es wird aber stets zurückgebunden an das Empfinden, Fühlen und Intuieren und somit verkörpert. Grundlegende Voraussetzung für Bildungsprozesse, die auf die Leiblichkeit achten, bildet demzufolge die pädagogische Aufmerksamkeit.

Unter gestaltpädagogischer Perspektive stellt sich Focusing als spezifische Wahrnehmung bei einem persönlich bedeutsamen Lernen dar, das sich in Bezogenheit aufbaut. Auf diese Weise leistet es eine Verknüpfung von person- und themenzentriertem Lernen, indem der Lernprozess als experientieller Gestaltfindungsprozess ermöglicht und bewusst gemacht wird. Als heuristisches Instrument kann Focusing dafür in Anspruch genommen werden, die Rolle des Körpers beim Lernen genauer zu analysieren und der Frage nach der Konstitution des Subjekts nachzugehen. Im Nach-Spüren kann Focusing den Charakter der Unterbrechung bekommen. Focusing hilft dem Einüben durch seinen rituellen Charakter. In der Gestalt der Prozessorientierung fördert es zugleich dramatische Lernprozesse. Mit den Kontaktfunktionen lassen sich auch Kommunikationsstile einschätzen. Entscheidend ist, wie die Beteiligten das erleben und wie nützlich das für jeweilige Situationen ist. Lerngruppen haben in unserem Bildungssystem ein hohes Maß an Introjektion. Es bleibt die Frage, wie nützlich bzw. schädlich das ist. Daher kann mit Hilfe der Kontaktfunktionen auch kommunikative Kompetenz gefördert und unterstützt, wenn nicht geschult werden. Konfluenz lässt sich mit Hilfe

---

[759] Käte Meyer-Drawe, Leiblichkeit und Sozialität. Phänomenologische Beiträge zu einer pädagogischen Theorie der Intersubjektivität. München 1984.

von Focusing anleiten – nicht umsonst ist der entscheidende gestaltpädagogische Schritt die confluent education als Unterstützung der Vernetzung, eher in heuristischer Qualität als in Wahrheitsaussagen.

Pädagogisch gesehen ist dieses anthropologische Konzept mit einer Form von personaler Erziehung und ästhetischer Bildung assoziiert, die auf den (sehr wohl unabgeschlossenen!) Individuationsprozess des Selbst zielt. Individuation und Menschenbildung bleibt eine lebenslange kulturelle Erziehungs- und Bildungsaufgabe, die Früchte der Erkenntnis und Selbstwerdung scheinen in fruchtbaren Momenten ereignishaft auf. Theologisch gesprochen wird hiermit ein Modell zur Frage nach dem Heilsweg aufgeworfen, wie sie in der Theologie als Frage nach Identität bzw. nach der Subjektwerdung zwischen Gesetz und Evangelium gestellt wird; hier wird die werktätige Arbeit am Leben der Unverfügbarkeit des Heils und der Angewiesenheit auf Gnade gegenübergestellt.

Religionspädagogisch gesprochen: Focusing hat sich als subjektorientierter Weg der Wahrnehmung gezeigt. Es öffnet die Tür zum inneren Lernraum und weitet damit den intermediären Raum. Diese Ich-Seite der Wahrnehmung ist bereits als Erfahrung aufgezeigt worden. Wie lassen sich mit Focusing Erfahrungen mit und an Religion machen? Wie lässt sich religiöse Wahrnehmung begreifen, wenn Focusing zwar gegenwärtigt, aber Handlungen in einem Raum aufnötigt, wo eigentlich gar kein Handeln möglich ist? Wie sieht die Wahrnehmung von Religion auf dem Weg zu christlichem Religionsunterricht aus, wenn sie berücksichtigt, dass der Mensch mit seinem Körper selbst auch räumlich ist und die Wahrnehmung von Religion durch den Leib verläuft?

„Es gibt eine sehr alte Tradition, die sagt, daß wir bei einer unmittelbaren Berührung mit Gott verbrennen würden. Wenn man sich den Leib als Isoliermaterial vorstellt, dann erscheint es sinnvoll, daß der Kosmos durch unsere Körper hindurch zu uns kommt. (...) Wir müssen tatsächlich durch unseren Leib hindurch aufmerksam sein, wenn wir über eine Situation oder irgendein Thema tiefer nachdenken wollen als nur im Bereich dessen, was offensichtlich ist. Wir müssen unsere Aufmerksamkeit weiter ausdehnen als über den Bereich des Offensichtlichen, um uns als Menschen zu entwickeln – und ich würde mich dafür stark machen, daß es nötig ist, uns als Menschen zu entwickeln. Es reicht nicht, daß es einen unbegrenzten Kosmos gibt. Wir müssen uns selbst entwickeln, so entmutigend wir uns auch manchmal erscheinen. (...) Das Körpergefühl ist auch Ihr Gefühl für Ihre Situationen. Ihr Leben. (...) Unsere Leiber tragen unsere Situationen. Wir tragen unser Leben mit uns. Unser Leib kann jahrelange Erfahrungen verschiedenster Art vereinen und uns jederzeit etwas Neues geben, einen neuen subtileren Schritt.“[760] „Man muss verbunden sein mit etwas, das man nicht versteht“[761]

760 Eugene T. Gendlin, Die umfassende Rolle des Körpergefühls im Denken und Sprechen, 705f.
761 Interview mit Eugene T. Gendlin am 06.03.1999.

III. Auf dem Weg zu religiöser Bildung: Leibliches Symbolisieren

1 Religion lernen zwischen Theologie und Lebenswelt: Religionspädagogische Wege religiöser Wahrnehmung

Immer wieder äußern Menschen, die mich auf meine Tätigkeit als Religionspädagogin in Universität und Schule ansprechen, das Unterrichten von Religion müsse doch sehr schwierig sein, weil Religion so etwas Abstraktes sei. Diese Aussagen sind in einer Zeit „nach dem Traditionsbruch", in der vor allem die religiöse Praxis vielerorts fehlt, wenig verwunderlich. Warum und wie sollen sich Menschen mit Religion beschäftigen? Die Frage nach der Begründung von Didaktik nötigt zu zeit- und personengerechten Antworten.

1.1 Alltagskulturelle Spurensuche: Von der Lebenswelt zur Theologie und zurück

1.1.1 „Gelebte Religion"

Auf dem Weg zu einer eigenen Antwort begegnet mir zunächst einmal „gelebte Religion"; mit Religion soll man sich beschäftigen, weil sie „gelebt" wird. Im Zuge des Verlustes von Tradition und Konkretion – der „Traditionsabbruch" wurde bereits als Tradierungsbruch diagnostiziert[762] – kümmert sich auch die Religionspädagogik seit einigen Jahren zunehmend um die *gelebte Religion.*[763] In der menschlichen Lebenswelt, in der Alltagskultur (Profanität), in pragmatischen Zusammenhängen wird sie gesucht, in Formen und Prozessen als Symbolisierungen und Ritualisierungen (wieder-)gefunden und in ihren Zusammenhängen erkundet. Gegenstände, Gebräuche und gesellschaftliche Phänomene werden in ihren symbolischen und rituellen Zusammenhängen erforscht und aufgeschlossen. Dabei geht man davon aus, dass die Signaturen der Lebenswelt neue Einsichten in (auch profane) religiöse Wirklichkeiten schaffen. Die ästhetische Dimension von Reli-

---

762 Wilfried Bergau, Der Traditionsabbruch bei Jugendlichen – Ursachen und Folgen. In: ders., Die neuen Schüler – Jugend ohne Gott? Arbeitshilfen für den Ev. Religionsunterricht Nr. 47. Hannover 1989, 17–46. Vgl. Joachim Kunstmann spricht hinsichtlich der „Tradierungskrise" von der „Diffundierung der Religion": Religion und Bildung. Zur ästhetischen Signatur religiöser Bildungsprozesse. Gütersloh 2002, 15.22.

763 Begonnen bereits mit den Symboldidaktiken und ihren Veränderungen und Weiterentwicklungen. Siehe insbesondere Failing / Heimbrock, Gelebte Religion wahrnehmen; Zilleßen / Beuscher, Religion und Profanität; Andreas Feige u.a., ‚Religion' bei ReligionslehrerInnen.

gion hält im Religionsunterricht vor allem in Umsetzungen der Symbol-, Ritual-, Bild- und Zeichendidaktik Einzug.[764] Damit ändert der religionspädagogische Blick seine Richtung; Schritt für Schritt traut man den Formen der Religion und ihren sakralen Räumen wieder zu, auf die Alltagswirklichkeit gestaltend einzuwirken.

In der neueren Praktischen Theologie ist „gelebte Religion" zum „Programmbegriff" einer Theologie der Gegenwart avanciert.[765] In ihrer Analyse der Leitformel „Gelebte Religion" zeigen Wolf-Eckart Failing und Hans-Günter Heimbrock neben den wenig rezipierten Facetten vitalistischen bzw. naturalistischen Denkens[766] stärker ein modernitätstheoretisches Verständnis auf. Den Ausgangspunkt bildet auf der Suche nach einer Praxistheorie zum einen die Beobachtung der „äußerst vielfältig gewordene[n] kirchliche[n] Gegenwart".[767] Sie zeigt sich in religiösen Suchbewegungen „außerhalb von sonntäglich kirchlich normierter Religion"[768], also konkret im Alltag. Hier spielen u.a. Blick- und Klangerfahrungen eine große Rolle, ebenso der gesamte Bereich von öffentlicher Kultur und Medien. Religion bewegt sich dabei nicht allein oder vorrangig zwischen Schüben von Individualisierung und Pluralisierung, Säkularisierung und Diffundierung. Gemeint ist die „vornehmlich private, subjektive, unreflektierte Gesinnung und Praxis oder auch die persönliche Aneignung institutioneller Religion".[769] Inspiriert von Harvey Cox und seinen Überlegungen zur entmodernisierten Theologie, verabschiedet sich ein solches phänomenologisches Fragen von einer Religion, die sich durch die „Aneignung von theologischem Fachwissen" von „kirchlichen Traditionsbeständen", ergo: von „einseitig von der Institution vorgedachten Religionspraxis" speist.[770] Antriebskräfte für diese Überlegungen liegen in der Sensibilität für Entwicklungen zwischen Religion und Kultur, aber auch in der Sorge um den Verlust von Weltzugewandtheit und der Einforderung von „Wirklichkeitshaltigkeit und größerer Lebensnähe".[771]

---

764 Vgl. z.B. Peter Biehl, Symbole geben zu lernen; ders., Festsymbole; Dressler / Meyer-Blanck, Religion zeigen.

765 Grözinger / Pfleiderer (Hg.), „Gelebte Religion" als Programmbegriff systematischer und praktischer Theologie. Vgl. bereits Grözinger / Lott (Hg.), Gelebte Religion: im Brennpunkt praktisch-theologischen Denkens und Handelns.

766 Z.B. auf der Suche danach, „wie die Menschen ihre jeweilige Religion oder Religion im allgemeinen deuten, anwenden und gebrauchen" (Jacques Waardenburg, Über die Religion der Religionswissenschaft. In: Neue Zeitschrift für Systematische Theologie und Religionsphilosophie 26 (1984), 239. Zit. nach Wolf-Eckart Failing / Hans-Günter Heimbrock, Praktische Theologie als Theorie Gelebter Religion. Problemhorizonte und Leitbegriffe. In: dies. / Thomas Lotz, Religion als Phänomen. Sozialwissenschaftliche, theologische und philosophische Erkundungen in der Lebenswelt. Berlin / New York 2001, 15–45. Hier: 38).

767 Failing / Heimbrock, Gelebte Religion wahrnehmen, 9.

768 Failing / Heimbrock, Praktische Theologie als Theorie Gelebter Religion, 41.

769 A.a.O., 39.

770 A.a.O., 41.

771 A.a.O., 34.

Henning Luther veranschlagt den *Alltag* als Erscheinungsort gelebter Religion, im Sinne von Husserl und insbesondere Waldenfels auf die Perspektive der Lebenswelt bezogen und erweitert; die Lebenswelt bildet das Reich vorwissenschaftlicher und vorprädikativer Wahrnehmung und stellt heuristisch zugleich den transzendentalen Horizont dar, vor dem gelebte Religion Gestalt gewinnt.[772] Da die Erfahrungen des Religiösen offen gehalten werden müssen, zeigt eine phänomenologisch an der Lebenswelt orientierte Religion Weite, büßt aber auch Konturen ein. Der Lebensweltbegriff ist hier auf den Rahmen einer Heuristik beschränkt; ‚Religion' wie ‚Religiöses' qualifizieren diskursive Tatbestände.[773]

Failing und Heimbrock gehen in ihrer „gelebten Religion" nicht von handelnden Subjekten aus, die sich mit als religiös qualifizierten Formen und Begriffen handelnd befassen, sondern sie rechnen mit „Verhalten" und „Erleben" nicht vorrangig autonomer Subjekte. Gesucht wird das tertium, ein Drittes, eine andere Mitte zwischen der Tatsächlichkeit und Wirksamkeit religiöser Wirklichkeit und der zur Aufklärung nötigenden Konzeption individueller Religiosität – eine Gratwanderung, die sich ebenso zwischen Darstellung und Mitteilung, zwischen digitaler und analoger Gottesrede, letztlich zwischen Wirklichkeit und Wahrheit als unabdingbare Forderung in theologische Arbeit einbringt. Failing und Heimbrock greifen an dieser Stelle zum Minimalbestand tradierter Religion: Anhand des Lebensbegriffes weisen sie eine Analogie von phänomenologischer und biblischer Anthropologie nach, zu welcher essentiell die „Untrennbarkeit von Sinn und Sinnlichkeit, die Verankerung der Sozialität in der Mitgeschöpflichkeit als Inkorporiertheit, die bleibende Anbindung der Wahrheits- und Evidenzfrage an Leiblichkeit, die Fragilität des Verhältnisses von Fremd- und Selbsterfahrung" gehören.[774]

Was die Frage nach „gelebter Religion im Klassenzimmer" im Kontext religiösen Lernens betrifft, zeigt sich hier – ausgehend von der Verunsicherung der Lebenswelt – die Fragilität einer empirischen Aneignung von Wirklichkeit. Gelebte Religion will aber wahrgenommen werden, es geht also um „Welt-Wahrnehmung im religiösen Horizont".[775] Als Ausgangspunkt dieses Ansatzes postuliert Heimbrock die „unsichtbare Religion" (Thomas Luckmann); noch bevor „Gott als Geheimnis der Welt" (Eberhard Jüngel) in aller Verhüllung sichtbar wird, provoziert sie das Einüben von Verhalten und die Wahrnehmung von Spuren

---

772 Henning Luther, Religion und Alltag. Bausteine zu einer Praktischen Theologie des Subjekts. Stuttgart 1992; Bernhard Waldenfels, In den Netzen der Lebenswelt (1985). Frankfurt ²1994.

773 Vgl. Failing / Heimbrock, Praktische Theologie als Theorie Gelebter Religion, 42–43.

774 A.a.O., 45.

775 Grözinger / Pfleiderer (Hg.), „Gelebte Religion" als Programmbegriff systematischer und praktischer Theologie, 9.

einer „Religion in Alltagskulturen".[776] Ein Religionsunterricht, der „nicht mit dem Machen, sondern mit dem Innehalten, mit einer produktiven Verlangsamung der Lernprozesse"[777] beginnt, so die erste von Failing und Heimbrock benannte didaktische Grundaufgabe, hat große Chancen, eine Wahrnehmungsschulung aufzubauen, in der und mit welcher die unscheinbare Wirklichkeit auf die Spuren von Religiosität geprüft wird. Ästhetisches Weltverhalten ist gefragt, das auch kritische Einsichten in die Kultur mit sich bringt. Mit der zweiten Aufgabe gilt das Augenmerk dann der gesellschaftlich gelebten Religion, um die „Verwendung expliziter religiöser Symbole in Alltagskulturen aufzuspüren."[778] Nahtlos schließt sich mit Blick auf schulisches Lernen an, dass die Alltagswahrnehmung durchlässig gemacht werden muss für Wahrnehmungen, die sich biblischen Utopien nicht verschließen, sondern sie mit ins Spiel bringen. Daher soll Religionsunterricht, so die dritte Aufgabe, „in Verbindung mit der geschärften Wahrnehmung von gelebter Religion auch Raum bieten zur intellektuellen Auseinandersetzung mit den jeweiligen Angeboten von Bildern von Welt."[779] Insgesamt ist eine Verflüssigung von Wahrnehmung gefragt, die mit der Kenntnis der Alltäglichkeit des Religiösen in der Profanität das Sakrale sucht.

1.1.2 Dietrich Zilleßens Konzept „religion elementar": Postmoderne Profanität

Dietrich Zilleßen greift und be-greift in seinem Konzept „religion elementar" die Lebenswelt in ihrer Differenz zum Fremden und in ihren eigenen verdeckten Zwischenräumen. Religion gestaltet sich im „Zwischen" des Lebens und lässt sich nicht mit dem Interesse der Versicherung, sondern eher zu Verunsicherungen lesen; Irritation ist gefragt. Seine Theologie profaner Religion[780] nennt Waldenfels, Lévinas und Derrida als philosophische Gewährsmänner und stützt sich theologisch in neuen Lesarten auf Barth, Tillich und Bonhoeffer. Sie nimmt vor allem Tillichs religionsphilosophische Frage nach Offenbarung und Wirklichkeit auf und beantwortet diese mit einem „Neuen Sein". Zilleßen geht davon aus, dass die erwachsene (Exodus-)Religion durchaus etwas Kindliches hat, indem sie nämlich die Bewegung und Haltungsänderung (Umgeworfenwerden, Bewegung) durch den Rollentausch ins Spiel bringt. Gott ereignet sich im Zwischen, bringt keine Normen und setzt nicht alles ins rechte Licht. Schwanken wird zur Metapher des Lebens. So erklärt sich auch Zilleßens Hiob-Auslegung: Der „schwankend-entschiedene Hiob", der im Diskurs mit Freunden entschieden ist, mit Gott

---

776 Hans-Günter Heimbrock, Gelebte Religion im Klassenzimmer? In: Failing / Heimbrock, Gelebte Religion wahrnehmen, 231–255. Hier: 242–244 in Auszügen.

777 A.a.O., 254.

778 Ebd.

779 Ebd.

780 „Die Religion muß ihr Profanum theologisch-selbstkritisch würdigen." (Beuscher / Zilleßen: Religion und Profanität, 37).

aber hadert, wird von Gott gerechtfertigt. Damit muss auch die Beziehung zur Tradition aus dem Schwanken heraus immer wieder neu gewonnen werden. Elementarisierung ist damit nicht eine zentrale Struktur – geschweige denn Lerninhalte –, sondern Lernentscheidungen werden durch das Schwanken elementar. Die Positionsfindung folgt der elementaren Wahrnehmung, die sich in Unterscheidungen erweist (hoch und tief, fern und nah, warm und kalt etc.). Elementarisierung ist hier nicht auf theologische Inhalte, auf „Wesensgehalte" (Zilleßen distanziert sich deutlich von der Frage nach dem Wesentlichen), sondern als Lernentscheidung für den Unterrichtsprozess bezogen.[781] Der Ansatz konfrontiert Hermeneutik mit Ästhetik, da die Hermeneutik allein eine manipulative Weise des Umgangs mit Tradition darstellen würde. Das Konzept hat Konsequenzen für die Didaktik.

1.1.3 Didaktik des spielerischen Schwankens[782]

Zilleßen überlegt sich in seiner Didaktik ein spannendes leibliches Unterfangen: Wie könnte die Perspektivität auf Lebensentwürfe eröffnet werden (das Kriterium für diese kerncurriculare Folge ist die Altersgemäßheit), wenn in den Lebensentwürfen elementares Wahrnehmen und Positionsfindung integriert sind? Bei Zilleßen bildet „verlieren und gewinnen" neben anderen Lebensentwürfen, die in den Jahrgängen 9 und 10 zum Tragen kommen, eine Perspektive dafür, „konkrete Lebens- und Sinnkonzepte zu erörtern".[783] Die Metapher des Schwankens wird zur didaktischen Leitmaxime; Identität ist stets durch Differenz bedingt und auch nur so möglich. Didaktisch ergibt sich ein Dreischritt, der erstens nach den alltäglichen Bedeutungsgeschichten fragt, zweitens Spuren des Normabweichenden, Anderen sucht, die sich erkennen und in bestimmten Erfahrungen und Traditionen aufdecken lassen, und schließlich drittens Bedingungen und Möglichkeiten erforscht, wie das Neue und Andere der Lebenswelt in das Konstrukt Alltag modifizierend, verändernd und korrigierend integriert werden kann. Dabei ist interreligiösen Beziehungen, auch dem Nicht-Verstehen, Raum zu geben und Tradition als Erfahrungsschatz und Arbeitspotential zu nutzen.[784] Fünf Zusammenhänge von Tradition, denen sich Kerngehalte zuordnen lassen, werden aufgezeigt. Diese unterstehen jedoch letztlich einer pädagogisch-religionspädagogischen Zielsetzung und nicht intern-theologischen Maßstäben. Tradition hat

781 Dietrich Zilleßen, Lernentscheidungen: Elementarisierung im Religionsunterricht. ZPT 52 (2000), 252–262. Vgl. dazu Friedrich Schweitzer, Elementarisierung als religionspädagogische Aufgabe: Erfahrungen und Perspektiven. ZPT 52 (2000), 240–252. Schweitzer plädiert hier für eine fünfte Elementarisierungsdimension: „Elementarisierung muß auch elementare Formen des Lernens einschließen.", 250f). Vgl. die Diskussion um Elementarisierung in Loccumer Pelikan (2000) 3.

782 Zilleßen / Gerber, Und der König stieg herab von seinem Thron.

783 A.a.O., 14.

784 „Tradition im Kasten" (a.a.O., 31).

sich daran zu bewähren, welche Spielräume sie für Begegnung und Auseinandersetzung, Weiterentwicklung und entsprechende Korrekturen offen hält. „Christliche Kerngehalte sind deshalb eher Lebensperspektiven als feste Inhalte."[785] Den „theologischen Grundbescheiden"[786] droht mit der Abstraktion auch die Nicht-Aneignung: So legt Zilleßen dringend „sinnenhafte Konkretionen" nahe, in denen die Kerngehalte in Handlungs-, Haltungs- und Bewegungssätzen „versinnlicht" werden.[787]

Didaktisch sieht das Ganze so aus, dass Leben als Phänomen verstanden und das Spiel des Lebens damit zur Metapher für den Ansatzpunkt zum Lernen wird. Die Korrelationsdidaktik, die Leben und Glauben in ein Verhältnis bringt, gewinnt mit dem leibräumlichen Spiel der Theaterpädagogik eine Dreidimensionalität, deren Leitmotiv „Positionsfindung" lautet.[788] Die Spannung, die zwischen den Zeilen auftaucht, wird zum unterrichtlichen Drama von Religion und Profanität, in dem das Unbewusste aufgeführt wird. Alltägliches wird in den soziodramatischen Religionsunterricht hineingeholt, „durchgespielt" und in spielerisch-theatralen Prozessen im Licht des Anderen, Fremden und Unbewusst-Hintergründigen wahrgenommen und gestaltet. Im Unterricht geht es kommunikativ um das *Dramatische der Wahrnehmung*. „Leben lernen heißt: die vorgeformten Lerngegenstände, die vertrauten Erfahrungen, die feste Moral frag-würdig zu machen."[789] Didaktik wird zu einer subjektiven *Inszenierung* von Lernspielen; was gelernt wird, ist auch der Kontrolle der Lehrenden entzogen. Es empfiehlt sich eher, der Tugend des *Experimentierens* zu folgen. Der Bildungsbegriff nötigt zu einem Bild, in dem das Fremde, Abweichende gerechtfertigt ist, auch wenn es nicht verstanden wird. Religionsunterricht soll ins Spiel bringen, gerade was tabuisiert und verdrängt wird. Die Unterrichtsvorbereitung wird zur *Dramaturgie* mit einer gewissen Paradoxie. Eine gelungene Didaktik ist ein dialogisches Arrangement, in dem eigenständige Lernprozesse gefördert, angeleitet und begleitet werden. Die Rolle der und des Lehrenden darin wird – mit einer kleinen Distanz des Pädagogen zu sich selbst – notwendigerweise gespielt; die Rollenübernahme schützt davor, „parasitär" zu belehren und die eigenen Bilder von Tradition zu übernehmen. In der Rolle ist der Lehrende teilauthentisch, ein Ich innerhalb der Rollen. Inneres und Äußeres wird verschränkt. Das pädagogische Handeln hat eine Fiktionalität, die man sich bewusst machen muss; sie bringt mit sich, dass es keine stringente Planung gibt. Das Wissen um pädagogische Empfindungen hilft, dem, was zu-fällt, zu entsprechen. Das Bildungsziel kann so formuliert werden:

---

785 A.a.O, 36.

786 Horst Klaus Berg, Grundriss der Bibeldidaktik. Konzepte, Modelle, Methoden. München u.a. 1993,

787 Zilleßen / Gerber, Und der König stieg herab von seinem Thron, 36.

788 Vgl. Reinold Werner, Stehen-Sitzen-Liegen. Versuch über den Körper zwischen Stillstand und Gebärde. In: Kamper / Wulf (Hg.), Der andere Körper. Berlin 1984, 29–37. Versuch einer Deutung bei Rilke und Lou Andreas-Salomé.

789 Zilleßen / Gerber, Und der König stieg herab von seinem Thron, 38.

„Werde, der du gewesen sein wirst."[790] Zu den Spielregeln verkörpernder Kommunikation gehört der Schutz der Initimität, die Möglichkeiten und Grenzen pädagogischen Handelns zu kennen und Verdrängtes, Stummes wahrzunehmen. Damit obliegt dem Unterricht die Verantwortung, dem Anderen gerecht zu werden. „Die Sache wird thematisch, wenn sie mittelbar werden kann, d.h. zu vermitteln ist".[791] Aufgabenstellungen wollen Reaktionen, Positionen und Bewertungen provozieren. Die biblischen Impulse sind dahingehend wahrnehmungsorientiert, dass sie von biblischer Tradition als Erfahrungswissen „im Kasten" ausgehen und präsentisch konfrontiert werden, ohne zum normierenden Maßstab zu avancieren.[792] Damit ergibt sich ein didaktisch-methodischer Dreischritt: Aneignung von Text und/oder Position, Abgrenzung und Differenzierung (zur vertrauten Wahrnehmung), um Gegenrede und Fremdheit wahrzunehmen und schließlich die Integration und Auseinandersetzung; die fremden Wahrnehmungen werden dialogisch wirksam, wenn Gegenrede erlaubt ist. Auch die Bilddidaktik greift diese Schritte auf. Unterrichtsmethodische und zeitstrukturelle Planung erfordert pragmatischerseits einen Laufzettel (Didaktische Perspektiven, Medien, Text, Verzweigungspunkte und -situationen, Theologische Tradition). Die Anregungen sind in pragmatischer Hinsicht auch für Projekttage und Vertretungsstunden da.

An dem Modell des Schwankens und der Einheit „sitzen, stehen, liegen" wird die Ausrichtung auf Positionsfindung deutlich. In der Metapher des Schwankens und ihren leiblich-symbolischen Handlungen macht sich eine konsequente „Suspendierung von Verfügungsdidaktik"[793] fest. Das Konzept setzt auf einen Lebensentwurf, der (mit Paul Tillich, Karl Barth, Dietrich Bonhoeffer) Mut zum Unverfügbaren sucht und Haltung-Finden im Schwanken positioniert – stets so, dass dem Fremden sein Recht gewährt wird. Gott ist im Zwischenreich zwischen der Fremde und mir selbst; die Bewegung ist essentieller Teil des Entwurfes. Der Lernprozess hat damit zugleich den Auftrag, aus sich heraus das Fremde aufzuspüren, wahrzunehmen, was nicht wahrzunehmen ist, und damit zur Antriebskraft für die theologische Maxime „Achtung des Anderen" zu werden. Dabei werden die Tradition und Überlieferung, die Spuren von Symboltraditionen und religiösen Überlieferungen zu einem „Erfahrungsschatz im Kasten", aus dem man sie – je nach Lernentscheidung und im Dienste der Arbeit am Lebensentwurf neu wieder herausholen, rekonstruieren und dekonstruieren kann.

---

790 A.a.O., 42.

791 A.a.O., 43.

792 A.a.O., 54. Biblische Bezüge und theologische Topoi sind in einem farbig schattierten Kästchen unten auf jeder Lehrbuchseite zu finden.

793 Dietrich Zilleßen, Lernentscheidungen, 261.

1.1.4 Religiöses Lernen als Inszenierung flüchtiger Verkörperungen der Lebenswelt im Unterrichtsdrama

Dietrich Zilleßen rekonstruiert Lernwege religionspädagogischer Wahrnehmung, die nicht ausschließlich dem Bedürfnis nach Kontingenzbewältigung und Sicherung des Lebens nachkommen, sondern gerade die Verunsicherungen des Lebens im Blick haben, nicht die Still- und Festlegung des Wahrnehmens, sondern die Flexibilität und Irritation.[794] So bemüht er sich phänomenologisch um eine „elementare religionspädagogische Wahrnehmungslehre“: Die elementare pädagogische Aufgabe liegt in der Frage, „wie feste Erfahrungen und Wahrnehmungsstrukturen offen und flexibel gestaltet werden können.“[795] Religion hat dabei das Potential zur Etablierung einer Vertrauenskultur, in der die Andersheit des Anderen bereichert statt bedroht und der Mensch „im und durch den Blick des Anderen leben kann.“[796]

Lernen geht hier in einem differentiellen phänomenologisch-psychoanalytischen Konzept zur Wahrnehmung auf, das von einer Leiborientierung und der Struktur des Unbewussten geprägt ist; ihre Tätigkeit leitet sich aus dem Sehen ab, einer Tätigkeit zur Differenzierung und Distanznahme.[797] Den unverstellten Blick gibt es nicht; jemand sieht oder fotografiert, mit einem Sehinstrument. Hier greifen semiotische Strukturen, um begreifbar zu machen, dass die Wahrnehmung sowohl der Prägung und Kommunikation durch Codes als auch metonymischen wie metaphorischen Strukturen unterliegt. So ist es auch nicht verwunderlich, dass Bilddidaktik die Grundlage religionspädagogischer Bildung darstellt. Das Korrektiv zum am ehesten „unmittelbaren“ – das heißt bei Zilleßen präsentischen, dabei sehr wohl vermittelten – Wahrnehmungsakt als Sehakt stellt die Psychoanalyse dar, indem sie auf das Unbewusste, Un-Sichtbare und Täuschende verweist. Zilleßen schärft den Blick dafür, dass der hermeneutische Zirkel der Wahrnehmung – wir verstehen, was wir wahrnehmen, und nehmen wahr, was wir im Rahmen unserer Verstehensordnung verstehen – die Mehrdimensionalität der Wahrnehmung dahingehend ausblendet, dass Unbewusstes durch eine Scheinentsprechung von Innen und Außen überspielt wird. Daher geht es ihm eher darum, die Religion „von der Zwanghaftigkeit der Erfahrung zu befreien“, die einen Zwang zur Intentionalität der Wahrnehmung einschließt.[798] Die Flexibilität der Wahrnehmung wird schließlich im Gefolge von Waldenfels möglich durch die „Leiborientierung, die Verschränkung von Wahrnehmung und Bewegung“.[799] Subjektwerdung vollzieht sich somit nicht in Identifikation durch Wahrnehmung,

794 Siehe Dietrich Zilleßen, Religionspädagogische Lernwege der Wahrnehmung.
795 A.a.O., 60.
796 A.a.O., 61.
797 Mit und gegen Edmund Husserl, mit Roland Barthes, Jacques Lacan, und Emmanuel Lévinas.
798 A.a.O., 62.
799 A.a.O., 78.

sondern in der nicht-intentionalen, nicht interpretativen Suche nach Differenzfindung: Ich bin, der ich nicht bin.[800]

Damit bekommt diese Form religionspädagogischer Ästhetik eine ethische Funktion, wie das Ethische eine ästhetische Dimensionierung erfährt. In ihrer Verschränkung ist Religion auch in ihrer Immanenz als nicht menschlich Mächtiges wahrzunehmen. Im Kreuzsymbol, seiner Ver- und Enthüllung geschieht deren Ent-täuschung und das Andere kann im Dazwischen erahnt werden. Mit Verweis auf Emmanuel Lévinas und Henning Luther kann der Lernraum identifiziert werden: „Nähe Gottes heißt die Lebenswelt, in der Verantwortung für fremde Andere übernommen wird, in der Platz für Fremde ist."[801] Der Andere wird nicht einverleibt, sondern man nähert sich ihm im Bewusstsein um sorgsame Unterscheidung an und verändert sich selbst dabei. Das Verhältnis von Wahrnehmung und Wahrheit ist dialektisch: „Wahrnehmung kann nicht ohne Wahrheit sein. Aber jene unterläuft diese beständig. Dadurch bewahrheitet sie sich. Die subversive Kraft der Ästhetik macht Ethik menschlich."[802] Die (De-)Konstruktion der Wahrnehmung richtet sich am Anderen, Fremden, in der Lebenswelt auf.[803] Zilleßen radikalisiert den phänomenologischen Zugang zur Religionspädagogik dahingehend, in konstruktivistisch-dekonstruktivistischer Weise Religion als lebensweltliche, ja alltägliche Materialisierungen und Verkörperungen aufzusuchen, sie aber mitnichten mit ihnen zu identifizieren.

Bei dieser Hermeneutik spielt die *dramaturgische Präsenz* eine entscheidende Rolle: Die Entscheidungsfindung im Horizont des Leitgedankens vom „Lebensentwurf" beruht auf *elementarer Wahrnehmung*. Der Leib ist dabei der fühlend, spürend und teilweise sehende Körper als Bewusstseinskörper[804], der sehend wahrnimmt und in der Wahrnehmung das aufgrund seiner prozesshaften Komplexität nicht zu erschließende Leben elementarisierend und verfremdend aufschließt. Der

---

800 Denn „erst in diesem heteronomen Anderen kann ich mich als Subjekt konstituieren, nämlich einen Platz finden zwischen verstellendem Bewußtsein von Autonomie und bedrohlicher Erfahrung von Heteronomie" (a.a.O., 81).

801 A.a.O., 84. Verantwortung meint hier nicht Moralität, sondern die Reaktion auf den vom Antlitz des Anderen ausgehenden Ruf – nämlich Antwort. Das meint bei Lévinas Offenheit in zwei Aspekten: Der Andere wird, „wenn er als Anderer angenommen werden soll, unabhängig von seinen Eigenschaften angenommen". Daraus folgt „Stellvertretung", d.h. „das *Andere-im-Selben* zu denken ohne dabei das *Andere* als ein *Selbes* zu denken" (Emmanuel Lévinas, Wenn Gott ins Denken einfällt. Diskurse über die Betroffenheit von Transzendenz. Freiburg / München 1985, 98. Hervorhebung i.O.).

802 Dietrich Zilleßen, Wahrnehmung ohne Wahrheit? Die Bedeutung der Phänomenologie für die Ethik. EvErz 47 (1995), 270–279. Hier: 279.

803 „Wenn man das Abendmahl umgestaltet, um seinen Erlebniswert zu potenzieren, nimmt man ihm jene Befremdlichkeit, welche die Basis für seine Begegnungskraft darstellt. Zum priesterlichen Dasein gehört die Fähigkeit, das Unheimliche in den Mysterien des Lebens auszuhalten" (Manfred Josuttis, Die Einführung in das Leben, 150).

804 Vgl. Dietrich Zilleßen, Und der König stieg herab von seinem Thron, 21.

Körper als Instrument des kritischen Bewusstseins ist das Medium der Inszenierung von Religion und entwirft zugleich die Dramaturgie für den Prozess des Stückes, das aufgeführt wird. Verkörpert wird vor allem das je Latente, Verborgene der Lebenswelt als Aufschein von Verheißung einer Achtung des Fremden. Die Lernenden finden ihre Haltungen wörtlich und körperlich, als Verkörperungen zu der Geschichte und werden durch jeden Gesichtspunkt in ihren Haltungen immer wieder relativiert – so auch das Modell des Königs von Ninive, der von selbst seinen Thron verlässt: „Und der König stieg herab von seinem Thron." In den Körperhaltungen der Lernenden im Unterricht „versinnlicht" sich „Sinn"[805]: Elementare Grundstrukturen menschlicher Positionen, Einstellungen und Haltungen kennzeichnen das menschliche Leben, den Lebensweg oder Phasen. Dabei werden Haltungen aufgegeben, experimentell neu entwickelt. So ergibt sich hier ein ästhetisch-didaktischer Dreischritt der Lebensweltorientierung: Finden des Eigenen, Irritation und Erschütterung durch Fremdes, Neuorganisation als Integration oder Separation. Am Leib und seinen Prozessen hängt das Entwerfen von ermutigendem Leben, vom Gehalten-Sein im Schwanken als ständig neuer Herausforderung und Entscheidung: Die Situation, die in der Differenz zum Fremden wahrgenommen wird, ist als Kategorie und Ruf zur leibräumlichen (Positions-) Entscheidung, zur dialogisch-szenischen Bildung im Lebensentwurf mit enthalten. Elementares wird als Beziehungsgeschehen in einer dynamischen Verortung im Miteinander und Zwischen sichtbar, soweit es die Ästhetik ermöglicht, die immer auch anästhetische Momente einschließt. Ein Unterrichtsstil der Achtsamkeit gibt dem Lernprozess und seinen Unverfügbarkeiten Raum.[806]

In diesem Konzept einer profanen Religionspädagogik werden vorgängige Symbolisierungen von Religion in Phänomenen der Lebenswelt wahrgenommen; diese werden auf ihre Verheißungsspuren hin erforscht. Eine immanente Religion macht sich erfahrbar als unruhige Beweglichkeit im „Dazwischen". Die Ausrichtung auf Lebenswelt konzentriert sich nicht auf das Finden von Religion in annähernd originären Zusammenhängen, sondern Geschichtlichkeit wird dekonstruktivistisch zum profilierenden Hinterfragen und Suchen genutzt. Hier geht es, quer zur Schule, bewusst um eine Wahrnehmung, die nicht in einem Automatismus zu Erfahrung geronnen ist. Die SchülerInnen erproben körperlich Lebenshaltungen und richten mit dem Bewusstseinskörper ihre leibliche Aufmerksamkeit auf Religion in den Zwischenräumen des Lebens. Die Aufgabe des Körpers ist die Wahrnehmung religiöser Spuren als Dimensionen des „unstillbaren Begehrens nach humanen Beziehungen". Lebensentwürfe werden durch Verkörperungen leiblich-dynamisch entworfen und wieder verworfen. Die flüchtige Religion findet sich in dramatischen Lernprozessen spürbar im Körper als Zwischenraum und bekommt so leibräumliches Asyl: in spielerisch-dramatischer Präsenz. Eine

805 Vgl. zu der Einheit a.a.O., 63.
806 Dietrich Zilleßen, Lernentscheidungen, 261.

kritische Erziehung, die für ihre ästhetische Ausbildung auch die Körperlichkeit als Handlungsmaß zurate zieht. Von der Lehrkraft wie von den Lernenden verlangt das Konzept ein Höchstmaß an Wachsamkeit, Einsatz und nicht nur methodischer, sondern auch fachlicher Virtuosität.

1.2 Religion und Initiation: Erlebte Religion in der Atmosphäre des Heiligen

Über (individual- wie sozialpsychologische) Betrachtungen hinaus, die Religion in das Innere des Menschen verlagern, nehmen religionsphänomenologische Perspektiven Erscheinungsformen des Heiligen so in Betracht, dass das transzendierende Moment nicht als psychologisches oder soziologisches im Immanenten verharrt. Mit Friedrich Heiler spitzt Manfred Josuttis sein religionsphänomenologisch geleitetes Interesse auf das Vordringen zum Wesen der Erscheinungen zu, das sich in konzentrischen Kreisen durch die sinnliche Erscheinungswelt, die geistige Vorstellungswelt und die psychische Erlebniswelt zur Mitte der göttlichen Realität bewegt.[807]

1.2.1 Manfred Josuttis' Konzept: energetische Wege zum heilvollen Leben

Manfred Josuttis' energetisch-verhaltensorientierter Ansatz ist pastoraltheologisch und nicht religionspädagogisch veranschlagt und auf kirchliches Lernen ausgerichtet. Josuttis geht von der Einübung in religiöse Handlung und Wahrnehmung aus. In seiner ethologisch fundierten Theorie des Gottesdienstes zeigt Josuttis Verhaltensformen der verfassten und insofern kirchlich bzw. liturgisch gelebten Religion auf, die dem sozialen und kulturellen Alltag von Menschen und Völkern entstammen. Aus dem Blickwinkel eines Ethnologen wird dargelegt, wie Gehen, Sitzen, Sehen, Singen, Hören und Essen als symbolische Handlungsformen im religiösen Leben wirksam werden.[808] Das Paradigma für die Struktur des Lebens ist der Gottesdienst, nach dessen Ordnung Leben seinen Gang nehmen kann: „Alles Leben verhält sich – einiges Leben verhält sich manchmal nach der Agende.“[809] Josuttis bemerkt Tendenzen der Veränderung in der Gottesdienstwahrnehmung und setzt sich für eine erneuerte Wahrnehmung körper- und sinnlichkeitsorientierter Dimensionen ein. „Und wenn in der Gegenwart die Körperarbeit nur noch von den zentralen Akteuren vollzogen wird, die ihre Amtstracht

---

807 Manfred Josuttis, Religion als Handwerk. Vgl. Friedrich Heiler, Erscheinungsformen und Wesen der Religion. Stuttgart 1961, 16.

808 „Eine Liturgik auf verhaltenswissenschaftlicher Grundlage“ (Manfred Josuttis, Der Weg in das Leben, 9).

809 A.a.O., 11. Der hermeneutische Blick sollte für eine religionspädagogische Perspektive erweitert werden; vermutlich verhält sich das Leben nicht nur nach Agende I.

anlegen, dann ist das sicherlich einerseits Folge jenes Verinnerlichungsprozesses, der gerade das religiöse Verhalten der Neuzeit geformt hat; aber es ist ebenso Ausdruck einer veränderten Einschätzung des Gottesdienstbesuchs. Der Eintritt in den Kultraum wird nicht mehr als Übertritt in eine besondere Sphäre empfunden, die das Anlegen von Sonntagskleidern erforderlich macht."[810] Der Gipfel religiöser Handlung verknüpft sich mit elementarem, lebenserhaltendem leiblichem Tun, dem Einverleiben: Im Essen, das „Banalität und zugleich elementare Grundlage für Lebenserhaltung und Weltwahrnehmung" ist, findet der Weg in das Leben und der Prozess des Gottesdienstes seinen Höhepunkt.[811]

Die Fähigkeiten, die erforderlich sind für den „Weg in das Leben", den jeder Gottesdienst zu begehen wagt, skizziert Josuttis als Grundlegung einer Pastoraltheologie. Aufbauend auf einer Religionsphänomenologie, die wie Rudolf Otto mit der eigenständigen Wirklichkeit des Heiligen rechnet und das Arbeitsfeld der PfarrerInnen in dessen Machtfeld sieht, proklamiert Josuttis das Repertoire der Handlungsformen, die man dort braucht und als „Spiritualität" begreift. Gemeint sind hier weniger geistige Akte als vielmehr körperliche religiöse Haltungen, Bewegungen, Einstellungen, die dabei helfen, Atmosphäre und Gefühlsraum wahrzunehmen. Das Konzept arbeitet mit dem von Hermann Schmitz' Neuer Phänomenologie geprägten räumlichen Leibbegriff, wobei therapeutische, psychoanalytische und ethnopsychoanalytische ebenso wie sozialwissenschaftliche und kulturgeschichtliche Einflüsse verarbeitet werden.

Josuttis überschreitet damit ein phänomenologisch, hermeneutisch und psychologisch erfasstes Symbolverständnis: „Symbole vergegenwärtigen eine Realität. Rituale führen in eine Wirklichkeit, die transrational, aber auch transsubjektiv ist, und sprengen damit die hermeneutische wie die tiefenpsychologische Perspektive."[812] Deshalb steht der Gottesdienst im Zentrum der kirchlichen Aufmerksamkeit. Hier ist Religion auf jeden Fall praktisch, daran müssen sich Symbole und Rituale erweisen. „Symbole und Rituale sind in einem noch zu bestimmenden Sinn seit jeher Medien der Grenzüberschreitung."[813]

Im Umgang mit der Heiligen Schrift, der zum spirituellen Handlungspotential gehört, kann und muss man damit rechnen, dass in der Bibel Kraftpotentiale vorhanden sind, die etwas bewirken und damit Machtträger sind. Solche Darlegung geschieht an Heiligkeit, Lehre, Symbol, Macht, Lesen und Memorieren von Bibelsprüchen, Losungen, Bibliodrama, dann an Wort und Geist. Josuttis entwi-

---

810 A.a.O., 99. In manchen konservativen Kirchen wird dennoch das Sonntagsgewand als körperlicher Schmuck und Erkennungszeichen getragen.

811 A.a.O., 249. Vgl. Christoph Bizer, Das Wort Gottes und der Unterricht. EvErz 46 (1994), 391–399.

812 Manfred Josuttis, Die Einführung in das Leben, 19.

813 Ebd. Die „Spiritualität der Grenzüberschreitung" wird gezeigt am Gebet und an Leonardo Boffs Spiritualitätsbegriff (a.a.O., 47–49).

ckelt ein phänomenologisches Meditationsverständnis, nach dem „Meditation eine Form der Einverleibung darstellt. Durch lautes Sprechen eines heiligen Textes wird ein Gefühlsraum geschaffen, der das Umfeld erfüllt, aber auch in den Sprechenden eindringt. So entsteht die Gegenwart einer befriedeten Welt, die im Augenblick zu Ergriffenheit führt und, je nach Dauer und Intensität, in den folgenden Lebensakten nachklingen wird. Textbezogene Meditation in den verschiedenen Verfahren rechnet damit, daß im konzentrierten Sprechen des Wortes die energetische Kraft des Geistes zur Wirkung kommt. Besonders eindrucksvoll ist das Beispiel des hesychiastischen ‚Herzensgebets', das den beständigen Gedanken an den Herrn Jesus Christus sanft durch den Atem der Nase ins Herz ein[ge]führt und ihn bei geschlossenen Lippen wieder entläßt, ohne jedes andere Denken und Imaginieren'. Die leibbezogene Integration des heiligen Namens kann die Wahrnehmung der Heiligen Schrift orientieren."[814]

Im Rückblick auf die Geschichte der Religionspädagogik von der Ev. Unterweisung an lautet die Frage: „Wie kommt Religion heute überhaupt noch in den Unterricht?"[815] Religion ist unter diesen Bedingungen nur im Modus der Gegenwärtigkeit zu haben, im Kontakt mit expliziten religiösen Vollzügen. Wenn es um Religion geht, die in der zeitgenössischen Schule unterrichtlich zutage treten und damit präsentiert werden soll, geht das im Prinzip nur in der Ausübung von Religion.[816] Unterricht funktioniert „als Unterweisung, als Lebenshilfe und als Experiment".[817]

Josuttis fordert für das Gelingen einer unterrichtlichen Annäherung an die Manifestationen des Heiligen von den Beteiligten eine Haltung, die sich von der hermeneutischen Perspektive grundlegend unterscheidet und stärker liturgisch orientiert ist: die „Wahrnehmung der Bibel als Manifestation des Heiligen", die auf dem Altar liegt.[818] Doch auch das Heilige entbehrt nicht der Schwierigkeiten im Umgang, bei

---

814 A.a.O., 66. Zitat der Meditation: Alfons Rosenberg, (Hg.): Die Meditation des Herzensgebets. Ein christlicher Weg der Meditation – mit einer Einführung in Methode und Praxis. München 1983, 72.

815 Manfred Josuttis, Die Einführung in das Leben, 140.

816 „Es gibt nur zwei Bereiche, aufeinander verweisend, die hier überhaupt in Frage kommen: die heilige Schrift und der Gottesdienst. Alle anderen Gestaltungen, in denen sich evangelisch-christliche Religion ausprägt, sind daraus entnommen oder leiten sich als Spiritualisierungen davon ab: das Beten, das Erzählen biblischer Geschichten, Johann Sebastian Bach, das Zutrauen zum gedruckten Wort, der protestantische institutionelle Affekt" (Manfred Josuttis, Der Weg in das Leben, 395.396). Für Christoph Bizer ergeben sich Notwendigkeit und Möglichkeit einer Beschäftigung mit dem Heiligen allerdings aus dem Bildungsauftrag der Schule (vgl. Bizer, Das Wort Gottes und der Unterricht).

817 Manfred Josuttis, Die Einführung in das Leben, 137.

818 A.a.O., 41. Religionsunterricht wird auf diese Weise experimenteller Umgang mit verbindlichen Phänomenen des Heiligen; im Rückgriff auf Bizers Hinweise zur leiblichen Gestaltung bei der methodischen Vermittlung vgl. Manfred Josuttis, Der Weg in das Leben, 132ff.

dem auch das Experiment seine volle Ernsthaftigkeit entfalten kann.[819] Mit religionsgeschichtlicher Begründung (im weiten Sinne von Initiation nach Mircea Eliade) wird hier scharfe Kritik an der Praxis der Kirche und ihres Unterrichts geübt, welche den Zielpunkt der Initiation, nämlich das Mysterium, entbehrt. Somit gilt Unterricht als Initiation in die leibliche Religion.[820] Die Einweihung in das Priesterdasein will „dem Leib Christi dienen und die Gemeinde der Heiligen erbauen. Das Unterrichtsgeschehen zwischen Taufe und Abendmahl vermittelt Transzendenzerfahrung, aus der Impulse der Erneuerung fließen."[821] Dies geschieht durch leibliche Teilhabe in den Sakramenten: „In der Taufe und im Abendmahl gewinnen Menschen auf leibbezogene Weise Anteil an der leibhaftigen Wirklichkeit des Heiligen. Sie werden in den Leib Christi inkorporiert, indem sie am Sterben und Auferstehen des himmlischen Erlösers partizipieren. Und sie inkorporieren umgekehrt Leib und Blut Christi, um durch alles Sterben hindurch das Leben in der Welt Gottes zu erreichen."[822] Bei der „Einweihung in das Geheimnis der sakramentalen Vergegenwärtigung des Heiligen"[823] geht es didaktisch zunächst um die Differenz zwischen einem symboldidaktischen und einem initiationsorientierten Ansatz. Statt der Vermittlung des Rituals soll der Respekt vor dem Befremdlichen des Ritus gefördert werden. Vorsicht gilt somit auch dem experimentellen Lernen, denn Rituale sind nicht nur den Bedürfnissen anzupassen, sondern ebenso die Haltung und Voreinstellung gegenüber den Ritualen.[824] Hintergründig geht es noch um mehr. Die individuelle *Präparation* rückt in den Blick. Für eine sachgemäße Feier und angemessene Wahrnehmung bedarf es einer *Einstellung*, die das Kognitive und das Existentielle überschreitet. Diese „priesterliche Präparation" wird in klassischen Feierformen auf vielerlei Weise intendiert.[825] Subjektwerdung vollzieht sich als Einzug des Heiligen Geistes in den Leib; der Leib wird somit zum „Personanzraum".[826]

---

819 „Mindestens der Hinweis auf mögliche lebensverändernde Folgen, die sich auch bei einer experimentellen Haltung dieser Wirklichkeit gegenüber einstellen können, dürfte bei der Einladung nicht unterbleiben. Religionsunterricht – Vorsicht Lebensgefahr!" (Manfred Josuttis, Die Einführung in das Leben, 142).

820 A.a.O., 143.

821 A.a.O., 147. Vgl. Spiritual renewal bei Gendlin!

822 A.a.O., 148.

823 A.a.O., 149.

824 „Was jetzt als Einladung zur Teilnahme gemeint ist, kann in Zukunft zur Entfremdung vom Abendmahl führen. Denn wenn ich von Anfang an die Erfahrung mache, daß der Ritus meinen Wünschen und Bedürfnissen entsprechend verändert ist, dann werde ich auch in Zukunft nur dann teilnehmen, wenn er in seiner Gestaltung diesen Wünschen entspricht. Wer das in vieler Hinsicht Befremdliche der klassischen Abendmahlsfeier beseitigt, kann die Zugangsmöglichkeiten kurzfristig steigern, aber in der Langzeitwirkung gegenteilige Effekte erzielen. Priesterliche Weisheit bewährt sich auch in der Zumutung, gerade dem Befremdlichen standzuhalten" (Ebd.).

825 Dies geschieht z.B. durch asketische Akte im oralen und sexuellen Bereich, durch soziale Akte im Sinne der Versöhnung (Mt 5,23f.); durch spirituelle und sakramentale Akte im Vollzug der Beichte und durch investive Akte der Festtagsbekleidung (149).

826 Manfred Josuttis, Religion als Handwerk, 15.

1.2.2 Didaktik als Methodik ritueller Handlung und Wahrnehmung

Manfred Josuttis hat deshalb für die Praktische Theologie eine Methodenlehre entwickelt, die sich an rituellen Verhaltensformen orientiert und in die Praxis spiritueller christlicher Existenz führt. Was sich für die Liturgik in einem Aufbau von Gehen, Sitzen, Sehen, Singen, Hören und Essen darstellen lässt[827], gilt hier für die gesamte Praxis religiöser Handlungen: Religion ist demnach ein „Handwerk, das in der Theologie überdacht wird".[828] Da Methoden Realitäten realisieren, lässt sich eine auf vier Bereichen bauende religiöse Handlungslogik spiritueller Praxis erschließen[829]: 1. Theologie, Kosmologie, Anthropologie; 2. Normen; 3. individuelle Rollen und psychologische Motivationen; 4. „Mittel, durch die der Gläubige seine Verehrung ausdrücken und den erstrebten Zustand der Frömmigkeit erreichen kann"[830]. Religiöse Methoden, Handlungen und Übungen, gelten als von der Gottheit schon selber vollzogen oder zumindest gestiftet. „Die permanente Suche nach neuen Formen ritueller Gestaltung ist der religiösen Lebenswelt fremd, und zwar nicht einfach wegen der in der Vergangenheit geltenden Traditionsorientierung, sondern aus sachlichen Gründen. Menschen können nicht einfach Methoden erfinden, mit deren Hilfe sie Gott gegenüber aktiv werden können. Sie sind und bleiben angewiesen darauf, sich auf Verhaltensmodelle einzulassen, die von weit her kommen und deren Tiefe sich erst allmählich erschließt."[831] Spirituelle Methoden werden, da Religion ein Handwerk ist, nicht als Ausdruck persönlicher Frömmigkeit praktiziert, sondern „weil Menschen fromm werden wollen".[832] Die Folgen spiritueller Methodik sind gemeinschaftlich, sozial, politisch – nicht die Methoden selbst. Diese werden, nachdem ihre Problematik erörtert ist, „der Bewegungsrichtung leiblicher Praxis folgend behandelt". Daraus ergibt sich eine rituelle Lernsequenz von Askese (Präparation des Leibes), Anrufung Gottes im Beten, Weihen, Opferhandlungen und Segnen, Heilen. Diesen religiösen Handlungen folgen Methoden religiöser Wahrnehmung, allen voran das (protestantische) Hören, Träumen und Sehen, die dessen impressiven Charakter hervorheben.

1.2.3 Religiöses Lernen als Initiation zum rituellen Umgang mit den leibräumlichen Bedingungen göttlichen Erscheinens

Von Josuttis ist zu lernen, dass Religion eine methodische Angelegenheit ist. Wenn Religion ein Handwerk ist, dann lässt sie sich auch lernen. Wer ein Hand-

827 Manfred Josuttis, Der Weg in das Leben.
828 Manfred Josuttis, Religion als Handwerk, 9.
829 Ebd.
830 A.a.O., 9, zitiert nach: Neil J. Smelser, Theorie des kollektiven Verhaltens. Köln 1972, 44.
831 A.a.O., 14.
832 A.a.O., 18.

werk erwerben will, für den ist es gut, ein wenig Geschick mitzubringen; in der Lehre „ist in jedem Fall das methodische Handwerk auszubilden, auch bei völliger Unerfahrenheit in Kenntnis von Material und Handhabung." Wer begreifen will, wie ein Handwerk vor sich geht, wie ein Krug getöpfert wird, dem hilft fürs Erste das Zusehen, man kann sich manches abgucken. Um die Handgriffe, Geschicklichkeiten, den *Umgang* mit dem Ton zu lernen, braucht es ein *Gefühl* dafür. Man muss den Ton dazu schon in die Hand nehmen, Konsistenz und Temperatur fühlen, den Druck der Finger erproben und eine Körperhaltung finden, in der es zu arbeiten geht. Religion als Handwerk legt nahe: Religion hat etwas mit Arbeit, mit Er-Arbeiten zu tun. Damit findet sich eine geschichtliche Parallele in der Abkoppelung des kirchlichen vom schulischen Unterricht, wie sie im Verhältnis von Evangelischer Unterweisung und dem hermeneutischen Unterricht stattgefunden hat. Als spirituell-kirchlich ausgerichtete Ritualdidaktik propagiert sie in emanzipatorischer Ausrichtung eine nicht an Realitätskonzepten messbare Form religiöser Wirklichkeit. Gerade diese andere Wirklichkeit, der Josuttis sich sozialpsychologisch und religionsphänomenologisch nähert und die in spiritueller Wahrnehmung zugänglich wird, zeigt in ihrer Fremdheit eine Seite von Religion, die aus den Rationalitätskonzepten von Schule und teils auch von Kirche herausfällt und daher schulisch ungern betrachtet wird: die Leiblichkeit von Religion. Ihre rituellen Formen erscheinen zunächst einmal in der von Josuttis vorgestellten Form für die Schule nicht kompatibel, welche zunehmend das Moment der Darstellung nutzbar macht, aber der Mitteilung nicht entbehrt. Praktisch angewandt sieht es so aus, als würde die reflexive Gestalt christlicher Religion außen vor bleiben. Reflexiv meint jedoch de facto stets die Zurückbezogenheit auf etwas; auf was sollte sich Religion beziehen, wenn nicht auf religiöse Praxis? Nach Josuttis handelt es sich bei der „reflexiven Gestalt" sonst gar nicht um die des Christentums.

Mir erscheint das Josuttissche Konzept aus mehreren Gründen für die Frage nach religionspädagogischer Leiblichkeit lohnend. In der Fremdheit dieses Zugangs zur Welt, die den Raum der Immanenz mit leiblicher Innerlichkeit zu überschreiten sucht, liegt meines Erachtens auch eine produktive religionspädagogische Herausforderung. Hier wird der Körperlichkeit eine Rolle zugedacht, in welche religiöse Erfahrung und damit Praxis in einer über die Phänomenologie der Lebenswelt hinausgehenden Weise eingebracht wird. Die Wahrnehmung von Religion in religiösen Handlungen als rituelle Einführung in die Sphäre des Heiligen braucht jedoch reflexive Einklammerungen der Handlung *als* religiöse Handlung, auch in der Lebens- und vor allem in der Schulwelt. Von Josuttis her gedacht: Eine religionspädagogische Methodik müsste mindestens in gleicher Weise spirituelle Methoden einüben wie den Umgang mit spirituellen Methoden reflexiv nachvollziehbar machen. Wird der Leib für die Initiation durch das Heilige bereitet und geweiht, so wäre in einem performativen Unterricht diese Handlung als solche zu üben im Sinne der reflexiv gebrochenen Darstellung, die so reflektiert wird.[833] Dafür wäre anzunehmen, dass auch hier sowohl religiöse Handlungen als auch religiöse Wahrnehmungen wahrgenommen und be-handelt werden, jedoch von einer Warte aus, die erlaubt anzusehen und sich vorsichtig heranzutasten. Wie das religiöse ist auch das religionspädagogische Handwerk etwas, das von Menschen vollzogen wird, ohne dass Ziel und Folgen bis ins Letzte machbar wären: Auch religionspädagogische Methodik unterliegt Unverfügbarkeiten, pädagogischerseits wie theologischerseits; diese müssen jedoch ein Bestandteil religionspädagogischer Gewahrsamkeit sein. Hier kommt zum Tragen, dass die religiöse Wahrnehmung zwar den Akzent darauf setzt, dass das Subjekt nicht die einzige maßgebliche Größe religiöser Bildung ist, dennoch kommt der und die Lernende nicht umhin, in der lernenden Wahrnehmung selbst aktiv zu sein.[834]

1.3 Ästhetische Zugänge zu christlich gelebter Religion

Warum sollen sich Menschen mit Religion beschäftigen? Bevor ich selbst die Frage beantworte, habe ich mich erst einmal in der zuständigen Praktischen Theologie und Religionspädagogik umgesehen. Sie macht soziologisch Bewegun-

---

833 Vgl. das Heft rhs (2002) 1 zum Thema „Performativer Religionsunterricht?!"

834 Josuttis skizziert die Schwierigkeiten des Protestantismus mit dem Priestersein. „Für priesterliche Existenz in der Gegenwart wird das alles bedeuten: Menschen, die in der Gemeinde der Heiligen leben, können beten, opfern und segnen." Josuttis führt dies anhand der urmenschlichen Sehnsucht und deren Ausdruck im Gebet aus: „Priesterliche Existenz hat die Vollmacht, diese Ausrichtung des menschlichen Lebens [Suche nach Wärme und Nahrung, Hilfe und Heilung, Frieden, Liebe und Sinn], diese Tendenz, die die ganze Schöpfung durchzieht, an die richtige Adresse zu leiten. [...] Priester/innen lassen im Lauf ihres Lebens das Plappern (Matthäus 6,7) hinter sich und geraten in den Wirkungsbereich des Seufzens." Zu dieser Praxis gehört auch das Opfern: „Der Austausch von Geben und Nehmen vollzieht sich elementar im Atmen und im Reden. Aber die Hoffnung auf Zuwendung und Gewinn durchzieht alle sozialen Kontakte. Opfern heißt: Lebenskraft investieren, um Lebenschancen zu erhalten.[...] In der priesterlichen Gemeinde besteht der ‚vernünftige Gottesdienst' darin, ‚daß ihr eure Leiber hingebt als ein Opfer, das lebendig, heilig und Gott wohlgefällig ist' (Römer 12,1). Damit ist sie dem Bannkreis der lebensgefährlichen Opfergesetze entzogen und in den Machtbereich der lebenserhaltenden Opferpraxis gerückt. [...] Priesterliche Existenz kann deshalb das tödliche Opferbedürfnis begrenzen und zu jener Hingabe finden, die Gottes Ehre und des Nächsten Wohl intendiert." Segnen vollzieht sich dann als energetischer Fluss: „Einen Sinn ergibt das dichte Netz von Alltagsriten [Berührungen des sozialen Kontaktes] erst dann, wenn man annimmt, daß sich auf diese Weise ein ständiger Austausch von positiven Energien vollzieht. Insofern sind die meisten sozialen Beziehungen mit Segenskräften mehr oder weniger schon aufgeladen. In der expliziten Segenshandlung, die in der Gemeinde Jesu Christi geschieht, wird diese Lebenskraft, die zur Schöpfung gehört, im Namen des heiligen Gottes vollzogen. Damit werden ausdrücklich der Ursprung, die Macht und das Ziel all dessen angerufen, was ist. Segnen heißt: die geballte Macht des Heiligen auf diesen einen Punkt im Lebenslauf konzentrieren. Dieser Akt findet nicht nur im Gottesdienst statt, und es sind dazu auch nicht nur die Amtsträger berufen, sondern alle, die durch ihre Taufe zu Priester/innen geworden sind" (Manfred Josuttis, Die Einführung in das Leben, 150f).

gen: Tendenzen zu Pluriformität und Individualität, Migrationsbewegungen in Europa nötigen zu einer Auseinandersetzung mit dem Fremden; der Kontakt mit anderen Kulturen und Religionen wird zu einem wichtigen Horizont, innerhalb dessen sich religionspädagogische Ausrichtungen formieren. Hinsichtlich der Zielsetzungen lassen sich religionspädagogische Ansätze in funktionale und phänomenologische Entwürfe ausdifferenzieren. In der curricularen Didaktik wurde Religion mancherorts für Identitätsbildungsprozesse zur Lebensbewältigung funktionalisiert. Zugleich kann die „Künstlichkeit von Schule und von Religion“[835] nicht geleugnet werden. Einem phänomenologischen Zugriff auf Religion liegt Lernen als Stärkung des Subjekts am Herzen, da es sich gegen die Vereinseitigung auf die rationale und doktrinale Dimension richtet und sich gegen die Ausblendung der rituellen und ästhetischen Dimension andererseits verwehrt. Gegen beide Verengungen sind in den letzten Jahren Religionspädagogen massiv angegangen, indem intellektualistische Lehrgestalten aufgeweicht und der Religionsbegriff zunehmend von der Lebenswelt her gespeist wurde.

Der Plausibilitätsverlust von Religion in der Erlebnisgesellschaft macht m.E. Zugriffe auf Religion nötig, die mehr eröffnen als Erklärungsversuche für das Unfassbare. Während manche Ansätze ausklammern, was vor und nach dem intellektuellen Deutungsprozess liegt, machen sich phänomenologisch orientierte Zugangsweisen zu Religion selbst auf die *Suche nach Sinnfindung.* Sie ermöglichen den fremden Blick, auch auf das Eigene, und damit eine phänomenologische „Öffnung zum Leben“.[836] Erkenntnis- und Lernprozesse werden nicht auf den inneren Raum des Selbst begrenzt, sondern als ein prozesshaftes Gestaltungsgeschehen zwischen Subjekt und der Welt als intermediäres Geschehen fassbar zu machen gesucht. Antworten auf die Warumfrage stehen hinter der Gretchenfrage an: „Nun sag, wie hast du’s mit der Religion?“; darauf antworten heißt, sich auf das Fragen und Suchen einzulassen.[837]

Phänomenologische Konzepte orientieren sich hinsichtlich der Zielrichtungen religionspädagogischer Prozesse tendenziell an den Systemen der Lebenswelt und der Theologie. In der Polarisierung der entsprechenden didaktischen Ansätze auf jeweils *einen* der Fluchtpunkte droht den lebensweltlich orientierten Konzepten die theologische Anbindung verloren zu gehen. Religion steht damit in Gefahr, konturlos zu verschwimmen. Die religionsphänomenologisch ausgerichtete Ritualisierung übersieht die Nähe des Lernorts Schule. Auf die Realität von schulischem Religionsunterricht zugeschnittene Entwürfe, die christliche Religion zeigen wollen, unterliegen gesellschaftlichen Vorgaben von Bildung und funktionie-

---

835 Hans-Günter Heimbrock, Gelebte Religion im Klassenzimmer?, 237. Vgl. Horst Rumpf, Die künstliche Schule und das wirkliche Lernen. Über verschüttete Züge im Menschenlernen. München 1986.

836 Hans-Günter Heimbrock, Öffnung zum Leben.

837 Johann Wolfgang von Goethe, Faust I, 103 (V. 3415).

ren auf Kosten der Leiblichkeit von Religion, da sie Religion und Lebenswelt amalgamieren und zulassen, dass produktive Differenzen verwischt werden. Dazu kommt auf der Theorieseite die Schule als Wirklichkeit von Lernenden und Lehrenden nur peripher in den Blick. Eine theologische Verankerung der Leiblichkeit, etwa durch die Aufnahme praktisch-theologischer Impulse zur Leiborientierung, steht im Grunde aus. In der Praktischen Theologie werden Perspektiven zur Leiblichkeit vor allem unter Aufnahme von religionswissenschaftlichen, pastoraltheologischen und liturgisch-ästhetischen, generell weniger unter religionspädagogischen Gesichtspunkten entwickelt; Ansätzen aus der Praktischen Theologie, welche die Leiblichkeit theologisch begründen, fehlt der lebensweltliche Bezug und ein Konzept von schulischem Lernbezug.[838] Was hier in exemplarischer Empirie vorliegt, muss nun sorgsam theoretisch dargelegt und diskutiert werden. Die Suche danach, wie leibliches religiöses Lernen aufzubauen ist, meint zunächst vor allem: *Wie und unter welchen Bedingungen können sowohl die leibliche Wirklichkeit der Lehrenden und Lernenden als auch die Leiblichkeit christlicher Religion in der individuellen und kommunikativen Wahrnehmung so zur Geltung kommen, dass sie zu einem fruchtbaren Lernprozess beitragen?*

1.3.1 Zusammenkunft und Verhandlungen mit Biehl und Heimbrock: Erfahrung – Wahrnehmung – Handlung

Wie sichtbar geworden ist, wird die gegenwärtige Religionspädagogik im Spannungsfeld von Theologie und Lebenswelt von Fäden durchzogen, welche die Richtungen der Lern-Bewegungen leiten und damit zugleich die Auseinandersetzungen um die Lern- und Lehrbarkeit von Religion antreiben. Diese werden an die Paradigmen Erfahrung, Handlung und Wahrnehmung angelegt und setzen stärker ethische bzw. ästhetische Akzente.

Der Antrieb für eine Hinwendung zu ästhetischen Implikationen dieser Fragen kommt u.a. von Peter Biehl. Mit ihm gilt Erfahrung seit etwa 30 Jahren als religionspädagogische „Schlüsselkategorie".[839] Mit der Hinwendung zur Erfahrung wurde die Subjektorientierung des religiösen Lernprozesses sprachfähig. Von Erfahrung sprechen wir, wenn wir durch das Leben und seine Phänomene reisen. „Wenn einer eine Reise tut ...": Indem man durch Landschaften reist, er-fährt man sie. Man gewinnt im Reisen eine Beziehung zu dem, was man bereist, indem man die Landschaft kennen lernt. Erfahrung erfährt sich in der „wechselseitige[n] Beziehung zwischen Erfahren und Erfahrenem" als „doppelte Relation" von Gegebenem und Aneignung, von Wahrnehmung und Deutung.[840] Konstitutiv sei dafür ein „Interpretationsrahmen", aufgrund dessen und in dem eine Erfahrung

838 Klessmann / Liebau (Hg.), Leiblichkeit ist das Ende der Werke Gottes.

839 Peter Biehl, Art. Erfahrung. LexRP I, 421–426. Hier: 421.

840 A.a.O., 422.

als solche verbucht wird. „Die Überführbarkeit von Wahrnehmung in Erfahrung ist ein wesentliches Kriterium für echte Wahrnehmung. Die Erneuerungsfähigkeit der Erfahrung durch Wahrnehmung ist ein Kriterium für lebendige Erfahrung.“[841] Ursprüngliche Erfahrung hat als Ursprungserfahrung also das Wahrnehmen. Der kritische Blick, die Bindung an die Voraussetzung der Wahrnehmung, liegt bei Biehl im (von ihm eigens begründeten) Erfahrungsansatz. „Wahrnehmung und Erfahrung stehen in einem dialektischen Verhältnis.“[842] Das betrifft die Verarbeitung von Wahrnehmung, die neue Erfahrung stiftet und den Erfahrenden verändert. Zugleich beeinflusst die Erfahrung das Wahrnehmungsvermögen und die Perspektivität der Wahrnehmung. Damit soll das Subjekt selbst, in seiner Leiblichkeit, Eingebundenheit und Freiheit, die Umschlagstelle von Erfahrung und Wahrnehmung sein.

Ausgehend von der Korrelation von Alltagserfahrung und Glauben geht Biehl auf religiöse Erfahrung ein. Im religionspädagogischen Erfahrungsprozess begleiten Erfahrung von Religion, Kommunikation und Selbst-Erfahrung einander wechselseitig; es gibt keine Erfahrung ohne individuelle Aneignung, Religion geschieht im kommunikativen Rahmen; alles zusammen schließt Leben als Lebenserfahrung auf. Prozess und Ergebnis gehören zusammen, aber der Prozess behält den Vorrang. Religiöse Erfahrung nimmt in der Religionspädagogik vor allem Bezug auf den Alltag und die Lebenswelt. Vor dem Hintergrund des Alltags kommt im Lernen deren Janusgesicht zu Tage, indem die gewöhnliche Erfahrung durchbrochen und unterbrochen wird. Zu ihren Kennzeichen gehört der Charakter der Grenzerfahrung, sowohl durch Freude und Glück als auch in Schmerz und Leid an den Bruchlinien der vertrauten Welt. Religiöse Erfahrung hat demnach Erschließungscharakter für die Erkenntnis und Re-Organisation des Erfahrenen. Sie ist in ihrem Widerfahrnischarakter unverfügbar, macht sich nur in Spannung begreifbar und nähert sich nur dialektisch der sprachlichen Fassbarkeit an. Als Erfahrung der *religio* zeigt sie sich im Sinne der Rückbindung auf der Suche nach Sicherheit und Geborgenheit und im Sinne des Bedenkens als Mut zur Verunsicherung, in Ursprungsvergewisserung und der Ausrichtung auf messianische Verheißung. Als Erfahrung erfordert sie einen kommunikativen Interpretationsrahmen zur Symbolisierung und Gestaltung der (religiösen) Wirklichkeitsspannung von Regression und Progression. „Von religiöser Erfahrung ist zu sprechen, wenn Wahrnehmungen, Erlebnisse, Widerfahrnisse an diesen Orten mit Hilfe eines bestimmten Interpretationsrahmens gedeutet werden, der durch charakteristische Formen rel. Sprache mitbestimmt ist.“ Christliche Erfahrung wiederum „radikalisiert religiöse Erfahrung durch ihren Gottesbezug“, d.h. der Interpretationsrahmen ist ein anderer, er wird christlicherseits durch das „Kommen Gottes zur Welt in dem geschichtlichen Jesus“ bestimmt, das zugleich ein

---

841 Peter Biehl, Festsymbole, 41. Vgl. ders., Erfahrung, Glaube und Bildung. Studien zu einer erfahrungsbezogenen Religionspädagogik. Gütersloh 1991.

842 Peter Biehl, Art. Erfahrung. 423.

Sprachereignis ist: Die Grundgeschichte Jesu von Nazareth wird zur grundlegenden ‚Story' des Christentums".[843] Biehl nimmt dabei auf den christlichen, dreieinigen Gott Bezug. Christlich-religiöse Erfahrung zeigt damit im Horizont religiösen Lernens die Spannung von Bezogenheit und Entzogenheit auf.

Als von besonderer Intensität gelten nun religionspädagogisch „Schlüsselerfahrungen"[844]; sie haben nicht nur wirklichkeitserschließenden Charakter, sondern das Alltägliche, Vertraute wird überraschend durchbrochen. „Sie unterbrechen den Strom alltäglicher Erfahrung, weil überraschend Neues geschieht. Schlüssel-Erfahrungen haben eine fokussierende Wirkung im Blick auf die Lebensgeschichte, die durch sie überhaupt erst thematisch wird: In Schlüssel-Erfahrung wird die Erfahrung auf das wirklich Angehende hin verdichtet."[845] Darin liegt auch ihre didaktische Bedeutung. Damit erfolgt ein Re-Kurs auf das Besondere religiöser Erfahrungen, deren Ort die Erschließungssituation ist. Die Konsequenz liegt in der „Steigerung des Lebens*gefühls*" und der „Erweiterung und Vertiefung des *Erkenntnis*vermögens".[846] Je deutlicher und enger der Interpretationsrahmen dabei ist, desto weniger kann der Prozess zum Tragen kommen. Im Erfahrungslernen wie bei religiöser Erfahrung ist der Ertrag der Erfahrung nicht ohne den Erfahrungs*prozess* möglich; die Unterbrechung, die Erfahrbarkeit dieser Schlüssel ist unbedingt an die *Präsenz* der *vorgängigen* Erfahrung und damit an die Wahrnehmung gebunden.

Die klassische griechische Philosophie bezeichnet mit der Wahrnehmung Sinn und Sinnesorgan, die „Summe menschlichen Wahrnehmungsvermögens". Biehl bewegt sich mit dem griechischen Wahrnehmungsverständnis zu einem Ineinander von „unterschiedslos Wahrnehmen und Empfinden".[847] Gleichwohl gilt Wahrnehmung als ein „Wechselprozeß sprachlich sich erschließender Wirklichkeit und ihrer symbolischen Erfassung durch das Wahrnehmungssubjekt".[848] Sie bedarf der Kontraste, also der Differenzerfahrung des Anderen. Biehl geht davon aus, dass die Wirklichkeit des Wahrgenommenen „Voraussetzung, nicht Folge des Wahrgenommenwerdens" ist; daher kann man in doppelter Weise von der Wahrnehmung Gottes sprechen.[849]

Obwohl einerseits die Nah- und Fernsinne nicht isoliert als Seh-, Tast- und Hörphänomene angesehen werden und Hören und Sehen als gleichberechtigt theologisch legitimierte Wahrnehmungsweisen zählen, wird andererseits doch in einer impliziten Hierarchie das Sehen als „herausgehobene[r] Bedeutung", nämlich als

---

843 A.a.O., vgl. ders, Erfahrung, Glaube und Bildung, 24–31.
844 Siehe dazu den gleichnamigen Band JRP 16 (1999), Neukirchen 2000.
845 Peter Biehl, Art. Erfahrung, 426.
846 A.a.O., 426.
847 Peter Biehl, Festsymbole, 32.
848 A.a.O., 34.
849 Ebd.

„distanzbildende Kraft" gewürdigt – in kritischer Weise: Das Sehen gilt als der Sinn der Moderne, und es sei eine diesbezügliche „Blickwende" nötig.[850] Die Ostererscheinungen und Blindenheilungsgeschichten stehen als Beispiele für den Zusammenhang von sehen, glauben und erkennen. Über das dialektische Verhältnis von Wahrnehmung und Erfahrung kommt es hier zum Verhältnis von Wahrnehmung und Handeln. Die Wahrnehmung, die gestalthaft geschieht, bekommt Vorrang vor dem Handeln. Mit einer Orientierung an Schleiermachers Unterscheidung von wirksamem und darstellendem Handeln sowie der Habermasschen Theorie kommunikativen Handelns lässt sich für Biehl schlussfolgern: „Das Symbolisieren läßt sich als eine Form gestaltenden Handelns begreifen."[851] Die Grenzen phänomenologischer Wahrnehmung liegen trotz der „Sicherungen" der Verankerung im Leib in der Individuiertheit des Subjekts der Wahrnehmungen. „Gesellschaftlich bedingte Verformungen und Blockierungen der Wahrnehmungsfähigkeit" machen eine symbolische Kommunikation notwendig, die Wahrnehmbares in seiner Perspektivenvielfalt kommunikativ erschließbar macht.[852]

Biehl bringt den Wahrnehmungsbegriff in die Religionspädagogik ein, lässt jedoch von der Hermeneutik festlegen, was Wahrnehmung sei und welche Intention sie verfolge. Bei Biehl schimmert (mit Dalferth) eine Subjekt-Objekt-Trennung durch, die das Wahrgenommene vom Wahrnehmenden um einer pädagogischen, ästhetischen und theologischen Entwicklung willen separiert.[853] Der Wahrnehmungsbegriff bleibt vage, da er zwischen einem eher sensualistischen „Empfinden" einerseits und einem eher deutenden, reflexiv-interpretatorischen Kognitionsakt schillert. Bernhard Waldenfels trifft eine klarere begriffliche Unterscheidung zwischen Empfinden, Wahrnehmen und Reflektieren: In der Empfindung hat die Welt amorphe, ozeanische Konsistenz – wie das Wasser, das den in der Badewanne liegenden Menschen umgreift. Wahrnehmen fördert zutage, dass die Welt die Qualität von Dingen hat, die unter lebensweltlichen Bedingungen konstante Qualität haben. Das Wahrnehmen fördert aus der Welt Dinge zutage, die sich zu mir in Beziehung setzen und zu denen ich mich ebenso verhalte. Reflektieren macht aus der Welt sozusagen „gegenständliche" Dinge, „Begriffe", die in einem Subjekt-Objekt-Verhältnis von jedem Subjekt nachgebaut werden können.[854] Entscheidend ist, dass Reflexion das Empfinden und Wahrnehmen voraussetzt und nicht umgekehrt; sonst läuft die Reflexion ins Leere. Dazwischen gibt es viele Zwischenräume, auf denen sich Biehl bewegt. Er setzt augenscheinlich Erfahrung mit rekonstruierter Wahrnehmung gleich, die wiederum eine Re-

850 A.a.O., 37. Vgl. Dietmar Kamper / Christoph Wulf, Blickwende. Die Sinne des Körpers im Konkurs der Geschichte. in: Das Schwinden der Sinne. Frankfurt 1984, 9–17.

851 Peter Biehl, Festsymbole, 43.

852 Die Zielrichtung lautet: „Entwicklung der Symboldidaktik zur ‚Wahrnehmungsschule'" (a.a.O., 23).

853 A.a.O., 35.

854 Vgl. Bernhard Waldenfels, Das leibliche Selbst, 45–107.

flexion voraussetzt. Damit wird phänomenologische Wahrnehmung verschleiert, weil sie stets in der Abstraktion verhandelt wird und die Leiblichkeit unerheblich bleibt.

Wahrnehmen ist jedoch durchaus selbst „erfahren". Dabei relativiert sich das „Erfahrung-Machen" dadurch, dass gerade nicht alles machbar ist; ich bin ein aktives, aber auch pathisches Subjekt, indem ich der Wirklichkeit zum einen begegne, aber zugleich Widerfahrnisse und Ereignisse erdulden und natürlich wiederum für einen gelingenden Lebensprozess auch produktiv verarbeiten muss. Die Ausdifferenzierung von Figur und Grund kann nicht übersprungen werden; Wahrnehmung hat zumeist in der Affizierung – sie „springt mich sozusagen an – ein Feld, das ihr als Bewegung Raum lässt. Diese Bewegung wird durch Reflexion still gelegt, vergegenständlicht und durch Deutung ersetzt.

Hans-Günter Heimbrock und Zilleßen machen den Zusammenhang von Handlung und Wahrnehmung kritisch fruchtbar. Konventionalistisch vorgegebene Wahrnehmung gewährt zwar die Nachvollziehbarkeit funktionierender Religion, grenzt aber Irritationen von Vornherein ein. Hinsichtlich der Frage nach dem Interesse der Theologie an der Wirklichkeit macht vielmehr der phänomenologische Umgang über empirische Analyse hinaus eine „[n]icht-reduktive Wahrnehmung" als eine Form der Annäherung an die Wirklichkeit kenntlich, die „staunende Irritation und wahrnehmende Anmutung als eigene Handlungsmodi neben planendem Problemlösen und zweckrationalem Handeln, freilich auch neben Spiel und Feier" beherbergt.[855] In Anlehnung an Josuttis ermöglicht demnach Religion eine u-topische „Traumzeit"[856], deren Gewahrwerden einen imaginativen, den Alltag spielerisch transzendierenden Modus „kreativer Wahrnehmung" erfordert.

Mit diesem psychoanalytisch verwurzelten Wahrnehmungsbegriff, der bei der Beziehung zum „Übergangsobjekt"[857] ansetzt, geht ein personales Konzept einher, das Symbol und Ritus als grundlegende leibräumliche Verbindung von Ich und Welt greifbar macht. Die Wahrnehmungsbewegung wird so rekonstruiert, dass sie vom empfindenden und denkenden Ich buchstäblich auf das Naheliegende ausgeht und das Vertraute, Alltägliche durch Projektionen ausdehnt und damit transzendiert: „Das, was im geglückten Fall liturgischer Realisierung als Verheißung aufscheint, das Einspielen in eine neue befreiende Wirklichkeit mit lebensstiftender Wirkung jenseits materieller Fakten, das geschieht empirisch gesehen immer nur in den Grenzen irdischer Existenz, damit auch in den Grenzen

855 Hans-Günter Heimbrock, Welches Interesse hat Theologie an der Wirklichkeit? In: Failing / Heimbrock, Gelebte Religion wahrnehmen, 11–36. Hier: 35.

856 A.a.O., 33. Siehe Hans Peter Duerr, Traumzeit. Über die Grenze zwischen Wildnis und Zivilisation. Frankfurt 1985.

857 Donald Winnicott, Vom Spiel zur Kreativität.

unseres psychischen Umgangs mit Wirklichkeit. ‚Kreative Wahrnehmung' muß deshalb als biographisch gebildete Konstellation des Umgangs mit alltäglicher Realität und symbolischem Mehrwert angesehen werden."[858] Der Umgang des Menschen mit der vertrauten, engeren Wirklichkeit führt vor dem Horizont der weiteren Wahrnehmung zu einer Transzendierung, also zur Ausdehnung von Leben. Die Bewegung vom Ich zum Anderen ist wahrnehmungs- und handlungsorientiert, auf Mitgeschöpflichkeit und Mitweltlichkeit aus. Damit bringt Heimbrock Religion in ihrem Wahrgenommenwerden als eine Kraft ins Spiel, welche die Bewegung vom engeren Dunstkreis des Subjekts in die Weite der Lebenswelt hin ausdehnt.

Also kann man nach Heimbrock und Zilleßen unterscheiden: 1. Wahrnehmung als phänomenologische εποχη, 2. konventionalistische Wahrnehmung, die sich von dem leiten lässt, was sie bereits weiß. Während die erstere neue Wirklichkeit „schafft", sichert die zweite die konventionalistische Wirklichkeit. Heimbrock hat jedoch eher Religiosität im Blick und arbeitet mit der unsichtbaren Religion; Religion als Bezogenheit auf den christlichen Gott kommt maximal als Spur zur Geltung.

Unter dem Zeichen des Traditionsabbruchs bemüht sich die Symboldidaktik um vermittelte Symbolisierungen tradierter Stoffe und Formen und rückt die Kategorie der Erfahrung in den Mittelpunkt. Aus diesem Grund hält Biehl ein ästhetisches Plädoyer für den Paradigmenwechsel von der Handlungswissenschaft zur Wahrnehmung. Biehls Begriff von Wahrnehmung schafft Raum für eine Korrelation von Symboliken in christlicher Tradition und Lebenswelt. Symbolhermeneutik meint damit den Erfahrungsprozess der kommunikativen Begegnungen von Lebenswelt und christlicher Religion. Hans-Günter Heimbrock macht die Brechung in der Einlinigkeit der Tradition deutlich und setzt aus diesem Grund auf ein Ende solcher Erfahrungsorientierung – das Kreuz durchbricht gerade die Erfahrung. Wahrnehmungen der vornehmlich an der Alltagskultur orientierten Lebenswelt sollen verfestigte Wahrnehmungsstrukturen verflüssigen und einen Prozess in Gang setzen, der das Handeln in der Lebenswelt leitet. Gelebte Religion wahrnehmen setzt damit auf eine Religionspraxis in der Alltagskultur.

Dass es zu einer Zeit der „Religionsdidaktik nach dem Traditionsabbruch"[859] nicht um das Aufgreifen von Doktrin und die Erarbeitung von theologischem Fachwissen geht, versteht sich von selbst. Nicht selbstverständlich ist, dass damit bewährte, weil gelernte Traditionen Menschen vorenthalten werden sollten, weil hinter ihnen ein Interpretationsrahmen lauert, der vor aller Alltagskompatibilität zunächst nach der Ordnung der Welt fragt. Religion gäbe sich selbst preis, böte sie der Theologie, Philosophie, Psychologie und den sonstigen Systemen gelebten

---

858 Hans-Günter Heimbrock, Welches Interesse hat Theologie an der Wirklichkeit?, 34.

859 Bernhard Dressler, Darstellung und Mitteilung.

Lebens neben der Lebenswelt auch das Kirche-Sein als Horizont des gelebten Umgangs mit Religion an. Phänomenologie ist nicht bei Husserl stehen geblieben, aber sie hat einmal das „Zurück zu den Sachen selbst!“ als einen wichtigen Antrieb erkannt. „Zurück zu den elementaren Lebensvorgängen der mundanen und profanen Welt!“, mag hier das religionspädagogische Credo lauten. Das könnte bedeuten: „Gelebte Religion“ rechnete bisher mit der leiblichen Erfahrung als Speicher sich transzendierender Wahrnehmung von Religion als Religiosität. Wie aber kommt, so müsste weiter gefragt werden, die Religion zu dem Menschen, so dass er in der Lage ist, aus ihr heraus Profanes zu übertragen und zu projizieren? Woher weiß der Schüler, die Schülerin, dass es sich um Religion handelt? Das Wahrnehmungskonzept von Josuttis setzt hier an, um die der Religion bzw. den Religionen eigenen Handlungen als Zugänge zur fremden, zur anderen Welt aufzuschließen. Fraglich bleibt dennoch: Was ist mit den Räumen, Figuren und Formen vorfindlicher kirchlich gelebter Religion, und wie ist der und die Lernende als leibliche Person daran beteiligt? Sinnfällig wird diese Frage an den Ursprüngen: Religionspädagogisches Arbeiten und didaktisches Denken müssen in dieser Frage die Kindlichkeit als Unbedarftheit des Menschen im Blick behalten, das Anfangen und Buchstabieren ermöglichen und wissen, wie solche Prozesse angestoßen werden können, um der Frage auf die Spur zu kommen.

Es bleibt im Anschluss daran ein spannendes und notwendiges Unterfangen zu ertasten, wie und wo die biblische und die phänomenologische, sprich: an der Wahrnehmung von Alltag und Lebenswelt orientierte Anthropologie im Lebens- und Wahrnehmungsprozess aufeinander beziehbar werden können. So geht es Heimbrock auch nicht um die von Steffensky aufgesuchten Figuren der Religion, sondern er sucht nach (und entdeckt in Manfred Josuttis’ Ansatz das Bemühen um) Basisfiguren menschlichen Seins, die „Basisregeln gelebter Religion [...] in den außerkultischen alltäglichen, lebensweltlich verankerten Weisen“ zu identifizieren helfen.[860] Wie aber werde ich der Entsprechung von gottebenbildlichem Menschsein, wie es die biblische Welt veranschlagt, gewahr, wenn meine Wahrnehmung sich vorrangig auf die formlose Undifferenziertheit des Alltags konzentriert? Wenn es sich tatsächlich um Wahrnehmung handelt, kann niemand wissen, woraufhin sie sich richtet. Wenn Konzepte zur Wahrnehmung von Religion in der Lebenswelt nicht ausschließlich mit aufgeklärten, vor-gebildeten Lernenden rechnen, die bereits eine Ahnung von den Gestalten haben, die sie in ihrer Wahrnehmung erwartet, verschärft sich nach Biehl die Dringlichkeit, überhaupt erst einmal einen Interpretationsrahmen anzulegen. Wie und wo erfolgt andererseits die Kommunikation der Lebenswelt mit den Symbolen der christlichen Religion, wenn das schulische religiöse Lernen nicht ohne weiteres an den originalen Ort der Begegnung, nämlich das Traditionshaus der Kirche verlagert werden kann – und soll! – und damit das Lernen zwar hinsichtlich der Alltagserfahrung

[860] Vgl. Hans-Günter Heimbrock, Öffnung zum Leben.

einen Sitz im Leben hat, hinsichtlich der Situierung von Religion jedoch ortlos bleibt?

Ich halte es für unerlässlich, dass die Entdeckung von Raum, Körper und Gefühl auch in der Religionspädagogik weiter aufgegriffen wird. Dafür ist zu prüfen, wie dann Wahrnehmung von Religion überhaupt körperlich, räumlich und prozesshaft gelernt werden kann. Wo bisher von den Elementen „expliziter Religiosität" die Rede ist, sind zwar noch „Versatzstücke(n) und Motive(n) tradierter kirchlicher Religionsformen" eingeschlossen, die etwa in der medialen Pop- und Jugendkultur, in Kinofilmen und Musicals wie „Sister Act" als „Renner" unter Jugendlichen gelten[861]; die originären Formen, Klänge, Räume und Sichtbarkeiten, die tradierte gelebte Religion von selbst mit sich bringt, treten jedoch noch immer in den Hintergrund. Das wirft die Frage auf, wie die religiösen Lernräume im Prozess des Lernens genutzt werden, auch im Hinblick darauf, inwieweit Kirche („noch" oder „wieder") als „Sitz im Leben" gelten kann.

Biehls Konzept ist von einer Theologie tradierter Formen her gedacht. Christliche Formen, Dogmen und Handlungslinien sollen vermittelt werden, dafür ist die Lebenswelt unaufgebbar. Der sozialphänomenologische Akzent nimmt die individuelle und soziale Wirklichkeit von Alltag und Lebenswelt auf. Biehl geht sowohl von Strukturähnlichkeiten als auch von Widersprüchen zwischen lebensweltlichen und christlichen Symbolen aus. In der Kontrastierung dieser beiden Wirklichkeitsbereiche bildet der Leib (mit Waldenfels und Merleau-Ponty) den Ort, an dem die Wirklichkeiten zueinander kommen. Die Alltagserfahrung ist dem Leib ja als Gewohnheit eingespeist, die christliche Erfahrung wird als fremde Gestalt wahrgenommen und soll als Perspektive entwickelt werden. Hierin liegt eine kritische Funktion der Wahrnehmung, die durch Ver-Fremdungen eben genau die Fremdheitserfahrung als Irritationen des Alltäglichen zu Veränderungen führt. Was unter Wahrnehmung verhandelt wird, gilt dann jedoch mehr dem *Verständnis* von Christologie, das nur als symbolisches verständlich werden kann. Mit dieser hermeneutischen Engführung der Wahrnehmung ist die dogmatische Theologie als religionspädagogische Bezugsgröße noch einmal bestätigt. Auf der anderen Seite liefert die Einklammerung des Symbolischen den Ansatzpunkt für Josuttissche Kritik: Die volle gelebte Wirklichkeit des Fremden, Heiligen, die sich bildungstheoretisch schwerlich einfangen lässt, verbleibt im Bildungszusammenhang als hermeneutischer Rest der Unverfügbarkeit.[862] Die didaktische Struktur lässt genau den Vermittlungsweg durchblicken. Im Aufbau der sechs ineinander verschränkten didaktischen Prinzipien zeichnen sich zentrale Bildungselemente und zugleich Umsetzungen der Symbolkunde für eine Unterrichtsstruktur ab, die der sach- und fachorientierten Schulnormalität entgegenkommt. Drei elementar

861 ders., Gelebte Religion im Klassenzimmer?, 248.
862 Vgl. Manfred Josuttis, Einführung in das Leben, 139–142.

philosophisch und pädagogisch inspirierte Axiome korrespondieren mit drei auf die Phänomenologie von Religion zugespitzten Maßgaben.

Angesichts der Lebenswelt und der Notwendigkeit veränderter Wahrnehmungsstrukturen muss es in jedem Fall um eine im Leib verwurzelte Wahrnehmungsfähigkeit gehen, die um der Symbolisierungsfähigkeit willen dialektisch angelegt ist. In der Selbsttätigkeit, dem reformpädagogisch verankerten Prinzip, ist die Subjektivität der Aneignung in der Freiheit und der Wirkung des eigenen Handelns verankert. Biehl sieht dieses Ziel erreicht, wenn religiöse Symbole in kommunikativen Prozessen selbsttätig „zur Deutung ihrer Lebensgeschichte und Lebenswelt“[863] gebraucht werden. Dabei wäre anzumerken, dass bei Biehl vor und jenseits aller Deutung auch die Ingebrauchnahme religiöser Symbolik in religiösen Handlungen hier nicht stattfindet. Vom Hermeneutischen Unterricht unterscheidet sich die Symboldidaktik dahingehend, dass Festrituale „durch Mitvollzug und durch gemeinsames Handeln“ zum Verstehen geführt werden; Wahrnehmungs-, Erfahrungs- und Handlungsfähigkeit seien eine grundlegende Voraussetzung für „verantwortliches Handeln“.[864] Hier ist als unterrichtspraktisches Element aufgenommen, dass nicht tatenloses Zusehen oder Konstruktivismus von religiösen Vollzügen zur Mündigkeit erzieht, sondern Teilhabe an gelebter Religion. Mit dem Geschichtsbezug durch Erzählen wird vorrangig die Chance eingetragen, die Ebene der Geschichtlichkeit christlicher Symbole in ihrer Zeitlichkeit, der Spannung von Wirklichkeit, Fiktion und Wahrheit im Vorgang und in Formen des Erzählens so einzubringen, dass die Lernenden durch Gestaltungen von Geschichten, z.B. Hörspielen, Leseszenen, Filmen etc. der Emmausgeschichte, selbst leiblich handelnd tätig und in die Geschichte verwickelt werden. Mit der Resymbolisierung durch originale Begegnung nimmt Biehl Heinrich Roths Prinzip auf. Solche originalen Begegnungen können zu Erschließungssituationen, also zu „fruchtbaren Momenten“, führen, in denen „das zum Signal erstarrte Symbol durch Bezug auf entsprechende Erfahrungen gleichsam wieder zum Leben erweckt wird.“[865] Der Prozess, wie dieses Wiederentdecken vor sich geht, wird mit Sätzen wie „mir geht ein Licht auf“ konnotiert und gibt einen Hinweis auf das Erleben als individuell wahrnehmbaren, leiblich spürbaren Erkenntnisakt. Indem mich etwas erhellt, gewinnt es spürbare Bedeutung für mich; darin realisieren sich Spuren der leiblichen Erfahrung des *pro me*. Mit der Unterbrechung und Überbietung wird die didaktische Regie dramaturgisch verarbeitet: Durch Verfremdungen, Gestaltungen werden die alte und die neue Wirklichkeit konfrontiert, unterbrochen, überboten; Lernprozesse können so eine kathartischen Sinn bekommen. Hier wird deutlich, welches Potential religiöser Wahrnehmung Biehl in seinem Ansatz noch nicht ausschöpft: Im Wiedererkennen, in der wiederholten

863 Peter Biehl, Festsymbole, 132.

864 A.a.O., 133.

865 A.a.O., 135. Siehe Friedrich Copei, Der fruchtbare Moment im Bildungsprozeß (1930). Heidelberg 1969.

Wahrnehmung der wahrgenommenen Gestalt ist Interpretation sekundär. Mit der Gestalt ist Sinnfindung „gesetzt", weil Gestalterfahrung Sinnerfahrung ist.

Hans-Günter Heimbrocks elementar-sinnlicher Wahrnehmungsansatz legt in seiner gestaltbildenden Ausrichtung Wert auf die Formfindung der subjektiv erfahrbaren und kommunikativ wahrnehmbaren Gestalt. Diesen Weg von der Spur zur Gestalt vollzieht er vor allem an unsichtbarer Religion; traditionelle Elemente bleiben bewusst außen vor. Bei Zilleßen scheinen die wahrgenommenen Spuren von Religion für einen Moment als Gestalten auf, bevor sie wieder zerfallen und sich der Wahrnehmung entziehen. Für einen Weg kultureller Symbolbildung im Biehlschen Interesse einer Symbolisierung als Gestaltbildung, die das leibliche Subjekt als symbolkonstitutive Größe ernst nimmt, wäre ein Weg zu beschreiten, der wie Josuttis Religion leiblich-rituell in Gebrauch nimmt und feiert, aber die begangene Religion mit Zilleßen auch als materialisiertes Wahrnehmungs- und Gestaltungspotential für einen kritisch-konstruktiven Lernprozess zur Verkörperung im Lebensraum bereithält. Aus welchen Quellen kann sich Religionsunterricht speisen, der nicht auf das Potential leiblich gelebter Religion und Theologie verzichten will, aber im Zuge personaler (Aus-)Bildung auch nicht seine Reflexivität einbüßen kann?

1.3.2 Ressourcen: ‚Gelebte Religion' im Resonanzraum Kirche

In der Studie über die Religionslehrerschaft und ihre unterrichtlichen Bezüge wird deutlich: Religion ist in klaren Konturen als Raum für konfessionelle und ökumenische, theologische und ästhetisch-gestalthafte Dimensionen kenntlich.[866] Da die Wurzeln und Quellen im Bereich von Kirche liegen, ist es nicht verwunderlich, dass die meisten ReligionslehrerInnen auch über die Grenzen des Klassenraumes hinaus Religion zur Geltung bringen. Dabei gilt es, die biographischen Anteile, die in den Unterricht eingebracht werden, zu erkennen und die eigens praktizierte Religiosität auf den Lernort Schule zu beziehen. In diesen Reflexionsprozessen liegt ein didaktisches Potential. Mit der reflektierenden Sprache und der unterrichtshabituellen Verarbeitung in den Dimensionen Raum, Ethos, Lehre und Sprache halten die ReligionslehrerInnen, so sie selbst in dies Gefüge eingebunden sind, in Deutschland die Entkoppelung von Kirche und Gesellschaft (und von Kirche und Schule!) in der Bearbeitung.[867]

Für die Religionspädagogik verbindet sich mit der Figurierung der „gelebten Religion" die Hoffnung auf Wiederentdeckung einer „Ressource", nämlich die eigenen Lebens- und Glaubensform bzw. Praxis der Frömmigkeit, die eigene Lebenshaltung und -deutung und den eigenen Bildungsschatz zugänglich zu ma-

---

866 Andreas Feige u.a. ‚Religion' bei ReligionslehrerInnen.

867 A.a.O., 143–147.

chen und daraus zu schöpfen, denn sie sind letztlich, mindestens im Rekurs, für die Unterrichtsgestalt von Religion maßgeblich. Die Zielrichtung liegt also darin, „Religion als eine gelebte Handlungs- und Erfahrungsdimension" aufzuzeigen.[868] Das erscheint nun in Anbetracht der Geschichte der Lernräume und der Pluriformität religionspädagogischer Strömungen nicht als etwas grundsätzlich Neues. Als bedeutsam erachte ich daran jedoch drei Dinge.

Erstens bleibt für die Lehrenden die Religion des Religionsunterrichts leer, wenn diese nicht auf solche Erfahrungen und Wahrnehmungen bauen kann, die einen *Raum jenseits oder mindestens abseits pädagogischer Funktionalität* ausfüllen. Mit dem Rekurs auf Kirche als „Resonanzraum" für den Religionsunterricht wird damit zu einem Zeitpunkt, an dem weite Teile der Religionspädagogik ihre Suchbewegungen von tradierter Religion nicht gänzlich abkoppeln, aber doch in einer zunehmenden Distanzierung vollziehen, die Bindung auch an tradierte Räume und gewachsene Lebensformen für signifikant gehalten.[869]

Für gegenwärtige Lehrende macht sich damit die Notwendigkeit deutlich, dass es nicht mit einer „Unterrichtsreligion" getan ist, sondern dass die religiöse Bildung, die von der Lehrtätigkeit angesteuert wird, Räume außerhalb des Unterrichts benötigt. Religiöses Lernen im Binnenraum der Schule braucht um der Unterrichtbarkeit ein religionspädagogisches Draußen. Das deutet umso mehr darauf hin, dass Religion als Nährgrund und Quelle auch in ihren kirchlichen Erscheinungsformen wahrgenommen werden muss.

Zweitens wird die Bindung der gelehrten und der gelebten Religion an *personale Zugänge* überdeutlich. Die Folgen, die eine religiös ausgehungerte Lehrerschaft mit sich bringt, sind hinreichend bekannt: Wer nichts hat, kann auch nichts geben. Das heißt simpel: Was die Lehrerin in ihrem eigenen Bildungsprozess nicht als *pro me* für sich aus dem Leben mitnimmt, lebt und lernt, lernen die Schüler im *pro nobis* nimmermehr. Daraus wird auch ersichtlich, dass der Lehr- und Lernprozess insgesamt personal strukturiert wird, d.h. die Berücksichtigung und Stärkung der Subjektivität und Intersubjektivität religiösen Lernens steht damit auf dem Spiel.

Das impliziert, dass diese gelebte Religion in Binnen- und Außenräumen *wahrgenommen* werden muss, und zwar mehr und vielschichtiger als in soziologischen Querschnitten von Personen, die unterrichten, als auch von denjenigen, die lernen. Das reflexive Verhältnis zu den Räumen gelebter Religion wird ebenso subjektiv und kommunikativ aufgebaut wie die gelebte Religion als solche wahr-

---

868 Norbert Weidinger / Hans-Hermann Wilke, Editorial zu dem Heft „Religion vor Ort". ru (2002) 2, 1.

869 Christoph Bizer, Die Heilige Schrift der Kirche und der Religionsunterricht in der öffentlichen Schule, 125; Andreas Feige u.a., ‚Religion' bei ReligionslehrerInnen, 461.

genommen wird. Wahrnehmung ergibt sich damit als eine Konstitutionsfigur verhüllter Unmittelbarkeit und Reflexivität nicht nur bei den Lernenden, sondern zunächst einmal auch bei den Lehrenden.

2 Gelebte Religion: Christentum zum Anfassen

2.1 MNHMOΣYNH: ‚Religion' – den (auto-)biographischen Lernbewegungen auf der Spur

2.1.1 Durch-Arbeiten

Warum sollen sich Menschen mit Religion beschäftigen? Die Systematische Theologie setzt einen Religionsbegriff an, der nach dem Unbedingten fragt. Wer sich mit Religion beschäftigt, praktiziert demzufolge „Lebensdeutung im Unbedingtheitshorizont"[870] und eruiert religiöses Lernen vor dem Horizont der Sinngebung.[871] Dass jegliche Deutung und Reflexion erst die Folge von Wahrnehmung sein können, wurde bereits erschlossen. Die Frage nach der eigenen Religion setzt bei mir in der Wahrnehmung der Berufs-Biographie an.

Wenn es mit der Lebendigkeit des religiösen Lernens Ernst ist, dann geht es dabei um individuelle und kommunikative Wahrnehmungen von Religion, die auch den Körperraum innerlich und äußerlich beanspruchen. Mein gewählter Zwischenschritt hat ein hohes Maß an Subjektivität: Ich versuche, vom Eigenen, Persönlichen einen Weg zum Anderen, gar Allgemeinen zu bahnen. Das setzt darauf, dass eine *autobiographische Reflexion* der Suche nach der Leib-Räumlichkeit religiösen Lernens zuträglich ist. Religion ist dabei mehr als das persönlich Wahrgenommene, gemeinsam Erfahrene, nicht einzufangen von dem, was sich subjektiv niederschlägt in Erlebnissen, Erfahrungen, Handlungen, Ansichten und Einschätzungen der Welt. Der Modus, der erlebten Religion in der Lebensgeschichte nachzugehen, ist ein literarischer. Im Judentum liegt im Erzählen, in der Geschichte ein heilvoller Weg: Die Erinnerung an die erlebte Befreiung wird in der Erzählung zur Gegenwart – das Geheimnis der Erlösung heißt Erinnerung. Religion lässt sich in einer Spurensuche – lebensgeschichtlich rückblickend – im Modus der Erinnerung auffinden. In der Form der *Erzählung* verschafft sie sich Darstellung und Mitteilung zugleich. Somit liegen die Möglichkeiten und Grenzen einer literarischen Erzählung auf der Hand: Die Wahrnehmung lässt sich nicht einholen, und die Religion schon gar nicht. Aber trotzdem kann sie Überschüssiges

[870] Ulrich Barth, Was ist Religion? In: ZThK 93 (1996), 538–560.

[871] Wilhelm Gräb, Lebensgeschichten – Lebensentwürfe – Sinndeutungen. Eine praktische Theologie gelebter Religion (1998). Gütersloh ^{2}2000; ders., Wahrnehmen und Deuten. In: Grözinger / Pfleiderer (Hg.), Gelebte Religion als Programmbegriff Systematischer und Praktischer Theologie, 43–64.

transportieren. Da es um ein leibliches Verfahren geht und das Erinnern individuell verläuft, stelle ich hier mein Nach-Denken voran und frage von diesem Erinnerungsprozess her in doppelter Weise: Welcher Gestalt war mein Lernprozess? Wie sieht die wahrgenommene Form von Religion aus? Wie bin ich dazu gekommen? Wie sieht sie gelebt aus? Und worin liegt ihre erlebte Verbindung zu den Räumen? Das Erinnern erforderte die Aufmerksamkeit auf die Verbindung von Raum, Körper und Religion. Ich nehme das *Focusing* zu Hilfe und achte mit seinen Elementen auf die Prozesse, Gestalten und Empfindungen, die sich als körperlich-räumliche Wahrnehmungen von Religion im Modus des Erinnerns vergegenwärtigen.

2.1.2 Er-Innern

Religion in berufs-autobiographischen Spuren[872]: Wie habe ich selbst eigentlich Religion gelernt? Es fiele mir schwer, mein eigenes Lernen von Religion und ihre Verbindung zu Leiblichkeit abstrakt zu *erklären*, handelt es sich dabei doch um *meine* Wahrnehmungen eines biographischen Lebensweges mit Religion. Ein Religionswissenschaftler würde diesen Weg anders betrachten und bewerten als ein Psychologe. Was uns beschäftigt, was und wie wir erlebt haben, ist nicht immer einfach in Worte zu fassen, und schon gar nicht, wenn es um Religion geht. Die Wahrnehmung und die Darstellung dieser Wahrnehmung bringen Haltungen mit sich, in denen man um Ausdruck ringt und nach Worten sucht. Es gibt eine spezielle Weise, diesen Zustand der Unklarheit, des langsamen sich Abzeichnens von Kontur und Wort – zwischen schon irgendwie ahnen und noch nicht ganz genau wissen und daher auch nicht präzise mit Begriffen benennen können – umzugehen. Ich habe einen spezifischen rituellen Umgang mit den Dingen und mit mir selbst gelernt, der das Wachsen, das Unklare würdigt und voranzubringen versucht, behutsam tastend, ohne eine fertige Ordnung im Kopf und wenn, dann mit der Offenheit, sich und das Wahrgenommene im Fluss anders zu reorganisieren. Beim *Focusing* wird dieser Zustand nicht durch gedankliche Reifung zu präzisieren versucht, sondern vom Körper her. Man horcht in gewisser Weise in sich hinein und versucht, dieser Sache nachzuspüren. Ich benutze diese Art von spürbarer Ahnung der Grenze des Sagbaren und probiere diesen Weg aus, um mit meinem Körper und seinen Ahnungen dem näher zu kommen, was es für mich mit Religion und Körperlichkeit/Leiblichkeit auf sich hat. Ich nehme mir ein wenig Zeit, vielleicht ein paar Minuten; ich versuche, zur Ruhe zu kommen und platziere meine gelebte Religion vor mir.

---

872 Da ich von meinem Weg zur Leiblichkeit von Religion ausgehe, kann es hier auch nur um meine eigene Biographie gehen. Diese ist exemplarisch zu verstehen. Natürlich geht man der eigenen Lebensgeschichte anders nach, als der Autobiographie von jemand anderem. Beim Lesen sind (genau wie beim Schreiben auch) also die Möglichkeiten und Grenzen exzentrischer Positionalität mitzubedenken.

Ich sehe Bilder vor mir. Zunächst purzeln sie wild durcheinander, nach und nach gewinnen sie Kontur und grenzen sich ab; zwischen einigen formen sich Übergänge. Stationen meiner Lebensgeschichte, situiert durch Zeiten und Orte. Beim Erinnern an diese Stationen spüre ich immer wieder „unten" in mich hinein, lasse Erinnerungen, Gefühle, Bilder und Klänge wirken. Ich möchte ihnen Raum geben. Dann gehe ich wieder „nach oben", wo mein Kopf durch Denken weiterarbeitet. Vielleicht lassen sich auf diese Weise die Meilensteine meiner Erinnerung an körperlich gelebte Religion in eine Ordnung bringen und auf meinem Lebens-Weg platzieren?

Ich bin mit Religion groß geworden.
In meiner früheren Kindheit hat meine Mutter abends am Bett mit mir gebetet: „Ich bin klein, mein Herz ist rein, soll niemand drin wohnen außer Jesus allein." Wenn ich daran denke, spüre ich noch heute Entspannung im Bauch. Klar, dass ich nach dem gemeinsamen Gebet gut schlafen konnte: Ich war im Schlaf von Güte erfüllt. Ich erinnere mich auch deswegen so gut an das Ritual, weil mir das Händefalten und das wohlige Gefühl, fest eingepackt, behütet und mit gefülltem Herzen schlafen zu können, später zeitweise verloren gegangen ist. Ansonsten gab es bei uns zu Hause keine Gebete und auch keine Gespräche über Glauben, eher zu Fragen nach dem Sinn und Wert des Lebens. Jedoch wurde ich früh zum Kindergottesdienst geschickt, den ich mit Begeisterung besuchte. Das Singen der fröhlichen Lieder stimmte mich froh, und ich liebte es, zu den erzählten Geschichten zu malen, auch wenn das wahrlich nicht gerade meine stärkste Begabung war. Man konnte im Fließen der Farben richtiggehend in die Erzählung eintauchen. Außerdem lockte mich hier die wundersame Groschentreppe: Auf einer hellblauen, in sich verwinkelten Plastiktreppe ließen wir unsere Kollektengroschen herunterpurzeln. Die Erinnerung an das gleichmäßig ratternde Geräusch und das letztliche Fallen in den darunter liegenden Kasten erzeugen bei mir so ein ..... Was ist es nur? Ich versuche es noch deutlicher zu spüren. Da kommt innen drin, im Bauch, so ein ganz leichter Seufzer, eine Art Erleichterung. Jetzt hab ich's: So lange meine Groschen rollten, fand ich es schade, dass ich gerade in diesem Moment dabei war, mein Geld zu verlieren. Sobald die Groschen jedoch in den Kasten fielen, hatte ich plötzlich das frohe Gefühl, dass es so gut war und mein Geld anderen Menschen helfen und mich mit ihnen verbinden würde.

Als ich mit dreizehn Jahren meinen Klavierlehrer, der zugleich der Dorforganist war, überredete, mir fortan Orgelunterricht zu erteilen, bekam ich einen Kirchenschlüssel und damit Zutritt zur Kirche, wann immer ich wollte. Es kostete mich an der Orgel anfangs mehr Mühe als am Klavier, meine Bewegungen zu koordinieren und die Energien gleichmäßig so zu verteilen, dass der Königin der Instrumente Wohlklang zu entlocken war. Nach und nach entdeckte ich das für eine Dorfkirche große barocke Kirchengebäude als mein Refugium: Ich kann es noch erschaudernd spüren, wie der vertraute und doch fremde Raum mit seiner kühlen Temperatur zuweilen mein erhitztes Gemüt beruhigte, wie es in mir zu lodern begann, wenn ich, wann immer ich wollte, auch ungehindert laut singen und den Raum füllen durfte – wie der Kirchenraum meine Rebellionen gegen Autoritäten in sich aufnahm, in die Höhe und Weite weiterzugeben schien und mir von dort neue innere Orientierung und Beruhigung zukommen ließ.

Eines der wenigen Dinge, die ich von meiner Konfirmation nicht nur weiß, sondern nachhaltig fühlen kann, ist die segnende Hand auf meinem Kopf. Ich hörte dazu die warme Stimme unseres Pastors mit den Worten meines Konfirmationsspruches: „Ich will dich segnen, und du sollst ein Segen sein" (Gen 12,2). Ich wusste mich gestärkt und fühlte mich gut. Während KonfirmandInnen in anderen Gemeinden sich die Konfirmationssprüche aussuchten, bekamen wir dies Segenswort gespendet von unserem Pastor, der zugleich Kreisjugendpastor und mir sehr nahe war. Zu dieser Zeit begann ich in der kirchlichen Jugendarbeit aktiv zu werden, die vom Jugendzentrum unseres kleinen Dorfes ausging. Wieder läuft ein Schauer über meine Haut. Während dieser Zeit erlebte ich ganz hautnah lebendige Gemeinschaft. In mir wird ein buntes Stimmengewirr laut: Auf Jugendfreizeiten, Camps und Mitarbeiterschulungen wurde zusammen gelebt, gefeiert, diskutiert, gespielt, gesungen, Gitarre gespielt, das Jugendzentrum baulich ausgestaltet und damit körperlich gearbeitet, Volleyball oder Fußball gespielt. Hier war der Raum für uns Jugendliche, hier lernte ich, zunächst als Teilnehmende, dann bald als Mitarbeiterin und Leiterin, Bibelarbeiten durchzuführen, Rollenspiele in Gang zu bringen, biblische Geschichten zu spielen, Jugendgottesdienste zu gestalten und mit gemeinsamen Projekten auch, wie beim Kirchentag, an die Öffentlichkeit zu treten. Dazu wurden Ansätze aus der Gruppendynamik und Themenzentrierten Interaktion (TZI) verwendet, soweit wir diese verstanden, und, ohne den entsprechenden Ansatz damals zu kennen, Vorformen von Symboldidaktik.

Ich war, wie viele andere im Jugendzentrum, darüber hinaus aber auch im Pfarrhaus direkt daneben irgendwie zu Hause. In der Erinnerung spüre ich an anderer Stelle einen leichten Druck in der Magengegend, verbunden mit einem Schmerz auf den Schultern. Gemeinschaft. Im Bauch wird es enger. Eingequetscht sein, dem Druck der anderen nachgeben oder standhalten, wo ist mein eigener Weg? Trotz der engagierten eingebundenen Zeiten hatte ich in diesem Alter große Angst vor dem Tod. Der Pastor wurde mein Seelsorger, der mir nicht nur Halt, sondern auch Bücher zu lesen gab und dessen Predigten die Dorf- und Jugendgemeinde trotz ihrer Länge sehr berührten. Es gab damals Phasen, in denen ich mich bewusst aus dem Geschehen herausgezogen habe. Ich brauchte zeitweise Raum für mich allein, das Draußen-Sein. Auch für das Alleinsein mit Gott, so empfand ich es damals. In meiner vertrauten Kirche oder in der freien Natur fand ich ihn und mich wieder und konnte tief durchatmen.

Musik wurde, selbst in Phasen kritischer Haltung zu Kirche, mehr und mehr zu einem Medium der Weite, in dem ich über die Alltagswelt hinauskommen konnte. Ich brachte mir selbst das Gitarrespielen bei, um die Jugendgruppen begleiten zu können, sang in Kirchenchören, trat eine feste Organistenstelle an, zog danach als Vertretungsorganistin durch die Lande und lernte verschiedene Gottesdienstformen und Liturgen kennen. Später habe ich auch eine Chorleiterstelle innegehabt, die mir mehr Spaß als alles andere machte; das Singen, die eigene Stimme bewegen zu lassen, andere zum Singen zu bringen – ich konnte mir kaum etwas Schöneres vorstellen. Es gibt nur wenige Phasen in meinem Leben, zumeist Prüfungs- und berufliche Abschlussphasen, in denen die geistliche Musik in den Hintergrund getreten ist. Die Musik brachte mich eher zum Transzendieren, in den „letzten Phasen" von Abschlüssen brauchte ich eher meine ganze Kraft zur Zentralisation.

Aus der Begeisterung für die Schule und für diese kirchlichen Räume und Rituale, gepaart mit dem Engagement in der erlebnispädagogisch orientierten Jugendarbeit, erwuchs mein Entschluss, Religion für das Lehramt zu studieren und Religionslehrerin zu werden. Ich erinnere mich an den Studienbeginn in Göttingen: An der Universität bekam ich nach einem Semester der Eingewöhnung Sehnsucht. Wie wenig hatte die universitäre Worttheologie mit den mir bekannten er- und gelebten Formen des Christentums gemeinsam! Nicht dass ich gerade aus einer Erweckungsbewegung kam, aber meine Vergangenheit hatte doch gewisse Züge von Frömmigkeit in dem Sinne gehabt, dass Religion eben mit dem Leben verbunden war. Wo war das Lebendige der Religion, das ich erfahren hatte, geblieben? Wo ließ es sich wieder auffinden? Die mich erwartenden Schwierigkeiten, Bezugspunkte zwischen Theorie und Praxis zu finden, führten fast zum Abbruch des Studiums. Ich erprobte einen Exodus, verbrachte ein Jahr Studium und Leben in Wien und lernte dabei schmerzhaft, mich selbst engagierter darum zu kümmern, was ich lernen wollte und aktiv auf die Suche zu gehen. Mit meiner Rückkehr und dem unbeirrten Gespür dafür, dass ich so nicht weiter studieren wollte, begann mein Aufbruch vor Ort, und mein religionspädagogisches Lernen nahm eine langsame Wendung. Ich knüpfte an alte Kontakte an und konnte neue gewinnen, wohltuende und lebendige Beziehungen nicht nur zu Studierenden, sondern auch zu Lehrenden. Ich fand Lehrer, wenngleich leider wenig Lehrerinnen (wieder), denen ich vertrauen und von denen ich praktisch und konkret lernen konnte, an denen ich mich aber auch reiben musste; KommilitonInnen, denen ebenfalls an regem Experimentieren und Austausch lag. Ich wusste mein religionspädagogisches Tun damit atmosphärisch, personell und institutionell, wenngleich in universitären Nischen, getragen, und das brachte nicht nur Wärme und Freude ins Herz, sondern gab auch Mut für eigene Vorstellungen und Profilierungen. Durch Schulpraktika und deren Begleitung, durch praktisch-theologische Seminare, die nach der individuellen Verortung und leibhaftigen Gestaltbarkeit von Formen des Christentums nicht nur fragten, sondern diese in

Seminaren selbst vollzogen und erprobten, fand ich neben dem alten und wiedergewonnenen Zutrauen in die eigene Religion auch neue Zugänge. Eine Supervisionsgruppe half dabei, religionspädagogische Erfahrungen als Beziehungsgeschehen zu erden. Die alte Affinität zu Spiritualität, das Interesse an christlichen Formen und religiösen Phänomenen und die Neu-Gier auf gegenwärtig sinnvolle Verstehens- und Lebensformen von Religion, welche immerhin in wenigen schmalen Winkeln der akademischen Theologie gefördert wurden, weckten die Lust und schärften mir den Blick für eigene und fremde Möglichkeiten und Grenzen von Vermittlung christlicher Religion, die über eine reine aufklärerische Vernunft hinausgingen. Es war wie ein großes Geschenk: Altes und Neues ließ sich fruchtbar verbinden.

Mit Furcht vor Leistungsdruck, aber viel Lust auf Schule und das Unterrichten zog ich ins Referendariat. In meinem Zweitfach Deutsch etablierte sich zunehmend die bereits in den Siebziger Jahren entworfene Handlungs- und Produktionsorientierte Didaktik, welche sich durch Eigenschaften wie Prozesshaftigkeit sowie den Primat an Kreativität auszeichnete und Interpretation als einen kreativen anwendungsbezogenen hermeneutischen Vorgang verstand. Ich lernte und lehrte mit Feuereifer leiblich orientierte Aktions- und Produktionsformen wie Szenisches Interpretieren oder Kreatives Schreiben und holte etliches nach, was mein Deutschstudium und ich mit ihm versäumt hatte. Und Religion, das Fach, welches mir am meisten am Herzen lag? Die Erinnerung an die zweite Ausbildungsphase in diesem Bereich lässt meine Taille etwas einschnüren. Ich erlebte eher eine Enttäuschung. Zwar waren die einzelnen kreativen Methoden des Ansatzes, den ich am Ende meines Studiums als so wertvoll aufgenommen hatte, als Zugänge zu einem „Thema" herzlich willkommen. In einer Einstiegsphase in den Unterricht etwa konnte man so „den Schüler abholen". Wirkliche Würdigung in der Ausbildung, die sich dem Hermeneutischen und Problemorientierten Unterricht verschrieben hatte, erzielte man vorrangig durch einen Unterricht, der die Vollendung im existentiellen Verstehen christlicher Inhalte brachte. Das zeigte sich letztlich durch ein Höchstmaß an Textarbeit und Unterrichtsgesprächen. Immerhin waren Projekte gern gesehen, die ich in Verbindung mit politischer Arbeit erprobte. Die bis dahin erworbenen Fähigkeiten, den gesamten Lernprozess im Religionsunterricht durch eher „mit Herz, Kopf und Hand" orientierte Ansätze wie Symboldidaktik oder Gestaltpädagogik zu strukturieren, Religion im Unterricht selbst sichtbar und hörbar werden zu lassen, wurden zunächst auf Eis gelegt, deren Methoden erschienen mir zugunsten intellektualisierter Denkprozesse instrumentalisiert. Ein „Schade" liegt mir auf der Zunge, denn es wäre eine phantastische Gelegenheit gewesen, die gerade angebahnten Fähigkeiten zu vertiefen und den SchülerInnen nicht nur die Notwendigkeit der Auseinandersetzung mit Religion plausibel zu machen, sondern auch etwas von der Freude an der Religion weiterzugeben. Dies war mir im Referendariat nur sehr eingeschränkt möglich, fehlte es mir doch an einigen Möglichkeiten, Darstellung und

Mitteilung besser zu verknüpfen und in der Suche nach leiblicher Reflexivität fündig zu werden.

Nach der Ausbildung war ich zunächst als „Feuerwehrkraft" an einem Gymnasium in katholischer Trägerschaft tätig. Hier unterrichtete ich konzentriert – sehr zu meiner Entlastung und Freude – ausschließlich das Fach Evangelische Religion. In Gedanken an diese Zeit zieht sich mein Oberbauch reflexartig zusammen: Es war eine Herausforderung, für mich als Anfängerin vor allem intellektueller Art. Der Unterricht wurde im Wesentlichen von SchülerInnen aus dem Milieu des gehobenen und kirchlich interessierten Bildungsbürgertums besucht, welche für gegenwärtige Verhältnisse ein immens hohes Maß an Interesse für religiöse Phänomene und philosophische Fragen, aber auch dementsprechende Ansprüche mitbrachten. Die Jugendlichen in der Unter- und Mittelstufe waren dank der Gewohnheit reichhaltiger Projekte im Schulleben offen für körperbezogenen, musisch und an Darstellung und Symbolisierung orientierten Unterricht. Sie klagten darüber hinaus die Lebensbezogenheit des Religionsunterrichts ein, was meinen didaktischen Kriterien sehr entgegenkam. Die Schulleitung jedoch wünschte anderes und setzte solchen Vorhaben wie dem Besuch eines Arbeitsamtes durch deutliche Missbilligung und dem Plan, eine ansässige Drogenberatungsstelle zu besuchen, durch ein Verbot gewisse Grenzen. „Die SchülerInnen sollen vor allem die Studierfähigkeit erlangen!", wurde mir auf Verlautbarung meiner Unterrichtsprojekte hin entgegnet. Entsprechend gestaltete sich auch die selbst gewählte Zielrichtung der Schüler im Laufe ihrer Schullaufbahn: Je weiter die jungen Erwachsenen die Oberstufe besuchten, um so eher ging es ihnen darum, im Blick auf das Abitur, welches im Fach Religion die schriftliche oder mündliche Analyse eines theologischen Ansatzes bedeutete, Fakten und Theorieansätze zu sammeln. Genau wie im Referendariat zählten – nun allerdings mehr für die Lernenden – leibliche und handlungsorientierte Ansätze nur, soweit sie das vernünftige Begreifen unterstützten. Mehr denn je lernte ich in dieser Zeit gedanklich transparente und didaktisch-logische Strukturierung, diesmal den kritischen SchülerInnen gegenüber, denen ich eine gute Lehrerin sein wollte. Religiöse Lebendigkeit war dafür mehr im Schulleben zu spüren: Hier bereitete ich mit Lerngruppen Schulgottesdienste vor, dort gestalteten wir religiöse Einkehrtage, einen Besuch beim Kirchentag etc. Für mich waren dies zugleich Schon- und Spielräume.

Während dieser Zeit genoss ich regelmäßig gesangliche Stimmbildung. Die Erinnerung daran bereitet mir Herzklopfen, denn Singen war mir schon immer die wichtigste musikalische Tätigkeit gewesen. Ich hatte über viele Jahre reichhaltig Chorerfahrungen gewonnen und zwei Jahre Chorleiterausbildung, wenn auch ohne Abschluss. Durch meine Lehrerin entdeckte ich nun nicht nur das körperliche Erleben meiner Stimme, sondern meinen gesamten Körper und seine Ausdrucksfähigkeit neu. Innerhalb eines halben Jahres verbesserte sich meine Stimmtechnik ein gutes Stück, und vor allem mein Verhältnis zu meiner eigenen Stimme veränderte sich; ich begann sie zu mögen, durch gezieltere Übungen zu pflegen und fühlte mich beim Singen in meinem Körper zusehends wohler.

Als ich nach einem Jahr eine Planstelle an einer vierzügigen Orientierungsstufe in einer sehr ländlichen Gegend der norddeutschen Tiefebene bekam, übernahm ich als einzige Lehrkraft mit theologischer Ausbildung den kompletten Religionsunterricht. Die Erinnerung verursacht Kribbeln im Bauch: eine spannende pädagogische Herausforderung. Kinder fragen direkt und ohne Umschweife nach Gott und dem Jenseits. Daneben spürte ich aber auch Erleichterung, dass ich endlich einmal mehr didaktische Freiheiten zum Schalten und Walten hatte. Am Religionsunterricht im Klassenverband nahmen neben evangelischen SchülerInnen auch solche anderer Konfessionen und Religionen teil: ein buntes Konglomerat katholischer, mennonitischer, neuapostolischer, baptistischer und weiterer anderer Christen, zu denen sich auch einige muslimische SchülerInnen und sogar eine Buddhistin gesellten. Mindestens ebenso prägend wie die unterschiedliche Religiosität war das Zusammentreffen verschiedener Kulturen und Bräuche. Dies bedeutete auf der einen Seite den Kontakt mit Lernenden aus fest verwurzelten norddeutschen Familien, die recht häufig bäuerlichem Kontext entstammten und deren Religiosität oft lebenspraktisch verwoben sowie zum Teil auch kirchlich geprägt war. Dazu traten auf der anderen Seite Kinder und Jugendliche, die aus den neuen Bundesländern in den Westen gezogen waren, Gastarbeiterkinder aus der Türkei, Spätaussiedlerkinder aus der ehemaligen Sowjetunion, Flüchtlingskinder aus Ex-Jugoslawien oder aus dem Libanon – diese SchülerInnen brachten mit ihrer Lebensgeschichte neue Lernbedingungen mit. Im schulischen Zusammenleben bemerkte ich, wie der Umgang der SchülerInnen untereinander in einem Spektrum zwischen Gewalt und liebevollem Miteinander mit sich selbst und anderen von Leiblichkeit und Körperkontakten geprägt war. Die angehenden Jugendlichen entdeckten in der Anfangszeit der Pubertät den eigenen Körper immer mehr, dies brachte viel Scham, aber auch Neugier und Experimentierfreude mit sich. Mich überraschte vor allem, wie sehr viele SchülerInnen auf direktem Wege, teilweise richtiggehend fordernd, meine Nähe suchten, und zwar auch körperlich. Jetzt spüre ich, wie sich mein Bauch ausstreckt und wieder einzieht, wenn ich an diese Schulzeit denke: Ich bewegte mich stets zwischen dem dankbaren Aufblühen in solch unverblümten Kontakten und Rückzugswünschen in größere Distanzen – einerseits der Impuls, mein Privatleben zu schützen, andererseits die Freude über die Bereitschaft, sich mit den SchülerInnen näher zu beschäftigen. Im Religionsunterricht fragten die SchülerInnen neugierig nach Gestalten und Formen unserer Religion und anderer Religionen. Je konkreter, lebendiger und leibhaftiger religiöse Vollzüge nachzuvollziehen waren, umso stärker war ihr Interesse. Ich war begeistert von der Lebendigkeit und nutzte sie als Experimentierraum. So begann ich, an wichtigen Stationen des liturgischen Jahres mit jeweils einer Lerngruppe Schulgottesdienste gemeinsam vorzubereiten, die dann mit der gesamten Schule gemeinsam gefeiert wurden. Auf diese Weise gab es Erntedankfeste, Advents- und Passionsandachten, einen Schuljahrsabschiedsgottesdienst. Die Feste und Kultfeiern lebten von körperlicher Präsenz, die sich im gemeinsamen Singen und Essen einer Mahlfeier und in leiblich-räumlichen Predigtinszenierungen auszeichneten.

Zunächst geschah es eher aus eigenem Interesse, dass ich in der Arbeit des schulischen Religionsunterrichts auf körperliche Bezüge achtete. Zunehmend mehr erlebte ich und begriff damit, dass der Religionsunterricht durch die Wertschätzung und Bezugnahme auf die Körperlichkeit um eine wichtige Dimension bereichert werden konnte und sich damit auf dem Weg zu tieferen Möglichkeiten und anderen Maßstäben begab. Als ich nach insgesamt dreieinhalb Jahren Schule an der Universität eine Assistenzstelle für Religionspädagogik erhielt und mich entschloss, im Rahmen einer Dissertation in größerem Rahmen an einem religionspädagogisch brisanten Projekt zu arbeiten, wurde deutlich, dass „Leiblichkeit“ mein Thema sein sollte. Ich wusste, dass in Religion wie auch in anderen Fächern didaktische Neuansätze entstanden waren, welche die Ausdrucks-, Bewegungs- und Handlungsfähigkeit zum Schwerpunkt machten – deren leibliche Dimension bisher nur lückenhaft explizit gemacht worden war. Daneben existierten philosophische, psychologische und in der Theologie hauptsächlich praktisch-theologische Reflexionen zur Leiblichkeit. Mich interessierte: was von all dem könnte für religionspädagogisches Nachsinnen und Handlungsfelder von Religionspädagogik und -didaktik interessant und von Bedeutung sein? Parallel dazu nahm ich das Angebot an, Chorleiterin zu werden und konnte so die Begeisterung für Musik und körperbezogenen Umgang mit Religion verbinden. Die Sängerinnen und Sänger hatten viel Schwung und Lust auf alte und neue geistliche Musik. Es wurde für mich in der Chorarbeit zunehmend deutlicher, wie tragend und erhebend das vielstimmige gemeinsame Singen in der romanischen Kirche für uns und für die Gemeinde war.

Auf der Suche nach einer pädagogischen Konkretion von Leiblichkeit kam mir dann der Zufall zu Hilfe, so dass ich Kontakt zum „Focusing“ bekam. Ich war es gewohnt, in verschiedensten Lebenszusammenhängen den Körper irgendwie einzubeziehen. Es hatte eben genau damit zu tun, die Aufmerksamkeit auf den Körper zu richten.

2.1.3 Wieder-Holen

Biographien sind Zumutungen. Sie muten die Verwobenheit des eigenen Lebens, die lebensinterne Logik mit ihren Verknüpfungen und zerrissenen Fäden jemand anderem zu. Wie ich zu Religion gekommen bin, müsste ja eigentlich niemanden beschäftigen. Wie etliche Lebensgeschichten lässt sich meine eigene Biographie als *eine* Geschichte gelernter Religion und religiöser Wahrnehmung nachzeichnen, jede andere sieht wieder ganz anders aus. Dennoch hilft die Erinnerung hier einem religionspädagogischen Interesse: Sie trägt in der Rekonstruktion ihre eigene Individualität in sich und hat vermutlich zugleich doch mit den Erinnerungen anderer Menschen einiges gemeinsam; dort, wo es hinsichtlich der Religion nicht mehr nur um das Subjektive, das individuell Eigene geht. Damit zeigt sie nicht nur den Prozess auf, wie ich zu Religion gekommen bin, sondern zugleich, wie Religion zu mir gekommen ist. Der Blick auf die Geschichte zeigt dabei zum einen *Stationen* als biographische *Situationen*, die regelmäßig und bleibend Platz zur Verortung geschaffen haben. Diese Situiertheit meiner Lerngeschichte macht sich insbesondere an *Schlüsselsituationen* fest, auch an Bruchstellen der Erfahrung, Krisen und Entscheidungen, in denen sich mir Türen zu Religion und Religiosität initial geöffnet haben und erstmalig Religion prägnant wurde. Solche Situationen sind oftmals gegeben und längst nicht optional gesucht. Ihre Gesamtheit ergibt eine religiöse Lebensgeschichte. Wie der Leib nicht ohne das Leben und das Leben nicht ohne den Leib sein kann, so sind auch die religiöse Lebensgeschichte und eine religiöse Leibgeschichte ineinander geschrieben; in ihnen kann Geschichtsklitterei schlechthin nicht vorkommen.

Wissenschaftlich wäre vielleicht angezeigt, von vornherein die einzelnen Bereiche zu systematisieren, in denen sich Religion auffindbar machte und für mich finden ließ, um davon ausgehend zu sehen, was die Umfelder, Phänomene an Religiosität anbieten oder welches Verhalten sie provozieren. Das geschieht im Fluss des Schreibens auch begrenzt, indem sich vor meinen Augen manches in den Vordergrund, anderes sich zum Horizont hin verschiebt und, zunächst schemenhaft, später dann auch klarer, Belangloses von Wesentlichem, Peripheres von Zentralem unterscheidet. Die biographische Ordnung ist jedoch insgesamt eine andere; wie sich auch Außenperspektiven auf ein Leben differenzieren, so handelt es sich letztlich autobiographisch um je einen Lebensprozess. Was sich in tabellarischen Lebensläufen als ein unverbindliches Nacheinander darstellt, gestaltet sich schon in einem handgeschriebenen Lebenslauf als stärkere Verbindung eines Prozesses. Daher werden Lebensgeschichten erzählt: Die biographische Erzählung gibt besser Auskunft darüber, wie das eigene Leben empfunden, gesehen und, auch urteilend, interpretiert wird – jedoch nicht jenseits des eigenen Lebens, sondern aus dem Leben heraus. Der Frage *Wie nehme ich Religion wahr?* komme ich zum einen durch die Frage nach der Repräsentation der Gestalt von gelebter Religion nach: Wie hat sich Religion für mich dargestellt? Daran hängt die Überlegung der Wirksamkeit auf mein Leben, wie es mir mit dieser Art von Religion ergangen ist. Zugleich haben zu diesem Lernprozess viele Faktoren beigetragen, organisierte und unorganisierte, zufällige und gewollte. Menschen und Institutionen waren an der Wahrnehmung beteiligt. Es ist also auch zweitens zu erkunden: Wie haben das die beteiligten Menschen und Lebensformen – Familie, Kirche, Schule, Universität – mit mir gemacht? Wie haben sie das Lernen organisiert?

2.1.4 Leibliches Lernen religiöser Form(en)

Das Lernen von Religion war ursächlich an die *Gestaltung* von Religion gebunden; daran stellt sich heraus und entfaltet sich, wie ich Religion wahrgenommen habe und was Religion überhaupt war und ist, für mich und in der Reflexivität meiner religionspädagogischen Tätigkeit auch als vermittelbare Form von Religion. Ich selbst lernte diesen Umgang ebenso aktiv wie passiv. Religion ist damit nicht nur das, was ich primär ergreife, sondern als Ergriffenheit auch das, wovon ich berührt und betroffen bin.

Aus den Erinnerungen tritt hervor, dass das Ausüben und das Lernen von Religion an den *Lebensvollzügen*, am religiösen Leben orientiert sind. In einer Autobiographie wird das doppelt deutlich. Ich bin auf Urphänomene, wiederkehrende und lebenserhaltenden Prozesse, in meinem Leben gekommen. In den Erinnerungen sind sie aufgehoben und werden wieder hervorgeholt. Damit untersteht religiöses Lernen ebenso der freiheitlichen Einzigartigkeit des Lebens wie der kommunikativen Einbindung in Biographie und Lebenswelt.

Getragen wurde Religion von der Bewahrung, der Pflege und dem Erhalt in unterschiedlichen *Räumen*, die ich betreten konnte: Zeiträume von Gebetszeiten bis hin zu Rhythmisierungen des Kirchenjahres, in denen Religion auf ihre je entsprechende Weise „dran" war, örtliche Räume wie das Jugendzentrum und vor allem die Kirchen an den Orten, an denen ich lebte und lebe, Sprachräume in vielerlei Hinsicht von den biblischen Geschichten bis zu den Unterrichtsforen; Kommunikationsräume, in denen Begegnung mit Menschen und Gott stattfand. Ich wurde mit Räumen vertraut gemacht, von und mit Menschen *hinein*geführt in die Dinge, die gelebte Religion bereithält. In den rituellen und situativen Umgangsformen und Wahrnehmungen wurden materielle und immaterielle christliche *Formen und Figuren* als *Medien* in Gebrauch genommen: das Gebet, der gesungene Psalm, das Bibelbuch, das Bild, der Altar; in diesen Figuren symbolisierten sich Gestalten christlicher Verheißung auf eben den Lebensvollzug hin. Das gelang längst nicht in jedem Unterricht und erst recht nicht in allen Formationen wissenschaftlicher Theologie; manches blieb mir zunächst verschlossen und eröffnete sich erst viel später, in anderen Zusammenhängen. Für die räumliche, zeitliche und leibliche Strukturierung des Lebens spielten die *Rituale* auf mehreren Ebenen eine tragende Rolle: wiederkehrende Gebräuche und Begehungen, die bereitgestellt wurden und halfen, Lebensschwellen zu beschreiten – sei es die Nacht, Ängste oder den Tod, die sinnfällig zeigten, wie Gott, Mensch und dem Leben zu begegnen war. Lebensgeschichte wurde religiös durch rituelle Begleitung. Die Kirchgänge, das Orgel- und Gitarrespielen haben genau wie das Kinderabendgebet Lebenswege auf ihren Schwellen zu verschiedenen Räumen und Phasen begehbar gemacht: Grenzen wurden durch räumliche und zeitliche Übergänge beschritten. Die Kirchentür trennte und verband Alleinsein und Gemeinsamsein. Der Tag wurde beendet und aus dem Herzen gelegt, damit in der Gefahr der dunklen Nacht das Herz jesuanisch bewohnt wurde. Als „Übergangsritus“[873] konnte die Konfirmation mir von oben nach unten Hände geben, die mir ebenfalls, wenn auch weniger pastoral, Segnungsgesten und –aufgaben mitgaben. Aber auch die *dramatisch-theatralisch* angelegten Gestaltungen von Gottesdiensten, biblischen Texten und Themen, das Spielen und der kreative Umgang mit Religion half dabei, eigene Vorstellungen zu artikulieren und mit anderen zu konfrontieren.

In solchem Umgang mit christlicher Religion kristallisiert sich christliche Religion für mich als gestaltete Lebensform mit Gott heraus. Was Religion ist und als religiös gilt, ist jedoch erst in zweiter und dritter Weise auch eine Deutungsarbeit. Grundlegend ist für mich ein Gefühl der *Verwurzelung*, ein körperliches, seelisches und räumliches *Empfinden* für Zugehörigkeit, wo Religion sich gestalthaft zeigt und für mich leiblich zumindest nachvollziehbar wurde; so etwas wie geistliche *Atmosphären* von Beheimatung und Fremdheit, die Räume, Rituale und Formen mit sich brachten. In einer für mich erst nach und nach fassbaren Weise begriff ich, dass die Zugänglichkeit zu diesem Leben mit und in Religion zwar auch im Handeln, Mitmachen, Wahrnehmen lag und liegt. Fulbert Steffensky kommt mit seiner Formulierung meiner frühen, zu Erfahrung geronnenen Wahrnehmung sehr nahe: „Kinder lernen Religion nicht zuerst und nicht hauptsächlich als Lehre, sondern als eine Art Heimatgefühl, das sie mit bestimmten Zeiten und Rhythmen, mit Orten und Ritualen verbinden. Sie lernen Religion von außen nach innen.“[874] Bevor im Lernprozess *Formen*, gar religiöse „Inhalte“ begriffen und gelernt werden, hat Religion mit der Wahrnehmung von *Atmosphären* zu tun, und diese Wahrnehmung wird in diffuser Weise im *Erleben* greifbar.

Diese Atmosphäre entstand damals nicht primär im Religionsunterricht, was mit der klaren kirchlichen Sozialisation zusammenhing, sondern in einem Raum, der etwas von leiblichem Kirche-Werden in sich barg – bis dahin, dass der Kirchenraum ein Haus für die Handhabung von Religion und Glauben wurde. Für dieses Heimatgefühl brauchte es dann aber auch ein nahezu *handwerklich-leibliches Verhältnis zu Raum, Zeit und Körperlichkeit*, das einen Zugang zu dem gewährt, was Religion und ihre Orte für sich beanspruchen. Zugleich entstanden damit Atmosphären, nicht nur um mich herum, sondern von den Räumen ausgehend, zu den Zeiten, im Advent, um Ostern herum, die ausstrahlten und mich in sich hineinzogen. Mit der Bewegung in den Räumen, die ich aufsuchte, wurden auch Innen-

873 Arnold van Gennep, Übergangsriten; Viktor Turner, Struktur und Antistruktur; ders., Vom Ritual zum Theater sowie die bemerkenswerte Arbeit von Anne Weiß, Symbole, Rituale, Religion. Wahrnehmungen auf der Suche nach dem Religiösen im Schulalltag der IGS Göttingen-Geismar (Hausarbeit im Rahmen der Ersten Staatsprüfung für das Lehramt an Gymnasien in Niedersachsen, Unveröffentlichtes Manuskript von 1994).

874 Fulbert Steffensky, Religion im Kinderzimmer. In: ders., Der alltägliche Charme des Glaubens. Würzburg 2002, 70–77. Hier: 70.

räume in mir belebt und Religion in mir bewegt; die solches bewahren, das nicht mehr da ist und Platz schaffen für das, was noch nicht da ist. Phantasie als produktive und durchaus kritische Einbildungskraft spielte nicht nur eine kreative Rolle, sondern war für mein geistliches Überleben unersetzlich, brachte sie mich dazu, nicht stupide zu machen, sondern zumindest ansatzweise zu erahnen, was und wie ich tat. Und doch wären auch die Phantasieräume hohl geblieben, wenn sie nicht an ganz elementare leibliche Erfahrungen gebunden gewesen wären. Nicht allein mein Denken, nicht nur die Gefühle, die religiöse und religionspädagogische Erfahrung begleiteten, sondern mein Körpergespür inmitten der Welt, der Mitleiblichkeit, in der ich mich bewegte und von der ich bewegt wurde, war der substantielle Leib-Raum. Wie mein Körper der einzige Raum war und ist, der durch alle Räume und Zeiten meiner Biographie hindurch da ist, so ist es das Gespür einer dynamischen Verbundenheit mit diesem christlichen Gott, von innen her, mit jemandem, vielleicht sogar nur einem Etwas außerhalb von mir, das mich durch das Leben hindurch trägt oder zuweilen auch nur schleppt.

Der Prozess des Erinnerns selbst ist eine Fortsetzung dieser Form von Wahrnehmung, des Erlebens. Hier ist der Weg ein umgekehrter[875]: Lässt man sich auf die Erinnerung als Vorgang ein, also auf das Erinnern, treten mit Hilfe der Einbildungskraft, dem emotionalen Nachempfinden und des Körpergespürs Figuren in den Vordergrund, an denen die Körperlichkeit gelernter und gelebter Religion besonders deutlich wird. Das geschieht derart leiblich, dass mit den körperlichen Empfindungen und Gefühlen die Bilder und Wirkungen wieder wirksam werden. Es wurde dabei vor allem im Gespür klar, dass meine Wurzeln von Religion und Leiblichkeit sich lebensgeschichtlich festmachen. Eine Station hat die nächste mit evoziert, hat dazu beigetragen, dass eine andere sich entfalten konnte. Das vorgängige Wahrnehmen verhindert, dass die leibräumlich erfahrene Religion zu Deutungsmaterial verkommt. Entwicklungspsychologisch gesprochen habe ich daraus geschlossen: Was man nicht selbst erlebt hat, was nicht in irgendeiner Weise durch einen selbst hindurch gegangen ist, kann man auch später schwerlich deuten und geschweige denn unterrichten. Was daran religiös ist, wird im Betreten und Begehen dieser *Räume*, in der Verwobenheit der Rituale und *im Vollzug* und seiner vorgängigen Wahrnehmung spürbar: In Atmosphären, Räumen, Handlungen, Ritualen und im Kult war auf erlebnisreiche, atmosphärische, sinnliche Weise etwas *gegenwärtig*, was ich als *lebendiges religiöses Lernen* bezeichnen kann. Das markiert den entscheidenden Punkt: Religiöses Lernen braucht, entfaltet, aber entbehrt auch nahezu handwerkliche Formen des Gestaltens von Religion,

---

[875] Bezeichnenderweise gibt es in der Religionspädagogik seit den achtziger Jahren eine Strömung, die ebenfalls Lebensgeschichten zum Angelpunkt der Auffindung von Religion macht. In dieser Form biographischen Lernens geht es zunächst weniger um das Erinnern, sondern vorrangig um Interpretationsmuster: Friedrich Schweitzer, Lebensgeschichte und Religion. Religiöse Entwicklung und Erziehung im Kindes- und Jugendalter. Gütersloh [5]2004; Walter Sparn (Hg.), Wer schreibt meine Lebensgeschichte? Biographie, Autobiographie, Hagiographie und ihre Entstehungszusammenhänge. Gütersloh 1990.

religiöse und pädagogische Wege der *Handlung und Wahrnehmung*, eben *Methoden*, die mich selbst und Religion in Form bringen: vom Beten über das Erzählen, von musikalischen Zugangsweisen zu den Bildbetrachtungen, vom Gespräch zum Spiel, von der Einkehr zur politischen Öffentlichkeit.

Gelebte Religion ist hier die biographisch erinnerte und in der Erinnerung leiblich vergegenwärtigte, erlebte Religion: Erinnerung wird so zu einem Stück leiblicher und lesbarer Gegenwart. Religion wird in der Subjektivität nicht aus der Deutung, sondern nur in Verbindung mit dem eigenen Erleben, aus der Wahrnehmung her virulent. Das Deuten setzt die Leiblichkeit voraus, da es selbst ein leiblicher Prozess ist. Damit manifestiert sich ein anderer Religionsbegriff als der einer subjekttheoretischen Konstruktion. In der Erinnerung, im körperlichen Nach-Spüren, kommt die gelernte Religion als erlebte Religion zutage. Das Erinnern macht das Leben zum Er-Leben; auch wenn es nicht mehr gegenwärtig ist. Körperempfindungen, Bilder und Gefühle kommen in diesem einen Prozess zusammen.[876]

2.2 Der Leib: religiöser Ort, theologische Baustelle

2.2.1 Religion und Religiosität: Definitionen

In meinen Ausführungen gehe ich von einer dreifachen *Unterscheidung* christlicher Religion aus.[877] Mit *Christentum* ist die kulturelle Vermittlung des Christlichen gemeint, wie sie in stil-, motiv- und sprachgeschichtlichen Zusammenhängen tradiert wird. Die Fülle dieser kulturellen Erscheinungen ist schwer zu greifen, da sie zum Teil konsensabhängig ist und in ihrer Wertigkeit unterschiedlich gewichtet wird. Das *Christliche als Religion* meint die räumlichen und zeitlichen Manifestationen und Gestaltungen des Christlichen, die aus dem Umgang mit ihm erwachsen.[878] Hier macht sich nicht nur von denjenigen, die mit Religion umgehen, sondern auch von der Religion selbst her deutlich, dass der Umgang sich sowohl von anthropologischen als auch theologischen Bedingungen her strukturiert und somit Umgangsformen benötigt, die zu kultischen und kulturellen Gestaltungen der Begegnung von Gott und Mensch führen. Als evangelischer Christenmensch könnte ich mich meinem Evangelischsein selbst in einer katholischen Perspektivität nicht entziehen. Von *Glauben* schließlich ist die Rede, wo die Potenzen zur

876 Die Studie, wie Religion von Religionslehrerinnen wahrgenommen wird, legt durch ausführliche Interviews das Gewicht ansatzweise auch darauf, wie der Prozess der Wahrnehmung geschieht (Andreas Feige u.a., ‚Religion' bei ReligionslehrerInnen).

877 In Anlehnung an Dietrich Rössler, Grundriß der Praktischen Theologie. Berlin ^{2}1994 sowie Ingrid Schoberth, Glauben-Lernen. Grundlegung einer katechetischen Theologie. Stuttgart 1998.

878 Ingolf Dalferth macht kenntlich, dass gelebte Religion immer in konkreter Weise gelebt wird, innerhalb des Christentums eben konfessionell.

Sprache kommen, die dem Eigenen, der Person entzogen sind. Als Gabe des Geistes ist er unverfügbar und wird in einer auf Schule ausgerichteten Religionsdidaktik nicht ins Rampenlicht gestellt. Gleichwohl schließt Glauben die Haltungen ein, in und aus welcher heraus der personale Umgang mit Religion erwächst und christliche Religion zutage treten kann.[879] Der Erfahrungsraum von christlicher Religion als Glauben ist Kirche mit ihren Sprach- und Handlungsformen. Von daher verhalten sich Glauben, die Erscheinungsformen des Christlichen und ihre kulturelle Vermittlung in einem wechselvollen Spiel von Raum und Zeit, in einem Prozess zwischen Außenwelt und Innenwelt: Die Veräußerungen von Religion sind an Formen ihrer Verinnerlichung gebunden und umgekehrt. In dieser Religion ist die Leiblichkeit der Christenmenschen genauso wesentlich wie die Leiblichkeit der Religion selbst.

Während beim Begriff „Religion" – in der Vielfalt der Religionsbegriffe – der Schwerpunkt auf den Erscheinungsformen und Ausdrucksgestalten liegt[880], kommt mit der Religiosität zugleich die anthropologische Bedingung der Wahrnehmung von Religion in den Blick. Sie betrifft, ausgehend von den etymologischen Dimensionen des Religionsbegriffs, die Fähigkeiten und Möglichkeiten des Menschen, sich an etwas Transzendentes (zurück) zu binden, sowie die rituelle Hinwendung und gewissenhafte Sorgfalt und bezeichnet so die Weisen der „Verbundenheit der Welt und der Menschen in Gott".[881]

Schon Apuleius gebraucht im 2. Jh. n.Chr. den Begriff „religiositas" im Sinn von Andacht bzw. Frömmigkeit.[882] Damit wird von Beginn an deutlich, dass es sowohl um eine „objektive" als auch um eine subjektiv-biographische Seite von Religion geht. Dieses Spannungsfeld macht sich bei Duns Scotus (1266–1308) im Sinne einer religiösen Innenseite als „wirksames Gefühl der Verehrung Gottes" (affectus efficax colendi Deum) und einer religiösen Außenseite in Form des

---

879 Bei Albrecht Grözinger und Jürgen Lott tritt z.B. die institutionelle Religion als Vermittlungsinstanz zwischen indirekter religiöser Erfahrung und gesellschaftlich-öffentlichem Raum auf (Grözinger / Lott (Hg.), Gelebte Religion).

880 Vgl. Harry Noormann u.a., Ökumenisches Arbeitsbuch Religionspädagogik. Stuttgart u.a. ^{2}2004. Hier besonders: 17–21.

881 Hans Schmid, Religiosität der Schüler und Religionsunterricht. Bad Heilbrunn 1989, 208. Ging es bis zum Mittelalter um das persönliche Verhältnis des Einzelnen bzw. des Kollektivs zu Gott, so bleibt insbesondere in der Moderne und Nachmoderne offen, inwieweit Gott als ein persönliches Gegenüber gilt, der sich im Kontext des Christentums als der christliche Gott identifizieren lässt, oder als Chiffre für eine letzte, tragende Macht gebraucht wird. Im amerikanischen Sprachgebrauch wird der Begriff „personal spirituality" häufiger verwandt. „Daher spiegeln subjektive Formen von Religiosität oder von Spiritualität als persönlicher Prozess' zwar voll und ganz den Trend zur Individualisierung und zur Emanzipation des Subjekts, verweisen aber in gleichem Maße auf den Verlust verbindlicher Lebensorientierung u. die Neigung zur Patchwork-Identität in der modernen Informationsgesellschaft." (Ulrich Hemel, Art. Religiosität. LexRP II, 1839–1844. Hier: 1839–1840 im Zusammenhang mit Peter B. Vaill, Lernen als Lebensform, Stuttgart 1998, 222).

882 Apuleius, De Platone et eius dogmate II, 7.

sichtbaren religiösen Akts (actus religiosus) erkennbar.[883] Während im Mittelalter „devotio" und „pietas" gewöhnlicher waren als „religiositas", erlangte der Begriff der Religiosität im 18. u. 19. Jahrhundert bei J. G. Fichte, W. v. Humboldt, J. G. Herder und F. D. E. Schleiermacher mehr Gewicht; die mehr „subjektive" Religiosität und demgegenüber „objektive" Religion wurden zu Gefühl und Vernunft in Beziehung gesetzt und als Basis für Sittlichkeit erachtet, daneben wurde Religion im Gefolge der Aufklärung von Vernunft unterschieden und musste theologisch z. T. apologetisch mit Vernunft vereinbart werden. Der religionswissenschaftlichen (Fritz Stolz, Rudolf Otto), religionssoziologischen (Max Weber, Emile Durkheim) und religionspsychologischen (William James) Betrachtungen der Erscheinungsformen von Religion kam lange Zeit wenig theologische geschweige denn religionspädagogische Aufmerksamkeit zu. Erst neuerdings findet die Reflexion unterschiedlicher Erscheinungsweisen und Verwirklichungsformen wieder Interesse.[884]

Gilt Religiosität in entwicklungs- und religionspsychologischen Stufenmodellen häufig als Weg zur Ausbildung religiöser Urteilskraft und zur Erlangung einer „reifen Persönlichkeit"[885], so ist dort zwar mit Recht eine Entwicklungsfähigkeit des Menschen angedacht, es wird jedoch übersehen, dass weder religiöse Biographien so einlinig verlaufen, wie häufig suggeriert, noch wird Religiosität mit den hier erarbeiteten anthropologischen Kategorien der Leibräumlichkeit in Verbindung gebracht. Ulrich Hemel schlägt demgegenüber vor, im religionspädagogischen Rahmen Religiosität als „anthropologische Form jeder Religion" zu sehen. Er sieht darin gemeinhin die Weltdeutungskompetenz als religionspädagogische Gratwanderung zwischen Vernunft und Religion, welche die „elementare religiöse Lernfähigkeit und Lernoffenheit des Menschen" als Weltoffenheit einschließt.[886] Dabei wird ein Religionsbegriff verhandelt, der einen verantwortlichen Weg der Anbindung an die Vernunft in den Vordergrund stellt. Religiosität gilt als die „Grundlage für religiöses Lernen, für die Entwicklung religiösen Bewusstseins und indirekt für die Ausprägung vielgestaltiger Formen von persönlicher Religiosität und Spiritualität"[887], hier augenscheinlich verbunden mit einem religiösen Lernen als Persönlichkeitsentwicklung und dem Ziel religiöser Kompetenz. Diese Grundlage, die das Potential und damit die Möglichkeit zu religiösem Lernen bildet, liegt m.E. in phänomenologischen Gegebenheiten.

---

883 Vgl. Johannes Fritsche, Art. Religiosität. In: HWPH VIII, Basel 1992, 774–780. Hier: 775, angeführt bei Ulrich Hemel, Art. Religiosität.

884 Manfred Josuttis, Religion als Handwerk; Joachim Kunstmann, Religion und Bildung.

885 Vgl. zu ersterem im Gefolge von Piaget und Kohlberg z.B. Fritz Oser / Paul Gmünder, Der Mensch – Stufen seiner religiösen Entwicklung. Ein strukturgenetischer Ansatz. Zürich 1984; James W. Fowler, Stages of faith. The psychology of development and the quest for meaning. San Francisco CA 1981. Dt.: Stufen des Glaubens. Die Psychologie der menschlichen Entwicklung und die Suche nach Sinn. Gütersloh 2000; zu letzterem katholischerseits Bernhard Grom, Religionspädagogische Psychologie des Kleinkind-, Schul- u. Jugendalters. Düsseldorf / Göttingen 1981.

886 Ulrich Hemel, Art. Religiosität. LexRP II, 1842.

887 A.a.O., 1842.

2.2.2 Zum Verhältnis von Körper, Raum und Religion

Religion macht sich zur Aufgabe, mit der Unverfügbarkeit des Lebens umzugehen und hält ihre je eigenen Formen dazu bereit. Der Körper ist „zentraler Topos aller Heilsbotschaften", da an seiner *Vergänglichkeit* die menschliche Sterblichkeit klar wird.[888] Der Umgang mit dem toten Leib ist ein Indikator für das Menschenbild der jeweiligen Religion und Kultur. Alle Religionen bemühen sich um Strategien zur Überwindung des Todes. Dabei spielen sowohl Teilhabe am unsterblichen Kosmos als auch die Verheißung einer Wiederbelebung, Zugehörigkeit zum unsterblichen Gemeinschaftskörper und diesbezügliche asketische Maßnahmen eine Rolle. Der Kontakt zwischen Mensch und Natur und die soziale Interaktion geschieht durch den menschlichen Körper. Das Verschwinden des Einzelnen einerseits, seine Teilhabe am unsterblichen Ganzen (Gemeinschaftskörper oder Kosmos) andererseits wird auf verschiedene Weise ritualisiert, so etwa im Totenkult.

In engem Zusammenhang insbesondere mit dem Todes- und Unsterblichkeitsglauben steht der Habitus des Körpers. Körperlicher Schmerz ist das sinnenfälligste Zeichen für die Vergänglichkeit des Menschen. Nahezu magische Versuche zur Überwindung der Sterblichkeit liegen z.B. in Ästhetisierungen von Körperlichkeit, welchen auch mancherseits Neue Medien Vorschub leisten: Das Bild vom reinen, perfekten Körper ersetzt den Leib.[889] Machbarkeitsphantasien erheben Reinigungs- und Erbauungsrituale zur Heilsgabe ewiger Jugend: Die Körpermaschine brauche nur dieses Mittel oder jene Prozedur, um in voller Lebensblüte zu bleiben und Leiden, Krankheit und Kraftlosigkeit von sich fern zu halten.

Während der individuelle Körper in den meisten Religionen den Bedingungen des Todes unterworfen ist, ist der gemeinschaftliche Körper, zuweilen der Kosmos, unsterblich. Das Christentum führt diesen Gesichtspunkt zu einer dialektischen Umkehr, indem der Fleisch gewordene Gott am Kreuz hinfällig wird und sich den menschlichen Tod göttlich zueignet. In der christlichen Religion findet eine Vereinigung mit Gott statt, indem der Glaubende Anteil am unsterblichen Leib und Blut Christi hat. Diese Vereinigung ist zugleich sozial kommunikativ, denn sie findet im Miteinander der Gemeinde statt. Die Aufgabe des Garanten der Regeneration übernimmt nun im Christentum mit der Inkarnation das Fleisch gewordene Wort – eine Rolle, die in Naturreligionen der Fruchtbarkeit des weiblichen Körpers oblag.

---

[888] Christina von Braun, Art. Körper. In: Christoph Auffarth u.a. (Hg.), Metzler Lexikon Religion. Gegenwart-Alltag-Medien. Bd. 2, Stuttgart 1999, 236–241. Hier: 241.

[889] Gunther von Hagens' Projekt „Körperwelten" rückt einerseits auf naturalistische Weise die Vergänglichkeit vor das Auge, erhebt jedoch andererseits das Plastinat als sinnfälliges Relikt wissenschaftlicher Ewigkeit. Zum substitutiven Umgang mit dem toten Körper vgl. Hans Belting, Bild-Anthropologie. München 2001, 143–189.

Zu den religiösen Aufgaben gehört auch die Kultivierung der *Sexualität*. Die jüdische Gemeinschaft bildet sich um die offenbarten Gebote und Ritualgesetze. Das Judentum bejaht die Sexualität als Gottesgabe, deren Freuden vor allem am Sabbat genossen werden. Die Monogamie hat die Aufgabe, die leibliche Vaterschaft zu sichern. Die asketische Idee der Geschlechtslosigkeit und Reinheit führt im frühen Christentum zu Zügen der Überwindung von Leiblichkeit durch Fasten und sexueller Enthaltsamkeit. Während das Kreuz das zentrale Symbol des Christentums darstellt und die Gestalten des Gekreuzigten im Fokus des Christlichen liegen, erscheint die Gemeinschaft der Vergänglichen als Ecclesia – eine Hierarchiesymbolik, die sich auf die paulinische Geschlechterordnung auswirkte.[890] Die Vereinigung mit Gott findet in der Ehe ihr Spiegelbild. In der Mystik (ab 4. Jh.) korrespondieren christliche Glaubenserfahrungen mit sexuellen Lusterfahrungen.[891]

In der Religion findet also ein ritueller leiblicher Umgang mit den von göttlicher Macht gegebenen zeitlichen und räumlichen Gaben und Grenzen des körperlichen Daseins statt. Dazu tragen Vorstellungen, aber vor allem kultische Strategien zur Bewältigung der Endlichkeit und zur Kultivierung von körperlicher Gemeinschaft bei. Die religiösen *Rituale* stehen unter dem Zeichen der Verwandlung oder Reinigung. In ihnen werden Passagen zwischen der irdischen und der göttlichen Sphäre begehbar gehalten. Leibliche Zeichen tragen dazu bei, die Individualität in der Göttlichkeit aufgehen zu lassen. Der drohende Abgang in die „Verhältnislosigkeit“[892] kann nicht stattfinden, wenn das Angebot räumlicher und leiblicher Grenzbegehungen wahrgenommen wird.

Dafür Sorge zu tragen, dass das Verhältnis der Menschen und ihrer Gemeinschaft zu Gott erhalten und ausgewogen bleibt, erfordert Austausch und Opfergaben. In den Naturreligionen tritt der Körper in den Mittelpunkt: Als „Heimat der Seele“ wird er durch die Erlangung von Zuständen wie Trance und Ekstase in die religiöse Erfahrung einbezogen. In den Ritualen der Naturreligionen wird durch die geistgewirkte „Besetzung“ eine andere Gestalt angenommen, z.B. beim Tragen einer Maske die Gestalt des Maskenwesens (heilige Tiere, Fabelwesen). Damit werden fremde Kräfte in das Eigene hineingelassen und können ihre Macht erwirken. Andere Rituale reinigen von den Kräften der Besessenheit und vertreiben die Geister. In der christlichen (Submersions-) Taufe wird der alte Adam ersäuft und der gereinigte Mensch erreicht die Oberfläche. Spuren gegenwärtigen Glaubens und Glaubenshandelns zehren von diesem Ritual. Dennoch ist die Elementarerfahrung über die Kirchen- und Theologiegeschichte vielfach dem entkörperten Transport von „Bedeutungen“ gewichen.

---

890 Vgl. die christliche Haustafel, Eph 5,23.28.

891 Zuerst Augustinus mit der dem Willen unterworfenen Geschlechtlichkeit des Paradieses, dann Meister Eckhart und Bernhard von Clairvaux, mit Brautmystik und unio mystica.

892 So die Annahme von Eberhard Jüngel, Tod. Gütersloh 1979.

Während in den Naturreligionen der Leib als Sitz der Seele geglaubt wird, neigen die asketisch-mystisch orientierten Religionen dazu, solche Form der Körperlichkeit durch den Geist zu domestizieren oder zu sublimieren.[893] Das Christentum birgt unter dieser Perspektive Ambivalenzen in sich. Einerseits geht es mit asketischen Zügen um eine Überwindung der bloßen Körperlichkeit zu „spirituellem" Tun, andererseits bildet gerade eine besondere Form von Körper- und Leiblichkeit das Herzstück des christlichen Glaubens. Unter dem Einfluss der Transsubstantiationslehre wird im Deutschen erst im 13. Jahrhundert das Wort ‚Leib' und ‚Leiche'– beide gehen auf eine germanische Wurzel *leiba = ‚Leben' zurück[894] – durch den Körper (corpus, hier als corpus Christi) ersetzt. Körperlichkeit hat im Christentum sowohl eine materielle Seite als auch eine seelische und eine geistige. Es wird zu überlegen sein, wie sich diese Dimensionen zueinander verhalten, wie die christlich-theologische Wahrnehmung des Körpers aussieht und wie theologisch von Körper und Leib die Rede sein kann. Häufig sind es Impulse von Frauen und der Feministischen Theologie, welche die Leiblichkeit spirituellen Tuns und theologischen Treibens in das gelebte, vor- und nachgezeichnete Christentum eintragen.

2.2.3 Vergessene Zusammenhänge

Mit kritischem Auge erblickt man in der Innen- und Außenwelt des Christentums und seiner Geschichte Störungen, welche die Missachtung und Verleugnung des Körpers betreffen. Die Geschichte ist auch eine Geschichte des Körpers, auch eine von Frauen und Männern und ihren Blicken; in ihren Blickwinkeln spiegeln sich die schizoiden Strukturen von Leib und Geist, Leib und Seele sowie Leib und Körper.[895]

---

893 Christina von Braun, Art. Körper, 241.

894 Friedrich Kluge, Etymologisches Wörterbuch der deutschen Sprache. Bearb. v. Elmar Seebold. Berlin / New York [23]1999, 511.

895 Ein Ausgangspunkt liegt in der Vergeistigung der Philosophie. Im griechisch-hellenistischen Denken werden Leib und Seele bzw. Körper und Geist dualistisch getrennt oder sogar in einer Trichotomie unterschieden. Homer und seine Bilder des lebendigen menschlichen und tierischen Körpers, der Körper als Leichnam sowie Vorstellungen der Gnosis und Stoa bestimmen das dualistische Denken bezüglich des Leibes. Von der Geburt bis zum Tod bleibt die Seele im Körper eingekerkert; schließlich ist sie unsterblich, der Körper bleibt jedoch vergänglich (Vgl. Plato, Phaidon in der Betonung der Substanzhaftigkeit des σωμα). Nachdem der Leib lange als Hülle der Geist-Seele gilt, die Neuzeit den bloßen Körper mit dem Geist verbunden denkt und bei Descartes schließlich als Leib-Seele-Dualismus zwischen Denken und Ausdehnung (res cogitans und res extensa) manifestiert wurde, konnten die klassischen Antworten nicht erklären, wie ein „Körperding" zu „meinem Leib" werden kann. Sie konnten folglich auch nicht explizieren, wie Inkarnation geschieht. Philosophisch setzt erst mit Hamann, Feuerbach, Schelling, Kierkegaard, Schopenhauer und vor allem Nietzsche ein Denken ein, das der Verleiblichung Tribut zollt. Dank Hinweisen durch die Lebensphilosophie und die Tiefenpsychologie kommt in der philosophischen Anthropologie des 20. Jahrhunderts (mit Scheler, Plessner und Gehlen) und in der Phänomenologie

Kirchengeschichtlich hat es um die Leiblichkeit immer wieder Streit gegeben. Bis heute haben sich die Kirchen zu Anfragen und Vorwürfen von Leibfeindlichkeit zu verhalten. Hildrun Keßler betrachtet die Kirchen- und Theologiegeschichte aus feministischer Perspektive als eine Geschichte von Macht- und Missverhältnissen.[896] Im mittelalterlichen Christentum macht sich unter dem Einfluss der antiken Erlösungslehren der Gnosis und des Manichäismus eine Leibverachtung breit, welche den Körper als irdischen, hinfälligen und sündhaften Teil im Gegensatz zur Seele als göttlich, ewig und weltentrückt vertritt. „Wachet und betet, dass ihr nicht in Anfechtung fallt! Der Geist ist willig, aber das Fleisch ist schwach" (Mt 26,41) dient der Domestizierung des Körpers in dem Sinne, dass der Körper das Gefängnis der Seele ist; der Geist bildet den aufgeschlossenen Teil des Menschen im Gegensatz zur An- und Hinfälligkeit des Fleisches. Die Folgen sind eine Verachtung der Sexualität, die Minderbewertung der Ehe und eine Verleugnung der Sinnlichkeit. Hinsichtlich der Geschlechtlichkeit ist die zentrale Ansicht von Aristoteles und Platon geprägt in ihrer parallelisierenden Annahme, dass der Höherstellung des Geistes über den Leib bzw. der Seele über den Körper die des Mannes über der Frau entspricht. Heute stellt sich u.a. die Frage nach dem Stellenwert von Askese (auch im Zölibat), Ritualität und Zwang, neuerdings aber auch zunehmend nach dem Verhältnis von Kult und Kultur. Bezeichnend sind aber auch die konfessorischen Dispute um die Frage nach der leiblichen Gegenwart Christi im Abendmahl. Theologisch wird hier ein Leibbegriff virulent, der die Geschöpflichkeit des Menschen in seinem Verhältnis zu dem ausmacht, was ihn übersteigt.

Aber nicht nur die Geschichte hält Formen von Körperverleugnung bereit. Wo menschliche Leiber im Namen des christlichen Glaubens durch Kriege zu weltlicher Ermächtigung benutzt werden, wird das menschliche Spüren des geschöpflichen Zusammenhangs übergangen. Der politische Körper ist der Welt unterworfen und lebt nicht nur in der der Religion eigenen Wirklichkeit. Kriege mit Formen von Ausbeutung, Unterdrückung und Vergewaltigung finden oft genug im Namen der Religion statt. In einer Relecture von Michel Foucaults Analysen zum „politischen Körper"[897] greift Hermann Steinkamp dessen Analysen zum gesellschaftlich zugerichteten Körper, der in den Verzweigungen von ökonomischen Interessen und der Domestizierung der Sexualität gefangen liegt, im Interesse eines utopisch gewandten praktisch-theologischen Korrektivs kirchlicher Macht über den Körper auf. Steinkamps wie Foucaults Kritik betrifft die

zum Ausdruck, dass der Leib das Subjekt der Welterfahrung ist. Viktor von Weizsäcker hat die konstitutionelle Zusammengehörigkeit von Leib und Seele im „Gestaltkreis" von Wahrnehmung und Bewegung, Sprache und Denken herausgearbeitet (Viktor von Weizsäcker, Der Gestaltkreis. Theorie der Einheit von Wahrnehmen und Bewegen (1940). Stuttgart / New York 1996).

896 Vgl. zu all dem Hildrun Keßler, Bibliodrama und Leiblichkeit. Stuttgart 1996, 120f.

897 Michel Foucault, Überwachen und Strafen. Die Geburt des Gefängnisses (1975). Frankfurt 1994; ders., Sexualität und Wahrheit. Bd. 1: Der Wille zum Wissen. Frankfurt 1976.

Funktionalisierung des Körpers in wechselnden Konstellationen des „Macht-Wissen-Komplexes“, da die Gesellschaft als „Disziplinierungsanstalt des Körpers“[898] fungiert. In diesen Zusammenhang fällt auch die Praxis des „Überwachens und Strafens“ von Kirche und Wissenschaft. Der Zusammenhang von Macht über den Körper, der sich in der Geschichte des Gefängnisses zeigt, lässt die ars erotica zu einer scientia sexualis verkümmern, die nichts mehr von Initiationen und dem Geheimnis des Meisters übrig lässt. Im Bußsakrament liegt „die Grundform der Geständnis-Prozeduren“[899], die später auch andere Gestalten annehmen – bis hin zur öffentlichen Talkshow-Beichte. Die Kritik gipfelt in den „(langen) Schatten“ zentraler praktisch-theologischer Figuren, denen ein Status von „Hyper-Plausibilitäten“ zugesprochen wird: „Subjekt, Ich-Sagen [...] und eben Körper“.[900] Die Chance liegt in einer Umkehr der Kirche von ihrer machtförmigen Geständnis-Tradition. Die Kritik an der Vermarktung von seelenloser Sexualität wäre überzeugend, wenn christliche Kirchen „Orte der Pflege einer ‚ars erotica‘“ würden .[901] Die Entstehung des Subjekts, den Körper betreffend, würde heißen: „in den Zusammenhängen ungeheurer Verdinglichung und Disziplinierung sein Geheimnis zu behaupten, das wir in den Abgründen von Lust und Begierde ebenso erahnen, wie es Menschen in vielen Kulturen und Traditionen als ‚Seele‘, ‚Geist‘ u.[ä.] immer wieder zu benennen versucht haben“.[902]

Letztlich geht es um den Missbrauch der Leiblichkeit. Alfred Lorenzer hat mit seiner Kritik der Entsinnlichung die Gefahr benannt, Religion als „Instrument einer systematischen Pädagogisierung und Indoktrinierung“ zu missbrauchen.[903] Regina Ammicht Quinn und Elsa Tamez knüpfen an gegenwärtige Erfahrungen an und spitzen die Brisanz des Körperthemas zu auf die „dringende Notwendigkeit, dass sich die Theologie kritisch und selbstbewusst einmischt in die aktuellen Körperdiskurse und die aktuellen häufig destruktiven Körper-Praktiken“. Dazu stellt sie eine dreifache Aufgabe: „Erstens das genaue Wahrnehmen dessen, was geschieht, die Entwicklung einer eigenen Hermeneutik, die ein klares theologisches Verständnis zeitgenössischer, globaler und auch säkularer Wirklichkeit erlaubt; zweitens eine selbstkritische Auseinandersetzung der Theologie mit ihrer eigenen Geschichte, in der häufig sowohl biblische Elemente einer leibgebundenen Denkweise als auch der Inkarnationsgedanke selbst in den Dienst von Leibfeindlichkeit und Körperverachtung gestellt wurden; und drittens die utopische

898 Hermann Steinkamp, Der Körper als Produkt der Gesellschaft. Zu Michel Foucaults Topos des ‚politischen Körpers‘. In: Klessmann / Liebau (Hg.), Leiblichkeit ist das Ende der Werke Gottes, 220–230.

899 A.a.O., 227

900 A.a.O., 229.

901 A.a.O., 230.

902 A.a.O., 230.

903 Alfred Lorenzer, Das Konzil der Buchhalter. Die Zerstörung der Sinnlichkeit – Eine Religionskritik. Frankfurt 1981, 325.

Kraft, um die eigene reiche Tradition für die Gegenwart fruchtbar machen zu können."[904]

Religionspädagogisch formuliere ich etwas vorsichtiger: Der beseelte Körper ist der Ort der Erfahrung von Leben und Tod, auch von Heil und Unheil. Weil die Mitte der christlichen Theologie ohne eine Körper-, Raum- und Formbezogenheit nicht denkbar ist, diese Bezüge jedoch vielfach verleugnet werden, gilt es in der verfassten Theologie zunächst nach Spuren von Leiblichkeit und Leibfeindlichkeit zu suchen. Es sind also Dualismen auch in der theologischen Sprache geblieben. Hier liegt ein Ansatzpunkt für die theologische Bestimmung des Leibes. Was den Menschen betrifft – so ist deutlich geworden – muss bei alldem die Rolle des Körpers im Auge behalten werden, und noch mehr: Da es um gespürte Körperlichkeit geht, müsste unter der christlichen Perspektive auf den Menschen sein Verhältnis von Gefühlen, Empfindungen und Körperlichkeit theologisch genauer wahrgenommen werden. Wenn Theologie leiblich sein will, sind nicht nur Gott und eine spürbare Körperlichkeit zusammenzubringen, sondern sie muss auch zuallererst das Theologie-Treiben selbst als leibliches Denken und Handeln vollziehen. Wie kommt im Umgang mit Religion die Leibgebundenheit so zum Tragen, dass Personalität und Räumlichkeit wirksam werden?

2.2.4 Zwischen Ethik und Ästhetik. Entwürfe zur Anthropologie der Leiblichkeit

Luthers Traktat „Von der Freiheit eines Christenmenschen" zeigt die aus der Rechtfertigung resultierende Freiheit des Christenmenschen argumentativ auf.[905] Er wendet sich an das kollektive Wir der Christenmenschen und spricht damit in eine Leserschaft hinein, die zum Teil Freiheit missversteht oder aber noch nicht befreit ist.[906] Grundlegendes theologisches Prinzip ist die reformatorische Unterscheidung, die im Rahmen einer Dialektik entfaltet wird: Freiheit und Knechtschaft, Außen und Innen, Geistlichkeit und Leiblichkeit, Gesetz und Evangelium. Das Fundament, auf dem das christliche Leben und auch Luther steht, ist die Heilige Schrift. Als Denkmodell, das die Widersprüchlichkeit christlichen Lebens im Licht reformatorischer Einsichten begreift, entwickelt Luthers Schrift die Summe des christlichen Lebens in dreißig Kapiteln und memoriert dabei die wichtigsten Zusammenhänge. „Von der Freiheit eines Christenmenschen" ist daher auch ein Modell zur Elementarizität religionspädagogischen Denkens und Handelns.

Die Leiblichkeit christlicher Religion wird an der Körperlichkeit des Menschen und der Menschwerdung Gottes deutlich – in Jesus Christus, geboren als körperliches

904 Regina Ammicht Quinn / Elsa Tamez (Hg.), Körper und Religion. Concilium 38 (2002) 2, 114.

905 WA 7,20–38. Ich beziehe mich auf den Text in Martin Luther, Ausgewählte Schriften. Hg. v. Karin Bornkamm und Gerhard Ebeling. Bd. 1. Frankfurt ²1983, 238–263.

906 Jesus – eine Erinnerung, Würdigung und Hilferuf. Die Widmung orientiert sich an der ganzen Summe des Lebens mit und in Christus. Solch ein Name eröffnet eine Perspektive auf ein Leben, das unter dem Namen Jesu Christi seine eigene Auszeichnung findet. Eine nahezu aufgeladene Verschreibung, welche die sperrige Thesenform kontrastiert.

Wesen, gelebt im Kontakt mit Gott, Menschen und Welt, gelitten unter den Gott desavouierenden Mächten, gestorben in einer Hinrichtung und begraben in einer Grabstätte. Die „ganze Summe eines christlichen Lebens“ in Freiheit ist in höchster Weise leiblich und geschieht in Zwischenräumen. Luthers Freiheitstraktat behandelt bei der Leibsorge nicht vorrangig menschliches Handeln, sondern „daß sie [die Menschen] das Wort und Christus wohl in sich bilden, um solchen Glauben stetig zu üben und zu stärken“[907] – das macht einen Christen aus. Sorge und Pflege heißt vielmehr: Der Mensch wird inwendig nach der Seele durch den Glauben gerechtfertigt – zugleich bleibt ihm jedoch leibliches Werk, „so bleibt er doch noch in diesem leiblichen Leben auf Erden und muß seinen eigenen Leib regieren und mit Leuten umgehen [...] da muß fürwahr der Leib mit Fasten, Wachen, Arbeiten und mit aller mäßigen Zucht getrieben und geübt werden, damit er den innerlichen Menschen und dem Glauben gehorsam und gleichförmig werde, ihn nicht hindere noch ihm widerstrebe, wie seine Art ist, wenn er nicht gezwungen wird“.[908] Der Leib muss kultiviert werden, da sein Fleisch „widerspenstig“ sein kann. Der Leib ist nicht zur Nächstenliebe verpflichtet, sondern dem Leib in Christus ist die Nächstenliebe aus der Erfahrung der Liebe selbstverständlich: „Sieh, so fließt aus dem Glauben die Liebe und die Lust zu Gott und aus der Liebe ein freies, williges, fröhliches Leben, dem Nächsten umsonst zu dienen [...] Darum sollen wir so, wie uns Gott durch Christus umsonst geholfen hat, durch den Leib und seine Werke nichts anderes tun als dem Nächsten helfen.“[909] Dass „ein Christenmensch nicht in sich selbst lebt, sondern in Christus und in seinem Nächsten; in Christus durch den Glauben, im Nächsten durch die Liebe.“[910]

a.) Insbesondere von der *Feministischen Theologie* gehen Impulse für eine Konkretion der Leiblichkeit der Theologie aus.[911] Für Elisabeth Moltmann-Wendel führt die Rückkehr in den Körper aus der „Scham, im Leibe zu sein“[912] in den Leib, der ein Ort sein soll, „von dem aus theologisch gedacht und gehandelt werden soll“.[913] Von daher orientiert sich eine Theologie der Leiblichkeit an der leiblichen

907 WA 7, 20–38.

908 WA 7, 20.

909 WA 7, 27.

910 A.a.O., 263

911 Aus der Fülle der feministisch-theologischen Impulse zur Leiblichkeit seien hier nur einige genannt: Elisabeth Moltmann-Wendel: Wenn Gott und Körper sich begegnen. Feministische Perspektiven zur Leiblichkeit. Gütersloh ²1991 sowie Mein Körper bin ich. Gütersloh 1994; Regina Ammicht-Quinn, Körper – Religion – Sexualität. Theologische Reflexionen zur Ethik der Geschlchter. Mainz 1999; Helen Schüngel-Straumann, Anfänge feministischer Exegese. Münster 2002; Luise Schottroff (Hg.), Kompendium Feministische Bibelauslegung. Darmstadt ²2003; Claudia Janssen u.a. (Hg.), Arbeitsbuch Feministische Theologie. Inhalte, Methoden und Materialien für Hochschule, Erwachsenenbildung und Gemeinde. Gütersloh 2003 (hier insbesondere das Kap. Anthropologie von Claudia Rakel / Stefanie Rieger-Görtz / Heike Walz).

912 Elisabeth Moltmann-Wendel, Wenn Gott und Körper sich begegnen, 13.

913 Elisabeth Moltmann-Wendel, Mein Körper bin ich. Gütersloh 1994, 132.

Zuwendung Jesu, wie sie in der Neubewertung des Körpers, der menschlichen Annahme und Heilung der Armen und Geschundenen, Liebe und Leidenschaft geschieht. Sünde wird damit bei aller Kritik an der Vergeistigung von Theologie und an der triebstrukturell konnotierten Erbsündelehre zum Beziehungsproblem, das sich konkret körperlich, gesellschaftlich, politisch äußert und lösen lässt. „Eine theologische Umkehr zur Leiblichkeit bringt das Eigentümliche des Christentums wieder in Erinnerung, dass Gott Körper wurde und mit dieser Körperwerdung unser aller Körper-Sein bestätigt und geheiligt hat."[914] – Denn: „Im Körper begegnen sich Gott und Mensch. In den Körpern der Menschen begegnet uns Gott. Wer an seinem Körper vorbeisieht, der sieht an Gott vorbei."[915]

Hildrun Keßler bestimmt Bibliodrama als „Chancen und Grenzen [...] der leibhaftigen Textauslegung".[916] Ansatzpunkt für die Fundamentierung auf „neueren Entwürfen" ist die *Konkretion*: „Frauen haben begonnen, konkrete Erfahrungen ihres Leibes zum Ausgangspunkt und Maßstab des theologischen Wahrnehmens, Denkens und Fragens zu machen. Der Leib wird als Raum, in dem Gott erfahren wird, zugleich zum Befreiungsraum für Menschen."[917] Ihren Leibbegriff entwickelt sie in Bezügen zu drei (philosophischen) Positionen: 1. die nahezu beliebige Austauschbarkeit und die Synonymität von Körper und Leib durch die Verwischung kategorialer Differenzen im Zuge der Leib-Seele- bzw. Körper-Geist-Dichotomie (bei Elisabeth Moltmann-Wendel), 2. die unscharfe Unterscheidung von nur noch biologisch körperlicher Naturhaftigkeit und bloß gedachtem Leib (mit Verweis auf Hermann Schmitz) und 3. die Umschlossenheit des Körpers im Leib mit dem Weg von körperlichen Phänomenen zu leiblichen Strukturen, wobei die Leiblichkeit dominiert (bei Susanne Heine).[918] Keßler geht es vielmehr um eine dialektische Zuordnung von Körper und Leib „in einer besonderen Beziehungsform", in der Körperliches und Leibliches gemeinsam menschliche Existenz konstituieren. Die „biologisch-anatomische Seite und die sozial-kulturelle Konstruktion, der offensichtliche Körper und der verborgene Leib, fragmentarisch-fremde und sich mitteilende Aspekte kommen voneinander getrennt und miteinander verbunden vor."[919] Nichtsdestotrotz ist nicht vom „Körperleib", sondern vom Leib die Rede. Etwas unscharf formuliert ist ihre Unterscheidung: „Die körperlichen Aspekte beziehen sich auf die relativen Vorgänge in Bezug auf deren Erlebnisintensität, Leibliches hingegen meint den absoluten Erkenntnis- und Erfahrungsraum, wobei keine graduelle Wertung vorgenommen wird."[920] Gründe dafür liegen nicht zuletzt auch in den gegenwärtigen Erfahrungen fragmentarischer und verletzter Leiblichkeit: „Weil im Leib Menschen immer wieder

914 A.a.O., 137.
915 A.a.O., 133.
916 Hildrun Keßler, Bibliodrama und Leiblichkeit. Stuttgart 1996, 16.
917 A.a.O., 17.
918 Vgl. a.a.O., 145–147.
919 A.a.O., 147.
920 A.a.O., 147.

marginalisiert, stigmatisiert werden und unverstanden bleiben, kann dieser nur in seiner Heterogenität, den Differenzen, Zerrissenheiten und Dezentrierungen kritisch affirmiert, aber auch gelebt werden."[921] Damit konzipiert sie eine hermeneutische „leibhaftige Anthropologie und Theologie" für das Bibliodrama, die an drei Momente gebunden ist: Maßgeblich ist die Theologie der Leiblichkeit als „eine Anthropologie des Sichtbaren", die als ästhetischer Vorgang beschrieben wird. Die bibliodramatische Textauslegung wird an die „Interleiblichkeit einer mündigen Gemeinschaft" gebunden und am Konzept der „projektiven Identifikation" verifiziert.[922] Eine Hermeneutik des Bibliodramas hat sich an den Maximen „der Befreiung, des Fragmentarischen und der Beziehung" zu messen.[923]

b.) Einen Ansatzpunkt für einen veränderten theologischen Umgang mit dem Leib bildet die *Theologische Anthropologie.* Johannes von Lüpke beansprucht zu Recht, dass eine theologische Lehre vom Menschen sich „jenseits von Materialismus und Idealismus"[924] zu entwickeln habe: Nach Luther ist der Mensch ein Geschöpf Gottes, das „aus Fleisch und atmender, lebendiger Seele" besteht.[925] Das weist auf das Herz als psycho- und spiritosomatisches Zentrum hin: Gott legt dem Menschen aber gerade die Ewigkeit ins Herz (Koh 3,11), denn dort ist der Sitz der Vernunft. Simul iustus et peccator – beides hat den Sitz im Herzen; hier wirkt Gott, er kann versteinern und erweichen. „Es ist ein köstlich Ding, dass das Herz fest werde, welches geschieht durch Gnade" (Hebr 13,9).

Silvia Schroer und Thomas Staubli buchstabieren die biblische Anthropologie „von der Seele bis zur Kehle" mit orientalischen Bezügen als eine (Religions-)Geschichte des Leibes und sehen ihre Arbeit als feministisch orientierten Beitrag zur Überwindung einer androzentrischen Anthropologie.[926] Unter dem Aspekt einer kommunikativ buchstabierten Gottebenbildlichkeit wird hier das biblische Bild des hinfälligen Lebens gezeichnet. „Im Rahmen dieser biblischen Konzeption der Ebenbildlichkeit Gottes im lebendigen männlich-weiblichen Menschen als eines königlichen Menschen liegt die zentrale Bedeutung einer biblischen Anthropologie auf der Hand, die im konkreten Leib symbolhafte, besser noch, sakramentale Vergegenwärtigung entdeckt."[927] Hinsichtlich philosophisch-theologischer Fragen nach dem Menschsein liegt dem Ansatz mehr an einer *Konkretion*, die sich eher in der Symbolik des männlich-weiblichen Körpers als an einer an Adam ausgerichteten Anthropologie erweist. Philosophischer Ansatzpunkt ist die *Exteriorität*, die sowohl bei Rosenzweig als auch in der existentialistischen Rezeption bei Emmanuel Lévinas sowie in der lateinamerikanischen Befreiungsphilosophie und -theologie zu finden ist und sich am Angesicht des Anderen ausrichtet. Die Sakramentalität des Leibes zeichnet sich (mit Leo-

921 A.a.O., 17.

922 Hildrun Keßler, Bibliodrama und Leiblichkeit, 174 (nach Martin Weimer).

923 Ebd.

924 Johannes von Lüpke, Verletzbarer Körper – Begnadeter Mensch. Anthropologische Orientierungen des Christentums. In: Wolfgang Vögele (Hg.): Verletzbarer Körper – Begnadeter Mensch, 45–59. Hier: 49.

925 Martin Luther, Disputatio de homine. WA 39/I (174) 175–177 (Thesen); 177–180 (Disputationsfragment). Hier: 176, These 21: „homo est creatura Dei, carne et anima spirante constans, ab initio ad imaginem Dei facta".

926 Silvia Schroer / Thomas Staubli, Die Körpersymbolik der Bibel. Darmstadt ^{2}2005, 45.12ff.

927 A.a.O., 3.

nardo Boff und Yvone Gebara) am geschundenen und heilen Leib aus: „Der geschundene Leib ist das Dia-bol des fernen Gottes, das Symbol des Teuflischen, während der heile Körper ein Symbol göttlicher Gegenwart ist: ein Sakrament".[928] Der menschliche Leib ist ein Sakrament, „da wir ihm innewohnen, da er uns in dem Anderen ständig gegenwärtig ist."[929] Der Leib Christi ist „das prominenteste Meditationsbild der Christenheit. In der Eucharistie, der guten Gabe, dem Brot des Lebens (von dem Jesus sagt: ‚dies ist mein Leib') ist er das Symbol der göttlichen Segensfülle; in der Gestalt des Gekreuzigten ist er das Dia-bol der gottverlassenen Verdammten dieser Erde, im verklärten Leib des Auferstandenen ist er das revolutionäre Symbol des Siegers über die Mächte und Gewalten der Vernichtung."[930]. Der liturgischen Kontemplation entspricht die engagierte Kirche als eine leibliche Gemeinschaft für den Anderen; Referenzen dafür finden sich in verschiedenen feministischen Theologien.[931]

So landet die Suche nach einer leibbezogenen biblischen Anthropologie bei der Wahrnehmung biblischer Leibesspiritualität, die (im Vergleich zu der traditionell systematischen) eine „aspektivische" Beschreibung des Leibes in den Vordergrund stellt. Kernpunkt ist die sakramentale Verkörperung der Gottebenbildlichkeit. Anders als in der griechischen Betrachtungsweise des Körpers, die einen ständigen Perspektivwechsel vollzieht, wird in der ästhetischen Betrachtung durch die Sammlung von Aspekten die aspektivische Sicht dem Interesse am Leib, am Körper als Bedeutungsträger, bzw. an seinen sozial und bedeutungsvoll konstruierten Aspekten dargestellt.[932] Die Körperästhetik ist nicht vom Ganzen, von Formvollendung geprägt, sondern von Ausdruckskraft: Semitisches Denken und Darstellung orientieren sich an der Dynamik, der Wirkung, und zielen somit auf Ausdruck und Verhältnisbildung. Gott ereignet sich da, wo die Menschen seine Wirkung zulassen. Das Gebet der Menschen ist ein leibhaftiges und leibhaftig Gestaltetes. Die liturgisch-eucharistische Mahlfeier ist die Hingabe Christi an die Wiederherstellung eines gerechten Lebenskreislaufes für die Armen. Gott wird wahrhaftiger Leib, indem er in die leiblich-menschliche und damit auch leidende Wirklichkeit kommt. Er ist mächtig zu heilen, und zwar nicht nur die Seele, da es diese Trennung und auch eine Auferstehungshoffnung in der hebräischen Bibel nicht gibt. Metaphorisch-hermeneutisch lässt sich die Praxis Jesu als eine der Hände, Füße und Augen lesen: handelnd, bewegend und erkennend. Den Gipfelpunkt bildet die leibbezogene Christologie, Pneumatologie und Theologie in 1 Kor 6,19; sie will „die vollkommene Gottesgegenwart in der Leiblichkeit und die daraus resultierende Unantastbarkeit der Würde des menschlichen Körpers ernst nehmen. [...] Jeder Teil unseres Körpers ist unserem Gott heilig, und wir verherrlichen nach Paulus Gott, indem wir den Leib in allen seinen Dimensionen heilig halten."[933]

---

928 A.a.O., 10.

929 Ebd.

930 A.a.O., 10f.

931 Vgl. Hedwig-Jahnow-Forschungsprojekt (Hg.), Körperkonzepte im Ersten Testament. Aspekte einer feministischen Anthropologie. Stuttgart 2003.

932 Silvia Schroer / Thomas Staubli, Die Körpersymbolik der Bibel, 19f.

933 A.a.O., 32. Schroer und Staubli schließen sogar daraus: „Das Heiligtum Gottes auf Erden muß geschützt werden, vor Verunreinigung und Profanierung bewahrt werden" (ebd.) – eher eine gesetzliche Forderung als Befreiung.

c.) Die *Ästhetische Theologie* nutzt die Inspiration der Kunst für die Praktische Theologie. Ästhetik wird als Aisthesis zur Kunst theologisch-ästhetischer Wahrnehmung.[934] Ausgehend von der Wahrnehmung der Wahrnehmung und ihrer Begrifflichkeit schärft Albrecht Grözinger an verschiedenen Themen wie Bibel, Tradition und Imagination Formen des Sehens. Zentraler theologischer Reflexpunkt ist das Bilderverbot, das sich „allein auf Gott [bezieht], die ästhetischen Äußerungen der Menschen sind – sofern sie die Souveränität Gottes achten – davon nicht betroffen".[935] Die Spannung zwischen der Souveränität Gottes und seiner Nähe zum Menschen wird dabei zum dialektischen Spiegel der theologischen Wahrnehmung und dabei zum praktischen Ansatz, denn die „Rückkehr der kirchlichen Praxis an ihren Nullpunkt" darf nicht verloren gehen.[936] Am Bild des Gekreuzigten müssen sich alle Bilder von Gott und dem Menschen brechen: „In dieser Brechung gewinnen sie zugleich ihre eigene Würde und ihr eigenes Recht. Diesen Zusammenhang müsste eine Ästhetik des Bilderverbotes benennen und veranschaulichen. Es geht um eine Ästhetik der Souveränität Gottes, die den Menschen zugute kommt."[937]

Auch Klaas Huizing fragt in seiner Diagnose einer gegenwärtigen „Krise der Sinnlichkeit"[938] nach der Partizipation des Protestantismus. Streitbar sieht Huizing den theologischen Ursprung für die benannte Krise schon in den Folgen der lesetheoretischen Umwidmung der Tradition. Orientiert sich Grözinger am Bild, so setzt Huizing bei der Schrift als vorfindlicher ästhetischer Form christlicher Religion an. Martin Luther betone ausgehend von der in der „Disputatio de homine" schöpfungstheologisch akzentuierten Wahrnehmung des Menschen die „Textsinnlichkeit protestantischer Denkkultur"[939]. Dieses Prinzip geht in der altprotestantischen Orthodoxie unter dem Druck der Gegenreformation unter. Der „Karfreitag der Sinnlichkeitsdebatte" liegt in der Verbalinspiration; damit tritt die Autorität der Schrift, die sich in einer affektiv und bildersatt vermittelten Wirksamkeit erweisen musste, zugunsten der Autorität einer Urkunde zurück, in der das relationale Verhältnis zwischen Text und Leser zerstört war.[940] Als prägend für die folgende Sinnentleerung gelten jedoch noch weitere Engführungen: Zum einen hat die Soteriologisierung der Christologie durch Luther und das sich da-

934 Albrecht Grözinger, Praktische Theologie als Kunst der Wahrnehmung. Gütersloh 1995.

935 A.a.O., 84.

936 A.a.O., 158.

937 A.a.O., 85.

938 Klaas Huizing, Mit Vernunft und ohne alle Sinne geschaffen? Über die Leibfeindlichkeit im Protestantismus. In: Die verlorene Leiblichkeit. Nach-denklichkeiten über ein Problem im Umkreis der Theologie Paul Tillichs. Protokoll einer Tagung der Ev. Akademie Bad Boll 1997, 5–15. Hier: 7.

939 A.a.O., 7f; WA 34,1.

940 „Die Leibfeindlichkeit im Protestantismus entscheidet sich in der Auslegung des protestantischen Prinzips ‚Sola scriptura'" (Klaas Huizing, Mit Vernunft und ohne alle Sinne geschaffen?, 8).

durch um das eigene Heil sorgende Ich die Lebenswelt aus dem Blick verloren, zum anderen wurde das calvinistische sinnenasketische Arbeitsethos mit Argumenten von Kant unterstützt. Ausläufer liegen in der Bultmannschen Kerygmatheologie und in Barths Ansatz der Selbstoffenbarung Gottes im Wort.[941] Daneben gibt es „fromme Außenseiter" wie Friedrich Christoph Oetinger, Johann Georg Hamann, Johann Caspar Lavater, die aber nicht schulbildend gewirkt haben.

Huizings Lösung einer Rehabilitation der Leiblichkeit liegt im Aufbau einer protestantischen Schrifttheologie als Lesetheologie[942], die den Bibelleser perspektivisch ins Boot nimmt und deren Schlüsselwort, gleich der liturgischen Lösung von Meyer-Blanck, *Inszenierung* lautet: „Lesen ist – recht verstanden – kein logozentrischer und autoritärer Akt, sondern ein kultisches Geschehen, wo die Leserin an die sinnliche Basis der Sprache, sprich: die Leibsprache herangeführt wird. Texte sind komplexe Sinngefüge, die die Leserin die Genesis ihres christenmenschlichen Leibes- und Ausdruckslebens hautnah erleben lassen."[943] Als „inszenierte Leib- und Sehschulung" können demnach Lektüreversuche dienen, in denen „Christus [...] sich leibhaftig in dem Gefüge eines Textes inkarniert. Er hat in den Gleichnissen christliche Lebensvollzüge und damit sich selbst porträtiert und wurde von den kompetenten Autoren der Urschriftsteller diesem Selbstporträt entsprechend porträtiert. Ein Porträt, das leiblich affiziert und so eine verwandelnde Kraft besitzt."[944]. Die soteriologische Leistung Jesu lässt sich auf die Formel bringen: „Ein Schleier wird weggezogen, um genauer sehen zu können. [...] re-velatio (velum: lat. Schleier) meint die Entschleierung einer Weltsicht, die die Wahrnehmung des Menschen als Menschen verhinderte. Offenbarung heißt Blindenheilung."[945] Verbunden mit den Porträtzügen sollen die „dramatische Formungskraft der mit [...] inkarnatorischer Bildlichkeit gesättigten Geschichten, die exemplarische Szenen der Betroffenheit von Transzendenz zur Sprache bringen und die komplexe Situation der Postfiguration anzeigen."[946] Dabei funktioniert die Binnenstrukturierung der Texte im Bezug auf sinnliche Ansprechbarkeit als Verstehen aufgrund eines physiognomischen Textmodells: „Morphologie als Leib- oder Gestaltkunde profitiert davon, daß der Mensch am eigenen Leib das

941 Katholischerseits wird vor allem die Politik des zweiten Vatikanischen Konzils für die Entleerung der Sinnlichkeit verantwortlich gemacht. Vgl. Alfred Lorenzer, Das Konzil der Buchhalter.

942 Huizings Projekt „Ästhetische Theologie" ist bis jetzt dreibändig und verbindet sich mit einer literarischen Anthropologie und der Rezeptionsästhetik (Wolfgang Iser, Rainer - Warning und Hans Robert Jauß) sowie mit der Frage nach der Medialität der Inszenierung.

943 Klaas Huizing, Mit Vernunft und ohne alle Sinne geschaffen?, 12.

944 A.a.O., 14.

945 Ebd.

946 Klaas Huizing, Homo legens. Vom Ursprung der Theologie im Lesen. Berlin / New York 1996, 141. An den Predigten Martin Luthers weist Hans-Ulrich Gehring den Zusammenhang von Textgestalt und Leseakt nach: Schriftprinzip und Rezeptionsästhetik. Rezeption in Martin Luthers Predigt und bei Hans-Robert Jauß. Neukirchen 1999.

Raumschema oben-unten, innen-außen, entschleiert-verschleiert erfährt und sofort anspringt, wenn Texte das Schema anlegen".[947] Hier geht es um die Wiedererkennbarkeit der Urbildlichkeit des Menschen in und an der Schrift. Wenn der Schlüssel zur Leiblichkeit im sola scriptura liegt, ist mit der Heiligen Schrift die materiale Erscheinungsform nicht nur des Christentums, sondern auch des Christlichen markiert, namentlich als Zeugnis und als Form, die buchstäblich in die Hand genommen und mit Augen und Sinnen wahrgenommen werden will.

Im Zuge der kulturwissenschaftlichen Körperdiskurse kommen religiöse Phänomene und Themen inmitten der Virtualisierung der Lebensverhältnisse wieder zu Gesicht, welche die neuere Theologie im Zuge von selbstaufklärerischer Vernunft beiseite gelegt hat. Alex Stock legt seine Poetische Dogmatik vor, die mit vier Bänden zur Christologie aus den poetischen Quellen beginnt: Angeordnet nach dem methodischen Modell der Liturgie, ergibt sich entsprechend dem Oxymoron eine theologisch-poetische Gestalt von Dogmatik.[948] Kult ist hier das „Ortszentrum einer Streusiedlung kultureller Manifestationen".[949] Dabei geht es nicht geradewegs auf eine liturgische Ästhetik zu, aber der Aufbau orientiert sich an den Mysterien des Lebens Jesu, die zugleich seine leiblichen Seiten und die leiblichen Feste als Umgangsformen mit der Leiblichkeit Christi markieren. Das Interesse an Leib und Leben Jesu Christi relativiert hier auch das massive Zentrum der Passion zugunsten der leibbezogenen Feste Fronleichnam, Herz Jesu und Verklärung.[950] Wahrnehmung ergibt sich so als die Kraft des Entwerfens von Leib und Leben, von der Verkündigung bis zur Verklärung an Festen des Kirchenjahres orientiert.[951]

Das Heilig-Halten des Leibes ist ein Weg der *Leibsorge*. „Zur christlichen Freiheit gehört eine vernünftige Leibsorge, die jedoch nicht bedeuten kann, daß der Triebsphäre die Totalsteuerung des Lebens überlassen wird (Rö 13,14)".[952] Seit den neunziger Jahren lässt sich daher eine „Wiederentdeckung des Leibes in der Seelsorge" verzeichnen.[953] Dietrich Stollberg sieht Seelsorge als „Verleiblichung

[947] Klaas Huizing, Homo legens, 161.

[948] Alex Stock. Poetische Dogmatik: Christologie. 4 Bde. Paderborn 1995–2001.

[949] Alex Stock. Poetische Dogmatik: Christologie. Bd. 3: Leib und Leben. Paderborn 1998, 14.

[950] Die Symbolsprache (Licht, Lamm, Sohn) ist in den christologischen Figuren aufgenommen (Alex Stock. Poetische Dogmatik: Christologie. Bd. 4: Figuren. Paderborn 2001).

[951] Die Dogmatik ist katholisch: Was haben Fronleichnam, Herz Jesu sonst darin zu suchen, mag man fragen. Bemerkenswert ist, dass dafür nicht Doktrin leitend ist, sondern sich die Konfessionalität aus den poetischen Quellen und der kulturellen Landschaft ergibt. Biblische Exegese und patristische Soteriologie ergänzen einander.

[952] Heinz-Horst Schrey, Art. Leib/Leiblichkeit. TRE XX (1990), 638–643.

[953] So Christoph Schneider-Harpprecht, Leib-Sorge? Die Wiederentdeckung des Leibes in der Seelsorge. In: Wolfgang Vögele (Hg.): Verletzbarer Körper – Begnadeter Mensch, 97–115.

der Theologie", die mit dem Wahrnehmen auch das Annehmen verknüpft.[954] Er verbindet praktische Konzepte von Körpertherapien wie Bioenergetik, Gestalttherapie und bezieht liturgischer Elemente ein. Elisabeth Naurath fordert zu Recht, dass eine Seelsorge, die sich am Menschen orientiert und ihm in Begegnungen nahe kommt, zugleich Leibsorge sein müsse.[955] Manfred Josuttis richtet sein Konzept der Energetischen Seelsorge gar an den morphogenetischen Feldern als der leiblichen Wirkung des Geistes Gottes als heilsamem Energiestrom aus.[956] Von daher ist mit der Leibsorge zugleich eine Sorge um die Seele verbunden. Christoph Schneider-Harpprecht tritt symptomatisch für eine Multiperspektivität der Körpersicht im „Bezogensein auf Gott als den uns entzogenen Anderen" ein, die wohl die Erhaltung und Feier des ganzen Körpers aufnimmt, aber zugleich Schmerz und Sehnsucht nicht außen vor lässt.[957] Eine religionspädagogische Erkundung der Leiblichkeit im theologischen Feld muss selbstverständlich bei der Leiblichkeit des ganzen Menschen für seine Religiosität und Subjektwerdung ansetzen und dichotomische und trichotomische Menschenbilder kritisch betrachten lernen. Geschöpflichkeit und Leibsorge verhalten sich hier wie Gesetz und Evangelium, sie werden konkret in den Lebensformen. Das Ernstnehmen der Leibhaftigkeit Gottes, auf den der Mensch in seinem Leben bezogen ist, macht die Virulenz der Räumlichkeit christlicher Religion deutlich: Wenn der Geist noch wehen kann, wo er will, lässt sich der gekreuzigte Gott in prägnantester Form ästhetisch wahrnehmen. Religionspädagogisch bedeutet Leibsorge die Für-Wahrnehmung von Religion, um sie in Anspruch nehmen zu können.

2.3 Leibräumlichkeit christlicher Religion: Beseelter Raum, bewohnbare Welt

2.3.1 Religiöser Raum als Heterotopie

Während der Welt-Raum als kosmologischer wirksam ist, gibt es verschiedene Raumkonstellationen, die für die religiöse Praxis von Bedeutung sind. Bezeichnenderweise braucht die religiöse Praxis formierte, umschlossene, „andere" Räume, welche Heiliges und Profanes, Alltag und Fest trennen und damit unterscheiden helfen.

---

954 Im Gegensatz etwa zu einer „Anwendungsform von Theologie": Dietrich Stollberg, Mein Auftrag – deine Freiheit. München 1972, 7. Vgl. den Tenor der Festschrift: Klessmann / Liebau (Hg.), Leiblichkeit ist das Ende der Werke Gottes.

955 Elisabeth Naurath, Seelsorge als Leibsorge. Perspektiven einer leiborientierten Krankenhausseelsorge. Stuttgart u.a. 2000.

956 Manfred Josuttis, Segenskräfte. Gütersloh 2000. Vgl. Rupert Sheldrake, Das schöpferische Universum.

957 Christoph Schneider-Harpprecht, Leib-Sorge? Die Wiederentdeckung des Leibes in der Seelsorge, 113; vgl. Henning Luther, Religion und Alltag.

Andreas Mertin beleuchtet die Geschichte der jüdisch-christlichen Religion, die zu unterschiedlichen, nämlich stark historisch gebundenen Raumkonzepten führt. Dabei sind vier Modelle leitend: das biblische Raumkonzept, das Modell der Synagoge, das der Reformatoren und seit Ende des 19. Jahrhunderts das Gemeindehaus. Die gegenwärtige Beobachtung des Umgangs mit sakralen Räumen spiegelt eine religionssoziologische Tendenz: Während eine allgemeine, weniger differenzierte Religiosität vorherrscht, die sich mit Orten und Räumen verbindet, werden konventionelle, institutionell vermittelte Räume dagegen eher abgelehnt. Ich folge Mertin: Der religiöse Raum der Gegenwart ist nicht an sich eine ontologische Qualität, sondern wird durch religiöse Subjekte konstituiert. Er wird da erfahrbar, wo mit Räumen noch Mythen verbunden werden. Das ist vor allem bei historischen Bauten (romanisch, gotisch, barock, neu-gotisch) der Fall und bei einer besonderen Inszenierung oder einem besonderen Ambiente der Räume.

Während Mertin eine Abkoppelung des religiösen Raums konstatiert, kann unter funktionaler Perspektive ein besonderer Wert von Räumen im „Jenseits" konstatiert werden. Als weitgehend stabile Heterotopie hat sich in der Gegenwart für Menschen aus dem Selbstverwirklichungsmilieu das Museum herausgestellt, das die Geschichte in einen Raum zurückbringt. Es unterliegt auffällig strukturell analogen Ritualen wie der klassische religiöse oder sakrale Raum. Was macht gerade die Kirchen und Klöster zu solch starken Räumen? Michel Foucault stellt in seiner funktionalen „Heterotopologie" heraus, dass jede Kultur Orte braucht, „die sich auf alle anderen Plazierungen beziehen, aber so, dass sie die von diesen bezeichneten oder reflektierten Verhältnisse suspendieren, neutralisieren oder umkehren."[958] Dazu gehören die Utopien als ortlose Platzierungen. Als tatsächlich und in diesem Fall leibräumlich begehbare Utopien – „gewissermaßen Orte außerhalb aller Orte"[959], die als geheiligte Orte mehrere Räume und Platzierungen zusammenzulegen imstande sind. Deren älteste Form ist der Garten. Solche Heterotopien haben ein System von Öffnungen und Schließungen, das die Zugänglichkeiten kontrolliert. Die Vermutung, dass diese Räume die Alltagswelt kompensieren oder gar illusionieren, liegt, was die Beziehung zu Kirchenräumen betrifft, insbesondere für Krisen und Notzeiten sehr nahe. In der Kirche ist es nicht behaglich wie in einer mitteleuropäischen modernen Wohnung. Bemerkenswerterweise bezeichnet Foucault das Schiff als die extremste Form der Heterotopie, da es dialektisch ein „Ort ohne Ort [ist], der aus sich selber lebt, der in sich geschlossen ist und gleichzeitig dem Unendlichen des Meeres ausgeliefert ist."[960] Das Kirchenschiff als umfriedeter Raum bietet Schutz und Geborgenheit, es hat seine eigene in sich geschlossene Wirklichkeit und treibt doch auf dem Meer der Zeit und Welt dahin.

Da es den „religiösen Raum an sich" nicht gibt, bleibt nach Mertin also nur die Hinwendung zur je subjektiven Raumerfahrung. Wir bewegen uns sozusagen von

958 Michel Foucault, Andere Räume. In: Martin Wentz (Hg.), Stadt-Räume. Frankfurt 1991, 66–72. Hier: 58.

959 Ebd.

960 A.a.O., 72.

den großen Raum-Mythen hin zu den individuellen Raum-Mythologien.[961] Da aber religiöse Erfahrungen auch an und in Räumen gemacht werden, Räume selbst zur Erfahrung werden, bleibt zu erschließen, wie sie produktiv wahrgenommen und erschlossen werden können. So wie der Blick auf die Geschichte der jüdisch-christlichen Religion zu unterschiedlichen historisch gebundenen Raumkonzepten führt, führt die Zunahme allgemeiner Religiosität zu einer Aufwertung von Orten und Räumen, wenngleich die konventionellen, institutionell vermittelten Räume auch eher abgelehnt werden. Mertin verbindet damit die Aufgabe, „das Spiel der symbolischen Formen, das im Kirchenraum und im Gottesdienst stattfindet, wahrnehmbar zu machen, indem sie dieses zurückbindet an die religiöse Erzählwelt des Christentums."[962]

2.3.2 Biblische Körper-Bewegungen

„Du stellst meine Füße auf weiten Raum", erfährt der Psalmist des 31. Psalms. „Er wird deinen Fuß nicht gleiten lassen", verheißt das Segenswort inmitten von Ps 91. In der Bibel macht sich anthropologisch das bewegte Leben und Erleben mit Gott deutlich. Am Menschen, seinem Verhältnis zum Körper und seiner Beweglichkeit im Lebensraum Gottes, werden Dimensionen des auf Beziehung ausgerichteten Daseins beschrieben. Die synthetische Lebensauffassung wird unter verschiedenen Aspekten greifbar.

Dem Denken des Alten Testaments ist eine Teilung in Leib, Seele und Geist fremd; alle drei meinen jeweils den ganzen Menschen in seiner *Personalität.* Die Begrifflichkeit von Leib und Leiblichkeit ist nicht vorhanden, auch nicht das Problem einer zerbrochenen Ganzheit, sondern in einer „synthetischen Lebensauffassung"[963] symbolisieren Organe und einzelne Körperteile jeweils in einer „heilsgeschichtlich bestimmten Totalschau vom Personleben des Menschen" die Möglichkeiten des Daseins.[964] Die Kehle, hebr. *näfäsch*, ist das Symbol des begehrenden, auf Beziehung angelegten Menschen; sie ist treibende Lebenskraft und Seelenfunke.[965] Wo sie ist, ist Leben; wo sie fehlt, ist der Atem ausgegangen.[966] Alttestamentlicher Glaube richtet sich im Wesentlichen auf das konkrete, irdische Leben aus. „Eine lebendige, ja immer lebenshungrige *näfäsch* ist der

961 Vgl. Andreas Mertin: „... und räumlich glaubet der Mensch". In: Thomas Klie (Hg.), Der Religion Raum geben, 51–76.

962 A.a.O., 52.

963 Matthias Krieg, Leiblichkeit im Alten Testament. In: Matthias Krieg / Hans Weder (Hg.), Leiblichkeit. Theologische Studien 128. Zürich 1983, 7–29. Hier: 9.

964 Heinz-Horst Schrey, Art. Leib/Leiblichkeit, 638.

965 Vgl. Schroer / Staubli, Die Körpersymbolik der Bibel, 45-54.

966 Durch die griechische Übersetzung in *ψυχη* und den philosophischen Gedanken von Seelenwanderung kommt eine Engführung ins Spiel, die dazu beigetragen hat, Leib und Seele auseinander zu dividieren.

Mensch, solange er lebt, aber eben nur solange."[967] Mit *näfäsch* kann weder die Seele auswandern noch eine Seelenwiedergeburt stattfinden. Das *leb* oder lebab ist das hebräische Wort für Herz, wird aber vom Hebräischen ins Deutsche nicht so übersetzt: *leb* ist der Sitz der Vernunft, des Verstandes und des Gewissens. Wo vom *leb* die Rede ist, ist die Denk- und Entscheidungskraft des Menschen gemeint, das Planen, Überlegen und Entschließen.[968] Das weite Herz markiert große Bildung (1 Kön 4,9–14), entsprechend sind herzlose Menschen ob der Unvernunft, Dummheit und Gedankenlosigkeit zu fürchten (Spr 10,13). Dem Weisen sind jedoch im Herzen Geheimnisse und Kenntnisse eingeschrieben (Dtn 6,6).[969] Mit *basar* ist die hinfällige Kreatürlichkeit angesprochen. Gott gibt durch das *Fleisch* Erkenntniskraft ins Herz: „Und ich will ein neues Herz und einen neuen Geist in euch geben und will das steinerne Herz aus eurem Fleisch wegnehmen und euch ein fleischernes Herz geben" (Ez 36,26). *basar* ist das menschliche Zeichen der Vergänglichkeit schlechthin. Nach dem Tod ist vom Fleisch nichts mehr zu spüren (Jes 40,6ff.), nur noch Knochen und Gebeine. *basar* mit dem Prinzip der äußeren Gestalthaftigkeit, *leb* mit dem inneren Vernunftzentrum und *näfäsch* mit dem umfassenden Vitalitätsprinzip ist gemeinsam, dass sie nicht Dinge des Habens sind, sondern das Sein des Menschen ausmachen, indem sie das Verhältnis zu Gott als Gebendem, Erhaltendem und Nehmendem konkretisieren und auf die geschöpfliche Geschwisterlichkeit mit der belebten Natur verweisen.[970]

Mit der biblischen *ruach* kommen die vitalen Kräfte, Gottes Geist, ins Spiel, die „Lebensgeister, die sich regen, wenn der Verhungerte endlich zu essen, der Verdurstende zu trinken bekommt (1 Sam 30,12; Ri 15,19)"[971]. Jahwes *ruach*, der Lebenswille, macht die Menschen zu lebendigen Wesen (Ps 104,29), „schafft Raum, setzt in Bewegung, führt aus der Enge in die Weite und macht lebendig."[972] Sie ist es auch, die das ganze Volk aus dem Totenzustand ins Leben führt (Ez 37). *ruach* ist aber auch der todbringende, böse Geist, der z.B. Saul erfasst (1 Sam 16,14–16); er ist mit der Musik Davids zu besänftigen.[973]

Neben der bereits benannten Ganzheit (statt eines trichotomischen Menschenbildes) wird deutlich, dass der Mensch nicht auf seine individuell-persönliche Selbstverwirklichung aus ist; als geschichtliches Wesen bleibt er auf seine Lebensbahn und sein Tun bezogen, das mit dem göttlichen Ergehen und mit dem

967 A.a.O., 73.

968 Vgl. a.a.O., 47; Heinz-Horst Schrey, Art. Leib/Leiblichkeit, 639.

969 Zur abendländischen Färbung des Herzens vgl. die Arie „Mache mich, mein Herze rein" in Johann Sebastian Bachs Matthäuspassion (1727). BWV 244.

970 Matthias Krieg, Leiblichkeit im Alten Testament, 13.

971 Schroer / Staubli, Die Körpersymbolik der Bibel, 170.

972 A.a.O., 244.

973 Schroer und Staubli rufen nach der langen Kontemplation des Leibes am Ende zum diesseitigen Kampf „gegen diese Ungeister" auf und stellen sich „in die Tradition derer, die an eine lebensstiftende *ruach* Gottes glauben und an ein Leben vor dem Tod" (a.a.O., 173).

Leben der Gemeinschaft untrennbar verwoben ist. Nicht der Mensch allein macht und tut, sondern er ist ebenso Zielpunkt und Medium göttlicher Macht und politischer Interessen. Geschichtsbücher behandeln konkrete Erfahrung, Weisheitsliteratur bringt diese Gemeinschaft in eine poetische Erfahrungsform. Dies schließt auch ein, dass bei aller Individualität des Ergehens einzelner Personen *Sozialität* gefragt und erforderlich ist. Leben ist keine Privatsache; weder Exil noch kollektive Landnahme, weder Jüngerschaft noch Gemeindebildung betrifft nur einzelne, sondern jeweils die kollektive Lebensgemeinschaft. Wo zwei oder drei in Gottes Namen versammelt sind, da ist er mitten unter ihnen.

Die Weise, sich mit seinem Tun und Leben zu beschäftigen, den Dingen der Welt nachzugehen und Glauben zu gestalten, geschieht in Bildern. Ist uns das Begriffsdenken näher und erfordert es mehr Mühe, der Bild- und Räumlichkeit von Sprache nachzukommen, so kennt das Leben im alten Israel leibräumliche Zugänge zu Gott als König (Ps 99), Vater (Ps 103,13) Mutter (Jes 66, 3) oder Priester; das israelitische Dasein birgt Gleichnisse und Wunder in *symbolischen Handlungen*. Die religiöse Symbolsprache bildet einen kultischen Schutzraum für das Leben mit Gott, wo die konkreten Lebensräume z.B. im Exil verloren gehen.

Jahwe ist für die Menschen spürbar, hörbar und verdeckt sichtbar, aber nicht körperlich greifbar. Mose erscheint er in einer Flamme aus dem Dornbusch (Ex 3,2), er kann das Volk Israel aus Ägypten führen, weil Gott ihnen in einer Wolken- und Feuersäule den Weg weist (Ex 13,21). Beim Bundesschluss am Sinai macht Gott sich sichtbar (Ex 24,10) in einer Gestalt, die zugleich verbirgt, was sie zeigt. Gott spricht mit den Menschen (Gen 3,9), macht sich damit hörbar und erhört (Ps 91,15). Gott hat als zu Hörender einen Namen: Er wird in der Hebräischen Bibel mit „JHWH – HERR" angesprochen und macht sich stimmlich wahrnehmbar. Als Mensch gewordener Gott in Jesus Christus wird er, sprachlich vermittelt, gesehen, gehört, heilsam gespürt. Diejenigen, die ihm begegnen, sind von seiner Sphäre berührt.

Im Prozess von körperlichem Werden und Vergehen ist das Leben in die *Heilsgeschichte* vom Noahbund (Gen 9,1–17) bis zum Sinaibund (Gen 12,2f) mit dem Duktus Schöpfung, Fall, Erlösung eingebunden. Dabei ist die Beziehung zwischen Jahwe und den Menschen nicht ungetrübt; Sintflut und Gefangenschaft versetzen den Menschen in ganzes Leid, das körperlich extrem spürbar ist. Leben und Tod sind ein Los, das zwar der Menschheit gilt, aber dem individuellen Menschen obliegt. Doch ebenso ist das Rettungshandeln am Menschen, das den Tod relativiert, leiblich spürbar: Insbesondere die individuellen Psalmen transportieren die Erfahrungen von Klage und Dank mit Gott (Ps 90). Die spätere Prophetie eröffnet mit der dem Propheten Ezechiel widerfahrenen Vision von der Auferweckung Israels dem Volk erstmalig die Chance der Auferstehung. Die Verheißung der Erneuerung erlaubt Hoffnung auf neues Leben: „Und ich will euch ein neues Herz und einen neuen Geist in euch geben und will das steinerne Herz aus eurem Fleisch wegnehmen und euch ein fleischernes Herz geben" (Ez 36,26). Der Bewegungsaspekt wird in der Wegerfahrung deutlich, die das Volk Israel auf dem Lebensweg macht. In der Be-Weg-ungserfahrung ist den Menschen die Geschichte mit Gott leiblich eingebrannt.

Im Neuen Testament wird die Menschwerdung Gottes vor allem in den Evangelien und bei Paulus als verkörpertes Werden Gottes durch Jesus in den Lebensraum hinein deutlich. Die Evangelien zeichnen einen leiblichen Weg Gottes zum Menschen und zurück. Das göttliche Jesuskind wird menschlich geboren und liegt in einem Futtertrog. Der Heilige Geist erscheint bei der Taufe Jesu in leiblicher Gestalt (Lk 3,22). Jesus lebt phasenweise ein körperlich-menschliches Leben eines Juden, geht in den Tempel. Fortan tritt jedoch die Menschensohnschaft in den Vordergrund, der Teufel kann ihm mit leiblichen Versuchungen nichts mehr anhaben (Lk 4,1–13).[974] Durch die Körperlichkeit kommt Heil in die Welt. Der in Jesus Fleisch gewordene Gott kann mit seiner Kraft auch auf die gebrochene und vom Tode gezeichnete Leiblichkeit ausstrahlen. Davon erzählen die Wundergeschichten, insbesondere Krankenheilungen und Totenauferweckungen. Der Leib Jesu, begrifflich *σωμα*, ist daher mehr als nur der Körper; „der Leib Jesu ist der Ort, wo das Entscheidende zugunsten der Welt geschehen ist."[975]

Selbst die johanneische Theologie, welche den Ursprung im Wort festmacht, zeichnet ein Jesusbild des leiblichen Menschen nach. Gott wird Mensch in Fleisch und Blut und wohnt unter den Menschen: „Also hat Gott die Welt geliebt, dass er seinen eingeborenen Sohn gab" (Joh 3,16). So wurde aus dem göttlichen Wort menschliches Fleisch und bezog Wohnung unter uns. „Seht, welch ein Mensch!" (Joh 19,5). Das Ganze geschieht nicht zum endlichen, sondern ewigen Leben der Menschen. (Joh 6,47;10,28;11,26). Christus ist lebendiges Brot, das vom Himmel gekommen ist (Joh 6,35.51), Licht (Joh 12,46), ja selbst in Gestalt lebendigen Lebens bei der Auferweckung des Lazarus anwesend (Joh 11,25f.); er ist in seiner Herrlichkeit sichtbar geworden (Joh 1,14). Der Glaube an ihn lässt aus dem Leib Ströme lebendigen Wassers fließen (Joh 7,38). Den Menschen ist möglich, ihn auf dem Weg der Erhöhung zu begleiten. Zugleich ist die Endlichkeit der menschlichen Gestalt Jesu an leiblichen Handlungen spürbar; indem er eine Totensalbung erfährt (Joh 12,8) und selbst den Jüngern die Füße wäscht (Joh 13,5). Einer Berührung bleibt der Auferstandene in der Erscheinung der Maria von Magdala jedoch entzogen (Joh 20,17). Der Ungläubige darf die Hand in die Wundmale legen (Joh 20,27), doch die Seligkeit liegt auf dem Glauben.

Das Wort *σωμα* findet sich bereits bei Homer und bezeichnet dort den toten menschlichen oder tierischen Körper.[976] In der Septuaginta markiert es – ausschließlich individuell gebraucht – vor allem den Menschen „als Gesamtheit"; σωμα bezeichnet „fast durchweg Körperlichkeit, und zwar offenbar immer dort, wo der Mensch sich als ganzen versteht", so in Schmerz, Krankheit, Heilung, Tod und Auferweckung, Geschlechtlichkeit. Allerdings ist nicht der Mensch al-

---

974 Nach dem lukanischen Schema tritt der Versucher bzw. Satan nach Lk 4,13 erst in Lk 22,3 (dort in Satan) im Verhältnis zu Jesus wieder auf.

975 Hans Weder, Leiblichkeit. Neutestamentliche Anmerkungen zu einem aktuellen Stichwort. In: Krieg / Weder (Hg.), Leiblichkeit, 31–50. Hier: 37.

976 Bruno Snell, Die Entdeckung des Geistes. Studien zur Entstehung des europäischen Denkens bei den Griechen. Göttingen [4]1975, 16ff.

lein gemeint, sondern im Gegenüber zu Gott, den Mitmenschen oder anderen Mächten.[977] Er ist traditionell der Leichnam, vor allem der Leichnam Jesu (auch der von Mose oder eines Tieres). Totes σωμα kann auferweckt werden. Der Leib erfährt Krankheit und Heilung und bedarf der Nahrung, Kleidung und Pflege.[978] Am Abendmahl wird deutlich, dass σωμα die ganze Person meint. „Nehmet; das ist mein Leib.“ (Mk 14,22) bezieht sich auf „Jesu Leibhaftigkeit als Ganzheit“. Damit ist klar: Der „Leib Christi, wie er im Abendmahl gedeutet ist, ist seine Person, ist er selbst.“[979] Die Leiblichkeit Gottes wird im Neuen Testament durch die Fleischwerdung des Wortes bekundet: „Das Wort ward Fleisch und wohnte unter uns“ (Joh 1,14). Das zieht eine Konkretion sämtlicher Rede von Gott nach sich.

Das besondere Merkmal der Leibhaftigkeit Jesu liegt in der „Überwindung der Verhältnislosigkeit“, die mit dem Tod gegeben ist und sich hier konkret im Tod Jesu abspielt. Ein Verhältnis zu Gott bekommt man, wenn man dem Verhältnis zum Tod Sprache leiht.[980] „In der Klage über die Sterblichkeit des gegenwärtigen Leibes vollzieht der Mensch seine wahre Leiblichkeit, verstanden als Verhältnis zu Gott.“[981] Die Leiblichkeit des Menschen angesichts der Leibhaftigkeit Gottes besteht im Glauben der Erlösung seines Leibes; die sündige Distanznahme von der Geschöpflichkeit liegt im menschlichen Leben in der Bedrohung gegnerischer Mächte im Leib. Bei Paulus wird unter der Thematik „Sündhaftes Fleisch und Tempel Gottes“ deutlich: Während *σαρξ* das Fleisch in seiner „Preisgegebenheit an die Versuchlichkeit der Welt“[982] darstellt, meint *σωμα* den „Mensch in seiner Geschöpflichkeit“[983], die von Gott verliehen ist, die „Person als ganze“[984]. Paulus betrachtet die körperliche Existenz von Menschen stets in Bezogenheit

---

977 Eduard Schweizer, Art. σωμα. In: Georg Kittel / Gerhard Friedrich (Hg.), Theologisches Wörterbuch zum Neuen Testament. Bd. VII. Stuttgart 1990, 1024–1091. Hier: 1045.

978 Die Dichotomie oder gar Trichotomie ist erst von den griechischen Denkern her möglich. Der anthropologische Dualismus ist nur da, wo die Seele dem Leib gegenübergestellt wird. Dann kann er dem Tod hingegeben werden, da die Seele bzw. die Vernunft als den Tod überdauerndes Ich zuweilen die Hoffnung auf Wiedererweckung des Leibes mit sich bringt. Bei Philo und in den Apokryphen / Pseudepigraphen ist der Leib charakterisiert durch einheitliche Ganzheit und Geschlossenheit, wobei eine Partnerschaft mit der Seele oder Vernunft möglich ist. „Auf der ersten Linie wird er zum Bild für die harmonische Seele, den Makrokosmos, das Volk. Auf der zweiten Linie wirkt einmal die Möglichkeit nach, Form und Inhalt zu unterscheiden, dann aber auch das Verständnis des Leibes als Körperlichkeit. So wird der Leib zum Haus oder gar Gefängnis für den allein wesentlichen Inhalt, die Seele“ (a.a.O., 1053).

979 Hans Weder, Leiblichkeit, 38.

980 Vgl. Hans-Martin Gutmann, Mit den Toten leben – eine evangelische Perspektive. Gütersloh 2002 im Gegensatz zu Eberhard Jüngel, Tod. Gütersloh 1979.

981 Hans Weder, Leiblichkeit, 44.

982 Heinz-Horst Schrey, Art. Leib/Leiblichkeit, 640.

983 Ernst Käsemann, Leib und Leib Christi. Eine Untersuchung zur paulinischen Begrifflichkeit. BHTh 9. Tübingen 1933, 125.

984 Rudolf Bultmann, Theologie des Neuen Testaments. Tübingen [9]1984, 196.

auf Gott, Mitmensch und Schöpfung.[985] Das Gottesverhältnis bekommt im *σωμα* einen personalen Ort der Begegnung, nämlich den „Ort, an dem der Glaube lebt, an dem sich der Mensch in die Herrschaft Gottes gibt".[986] Es geht hier nicht um ein vermeintlich abgeschlossenes Individuum, sondern um den Menschen in Beziehung. Bei Paulus ist der Mensch nie allein, sondern immer „der mit Gott und seinen Mitmenschen zusammengebundene, der nur im Verhältnis zu ihnen echt Mensch ist."[987] Daher sind auch die irdischen Zusammenhänge von Leben und Tod wichtig (1 Kor 6,16: Zeugung mit Bezug auf die Genesis und Rö 7,24: die Erlösung vom todverfallenen Leib).

Anstelle der Unsterblichkeit der Seele, anstelle der Verhältnis- und Raumlosigkeit rückt die *Auferstehung* in den Mittelpunkt. Auferstehung ist für Paulus nicht anders als somatisch und damit auch räumlich denkbar. Die Auferstehung, sehr wohl Gottes Tat und nicht menschliches Verdienst, geschieht als neues Leben und wird nicht gelöst von der Frage, mit was für einem Leib die Toten auferstehen. Leben und Auferstehung verhalten sich wie Saat des Verweslichen und Ernte des Unverweslichen, erster irdischer und zweiter himmlischer Mensch, natürlicher und geistlicher Leib, wobei der geistliche Leib nicht ohne den natürlichen auferstehen kann (1 Kor 15,35–49). Die Auferstehung des Menschen ist Teilhabe an Christi Auferstehung (1 Kor 15,22f). Das neue Leben im Geist ist ein In-Christus-Sein (Rö 8). Paulus liegt viel daran, das himmlische Sein als ein „Sein in einer Behausung zu verstehen, nicht als Körperlosigkeit".[988] Der Geist, der Jesus von den Toten auferweckt hat, macht auch die sterblichen Leiber lebendig – der Mensch ist dann nicht fleischlich, sondern geistlich, wenn der Geist Gottes in ihm wohnt. Erlösung lässt sich also als „wahre Leiblichkeit" verstehen, also als „pneumatische Leiblichkeit", ein „ungestörtes Personsein" vor Gott: „Leib ist der Mensch, sofern er ein Verhältnis zu Gott hat, beziehungsweise richtiger gesagt: sofern Gott ein Verhältnis zu ihm hat."[989] Damit ist auch deutlich, wie sehr Leiblichkeit nicht Objekt und Produkt menschlicher Selbstmacht ist, sondern ein Widerfahrnis am Ende der Zeit, aber nicht des Raumes. Weder schließt daraus: „Die *wahre* Leiblichkeit widerfährt mir, wenn ich das Verhältnis schaffende Wort Gottes dereinst ungestört vernehmen kann. Die *gegenwärtige* Leiblichkeit hat ihre gegenwärtige Wahrheit in genau demselben Gotteswort, das unter den Bedingungen

---

985 Claudia Janssen, Anders ist die Schönheit der Körper. Paulus und die Auferstehung in 1 Kor 15. Gütersloh 2005, 82.

986 Eduard Schweizer, Art. σωμα, 1063. Vgl. 1079. Die häufige Wiedergabe des σωμα mit Person, Personalität oder Individualität akzentuiert zwar richtig den ganzen Menschen, der nicht abseits vom Leib lebt, jedoch suggeriert sie eine nicht vorhandene Abgeschlossenheit des Menschen.

987 A.a.O., 1079.

988 A.a.O., 1058. Der „behauste" Körper ist ein griechisches Bild und nicht hebräisch, wo Leib und Person zusammenfallen. Der Geist Gottes wohnt allerdings in der Leib-Person-Einheit.

989 Hans Weder, Leiblichkeit. 45. Weder bezieht sich in seinem Personbegriff auf Gerhard Ebeling, Luther. Einführung in sein Denken. Tübingen 1965, 157–177; 219–238.

der Weltlichkeit vernehmbar ist."[990] Deren Beeinträchtigung und Niedrigkeit liegt freilich in den distanzierenden Aktivitäten des menschlichen Subjektes im Drang um die Herrschaft über seinen Körper – nicht in der Bedingtheit der Auslieferung an den Körper. Denn dort wird das „unaufdringliche Wort von der Geschöpflichkeit"[991] vernehmbar.

In der Rede von der *Gemeinde als Leib Christi* nimmt Paulus im Korintherbrief eine griechische Wendung auf, die den Leib zunächst als „in sich geschlossenen Mikrokosmos" versteht.[992] Die Gemeindlichkeit wird so bestimmt: Viele Gaben sind in einem Geist, viele Glieder gehören in einem christusförmigen Leib zusammenlaufen (1 Kor 12,1–11.12–31). Überindividuelle und intersubjektive Dimensionen von Leiblichkeit hängen an der Beziehungshaftigkeit, dem In-Verhältnis-Sein, der Teilhabe an der Leiblichkeit und Gliedschaft im gemeindeleiblichen Organismus.[993] In dieser Form von Leibgemeinschaft ist der Körper nicht bloßer Körper, sondern Raum der Liebestat Christi, und darin Verbindung in Gemeinschaft. Die Leiblichkeit der Kirche besteht darin, genau und nur dann leiblich zu sein, wenn sie ein Verhältnis zum Leib Christi hat; „die Kirche existiert darin leiblich, daß sie im Raum des Christusleibes stattfindet."[994] Darin ist sie zugleich der „Ort der menschlichen Leiblichkeit" als Ort, „wo die Leiblichkeit des Menschen unter den Bedingungen des Jetzt gedeihen kann"[995] – als solche leibhaftige Weisheit unter dem Kreuz. Von hier aus kommt die Metaphorik des Leibes mit seinen vielen Gliedern zur Auswirkung, welche die Leibhaftigkeit christlicher Gemeinden zum Aufbau menschlicher Gemeinschaft ermöglicht (οικοδομη als Auferbauung): Die wahre und konkrete Gestalt leibhaftiger Existenz ist die Liebe.

Im paulinischen Interesse an der Leiblichkeit bekunden sich in eins „die Weltbezogenheit und der Weltbezug des eschatologischen Schöpfers"[996], die sich im Menschen spiegeln: „Der Mensch heißt also soma, sofern er sich im Zeit-Raum Jesu Christi von sich selbst zu differenzieren und zum Objekt eines Geschehens oder Erleidens zu werden vermag."[997] Der Mensch steht in seiner leiblichen Personalität nicht nur unter der eigenen Macht, sondern auch unter anderen Mächten. Bei Paulus gilt der Zuspruch des Heils im Glauben an die Rechtfertigung des Sünders (Rö 5) genauso wie die verbindlichen göttlichen Forderungen (Rö 7). Christliches Leben kann nicht für sich dem Libertinismus huldigen, soll aber auch

990 Hans Weder, Leiblichkeit, 46.
991 Ebd.
992 Eduard Schweizer, Art. σωμα, 1079.
993 Im Kolosserbrief, dessen Verfasserschaft strittig ist, bildet Christus selbst das Haupt des Leibes, der Weltkirche (Kol 1,18).
994 Hans Weder, Leiblichkeit, 47.
995 A.a.O., 48.
996 Karl-Adolf Bauer, Leiblichkeit: das Ende aller Werke Gottes. Die Bedeutung der Leiblichkeit des Menschen bei Paulus. Gütersloh 1971, 188.
997 A.a.O., 185

keine leibfeindliche Askese betreiben. Die Leibhaftigkeit Gottes in der doppelten Bewegung der einmaligen Hingabe des Leibes Jesu (Hebr 10) macht damit für das Menschsein deutlich: „Geistige Integrität und körperliche Gesundheit, Heil und Heilung, gehören unabdingbar zusammen, wenn es um die Leibhaftigkeit des Menschen geht."[998] In eschatologischer Perspektive wird deutlich, dass das „Im-Körper-Sein" in Bezogenheit die Möglichkeit „zur Transzendierung von Wirklichkeit, zur Annahme und Weitergabe göttlicher Versöhnung – zum Leben als σωμα πνευματικον (1 Kor 15,44) in der Teilhabe an der neuen/verwandelten Schöpfung Gottes" eröffnet.[999]

2.3.3 Der Leib – ein Tempel des Heiligen Geistes

Die Paradiesgeschichte zeigt, dass jegliches seinen Raum (Gen 2), Kohelets Weisheit, dass jegliches seinen Zeitraum hat (Koh 3). Dieser Lebensraum steht in unmittelbarem Verhältnis zum Raum Gottes. In ihm ist die zwischenleibliche Verbundenheit von Kreatur, außermenschlicher Mitkreatur und Lebensraum deutlich.[1000] In der priesterschriftlichen Fassung der Schöpfungserzählung wird die Welt in einer rhythmischen Ordnung von außen nach innen sorgsam aufgebaut, indem der Schöpfer handwerklich Teil für Teil erschafft und in den Lebensraum hineinsetzt. Jedes Werk erhält seinen Segen. Die Lebewesen erhalten die Gabe der Fruchtbarkeit, dass sie aus ihren Körpern in Erdverbundenheit und Partnerschaftlichkeit heraus den Fluss des Lebens fortsetzen.[1001]

Peter Sloterdijk beschreibt die Welt morphologisch (mehr denn geschichtlich) als Sphärenbildung: von der Genesis der Kugel-"Blase" als kleinstem, intimstem Lebensraum, in welchem man schon immer zu zweit in einer starken Beziehung ist, über „Globen" als fortschreitende Formauflösung hin zu „Schäumen", denen die Festigkeit und Zentriertheit der räumlichen Welt abhanden gekommen ist. Die morphologische Lebens- und Kulturbeschreibungen erzählen die Schöpfungsgeschichte als eine Erschaffung in zwei Akten: Zuerst wird der Mensch geformt, als ein halbmassiver Lehmling, der mit seinem Hohlraum als Krug des Lebens dient. „Dem adamischen Gefäß sind Hohlräume anerschaffen, die erst in einer zweiten, zunächst durchaus mysteriösen Phase der Schöpfung zu ihrer Bestimmung erwachen".[1002] Mit dem „Inspirations-Akt" gibt die Genesis-Erzählung als Urszene der Anhauchung bzw. Inspiration zu bedenken, „daß dem adamitischen Halbfabrikat in einem zweiten Arbeitsgang der entscheidende pneumatische Mehrwert hinzugefügt wird."[1003] Solche Behauchung ist der Beginn der „Sphärenbildung": „In

998 Hans Weder, Leiblichkeit, 35. Das wird auch am ntl. Umgang mit Krankheit, z.B. in den Heilungswundern, deutlich.

999 Claudia Janssen, Anders ist die Schönheit der Körper, 305.

1000 Vgl. die etymologische Verwandtschaft von Mensch (adam) und Erde (adama).

1001 Siehe dazu Eilert Herms, „Füllet die Erde und machet sie euch untertan ..." Das dominium terrae und die Leibhaftigkeit des Menschen. In: ders., Gesellschaft gestalten. Beiträge zur evangelischen Sozialethik. Tübingen 1991, 25–43.

1002 Peter Sloterdijk, Sphären. Mikrosphärologie. Bd. I.: Blasen. Frankfurt 1998, 33.

1003 A.a.O., 35.

Sphären werden geteilte Inspirationen zum Grund für das Zusammenseinkönnen von Menschen und Völkern."[1004]

Der Mensch richtet sich nicht nur in der Welt ein, sondern er belebt und verändert sie damit auch,[1005] indem zunächst von außen, dann auch von innen her, Lebensraum aufgebaut wird.

Jürgen Moltmann entfaltet seine Raumtheologie in trinitarischer Hinsicht.[1006] Ausgangspunkt ist die Schechina, die er als Grundlage der christlichen Gotteserfahrung in der Christologie und der Pneumatologie erweist. Gott wird zum Wohnraum seiner Schöpfung – Gott macht in sich selbst einen Lebensraum für seine Geschöpfe frei – und die Schöpfung damit zum Wohnraum Gottes: Gott will unter den Israeliten wohnen (Einwohnungsverheißung Ex 29, 45) und zwar so weit, dass auch die Tempelzerstörung ihn zum beweglichen Gott macht, der mit dem gefangenen Volk, mit den Heimatlosen, Obdachlosen und Verfolgten im Lichte der Zionsverheißung umherzieht. „Die Gotteserfahrungen in der Christusgemeinschaft gehen jedoch über die alte Schechina-Theologie hinaus, dass in ihr die Einwohnung Gottes einen Körper, einen Namen und eine Gestalt bekommt: Jesus von Nazareth."[1007] Inkarnation und Inhabitation gehören so zusammen. Dabei ist das Problem, ob Gott der Raum seiner Welt ist oder seine Welt sein Raum, als wechselseitige Einwohnung von Vater, Sohn und Heiligem Geist in der trinitarischen Perichoresis gelöst: Die Welt wohnt in Gott auf weltliche Weise, und Gott wohnt in der Welt auf göttliche Weise. Wer in der Liebe bleibt, der bleibt in Gott und Gott in ihm (1 Joh 3,16). Eine solche Raumerfahrung kann sich theologisch nicht auf das Konstatieren biblisch-theologischer Räume erstrecken, sondern diese heilende Einwohnung muss zu einer kritisch fragenden Haltung des Menschen führen in Bezug auf den Umgang mit der Leiblichkeit im Raum der Welt. Vor dem eschatologischen Horizont der Mensch- und Weltwerdung ist nach der Möglichkeit des Lebensraumes für den Menschen zu fragen. Dass Gott bei den Menschen wohnen will, hat zur Folge, dass niemand „draußen vor der Tür steht", sondern eben gerade eingeschlossen ist in diesen geistlichen Lebensraum. „Die eschatologische Einwohnung Gottes ‚in dem neuen Himmel und der neuen Erde' ist die Gegenwart Gottes im Raum seiner Geschöpfe."[1008] Der Gedanke der „Spiritualität der Einwohnung" versucht, „diese

---

1004 A.a.O., 31.

1005 Vgl. Ovidius Naso Publius, Metamorphosen. München 1997.

1006 Jürgen Moltmann, Gott und Raum. In: ders. / Carmen Rivuzumwami (Hg.), Wo ist Gott? Gottesräume – Lebensräume. Neukirchen 2002, 29–41. Hier erweitert er seine trinitarische Schöpfungslehre zu einer Raumtheologie. 29–34. Siehe auch: ders., Gott in der Schöpfung. Ökologische Schöpfungslehre. München 1985.

1007 Jürgen Moltmann, Gott und Raum, 37.

1008 ders, Das Kommen Gottes. Christliche Eschatologie. Gütersloh 1995, 292. Vgl. Herman-E. Mertens, Es gibt bei Gott kein „Draußen vor der Tür". In: Moltmann / Rivuzumwami, Wo ist Gott?, 109–117. Hier: 117.

Welt als von Gottes Geist beatmete Schöpfung zu begreifen, als die einzige Heimat, die wir haben."[1009]

Friedrich Christoph Oetinger, der große Denker des Württembergischen Pietismus, hat einst eine „philosophia sacra", eine universalistische Theologie und Philosophie entwickelt, in welcher die Frage nach der Allversöhnung in den Grundbegriffen der Heiligen Schrift gesucht wurde.[1010] Bei ihm verbinden sich Schöpfung, Weisheit und Versöhnung zu einer Gesamtschau, in welcher die Leiblichkeit des Lebens und das trinitarisch gestaltete Handeln Gottes die Hauptrolle spielt. Gott ist nicht der „fertige" bestimmbare deus perfectus, der einen ebenso perfekten Menschen in die abgeschlossene Welt setzt, sondern der Gott, der „aus dem Urgrund heraus zur Offenbarung, d.h. zur Verwirklichung und Verleiblichung seiner selber drängt".[1011] Dies geschieht nach Oetinger räumlich: Der Übergang Gottes zum Menschen macht sich als „Raum der Stärke Gottes" bemerkbar.[1012] Dieser Raum ist für Oetinger „das Fühlungs-Werkzeug GOttes, womit er nicht nur alles siehet, sondern fühlt, was unter den Erdenbürgern vorgeht"; „er ist die reine Leiblichkeit GOttes, womit GOtt nothwendig alles in den Creaturen siehet, höret und empfindet; und ist der Grund zu der Möglichkeit, daß das Wort Fleisch ward. Dann in Christo ist diß Sensorium hernach ungleich mehr verwandt mit der Creatur worden; daß eine gläubige Seele sagen kann: Christus siehet, höret, riechet in mir."[1013] Die Inkarnation Gottes in Christus erhöht nach Oetinger die Leiblichkeit Gottes, sie ist ausgenommen von der Vergänglichkeit. Körper und Natur sind nicht nur Werkstoff der Naturbeherrschung, wie die Naturwissenschaften neuzeitlich nahe legen, sondern Oetingers Erlösungsbegriff schließt in seiner Materialität Natur und Kreatur dezidiert mit ein. Ist die physica sacra wie hier Grund des heilvollen Lebens?

Die personale Raumbindung des Glaubens findet einen besonderen sakralen Ort: Der Leib ist ein Tempel des Heiligen Geistes, gehört Gott und ist damit eine räumliche Leihgabe, die zur Ehre und zum Preis Gottes genutzt werden soll (1 Kor 6,19f.). Der Geist bildet nach Luthers Auslegung von 1 Thess 5,23 „das Haus, darin der Glaube und Gottes Wort wohnen."[1014] Gott selbst ist im Leib gegenwärtig: Wenn er schafft und erhält, „so muss er daselbst sein und seine Kreatur sowohl im Allerinwendigsten als im Allerauswendigsten machen und erhalten. Darum muß er ja in einer jeglichen Kreatur in ihrem Allerinwendigsten, Auswendigsten um und um, durch und durch, unten und oben, vorn und hinten selbst dasein, dass nichts Gegenwärtigeres und Innerliches in allen Kreaturen sei

1009 „Sind Christen die Nachfolgegemeinschaft, so ist Christus der Vorangehende, ist uns immer um den einen entscheidenden Schritt voraus, dass er den Tod schon hinter sich hat. Wohin geht uns der Auferstandene in diesem Jahrhundert voraus? Wo will er sich von uns finden lassen?" Geiko Müller-Fahrenholz, Spiritualität im ökumenischen Kontext. www.kloster-denkendorf.de/denkendorfer_denkzettel_1_spiritualitaet.htm.

1010 Friedrich Christoph Oetinger, Theologia ex idea vitae deducta (1756). Hg. v. Konrad Ohly. Berlin / New York 1979. Vgl. Rainer Piepmeier, Art. Oetinger, Friedrich Christoph. TRE XXV (1995), 111–117; Martin Weyer-Menkhoff, Christus, das Heil der Natur. Entstehung und Systematik der Theologie Friedrich Christoph Oetingers. Göttingen 1990.

1011 Ernst Benz, Schöpfungsglaube und Endzeiterwartung. Antwort auf Teilhard de Chardins Theologie der Evolution. München 1965, 185.

1012 Friedrich Christoph Oetinger, Theologia, 358. Siehe Martin Weyer-Menkhoff, Christus, das Heil der Natur, 209.

1013 Zitiert nach: a.a.O., 210.

1014 Martin Luther, Das Magnificat verdeutschet und ausgelegt (1521). WA 7, 538–604. Hier: 590.

denn Gott selbst mit seiner Gewalt. Denn er ist's, der die Haut macht. Er ist's, der auch die Gebeine macht. Er ist's, der die Haare auf der Haut macht. Er ist's auch, der das Mark in den Gebeinen macht. Er ist's, der ein jegliches Stücklein am Haar macht. Er ist's, der ein jegliches Stücklein am Mark macht. Er muß ja alles machen, beide, Stück und Ganzes."[1015]

Der Tempel ist ein umfriedeter Ort, der nach außen hin schützt und abschirmt und doch Alltägliches und Äußeres in sich hinein nimmt. Nicht umsonst ist der Leib eine Kultstätte. Was macht man an einem Kultort? Beten, Opfern, Segnen. Die Wohnstatt des Körpers wird in dieser Heiligung noch einmal fremd. Nicht um ein ästhetisierendes „Schöner Wohnen" geht es hier im Sinne des Wohlfühlens, sondern der Körper dient als Ort der Leibgemeinschaft im Kontakt mit Gott. Hier, an mir und in mir, kann und soll Gottesdienst stattfinden. Der geschöpfliche Leib wird damit seinem Schöpfer geweiht, dieses Verhältnis gepflegt. Spirituelle Kultivierung benötigt eine bestimmte Raumausstattung. Der Geist ist nicht beliebig verfügbar. Er weht, wo er will. Vielleicht kann er, wenn er schon weht, aber auch nur einziehen, wo man ihn hinein lässt? Spiritueller Raum kann dort und nur dort entstehen, wo er sich auftut. Die Gestaltung des religiösen Lebens braucht Raum.

2.3.4 Liturgie: Christentum in Vollzugsform

Wie legt man sich didaktisch Liturgie zurecht? Die christliche Religion hat Kirchenräume ausgeprägt, die ihr einen spezifischen Lebensraum für die Leiblichkeit gewähren und zugleich nach außen hin Form geben. Im Kirchenraum wird die Elementarform christlicher Religion gefeiert: Gottesdienst. Gottesdienst ist eine kultische Begehung in der Pflege des Verhältnisses vom dreieinigen Gott und den Menschen, seiner Gemeinde, auf dem „Weg in das Leben".[1016] Menschen kommen zu bestimmten Zeiten und Gelegenheiten zusammen in einem Raum, der eigens dafür da ist, und gestalten miteinander die Begegnung mit Gott. „Im Namen des Vaters und des Sohnes und des Heiligen Geistes": Diese Eröffnung setzt darauf, dass der dreieinige Gott gegenwärtig *präsent*, nämlich lebendig, aufmerksam und wirksam sei. Andererseits macht diese Eröffnung die Gemeinde des dreieinigen Gottes, die damit Gott hat.

Die kultischen Formen sind an ein Verhalten gebunden, das leiblich vollzogen wird, das körperlich „gemacht" und spürbar ist. Ausdruck und Resonanz werden dabei wirksam. Ich gehe in die Kirche, betrete den Kirchenraum, nehme Geruch, Temperatur und Atmosphäre wahr; das verändert mich und meinen Leib. Viel-

---

1015 Martin Luther, WA 23; 135,1–10 („Daß diese Worte das ist mien Leib noch feststehen, 1527).

1016 Manfred Josuttis, Der Weg in das Leben.

leicht fröstele ich, suche mir einen angenehmen Platz, orte mich: will ich vorn sitzen oder lieber in der letzten Bank, ohne Beobachtung, wo das alles, was mich beschäftigt, mit mir sein kann. Zum Gebet stehen wir auf: Gott, du kannst mich ganz sehen, in meiner Länge, ich strecke mich zu dir empor. Im gemeinsamen Sprechen vereint sich meine Stimme mit denen der anderen. Wie bin ich hier? Mal höre ich mich selbst ganz deutlich, verleihe meiner Stimme beim Glaubensbekenntnis Nachdruck, ich will mir das selbst hörbar machen! Mal mische ich mich so in den Sprechchor, dass ich fast aufgesogen bin in der Gemeinde: Vater Unser im Himmel, der Ruf der ganzen Menschheit steigt da mit auf. Im evangelischen Gottesdienst sitzen wir die meiste Zeit. Die evangelische Christlichkeit hat das Knien und Gehen großenteils verlernt; im Knien mache ich mich dem Erdboden etwas näher, die Vergänglichkeit ist unausweichlich vor Augen, in der Bewegung werden Nähe und Distanz geschaffen. Beim Segen, zumindest beim persönlichen Zuspruch in Kasualhandlungen, bekomme ich die schützende Hand auf den Kopf, die mich für einen Moment spüren lässt, dass ich beschirmt und behütet werde. Eine solche Begehung hinterlässt auch dann ihre Wirkung, wenn ich mit meinen Gedanken vielleicht ganz woanders bin; sie macht sich leiblich als Wirkung und Resonanz spürbar.

Der Gottesdienst ist die Lebensform christlich-religiösen Miteinanders im Raum der Kirche.[1017] Gottesdienst hat seine Erscheinungsformen, die körperlich-sinnlich wahrgenommen und gestaltet werden. Dazu gehören leibliche Bewegungen des Körpers (Gesten, Gebärden), die durch ihren religiösen Handlungscharakter, vornehmlich ihre Sprachhandlungen, geregelt werden und das Verhältnis zu Gott Vater, Sohn und Heiligem Geist vernehmbar realisieren. Diese „körperlich-sinnlichen Erscheinungsformen der Religion in Raum und Zeit"[1018] bilden die *Liturgie* – die elementare Form der leiblichen Teilhabe am Gottesdienst. „Liturgie ist eine gestaltete Form, Gott in seiner Heiligkeit zu begegnen und sich ihr auszusetzen."[1019] Dies wird auch deutlich in den Sakramenten, den sprachleiblichen Handlungen, durch die man im Sinne Luthers an der Gegenwart Gottes in Jesus Christus *wortzeichenhaft* teilhaftig werden kann.[1020] Über Taufe und

---

1017 Vgl. Bernd Wannenwetsch, Gottesdienst als Lebensform – Ethik für Christenbürger. Stuttgart u.a. 1997.

1018 Christoph Bizer, Art. Liturgie. LexRP II, 1269–1272. Hier: 1269. Während Symbole und Rituale die Leiblichkeit von Religion von ihren lebensweltlichen Zusammenhängen begreifbar machen und das Fest auch in nichtreligiösen Zusammenhängen als einleuchtender Kontrapunkt auf der Höhe des Lebens erscheint, wird der Begriff Liturgie häufig mit einer mehr oder weniger starren Gottesdienstordnung und zuweilen mit leerer Formelhaftigkeit assoziiert, die mich zwar einbezieht, aber innerlich teilnahmslos lässt.

1019 Christoph Bizer, „Liturgie" als religionsdidaktische Kategorie. In: Jörg Neijenhuis (Hg.), Liturgie lernen und lehren. Aufsätze zur Liturgiedidaktik. Beiträge zu Liturgie und Spiritualität. Leipzig 2001, 95–118. Hier: 96.

1020 Taufe und Abendmahl sind jeweils „ein Sakrament und ein göttlich Wortzeichen": Johannes Brenz, Fragstück des christlichen Glaubens für die Jugend (1535). In: Christoph Weismann, Eine kleine Biblia. Die Katechismen von Luther und Brenz. Einführung und Texte. Stutt-

Abendmahl hinaus werden, in den katholischen und orthodoxen Kirchen stärker als in den evangelischen, Segnungen durch Handauflegen, das Salben mit Öl, das Ausbreiten von Weihrauch, das Küssen des Evangeliars und des Altars vorgenommen.

Manfred Josuttis beschreibt Liturgie als rituelles Verhalten, das auf den Lebensalltag Bezug nimmt, diesen aber im Gottesdienst übersteigt.[1021] Religion ergibt sich in dieser Konstellation als ein Zusammenspiel individueller und gemeinschaftlich-kirchlicher Verhaltensweisen zur rituellen Wahrnehmung und Verehrung des Heiligen.

Gelebte Religion konkret in Gebrauch nehmen, heißt *leibliches Tun* und hat sichtbar mit *Bewegung* zu tun.[1022] Religion im Vollzug ist unter anthropologischem Blickwinkel das liturgische Verhalten derjenigen, die Religion ausüben. Glauben besteht so gesehen weder aus Gesinnung noch aus Weltanschauung, sondern zunächst einmal aus elementaren korporalen Tätigkeiten: Wir machen uns mit Leib und Seele auf den Weg, gehen, sitzen, stehen, singen, hören, essen, beten.[1023] Dabei spielen Gesten und Gebärden und die Bewegung im Kirchenraum eine Rolle. Diese Bewegungen sind kommunikativ; sie führen dazu, dass wir miteinander teilen und einander mitteilen. Dabei werden religiöse Zeichen und Kontakte durch materiale Formen, die wir als *Symbole* kennen, wahrgenommen: das Brot, der Wein, das Kreuz.[1024] In *Ritualen* werden sie zu einem Prozess symbolischer Kommunikation mit dem christlichen Gott verflüssigt. Wer betet, faltet seine Hände und spricht, still oder vernehmbar, zu Gott, dem Gegenüber, hin. Die *Form* des Vater Unser tönt in der Kirche in einem Sprachraum auf den Gekreuzigten am Altar hin und nimmt ihn von dort her auf. In der religiösen Sphäre wird mit der göttlichen Wirklichkeit, die diese Gesten in Empfang nimmt und verwandelt, als ganz räumlichem Gegenüber gerechnet. In der Kirche ist dieses Gegenüber sichtbar in Gestalt des Gekreuzigten. Die am Gottesdienst Teilnehmenden begehen als Mahlgemeinschaft feierlich die Vergegenwärtigung des Ein-für-allemal-Opfers und konstituieren sich damit als gegenwärtige und eschatologische Heilsgemeinde.

---

gart 1985, 112–115. Hier: 112.115; Johannes Brenz / Martin Luther, Der Würtembergische Katechismus samt der Auslegung Lutheri für die Kirchen und Schulen des Herzogtums. In: A.a.O., 118–127. Hier: 118.126.

1021 Manfred Josuttis, Der Weg in das Leben.

1022 Sequeira spricht von „liturgischer Gestik“ (Anthony R. Sequeira, Liturgische Körper- und Gebärdensprache als Thema der Semiotik: Möglichkeiten und Grenzen, in: Wilfried Engemann / Rainer Volp (Hg.): Gib mir ein Zeichen, Berlin/New York 1992, 207–231. Hier: 225), zum „Selbstvollzug“ des Menschen im Medium seiner Leiblichkeit (Gottesdienst als menschliche Ausdruckshandlung. In: Gottesdienst der Kirche. Handbuch der Liturgiewissenschaft Teil 3. Regensburg 1987, 7–39. Hier: 13f). Er summiert unter „Bewegung als liturgische Ausdrucksdimension“ Haltung, Geste, Gebärde und Tanz (28f).

1023 Liturgisch aufgebaut bei Manfred Josuttis, Der Weg in das Leben.

1024 Alex Stock hat eine poetische Dogmatik auf einer solchen Formenlehre entwickelt (Alex Stock, Poetische Dogmatik: Christologie, 4 Bde: Namen, Schrift und Gesicht, Leib und Leben, Figuren. Paderborn 1995ff).

Glauben macht sich so als Teilhabe und Gemeinschaft am Heiligen bemerkbar. Der Weg des Gottesdienstes ebnet mit seiner Elementarizität, wie es der Verhaltensansatz zeigt, grundlegende Lebensprozesse und schafft so die Basis für eine religiöse Kultur, die mit dem Leben förderlich umgeht. Das Falten der Hände zum Gebet, das Erheben zum Gruß, das Ausbreiten und Auflegen zum Segen, das Bezeichnen mit dem Kreuz, das Schlagen der Hände an die Brust, das Reichen der Hände zum Friedensgruß, Waschungen der Hände – all diese gestischen Rituale leben von der Form der Be-weg-ung des Wortes im Angesicht des Heilandes und entfalten auch erst auf dem Weg zum Göttlichen ihre Wirkmacht. Dieses Geschehen lässt sich mit Luthers Prägung „Tätelwort" oder mit dem Begriff der „Performativen Sprachhandlung" verdeutlichen: das Wort bringt in actu mit sich, was es sagt.[1025] Die Konfirmandinnen und Konfirmanden beten zu Gott, er möge ihnen Kraft schenken. Sie selbst werden im sprachlichen Vollzug des Segenswortes und im leiblichen Vollzug des Handauflegens gesegnet. Man könnte sagen, dort sei eine Art „liturgischer Stromkreis" vorhanden: In der Anstrengung des Gebetes geben die Menschen ihre Energie zu Gott, von dem aus in der Berührung wiederum himmlische Energie auf die Gesegneten zurückfließt und ihnen neue Kraft spendet. Der Kraftfluss von Gott zu seinen Geschöpfen und zurück wird so in Bewegung gehalten. Daher kann Religion auch in ihren liturgischen Begehungen leiblich, seelisch und atmosphärisch erspürt werden. Die Erfahrung der liturgischen Schritte und ihrer Formen geschieht in diesem „Stromkreis" nicht nur verstandes- oder gefühlsmäßig, sondern auch atmosphärisch und mit dem Körper. Das Nachbuchstabieren, Mitsprechen und Wahrnehmen liturgischer Formen hinterlässt bei denen, die Religion vollziehen, eine nachhaltig spürbare Wirkung. Luthers Morgen- und Abendsegen legt leibliche Figuren christlicher Religion als Vollzug von Wort-Zeichen nahe: Im Tasten spürt man, vergewissert sich der Präsenz Gottes. Die Symbolisierung geschieht hier als Verdinglichung der Präsenz. In der Gegenwärtigung wird der *Felt Sense* als Wirkung spürbar, als Resonanz, welche das Geschehen spurenhaft hinterlassen hat. Wer dem Nachbarn zum Friedensgruß die Hand entgegenstreckt und die Worte „Friede sei mit dir!" oder „Shalom" spricht, fühlt die eigene Hand fest oder schwach, vernimmt den Klang der eigenen Stimme fröhlich, bittend oder verhalten. Wer diesen Friedensgruß oder gar einen Friedenskuss bekommt, erhält den Frieden zugesprochen und spürt die Wirkung des Zuspruchs, spürt die eigene Hand in der des anderen, deren Festigkeit oder Zärtlichkeit, die Berührung mit dem Mund auf der eigenen Wange, die Umarmung. Das leiblich gesprochene Wort, genauer: das stimmliche Sprechen des Wortes, kann hörbar und spürbar Frieden schaffen. So entsprechen sich in der liturgischen Form, wenn sie nicht zur leeren Formel erstarrt ist, Impression und Expressivität: Die leibräumliche Wirksamkeit und das sinnenhafte Mit-Tun und Ausgestalten von Religion sind

[1025] Vgl. Luthers „Wort als Gnadenmittel", ausgelegt von Ernst Bizer, Fides ex auditu. Neukirchen 1958; Oswald Bayer, Leibliches Wort. Reformation und Neuzeit im Konflikt. Tübingen 1992.

wechselseitige, einander bedingende Prozesse zu deren gestaltender Wahrnehmung und Praxis.

Liturgie gestaltet das Begehren nach Grenzüberschreitung durch die leibliche Vollzugsform einer symbolischen Ordnung. Liturgie wird rituell vollzogen.[1026] Jenseits des Alltags, aber durchaus in der Bezogenheit auf die Lebenswelt, schafft Liturgie Raum für eine andere Wirklichkeit, die mit einem Gott rechnet, der sich für uns Menschen vernehmbar (als Klang), sichtbar, spürbar macht. Anders als Alltagsliturgien richtet sich christliche Liturgie auf die Gestaltung des Verhältnisses zum christlichen Gott hin aus und bleibt auf biblische *Verheißung* bezogen. Theologisch lässt sich formulieren: Die Verheißung von Leben und Menschlichkeit ist Gabe und Kontaktangebot des christlichen Gottes. Liturgie stellt symbolische Formen bereit, in denen mit Gott rituell *Kontakt* aufgenommen wird.[1027] Als solche ist Liturgie *symbolische Kommunikation.* Gottesdienst ist ein *Prozess* – Liturgie ist *Religion als leibräumlicher Vorgang*; das Fließen der Handlungen ist rhythmisiert, die Teile sind für uns in ihrer Anordnung als „heiliges Spiel" oder „Weg in das Leben" nachvollziehbar und absehbar.[1028]

Gottesdienst ist ein *Prozess* – Liturgie ist Religion im Vorgang; das Fließen der Handlungen ist rhythmisiert, die Teile sind für uns in ihrer Aufeinanderfolge nachvollziehbar und absehbar. Dieser Weg der Wahrnehmung und Ingebrauchnahme von Religion, der ein kommunikativer ist, baut symbolisch einen Lebens*raum* auf, einen beweglichen Raum für den und die Menschen, für die Gemeinde, in dem sie erhört und getröstet wird, in dem sie aufrecht stehen und sie selbst werden können.[1029] In der Form geht es um Schaffung von zwischenleiblichen Räumen, in denen Menschen einander wahrnehmen können – weniger als Selbstausdruck, vielmehr als Teilhabe am gemeinschaftlichen Geschehen. Liturgie wird jedoch zu formelhaft, wenn sie die Lebendigkeit der gestaltenden Menschen einbüßt; sie ist auf *Gestaltung* aus. Die *Spiritualität*, die liturgische Bewegungen und Erneuerungen mit sich bringen, liegt nicht in der Überzeugung, die den Glaubenden und Tätigen innewohnt, als vielmehr in der „geformten Aufmerksamkeit".[1030]

1026 Rituale finden sich auch im Alltag; entsprechend bauen auch Alltagsliturgien auf Ritualen auf. Die Tageschau wird eröffnet mit den Worten: „Guten Abend, meine Damen und Herren!" und schließt mit dem Ausblick auf das Wetter. Die Bewegung der Tagesschau entspricht dem Einziehen der geographischen und politischen Welt von außerhalb meines Wohnzimmers nach innen und wieder dem Ausziehen auf die Landschaft und den folgenden Tag. Eine „profane Liturgie" eines Festes findet sich auf dem Kindergeburtstag. Das Einhalten von Formen wie das Auspusten der Kerze und das eher ekstatische Kuchenwettessen werden ausgelotet. Jede Schule, jede Schulstunde (sicher auch jedes religionspädagogische Seminar) hat eine eigene Ritualität (repräsentiert in Formen wie Gongschlag). Sie ist mit für Klima und Lebensbedingungen der Schule verantwortlich, weil sie mit der in sich selbst vollzogenen Ordnung den Geist einer Schule kultivieren oder zerstören kann.

1027 Am Fest wird insbesondere deutlich, dass Gott mitten im Leben jenseits ist.

1028 Manfred Josuttis hat die Ordnung und Führung dieses Weges als „Weg in das Leben" bezeichnet.

1029 Das wird insbesondere an Gebeten der Unterdrückten aus Lateinamerika oder von Frauen deutlich.

1030 Fulbert Steffensky, Der Gottesdienst und seine Formen. In: ders., Der alltägliche Charme des Glaubens. Würzburg 2002, 92–111. Hier: 92.

Liturgie macht möglich, dass sich Menschen mit ihren Körpern in Raum und Zeit der christlichen Religion bewegen, sich von ihr situieren lassen und deren Sprache im leiblichen Vollzug rituell lernen (ein implizites pädagogisches Kriterium). Exerzitien vollziehen als geistliche Übungen Ähnliches. Dass man Atmosphären „in sich aufsaugen" kann, ist nichts Neues. Hier wird aber auch deutlich, dass die medialen Gegebenheiten religiösen Gewahrwerdens sich als Resonanzen in den Leibern und im Gemeinschaftsleib niederschlagen. In der Aktualität des Vollzugs wird Religion wirksam und formiert sich zum Kirche-Sein als Leib Christi. Christliche Religion gestaltet sich in der Lebensform des Gottesdienstes als leiblicher Kontaktprozess von Mensch, Welt und Gott.

3 Religion zu Wort kommen lassen

Beim Lernen in religionspädagogischen Zusammenhängen geht es um die Wahrnehmung von Religion und Mensch. Religion schließt den Menschen dabei in doppelter Weise leiblich ein: Er ist Subjekt, aber auch Teil des Gegenstandes und in jedem Fall des Prozesses zwischen Mensch und Religion. Hier ist also nicht nur zu erschließen: Wie kommt der Mensch im Lernprozess zu Religion, sondern auch: Wie kommt die Religion zum Menschen? Wie ist das pädagogische Verhältnis von Mensch und Religion zu beschreiben? Damit ergibt sich, dass der Prozess nur in Annäherungen und dialektisch dargestellt werden kann. Anders gefragt: Wie kann der Religion lernend (nach-)gedacht werden, deren Leiblichkeit in den Mittelpunkt der Aufmerksamkeit rückt?

3.1 Phänomenologie religiöser Wahrnehmung

3.1.1 Religionsphänomenologische Aspekte

Einen Weg, Religion an ihren Erscheinungen zu verdeutlichen, zeigt die Religionsphänomenologie. Religionsphänomenologische Denkansätze, ob sozial- und kulturwissenschaftlich, religionspsychologisch oder praktisch-theologisch orientiert, konzentrieren sich darauf, den Kontakt mit dem Heiligen bzw. mit der jeweiligen Gottheit zu beschreiben und die subjektiven sowie die transsubjektiven und transweltlichen Bedingungen und Prozesse zu eruieren. Die dafür notwendigen Kategorien ergeben sich sowohl aus anthropologischen (Gefühl, Anschauung, Glauben) als auch aus religionswissenschaftlichen und theologischen Zusammenhängen (das Göttliche, das Heilige).

a.) *Erscheinung*: Das Modell von Emile Durkheim interpretiert die individuellen Erfahrungen von „elementaren Formen religiösen Lebens" sozialpsychologisch als Funktionen kollektiver Wirkungen. Die Gesellschaft präsentiert sich in der Religion als „Erregungsgemeinschaft", bei der in einem „Pseudodelirium" das Heilige und die Heiligung als Individualerfahrung einer kollektiven Wirkung erfahrbar werden und damit Wirklichkeit setzen.[1031] Die Begeisterung der Baptisten, das Ekstatische, wird für jeden Einzelnen spürbar und erzeugt Rührung. Schon Rudolf Otto, der sich der Wirklichkeit des Heiligen im erkenntnistheoretischen (epistemologischen) Interesse zu nähern versucht, verortet die Erfahrung des transmenschlichen Numinosen auch im menschlichen Gefühl. Im Heiligen tritt die transzendierende Kraft transrational zutage, sie kann bestenfalls beschrieben und erörtert werden.[1032] Dennoch bleibt es nicht bei einer personal „immanenten“ Erfahrung, deren Vermittelbarkeit sich jeglicher Kommunikation verschließt. Wahrnehmung kommt nicht ohne ein Verständnis des beseelten Menschen und der beseelten Welt aus. Gerardus van der Leeuw geht davon aus, dass das ganze Wesen des Phänomens darin gegeben ist, „daß es sich zeigt, sich ‚jemandem‘ zeigt.“[1033] Religionsphänomenologisch bedeutet das, dass Gott das Agens in der Beziehung zum Menschen ist und die Wissenschaft vom Tun des Menschen in der Beziehung zu Gott nichts vom Tun Gottes erzählen kann. Der Wissenschaft bleibt, so sie sich auf Religion als Phänomen wirklich einlassen will, von den Machterfahrungen auszugehen, die Menschen im religiösen Bereich erleben. Das religiöse Erlebnis gehört nach van der Leeuw zu den inneren Handlungen; damit ist das „Schauen“ gemeint, das sich weniger auf den Ausdruck als auf den Eindruck, also auf die inneren Regungen, welche den Ausdruck bewirken, richtet. Ohne innere Handlungen gäbe es kein Äußeres, ohne äußere Wirksamkeit keine innere Regung. „Denn in beiden Fällen handelt es sich für uns um das Sich-Zeigende, das sich im Zeichen kundtut. Das Gefühl ist nicht ohne Rede, Gebärde; der Gedanke nicht ohne Form, Handlung; sogar die Mystik bedarf der Worte.“[1034] So werden auch Dogmen und Kulthandlungen als „Reflex eines Erlebnisses“ betrachtet.[1035] Van der Leeuw stellt emphatisch heraus: „Das Erlebnis ist aber keineswegs bloß Gefühl bzw. religiöses Gefühl“, denn es „läßt sich nicht abtrennen vom Leben als Ganzheit“. Er spricht folglich von „Regungen des Ichs“[1036]; so „ist in jeder Regung das ganze Ich enthalten, das ganze Leben, das durch die Erregung (welche bis zur ‚Ergriffenheit‘ gehen kann), zum Erleben wird [...] und somit einzig in seiner Bezogenheit zum Objekt (als *Er*lebnis) da ist.“[1037] Das Erlebnis vergleicht er phänomenologisch mit dem Ereignis: „*Ereignis und Erlebnis* sind dieselbe Sache, einmal als Tatsache, dann auch als Sinn. Ein Phänomen ist somit immer erlebnisbezogen, denn sonst würde es sich uns nicht sinnhaft zeigen. Aber die äußeren Phänomene haben auch ein tatsächliches und ereignishaftes Element, nämlich eine Naturseite, die sich nicht mit verstehen

[1031] Emile Durkheim, Die elementaren Formen des religiösen Lebens. Übers. v. Ludwig Schmidts. Frankfurt 1981.

[1032] Vgl. Rudolf Otto, Das Heilige. Über das Irrationale in der Idee des Göttlichen und sein Verhältnis zum Rationalen. München 1963.

[1033] Gerardus van der Leeuw, Phänomenologie der Religion. Tübingen ²1956, 768.

[1034] A.a.O., 523.

[1035] A.a.O., 523.

[1036] Im Gefolge von Binswanger. A.a.O., 525.

[1037] A.a.O., 525 (Hervorhebung i.O.).

läßt."[1038] Damit gibt es kein Erlebnis, das ereignislos wäre, aber auch keinen Sinn, der ohne das hermeneutische Verstehen möglich wäre („Doppelerlebnis der Gestalt"). Das Erlebnis kann sich erst zeigen, wenn es sich in der Undurchsichtigkeit des Ereignisses verbirgt. Denn nur das kann offenbar werden, was verborgen ist."[1039] Das religiöse Erlebnis ist dasjenige Erlebnis, dessen Sinn sich auf das Ganze bezieht. „Es läßt sich nie aus dem Augenblick verstehen, sondern immer nur von der Ewigkeit her." Damit bestimmt sich sein Sinn als eschatologisch, indem es über sich selbst hinausweist. Es bedeutet dem Menschen eine Grenze, ein Letztes, das nicht zu bedeuten wäre, wenn es keinen Anfang gäbe. „Sein Sinn wird als ganz ‚anderer' erlebt, sein Wesen als Offenbarung. [...] Es bleibt also ein Rest, der grundsätzlich nicht verstanden werden kann, der aber von der Religion als die Bedingung alles Verstehens angesehen wird. Das Verstehen wird an der Grenze der Erscheinungswelt von einem Verstanden-Werden abgelöst." Das religiöse Erlebnis ist objektbezogen; das Er-Leben macht die Intentionalität deutlich. Im religiösen Erlebnis ist die „Gerichtetheit eine Gegenwart, eine Begegnung, dann eine Vereinigung. Und in dieser Gegenwart ist nicht der Erlebende, sondern der Gegenwärtige der Erste; denn er ist der Gewaltige, der Übermächtige, der die Gewalt hat."[1040]

b.) *Religiöse Erfahrung*: Das Interesse an der empirischen Religionspsychologie von William James ist merklich gestiegen.[1041] Diese beschreibt die innere Vielfalt reli-

---

1038 Ebd.

1039 A.a.O., 526.

1040 Ebd.

1041 William James, The Varieties of Religious Experience (1902). Reprint Cambridge MA 1985. Die erste deutsche Übersetzung liegt vor von Georg Wobbermin, Die religiöse Erfahrung in ihrer Mannigfaltigkeit. Materialien und Studien zu einer Psychologie und Pathologie des religiösen Lebens. Deutsche Bearbeitung von Georg Wobbermin. Leipzig ^{4}1925. James vertritt einen antimaterialistischen „radikalen Empirismus" (so Eilert Herms, Radical empiricism. Studien zur Psychologie, Metaphysik und Religionstheorie William James'. Gütersloh 1977) und begründet damit den amerikanischen Pragmatismus. Seine Leitgedanken sind die freie, schöpferische Persönlichkeit und die Vielgestaltigkeit der Wirklichkeit. In seiner Psychologie wendet er sich gegen die Assoziationstheorie; das Bewusstsein ist demgegenüber zweckmäßig und hat eine gegliederte Struktur. Seine personzentrierte pragmatische Methode ist deskriptiv-phänomenologisch und lebenslauforientiert; sie arbeitet damit, Konzepte und Techniken mit dem Lebensstrom zu verbinden. Dabei fragt er nach dem Barwert („cash value") von Wahrheit, indem er den anthropozentrischen Zusammenhang von Wahrheit und Wirksamkeit betont: Wahr ist, was wirkt. Vom Pragmatismus erhofft er sich eine effektivere Art von Wissenschaft, die sich am Wohlbefinden und der Weiterentwicklung der Menschen orientiert. Wobbermin grenzt William James deutlich von Wilhelm Wundt ab; der Hauptunterschied liege darin, dass Wundt eine „genetische Religionspsychologie" erschaffen habe, welche die Frage nach dem „spezifisch Religiösen" nicht beantworte. Wobbermin will mit seiner Übersetzung „den Sinn für religionspsychologische Betrachtung wecken [durch]... Einblick in bereits geleistete religionspsychologische Arbeit" (Vorwort zur ersten Auflage, IV). Wobbermin würdigt „die Unterscheidung zwischen religiösem Erlebnis und der reflektierenden Ausdeutung", sie wird zum methodischen Grundsatz „für das Verständnis und die Beurteilung aller Äußerungen des religiösen Bewußtseins" (S. VIII).

giöser Erfahrung. James knüpft theologisch an Schleiermachers Unendlichkeit der Religion an, beruft sich jedoch auf personalistische Deutung von seelischen Kräften im All und gipfelt in einem Panpsychismus. Damit verlegt er die Religiosität ins Innere.

Religion bezeichnet eine dem Unterbewusstsein nahe Sphäre: „Wenn wir neben diesen Erscheinungen der Inspiration die religiöse Mystik in Betracht ziehen, wenn wir uns an die auffallenden und plötzlichen Friedensstimmungen zwiespältiger Naturen erinnern, wie wir sie bei den Bekehrungen beobachtet haben, und wenn wir an die übertriebene Liebe, Reinheit und Selbstzucht vieler Frommen denken, so können wir m.E. der Folgerung nicht ausweichen, daß wir in der Religion eine Sphäre der menschlichen Natur haben, die in ungewöhnlich enger Beziehung zur Region des Unterbewußten steht."[1042] Er äußert sich zum Wesen der „persönlichen Religion", das in pragmatistischer Weise an den persönlichen Erfahrungen abgelesen werden kann. Ein Merkmal des Lebens ist die Überfülle. Die Wirklichkeit des Religiösen bemisst sich an der Wirksamkeit in der Psyche. Die natürliche Welt enthält demnach Spuren des Transzendenten, deren Möglichkeit für das Menschsein er hier auslotet; die Blickrichtung seiner Suche nach dem Göttlichen ist die Innenwelt. James geht in seiner „religiösen Lebensanschauung"[1043] davon aus, dass die sichtbare Welt Teil einer höheren, unsichtbaren Welt ist, durch welche das Leben seinen eigentlichen Sinn erfährt und mit der sich zu vereinigen das höchste Ziel ist. Aus dieser höheren geistigen Welt strömt geistige Kraft in die Erscheinungswelt ein, die psychologische (Gefühle) oder materielle (neue Lebenskraft) Wirkungen hervorruft. Die Religion, der sich James daher vorrangig widmet, meint die „Gefühle, Handlungen und Erfahrungen der einzelnen Menschen als solcher [...], sofern sie sich in Beziehung zu etwas Göttlichem wissen, wie immer sie sich dieses letztere näher vorstellen mögen".[1044] Das „Evangelium der Gemütskur"[1045] bekommt aufgrund der gleichen psychischen Wirksamkeit – nämlich Besserung oder Heilung der Befindlichkeit des Gemütes – den gleichen pragmatischen Stellenwert wie der östliche Glaube an Wiedergeburt oder lutherische Erlösungskonzepte. Daraus resultieren zwar weniger konfessorische Gemütsverfassungen, aber Religion und Glauben werden an den *Erlebnissen* gemessen. Bekehrung ist eine Gemütsverfassung, die sich an „charakteristischen Merkmalen" verifiziert: Der Unfriede weicht der Überzeugung, dass sich alles zum Guten wendet, der „Herrschaft von Friede, Harmonie, Wille zum

---

Für Richard Kabisch und seine Bearbeitung des Problems der Lehrbarkeit hat James Religionspädagogik faktisch als „Wissenschaft" ermöglicht – religions- und lernpsychologisch: Religion kann man nach Kabisch durch „nachgestaltendes Erleben" lehren und lernen. Dafür wird der psychische Innenraum in Anspruch genommen (Richard Kabisch, Wie lehren wir Religion?).

1042 James / Wobbermin, Die religiöse Erfahrung in ihrer Mannigfaltigkeit, 379.

1043 A.a.O., 381.

1044 A.a.O., 23.25.

1045 Vgl. heute Psychotherapie und den Pluralismus der Ansätze zum Seelenheil.

Leben". In der Mystik ist die Erkenntnis bisher verborgener Wahrheiten möglich.[1046] Impliziter und expliziter Maßstab der Religiosität sind praktische, aufweisbare Früchte solcher Bekehrungen: sittliches Leben, Ethos, Werke und Taten und Frömmigkeit alias Heiligkeit. Heiligkeit, die „Vereinigung der reifen Früchte religiösen Lebens als persönliche Charakterbestimmtheit" im „Bewußtsein von der Gegenwärtigkeit einer höheren freundlichen Macht" ist typologisch an Gemütsverfassungen ablesbar und in Tugend(-Handlung)en wie Askese, Seelenstärke, Reinheit, Liebe aufweisbar.[1047] Diese Tugenden werden genau beschrieben, bewertet und münden in der ethischen Konsequenz der Individualität im Pluralismus: „jeder muß für sich selbst die Form der Religionsausübung und den Grad der Heiligkeit herausfinden, die am besten zu seinen Kräften und zu dem Beruf paßt, den er als seine wahre Aufgabe erkannt hat".[1048]

Die Frage nach dem Zugang zur Wahrheit führt in die Mystik. Jedoch geschieht in der unio mystica eine Loslösung des Geistes vom Körper, was zu einer Schmerzunempfindlichkeit, also zu einer Anästhesie, führt. Meister Eckhart vertritt die Lehre vom Seelenfünklein (apex mentis), einem Ort in der Seele, in dem Gott gegenwärtig sein kann und in den er einzieht. Damit ist verbunden, dass das, was der Mensch in seiner Geschöpflichkeit als Gutes von Gott bei sich wahrnimmt, auch ein Teil Gottes bei sich ist. Wesentliches Merkmal der mystischen Zustände ist die „innere Erleuchtung", die „Unmittelbarkeit der Verzückung", deren Erleben im Gebet oder in der religiösen Betrachtung zur inneren Anschauung der Wahrheit führt: „Im mystischen Erleben wird der Mensch eins mit dem Unendlichen und wird sich dieser Einheit auch bewußt."[1049] Augustin beschreibt die sogenannte Ostia-Vision (visio) körperlich als synästhetische Erfahrung: „Da berührten wir [die ewige Weisheit] leise mit einem vollen Schlag des Herzens. Da seufzten wir auf und ließen dort die Erstlinge des Geistes [Rö 8,23] festgebunden und wandten uns wieder den Lauten unserer Rede zu ...".[1050] Da die mystische Erfahrung das Fenster zur überempirischen Welt öffnet, jedoch keinen „zwingenden Wahrheitsbeweis" für die religiöse Weltanschauung bereithält, ist eine „spekulative Metayphysik" vonnöten.[1051] James erteilt der dogmatischen, scholastischen Metaphysik eine Absage: Wahrheit ist nicht intellektuell nachweisbar, sondern der „praktische Wert der Religion für das seelische Leben

---

1046 James / Wobbermin, Die religiöse Erfahrung in ihrer Mannigfaltigkeit, 197–201.

1047 A.a.O., 219f.

1048 A.a.O., 304.

1049 A.a.O., 325.323.335.

1050 Aurelius Augustinus, Confessiones IX,10. Vgl. Ute Mennecke-Haustein, Christliche Mystik. Ein kirchenhistorischer Überblick. Glaube und Lernen (2002) 2, 136–150. Hier: 139, die in ihrem Überblick über die Strömungen christlicher Mystik aus historischer Sicht die Spannungen von Gottunmittelbarkeit gegen institutionelle Vermittlung, persönliche Heilsaneignung, Erfahrung und Wissen und Abhängigkeit und Autonomie, den mystischen inwendigen gegen den biblisch fremden anderen Gott aufzeigt (Vgl. 149f.).

1051 James / Wobbermin, Die religiöse Erfahrung in ihrer Mannigfaltigkeit, 343.

des Einzelnen und für das Geistesleben". Aus solchen pragmatischen Gründen kann die Religionswissenschaft nicht die gelebte Religion ersetzen: Allein Kenntnisse haben nicht die Wirkung auf das menschliche Leben, welche die religiösen Gefühle haben. Demzufolge schenkt er auch „Momenten" des religiösen Lebens, dem ästhetischen Empfinden, hohe Beachtung. In ihnen werden Opfer zur Herzenshingabe verinnerlicht. Das Gebet sollte zur Heilung herangezogen werden: „Die religiöse Hauptsache beim Gebet ist die, daß geistige Kraft, die sonst gebunden bleiben würde, frei, und daß tatsächlich eine gewisse geistige Arbeit geleistet wird."[1052]

Die religiöse Erfahrung allein als Angelegenheit des Gefühls zu erfassen, trifft den subjektiven Teil religiöser Wirklichkeit. Diese religiösen Wahrnehmungen sind als menschliche Prozesse begreifbar, wenn man bedenkt, dass Glauben mit dem aktiven Vollzug zu tun hat.

c.) Tätigkeit des Unbewussten: Das persönliche Vollziehen von Glauben als Haltung und Prozess ist religiöses Erleben.[1053] Dies lässt sich in Analogie zur psychoanalytischen Therapiesituation begreifen. Freud zielt mit der Methode der „freien Assoziation" auf die „Erforschung des vergessenen Unbewußten".[1054] Das erfordert „eine besondere Einstellung der Aufmerksamkeit, die ganz anders ist als beim Nachdenken und das Nachdenken ausschließt".[1055] Diese psychoanalytische Haltung, die „freischwebende Aufmerksamkeit"[1056] des Analytikers, meint das „freie Spielenlassen der Assoziationen und der Phantasie, das Gewährenlassen des eigenen Unbewußten". Beim „Hören mit dem dritten Ohr"[1057] werden die Ich-Funktionen durch das „Öffnen" des Analytikers gelockert. Ähnlich ließe sich feststellen, dass „auch in Religionen Wege gefunden worden [sind], die das Überschreiten des immanenten Bereichs erleichtern". [1058]

d.) *Ritus*: Nach Mircea Eliade, der den Schwerpunkt auf die *Funktionalität* religionsgeschichtlicher Elemente legt, ist die elementare religiöse Methode der Ritus: „Derjenige, der einen Ritus vollzieht, überschreitet den profanen Raum und die

---

1052 A.a.O., 375.

1053 Wilfried Ruff, Glauben und zweifeln. Ein Deutungsversuch ihrer Möglichkeiten. In: ders., Religiöses Erleben verstehen. Göttingen 2002, 161–183 zur strukturellen Analogie von Psychoanalyse und Religion.

1054 Sigmund Freud, Kurzer Abriß der Psychoanalyse (1924/28). GW XIII. Frankfurt 1960, 405–427. Hier: 410.

1055 Sigmund Freud, Vorlesungen zur Einführung in die Psychoanalyse. GW XI, 65.

1056 Nach Laplanche / Pontalis, Das Vokabular der Psychoanalyse, 169–171: „gleichschwebende Aufmerksamkeit".

1057 Theodor Reik, The listening with the third ear. The inner experience of a psychoanalyst. New York 1948.

1058 Wilfried Ruff, Glauben und zweifeln, 168.

profane Zeit".[1059] Riten und Gegenstände verkörpern das Heilige, indem in ihnen Heiligung stattfindet, sowohl von Gegenständen als auch von Personen und Handlungen; „kontemplative Techniken und Methoden zielen darauf ab, alle Qualitäten, welcher Natur sie auch seien, in radikaler Weise zu transzendieren."[1060] Religionsphänomenologisch wird mit Rudolf Otto, Mircea Eliade, Gerardus van der Leeuw und Friedrich Heiler deutlich: In den Riten findet Heiligung statt. Auch Gegenstände inkarnieren die Kraft des Heiligen kraft ihres Seins, sie werden geweiht. Der Ritus wiederholt die Handlungen des Heiligen durch Imitation (van der Leeuw). Josuttis siedelt sich in seiner Phänomenologie bei Friedrich Heiler an, indem er Religion fokussiert als ein „Durchstoßen von Erscheinungen, die in sich selbst einen hierarchischen Kosmos bilden und ins Zentrum eines Mysteriums führen."[1061] Theologisch ergibt sich so eine Kritik an bewusstseinstheoretischen Verengungen auf Reflexionsprozesse, welche die Erscheinungen außer Acht lassen. Außerdem werden die Gefahren des von der Dialektischen Theologie unterlaufenen Auseinanderfallens von theologischen Einsichten und religiösen Handlungen ins Feld geführt. Josuttis bezieht sich, nicht ohne einen gewissen Pragmatismus, auf Hermann Schmitz und rückt damit *Wirklichkeit und Wirkung* näher beieinander: Religion ist bei Schmitz das „Verhalten aus Betroffenheit von Göttlichem".[1062] Diese Betroffenheit ist transpersonal, transsubjektiv und transmental geprägt und ergreift den Betroffenen. So kann Josuttis folgern: „Die Wirklichkeit des Heiligen ereignet sich demnach nicht nur in verbaler Anrede und löst nicht nur reflexive Akte aus, sondern zeigt sich in leiblich spürbaren Wirkungen."[1063] Religiöse Methoden sind folglich dadurch charakterisiert, „daß sie nicht nur mit psychischen, biologischen und sozialen Realitäten rechnen, sondern sich auf eine Sphäre beziehen, die sich in diesen Realitäten, aber gleichwohl in spürbarer Eigenständigkeit realisieren kann."[1064] Rituell vollzogene Religion transferiert die Wirklichkeiten.

e.) *Religiöses Handwerk*: Die Wahrnehmung von Religion geschieht praktisch und orientiert sich an der Leiblichkeit des Menschen. Ignatius von Loyola hat bereits als geistliche Übung Exerzitien empfohlen, nämlich um „alle ungeordneten Hinneigungen von sich zu tun, und nachdem sie abgelegt sind, den göttlichen Willen zu suchen und zu finden in der Einrichtung des eigenen Lebens".[1065] Das Außen formt das Innen.

[1059] Mircea Eliade, Die Religionen und das Heilige. Elemente der Religionsgeschichte. Frankfurt / Leipzig 1998, 496.

[1060] A.a.O., 484.

[1061] Manfred Josuttis, Religion als Handwerk, 14.

[1062] Hermann Schmitz, Das Göttliche und der Raum. System der Philosophie III/4. Bonn 1977, 11. Zit. nach Manfred Josuttis, Religion als Handwerk, 17.

[1063] A.a.O., 18.

[1064] A.a.O., 18f.

[1065] Ignatius von Loyola, Geistliche Übungen (1541). Übertr. a. d. Spanischen Urtext v. Adolf Haas. Freiburg 1999, 15.

Manfred Josuttis arbeitet in seiner religiösen Methodenlehre auf vier Ebenen heraus, wie sich Handlungs- und Wahrnehmungsformen der Religion begreifbar machen lassen. Dazu gehört auch die „Einbettung in einen Wirklichkeitshorizont". Die Wirklichkeit von Religion zeigt sich für ihn darin, „daß Methoden mit Möglichkeiten rechnen, die bei der Anwendung der Methode zur Wirklichkeit werden".[1066] Die Anwendung liegt in der rituellen Praxis. Biblisch ist das Heilige eine zentrale Zuschreibung, die in der irdischen Welt Räumen, Zeiten, Personen und Sachen gilt, aber zugleich durch die Heiligungskraft, vermittelt durch den Heiligen Geist, von der himmlischen Sphäre auf die irdische übergeht. Methoden sind Wege in die Praxis spiritueller christlicher Existenz.

Die Funktionen gelten für die gesamte Praxis religiöser Handlungen: Religion ist demnach ein „Handwerk, das in der Theologie überdacht wird".[1067] Da Methoden Realitäten realisieren, lässt sich eine auf vier Bereichen aufbauende religiöse Handlungslogik spiritueller Praxis erschließen: 1. Theologie, Kosmologie, Anthropologie; 2. Normen; 3. individuelle Rollen und psychologische Motivationen; 4. „Mittel, durch die der Gläubige seine Verehrung ausdrücken und den erstrebten Zustand der Frömmigkeit erreichen kann".[1068] Religiöse Methoden, Handlungen und Übungen, gelten als von der Gottheit schon selber vollzogen oder zumindest gestiftet. „Die permanente Suche nach neuen Formen ritueller Gestaltung ist der religiösen Lebenswelt fremd, und zwar nicht einfach wegen der in der Vergangenheit geltenden Traditionsorientierung, sondern aus sachlichen Gründen. Menschen können nicht einfach Methoden erfinden, mit deren Hilfe sie Gott gegenüber aktiv werden können. Sie sind und bleiben angewiesen darauf, sich auf Verhaltensmodelle einzulassen, die von weit her kommen und deren Tiefe sich erst allmählich erschließt." Spirituelle Methoden werden, da Religion ein Handwerk ist, nicht als Ausdruck persönlicher Frömmigkeit praktiziert, sondern „weil Menschen fromm werden wollen".[1069] Die *Folgen* spiritueller Methodik sind gemeinschaftlich, sozial, politisch – nicht die Methoden selbst. Diese werden, nachdem ihre Problematik erörtert ist, „der Bewegungsrichtung leiblicher Praxis folgend behandelt". Daraus ergibt sich eine rituelle Lernsequenz von Askese (Präparation des Leibes), Anrufung Gottes durch Gebet, Weihe, Opfer- und Segenshandlungen sowie Heilung. Den stärker expressiven religiösen Handlungen folgen Methoden religiöser Wahrnehmung, allen voran das (protestantische) Hören, Träumen und Sehen. Hier wird deutlich, dass Wahrnehmung sowohl die Innen- wie auch die Außenkonzentration einfordert und weniger von äußerlicher Bewegung als nach innen gerichteter Bewegtheit geleitet ist. Der von Josuttis vollzogene Aufbau macht deutlich, dass die religiöse Praxis rituell aktiv *und* empfangend pathisch ist. So versteht er unter religiöser Wahrnehmung auch nur im

1066 Manfred Josuttis, Religion als Handwerk, 62.
1067 A.a.O., 9.
1068 A.a.O., 10, zitiert nach: Neil J. Smelser, Theorie des kollektiven Verhaltens. Köln 1972, 50.
1069 A.a.O., 18.

engeren Sinne empfangende sinnliche Tätigkeiten wie Hören, Sehen und Träumen.

f.) In der *Mystik* zeigt sich Religion theologisch im Prozess der Verinnerlichung. Bendrath kreiert in einer Charakteristik Jacob Böhmes, den er als „im weitesten Sinne frühlutherischen Denker“[1070] einstuft, seine Inkarnations(christo)-morphologie, die sich von Böhme über Dilthey an einer traditionellen Erfahrungssoteriologie und Schrifthermeutik entlang hangelt. Er ermittelt mit Tillichs Deskription die Merkmale einer erfahrungssoteriologisch angelegten Inkarnationsmorphologie. Zum einen ist die soteriologische Vergegenwärtigung des raumzeitlich-leibsinnlichen Einmal im jeweils gegenwärtigen Allemal der Erlebniswirklichkeit des individuellen Christenmenschen maßgeblich, zum anderen die Gestalthaftigkeit der leiblich-sinnlich erlebten Heilsgegenwart im jeweils individuellen Allemal, leibhaftig entsprechend der Gestalthaftigkeit der Erlöserperson im geschichtlichen Einmal ihres leiblich-sinnlichen Lebensvollzugs.[1071] Bendrath geht es um die „situationsdramatische Inszenierung des leiblichen Spürens und Erlebens zu religiösen Durchbruchserlebnissen“[1072], die über die Wiedergeburtserlebnisse Jacob Böhmes zu einer Situationsdramatik des Christus praesens führen. Diese versuche Böhme nach Bendrath szenographisch seinen Lesern nahe zu bringen durch das „selbsteigene Miterleben dessen am eigenen Leibe, was im biblischen Christusbild vorgezeichnet ist“.

Es geht also um ein Element der *Mimesis*. Bendrath kommt so zu einer, wie man sagen könnte, christomorphologisch inspirierten Leibarchitektur, in welcher der Unterkörper der christologische Sitz im Leben ist. Der Brustraum stellt den Resonanzraum der szenographischen Methode durch die Ausdrucksgestalten der leiblichen Ausdrucksmotorik des Taufdramas, die Verinnerlichungsgestik des Abendmahls, die szenographische Bildlogik des Kreuzes und die marianische Prototypik dar. Das Herz bildet die Lebensgestalt des Christus praesens, das erhobene Haupt wird in der Leibhaftigkeit angesiedelt: „Der Christenmensch ist nicht nur Konkreator am schöpferischen Glaubensleben, sondern in seinem leibhaftigen Lebensvollzug auch der Offenbarer der Lebensgestalt des Christus praesens. Seine leibliche und lebensgeschichtliche Erscheinungsgestalt bringt den Christus praesens mimetisch zur Darstellung. Die leibhaftige Auferstehung ist nun qua Leibhaftigkeit in das gegenwärtige Auferstehungsleben des Christenmenschen inkarniert.“[1073] Das grenzt an pathische Verkörperung des Christus. Hier wird von lutherischer Seite die Neuentdeckung einer „Inspirationsquelle zur leibphänomenologischen Reformulierung des ‚Ordo salutis‘“ wirksam, der im

---

[1070] Christian Bendrath, Leibhaftigkeit. Jacob Böhmes Inkarnationsmorphologie. Berlin / New York 1999, 338.

[1071] Vgl. a.a.O., 63f.

[1072] A.a.O., 112.

[1073] A.a.O., 346f.

Lichte von Hermann Schmitz als „Sichbesinnen des Christenmenschen auf sein Sichfinden in der christlichen Welt“ benannt wird.[1074]

Das Problem ist hier, dass der Leib sowohl von „Körper“ als auch von „Seele“ unterschieden wird. Die unio mystica zielt auf ein Innewerden des Wortes als Verkörperung des Christus und dessen Begegnung mit der Seele. „Ich bin klein, mein Herz ist rein, soll niemand drin wohnen als Jesus allein“ wäre die rituelle Umsetzung im Kindergebet; die Bacharie „Mache mich, mein Herze rein!“ bereitet diesen Einzug nach innen vor. Dennoch finden beide ihre veräußerbaren Formen, geht es einer religionspädagogischen Wahrnehmung nicht nur um das, was davor liegt; die Erfahrung des Ich am Anderen, die Gestalt des Transzendenten ist gefragt. Das Wort sperrt sich in seiner Anschauung zugleich gegen das, was es nach innen holt und gibt damit eine fruchtbare Spannung von Innen und Außen vor, die wiederum im Leben von Mystikern gelebt wird.[1075] Wie kommt die räumliche christliche Religion in den Leib des Menschen hinein?

g.) „*Spiritualiät*“: Peter Campbell und Edwin McMahon legen mit ihrem Werk „Biospirituality“ – zu Deutsch: „BioSpiritualität“ – den Finger darauf, dass in der westlichen Welt gegenwärtig Formen von Spiritualität abhanden gekommen seien.[1076] In Gendlins Focusing sehen sie einen leibhaftigen Weg (im ureigenen Sinne, in der Vereinigung von Körper, Geist und Seele) in die christliche Mystik.

Dieser Weg gestaltet sich nun keineswegs als selbstbeschränkende Regression in die Innerlichkeit eines der Welt abgekehrten Lebens, sondern sieht sich als Bewusstseinserweiterung eingebunden in die evolutionsgeschichtliche Progression des Menschen und seiner Gattung. Von daher sind biblische Theologumena wie σαρξ, σωμα, ανακεφαλαιοσις, μετανοια, aber auch Gedankenkonstrukte wie Trinität als (Gestaltungen/Manifestationen, ...) das Hoffnungszeichen/-symbol anbrechender Entwicklung verstanden, welches sowohl anthropologische als auch prozesstheologische Dimensionen (als das Offenbarungssymbol Gottes) hat. Beschrieben werden sie als innere Bilder und Symbole, die sich demnach in mystischer Versenkung erfahren lassen. Von daher bleibt zu erklären, inwieweit das Erleben ausschließlich ein psychisch zu verstehender Prozess ist oder ob es das ganze Sein umfasst, was auch gesellschaftliche Komponenten hat. Diese werden zumindest vom Erleben her hier nicht beschrieben. Konfessionelle Prägung entsteht dort, wo die Soteriologie im scholastischen Sinne an die Natur gebunden ist. (Evangelischerseits wäre auf die Unverfügbarkeit der Gnade hinzuweisen). Hier kann der Protestantismus einen Paradigmenwechsel vertragen und steht bereits im Zeichen eines solchen: Der Mensch bleibt auch in seiner Natur und Leiblichkeit auf Gott bezogen. Religiöse Erfahrung meint also ein Sich-Öffnen

---

1074 A.a.O., 354.
1075 Hildegard von Bingens Leben zeigt ein Ineinander von Kampf und Kontemplation.
1076 Campbell / McMahon, BioSpiritualität.

für die Ekstasen, ein produktives Wahrnehmen der Szenen, die sich in den großen Erzählungen der Religion als Ur- und Elementarszenarien gelebter Religion wiederfinden lassen.[1077]

h.) *Gefühl und Anschauung*: Am meisten leuchtet das Modell von Friedrich Schleiermacher ein, der in seinen Reden „Über die Religion" die pathische und die aktive Seite von Religion und Wahrnehmung aneinander bindet.[1078] Er setzt in seinen religionsphilosophischen Überlegungen zum Wesen der Religion nicht bei Metaphysik oder Moral an, sondern bei der kosmologisch-anthropologischen Grundsituation: „Stellet Euch auf den höchsten Standpunkt der Metaphysik und der Moral, so werdet Ihr finden, daß beide mit der Religion denselben Gegenstand haben, nämlich das Universum und das Verhältnis des Menschen zu ihm."[1079] Wenn es um das Verhältnis des Menschen zum Ganzen geht, ist zugleich *didaktisch* gefragt, wie solch ein Verhältnis zustande komme und folglich auch aufgebaut werden könne. Von daher ergibt sich die Bestimmung, was Religion sei: „Ihr Wesen ist weder Denken noch Handeln, sondern Anschauung und Gefühl. Anschauen will sie das Universum, in seinen eigenen Darstellungen und Handlungen will sie es andächtig belauschen, von seinen unmittelbaren Einflüssen will sie sich in kindlicher Passivität ergreifen und erfüllen lassen."[1080] Das Universum, die Gesamtheit allen Seins und Geschehens, kann nur dadurch angeschaut werden, dass es sich anschaulich macht und auch nur so, wie es sich für den Wahrnehmenden darstellt; daneben sind dann auch andere Anschauungen vom Ganzen möglich: „Die Systemsucht stößt freilich das Fremde ab, sei es auch noch so denkbar und wahr, weil es die wohl geschlossenen Reihen des Eigenen verderben und den schönen Zusammenhang stören könnte, in dem es seinen Platz forderte; in ihr ist der Sitz der Widersprüche, sie muß streiten und verfolgen; denn insofern das Einzelne wieder auf etwas Einzelnes und Endliches bezogen wird, kann freilich eins das andere zerstören durch sein Dasein; im Unendlichen aber steht alles Endliche ungestört nebeneinander, alles ist eins und alles ist wahr."[1081] Religion ist zum einen darauf angewiesen, dass sich das Universum zeigt, zum anderen aber auch auf die subjektive Seite des Erfassens: „Praxis ist Kunst, Spekulation ist Wissenschaft, Religion ist Sinn und Geschmack fürs Un-

---

[1077] Vgl. John J. Shea, Religious experiencing. Fragwürdig bleibt, ob der religiöse Weg des Focusing ausschließlich in die Mystik führen muss.

[1078] Friedrich Daniel Ernst Schleiermacher, Über die Religion. Reden an die Gebildeten unter ihren Verächtern; in ihrer ursprünglichen Gestalt (1899). In der Ausgabe von Rudolf Otto. Göttingen [7]1991. Vgl. zum Folgenden auch Matthias Riemer, Christentum als Religion der Gebildeten. Religiöse Erfahrung in Schleiermachers Reden. In: Walter Haug / Dietmar Mieth (Hg.), Religiöse Erfahrung. Historische Modelle in christlicher Tradition. München 1992, 395–411.

[1079] Matthias Riemer, Christentum als Religion der Gebildeten, 399.

[1080] Friedrich Schleiermacher, Über die Religion, 49 (2. Rede: „Wenn Tausende von Euch dieselben religiösen Anschauungen haben könnten, so würde gewiß jeder andere Umrisse ziehen"). Vgl. James / Wobbermin, Die religiöse Erfahrung in ihrer Mannigfaltigkeit, VII.

[1081] Friedrich Schleiermacher, Über die Religion, 58 (2. Rede).

endliche."[1082] Darin erweist sich das anthropologische Grundverhältnis, in dem die Eigenständigkeit der Individualität gegen die Herrschaft des Allgemeinen und Ungenauen zur Geltung kommt. „Alles Endliche besteht nur durch die Bestimmung seiner Grenzen, die aus dem Unendlichen herausgeschnitten werden müssen. Nur so kann es innerhalb dieser Grenzen gleichsam selbst unendlich sein und eigen gebildet werden, und sonst verliert Ihr alles in der Gleichförmigkeit eines allgemeinen Begriffs."[1083]

Wie kommt es aber dazu, dass im Unendlichen das Endliche und Einzige aufscheint? Schleiermacher zieht hier eine Verbindung vom ästhetischen zum religiösen Erleben: „Anschauung ohne Gefühl ist nichts und kann weder den rechten Ursprung noch die rechte Kraft haben; Gefühl ohne Anschauung ist auch nichts; beide sind nur dann und deswegen etwas, wenn und weil sie ursprünglich eins und ungetrennt sind." Am Anfang jeder sinnlichen Anschauung steht jener „erste Augenblick" [...] ehe noch Anschauung und Gefühl sich trennen, wo der Sinn und sein Gegenstand gleichsam ineinander geflossen und eins geworden sind, ehe noch beide an ihren ursprünglichen Platz zurückkehren"[1084] Dieser Augenblick ist flüchtig; im Moment und Akt des Innewerdens des Unendlichen und Ewigen am Endlichen liegt der Höhepunkt der Religion.

„Schnell und zauberisch entwickelt sich eine Erscheinung, eine Begebenheit zu einem Bilde des Universums. Sowie sie sich formt, die geliebte und immer gesuchte Gestalt, flieht ihr meine Seele entgegen, ich umfange sie nicht wie einen Schatten, sondern wie das heilige Wesen selbst. Ich liege am Busen der unendlichen Welt: ich bin in diesem Augenblick ihre Seele; denn ich fühle alle ihre Kräfte und ihr unendliches Leben wie mein eigenes; sie ist in diesem Augenblicke mein Leib, denn ich durchdringe ihre Muskeln und ihre Glieder wie meine eigenen, und ihre innersten Nerven bewegen sich nach meinem Sinn und meiner Ahndung wie die meinigen. Die geringste Erschütterung, und es verweht die heilige Umarmung, und nun erst steht die Anschauung vor mir als eine abgesonderte Gestalt, ich messe sie, und sie spiegelt sich in der offenen Seele wie das Bild der sich entwindenden Geliebten in dem aufgeschlagenen Auge des Jünglings, und nun erst arbeitet sich das Gefühl aus dem Innern empor und verbreitet sich wie Röte der Scham und der Lust auf seiner Wange. Dieser Moment ist die höchste Blüte der Religion. Könnte ich ihn Euch schaffen, so wäre ich ein Gott – das heilige Schicksal verzeihe mir nur, daß ich mehr als Eleusische Mysterien habe aufdecken müssen. – Er ist die Geburtsstunde alles Lebendigen in der Religion."[1085]

Das Unendliche der Welt wird endlich, wird im Leib aufgenommen und erscheint im Felt Sense, dem Augenblick, da das Ich leiblich mit der Weltseele aktual vereint wird. Damit ist deutlich, dass Religion vor ihrer „abgesonderten Gestalt", gleichsam als Bedingung, am archimedischen Punkt der Gestaltwerdung vom

---

[1082] A.a.O., 51 (2. Rede).
[1083] Ebd.
[1084] A.a.O., 64 (2. Rede).
[1085] A.a.O., 64f. (2. Rede).

Menschen leiblich gefühlt wird.[1086] Die Anschauung wird zur religiösen Anschauung, wo die unendliche Menschheit in ihren endlichen und individuellen Erscheinungen betrachtet wird und umgekehrt, wo die endlichen Erscheinungen im Lichte der unendlichen Menschheit beleuchtet werden; „seht das Dasein eines jeden an als eine Offenbarung von ihr an Euch, und es kann von allem, was Euch jetzt drückt, keine Spur zurückbleiben."[1087] Nach Schleiermacher ist der religiöse Wahrnehmungsvorgang nicht auf die Wahrnehmung von Endlichem, sondern von Unendlichem im Endlichen bezogen.[1088] Religion geschieht und zeigt sich in der Göttlichkeit des anthropologischen Grundverhältnisses als Urerlebnis.[1089]

Die religiösen Gestalten, die sich in der Anschauung bilden, gedeihen im religiösen Urerlebnis zur Vielfalt der Formen:

> „[…] wie allmählich die Gottheit den Teil der Seele in welchem sie vorzüglich wohnt, in welchem sie sich in ihren unmittelbaren Wirkungen offenbart und sich selbst beschaut, auch als ihr Allerheiligstes ganz eigen erbaut und absondert von allem, was sonst im Menschen gebaut und gebildet wird, und wie sie sich darin durch die unerschöpflichste Mannigfaltigkeit der Formen in ihrem ganzen Reichtum verherrlicht. Ich wenigstens bin immer aufs neue erstaunt über die vielen merkwürdigen Bildungen auf dem so wenig bevölkerten Gebiet der Religion, wie sie sich von einander unterscheiden durch die verschiedensten Abstufungen der Empfänglichkeiten für den Reiz desselben Gegenstandes, und durch die größte Verschiedenheit dessen was in ihnen gewirkt wird [...]"[1090]

Schleiermacher legt auf die Zentralanschauung Wert; will man den „Geist der Religionen" entdecken, ist bei ihrer Betrachtung einzelner Religionen Vorsicht und eine genaue Methodik geboten: „Ihr könnt es euch nicht fest genug einprägen, daß alles nur darauf ankommt, ihre Grundanschauung zu finden, daß Euch alle Kenntnis vom Einzelnen nichts hilft, solange Ihr diese nicht habt, und daß Ihr sie nicht eher habt, bis Ihr alles einzelne aus einem erklären könnt."[1091] Ent-

---

1086 Vgl. Martina Kumlehn, Symbolisierendes Handeln. Schleiermachers Theorie religiöser Kommunikation und ihre Bedeutung für die gegenwärtige Religionspädagogik. Gütersloh 1999, 301 in der Bezugnahme auf die menschliche Gestalt als „Medium individuellen Symbolisierens und Bildens". Rudolf Otto hegt den Verdacht, dass Schleiermacher von einer „genuin mystischen Veranlagung der menschlichen Seele" ausgeht (Friedrich Schleiermacher, Über die Religion, Anm. S. 64).

1087 Friedrich Schleiermacher, Über die Religion, 74 (2. Rede).

1088 „In der Religion wird sich der Mensch des Unendlichen im Endlichen gewahr" (Matthias Riemer, Christentum als Religion der Gebildeten, 400).

1089 Das bedeutet nicht, dass mit der Erfahrbarkeit das menschliche „Wissen des Ganzen" als von Natur aus Innewohnendes gänzlich ausgeschlossen ist (so Riemer, 403). Der Ritus belebt und gegenwärtigt, was als Fremdes da, aber nicht unbedingt er-lebt wird. Es kann nur offenbart werden, was auch verborgen war (siehe van der Leeuw). Die drei Funktionen des Anschauungsvermögens Selbstbetrachtung, Naturbetrachtung und Kunstsinn werden in der Gegenwart von der Ästhetisierung des Realen, insbesondere in der Alltagsästhetik konterkariert (Vgl. Ottos Anmerkung 123)

1090 Friedrich Schleiermacher, Über die Religion, 181f. (5. Rede).

1091 A.a.O., 188.

gegen aller Summierung und Abstraktion dessen, was alle Bekennenden gemeinsam vertreten, wird man der Religion ansichtig, indem man die Zentralanschauung des Unendlichen in ihr ausfindig macht.

Es ist deutlich geworden, dass das religiöse Lernen Räume beansprucht, die zwischen Lebenswelt und Gefühlsraum liegen. Die Thematisierung der Wahrnehmung als Grundlage religiösen Lernens ist nicht neu, aber die explizite Erschließung des Raumes als religionsdidaktische Kategorie ist jung und explizit vor allem im Zusammenhang der Wiederentdeckung der Kirchenräume vorangetrieben worden. Wenn der Focusingansatz den Körper als Raum begreift, durch den hindurch Formen der Religion im Lernprozess in Gebrauch genommen und konturiert werden können, könnte er mit seiner Methode eine Scharnierstelle für das Kommen von Religion zum Menschen und umgekehrt ermöglichen.

3.1.2 Gelebte Religion in der Kirche

> Washington D.C., im äußersten Nordwesten. In der Southern Baptist Church, einer sehr konservativen Gemeinde von Farbigen, findet sich sonntags ab 10 Uhr für drei bis vier Stunden die Gemeinde ein. Durch den freundschaftlichen Kontakt zu einem der „deacons" (Kirchenvorsteher, Presbyter) bin ich einige Male dort zu Besuch. Alle Bänke sind belegt, viele Kinder sind dabei.. In jedem „Service" singt einer der Gemeindechöre. Die Band mit einer Pianistin, einem Bassisten und einem Schlagzeuger begleiten das Singen der Spirituals. Die schlichte Kirche mit den Holzbänken, einem funktionalen Gemeindehaus der Nachkriegszeit gleich, beginnt zu leben und zu beben. Wenn der Jugendchor mit einigen Solostimmen inbrünstig seine Spirituals schmettert, klopft mein Herz wie wild, es läuft mir heiß und kalt den Rücken herunter; schließlich steigen mir Tränen in die Augen. Am Schluss gibt es laute Rufe: „Hey!", „Praise the Lord!", „Amen!"; „More!" Die Predigt des Pastors dauert eine gute Stunde; sie beginnt mit eindringlichen Zitaten und Worten zu einer Bibelstelle und gebärdet sich im Laufe der Zeit mehr und mehr zu einer Psalmodie, in der er seine Rufe rhythmisch wiederholt: „And God is the king!", beantwortet mit „Oh yes!", „Amen" und „Praise the Lord!" der Männer. Während die Frauen ekstatisch zu juchzen und zu weinen beginnen, schnürt sich mir die Kehle zu.

Das erste, was man in einer Situation wahrnimmt, ist die Atmosphäre. Häufig wird diese erste Wahrnehmungswirklichkeit jedoch übersprungen. Wir konzentrieren uns stattdessen auf das Differente, was sich vom Alltäglichen, Gewöhnlichen abhebt. Atmosphären können die Aufmerksamkeit auf sich ziehen, indem sie Körperinseln spürbar machen, Gefühle wecken und mich auch zu Bewegungen veranlassen, die ich in anderem Rahmen möglicherweise nie fühlen oder vollziehen könnte. Eine Atmosphäre kann mich im ersten Moment sehr einnehmen, so dass ich erst mit der Zeit wieder zu mir finde; oder aber ich trage die Atmosphäre des Vertrauten in mir und lasse mich nur begrenzt oder peu à peu auf eine fremdartige Atmosphäre ein. Für religiöse Zusammenhänge ist die Atmosphäre deshalb so wichtig, weil sie die spürbare Basis eines religiösen Kontakts ist und der Frage nach Glauben eine leibliche Subjektivität zumisst, aber zugleich darüber hinaus Religion in ihren Räumen und den damit verbundenen Stimmungen aufsucht. Das setzt voraus, dass unterschiedliche Religionen und Konfessionen verschiedene Atmosphären produzieren. Im Fokus der Vertrautheit von Raum und Form des Gottesdienstes, die quasi einer Alltagswahrnehmung von Gottesdienst entspricht, in der Einklammerung dieser gewachsenen natürlichen Einstellung, wird noch einmal deutlicher, dass die Formen das Gewachsene bilden und mich hier hinein nehmen, während ich an den fremden Orten und Gemeinden eine Mischung von Distanz und Nähe erfahre. Atmosphären werden aufgesogen, aber auch produziert, indem sie in kirchlichen Räumen, zu gewissen Zeiten, an Formen und durch Menschen gestaltet werden. Diese Art der geistlichen Präsenz durchdringt Leib-, Orts-, Zeit- und Verhältnisräume.

Die amerikanischen Denominationen haben aus Zeiten, in denen die Kirche der zentrale und oftmals einzige Ort makrosphärischer Gemeinschaft war, einen Großteil ihrer Versammlungstradition gerettet; heute ist für die dortige Mobilitätsgesellschaft die Kirche ein Ort, an dem sich nicht nur Menschen einmalig kennen lernen, sondern auch Kontakte gepflegt werden. Es hat den Anschein, als komme in den amerikanischen Gottesdiensten viel von innen heraus nach außen: Religion als veräußerter Glauben, bei dem sich die Geschichte der Hoffnung mit Gedenken an Martin Luther King und andere Befreiungskämpfer emphatisch-leiblich zum Ausdruck bringt. Die schwarzen Baptisten bringen in ihren Formen das *Feiern* ihrer gelebten Religion zum Ausdruck. Theatralische Gebärden, stimmlicher Ausdruck, Musik und Bewegung sorgen mehr als Gesten dafür, dass jeder Gottesdienst ein *Fest* wird. Die Stimmung ausgelassener Feierlichkeit ergreift die Gemeinde.

> Wir vier Deutschen werden im Gottesdienst am 1. Weihnachtstag als Gäste überschwänglich begrüßt, mit Umarmung und Kuss, stellen uns auf Geheiß vor und ernten freudiges Klatschen. An diesem Tag ist kein Chor im Gottesdienst. So besteht unser „German" Beitrag zum Gottesdienst in vierstimmigem Chorgesang: „Es ist ein Ros' entsprungen".[1092] Die Spannung des Barockklangs hält die lebendigen Amerikaner in Atemlosigkeit und Stille. Als wir eine deutsche Fassung des romantischen Weihnachtsliedes „Hark! The Herald Angels sing, Glory to the newborn king!" anstimmen, löst sich die Spannung; nach einigen Takten beginnt die Gemeinde freudig summend auf dem Off-Beat mitzuklatschen.[1093]

Soviel Ausdruckskraft wie in den baptistischen Gottesdiensten ist für mich ungewohnt und versetzt mich in eine eigenartige Spannung zwischen Begeisterung und Befremden. Religion macht sich in dieser Kirche auf luftig-klangliche Weise Raum und lässt sich, je lauter, desto mehr, strömend und mit Be-Geisterung zum

[1092] Es ist ein Ros' entsprungen. EG 30. Text: Str. 1–2 Trier 1587/88; Str. 3–4 Fridrich Layriz 1844. Melodie: 16. Jh., Köln 1599. Satz von Michael Praetorius 1609.

[1093] Hark! The Herald Angels sing (1840). Text: Charles Wesley 1739, Melodie: Felix Mendelssohn-Bartholdy. Im Deutschen: Freuet euch, ihr Menschenkinder.

Klingen bringen. Viele Menschen kommen von den „steifen“ oder „leidensfixierten“ Kirchen eher zu solchen, die stärker das Feiern betonen. Religion soll fröhlich sein und machen. Hier, bei den Baptisten, scheint sie beim Einzelnen auf den ersten Blick von innen nach außen durch den Leib hindurch zum Lobpreis Gottes und der Vernehmbarkeit der Mit-Gemeinde veräußert zu werden. Zugleich aber nimmt die Gemeinde den Geist in sich auf: durch die Klänge, die aufgebauten Predigträume. Religion, die sich auf solches Hören und Tönen versteht, arbeitet mit der Weite, aber auch mit der Gewohnheit, sich jeden Sonntag aufs Neue in die architektonischen und atmosphärischen Räume zu begeben und sie mit den Stimmen rituell zu pflegen. Die starke Extrovertiertheit, die sich mit dem amerikanischen Selbstbewusstsein und der sozial-kommunikativen Funktion gelebter Religion verbindet, tritt in vielen europäischen Kirchen zurück.

> Madrid, ein Plaza im Zentrum. Vor dem Seiteneingang einer Kirche, einem nahezu quadratischen Bau, stehen die Menschen in Zweierreihen Schlange. Sie gehen einmal durch das Seitenschiff nach oben hinter den Altar, wo eine barocke Christusfigur ausgestellt ist, und kommen durch den Seiteneingang auf der gegenüber liegenden Seite wieder heraus. Vor dem Christus verneigen sich alle und küssen sein Haupt. Ist es außerhalb der Kirche auch sonst von touristischen Gesprächen laut, so verstummen die Menschen beim Übertreten der Schwelle.

Wer durch eine spanische Stadt spaziert, beobachtet schnell, dass sich das Leben auf der Straße abspielt. Familien sitzen vor ihren Türen, die Kommunikation ist hier laut und von überschwänglichen Gesten geprägt, das Nachtleben auf der Straße mehr als rege. Mit dem Betreten der Kirchen werden die Menschen dagegen stiller und verhaltener; die Erhabenheit des Baus lässt keine Ausgelassenheit zu. Es fällt auf, wie sehr christliche Religion von *Ritualen* geprägt ist, die als Bewegungen des Körpers im Raum vollzogen werden. Die Hände werden erhoben, zur Erde hin wird gekniet. In den katholischen Kirchen sind die Achsen der Horizontale und Vertikale durch die leiblichen Gebärden sehr deutlich zu spüren. Sie haben etwas Statisches, das – in Spannung zur Kniebewegung zur Erde – nach oben hin aufrichtet. Die Bewegung des Sich-Bekreuzigens zieht diese Linien nach, so dass der Orientierungspunkt in der Welt gegeben ist. Der Kontakt der Menschen zu Gott ist von einer eigenartigen Mischung aus Ehrfurcht und Selbstverständlichkeit geprägt, die sich durch alle Körperbewegungen hindurchzieht.

> In der Basilika in Madrid probiere ich es zum ersten Mal selbst, bewusst ganz langsam: zwei Finger gestreckt, der Arm fährt aus an die Stirn, auf den Bauch, an die linke Schulter, an die rechte Schulter und zuletzt auf die Brust. Ich spüre in meinem aufrechten Stand die Konturen in Verbindung zu meiner Bauchmitte und nehme den gekreuzigten Christus durch die Kirche hindurch in mich auf.

Religion erscheint als Form, die zu widerständiger Wahrnehmung und erprobender Kontaktnahme einlädt. Der Zugang zu Religion hängt an ästhetisch geprägten, theologisch gebrochenen Erfahrungen mit ihr.[1094] Symbol, Ritual und Fest kennzeichnen begrifflich Formen der Symbolisierung und Ordnung des Lebens. Im Symbol verdichtet sich, was das Ritual als „Verhaltenssequenz in ausdrücklich verbindlicher oder faktisch eingespielter Regelgebundenheit“ als Schwellenfunktion vollzieht: Vornehmlich in einer Situation zeitlichen oder räumlichen Umbruchs übernimmt der rituelle Prozess die Aufgabe, Anderes begehbar zu machen.[1095] Auf dem Höhepunkt des Rituals kommt es zu einer „Flusserfahrung“, in der Handeln und Bewusstsein verschmelzen und das Ich für die communitas mit dem Anderen geöffnet wird. So ermöglicht das Ritual auf leibliche Weise die symbolische Begegnung mit der anderen Wirklichkeit.

Das *Fest* unterbricht den Alltag; als Gegenrealität transzendiert es den Alltag auf die Wirklichkeit des Anderen hin, indem es ihn in seiner Überschwänglichkeit konterkariert.[1096] In Essen und Trinken, Feiern und Bewegung (häufig Tanz!) artikuliert es eine schlechthinnige „Zustimmung zur Welt“.[1097] Religion im Fest lädt die Feiernden am „Ort des Anderen“ zu einem Kontakt mit Gott und Menschen ein, in dem die Orientierung an Ursprüngen und nicht an den Alltagsbelangen vorherrscht, an dem der Zufall der Inszenierung weicht, Fülle statt Knappheit herrscht, statt Selbstverständlichkeit Berührung und Ergriffenheit da sein dürfen und die entlastende Routine durch sinnstiftende Rituale ersetzt wird.[1098] Es geht also um ein *konkretes* Verständnis von Religion und Glauben als Kontakt zu Gott, wie es das Christentum – und in entsprechender Weise andere Religionen – aus seiner Tradition mitbringt und wie es dort rituell begangen wird. Religion erscheint hier als räumliche und zeitliche Form *gelebter Religion*, die zu widerständiger Wahrnehmung und erprobender Kontaktnahme einlädt. Die Vielfalt ihrer Erscheinungen ist an konkreten Orten zu finden. Sie nimmt soziale Formen in Gebrauch, die im Bezug zur Alltagswirklichkeit stehen und z.T. auch dort vorkommen. „Wo Gott kein Fest mehr wird, hat er aufgehört, Alltag zu sein“ (Kurt Marti): Religion braucht diese Form gelebter Ekstasis, um Lebenskraft für den Alltag zu erbringen. Wie Christen glauben, ist theologisch und ästhetisch zu verdeutlichen. Als evangelische Christin richte ich mein Augenmerk

---

[1094] Nach Paul Tillich ist Religion die Ergriffenheit von dem, was uns unbedingt angeht – mit einem emphatischen Akzent – die nach innen gehende Betroffenheit von dem Außen. Religiosität ist diejenige religionspädagogische Größe, welche die anthropologischen Gegebenheiten mit den religiösen Bedingungen und Formungen abzustimmen sucht. Religion ist jedoch das, um dessen Wahrnehmung es geht – nach Martin Luther das, woran du dein Herze hängst – eine vom Innersten nach außen gekehrte Handlung mit dem Akzent auf der Aktion (des Vertrauens).

[1095] Hans-Martin Gutmann, Art. Ritual. LexRP II, 1854–1858. Hier: 1854.

[1096] Schleiermacher markiert Liturgie und Fest als Unterbrechungen des Alltags.

[1097] Josef Pieper, Zustimmung zur Welt – eine Theorie des Festes. München 1963, 46.

[1098] Jan Assmann (Hg.), Das Fest und das Heilige. Gütersloh 1991, 13–30. Hier insbes. 27. Die Entgegensetzung von „kulturellem“ und „kommunikativem Gedächtnis“ ist m.E. nicht durchgängig haltbar.

darauf, wo Religion in meiner eigenen norddeutsch-lutherischen Kultur leiblich wird.

> Ich gehe die Stufen zum Eingang der Marktkirche in Hannover empor, durch das geöffnete Portal hindurch und betrete den Kirchenraum durch die Glastür. In der hellen Backsteinkirche sitzen die Menschen verstreut, nach vorn hin werden die Reihen etwas dichter. Ein Gefühl der Vertrautheit stellt sich ein; beim Setzen macht sich ein innerer Seufzer breit, ich atme tief aus. Einige Menschen um mich herum sind mit sich selbst beschäftigt, andere wispern leise miteinander. Erinnerungen werden wach: In einer Phase des Zerbrechens einer Partnerbeziehung habe ich vor Jahren an einem Ostersonnabend hier Platz genommen und einen Ort für einen verlängerten persönlichen Karfreitag gefunden. Inmitten ungeheurer Anspannung im Zweiten Staatsexamen nahm ich Teil an einer vom Dunklen in die Kerzenwärme geleiteten Osternacht. Seit der damaligen Prozession zum Taufstein im Klanggewölbe habe ich den mittelalterlichen Hymnus „Alta trinita beata da noi sempre adorata“ mit mir mit genommen und diesen alljährlich in der Karwoche in verschiedensten Kirchen gesungen. Inmitten meiner Erinnerung stimme ich fast automatisch in den Gesang mit ein, der mir als Kirchenmusikerin in Fleisch und Blut übergegangen ist: „Ehr’ sei dem Vater und dem Sohn und dem Heiligen Geist.“ Ebenso von selbst funktionieren auch meine Bewegungen: Zum Gebet stehe ich auf; die Stühle scharren, ich werde mir selbst in meiner Länge sichtbar, strecke mich zur Decke empor, falte die Hände. Beim gemeinsamen Sprechen vereint sich meine Stimme mit denen der Anderen und bleibt doch in der Stimmenvielfalt identifizierbar.

Die Selbstverständlichkeit sonntäglichen Kirchgangs ist verschwunden. Dennoch gibt es hier eine Kerngemeinde, die beim Gottesdienst am Sonntag präsent ist. Darüber hinaus wird gerade die Marktkirche von vielen kirchenfernen Menschen zu bestimmten Gelegenheiten beschritten und entdeckt. Dazu gehört vor allem die kirchlich-rituelle Begehung von Lebensschwellen wie Taufe, Hochzeit oder Beerdigung. Dieser Kirche merkt man es an, dass sie ihren Kirchenraum für touristisches Staunen und neugieriges Betrachten öffnet und reichhaltige Kulturveranstaltungen zu ihrem Eigen macht.[1099] Sie wechselt ihr Kleid mit den Ausstellungen, die sie innen beherbergt, mit den Musikern, die den Raum akustisch füllen, mit den Vorträgen, Diskussionen, Lesungen und Inszenierungen und mit den Schulklassen und Gruppen, die sich kirchenpädagogisch hier kundig machen. Eine lebendige Konkretion der Lebensform Kirche, in der sich Kult und Kultur gegenseitig befruchten – in größeren Städten mittlerweile mehr und mehr zu finden, in kleineren Kirchen sowie auf dem Land nach wie vor eher eine Ausnahme.

1099 In der evangelischen Gottesdienstgestaltung lag das Augenmerk lange Zeit auf der homiletischen Seite, die liturgische, räumliche und situative Gestaltung trat dahinter zurück. Die Liturgik ihrerseits hat schwerlich plausibel machen können, wie leibliche, konkrete Handlungen durch Gesten und Gebärden den Kontakt zu Gott zeichnen und bezeichnen. Auf das erste Mal, dass Leiblichkeit in der Landeskirche eine Rolle spielt, verweist Christian Hugo Krust, 50 Jahre deutsche Pfingstbewegung: Mülheimer Richtung, nach ihrem geschichtlichen Ablauf. Altdorf 1959, 67–71; Paul Fleisch, Die moderne Gemeinschaftsbewegung. Bd. 2/2: Die Pfingstbewegung in Deutschland (1909). Hannover 1957, 112–115.

3.1.3 Ästhetik als Zugang zu Liturgie: Gernot Böhme

Die Nähe von Religiosität zu ästhetischer Erfahrung könnte in einer praktischen Lektüre von Gernot Böhmes Wahrnehmungslehre liegen.[1100] Ausgangspunkt ist die Atmosphäre. Religion lässt sich wie Kunst er-spüren, da sie als *Atmosphärisches* in Gottesdienst, Gebet, Gesang vernehmbar ist – in Aktualität, nicht in Potentialität. Im Unterschied zur Atmosphäre ist dem durch „Halbdinge"[1101] konstituierten Atmosphärischen die Subjektivität weitgehend entzogen, weil es auch ohne affektive Betroffenheit bestimmt werden kann. Der Gottesdienst hat seine Plausibilität nicht von der Emotionalität her gewonnen; anders als ein Ding ist er jedoch dennoch in der konkret präsentischen Erscheinung zu feiern. Am Phänomen der Klänge und Stimmen, aber auch an der räumlichen Kommunikationsstruktur wird deutlich, dass auch das Atmosphärische ein räumliches Phänomen (und damit den räumlich organisierten Zugangsweisen wie Musik stärker deutlich) ist; sie werden leiblich emotional erfahren (so Schmitz) und tendieren zur Personifikation bzw. Allegorisierung. Für Böhme liegt hier ein erstes Proprium ästhetischer Natur und ihrer sinnlichen Erkenntnis; Schmitz versteht darunter religionsphänomenologisch auch das Göttliche.

Wahrnehmen ist nach Böhme eine Weise da zu sein, so wie Handeln eine andere ist. In der *Befindlichkeit* liegt dann der Ich-Pol der religiösen Wahrnehmung; sie geht auf der Grundlage von Affektion reflexiv der Frage nach, „wie es dem wahrnehmenden Menschen in der Wahrnehmung geht"[1102], in deren Bewegung er sich mit einschwingt. Wie geht es dem Menschen mit Religion, im Gottesdienst? Böhme differenziert soziale und leibliche Befindlichkeit; beide werden jedoch im Spüren zugänglich: In der Befindlichkeit wird das eigene Dasein leiblich gespürt. Der Rausch der Auflösung in Atmosphären kommt dem so genannten „ozeanischen Gefühl" oder dem „Flow-Erleben"[1103] nahe, wird andererseits aber auch sozial, als Ko-Existenz, gespürt. Religiöse Wahrnehmung ist die „spürbare Ko-Präsenz" von Mensch, Gott und Welt, Wahrnehmendem und Wahrgenommenem. Entscheidend ist, dass die Subjektivität der Wahrnehmung nicht in der aktiven Tätigkeit des Wahrnehmens liegt, sondern in deren pathischer Dimension – in der Weise, was und wie mich etwas anzieht oder ergreift.[1104] In dieser Weise da zu sein bin ich unverwechselbar, nicht substitutiv; sie ist an meine Präsenz ge-

[1100] Diese fußt auf der Neuen Phänomenologie von Hermann Schmitz, der eine transzendentale Dimension als Göttlichkeit in Rechnung stellt.

[1101] Schmitz beschreibt Atmosphärisches als „Halbdinge", die nur in der Erscheinung sein können und nur in der Seinsweise der Aktualität sind. Vgl. Hermann Schmitz, Das System der Philosophie. Bd. III/5: Die Wahrnehmung. Bonn 1978, § 245.

[1102] Gernot Böhme, Aisthetik, 3.

[1103] Mihaly Csikszentmihaly, Das Flow-Erlebnis. Jenseits von Angst und Langeweile: im Tun aufgehen. Stuttgart 1985.

[1104] Die von Böhme gewählte pietistische „Betroffenheit" ist gefährlich, da sie den Wahrnehmungsfluss zu religiöser Überzeugung einfrieren und das Fließerleben verhindern würde.

bunden. „Deshalb ist auch das Mir als Wurzel von Subjektivität fundamentaler als das Ich.“[1105] An Heidegger, der das Ineinander von Wahrnehmung, Existenzerfahrung und Welterfahrung deutlich macht, wird der Zusammenhang von Wahrnehmung und „leiblichem Disponiertwerden“[1106] erkennbar: Die Befindlichkeit ist kein seelischer Zustand, sondern ein Prozess der räumlichen und leiblichen Situierung.[1107]

Es gibt fünf Gruppen von *Charakteren* der Atmosphären: gesellschaftliche Charaktere, Synästhesien, Stimmungen, kommunikative Charaktere, Bewegungsanmutungen. Synästhesien gehen bei Aristoteles auf die Einheit der Sinne zurück (in de anima). Die *Synästhesien* zeichnen sich dadurch aus, dass sie weder ein Konglomerat verschiedener Sinneseinwirkungen von außen spiegeln noch einen übergeordneten oder nebengeordneten Sinn des Menschen meinen, sondern „Charaktere von Atmosphären. Ihr Bezug zu spezifischen Sinnesdaten besteht darin, daß diese [Sinnesdaten] sich in ihrer Erzeugung gegenseitig vertreten.“[1108] Für die Schaffung der Begeisterung in dem baptistischen Gottesdienst ist nicht nur ein einzelnes Moment verantwortlich; die Menschen, die Musik ergänzen, vertreten einander.

In *Physiognomien* sieht Böhme Erzeuger von kommunikativen Charakteren. In Abgrenzung zu ästhetischen Physiognomien, die hinter dem Äußeren das Innere entdecken wollen, setzt er bei Humboldt und einer Physiognomik der Natur dahingehend an, dass man an den Dingen etwas lernen kann. Es geht also um Ausdrucks- und Eindruckspotential, das am Beispiel des Schauspielers und der Physiognomie der Person verdeutlicht wird: Züge einer Physiognomie werden als „Erzeugende aufgefaßt, die einen Charakter in der Erscheinung deutlich werden lassen.“[1109] Kern der Physiognomie ist bei Böhme der Blick, die Konsequenz in der Erfahrung der Inversion. Blick und Angeblicktwerden gehören zusammen und bedingen einander. Böhme bezieht sich dabei auf die moralisch-sittliche Disposition des Menschen. An der Physiognomik wird die Dialektik von Innen und Außen besonders deutlich: Physiognomik „will das Innere aus dem Äußeren erschließen, das Wesen aus der Erscheinung. Dafür muß sie voraussetzen, dass das Innere sich irgendwie äußerlich zeigt. Andererseits ist aber Physiognomik überhaupt nur notwendig, wenn das Innere verborgen ist, also sich nicht zeigt.“[1110] Ich ziehe diese Linie theologisch aus: Im Angesicht Gottes gewinnt der Mensch Gestalt. Dazu braucht es eines Gesichtes, das dem religiösen Menschen zum An-

---

[1105] Gernot Böhme, Aisthetik, 78. Vgl. ders., Über eine notwendige Veränderung im europäischen Denken. In: ders., Philosophieren mit Kant. Zur Rekonstruktion der Kantischen Erkenntnis- und Wissenschaftstheorie. Frankfurt 1986.

[1106] Gernot Böhme, Aisthetik, 83f.

[1107] Vgl. a.a.O., 80ff. Vgl. Martin Heidegger, Sein und Zeit, 137.

[1108] Gernot Böhme, Aisthetik, 100.

[1109] A.a.O., 110.

[1110] A.a.O., 107.

gesicht wird. In den „sprechenden Formen“[1111] der Christusgestalt wird die phänomenale Wirklichkeit von Gott und Mensch zum Ausdruck und Eindruck gebracht.[1112]

In den *Szenen* kommt der „Ort der Erscheinung“ zur Geltung, der Raum, in dem und aufgrund dessen etwas erscheint. Wie das Theater die Realität von der (phänomenalen) Wirklichkeit isoliert, grenzt der religiöse Raum der Kirche die Alltagswirklichkeit von der religiösen Wirklichkeit ab. Festgemacht an der Bühne (griech. σκηνη) lässt sich sagen: „[E]twas oder jemand inszenieren bedeutet, ein Arrangement zu schaffen, das sein Erscheinen ermöglicht und durch Korrespondenzen steigert.“[1113] Religion kommt überhaupt erst in den szenischen Arrangements zur Geltung. Szenen erzeugen Stimmungen, was unterschiedlich expliziert werden kann. Die Szene ist auch die Bühne des Rituals; insbesondere in den Passionsspielen und in den Hagiodramen tritt zutage, wie sich Religion in Szene setzt, ohne in diesen Szenen aufzugehen.

In den *Ekstasen* tritt die Präsenz des Christlichen als Äußerungsform zutage, das räumliche Aus-sich-heraus-Treten des Christus zur Sprache als das, wodurch er seine Präsenz markiert und in der Anwesenheit spürbar wird. Im Gegensatz zur Eigenschaft treten in der Wahrnehmung die „Artikulationen der Anwesenheit eines Dings“ zutage.[1114] Das Angesicht Gottes wird im Blick auf das menschliche Gesicht zum Antlitz, das gesprochene Wort erfüllt seine performative Kraft, geweihte Materialisierungen können die Kraft des Eigentlichen zeigen.

In den *Zeichen und Symbolen* wird Religion zum Anfassen greifbar. Das Kreuz, die Statue, das Epitaphium, Brot und Wein: Materialisierungen, Konkretionen, welche das Verborgene in seiner Verborgenheit offenbaren und das Verhüllte in der Verborgenheit zu entdecken geben – Formen und Weisen, in denen die Präsenz als Appräsenz im Bezug auf Unendlichkeit im Ansatz spürbar wird und doch entzogen bleibt.

Die Aufgabe einer solchen phänomenologischen „Aisthetik“ der Religion liegt nicht darin, den Vorhang der Werke beiseite zu ziehen und hinter der Bühne nach Bedeutung zu suchen, sondern dem Unsagbaren eine Sprache zu borgen. „Allgemeinste Funktion der Ästhetik ist die Erweiterung der Sprachfähigkeit. Die neue Ästhetik ist bemüht, die ästhetische Wirklichkeit von Irrationalismus zu befreien, das heißt wörtlich: sie sprachfähig zu machen.“[1115] Zwar sind durch eine Aisthetik Hermeneutik und Semiotik nicht vollends einzuholen, doch „durch den

[1111] A.a.O., 113.
[1112] Dabei verliert weder Christus noch der Mensch sein Antlitz.
[1113] A.a.O., 121.
[1114] A.a.O., 132.
[1115] A.a.O., 178.

Übergang von Symbolen zu Zeichen öffnet sich ein anderes Feld, nämlich einer semiotischen und hermeneutischen Ästhetik.“[1116]

Religion ist leiblich wahrnehmbar. Mit Hilfe von Gernot Böhmes Ästhetik kann präzise dargestellt werden: „Die Atmosphäre ist die gemeinsame Wirklichkeit des Wahrnehmenden und des Wahrgenommenen. Sie ist die Wirklichkeit des Wahrgenommenen als Sphäre seiner Anwesenheit und die Wirklichkeit des Wahrnehmenden, insofern er, die Atmosphäre spürend, in bestimmter Weise leiblich anwesend ist.“[1117] Nach Manfred Josuttis geht es in den religiösen Methoden um „nichts anderes als um die Vergegenwärtigung einer atmosphärischen Macht“.[1118] Damit rücken Jetzt und Dann, Hier und Dort, Ich und Du, Gott und Welt unter phänomenologischer Betrachtung enger zusammen, ohne dass sie ineinander aufgehen.

Der Zugang zu Religion hängt am ästhetisch geprägten, theologisch verantworteten und konkreten Umgang mit ihr. Liturgie ist die leibliche Begehungsform von Religion, die sich auf den dreieinigen Gott bezieht und als solche zur Aufgabe von Wahrnehmung und Gestaltung des Christlichen wird.[1119] Focusingprozesse zur christlichen Religion legen es darauf an, zur Geltung zu bringen, was wesentlich, zentral, elementar – was das „Unaufgebbare am Christentum“ – ist.[1120] Die Mitte der christlichen Religion zu fokussieren, richtet unausweichlich die Aufmerksamkeit darauf, wie sich christliche Religion von ihrem Zentrum her auf Lebenspraxis hin konkretisiert. Damit wird die Spurensuche darauf gerichtet, wie Christentum *pro me* wahrnehmbar wird, um *pro nobis* leibhaftig und damit lebendig zu werden. Wie kann die Wahrnehmung von Religion im Lernprozess so funktionieren, dass sowohl die anthropologisch-leiblichen Bedingungen als auch die Leiblichkeit christlicher Religion zum Tragen kommt? Welches sind diejenigen Gestaltungsvorgaben, an denen sich die Leiblichkeit des Christseins erweist? Wie kann also das Kulturelle auf seine kultische Form befühlt und wie kann das Kultische kulturell so wahrgenommen werden, dass es religionspädagogisch handhabbar wird?

[1116] A.a.O., 157.

[1117] Gernot Böhme, Atmosphäre. Essays zur neuen Ästhetik. Frankfurt 1995, 33f.

[1118] Manfred Josuttis, Religion als Handwerk, 18.

[1119] „Liturgie ist die körperlich-sinnliche Erscheinungsform der christlichen Religion in Raum und Zeit. Sie ist in geschichtlicher Gestalt konkrete Vorgabe und zugleich aktuale Aufgabe zur Gestaltung. Christliche Liturgie vollzieht sich als Ritual, das auf den dreieinigen Gott bezogen ist; sie lässt Wortlaute der Hl. Schrift in gottesdienstlicher Begehung ihren Raum entfalten. Die leibhafte Teilhabe an der gefeierten Liturgie eröffnet u. realisiert das Verhältnis zum in Erscheinung tretenden christlichen Gott und ist somit Gottesdienst“ (Christoph Bizer, Art. „Liturgie“, 1269).

[1120] Hans Stock, Elementartheologie. In: Werner Böcker u.a., Handbuch religiöser Erziehung II. Düsseldorf 1987, 452–466. Hier: 455.

3.2 Leiblicher Raumaufbau: „Dem fremden Wort die eigene Stimme leihen"[1121]

3.2.1 Die Klosterkirche zu Reinhausen: Er-Innerung an einen Ort gelebten Glaubens

Um für Kirche ein räumliches Gespür zu entwickeln, müsste die Beschreitung einer Kirche einer Begehung im psychischen Innenraum entsprechen. Die Erfahrung, dass sich mein Leib als Raum für eine Begehung von symbolischen Räumen eignen könnte, um Religion in mir aufzubauen, lädt zu einem Focusingexperiment ein.

> Vor mir befindet sich ein Kirchenraum, dessen Weite sich über die Kirchemauern hinaus erstreckt. Ich werde ihn gleich abschreiten. Normalerweise geht das mit meinen Beinen, ich selbst bewege mich mit meinem Körper durch den Raum. Diesmal aber will ich mich an einem Ort niederlassen und eine innere Begehung vornehmen. Dazu verlege ich meine Aufmerksamkeit nicht auf das äußere Sehen, sondern schließe die Augen. Viele Bilder tauchen auf. Ich denke an zu erledigende Aufgaben und einiges mehr. Jetzt ist aber Freiraum erforderlich, damit ich mich konzentrieren kann. Ich stelle all die Aufgaben, die mir auflauern, weit an die Seite, platziere sie vor meinem inneren Auge in den Nebenraum. Sie sollen ruhig warten, jetzt ist meine Kirche dran. Ich bemühe mich, die Aufmerksamkeit nach innen zu leiten. Wie immer, wenn es um wirklich Wichtiges geht, regt sich mein Unterbauch. Eine Anspannung macht sich Platz. Mein Herz klopft etwas schneller, ich bin sensibilisiert bis in die Fingerspitzen und gespannt: Was wird jetzt kommen? Freudige, aber auch etwas ängstliche Erwartung. Im Hintergrund: Atmosphären, Bilder; die sich hin und her bewegen, vor und zurück. Vertraute Klänge mischen sich darunter, aber auch Sehnsüchte. Ich stehe auf der Empore der romanischen Dorfkirche in Reinhausen, einem Dorf in der Nähe von Göttingen. Ein Seufzer der Sehnsucht. Hier hat der Kirchenchor mit mir einige Jahre gesungen. Hier haben mein Mann und ich vor einigen Jahren geheiratet. Eine Stimme kommt von hinten: Ist das nicht einfach pathetisch? Ja, das ist es, antwortet es in mir. Es hat etwas mit *religio*, mit meiner Rückbindung zu tun. Es ist jetzt, in diesem Moment der Anschauung, sicher nur mein Raum. Aber der hat viel getragen. Hier haben wir etliche Jahre mit Studierenden die Karwoche verbracht, gesungen, singend den Raum durchschritten, mit Psalmgebeten den Raum gefüllt und unsere gemeinsame Zeit rhythmisiert, biblische Geschichten inszeniert, Abendmahlsgottesdienste am Gründonnerstag gefeiert. Ich habe diesen Raum aus vielen Positionen betrachtet. Mehr als in vielen anderen Kirchen, die mir ans Herz gewachsen sind, ist die Zeit, die ich hier verbracht habe, eine gestaltete Zeit mit Fragen und Aufgaben verbunden. Ein reges Gemeindeleben, das auch Dissonanzen mit sich bringt.
>
> Mein Puls schlägt wieder gleichmäßig. Die Vergegenwärtigung dieses Raumes, in dem ich weit mehr als mich selbst finden konnte, macht mich ruhig, richtet mich auf und lässt mich den Boden unter den Füßen spüren. Die Sensibilität in den Fingerspitzen ist geblieben.

[1121] „Dem Bibeltext wird Stimme geliehen, die ihm Resonanzraum verschafft" gilt für den Auslegungsprozess (Christoph Bizer, Die Bibel als Form – in ihren Formen. Ein didaktischer Zugang zur Heiligen Schrift. In: JRP 18 (2002), 124–134. Hier: 129).

Räume sind religionspädagogisch wichtig geworden. Wenn ich an christliche, lebendige Religion denke, fokussiere ich diesen Kirchenraum. Was hat diese Kirche an sich? Dafür gibt es Gründe, die in dem Erfahrungs-Zeitraum liegen, den diese uralte Kirche mit sich bringt. Andere haben mit meiner Person und biographischen Erfahrungen zu tun, in denen sich der Raum immer wieder neu aufgeschlossen hat.

Die Atmosphäre, der gestimmte Raum: Eine eigenartige Mischung aus Kargheit und Vertrautheit, die zur klanglichen Füllung einlädt. Wie viele romanische Kirchen hat sie eine großzügige Weite. Zwei angedeutete Seitenschiffe, einen großzügigen Altarraum. Sie ist karg bebildert, aber dank der liebevollen Fürsorge einer aufmerksamen Küsterin durch die Blumen- und Pflanzenpracht zu einem ausbaufähigen Garten geworden. Die Sitzbänke sind sperrig und hart, sie lassen sich keinen Millimeter verrücken. Die Kirche ist nicht warm. Wärme gibt allein die Akustik; die Klänge im Raum verkleiden trotz des Halls die weißen Mauern von innen mit einem Teppich. Der Altarraum hat einen Flügelaltar. Er hat meine Aufmerksamkeit nie besonders erregt, da rechts daneben ein riesengroßes Kruzifix hängt. Der Christus senkt sein Haupt auf den darunter befindlichen Freiraum.

Dazu gehört vermutlich auch der *situs* der Kirche: Anders als viele andere Kirchen in einem Tausend-Seelen-Dorf liegt sie oben auf dem Kirchberg, weit abseits des letzten Hauses und fern vom Gemeindehaus. Da sich das Dorf im Tal an den zwei „Gleichen", den Bergen, entlang schlängelt, ist das alte Benediktinerkloster auf den Berg und damit ins Jenseits des Dorfes gebaut worden.[1122] Das bedeutet, dass man in jedem Fall ein gutes Stück Arbeit auf sich nimmt, wenn man den Weg zu Fuß oder mit dem Fahrrad erklimmt. Dafür hat man Aussicht auf das ganze Dorf. Sogar die Toten wohnen hier, weil sich der Friedhof hinter der Kirche befindet; in Reinhausen ruhen die Toten nicht unten, sondern oben.

Erinnerung: Es gibt aber ebenso Gründe, die an meinem Erlebensraum liegen, der von dort und damals her in mir angelegt ist und sich bei jedem neuen Focusing – sicher anders – wieder aufbauen kann. Oft haben wir hier gesungen, unter dem Kreuz, manche biblische Szene, die hier aufgeführt wurde, zeigt hinauf zum Antlitz des Gekreuzigten. Die dreimanualige Orgel kann die Kirche von oben füllen. Die kleine Kapelle im Turm haben wir für viele gemeindliche Zusammenkünfte genutzt. Wir haben dort mit dem Chor geprobt, Andachten in kleinerem Rahmen gefeiert; sie dient als Winterkirche, seit die Heizkosten ins Unermessliche gestiegen sind. Bei vielen Treffen machte sich der leibliche Druck der Blase bemerkbar, und immer wieder brach der Ärger auf, dass es baulich unmöglich schien, hier eine Toilette zu installieren.

[1122] Vgl. Tobias Ulbrich, Zur Geschichte der Klosterkirche Reinhausen. Göttingen 1993.

Kirchen, Klöster, Kommunitäten: In ihnen machen sich Stille und Rhythmus auffindbar. Als gegenwärtiges Jenseits kennzeichnen sich Orte christlicher Spiritualität, in denen Rituale, Sprache und geistliche Begleitung für die Gestaltung christlichen Lebens Füllungen anbieten.[1123] Eine Begehung braucht Zeit und die Konzentration auf den architektonischen Raum wie auf sich selbst. Ihre Er-Innerung und Verinnerlichung bedeutet, einen beweglichen Raum für Zeiten zu haben, in denen die architektonisch errichteten Räume nicht da sind. Das im Seminar erlernte Focusing hat das Instrument an die Hand gegeben, auch den Körperraum für die Wahrnehmung zu öffnen, so dass Religion lebendig werden kann, wo Körpergrenzen ihr dafür Raum geben. Die Begehung des Kirchenraumes findet äußerlich statt; im Prozess der körperlich-seelisch spürbaren Beschreitung baut sich durch Focusing auch im Leib ein Raum auf und gewährt der Religion Einzug. Manche Räume schlagen im Menschen quasi Wurzeln; sie stehen zur Verfügung, wenn die architektonisch erbauten Räume zerschlagen oder unerreichbar sind.

3.2.2 Hier und Dort: Gesungene Begehung im theologischen Garten

„Geh aus, mein Herz und suche Freud in dieser lieben Sommerszeit…" gehört zu den meistgesungenen Gesangbuchliedern im Sommer.[1124] In der ersten Strophe erlebt das Ich einen Impuls, dass sich das Herz nach draußen bewegen möchte. Er gibt diesem Anstoß nach, heißt diese Bewegung willkommen. „Geh aus, mein Herz". Wohin bewegt sich das Herz? – In die Natur, ins unmittelbar nahe, sinnlich wahrnehmbare und göttlich erschaffene Diesseits. Das Herz sucht und erlebt mit allen Sinnen die Schöpfung in ihren sommerlich-synästhetischen Qualitäten von Bildern, Klängen und Düften. Es erlebt den Erdraum und seinen Bewuchs in seiner farbigen Schönheit (2. Strophe). Das Herz sieht weiter und erblickt die Bewegung der Natur: verschiedene Vögel erfüllen mit ihren Schwingungen Erde und Luft (3. Str.) und pflegen in dieser Welt ihr Zuhause; das Wild begibt sich ebenfalls auf die Erde (4. Str.). Die Landschaft bildet ihre Formen aus (5. Str.), Tiere und Pflanzen der Natur befruchten sich darauf gegenseitig in lustvoller Weise (6. Str.). Das Miteinander der Geschöpfe ist zu beobachten, der Lebensprozess des Wachsens und Gedeihens der für den Menschen lebensnotwendigen Güter ist freudig hörbar und nährt das Gemüt (7. Str.).[1125] So gerät nun das sinnlich erlebende Ich inmitten dieser es umgebenden schönen Welt mit hinein in deren Bewegung und lässt seinem Empfinden in einer gesanglichen Fließbewegung freien Lauf: „Ich selber kann und mag nicht ruhn, des großen Gottes großes Tun erweckt mir alle Sinnen; ich singe mit, wenn alles singt, und lasse, was dem Höchsten klingt, aus meinem Herzen rinnen, aus meinem Herzen rinnen" (8. Str.). Das Herz hat gefunden, was es sucht und sich selbst singend-klingend Luft gemacht. Das Ich wendet sich nun aus seiner (Selbst-)Wahrnehmung heraus dankbar an sein göttliches Gegenüber. Die fröhlich-heitere Atmosphäre trägt es dabei weiter und bringt es zu einem Nachsinnen darüber, wie die jenseitige

[1123] Vgl. Barbara Hanusa, Evangelische Kommunitäten – Spiritualität entdecken. In: Thomas Röhr (Hg.), Handbuch Unternehmen Kirche. Ergänzungslieferung November 2000 / 11–6, 1–16.

[1124] Paul Gerhardt, Geh aus, mein Herz, und suche Freud (1653). EG 503.

[1125] „Das Gemüt ist also insofern der Ort für die Ermöglichung von Religion, als in ihm dem Menschen die Welt und sein eigenes Leen als Gottes Schöpfung erkennbar werden" (Martin Schreiner, Gemütsbildung und Religiosität. Göttingen 1992, 162).

Welt sein wird (9. Str.). Als würde Gott es fragen, wie es sie sich denn vorstelle, imaginiert es, zunächst für sich selbst: Jene erscheint ihm als Himmelszelt und Schloss im hell erleuchteten, von „engelischen" Lobklängen erfüllten Garten Christi (9. und 10. Str.). Mit dieser Imagination im Gepäck gibt es vor seinem göttlichen Gegenüber der Sehnsucht Ausdruck, jetzt schon vor dessen Thron zu stehen und den Engeln im Singen von Lobpsalmen nachzueifern (11. Str.). Im Bewusstsein, dass es noch mit den Lasten gegenwärtiger Leibhaftigkeit in der jetzigen Welt weilt, gibt es seinen Willen preis, dass das Herz sich weiterhin, hier und überall zum göttlichen „Lob neigen" solle (12. Str.). Hier nun beginnt ein Bittgebet, das in der Gegenwart für die Ewigkeit rüsten soll. In einer Klimax bittet das Ich um die Leben und Wachstum erhaltende Einpflanzung des gnädigen Sommers durch den himmlischen Fluss des Segens, so dass das christliche Leben Früchte trage (13. Str.). Das eigene Leben möge so sehr vom Heiligen Geist erfüllt sein, dass es selbst paradiesischen Charakter gewinne (14. Str.). Letztlich geht es um die Hoffnung – wenn man so sehr zum paradiesebenbildlichen Geschöpf geworden ist – Eingang ins Paradies zu finden (15. Str.).[1126]

In diesem Kirchenlied von 1653 entfaltet sich das Gebet eines kollektiven Ichs bzw. der Gemeinde in 15 Strophen in doppelter Weise räumlich, wie beim Anblick der Schönheit der irdischen Schöpfung der Geist einströmt und zum himmlischen Garten führt. Der Erdraum wird hier zum Gleichnis; das Leben – ein Gottesdienst.[1127] Die Verheißung der nachhaltig guten Paradieswelt ist in der Weise der Imagination schon angebahnt; es handelt sich hier um einen Fall präsentischer Eschatologie zur Inkorporation des Sommers.

Die phänomenologische Betrachtung des Liedtextes lässt den theologischen Weg des Liedes zutage treten.

> Mit Blick auf den Text steigen Bilder in mir auf, die sich zu einer Szene formen. Ich stelle mir vor: Mittenwalde, Mark Brandenburg, 1653. Es ist Sommer. Der Propst Paul Gerhardt sitzt an seinem Schreibtisch, am Fenster und schaut hinaus. Rechts hinten, da – ein Weizenfeld. Er atmet tief ein. Am Sommergeruch kann er spüren, dass das Korn bald reif ist. Links dahinter sieht er ins Grüne. Er blickt auf Wiesen und Gärten. Man hört Vögel zwitschern, und ein Hauch Sommergeruch

---

1126 Ist Gott der Focusingpartner? Dann würde er fragen: Wie stehst du zu dir, Gott und der Welt? Das Ich konzentriert sich auf seinen eigenen Körper und spürt diesem bei der Frage nach. Der Felt Sense geht vom Herzen aus. Sein Herz regt sich mit dem Impuls, (neu-)gierig aus sich heraus in die Welt zu gehen. Und so scheint es das Herz zu sein, das durch diesen körperorientierten Zugriff auf die Welt wahrnimmt, ja die Welt für-wahr-nimmt. Was es sieht, ist die emsige und pulsierende Kreatürlichkeit des Lebens. „Man sieht nur mit dem Herzen gut", verkündet der „kleine Prinz" (Antoine de Saint-Exupéry) weise: „Das Wesentliche bleibt für die Augen unsichtbar." Während das „gut" gemeinhin schon auf die Ausbildung der Fähigkeit des Sehens und Erkennens bezogen wird – der Nachsatz gibt die Beschränktheit des Sinnesorgans und die Möglichkeit der Täuschung im Gegensatz zum desillusionierenden Herzen zu bedenken – , wird mit dem fokussierenden Paul Gerhardt darüber hinaus auch das Objekt der Anschauung höher qualifiziert. So ergießt sich in sieben Strophen die Sinnesfreude und ungeheuer synästhetische Wahrnehmung im Licht der Eingebundenheit in die gute Welt des guten Schöpfers.

1127 Für die biblischen Bezüge verweise ich auf Christoph Bizer, Von Gärten und vom Studieren. In: FS zum 70. Geburtstag von Hans-Walter Krumwiede. Jahrbuch der Gesellschaft für Niedersächsische Kirchengeschichte 89 (1990), 13–26.

> der duftenden Blumen dringt durch das offene Fenster. Inmitten von sattem Grün leuchten die roten und weißen und gelben Blumen, Farbtupfer. Da auf der Wiese tollen die Kinder in bunten Kleidern, freuen sich, lachen und singen Sommerlieder, die allesamt sein Herz hüpfen lassen. „Geh aus, mein Herz", kommt es ihm laut über die Lippen, „und suche Freud in dieser lieben Sommerzeit." Und das Herz hüpft ihm vor Freude – so sehr, dass er diesem hüpfenden Herzen gleich in einem Lied Ausdruck verleiht. Er schreibt und schreibt. Seine Freude ergießt sich in 14 Strophen und hätte wahrscheinlich noch viel weiter gereicht, wenn ihm nicht die Tinte ausgegangen wäre ...

Die Melodie müsste ohne Zweifel fröhlich und schwungvoll sein. Im EKG war seinerzeit dazu die Melodie des reformatorischen Chorals von „Heut singt die liebe Christenheit" ausgewählt worden.[1128] Doch der etwas sperrige Hymnus von Nikolaus Herman wurde kaum gesungen; die mir bekannten Gemeinden haben stets die volkstümliche romantische Melodie von August Harder mit viel Schwung und stimmlichem Elan erklingen lassen.[1129] Weshalb diese Melodie eher als stimmig und angemessen empfunden wird, weshalb auch Gemeindeglieder, die von pietistischen Gesängen wenig begeistert sind, gerade diesen Choral meist aus vollem Herzen singen, macht eine rein auf die Form achtende Ästhetik des Liedes noch nicht deutlich. Wie er klingen müsste, wie also die Atmosphäre auch aufgebaut werden müsste, lässt sich aus einer reinen inhaltlichen Wahrnehmung des Textes noch nicht erschließen. Als Zündfunken und Motor für einen leiblichen Wahrnehmungsprozess fokussiere ich das Lied im Singen und Hören.

> „Mach in mir deinem Geiste Raum,
> daß ich dir werd ein guter Baum,
> und laß mich Wurzel treiben.
> Verleihe, daß zu deinem Ruhm
> ich deines Gartens schöne Blum
> und Pflanze möge bleiben."[1130]

Bei mir selbst ergibt sich beim lauten Singen und Hören, dass von allein der ganze Bauchraum weiter wird; der Atem holt zu einem Seufzen aus, es wächst ein Baum durch mich hindurch, erdet mich fest am Boden und hält mich nach oben hin bis zu Kopf und Armen ganz beweglich in dem Wind, in dem ich stehe. Die Liedstrophe tut so räumlich und in *performativer* Weise[1131], was sie sagt: Das Gesprochene macht sich beim Hören als Klang, Bild und Wort *synästhetisch* im Innenraum breit. Es entwirft vor dem Hintergrund der Erfahrungen von Kargheit und

---

1128 Die Melodie wurde um 1555 in Nürnberg als geistliches Lied komponiert und dem von Nikolaus Herman 1560 übersetzten lat. Hymnus Dicimus grates tibi (Philipp Melanchthon) zugefügt (EKG 116).

1129 Diese bekanntere, von August Harder (1775–1813) vor 1813 komponierte Melodie ist 1994 in das EG aufgenommen worden.Vgl. Juliane Keitel, Geh aus, mein Herz, und suche Freud. In: Gerhard Hahn / Jürgen Henkys, Liederkunde zum Evangelischen Gesangbuch. H. 9. Im Auftrag der EKD. Göttingen 2004, 34–39.

1130 EG 503,14. Vgl. Silke Leonhard, Mit dem Körper Religion lernen?

1131 Die Handlung wird in der Äußerung vollzogen.

Ausrottung im Zuge des Dreißigjährigen Krieges eine bildliche *Impression* vom Paradiesgarten und der reichen Ernte, verbunden mit einem Seufzer: „Ach, mach doch ...!" Die Leiblichkeit Gottes wird in einer Klangsphäre als *Resonanz* wirksam. Klingende Religion findet im Leib einen Widerhall; sie tönt, und macht sich damit vernehmbar, auf dass Religion spürbar im menschlichen Gefühlsraum und klingend im zwischenleiblichen Lebensraum, zum Ruhme Gottes dann laut wird. Das ist etwas anderes als eine körperliche Digitalaufnahme, denn der Nachhall kann – außen wie innen – bei jedem Sprechen und Singen anders sein.

Theologisch lege ich mir die Strophe so zurecht: Das Wort ist Fleisch geworden und wohnt unter uns (Joh 1,14). Der in Christus verkörperte Gott gibt sich leiblich der Welt hin, indem er auch räumlich in ihr einzieht. Der Leib wird damit zum Tempel des Heiligen Geistes (1 Kor 6): In der veräußerten kultischen Raumgebung des Liedes im Singen, Sprechen und Hören wird nun der fleischgewordene Gott wieder zu leibräumlichem Wort. Die leibräumliche und damit liturgische Wahrnehmung von Religion (jedenfalls da, wo sie nicht zur Formelhaftigkeit erstarrt ist) gestaltet solchen gemeinschaftlich-leiblichen Austauschkontakt zwischen Gott und Mensch, zwischen Innen und Außen. Durch den Leib hindurch öffnet sich ein Zwischenraum. Im Singen veräußert sich der betrübte Mensch inmitten der lobenden und bittenden Gemeinde, der Geist zieht ein und erfüllt sie so, dass ihr Gesten, Gebärden und Sprache seufzend, preisend aus dem Herzen rinnen. Ein leiblich-fröhlicher Wechsel des Raumaufbaus: In einem unabschließbaren *responsorischen* Prozess kommt das Fleisch wieder zu Wort, findet Gehör und Bedeutung. Daher muss der Choral eigentlich laut und aus vollem Herzen gesungen werden, um sich in Klang und Wirkung räumlich auszubreiten!

Raumerfahrung kann man, wie Mertin und Gendlin mit Recht sagen, nur machen, wenn man diese Räume auch betritt. Für die Wirksamkeit ist jedoch der Aufbau innerer Räume vonnöten, damit das Wort Gestalt und Bedeutung findet. Die bewohnte Stadt und der bebaute Garten sind Bilder des Gottesreiches. Sich heimisch machen „in den Netzen der Schriftwelt" und auch in den kirchlichen Formen hilft Räume aufzubauen und auszugestalten in dem „Haus, das die Träume verwaltet".[1132] Raum für Religion baut sich dabei zwischen innen und außen als ein *intermediärer Raum* auf. Wichtig für die religiöse Wahrnehmung ist das kreative Über-Tragen, das Transzendieren als Projektion der Glaubens- und Imaginationsräume auf die Welt: Wenn das In-Sein wie das An-besonderen-Orten-Sein zu den frühen Erfahrungen gehört, so gehört es in den nur menschlichen und geschöpflichen Lernzusammenhang, das Verinnerlichen und Einwohnen zu lernen, um den Lebensraum zu erhalten und zu gestalten. Im Spüren öffnet sich das ergriffene Herz zum Ergreifen einer Wirklichkeit der Unterbrechung.

1132 Klaas Huizing, Homo legens, Kap. 2; Fulbert Steffensky, Das Haus, das die Träume verwaltet. Würzburg 1998.

Religion ist wahrnehmbar in ihren Formen. Wie aber wird man des Christlichen an der Religion gewahr?

3.2.3 Ein erlesener Psalm zur Präsenz des Wortes[1133]

Ein Dilemma des nachaufklärerischen Menschen ist, dass er nur dem eigens Geschaffenen Wirklichkeit zutraut. Dem biblischen Wort eine Wirkung oder gar Kraft beizumessen, fällt schwer.

> „Das Problem der Schriftauslegung lässt sich auf einen einzigen Punkt bringen. Alle methodische und hermeneutische Vernunft kann nur ein Ziel haben: sie dient der Verhinderung dessen, dass der Ausleger die Wirklichkeit des Wortes verflüchtigt. Die Hermeneutik ist die Kunst, zu warten auf die unverfügbare Erscheinung des Schöpferischen im Wort. Oder – eben: zu warten auf die von sich aus wirkende Energie des Evangeliums."[1134]

Damit verbindet sich Religion als Einstellung des Menschen zur unbedingten Angewiesenheit, die mit einer Ethisierung einhergeht. Hans Weder zeigt eine Chance der Öffnung durch die „Entdeckung der fremden Kräfte"[1135] (ενεργεια und δυναμις in den Evangelien). Diese machen sich christlicherseits durch die Bindung an die Schrift an der Wirksamkeit der Sprache fest. Die Energie des Evangeliums wird nun, gezeigt am für Weder typischen Beispiel der Gleichnisse, als ausschließlich schöpferische, rettende und lebensförderliche Energie verständlich, die als Kraft Gottes (Rö 1,16) und Energie des Lebendigen auch der Gefahr der Verletzlichkeit und potentiellen Zerstörbarkeit des Lebendigen unterworfen ist. Verkörperung dieser Lebensenergie ist Christus; er ist Inhalt des Evangeliums und gibt sie weiter. Maßgeblich für dieses performativ wirkende Wort ist ein Ineinanderwirken von ενεργεια und δυναμις, die sich zueinander wie „individuelle Kraft und charakteristische Wirkungsmacht" verhalten. „Das Evangelium gleicht jenem Flötenspiel im Gleichnis von den spielenden Kindern, das den Tanz erschafft, ohne ihn erzwingen zu können, und es gleicht jenem Trauergesang, der den Raum zum Trauern eröffnet, ohne den Menschen hineinzuzwingen."[1136] Da die Gleichnisse mit utopischen Bildern arbeiten, die aufgrund der Praxis menschlicher Subjekte als Widerspiegelung des Lebendigen wirken, verändert sich auch das Menschenbild: Der Mensch steht nicht länger als „unbewegter Beweger" da, sondern als „ein von göttlicher Kreativität bewegtes, auf die Energie des Göttlichen angewiesenes Geschöpf". Der Mensch kann seine eigene Beschränktheit

---

[1133] Zu diesem Abschnitt vgl. meine Vorüberlegungen in Silke Leonhard, Bei Leibe – Religion zu Wort kommen lassen. In: Klie / Leonhard, Schauplatz Religion, 166–191.

[1134] Hans Weder, Die Energie des Evangeliums. Hermeneutische Überlegungen zur Wirklichkeit des Wortes. In: ZThK. Beiheft 9: Theologie als gegenwärtige Schriftauslegung. Juni 1995, 94–119. Hier: 119.

[1135] A.a.O., 96.

[1136] A.a.O., 104.

überwinden, wenn und indem die Lebendigkeit des Menschen durch fremde Kräfte erschaffen und getragen wird.

So ermutigend der hermeneutische Eros von Hans Weder auch wirkt, hinterlässt er doch auch Unklarheiten. Zum einen: Bei einem Verständnis von Bibel als Heiliger Schrift und Evangelium als Kraftwirkung ist das hermeneutische Vertrauen auf die Verheißung in Formen und Texten auch und gerade dort nötig, wo kreatürliches Leiden thematisiert wird. Es müsste sich entdecken lassen, dass das Evangelium auch durch das Alte Testament wirksam ist.

> Ich stelle mir den Psalmisten von Ps 31 als einen kranken, gealterten Mann vor. Er spürt, dass er nicht mehr sehr lange leben wird, so wird es Zeit, dass er seine Klagen und Bitten vor Gott bringt. Zum Gebet kniet er sich auf die Erde, senkt den Kopf, blickt nach unten und bittet um Gehör: *Neige deine Ohren zu mir.* Seine Stimme klingt ein wenig zittrig, aber er nimmt alle Kraft zusammen und spricht Gott sein Vertrauen aus: *In deine Hände befehle ich meinen Geist.* Dann hebt sich sein Nacken, er richtet den Kopf nach oben und versucht, so gut seine greisen Augen es erlauben, weit hoch zum Angesicht des Herrn zu blicken. So überbringt er ihm seine Klagen: *Mein Auge ist trübe geworden vor Gram, matt meine Seele und mein Leib. Denn mein Leben ist hingeschwunden in Kummer und meine Jahre in Seufzen ... Meine Kraft ist verfallen durch meine Missetat, und meine Gebeine sind verschmachtet ... Ich bin vergessen in ihrem Herzen wie ein Toter, ich bin geworden wie ein zerbrochenes Gefäß.* Schließlich übergibt er Gott sein Leben mit einer Geste, bei der er die zum Himmel geöffneten Hände vor sich hält. *Ich aber, Herr, hoffe auf dich und spreche: Du bist mein Gott. Meine Zeit steht in deinen Händen.* Er sehnt sich danach, mehr sehen zu können. In dieser Öffnung seines Körpers fleht er: *Lass leuchten dein Antlitz über deinem Knecht; hilf mir durch deine Güte.* Er spürt die göttliche Nähe und es ist ihm, als höre er eine Stimme von ferne: *Seid getrost und unverzagt alle, die ihr des Herrn harret!* [1137]

Psalmen haben für die Betenden schon im alten Israel den verlorenen Tempel als Sprachgebäude vertreten. Durch das rhythmische, wechselseitig-antiphonale Singen und Erklingen von Lob und Klage, Bitte und Dank haben sie dem individuellen und kollektiven Gespräch mit Gott Raum gegeben. In Seminaren und manchen Gottesdiensten wird die kollektive Form des Psalmodierens gelegentlich praktiziert; hier wird deutlich, dass man in einer Weise des lauten Singens den Ritus aktiviert. Um dem einzelnen Psalm näher auf die Spur zu kommen, ist eine Achtsamkeit nicht nur auf den Klang, sondern auch auf den Sprachfluss nötig. Das geht langsam und braucht Geduld. Der Psalmist tritt dem Leser und Hörer im gegenwärtigen Kontaktprozess als eine Gestalt zwischen Klage und Vertrauen entgegen. Es ist aber noch nicht klar, wo dem Leser die verheißene Energie zufließt. Obwohl Energie in menschlichen Ohren nach etwas Aktivem und Kraftvollem klingt, und obwohl die Rezeptionsästhetik letztlich die Aktivität des Lesers herausstellt, bedeutet das Warten auf Energie für den Leser oder die Leserin der Bibel viel Geduld, also eine pathische Einstellung. Diese ist dem ungeduldi-

---

[1137] Vgl. Bernd Janowski, Konfliktgespräche mit Gott. Eine Anthropologie der Psalmen. Neukirchen 2003. Bei Leibe: Religion zu Wort kommen lassen

gen Leser nicht von vornherein gegeben. Es würde ihm und ihr helfen zu wissen, wie man das Warten praktisch erlernen kann.

> Vor mir auf dem Tisch liegt meine Luther-Bibel aufgeschlagen. Den Blick auf das Schriftbild gerichtet, stechen die Buchstaben schwarz aus dem weißen Blatt hervor. Ich beginne zu lesen: *Psalm 31, In Gottes Händen geborgen. Ein Psalm Davids, vorzusingen. Herr, auf dich traue ich, lass mich nimmermehr zuschanden werden,/ errette mich durch deine Gerechtigkeit.* Einmal in den Lesefluss geraten, bemerke ich, wie sich für mich zunächst vieles um den Psalm herum gruppiert und dann, nach und nach, in den Hintergrund tritt: das Bibelbuch, das Buch des Psalters, seine Entstehungszeit und -bedingungen. Unwillkürlich sehe ich wieder den Psalmisten vor mir und höre die Psalmodie, die wir mit der Seminargruppe in der Karwoche antiphonal gesungen haben. In Gedanken stelle ich das alles vor mir zusammen und murmele noch einmal den Psalm vor mich hin. Aus meiner Körpermitte heraus entfaltet sich ein Gespür. Mein Unterbauch zieht sich zusammen, in der Bauchmitte drängt etwas nach vorn. Darin erscheint mir im Psalm zunächst etwas „Drängendes“ und „Gedrängtes“. Mit diesem Wort nehme ich Kontakt auf und spüre ihm noch einmal vom Unterbauch aus nach. In meinem Ohr erweitert sich die Eintönigkeit der Antiphon zu einer Melodie, die bei den Worten *In deine Hände befehle ich meinen Geist* in einem weiten Bogen nach oben zu Gott drängt, sich dort voller Spannung zum lang gezogenen Klageton ausdehnt, bei *Meine Zeit steht in deinen Händen* kurz innehält, die Spannung und Höhe noch einmal steigert und sich schließlich bei *Gelobt sei der Herr* zunehmend in Erleichterung und Jubel nach unten hin weitet. Meine Bauchdecke entspannt sich wieder. Jetzt sehe ich noch einmal die Bewegungen als Wind im Gebirge vor mir: von oben nach unten und wieder hoch, über alle Berge hinaus. Nach und nach wird mir klar: Diese Wahrnehmungen lassen den Klageton, die existentielle Not und die Bergung in Gottes Hand, die Weite von Zeit und Raum und etliches mehr zutage treten. Der Psalm bekommt im Laufe der Beschäftigung die Gestalt eines Klageliedes, das alle versammelten Nöte durch einen einzelnen Mittler vor Gott trägt. Die Rufe zu Beginn und am Ende betten die Klage vertrauensvoll in seine bergenden Hände.

Aus der Resonanz, dem gewonnenen Felt Sense, lässt sich eine Interpretation schreibend weiter formen (die das Gespür im Fluss wiederum verändert): Der (Rück-)Blick auf den Sitz im Leben des Psalms weist auf einen Gebrauch in Zeiten der körperlichen Geschundenheit und Ausräumung, in denen er sich in der Form des gesungenen Gebets vor allem als ein leibräumliches Geschehen erschließt. Von der elementaren Not des Einzelnen in Krankheit, sozialer Ächtung und Rechtsnot bis zum Volk ohne Raum – darin sind Historie und Gegenwart gleich: Deportation ist nicht nur ein Zustand der Gefangenschaft und Heimatlosigkeit, sondern verletztes oder amputiertes, um das Allerheiligste beraubtes Leben. Die Raumlosigkeit jeglicher Vertreibung kommt der Gottferne erschreckend nahe. Was wäre das vertriebene Volk ohne die Lieder, die, gehört, gesungen, gesprochen und gewusst, im Exil auf leibliche Weise einen Erinnerungs-Tempel für die Begegnung mit Jahwe aufbauen und das Leben in seine Hände legen! Darin stiftet der Psalm, von etlichen Hundert Jahren vor Christus in Stationen der Verheißung bis heute, einen Sprachraum für das Tun der Erinnerung an heilvolles Ergehen.

Im Focusing wird auf die Achtsamkeit des Handelns geachtet – ein Oxymoron: Geht es doch gerade darum, in Empfangsbereitschaft das Kommende entgegen zu nehmen. Wer möchte schon alles auf sich zukommen lassen? Nicht wie ich will, sondern wie du willst, lautet das Gethsemane-Gebet – nicht in wohliger Ruhe und Glücksmomenten, sondern in geduldiger Haltung, absichtslos, akzeptierend, aufmerksam zu warten auf Ungewolltes. Natürlich sind Informationen und Hintergründe in einem Lernprozess hilfreich, die Gestalt des Psalms möglichst prägnant zu konkretisieren. Dabei bleibt der Körper Anfang und Bezugspunkt der interpretativen Gestaltgebung. In ihm kommt der Psalm in Bewegungen von Wissen und Neugier, Zuneigung und Grenzen zum Ausdruck.

Das Weisheitliche am Psalm ist die poetische Verwobenheit mit der Geschichte JHWHs; weise kann man jedoch erst durch den Vollzug der Psalmen werden. Die Kraft segensreicher Worte entfaltet sich dem, der sie einziehen lässt, und wird zum Anlass für Ausgestaltung, auch zu neuen Formen und Formationen. Nach Manfred Josuttis kann durch spirituelle Praxis in anthropo-logischer Hinsicht die Konversion einer Person bewirkt werden, indem sie zum Personanzraum von Gotteskraft wird. Das Ausziehen in den Garten und das Einwurzeln im geistlichen Raum können im Lernprozess Veränderung bewirken. Dazu braucht es das Hier und Jetzt, eine Haltung der fließenden Aufmerksamkeit und Achtsamkeit.

Präsenz hat mit Präsentation zu tun. Darstellendes Handeln ist leibliches Handeln – auch im pathischen Sinne erduldender Wirkung. Die pathische Seite des Gegenwärtigen liegt im Erinnern, Vergegenwärtigen, Kommen-Lassen. Präsentation schafft Präsenz, das Gegenwärtige ermöglicht den Glaubenden Gespür für die heilsame Gegenwart, auch wenn es sich entzieht. Es ist deutlich geworden, dass die Präsenz in der religiösen Wahrnehmung von einer dialektischen Subjektivität ausgeht: Gott macht sich spürbar im Zeigen und Verbergen seines Gesichtes, im Erklingen und Verstummen seines Wortes. Für den glaubenden Menschen ist die Gegenwart in der Wahrnehmung entzogen; die Präsenz des Geistes ist in ihrer Unverfügbarkeit anfänglich wahrnehmbar.

Religion ist wahrnehmbar. Gott nicht, aber sein Wort – Christus schon. Wie lässt sich die Präsenz Christi wahrnehmen?

3.2.4 Meditatio crucis: Gehör-Gänge einer Bacharie

Wenn ich versuche zu fokussieren, was für mich christliche Religion bedeutet, öffnet sich ein Raum in mir. Gleichzeitig sehe ich ein Kreuz vor mir, schillernd: mal schlicht schwarz auf weißer Tafel, mal das grün mit Edelsteinen behauene Lettnerkreuz im Bad Doberaner Münster. Die Bewegung des pastoralen Kreuz-Schlagens steht mir vor Augen. Für jeden Nichtchristen ist es ersichtlich, für jeden Christen zumindest verständlich: das Kreuz als Zeichen. Ich wüsste zunächst gern, weshalb es immer wieder ausgerechnet das Kreuz ist, ohne welches ich mir ein Christentum nicht vorstellen kann.

Das Christentum hat Gestaltungsvorgaben, an denen sich die Leiblichkeit des Christseins erweist. Das Kreuz ist die prägnanteste Form der christlichen Religion. An ihren Kreuzen werdet Ihr sie erkennen: An ihm scheiden und unterscheiden sich die Geister. Die jüdische Schriftstellerin Ruth Klüger sagte mir in einem Gespräch mit dem Verweis auf das Kreuz als Folterinstrument: „Was habt Ihr nur für ein grausames Symbol!“[1138] Auch innerhalb des Christentums übt z.B. die Feministische Theologie immer wieder Kritik an der Zentralstellung des Kreuzes – mit der Begründung, dass sich christologisch zu wenig um Leben und zu viel um Tod, zu wenig um Hingabe und zu viel um das Opfer drehe.[1139]

Das Kreuz ist etwas, das ich als Form vor Augen habe. Wenn die Sonne durch das Fenster scheint und die Fensterkreuze auf den Gardinen Schatten werfen, erkennt manch einer einfach Schatten, die Sonne, die sonnendurchfluteten Gardinen. Ich aber entdecke Kreuze, seitdem mich christliche Religion intensiv beschäftigt. Die Symbolkunde hat sich hinlänglich mit dem Symbol der Symbole beschäftigt und die Vielfalt seiner Erscheinungsweisen in der Alltagswelt – kritisch – bedacht. Anders hingegen die persönliche Wahrnehmung – sie spielt der kritischen Sicht häufig einen Streich; was ich eigentlich als evangelikal oder schwärmerisch abqualifiziere, kann mich dennoch emotional und körperlich sehr berühren. Damit es bei Leibe Gestalt gewinnt, muss es aus der (atmo-) sphärischen Umnebelung in das konkrete Begreifen münden.

Von den unzähligen Sequenzen, die mir durch vielfaches Hören der Matthäuspassion von Johann Sebastian Bach in der Passionszeit im Ohr bleiben und die ich hinfort vor mich hersumme, prägt sich die letzte Arie hartnäckig ein.

> Mache dich, mein Herze rein,
> Ich will Jesum selbst begraben.
> Denn er soll nunmehr in mir
> Für und für
> Seine süße Ruhe haben.
> Welt, geh aus, laß Jesum ein!
> Mache dich, mein Herze rein,
> Ich will Jesum selbst begraben.[1140]

[1138] Ruth Klüger 1993 nach einer Lesung ihres autobiographischen Romans „Weiter leben“ in der Synagoge in Celle.

[1139] Siehe z.B. Eveline Valtink (Hg.), Das Kreuz mit dem Kreuz. Feministisch-theologische Anfragen an die Kreuzestheologie. Hofgeismar 1991; Claudia Janssen / Benita Joswig (Hg.), Erinnern und aufstehen – antworten auf Kreuzestheologien. Mainz 2000.

[1140] Johann Sebastian Bach, Matthäus-Passion. BWV 244. Aufnahme: Paris/Gent, Dirigent: Philippe Herreweghe, Saint Michel de Provence 1985.

Lange bevor ich den „madrigalesken" Text gelesen, mich im Hören auf den Text konzentriert und begriffen habe, was mit mir und der Arie im Hörvorgang passiert, haben Rhythmus und Melodie schon beim allerersten Hören mit ihrem Schwung eine körperlich spürbare Wirkung hinterlassen: Die Arie berührt mich derart, dass mir die Tränen in die Augen steigen. Dennoch begreife ich sie lange nicht. Streitet sich Josef von Arimathia mit jemandem um Jesu Beerdigung? Oder geht es um eine Beichte? Ist es vielleicht so, dass nur ein reiner Mensch den unbefleckten Leichnam begraben darf? Ich beginne zu lesen und rekonstruiere für mich zunächst *produktionsästhetisch*, was Bach mit der Passion eigentlich gewollt haben könnte.

Bachs Matthäus-Passion wird am Karfreitag, dem 11.4.1727 in der Leipziger Thomaskirche uraufgeführt.[1141] Er wählt als musikalische Form die oratorische Passion; Texte des Evangeliums werden in einem interpretativen Aufbau von Chorälen und freien bzw. madrigalesken Stücken (Arien und ihre kontemplativen Einleitungen, den Ariosi) unterbrochen. Die oratorische Passion arbeitet mit Rollen, ohne zu inszenieren. Die Worte des Evangelisten sind stark emotional gefärbt und lassen auch ihn als Komponisten hervortreten. Der Rückgriff auf Paul Gerhardt-Lieder mit starkem lyrischem Ich ermöglicht die Beteiligung des Hörers.[1142] Bach arbeitet mit verschiedenen Textformen: freie Dichtung, Bibelwort und Kirchenlied; die turbae, Worte aus dem Volk, werden von Soliloquenten übernommen. Die Doppelchörigkeit gewährt wechselnde Perspektiven auf die Heilsgeschichte.[1143] Heilsgeschichte? Es geht doch um Passion!

Ich widme meine Gedanken der Theologie der *biblischen* Matthäuspassion. Sie hat eine Struktur von Verheißung und Erfüllung. In ihrem gepflegten griechischen Stil umfasst sie sechs große Reden. Die judaistische Ausrichtung bezieht die Passionsgeschichte stark auf Israel. Eine weltmissionarische Sendung scheint trotzdem durch; da das Heil verloren ist, erfolgt Heidenmission. Der systematische Ort der Gerechtigkeit ist das Himmelreich, Matthäus rechnet nicht mehr mit der Nähe der Parusie. Hintergrundthema ist das Verhältnis von Eschatologie und Ethik, die Frage nach einer „Zwei-Stufen-Ethik", Zusage des Heils und ihr Verhältnis zur Ethik. Die Verwendung des christologischen Titels „Gottessohn" will auf das Paradoxon der Niedrigkeit der Offenbarung hinweisen und evoziert ein offenes Bekenntnis zum Messias. Die Kirche hat dauerhaften Charakter, das Problem liegt hier eher in der Kleingläubigkeit der Menschen. Bachs Welt ist

---

1141 Dass der Text der Passion *figuraliter* vorgetragen wurde, war erst zehn Jahre zuvor eingeführt worden und in der Thomaskirche erst seit 1721 erlaubt. Ob die Gemeinde davor zu Zeiten Bachs mitgesungen hat, bleibt umstritten.

1142 Z.B. „Ich bin's, ich sollte büßen".

1143 Im ersten Teil: Chor I: Handlungsbericht (Rezitativ und Volkschöre), Reflexion der am Geschehen Beteiligten; Jünger, Hohepriester, Pilatus, Vermittler zwischen historischem Geschehen und Hörer; Chor II: die „Gläubigen" und Judas (Identifkation); im zweiten Teil: Volks- und Priesterchöre, mit akustischen Effekten, schrägen Tonarten (fis-Moll).

nicht biblische Historie, sondern der Gottesdienst. Er fungiert als Ausleger der Heiligen Schrift. „Wer das Christentum völlig verlernt hat, der hört es hier wirklich wie ein Evangelium."[1144] Seine Komposition ist ohne Luther nicht denkbar. Das Leben wird im Kontext der Kirche betrachtet; Mensch und Welt werden musikalisch bedacht – coram deo. Die Musik achtet auf Situationsbezogenheit („Gelegenheitsmusik"). Mit Luther hat der Chor bzw. die Gemeinde die liturgische Teilhabe an der Kirche wieder gewonnen. Im geistlichen Lied wie auch hier und überhaupt in der Musik, artikuliert sich das reformatorische Prinzip der Schriftauslegung.[1145] Die Musik inszeniert, „was Christum treibet". Gehört und wahrgenommen wird in der Schriftauslegung auf Christus hin, „was Christum erhebet". Man kann nur vom Evangelium singen, denn das Gesetz lässt in lutherischer Tradition keinen Lobgesang zu. Der Gottesdienst ist eine Begegnung mit Gottes Wort, Bedenken der Heiligen Schrift und lobende Antwort: Bis orat, qui cantat.[1146] Im Harmonieverständnis artikuliert Bach, dass Gott ein Gott des Frieden ist. Die Generalbasslehre als Ordnungslehre der Musik ist die Lehre von der Ordnung, die von Gott in der Schöpfung mitgegeben ist.[1147] Die musikalische Rhetorik erzählt im Sinne des Abbildens und Versinnbildlichens die Macht Gottes.[1148] Die oratorische Kunst ist die Trias von Belehren (docere, dann daraus predigen), Überzeugen, Bewegen (movere) und Erfreuen (delectare). Bach verteilt dazu „Rollen": Der Choral ist der Part der Gemeinde.[1149] Dabei wird das Nicht-Selbstverständliche hervorgehoben: höchster König, tiefste Nähe, denn „Gott handelt unter dem Gegenteil". Der Mensch ist simul iustus et peccator. Bereits im Eingangschoral stellt sich heraus: Der von Gott verlassene Mensch erkennt sich in der Unmöglichkeit der Selbstrechtfertigung wieder. Im Gegensatz zu der Erhöhung Christi in der Johannes-Passion findet man hier die Selbst-Erniedrigung Jesu; er nimmt diese letzte Not der Gottverlassenheit auf sich.[1150]

Didaktisch ist zu fragen: Wie kann es angehen, dass sich christlich-religiöse Wahrnehmung auf einen sterbenden Körper richtet und darin Hoffnung erwartet?

1144 So urteilte Friedrich Nietzsche nach dreimaligem Hören der Matthäus-Passion.

1145 Bis auf 47 wirklich „freie" Orgelwerke will auch die Orgelmusik vom Wort her verstanden werden. Der Tod der ersten Frau und elf Kinder verhilft Bach zum Ausruf „Jesu, iuva – Jesus, hilf" und „Soli Deo Gloria".

1146 Doppelt betet, wer singt (Augustinus zugeschrieben).

1147 Der Bachforscher Walter Blankenburg betont, dass die „theonome" Musik nicht ohne Christologie denkbar ist. „Bachs Musik ist Präludium der Ewigkeit im Heute" (unbekanntes Zitat). Der eschatologische Bezug findet sich Kol 3,17: „Alles was ihr tut".

1148 Höre das Zerreißen des Vorhangs in Aufwärts- und Abwärtsbewegungen, Zahl der Stimmen und Stimmenverteilung, Instrumentalisierung, Dynamik, Rhythmik, Zahlensymbolik (Elfmal „Bin ich's?", dann einmal „Ich bin's": Hier tritt die Gemeinde an die Stelle des zwölften Jüngers). Christus artikuliert sich als Bass, von Streichern begleitet.

1149 Vgl. zum Verrat den Choral von Paul Gerhardt: „Ich bin's, ich sollte büßen."

1150 Vgl. Luthers „Sermon von der Betrachtung des heiligen Leidens Christi".

Der Kunst- und Bildwissenschaftler Hans Belting baut den Bildbegriff als anthropologisch-ästhetischen Terminus auf.[1151] Ausgangspunkt sind Gegenwartsbeobachtungen zur Körperflucht: Die Flucht in den Körper und aus dem Körper sind zwei gegensätzliche Formen, mit dem Körper umzugehen, sich durch oder gegen ihn zu definieren. Digitale Medien verändern unsere Wahrnehmung, diese bleibt zugleich an den Körper gebunden. „Nur in den Bildern befreien wir uns stellvertretend von unseren Körpern, zu denen wir im Blick auf Distanz gehen."[1152] Elektronische Medien „zeigen künstliche Körper, die nicht sterben können, und erfüllen damit unsere Utopien in effigie".[1153]

„Das Medium ist gerade dadurch gekennzeichnet, daß es als Form (Vermittlung) des Bildes beides umfaßt, was man in Kunstwerken und ästhetischen Objekten von einander trennt."[1154] Bildwahrnehmung, ein Akt der Animation, ist eine symbolische Handlung, welche in den verschiedenen Kulturen bzw. in den heutigen Bildtechniken auf ganz unterschiedliche Weise eingeübt wird. Belting entwickelt eine Theorie der Bildwahrnehmung zwischen Körper, Bild und Medium. So gewinnt der Medienbegriff (erst) Sinn, wenn er im Kontext von Bild und Körper zur Sprache kommt, wo er den missing link liefert: Das Medium „setzt uns dazu imstande, Bilder so wahrzunehmen, daß wir sie weder mit echten Körpern noch mit bloßen Dingen verwechseln."[1155] In Beltings Verständnis sind Medien „Trägermedien oder Gastmedien, deren die Bilder bedürfen, um sichtbar zu werden, also als Medien des Bildes."[1156] Sie sind von „echten Körpern" zu unterscheiden und tragen eine dynamische Zeitform in sich, da sie zeitgebundene, jeweils gegenwärtige und vergegenwärtigende Übergänge schaffen, derer die Stellvertretung bedarf.

Als Urparadigma für das Medium fungiert das Totenbild; wo die lebendige Gegenwart des Körpers nicht mehr möglich ist, bleibt in einem Tausch der Tote in einem Bild gegenwärtig. Wir benutzen unsere eigenen Körper dazu, sowohl innere Bilder zu erzeugen als auch äußere Bilder zu empfangen. Wiewohl diese Unterscheidung eine gewisse Künstlichkeit hat und gerade den Zusammenhang von Bildrezeption und -produktion verschleiert, so werden doch damit zwei Funktionen zwischen Körper und Bild deutlich. „Im Rätsel des Bildes sind Anwesenheit und Abwesenheit unauflösbar verschränkt."[1157] Es ist im Medium anwesend und

---

1151 Hans Belting, Bild-Anthroplogie. Entwürfe für eine Bildwissenschaft. München 2001. Hier ist insbesondere der Zusammenhang von Menschenbild und Körperbild von Interesse. Was in der historisch arbeitenden Kunstwissenschaft in die Nähe der Populärwissenschaft gerückt wird und auch religionsgeschichtlich eher oberflächlich erscheint, zeigt sich in diesem theologischen Zusammenhang als förderlich: die Verknüpfung von Bild und Kult.

1152 A.a.O., 23.

1153 Ebd. Gegen die Krise der analogen und mimetischen Bilder bedienen sich Künstler zur Schaffung von Realpräsenz zunehmend der eigenen Körper und lehnen sich damit gegen die Bemächtigung des Körpers auf. Zugleich weist der Körper auf sich selbst, so dass Metamorphose, Bildwerdung und Verkörperung ineinander fließen. Nach Paul Virilio ist der Körperkult die Komplementärseite zum Körperverlust. Wo es also um die Verkörperung im Bild geht, ist der Körper selbst nur Medium.

1154 A.a.O., 13.

1155 A.a.O., 23.

1156 A.a.O., 27.

1157 A.a.O., 29.

bezieht sich doch auf Abwesendes, dessen Bild es ist. Das Abwesende lässt sich hic et nunc als Erfahrung vollziehen. Somit korrespondiert die Bildwahrnehmung mit den Erfahrungen im intermediären Raum. Nur im Bild ließ sich der symbolische Tausch einlösen. Damit ist das Bild zum Medium zwischen Tod und Leben geworden. Der Grad der Ähnlichkeit des Totenbildes mit dem Toten ermöglicht die Stellvertretung.[1158]

Die Bildgeschichte ist eng verflochten mit der Körpergeschichte, Körpergeschichte wiederum ist eine Geschichte des Umgangs mit Leben und Tod. Die Erfahrung des Todes schafft eine wichtige Voraussetzung für das Verständnis der Bilder. Schon der antike Totenkult lässt Bilder als Verkörperungen der Toten entstehen und schafft damit ein Übergangsmedium. Körperbilder entstehen nicht als anthropologisch fixierte Abzeichnungen, sondern Antrieb für die Produktion und Hermeneutik von Körperbildern als Menschenbilder ist die Frage nach sich selbst. Ort der Bilder ist somit auch der Mensch, genauer sein Körper, der zugleich kultureller und damit kollektiver Körper ist. Er speichert Bilder als Erinnerungen und behält sie im Körpergedächtnis. Bilder waren „Gefäße der Verkörperung"[1159], als sie den Toten die verlorenen Körper ersetzten. Weltanschauung wird so zur Einheit des persönlichen Bildspeichers. Damit zeigt sich das Wahrnehmungsmodell des Bildes als ein (Aus-)Tauschmodell: Das Bild bringt im Medium zum Ausdruck, was der Körperlichkeit fehlt. Die Christentumsgeschichte ist damit auch eine Menschen- und Götterbildgeschichte. Damit erfolgt eine gegenseitige symbolische Verschränkung von Körperbild, Menschenbild und Gottesbild.

Belting sieht in der abstrakten Ikone und in der fragmentierten Reliquie eine Krise von Körperbild und Menschenbild. Der Mensch will verkörpern, wo er mit seinem eigenen Körper nicht sein kann: in effigie. „Da Bilder traditionell das Abwesende sichtbar machen, kompensiert man die Unsicherheit über den Körper mit seiner Präsenz im Bilde, womit sich der übliche Sinn einer Abbildung umkehrt."[1160] Dieses Phänomen der Körperbildmedialität wird auch in der Christologie, ihren Zeichnungen von Kreuz, Ikone und Christusbild ausgetragen. Eine deutlich vergegenwärtigende Wirkung hat auch die Passionsmusik; sie bringt das Kreuz zur Resonanz.

Bach lässt wie Mt die Passion mit dem Wissen um Ostern wahrnehmen: Die Karfreitagshörer der Passion kommen vom Ostergottesdienst des vergangenen Jahres und den Sonntagen dazwischen, die Ostern beinhalten. Sie werden nach drei Tagen auch in den Ostergottesdienst gehen, sich also die Osterhistorie wieder zu Gemüte führen, in Osterjubel einstimmen und die Passion von dort her verstehen. Die Arie ist – wie die anderen Arien und Ariosi – mit madrigaleskem Text in die gesungene biblische Matthäuspassion eingefügt. Mit der Arie hält die Handlung inne, das Gewissen der Gläubigen regt sich: Sie „versetzt die Seele der Andächtigen in einen Zustand der Erbauung."[1161]

1158 In spiritistischen Sitzungen leiht ein Lebender einem Toten den Körper, der unsichtbar und „vernehmbar" wird.

1159 A.a.O., 143.

1160 A.a.O., 111. Wappen und Portrait sind solche Körperzeichen.

1161 Alberto Basso, Die Matthäus-Passion (Booklet zur oben angeführten Aufnahme der Passion). Vgl. zum religionspädagogischen Potential Bachs auch Harald Schroeter-Wittke,

Ich gehe der Arie nun im Hören *rezeptionsästhetisch* nach den Regeln des Focusing nach, achte beim Hören auf die Musik, den Text und mich. Was passiert beim Hören?

> In einem beschwingten Dreierpuls nimmt mich der Takt der Streicher in seine Bewegung auf, mein Atemrhythmus und der ganze Rumpf schwingen mit ein. Nach einer Zeit der Einfindung in den Rhythmus vernehme ich die kräftige Bassstimme, die in einer leichten Abwärtsbewegung Schwung nimmt und dann nach oben zum gesungenen Wort „rein" hin ausholt. Während sich in der Höhe mit der Stimme eine zunächst schmale Öffnung ins Unendliche ausdehnt, vollziehen die Streicher diese Bewegung in echoartigen Sequenzen nach. Auch in mir öffnet sich, so mein Gespür, nach oben hin eine riesige Luke und mein Körper mit ihr, mein Herz weitet sich, während unten eine zweite Melodie im Hintergrund den schwingenden Körperrhythmus im Fluss hält. In den Bewegungen der Melodie kommt eine Dynamik zum Ausdruck, die mich leicht, fast schwindlig werden und innerlich tanzen lässt. Gleichzeitig steigt ein ungeheures Gefühl der befreienden Entleerung und des Durchatmen-Könnens zu der Luke hin auf.

Mein Leib, ein nach oben hin offener Raum: Durch ihn hindurch wird im Verlauf der Arie der tote Jesus in meinem nun leeren Leib abgesenkt und in der Herzgegend mit meinem Rhythmus mitbewegt, so dass Tod und Auferstehung in eine rhythmische Bewegung kommen. In einer körperlich-sinnlichen Inwärtsbewegung formt sich die Musik in mir und formt damit auch mich. Mein Leib wird zum Grab, ich trage den Gekreuzigten in mir, mit mir. Ich merke, dass ich mich nur mit halbem Herzen auf ein „nachösterliches Hören" eingestellt habe. Der Walzer macht mich eher melancholisch.

„Jeder Hörer ist Koautor der Musik und der Rede"[1162]: Wird nach Manfred Josuttis durch spirituelle Praxis in anthropo-logischer Hinsicht die Konversion einer Person bewirkt, indem sie zum Personanzraum von Gotteskraft wird, so ist der Leib in Er-Hörung musikalisch geformter Religion Resonanzraum für ihre Expressivität gestalteter Religion. Ein menschlicher Leib wird religionspädagogisch zum ‚Tempel Gottes' (1. Kor 3,16f.), wenn Körper und Seele dafür bereit(et) sind, die Schwingungen und Atmosphären zu empfangen, in sich aufzunehmen, die von der christlichen Tradierung und ihren lebendig gestalteten Formen in sich Fuß fassen zu lassen. Dabei wird aber auch deutlich, dass Focusing den Deutungen kritisch gegenübertritt, indem es an den Resonanzen überprüft, welche wirklich schwingen und welche intellektualistisch oder dogmatisch von der Wahrnehmung abgekoppelt verharren.[1163]

„Kommt, ihr Töchter, helft mir klagen" – Bach als Religionspädagoge. DtPfBl 102 (2002) 12, 626–629.

1162 Fulbert Steffensky, Der Gottesdienst und seine Formen, 109. Steffensky plädiert daher für Hörräume im Gottesdienst.

1163 Vgl. Constanze Thierfelder / Dietrich Hannes Eibach (Hg.), Resonanzen. Schwingungsräume praktischer Theologie. FS Gerhard Marcel Martin. Stuttgart 2002.

Während in der Renaissance die Musik selbst ein Gleichgewicht von innerer und äußerer Welt zu verwirklichen sucht, geht es den Barockkomponisten darum, den Zuhörer zu berühren oder gar zu erschüttern, um ihn verwundbar und empfänglich für die Botschaft zu machen. Bach hat seine Musik rhetorisch darauf angelegt, Kreuz und Evangelium leiblich, symbolisch, prozesshaft spürbar zu machen. Dass die Rezeption auch heute dementsprechend gelingt, findet einen Grund in elementaren Voraussetzungen klanglich-musikalischer Wahrnehmung.

Heilige Worte und Texte werden nicht allein gedeutet, sondern vornehmlich gehört; durch die hörende Wahrnehmung von Klängen, die Gestimmtheiten evozieren, können Menschen zu religiösen Erfahrungen kommen, weil mit dem Hörvorgang die Atmosphäre des dreieinigen Gottes berührt wird.[1164] Dafür ist das Hören mit einem „dritten Ohr" erforderlich, um Schwingungen zu vernehmen, welche alltägliche Wahrnehmungsräume transzendieren. Wenn der Akt des Sprechens eines Gebetes mithin als „der behutsame Versuch [gilt], sich durch ritualisiertes Reden und Hören der Macht der einen göttlichen Atmosphäre zu unterstellen"[1165], dann gibt das Focusing dem Gehörten einen wahrlich gestimmten Raum, in dem die Stimme des Wortes Nachhall findet und gehört werden kann. Nicht alle Klänge sind Wohlklänge; viele Geräusche des Lebens kommen eher als Lärmbelästigung an, Worte können verletzen und taub machen, den Leib für die feinen Töne verschließen.

Menschen sind auf solch passive Resonanzerfahrungen angewiesen. Der Zuspruch, das Miteinander, die hörende Verbindung mit der Mitwelt kommt erst im leiblichen Nachklang zur Bedeutung und braucht Raum zum Re-Sonieren. Der sensible, fühlende und gespürte Körper bildet einen umfriedeten Innenraum, in dem das gestimmte Wort zur Geltung kommt. Es kommt darauf an, lebensbejahende, den Tod und die Agonie abwendende Worte und Klänge zu vernehmen. Eine Passionsarie wird so zum gehörten Begräbnis, zu einer inneren Bestattungsprozession, die den toten Jesus in den eigenen lebendigen Leib inkorporiert. Sie bleibt an die Bewegung der außerhalb des Leibes tönenden Musik gebunden und findet doch im Leibraum eine Umsetzung, die nicht einfach einer Abbildung entspricht, sondern vom ganzen Gespür her repräsentiert wird.

Den Leib als einen Tempel des Heiligen Geistes zu begreifen, heißt, den körpereigenen Raum dafür zu nutzen, einen Raum in sich aufzubauen, in dem Lebensverheißung aufgenommen und für-wahrgenommen werden kann. Wie gestaltet sich der leibliche Prozess der Wahrnehmung leiblicher Religion?

1164 Vgl. Hans-Günter Heimbrock, Über die religiöse Wirkung von Klängen. Phänomenologische und psychoanalytische Zugänge. Archiv für Religionspsychologie 22 (1999), 100–115. Hier: 105.

1165 Manfred Josuttis, Der Weg in das Leben, 229.

3.2.5 Geistliche Einleibung und rituelle Verkörperung in der Abendmahlsfeier

Die Schwierigkeiten, einem „modernen und aufgeklärten Menschen" klarzumachen, worin die Besonderheiten des Abendmahls bestehen, nötigt zu Begründungen, „was das heißt: Hier ist der auferstandene und erhöhte Christus gegenwärtig".[1166] Was geht vor, wenn Menschen zum Abendmahl gehen?[1167]

> Wenn ich an das Abendmahl denke, drängt mich etwas von vorn zurück, hält mich in einer gewissen Zaghaftigkeit zurück. In mir wechseln immer wieder die Perspektiven zwischen der Zuschauerin, die in der Bankreihe sitzt, der Empfängerin, die am Abendmahl teilnimmt und der Liturgin, die Abendmahl zelebriert und austeilt. Ich empfinde den Wechsel als Fremdheit. In ihr kann ich mich auf die Beobachtung des Geschehens einlassen. Die Abendmahlsliturgie erscheint mir als besonders ehrfürchtig. Sie ist das Fremdeste am agendarischen evangelischen Gottesdienst. Der Liturg hat alles in der Hand. Worte geben die Zeremonie des Essens vor: „Unser Herr Jesus Christus, in der Nacht, da er verraten ward, nahm er das Brot, dankte und brach's und gab's seinen Jüngern und sprach: Nehmet und esset: Das ist mein Leib, der für euch gegeben wird: solches tut zu meinem Gedächtnis. Desgleichen nahm er auch den Kelch nach dem Abendmahl, dankte, gab ihnen den und sprach: Nehmet hin und trinket alle daraus: Dieser Kelch ist das Neue Testament in meinem Blut, das für euch vergossen wird zur Vergebung der Sünden: solches tut, so oft ihr's trinket, zu meinem Gedächtnis." Die Gemeinde antwortet darauf: „Christe, du Lamm Gottes, der du trägst die Sünd der Welt, erbarm dich unser." Und wieder, bekräftigt: „Christe, du Lamm Gottes, der du trägst die Sünd der Welt, erbarm dich unser." Dann endlich: „Christe, du Lamm Gottes, der du trägst die Sünd der Welt, gib uns deinen Frieden." Ein lang gezogenes „Amen" beendet die Antwort. Der Pastor breitet seine Arme aus und sagt: „Kommt, denn es ist alles bereit. Schmeckt und seht, wie freundlich der Herr ist." Von meinem Platz in der Bank aus sehe ich, wie Menschen nach vorn in den Altarraum gehen: manche selbstbewusst, eilig und forsch, andere eher zaghaft, mit gesenktem Kopf. Nach und nach finden sie sich in einem Halbkreis um den Altar und den davor stehenden Pastor ein. Ich selbst habe gemischte Gefühle dabei: eine eigenartige Tischrunde in ihrer Fremdheit. Vorsichtig und bedächtig geht jeder weitere Schritt vor sich; ein Bissen, ein Schluck, Innehalten. Nachdenklichkeit oder Versenkung spiegelt sich in den Gesichtern. Jedes Verschlucken ist peinlich. Ich bin gespannt: Verändert das Abendmahl die Befindlichkeit der Menschen? Augenscheinlich kehren viele nicht fröhlich, sondern eher nachdenklich an ihre Plätze zurück, einige wirken gelöst.

Die Gestalt, in welcher das Abendmahl leibhaftige Realität gewinnt, ist die *Abendmahlsfeier* – ein eher verhaltenes, wenn nicht trauriges Fest, dem sich viele Menschen auch bewusst entziehen.[1168] Ein Fest, das die Sorgen des Alltags un-

---

[1166] Michael Welker, Was geht vor beim Abendmahl? Stuttgart 1999, 17.

[1167] Bei Welker konzentriert sich die Suchrichtung auf das elementare leiblich-christologische Geschehen und entfaltet von dort aus die Konsequenzen.

[1168] Die ersten Mahlgäste waren keine heilen Menschen, sondern Verräter und Verleugner. Das Abendmahl konstituiert sich da als „Feier der bedingungslosen Annahme der Menschen durch Gott, die in der bedrohten Welt unter die Macht der Sünde geraten sind" (a.a.O., 92).

terbricht, müsste fröhlicher ausfallen. Dieses Fest baut eine Atmosphäre auf, die nur bedingt einladend ist. Hier handelt es sich eher um Beerdigungsstimmung. Wer geht schon fröhlich zu einer Trauerfeier? Ich kann mir gut vorstellen: Manche Schwierigkeiten für die Kirche hängen mit Erlebnissen von Abendmahl als „trauriger Unterhaltung" zusammen.[1169] Die feministische Kritik schlägt einen ähnlichen Tenor an; sie beklagt die Karfreitagsstimmung und die Eingefrorenheit eines Ritus, der an etwas lebendiges Leibliches erinnern soll. Kirchentage und Gemeindeinitiativen greifen daher oft auf die Möglichkeit von Feierabendmahl zurück oder bemühen sich um Ausgestaltungen gemeinsamen Brotbrechens und Mahlfeiern. Dabei kommen zwei Dinge zum Zuge: Zum einen verhelfen reiche Mahlfeiern eher zum Gaumengenuss und stärken den ästhetischen Charakter, außerdem wird der Gemeinschaftscharakter einer solchen gemeinsamen Mahlzeit auf sinnliche Weise gestärkt.[1170]

Das Fest ist eine *Zeremonie*, in deren Mitte eine *Ursprungsszene* steht; das letzte Abendmahl Jesu mit seinen Jüngern. Zur *Vergegenwärtigung* eröffnet der Liturg einen gesanglichen Sprachraum und rezitiert, gesungen oder gesprochen, die Einsetzungsworte. Für die Feiernden wird der Kirchenraum, in dem sie sich versammeln, nun überblendet durch den Raum der Nacht: In der Nacht ist es dunkel, man sieht nicht, was und wer kommt, ist auf das Hören, Tasten und Fühlen angewiesen. In der Runde mit seinen Jüngern nimmt Jesus in einer Geste das Brot, bricht es und gibt es weiter an die Anderen. Aus dem Munde des Liturgen spricht Jesus zu seinen Jüngern ins Damals und zugleich ins Hier und Jetzt der Gemeinde. Er äußert die Aufforderung zum (Zu-sich-)Nehmen seines Leibes und zum (Hin-)Nehmen des Blutkelches. Die Gemeinde baut mit dem gesungenen Agnus dei den Raum des Kreuzes auf, das vom Lamm Gottes selbst getragen wird und auf das sie ausgerichtet ist; ihr Gesang ist eine gesungene Opfergabe mit der Bitte um Erbarmen an den, der sie mit sich selbst beschenkt hat; so möge auch er geben. Die Gemeinde taucht bereits von der Kirchenbank aus als *communio* in das Geschehen ein.

Kommt, denn es ist alles bereit. Schmeckt und seht, wie freundlich der Herr ist. Die Einladung ergeht an alle. Daraufhin machen sich Menschen auf den Weg und kommen in den Altarraum. Dabei bleibt die Freiwilligkeit der Teilnahme am Mahl erhalten; manche haben keinen Hunger, bleiben für sich.[1171] Die Mahlzeit ist kommunikationsstiftendes Mahl, das Menschen verschiedenster Art, Status und Persönlichkeit zusammen bringt. Die Wahrnehmung des christlichen Mahles ist

---

1169 „Was nach kirchlichen Verlautbarungen ein ‚Höhepunkt' im Leben der Kirche sein sollte, erschien mir hier als trister ‚Tiefpunkt' im Leben einer sonst blühenden und äußerst lebendigen Gemeinde" (a.a.O., 18f).

1170 Vgl. Ute Grümbel, „Für euch gegeben?" Erfahrungen und Ansichten von Frauen und Männern. Anfragen an Theologie und Kirche. Stuttgart 1997.

1171 Vgl. dagegen „Das Ritual ist obligatorisch, der Tanz bleibt freiwillig" (Jurij M. Lotman, Die Struktur literarischer Texte. München 1972, 12).

elementar, weil sie hauptsächlich aus *Essen und Trinken* besteht. Essen ist in seiner Banalität eine elementare Grundlage für Lebenserhaltung und Weltwahrnehmung in Religion wie Alltag. Eine Nahrungsaufnahme ist an sich noch nichts Besonderes, da es sich dabei um alltägliche Verhaltensformen handelt. Für ein Fest, das sich durch Üppigkeit zieren würde, wäre die Kargheit des Mahles eine Frechheit. Gleichwohl ist diese Form des Abendmahls nur bedingt *sättigend:* ein Tropfen auf den heißen Stein, der den Magen erst recht zum Knurren bringen würde. Wer ein Sättigungsmahl feiert, gestaltet eher ein Tischabendmahl, in dem auch das Sättigungsgefühl erreicht wird. Dennoch protestiert beim kirchlich üblichen Abendmahl niemand. Das *Teilen* des Essens *schafft* Gemeinschaft, auch wenn es nicht ausgelassen zugeht. In Trauer wird entsprechend wenig gegessen: ein Bissen Brot oder eine kärgliche Oblate, ein Schluck Wein oder Traubensaft. Jeder bekommt – und selbst wenn er selbst wählen kann, dann nimmt er – auch nur so viel, dass für die Anderen etwas übrig bleibt. Dieses besondere Essen hat symbolische Kraft und Wirkung. Die Gabe des Brotes zeigt mir, dass ich mich nicht um die Nahrung zu sorgen brauche (Mt 6,25f.); ich kann das lebensstärkende und -förderliche Brot einfach zu mir nehmen. Der Mensch lebt nicht vom Brot allein (Mt 4,4). Der Hunger nach Nahrung bezieht sich auf die lebensspendenden Worte. *Christi Leib – für dich gegeben. Christi Blut – für dich vergossen.* In der Abendmahlsliturgie kommt die leibliche Hin-Gabe zum Tragen. (Mk 14,22 parr.). *Σωμα* in der Kombination mit *αιμα* der Abendmahlsliturgie macht den Feiernden mit Blick auf den sterbenden Jesus und auf den vergänglichen Menschen deutlich, dass es hier um das ganze Sterben Jesu und die totale Hin-Gabe geht.[1172] Das Sakrament macht als Geheimnis klar, wie Christus in mir ist: in Gestalt von Brot und Wein. Es soll immer wieder getrunken werden, um den neuen Bund Gottes mit seinem Volk aufrecht zu erhalten. Die Verheißung wird zur Wirkung, wo die soteriologische Präsenz sich als Teil-Habe am Ganz-Sein gestaltet. Warum diese Gabe? Die Frage nach dem Warum wird sinnfällig, wenn sie in ein Worauf und Woraufhin mündet. Verheißt Gott Leben? Richtet Gott? Oder verweigert er sich gerade dem Richten dessen, was nach seinem eigenen Maßstab ein Urteil verdient hätte? Dann wäre die Hingabe seiner selbst in Gestalt von Jesus Christus eine kultisch-rituelle Sühne, die einerseits der Forderung nach Bestrafung der Schuld genügt, andererseits dem Menschen neues Leben als Geschenk eröffnet".[1173] Dann schenkt der Abendmahlsritus „Vergewisserung"[1174] der Nähe und Rechtfertigung Gottes, der Wahrnehmung in Gestalt des Christlichen.[1175] Im Abendmahl hat

1172 Vgl. Eduard Schweizer, Art. σωμα, 1056.

1173 Manfred Oeming, „Fürwahr, er trug unsere Schuld." Die Bedeutung der alttestamentlichen Vorstellungen von Sünde und Sündenvergebung für das Verständnis der neutestamentlichen Abendmahlstradition. In: Andreas Wagner (Hg.), Sühne – Opfer – Abendmahl. Vier Zugänge zum Verständnis des Abendmahls. Neukirchen 1999, 1–36. Hier: 34.

1174 A.a.O., 35.

1175 Denn „das Sakrament selbst soll nicht ein Opfer, sondern ein Gabe Gottes sein, uns geschenkt, welches wir zu Dank annehmen und mit Dank empfahen sollen" (WA 30 II 614, 24–26). Katechetische Fragen im Großen Katechismus (Ulrich Kühn, Sakramente. HST XI.

sich Gott durch und an seine Verheißung wörtlich wie leiblich gebunden.[1176] Das relativiert die Bedeutung der Predigt und der Person; *mere passive* wird genutzt, was uns äußerlich zuteil wird. Die Balance von Auf*nehmen* und Ab*geben* wird teilend ins rechte Verhältnis gesetzt. Als Abendmahlsgast fragt man sich: *Wie*, also in welcher Gestalt, kann Jesus Christus „mitten unter uns" sein? Der Leib ist nicht localiter im Brot (materialiter), also kein Ding, das in einer Weise vorhanden wäre; der Leib ist nicht nur aus Brot gemacht, sondern aus Wort. Entgegen der Alternative Leib oder Brot kommt hier das Zugleich in einem *Vollzug* von Geben und Nehmen *präsentisch* zum Zuge. [1177] Die unio personalis macht die sakramentale Einheit zum fröhlichen Wechsel: Christus ist in mir (durch aufgenommenes Brot und Wort), weil ich in Christus, im Raum Christi – des letzten und rituell immer wiederkehrenden – Raumes bin.[1178] Das Christenleben ist ein Fluss aus Glauben in Liebe und Lust zu Gott und dem Nächsten. Das Sakrament ist von Gott „für euch" eingesetzt. Für den Heil bringenden Empfang ist Glauben nötig; unachtsamer Empfang des Leibes ist nach Paulus Essen zum Gericht (1 Kor 11,29). Die nicht stiftungsgemäße Verwaltung des Abendmahls kann die sakramentale Realität zunichte machen. Der Umgang mit dem Abendmahl ist also gebunden an die Haltung.

Das stärke und bewahre euch im Glauben. Die Abendmahlsgäste kehren zwar nicht mit vollem Magen wieder zu ihrem Platz in der Kirchenbank zurück. Aber Glauben bekommt im Abendmahl eine unmittelbare und elementare, das Abendmahl im Blick auf Glauben eine stärkende Qualität: Mit dem leiblichen Zu-Sich-Nehmen der christlichen Mahlzeit findet ein engstmöglicher Kontakt zu Gott statt. Ist Geschmack mehr als eine idealisierende Metaphorisierung, so wird klar, dass die Degustation des heiligen Mahls an die leibräumliche Präsenz und Wahrnehmung der Feiernden geknüpft ist. Es braucht dazu ebenso menschliche Bei-Gaben in Form von Anrufung, Gebet und Gesang. So – und nur so – kann man sich den Geschmack des Abendmahls auf der Zunge zergehen lassen und den heilsam-fröhlichen Wechsel genießen.[1179]

Gütersloh 1985, 52–59) nach Wesen und Nutzen, Empfang, zum Gebrauch des Abendmahls zufolge ist das Abendmahl höchstens insofern Opfer, als es Dankopfer ist, keinesfalls als Opfer von Leib und Blut Christi (WA 30 II 610, 30); also geht es um die leibliche Annahme und den Empfang mit Dank.

[1176] „Und dieses Kommen Jesu ist an keine menschliche Voraussetzung gebunden, unabhängig vom Glauben des Austeilenden wie des Empfangenden" (Manfred Oeming, „Fürwahr, er trug unsere Schuld", 6).

[1177] Der Streit um das Abendmahl findet in der Gegenwart der Verheißung eine evangelische Perspektive: „Alles kam ihm [Luther, S.L.] vielmehr an auf die reale Begegnung mit dem auferstandenen Christus" (Ernst Bizer, Studien zur Geschichte des Abendmahlsstreits im 16. Jahrhundert. Gütersloh 1940, 4).

[1178] Die Frage nach sakramentaler Einheit wird somit in der unio beantwortet: „weder Identität noch Konsubstantiation". Und „durch sakramentliche Einigkeit das Brot sei der Leib Christi" (FC, SD VII, Vom heiligen Abendmahl. BSLK 977, 32f).

[1179] Johann Sebastian Bach gibt mit seiner Motette „Jesu, meine Freude" (Johann Sebastian Bach, Jesu meine Freude. BWV 227. Chorpartitur: Wolfenbüttel / Zürich) der christlichen

3.3 Das theologische Modell religiöser Wahrnehmung: Der fröhliche Wechsel

„Sein heißt: Gesichtet sein vom Antlitz der Schrift“[1180]: Die Wahrnehmung christlicher Religion lässt sich auf die Figur des fröhlichen Wechsels zuspitzen, die Martin Luthers Schrift „Von der Freiheit eines Christenmenschen“ entstammt.[1181]

Der Christenmensch ist von zweierlei Natur: Geistlichkeit und Leiblichkeit; nach der Seele geistlich und nach Fleisch und Blut äußerlich. Der Mensch als Seele wird in Luthers Darstellung in das Hurenhaus versetzt, in dem das schiere Elend herrscht. Christus aber tritt gerade hier als Freier auf. Er nimmt die fromme, aber verachtete Hure zur Ehe, streift sich als ein reicher, frommer Bräutigam den Brautring der Sünde auf (als sei er sein eigener). Christus entledigt die Hure ihrer Sünden, indem er, der nie sündig ist, sie auf sich nimmt und damit Sünde und Tod in sich verschlingt. Dafür wird die Hure mit einer so reichen Gerechtigkeit geziert, dass sie nun gegen alle Sünde bestehen kann. Der Glaube vereinigt die Seele mit Christus als eine Braut mit ihrem Bräutigam. So werden Christus und die Seele ein Leib und alle Güter werden sowohl Christus als auch der Seele zu Eigen.

3.3.1 Inkarnation und Inkorporation

Wenn man in der Verwirrung der „Unübersichtlichkeit“ (Habermas), die den Pluralismus religiöser Erscheinungen einschließt, elementar nach dem „Unaufgebbaren am Christentum“, nach dem Wesentlichen, Zentralen sucht, so landet

Freiheit, dem Leben im Geist, eine zyklische und symmetrisch umschließende Form. In sechs Strophen ist die Vielstimmigkeit der Gaben zum christlichen Leben im Geist Christi komponiert. Um die Fugen zu Rö 1–2.9–11 herum gruppieren sich thematisch komplementär die Strophen des Chorals von Johann Franck (1653), in denen das einzelne Ich sein Lob (Jesu, meine Freude, meines Herzens Weide, Jesu, meine Zier), seinen Vertrauenszuspruch (Unter deinen Schirmen bin ich vor den Stürmen aller Feinde frei), die Bitte um Standhalten gegenüber der Versuchung (Trotz dem alten Drachen, Trotz dem Todesrachen, Trotz der Furcht dazu) und Anfechtung (Weg mit allen Schätzen! Du bist mein Ergötzen, Jesu, meine Lust!) Abschied der Sünde und Aufbruch ins neue Leben (Gute Nacht, o Wesen, das die Welt erlesen) und Bekenntnis (Weicht, ihr Trauergeister, denn mein Freudenmeister Jesus tritt herein) performiert. Die Motette wurde für eine Gedächtnispredigt komponiert, die um 1725 an der Trauerfeier der Gattin des Postmeisters Kresin gehalten wurde (nicht konzertant, sondern in der Tradition der Madrigale zu hören): Ihr aber seid nicht fleischlich, sondern geistlich, wenn denn Gottes Geist in euch wohnt. Wer aber Christi Geist nicht hat, der ist nicht sein. Wenn aber Christus in euch ist, so ist der Leib zwar tot um der Sünde willen, der Geist aber ist Leben um der Gerechtigkeit willen. Wenn nun der Geist dessen, der Jesus von den Toten auferweckt hat, in euch wohnt, so wird er, der Christus von den Toten auferweckt hat, auch eure sterblichen Leiber lebendig machen durch seinen Geist, der in euch wohnt (Rö 8,11). Verheißung: Welche der Geist Gottes treibt, die sind Gottes Kinder (Rö 8,14). Der Geist bewegt.

1180 Klaas Huizing, Homo legens, 96.

1181 WA 7,20–38. Ich beziehe mich auf den Text in Martin Luther, Ausgewählte Schriften. Hg. v. Karin Bornkamm und Gerhard Ebeling. Bd. 1. Frankfurt ²1983, 238–263.

man in der Mitte der Theologie: bei Jesus Christus, seinem Leben, seinem Kreuz, beim Auferstandenen. Die christliche Religion hat in ihrer Mitte jemanden, dessen Leiblichkeit sich elementar von allen anderen unterscheidet. Dies wird insbesondere beim Abendmahl deutlich.[1182]

Nirgendwo sonst wird derart leiblich prozesshaft vollziehbar, dass es in der christlichen Religion um Inkarnation und Inkorporation geht. Das fleischgewordene Wort wird nicht gehört, auch nicht in hesychiastischer Weise eingeatmet, sondern regelrecht gegessen und getrunken. Kein Wunder, dass Manchem bei kannibalistischen Vorstellungen von Fleisch- und Blutaufnahme das Abendmahl im Halse stecken bleibt; der Christusleib wäre ja unverhüllt dann biss- und schluckfeste Nahrung, deren Energietransport durch die Organe geht. [1183] „Das ist mein Leib“ – an diesem Dreh- und Angelpunkt werden leibliche Entwürfe natürlicher Theologie durchkreuzt: Der eigene Leib wird bei der Einleibung des Christus durch elementares Brot zum Christusträger.

Liturgie ist die Begehungsform von Religion, die sich auf den dreieinigen Gott bezieht und als solche gestaltet wird. Menschen kommen im Gottesdienst rituell zusammen und feiern das Abendmahl. In diesem Fest wird die Einzigartigkeit der Verbindung von wahrem Gott und wahrem Menschen als Bindung Gottes an den Menschen rituell wahrhaftig. Neben und inmitten sprachlicher gottesdienstlicher Handlungen findet das Speiseritual einer Einverleibungszeremonie statt. Abendmahl ist eine Mahlzeit, deren wirtschaftlicher Charakter in der Hin-Gabe und im Opfern unter dem Vorzeichen der Versöhnung und des Heils liegt. „In der Taufe und im Abendmahl gewinnen Menschen auf leibbezogene Weise Anteil an der leibhaftigen Wirklichkeit des Heiligen. Sie werden in den Leib Christi inkorporiert, indem sie am Sterben und Auferstehen des himmlischen Erlösers partizipieren, was sich aus der rituellen Synchronizität ergibt. Und sie inkorporieren umgekehrt Leib und Blut Christi, um durch alles Sterben hindurch das Leben in der Welt Gottes zu erreichen.“[1184]

[1182] Das Abendmahl ist ein Skandalon; an ihm entzünden sich theologische Streitigkeiten durch die Kirchengeschichte hindurch bis in die Gegenwart. In den unterschiedlichen Lutherrezeptionen z.B. werden vor allem die Fragen nach der Gegenwart Christi im Abendmahl (Realpräsenz) sowie Aspekte des Opfercharakters traktiert. Die Suche nach Möglichkeiten eines ökumenischen Miteinanders wird an der Frage nach dem gemeinsamen Mahls ausgetragen. Vgl. Albrecht Beutel, In dem Anfang war das Wort. Tübingen 1991.

[1183] So der Song „In der Kirche“ der Göttinger A-cappella-Formation Ganz Schön Feist: „Und vor mir steht der Pfarrer und sagt: ‚Auch du, mein Junge!‘/ und legt mir eine trockene Oblate auf die Zunge./ Und dann gab es noch Rotwein, der war eigentlich ganz gut./ Gebrochen hab ich erst, als jemand sagte, das sei Blut.“ (Ganz Schön Feist, Öffne dein Bewusstsein. Sony Music 2000).

[1184] Manfred Josuttis, Einführung in das Leben, 148. Siehe weiterführend dazu auch das Kapitel „Essen“ in: ders., Der Weg in das Leben, 247–297.

Die Abendmahlsgabe hat eine besondere und nicht unproblematische ästhetische Dimension. Der Abendmahlsgemeinde wird zugemutet, Christi Leib oral zu sich zu nehmen – und zu schmecken. Gott gibt sich sättigend und stärkend – im sinnlichen Geschmack, leiblich, aber unblutig, und das ganze auch noch pro nobis?[1185] Sucht man den Sinn der Sinnlichkeit, mag dieses Mahl zunächst fremd anmuten. Es handelt sich um geistliche Speise, die vom Einzelnen in Gemeinschaft leiblich vollzogen wird. Die Tatsache, dass dabei kaum noch etwas zu schmecken ist – die gereichte Speise ein Stück Brot, der Trank ein Nippen am Kelch – hindert daran, dass sich das Abendmahl zum Golgathaer Originalszenario verwandelt.[1186] Die Abendmahlsfeier steht inmitten einer unauflöslichen „Dialektik der Synästhesie"[1187], in welcher der Leib Wort und das Wort Leib ist: Das Wort ward Fleisch und wohnte unter uns. Abendmahl lehrt: Das Fleisch wird Wort und entzieht sich uns.

Das Abendmahl ist somit symbolisierendes Geschehen[1188]: Hier geht es um einen Austausch von Energie. In ihm vergegenwärtigen sich die Feiernden gemeinschaftlich das Christusgeschehen und formieren sich im körperlichen Austausch mit Gott zur Leibgemeinschaft der Kirche. [1189] Die Liturgie des Abendmahls ist sowohl „Wirtschafts- wie Geschmacksfeier"[1190]; sie nimmt für sich im gottesdienstlichen Prozess liturgische Formen in Anspruch, die leiblich wahrgenommen und gestaltet werden.[1191] Dieser durch Tod und Auferstehung kreative gottesdienstliche Neuvollzug geschieht durch das Wort in Raum und Zeit. Es braucht den Körper als unabdingbaren Ort, an dem sich dieser geistliche Akt räumlich und kultisch vollziehen, ja schmeckend bilden kann. Der Leib ist der Tempel des Heiligen Geistes (1 Kor 6, 19): Er selbst bildet den in religiösem Sinne „intermediären Raum" für Verwandlung.

[1185] Im „Gang der Handlung markiert das osculum pacis das Tor zu ihnen, Gefühl als Eingang zum Ertragen des Geruchs und schließlich der Kommunion im Geschmack" (so die Sinnenlehre in Günter Bader, Die Abendmahlsfeier. Tübingen 1993, 119). Bader unterscheidet das Schwanken des Geschmacksbegriffs sogar zwischen niederer und höherer Ästhetik des Geschmacks (108–123).

[1186] „Abendmahl ist nur möglich bei Abwesenheit unreduzierter Substantialität seiner Elemente" (a.a.O., 20).

[1187] A.a.O., 139. Synästhesie ist hier nicht im ästhetischen Sinne, sondern in der gegenseitigen Vertretung der Substanzen gemeint.

[1188] „Die leibhaftige Teilhabe an der gefeierten Liturgie eröffnet und realisiert das Verhältnis zum in Erscheinung tretenden christlichen Gott und ist somit Gottesdienst" (Christoph Bizer, Art. Liturgie. 1269).

[1189] Das Abendmahl ist „summa et compendium Evangelii" (Martin Luther, WA 6, 525, 36).

[1190] Bader betrachtet das Abendmahl in seinem Charakter als Abendmahlsfeier systematisch unter den Gesichtspunkten Liturgik, Ökonomik und Symbolik (Günter Bader, Die Abendmahlsfeier, 119).

[1191] „Die Präsenz der göttlichen Atmosphäre [...] materialisiert sich in Brot und Wein. Leib und Blut des Erlösers kann man zu Heilsgewinn und Lebenserhaltung inkorporieren." (Manfred Josuttis, Der Weg in das Leben, 247).

Theologische Anthropologie kann nicht vom Gekreuzigten absehen; entgegen aller Einheitssehnsucht gilt keine idealistische Tilgung von Schmerz, Leid, Fragilität und Tod, sondern in der Gestalt des Gebrochenen ist das ganze Heil gegenwärtig. Im Abendmahl wird Christus im Fragment, im kleinsten Brocken des Brotes ein- und wahrgenommen. Die Neu-Erschaffung leibhaftig-geistlichen Menschseins durch Christus findet im Sakrament des Abendmahls seine immer wiederkehrende, vergegenwärtigende und erfahrbare Entsprechung. Im Abendmahl als einem sakramentalen Vollzug von Religion wird diese Leiblichkeit zu einer sinnlich-verhüllten Begegnung von Gott und Mensch.

3.3.2 Für-Wahr-Nehmen und Prüfen

Menschsein ist individuell und kommunikativ zugleich: angebunden an etwas, das außerhalb von ihm ist.[1192] Religiosität ist weder ausschließlich etwas im Menschen, noch ist der Mensch ausschließlich ein monadisches Wesen. Mensch und Religion können einander entfremdet, einander entzogen sein. Der Leib begrenzt und verbindet in seiner Durchlässigkeit den Menschen mit Gott und der Welt. Religion wird in ihrer Vernehmbarkeit, nämlich der Gestalt von Religiosität, als ein leibräumliches Verhältnis zwischen mir, den anderen und Gott begreifbar. Dieser Kontakt ist ein dynamischer Prozess; Religiosität ist die Bewegung von Mensch zu Religion und umgekehrt. Es hat sich gezeigt, dass die Kontaktstelle für dieses Verhältnis, wie auch immer es aussieht, der Leib ist.

Die momentane religionspädagogische Behandlung des Leibes speist sich stark vom pädagogischen und kulturellen Umgang mit dem Körper. Gegenwärtige theologische Bestrebungen zur Leiblichkeit tendieren zur Sorge um den Leib, die sich sowohl von kultureller als auch von kultischer Leibsorge her leiten lässt. Die Wahrnehmung wird von der Aufmerksamkeit auf das Wahrzunehmende bestimmt. Die ästhetische Wahrnehmung berücksichtigt, wie Gernot Böhmes Aisthetik zeigt, die atmosphärischen Prozesse zwischen Subjekt und Gegenüber, ohne dass das Gegenüber in der Wahrnehmung aufzugehen droht. Hinzufügen lässt sich nun: Religiosität erwächst so nicht als eine allgemeine psychologische oder ethologische Dimension, sondern als eine leibliche Haltung, die auf Wertschätzung bezogen ist: Menschen, die mit Religion umgehen, achten darauf, was mit ihnen geschieht und auch darauf, was in ihnen ist, um mit den äußeren Gestaltungspotenzen in Raum und Zeit pflegend umzugehen.

1192 In der Auslegung des Ersten Gebotes im Großen Katechismus erklärt Luther dementsprechend ganz handlungsorientiert: „Worauff du nu (sage ich) dein herz hängest und verlässest / das ist eigentlich dein Gott.“ (Martin Luther, Der große Katechismus, Auslegung des ersten Gebotes. BSLK 560, 22–24). Sein Namensvetter Henning Luther rückt mit dem „unruhigen Herz“ die augustinische Frage nach dem Zusammenhang von Individualität, Selbstsuche und Religion in den Vordergrund: Henning Luther, Religion und Alltag, 123–149.

In diesem religiösen Raum würden wir heillos und ortlos schweben, wenn es nicht ein Gegenüber gäbe, das nicht in der Wahrnehmung aufgeht, aber in ihr immer wieder die Grenzen des Lebens und ihre Begehung sichtbar macht. Manche Richtungen performativer Theologie suchen und finden Religion als ereignishaftes Aufscheinen oder formlose Spuren in den Zwischenräumen des Lebens. Focusing erweist sich in seinem Werkzeugcharakter als ein Element, das Religion in ihren leiblichen Manifestationen aufspürt und damit den kommunikativen Prozess der leiblichen Gestaltung von Religion möglich und deutlich macht. Fokussierte Religion geht vom Zentrum der Heiligen Schrift durch mich hindurch. Sie gestaltet Heilige Schrift und den Menschen aneinander, nährt und kultiviert Kirche-Sein in Darstellung und Mitteilung.

Wahrnehmungen des „Unaufgebbaren am Christentum" kommen aus der elementaren Mitte des Christentums und seiner Theologie von denen, die den Ruf wahrnehmen: Im Kreuz Jesu, das als verkündete und (un)erhörte Antwort „Kreuz Christi" lautet, hat sich das Gott-Mensch-Verhältnis einmalig zur rechtfertigenden Ereignisform verdichtet und macht sich stets neu zur Gestaltwerdung bereit. Das Kreuz erinnert sichtbar und fühlbar an Angst, Leid und Tod und lässt schwerlich Verdrängungen dieser Grenzerfahrungen zu. So wird jedoch nur die unerhörte Schattenseite des Kreuzes vernommen. Der transakustische Klang der Erhörung, das Licht des Sichtbaren, die überflutende Energie macht vielmehr das Kreuz als Gabe des Lebens seiner vollendeten Gestalt sichtbar. In der Auferstehung verdichtet sich diese Beziehung in leiblich-erneuerndem Charakter.

Jesus Christus, christliche Religion in leibhaftiger Gestalt, ist sowohl göttlich als auch menschlich. In ihm und durch sein Leben und Sterben ward das Wort Fleisch und wohnte substanziell unter uns, in spürbar menschlicher und sichtbar herrlicher Wirkung[1193]: Der fleischgewordene Gott macht sich körperlich mühend auf den Weg, beschreitet die Grenze natürlicher Vergänglichkeit und transzendiert sie in der Auferstehung des neuen Leibes auf geistlich-somatische Ewigkeit hin (1 Kor 15). Im Kreuz Jesu als Medium verdichtet sich die dreifältige christliche Spannung von Leben, Tod und Auferstehung. Wo der fröhliche Wechsel unter dem Kreuz als Abendmahl gefeiert wird, verwandelt sich dieses tödliche Ereignis pro me und pro nobis mit deren Einwurzelung sakramental und zeichenhaft in das lebendige Geschehen Hoffnung.[1194] Nicht der Mensch ist das

[1193] „Es ist geradezu kennzeichnend für Jesus, dass an die Stelle der theoretischen Reflexion die Erschaffung leibhaftigen Menschseins tritt, wie sie an Tat und Wort Jesu zu beobachten ist" (Hans Weder, Leiblichkeit, 35). Leibhaftige Taten Jesu zeigen sich nach Weder in den Wundergeschichten; die Gleichnisse wertet er als die charakteristische Sprachform Jesu, die nicht nur den Intellekt, sondern den ganzen Menschen, seine Leidenschaft, seine Einbildungskraft und seinen Willen anspricht.

[1194] Phänomenologisch muss man davon ausgehen, dass dieses pro me und pro nobis auch einen Bezugspunkt hat, der im Empfangen liegt: Empfinden, Wahrnehmen, Erfahren, Handeln – eine möglicherweise eindeutige und einlinige Weiterführung auf dem Weg zur Er-

vorrangige Agens, sondern das rechtfertigende Wahrgenommen-Werden des Menschen ist Voraussetzung und Gegenspiel allen Glaubens.[1195] Die Wahrnehmung des Ganzen Gottes erfolgt medial im Brot: „Jesus Christus – der gebrochene Leib, der die ganze Gnade gewährt“.[1196] Trinität stellt sich so als dreidimensionaler Prozess dar, als System für das leibliche Ich: das (heraus-)fordernde Andere, welches ist Gott in Christus und das Vereinigende, in actu Heiliger Geist und seine Sphäre. Die Zusage der Gegenwart Christi aus Mt 28,20 gilt somit leiblich und wiederkehrend: „Ich bin bei euch alle Tage bis an das Ende der Welt.“

3.3.3 Form und Atmosphäre

Religion spielt sich atmosphärisch zwischen dem Individuum und der umgebenden räumlichen und sozialen Welt ab. Sie macht sich in Gefühl, Körper und religiösem Erleben personell wahrnehmbar. Darin hat Religiosität ähnliche Strukturen wie ästhetische Wahrnehmung: Sie ergreift mich und zeigt mir etwas von sich. Es ist erkennbar geworden, dass das Focusing Religion spürbar macht und leibliche Gestaltung ermöglicht, indem SIE durch mich hindurch wirksam werden kann – und zwar an ihren kulturellen Formen. Hier wird durch das Focusing eine neue Dimension erschlossen; nicht nur das Transpersonale und Transrationale wird greifbar, sondern das Transzendente, Jenseitige, das Utopische: die Ausstrahlung der Form. Damit übersteigt die Atmosphäre etwas, es wird nur fragmentarisch etwas davon spürbar, was ist. Im Spüren ereignet sich dennoch die ganze religiöse Gestalt. Schöpfung ist ein unaufhörlicher Prozess, der Leben und Tod einschließt.

Religion als Atmosphäre macht deutlich, dass ich nicht nur Wahrnehmende bin, sondern zugleich im religiösen Raum als Wahrgenommene walten darf, theore-

kenntnis. Ergriffen werden ist demzufolge die pathische Seite religiöser Erfahrung. Aber, so erinnert Waldenfels, hier nahezu theologisch: „Man kann die Skala Empfinden Wahrnehmen Erfahren mit einem Pfeil versehen und diesen in verschiedener Weise deuten [...] Wenn der Zielpunkt darin bestünde, daß wir die Dinge so erkennen, wie sie an sich selber sind, so wäre das Empfinden eine bloße Vorstufe: wir erfahren – aristotelisch gesagt – die Dinge zunächst so, wie sie in einer Situation *für uns* sind, doch allmählich nähern wir uns den Dingen, wie sie *an sich* sind – oder wie ein Gott sie denkt. [...] Das sinnliche Empfinden ist keine bloße Vorstufe, was hieße, daß wir auf der Stufe des Empfindens bloße Erkenntnismaterialien auflesen, aus denen wir dann etwas Allgemeingültiges zusammenbauen. Das Erkennen bleibt vielmehr zurückbezogen auf einen sinnlichen Prozeß der Gestaltbildung und der Strukturierung mit all seinen Kontingenzen, Vieldeutigkeiten und Unabgeschlossenheiten.“ (Bernhard Waldenfels, Das leibliche Selbst, 105.107).

[1195] Vgl. Hans-Martin Gutmann, Ich bin’s nicht. Die Praktische Theologie vor der Frage nach dem Subjekt des Glaubens. Neukirchen / Wuppertal 1999. So ist bei Paul Tillich „das Ergriffensein von dem, was uns unbedingt angeht“ zu akzentuieren: Religion geht mich an, sie kommt auf mich zu und berührt mich (Paul Tillich, Wesen und Wandel des Glaubens (1961). Frankfurt u.a. 1975, 9.12).

[1196] Johannes von Lüpke, Verletzbarer Körper – Begnadeter Mensch, 56.

tisch gesagt: dass Gott in der Welt als Subjekt und Objekt religiöser Wahrnehmung medial zugänglich wird. In der religiösen Wahrnehmung des umgreifenden Raumes, dem Mit- und Ineinander von Gott und Mensch, wird ein gemeinsamer Zustand angeregt: die Gestaltwerdung von Religion. Das Miteinander von Gott und Mensch ist als leibräumliches und zugleich exzentrisches Hier-Sein mit Gott atmosphärisch spürbar und konkret formbar.

Form ist zwar nicht wie bei Plotins „innerer Form" ein rein geistiges Prinzip, das allein der Idee verpflichtet ist; gleichwohl hat sich der ästhetische Formbegriff bei Winckelmann, Goethe und Herder davon inspirieren lassen.[1197] Goethe schließlich hat in einem seiner „Urworte", betitelt mit „ΔΑΙΜΩΝ", für eine dynamische Aufnahme des Formbegriffs gesorgt:

> „Wie an dem Tag, der dich der Welt verliehen,
> Die Sonne stand zum Gruße der Planeten,
> Bist alsobald und fort und fort gediehen
> Nach dem Gesetz, wonach du angetreten.
> So mußt du sein, dir kannst du nicht entfliehen,
> So sagten schon Sibyllen, so Propheten;
> Und keine Zeit und keine Macht zerstückelt
> Geprägte Form, die lebend sich entwickelt."[1198]

Entgegen aller Formalität, die sich auf den Gegensatz von Form und Inhalt bezieht und ein Absehen von der Inhaltlichkeit nahe legt, rekurriert Goethe auf die Schöpfung und Entwicklung, die sich in der Form als gewachsener ausdrückt. Friedrich Buchholz greift den Formbegriff auf und übersetzt ihn für die Liturgie. Religion vollzieht sich demnach an „geprägten Formen"[1199], wenn auch brüchigen Traditionen. Wesentliche Grundelemente im Prozess der Gottesdienstfeier sind liturgische Handlungen wie Gebet und Gesang mit Bitte und Klage, Lob und Dank, Predigt, Beichte, Abendmahl und Segen. Über Jahrhunderte hinweg haben sich gottesdienstliche Formen rituell in Haltungen, Gesten, Gebärden, Musik und Sprache herausgebildet und verändert, um den „Weg in das Leben"[1200] je gegenwartsangemessen kultisch begehbar zu machen. Was sich für die Liturgik in einem Aufbau von Gehen, Sitzen, Sehen, Singen, Hören und Essen

---

1197 „Und wie kann der Baumeister das Haus draußen nach der Idee des Hauses in seinem Innern abstimmen und es dann als schön ansprechen? Nun, weil das äußere Haus, wenn man die Steine ausscheidet, eine Teilung der inneren Idee vermöge der äußeren Masse der Materie bedeutet, eine Sichtbarwerdung des Unteilbaren in der Vielheit" (Plotin, Enn. I 6,3, 6–10. In: Plotin, Die Enneaden. Übersetzt von Herrmann Friedrich Müller. Bd. 2, Berlin 1878).

1198 Johann Wolfgang Goethe: Urworte. Orphisch, 193f.

1199 Friedrich Buchholz, Der theologische Ort der geprägten Form (1964/65); ders., Geprägte Form im Gottesdienste (1964/65). In: Joachim Mehlhausen (Hg.), Friedrich Buchholz. Liturgie und Gemeinde. München 1971, 201–214.215–239. Vgl. Christoph Bizer, Liturgik und Didaktik. JRP 5 (1988). Neukirchen 1989, 83–111. Hier: 109.

1200 Ebd.

als veräußerter Weg in das Leben darstellen lässt[1201], vollzieht sich auch innerhalb der kultisch geprägten kulturellen Form.

In den Wahrnehmungsprozessen baut sich Atmosphäre auf, d.h. sie ist auf das Vollziehen angelegt und entwickelt im Wahrnehmungsprozess ihre Form als je gegenwärtige Gestalt. Die deutlichste Form christlicher Religion lässt sich in die Hand nehmen. Christoph Bizer bestimmt die Form der Bibel als einen spannungsvollen Aufbau zweier Raumdimensionen. Altes und Neues Testament gehören durch zwei sprachliche Räume in dieser Spannung selbstverständlich zusammen; der Spannungsbogen verläuft vom „Und Gott sah, dass es gut war" (Gen 1, sechsmal) bis zum „Ja, ich komme bald – Amen, ja komm Herr Jesu!" (Off 22,20).[1202]

Die Kunst der Wahrnehmung ist in diesem Fall nicht allein Veräußerung, sondern sie muss einen inneren Bildungsvorgang vorbereiten und ihm dienen können. Die verfasste christliche Religion gibt ihre Erscheinungen vor, die körperlich als leibraumzeitliche Formen wahrzunehmen sind. Symbol, Ritual, Liturgie sind nicht existent ohne Form. Sie bewahrt sehr wohl die Freiheit des menschlichen Gestaltens. Im dialektischen Wechselverhältnis des Aufeinander-Einwirkens gestalten sich Religion und Mensch so aneinander, dass der leibliche Gott in körperlicher Gestalt begreifbar wird. Erst von dort her werden auch Bewegungen deutlich, die ein Verstehen christlichen Lebens ermöglichen.

Religiöse Wahrnehmung als ineinander verwobene Dialektik von αισθεσις und ποιεσις macht den situierenden Prozess zwischen Handeln und Erfahren in religiöser Bezogenheit aus. Insofern ist mit Recht von der christlichen Lebensform des Gottesdienstes die Rede.[1203] Eine Ästhetik legt aber auch Wert auf das Erscheinen. Focusing erschließt das Moment der καθαρσις; Im Fokus der Wahrnehmung vermischt sich aus meiner Körpermitte heraus das sich ergießende Gefühl erleichterter Hingabe mit dem Raum, der dieses Gefühl hervorruft und zugleich transzendiert. Vergangenheit und Zukunft fallen im Singen des Lobpreises, in schöpferischer Tätigkeit zusammen: Raum und Zeit ergießen sich in einer Spürbarkeit, die Getrenntes nah werden lässt. Und doch geht das Ich in der Wahrnehmung des Gottesdienstes nicht auf: Die Verwandlung, die der Gottesdienst als „Weg in das Leben"[1204] schafft, betrifft Aspekte, Inseln von mir, die sich als Leibesinseln spüren und in Stimmungen ergreifen lassen; ich aber bleibe ich, als Geschöpf, in Anfälligkeit der Starre und Nichtveränderung, im Verlieren und Verlassen, in den meisten meiner Bezüge. Die religiösen, gottesdienstlichen

1201 Manfred Josuttis, Der Weg in das Leben.
1202 Christoph Bizer, Die Bibel als Form – in ihren Formen.
1203 Bernd Wannenwetsch, Gottesdienst als Lebensform.
1204 Manfred Josuttis, Der Weg in das Leben.

Bezüge bleiben ihrerseits auf den individuellen und gemeinschaftlichen Gebrauch angewiesen, gehen jedoch nicht darin auf.[1205]

Eine religionspädagogische Ästhetik wird theologisch noch einmal gebrochen. Gottesdienst ist als atmosphärisches Geschehen begreifbar. Eine seiner Gestaltungskomponenten ist die Schaffung von gestimmten Räumen.[1206] Durch dingliche, sprachliche, räumlich und darin vor allem körperliche Konstituenten und Bewegungen wird die pastoralästhetische Arbeit professionalisiert und als Kompetenz dann auch weitergegeben. Die Gestaltung des Kontakts ist damit eine Sache der Wahrnehmung im Sinne von Aisthesis *und* Poiesis.

Zwischen Tod und Leben, in der Verbindung von Raum und Zeit im Leib, im Aufspüren von Tradition und Situation, in der Erzählung und Beschreibung von Symbol und Ritual gewinnt die Begegnung mit dem biblischen Wort vom Kreuz Gestalt. Religion ist auf leibliche Gewahrwerdung angewiesen; in der Begehung von Kreuz und Auferstehung kann sie wahrnehmbare Gestalt gewinnen.

3.3.4 Gespür und Vollzug

Ausgangspunkt ist die vorfindlich gelebte Religion, die noch immer ihre Räume hat, auch wenn sie weniger genutzt werden; die sich neue Räume sucht, die sie erst einrichten muss, und die die geliebten und festen Fest-Zeiten in Unordnung bringt und selbst bestimmt und den gesellschaftlichen Bedingungen gemäß sich neu orientiert. Religion wird konkret und leiblich in ihren körperlich-räumlichen Erscheinungsformen. Im Christentum handelt es sich dabei um Liturgie, die sich durch gewachsene Formen auszeichnet, aber gerade in ihrer Formbildung offen ist. Ansatzpunkt bleibt hier aber auch der Prozess der Wahrnehmung, das schließt den Glaubenden und Zweifelnden ein. Zwischen ihm und der Religion entsteht eine religiöse Atmosphäre, die durch Räume, Rituale, Gestalten, Formen zu einer christlichen Atmosphäre werden kann. Dabei ist darauf zu achten, was das Christliche der christlichen Religion ausmacht, nicht im apologetischen Interesse, sondern um die Konkretion als Prägnanz zu zeigen. Unabdingbar für das Christliche ist die Wahrnehmung des Christus in seiner Leiblichkeit; in der Christuswahrnehmung liegt der leibliche Brennpunkt des religiösen Lebensprozesses.

[1205] Konzepte zur „Liturgischen Präsenz" basieren auf dem Grundgedanken, dass Religion in der Lebensform des Gottesdienstes nur aktual zu haben ist. Durch dingliche, sprachliche, räumlich und darin vor allem körperliche Konstituenten und Bewegungen wird die pastoralästhetische Arbeit professionalisiert und als Kompetenz dann auch weitergegeben. Vgl. Thomas Kabel, Handbuch Liturgische Präsenz. Zur praktischen Inszenierung des Gottesdienstes. Gütersloh 2002.

[1206] „Spiritualität ist Lebensaufmerksamkeit, die in Formen und Methoden bewahrt und gestaltet wird. Spiritualität heißt, in geordneten und geformten Verhältnissen leben" (Fulbert Steffensky, Der Gottesdienst und seine Formen, 92).

Zugleich wird die Wahrnehmung wiederum das Christliche formen und weiter tragen.

Liturgie macht möglich, dass sich Menschen mit ihren Körpern in Raum und Zeit der Religion bewegen, sich von der Religion situieren lassen und deren Sprache im leiblichen Vollzug rituell lernen (ein implizites pädagogisches Kriterium). Christliche Religion gestaltet sich im Kult als leiblicher Kontaktprozess der wechselseitigen Einwurzelung von Mensch und Welt in Gott. Liturgie vollzieht sich als „Ritual, das inhaltlich auf den trinitarischen christlichen Gott bezogen ist, dessen spezifische Wirksamkeit als Vater, Sohn und Geist wiederum dem Ritual die Form von ‚Liturgie' verleiht".[1207]

Gelebte Religion als Konkretion von räumlicher Religion drängt zu Symbolisierungen, die leibliche Formungen und Sprachbildungen sind. Religion bekommt Gestalt, indem sie verkörpert wird. Die Macht der Inszenierungen und Verkörperungen wird gebrochen durch die Nichtinszenierbarkeit, die Ohnmacht in einem Bereich, der nicht mehr menschlichen Bedingungen obliegt. Focusing gibt dem Prozess der Symbolbildung leibliche Gestalt, indem es Formen der Präsentation des Christlichen vernehmbar macht. Dabei hält es die Spannung von Gespür und Gestalt als Fließgleichgewicht aufrecht.

In theologischer Perspektive ist nach den Zugängen zu christlicher Religion zu fragen. Wenn es „aisthetisch" um das leibliche Spüren von Anwesenheit geht und Anwesenheit als eine Form des personalen Da-Seins zählt, dann beschäftigt sich religiöse Wahrnehmung mit der Wirklichkeit von Religion, wie sie präsentisch wirk-sam wird, in der sich Gott auf bestimmte Weisen gegenwärtig und so spürbar macht. Das schließt eine gewisse Innerlichkeit nicht aus – im Gegenteil. Die Kunst der religiösen Sprachfindung als Veräußerung besteht vor allem darin, Worte für das Unsagbare kommen zu lassen. Das Unsagbare ist aber nicht unwirklich; so liegt der Ansatzpunkt für die religiöse Sprachbildung auch in der Wahrnehmung religiöser Wirklichkeit, die das Warten und Kommen-Lassen erfordert. Es wird daher Zeit, „Räume der Passivität zu retten".[1208] Focusing hilft, das Gespür dafür zu schulen und rituellen Gestaltungen stimmige Form zu leihen – immer wieder zu unterscheiden.

Wenn die Suche nach dem Elementaren zu den Grundfragen der Didaktik gehört[1209], so ist schon aus diesen religionsdidaktischen Gründen die Frage nach der Leiblichkeit von Lernenden und Lehrenden virulent. Ein religionspädagogisch-phänomenologisch orientiertes Fragen greift dabei auf, dass Leiblichkeit

---

1207 Christoph Bizer, „Liturgie" als religionsdidaktische Kategorie, 109.

1208 Fulbert Steffensky, Der Gottesdienst und seine Formen, 110.

1209 So Friedrich Schweitzer und Dietrich Zilleßen im Editorial zum Heft „Elementarisierung". ZPT 52 (2000), 259.

nicht nur ein elementares Merkmal des Menschseins, sondern auch der Religion ist. Daher gilt es, die Leiblichkeit der Wahrnehmung auch von der Religion her zu erschließen und pädagogisch zu reflektieren. Die religionspädagogische Qualität von Leiblichkeit gründet auf dem unaufgebbaren Zusammenhang von Religion und Körperlichkeit.

Religiöse Wahrnehmung lässt sich phänomenologisch graphieren. Eine „Religionsaisthetik" wird sich im Geflecht des Spürens des leiblichen und sozialen Daseins auf das Spüren der religiösen Dimensionen konzentrieren. Religiöses Erleben ist nicht vom konkreten Leben zu lösen und verweist doch auf die Bruchstellen dieser Erfahrung. An diesen Stellen wird das Sehen und Gesehenwerden entscheidend: Das Gesicht wird im Angesicht Christi zum Antlitz. Leiblich buchstabiert: Religion wird im Innewerden und Veräußern körperlich spürbar. Christliche Religion kann in Formen in Gebrauch genommen und aufgespürt werden. Christus wird in der Feier als lebensfördernder Prozess aufgebaut. Religiöses Lernen als Wahrnehmung beginnt in dem Raum, wo immer wieder der Ringtausch stattfindet, wo Mensch und Religion sich aufeinander beziehen, also aufeinander zu bewegen und ein leibräumliches Verhältnis aufbauen: in Christus.

Selbsttätigkeit als reformpädagogisches didaktisches Prinzip reicht beim Lernen von Religion im Sinne des kritischen Handelns nicht aus; es bedarf der Öffnung der leibeigenen Türen und der geduldigen Bereitschaft zu empfangen, um dann kritisch prüfen zu können. Der rezeptionsästhetische Gebrauch des Wortes ist in dem Sinne zugleich produktionsästhetisch, weil der und die Wahrnehmende Deutungen weiter transportiert und in diesem Sinne weiter entwirft.[1210] Wie muss eine Religionspädagogik verfahren, die Anfang und Ende darin nimmt, dass der fleischgewordene Gott unter den Menschen Wohnung bezieht? Phänomenologisch-hermeneutisch: Das Wort ward Fleisch – wie kommt der leibliche Gott nun im Prozess pädagogisch zu Wort? Und wie kann mit Blick auf religionspädagogische Kommunikationsprozesse das Wort zu Fleisch werden?

4 Perspektiven personaler Bildung von Religion

4.1 Religion und Menschenbildung

Bildung ist nicht nur ein im Blickfeld der Pädagogik stehendes und politisch brisantes Thema. Auch kirchlicherseits ist das Bewusstsein für die veränderte Bil-

[1210] In Anlehnung an das religionspädagogisch lesbare Gleichnis vom Sämann (Lk 8,15) formuliert David Denicke im Lied diese Verbindung: „Öffn uns die Ohren und das Herz / dass wir das Wort recht fassen, / in Lieb und Leid, in Freud und Schmerz / es aus der Acht nicht lassen; / dass wir nicht Hörer nur allein / des Wortes, sondern Täter sein, / Frucht hundertfältig bringen" (EG 196,2; Text von 1659).

dungssituation und die Auseinandersetzung mit Bildungsfragen gestiegen.[1211] Für religiöses Lernen bedeutet Bildung die Herausforderung religionspädagogischer Vernunft. In der Pädagogik ist seit den sechziger Jahren Wolfgang Klafkis Theorie „kategorialer Bildung" zum Maßstab geworden – durch die Faszination des Prinzips der „doppelseitigen Erschließung" auch für die Religionspädagogik, wo er vor allem von Karl Ernst Nipkow, aber auch von Peter Biehl aufgegriffen und verarbeitet worden ist.[1212] Bildung meint demzufolge mehr als Erziehung und Sozialisation: Sie schließt ein kritisches Welt- und Selbstverhältnis ein und ist darauf ausgerichtet, genau dieses handelnd zu gestalten. Joachim Kunstmann stellt heraus, dass bei Klafki das gesellschaftlich Notwendige und das Prinzip der doppelseitigen Erschließung eine Synthese eingehen; dabei kommt das Moment der Selbst-Bildung durch die Funktionalisierung jedoch zu kurz.[1213] Bereits in Schleiermachers Pädagogik ist der Mensch dazu bestimmt, die Welt in sich aufzunehmen und darzustellen. Die Dialektik von Gestaltung und Empfänglichkeit findet sich wiederum bereits in der Mystik bei Meister Eckhart, der Bildung begreift als den „Weg, auf dem Gott sich in die Seele des Menschen hineinbildet (înbildet), indem der Sohn Gottes in der Seele wiedergeboren wird."[1214] Anders als in der Mystik geht es religionspädagogisch um das Ein-Bilden der Welt im Menschen und die Wirkung und Einwirkung des Menschen in der und auf die Welt.[1215] Daher soll

1211 Hier ist vor allem die EKD-Denkschrift zu nennen: Kirchenamt der EKD, Maße des Menschlichen. Siehe auch die Vortragssammlung des Hanns-Lilje-Forums von Eckhard Nagel / Eckhart von Vietinghoff (Hg.), Bildung neu denken. Hannover 2003.

1212 Wolfgang Klafki, Das pädagogische Problem des Elementaren und die Theorie der kategorialen Bildung. Weinheim $^{3/4}$1964, 298; ders., Studien zur Bildungstheorie und Didaktik. Weinheim 1963; ders., Neue Studien zur Bildungstheorie und Didaktik. Zeitgemäße Allgemeinbildung und kritisch-konstruktive Didaktik. Weinheim / Basel ^{2}1991. Vgl. Karl Ernst Nipkow, Bildung als Lebensbegleitung und Erneuerung. Kirchliche Bildungsverantwortung in Gemeinde, Schule und Gesellschaft. Gütersloh 1990; ders., Bildung in einer pluralen Welt. 2 Bde. Gütersloh 1998; Peter Biehl, Theologische Aspekte des Bildungsverständnisses. EvErz 43 (1991), 575–591; ders., Erfahrung, Glaube und Bildung. Studien zu einer erfahrungsbezogenen Religionspädagogik. Gütersloh 1991. Aufsätze daraus und neuere Aufarbeitungen finden sich in Peter Biehl / Karl Ernst Nipkow, Bildung und Bildungspolitik in theologischer Perspektive. Münster 2003.

1213 Joachim Kunstmann, Selbst- und Mitbestimmungsfähigkeit. Wolfgang Klafkis allgemeine Bildungstheorie als ideengebender Hintergrund der Religionspädagogik. PR 55 (2001), 457–468. Ausgehend vom bei Klafki entdeckten Hiatus zwischen dem Anspruch auf Selbst-Bildung und der „durchgehend und umstandslos vollzogene Gleichsetzung zwischen der Allgemeinen Bildung und dem gesellschaftlich Angehenden" (458) macht Kunstmann auf die zu kurz gekommene „Analyse des Welt-Mensch-Bezuges" sowie die „weitgehend übergangene Prozeßgestalt des Bildungsvorgangs" (462) aufmerksam. In Anbetracht des zumindest nicht übereinstimmenden Weltdeutungshorizontes wird mit Recht nach dem *Wie* der vernünftigen Selbstbestimmung gefragt (463).

1214 Vgl. Karl-Ernst Nipkow, Bildung als Lebensbegleitung und Erneuerung, 54.

1215 Zu diesem Zusammenhang siehe in kritischer Würdigung von Nipkows Ansatz Wolfram Jehle, Leibliche Präsenz im Religionsunterricht. Theologische und religionspädagogische Erwägungen. Transparent-Extra. In: Transparent. Zeitschrift für die kritische Masse 67 (2002), 1–20.

hier auch für die Erschließung leiblicher Dimensionen religiöser Bildung die Räumlichkeit geltend gemacht werden. Philosophische Betrachtungen suchen die Bewegungen zwischen Mensch und Welt als spürbare Räumlichkeit beschreibbar zu machen. Im Rahmen des Theologietreibens wird der Mensch sich dieses religiösen Verhältnisses zu Gott, der Welt und sich selbst bewusst: Pädagogisch ist der Mensch auf dem Weg der Menschenwerdung und -bildung im Blick. So wird verständlich, dass die Religionspädagogik als Theorie-Praxis-Wissenschaft in stetiger Perpetuierung Linien des Nach-Denkens über Bildung inszeniert, die von Gott zum Menschen laufen, vom Menschen zur Welt ausgehen und sich auf Gott hin erstrecken. Das Erkunden dieser Räume kann mithin nur in Bewegungen geschehen, die sich als Reise und Begehung verständlich machen. Religionspädagogik erschließt sich somit als Prozess, den Bewegungen religiöser Bildung beim Menschen nachzugehen. Das wird hier er-fahrend im Sinne des sprachlichen und gedanklichen Vollzugs verstanden.

4.1.1 Leibsein und Menschwerden: Aspekte religionspädagogischer Anthropologie

„Der Mensch bildet sich." – „Alle Menschen sind der Bildung bedürftig und fähig."[1216] Wenn Bildung demzufolge Arbeit an Menschenbildern ist, dann ist fraglich, welches für Bildungszusammenhänge überhaupt zu Grunde gelegt werden kann. Was ist der Mensch, in religionspädagogischer Hinsicht? Wie die Geschichte der Sportpädagogik zeigt, geht mit der Verleugnung des Körpers auch eine Verleugnung des Kindes einher. Das legt die Überprüfung einer Parallele zur Religionspädagogik nahe. 1964 konstatiert Werner Loch, dass „eine explizite Darstellung des eigentümlichen Stands der Kindheit und Jugend" fehlt.[1217] Er macht auf das Desiderat einer „Theologie des Kindes" aufmerksam.[1218] Schon bald werden Fragestellungen nach den „lebensgeschichtlichen Gestalten des Glaubens" bearbeitet. Dazu gehört auch die Suche nach der empirischen Erfassbarkeit des Glaubens. Biographische und soziologische Kategorien relativieren den Entwicklungsbegriff. Damit tritt auch die Betrachtung der Korrelation von Glaubensphänomenen und den sie repräsentierenden Personen und Institutionen in den Blick. Die menschliche Realisation von Glauben und Religion ist in Lebensformen aufzuspüren und pädagogisch zu situieren.

1216 Hartmut von Hentig, Bildung. Ein Essay. München 1996, 9. Hartmut von Hentig richtet seine Aufmerksamkeit klugerweise auf Maßstäbe und Anlässe für Bildung.

1217 Werner Loch, Die Verleugnung des Kindes in der Evangelischen Pädagogik. Zur Aufgabe einer empirischen Anthropologie des kindlichen und jugendlichen Glaubens. Essen 1964, 13.

1218 A.a.O., 25. Siehe in diesem Sinne Friedrich Schweitzer, Die Religion des Kindes. Zur Problemgeschichte einer religionspädagogischen Grundfrage. Gütersloh 1992 sowie die Reihen Christoph T. Scheilke / Friedrich Schweitzer (Hg.), Kinder brauchen Hoffnung; Anton A. Bucher u.a. (Hg.), Jahrbuch für Kindertheologie. Stuttgart 2002ff.

Christoph Bizer geht in seinen Anläufen zu einer praktischen Anthropologie des Kindes und des Jugendlichen darauf ein, dass das Aufrollen einer pädagogischen Anthropologie ein gefähr liches Unterfangen ist, weil es sich zwischen der Formelhaftigkeit nicht geerdeter Bestimmungen einerseits und der Verletzlichkeit der in die Beschreibungen selbst involvierten anthropologischen Bemühungen verfängt.[1219] Von daher beschreibt er Anthropologie kommunikativ als einen Ort der Verständigung, der sich von der Fähigkeit nährt, „eigene Praxis darzustellen und dargestellte Praxis aufnehmen zu können".[1220] Eine Anthropologie lässt sich in „Selbstreflexivität in kommunikativer Sozialität" bestimmen.[1221] Menschsein macht sich an der Unausschöpflichkeit fest, von daher kann Menschsein nur in Brechungen von Bildern geschehen. Anthropologie kann daher gar nicht anders als einen Prozess zu beschreiben. Eine solche von der Reformpädagogik her denkende Anthropologie des Kindes und des Jugendlichen versteht den aufwachsenden Menschen „in einem sozialen, geographischen, architektonischen, ästhetischen, geistigen Raum, in dem Wachstum möglich ist: in sich gegliedert und von Grenzen konstituiert, die überwindbar sind, so dass ein Heranwachsen möglich ist."[1222] Im dialektischen Prozess von Affirmation und Negation finden heranwachsende Menschen zu eigenen Gesichtern und Gestalten. Der Mensch verdankt sein Menschsein, das jeden Tag immer wieder verfehlt wird, der unergründlichen Gnade. Damit ist es der Schöpfer-Gott, der den Rahmen für eine menschliche Lehre setzt, nach welcher der Mensch sich selbst entzogen bleibt: „die ihn sein Leben als eine Melodie spielen lässt, deren Töne Gott ihm gegeben hat und die er wissentlich / unwissentlich allein zur Ehre Gottes spielt." Der Clou der Anthropologie liegt in der Spannung „zwischen der theologischen Prämisse und der Wahrnehmung des gelebten Menschenlebens".[1223]

„Werde, der du bist!"[1224] Der Mensch ist so geformt, dass er aus dem Blick des Schöpfers per se für gut befunden und zu Recht als recht gefertigt gilt: … und Gott sah, dass es gut war (Gen 1,10.12.18.21.25.31). Er ist gemacht, in myth(e)ologischer und biblischer Sprache: leiblich erschaffen durch die Hände Gottes. Und demzufolge ist er auch leiblich, hat eine je individuelle und unverwechselbare Form, ein wieder erkennbares Geschlecht und eine Seele, die dank der Behauchung den corpus belebt und Leib und Leben zusammenhält. So kann alles, was Odem hat, aufwachen, Gott für das Werk der eigenen Gegebenheit als Gabe loben und in der Gemeinschaft der unverfügbar Gegebenen zuhauf kommen. Das heißt nicht, dass damit alles zu Ende wäre; die Freiheit und Aufgabe der Gestaltung ist ihm als Bildsamkeit gleichsam eingepflanzt.[1225]

Simul iustus et peccator: Mit Martin und Henning Luther (!) von einem Menschen aus, der geboren ist in eine Welt, in der er sich von Vornherein bewegt zwischen Zustimmung und Ablehnung, Gerechtigkeit und Sünde, Individualität und Gemeinschaft, Leben und Sterben, Sein und Schein, Identität und Fragment; grund-

---

1219 Christoph Bizer, Auf dem Weg zu einer praktischen Anthropologie des Kindes und des Jugendlichen. In: Richard Riess / Kirsten Fiedler, Die verletzlichen Jahre. Handbuch zu Beratung und Seelsorge an Kindern und Jugendlichen. Gütersloh 1993, 743–756.

1220 A.a.O., 746.

1221 A.a.O., 747.

1222 A.a.O., 750f.

1223 A.a.O., 753.

1224 Paul Geheeb hat dieses Prinzip von Pindar aufgegriffen und zu einem reformpädagogischen Bildungsprinzip erhoben.

1225 Vgl. Klaus Mollenhauer, Vergessene Zusammenhänge – Über Kultur und Erziehung.

sätzlich als Gottes Ebenbild leiblich ausgestattet mit Gaben, die er im Prozess des Lebens in einem Zusammenspiel von Ich und Welt lebt, in dem diese Eingebundenheit aber auch nicht ohne innerleibliche Verbindungen auskommt.[1226] Als solches ist es für gut befunden. Der Mensch ist fertig und ganz, so geschaffen, wie Gott ihn will. Kindsein, ein Mythos der Pädagogik, muss auch nach der Entmythologisierung[1227] als ein „bleibender und sogar ein vorzüglicher Modus des Menschseins" gelten, der über die Überwindung von Friedlosigkeit, Überheblichkeit, Angst und Egozentrismus nie erhaben ist; diese ist immer wieder verheißen, daher zu suchen und zu erbitten.[1228] Der geschöpfliche Mensch ist gleichwohl ein Fragment; nie fertig in der Auseinandersetzung mit Fragwürdigkeit und Antworten, So-Sein und Anders-Sein, Suchen und Finden. In der Spannung von Gottesebenbildlichkeit und fragmentarischem Sein[1229] werden zu jedem Zeitpunkt der Entwicklung Bruchstellen der Ich-Identität dramatisch erfahrbar. Wir Menschen sind „Ruinen der Zukunft, Baustellen, von denen wir nicht wissen, ob und wie an ihnen weitergebaut wird."[1230] Gegen jegliche Erstarrung bildet die Sehnsucht die Bewegung der Selbsttranszendenz. Im Leben als Fragment (simul iustus et peccator) wird die Bewegung und Verwiesenheit auf Gnade und Vollkommenheit deutlich; Werdet wie die Kinder (Mt 18,3) heißt in diesem Fall *hominem iustificari fide.*[1231] Damit steht das „Werde, der du bist" stets an der Kippe zum „Werde, der du geworden sein wirst".[1232] Da-Sein und Er-Leben ist Befindlichkeit und Situiertheit im Prozess. *Individuation* heißt: Das Selbst ist nicht ein Status oder eine Lebens- bzw. Daseinsform, geschweige denn der Abschluss eines Entwicklungsweges, wie viele religionspädagogische Entwicklungsmodelle suggerieren, sondern das Selbst ist ein zwischenleiblicher Prozess, der sich auf Lebens- und Lernwegen – und auch in voller Körperlichkeit – entfaltet. Das humanistische Erbe des freien und schöpferischen Menschen lässt sich hier als ein Energiefluss verstehen – ein Austauschgeschehen, das in vielfältigen Formen und Stilen vor sich geht. In diesen Zwischenräumen findet Leben und Lernen statt. „Erkenne dich selbst!", fügte Goethe nach dem Delphischen Orakel hinzu.[1233] Diese reflexive Form von Bildung als Selbsterkenntnis meint das Wiederfinden von Bekanntem, aber auch die Einsicht in das Nicht-Ich durch Differenz zum Anderen, als JEMAND und ETWAS, die eine Spiegelfunktion ermöglichen. Es gibt

---

[1226] Vgl. Hans-Martin Barth, Martin Luther disputiert über den Menschen. KuD 28 (1982), 154–166; Henning Luther, Religion und Alltag.

[1227] Vgl. z.B. Neil Postman, Das Verschwinden der Kindheit. Frankfurt 1983.

[1228] Hermann Diem, Was sagt die Theologische Anthropologie dem Erzieher über das Kind? In: ders. / Martinus Langeveld, Untersuchungen zur Anthropologie des Kindes. Heidelberg 1960, 3–18. Hier: 18.

[1229] „Das Fragment trägt den Keim der Zeit in sich. Sein Wesen ist Sehnsucht. Es ist auf Zukunft aus" (Henning Luther, Religion und Alltag, 169).

[1230] A.a.O., 170.

[1231] Martin Luther, Disputatio De homine, 32.

[1232] Dietrich Zilleßen, Und der König stieg herab von seinem Thron, 43.

[1233] Erkenne dich selbst. Thales dem Apoll geweiht. Pausanias X,24,10; Platon Protagoras 343a. Siehe Bruno Snell, Leben und Meinungen der Sieben Weisen. München [4]1971, 12f.

keine Identität ohne Heterogenität. Sie benötigt Distanz und damit auch Perspektivenwechsel von Innen nach Außen und umgekehrt. Selbsterkenntnis könnte das Ziel von Selbsttätigkeit bilden. Zum Erkennen gehört das Erkannt-Werden; Menschsein kommt vom Ebenbild Gottes her, zugleich ist es ihm verheißen.

Die Menschen stärken und die Sachen klären.[1234] Bildung ist nicht von den Biographien der Lernenden abzutrennen. Leiblichkeit bildet eine elementare Dimension der Bildung hinsichtlich des Verhältnisses von Mensch und Religion sowie der Lern-Wege dorthin. Manche Wege werden spürbar, hörbar, sichtbar und vorstellbar; sie bekommen Konturen und biblische, ästhetische, leibräumliche Formen. Einige Bildungswege bleiben unerforschlich: „Unser Wissen ist Stückwerk" (1 Kor 13,9). Religionspädagogische Überlegungen setzen bei der Wahrnehmung an, um von dort her die Ausprägung des Gott-Mensch-Welt-Verhältnisses zu beschreiben. Was ist der Mensch, dass du seiner gedenkst?, fragt der Psalm, zu Gott gerichtet und auf diese Beziehung bezogen (Ps 8,5). Bildung ist als Form der Individuation aber auch nicht von der Welt zu lösen, an welcher der Mensch wächst, mit welcher er im Austausch lebt. Die Konstitution des Subjekts vollzieht sich als personaler, d.h. an Individuen und in kommunikativ-gemeinschaftlicher Ausrichtung orientierter Prozess in Raum und Zeit des gegebenen und weltoffenen Lebens – durch Wahrnehmung. Religion macht sich dabei in leiblicher Weise greifbar, indem räumliche Formen und Prozesse zur Fürwahr-Nehmung in individueller und kommunikativer Aneignung ergriffen werden. Leiblichkeit will daher als Gegebenheit und Weg religiöser Bildung in religionspädagogischer Weise beobachtet, gestaltet und in ihren Möglichkeiten und Grenzen wahrgenommen werden.

4.1.2 Zur ästhetischen Signatur religiöser Bildung

„Gleich sei keiner dem andern, doch gleich sei jeder dem Höchsten! Wie ist das zu machen? Es sei jeder vollendet in sich!"[1235]: Religiöses Lehren und Lernen geschieht vor dem Horizont religionspädagogischer Bildungskonzepte. „Lasset uns Menschen machen" (Gen 1,26): Die Ermunterung zum konstruktivistischen Formen und Bilden des Menschen prägt die Menschwerdung gleich von Beginn an. Menschen sind an sich geformte Wesen, und dennoch ergeht der Auftrag an verantwortliche Mitarbeiter und Mitarbeiterinnen der Schöpfung, zu gestalten und in der Arbeit am Menschsein tätig zu werden. Bei allem Bilderverbot gibt es ein vorgegebenes Bild: Gott erschafft den Menschen zu seinem Eben-Bilde; mit der Imago dei ist ein Plan erstellt, ein Ideal, auf das alle Kreatürlichkeit des Menschen hinausläuft.

[1234] Hartmut von Hentig, Die Menschen stärken, die Sachen klären. Ein Plädoyer für die Wiederherstellung der Aufklärung. Stuttgart 1985.

[1235] Johann Wolfgang Goethe, Vier Jahreszeiten. In: Karl Eibl (Hg.), Gedichte 1800–1827). Darmstadt 1998, 237–249. Hier: 234 (V. 54).

Menschenbildung ist Verheißung und Arbeit an der Form wie dem Bild des Menschen, soviel ist schon von der biblischen Anfangserzählung her klar. Und aus der Narratio der Urgeschichte wird auch deutlich, dass dieses Bilden an konkretes Tun gebunden ist: an denjenigen Schaffensprozess, der vor aller Behauchung des Lebens zunächst einmal dem Menschen Form und dann Segen gibt.

Der Adhortativ lädt zum Handwerk ein, als könnte man so einfach am Menschen bauen. Bauen ist wie Bildung eine Arbeit, die viel Energie und Konzentration erfordert. Man braucht gute Materialien, an denen man lernen kann, und vernünftiges Werkzeug. Bildung hat aber ebenso etwas mit Kunst zu tun; Geschick, Begabung, Ideen, etwas „Höheres", das nicht mit Machbarkeit zu greifen ist. „Kunst" kommt von „können"; hier wird die Selbstverständlichkeit des absoluten Könnens fraglich. Gottes Schöpfungswerk ist in der Ebenbildlichkeit nicht einfach nachzuahmen, und die Imitation würde nie ganz gelingen. Menschenbildung, christlich-religiös buchstabiert, orientiert sich an der Leiblichkeit Gottes und ihrem Bild des Gekreuzigten[1236] und muss doch eigene Wege suchen – um der individuell gegebenen und unverfügbaren Form willen, wie der Mensch Mensch werden und dabei auch noch Mensch bleiben kann. Bildung richtet sich auf die Menschen in ihren Lebensformen der Geselligkeit, ihrem sozialen, kulturellen, politischen, religiösen Miteinander und dem mit anderen Geschöpfen in der Welt, und hat doch dabei zugleich den individuellen Menschen, seine Konstanz und sein So-Sein in seinem Prozess des Werdens, im Blick. „Lasst uns Menschen machen!", könnte also der aus dem Bild schallende Ruf des pädagogischen und theologischen Eros lauten, mit dem Eltern, Erzieher, LehrerInnen und PfarrerInnen das Leben von Kindern, Jugendlichen und Erwachsenen in Lernzusammenhängen verfolgen. Diesem Ruf zur Machbarkeit von Bildung würden zu einer Zeit der Lesarten von PISA-Ergebnissen viele Bildungsinstitutionen sicher nur zu gern folgen, zumal in dieser und anderen Untersuchungen die Bedingungen von gelingender Bildung in anderen Ländern und Verhältnissen gleichsam als Verheißung zum tollen Menschen aufscheinen.

PISA und andere Studien haben schulischerseits etwas sichtbar gemacht, was sich im Rahmen religiöser Bildung schon länger abzeichnet, jedoch nicht immer wahrgenommen worden ist. Die Unfähigkeit zu lesen, so lässt sich aus der ersten Studie folgern, bringt hinsichtlich der christlichen Religion als Bildungsgut, -gegenstand und -weg das Dilemma der Sprachlosigkeit ans Licht. Auf der einen Seite stößt die traditionell geformte und verfasste kirchliche Religion, von deren Vertrautheit durch eine wie auch immer geartete religiöse Sozialisation man im Religionsunterricht gegenwärtig nicht ausgehen kann, an die Grenzen ihrer Spra-

---

[1236] „Das christliche Menschenbild entspringt der Erfahrung mit dem gekreuzigten Christus, in der das von Gott geschenkte Leben vom Kreuz her entgegenkommt" (Christoph Bizer, Ecce homo – sehet welch ein Mensch! Vom christlichen Menschenbild, wahrnehmend gestaltet. JRP 20 (2004), 113–122. Hier 119f.

che und Lerngestalten. Eine andere Hilflosigkeit besteht in der Formlosigkeit gegenwärtiger Religiosität. Wie kommt der Mensch zu Religion, wie die Religion zum Menschen?

Joachim Kunstmann entwirft vor dem Hintergrund dieses Dilemmas im Rahmen einer religiösen Kulturhermeneutik eine Theorie religiöser Bildung, deren Markenzeichen die „ästhetische Signatur“ ist. Ausgangspunkt ist der vergessene Zusammenhang struktureller Gemeinsamkeit von Religion und Bildung, die in der „polaren Vermittlung der Zentralstellung des Subjekts mit dem als unverfügbar gefassten Vorgegebenen“ liegt.[1237] Im Bezug auf Schleiermacher, der Religion als allgemeines Bewusstseinsfundament, als Prinzip von Bildung überhaupt und als geschichtlich-positive Form des Lebensvollzugs begreift, wird hier das Ineinander von Religion und Bildung deutlich: „Beide sind auf Sinnerfahrung, Bedeutung und Orientierung bezogen. Beiden ist nicht nur die unaufgebbare Dialektik von Gewahrwerdung und subjektiv neuschöpferischer Anverwandlung und Weitergabe gemeinsam, sondern auch die wechselseitige Verwiesenheit von erfahrenem Moment und dessen Objektivierung in Sprache, Ausdruck und (künstlerischer) Gestaltung.“[1238] Kunstmann kritisiert die auf (Klafkis) allgemein-bildungstheoretischer Fundierung beruhende Begründung der Religionspädagogik als eine vornehmlich ethische Ausrichtung von Religion, welche die ästhetisch-kulturelle Dimension zu Unrecht grob vernachlässige. Er weist nach, dass die Bildungstheorien von Humboldt, Schiller und Schleiermacher nicht durch verbindliche Inhalte, Vorgaben oder objektivierbare Bildungsziele gekennzeichnet sind.[1239] Die Vermittlung von Selbst und Welt übersteigt solche – gegenwärtig häufig unter „Standards“ eingeforderten – „Bildungsgüter“ bei weitem. Die Religionspädagogik muss sich nun die Frage gefallen lassen: „Wieviel Zutrauen hat die Religionspädagogik zur Bildungswirkung gegebener religiöser Elemente und Erfahrungen? [...] Lassen sich Kultur und Tradition didaktisch durch Qualifikationen ersetzen?“[1240]

Bildung bezeichnet demnach „grundsätzlich einen Veränderungsvorgang“, welcher den Bezug zum Gegebenen, dessen berührte, dankbar staunende oder befremdende Wahrnehmung, ebenso einschließt wie die schöpferische Neu- und Umgestaltung.[1241] Ich buchstabiere pragmatisch nach: Bildung ist, unablösbar von menschlicher Entwicklung, prozesshaft zu denken und vollzieht sich als Gestaltwerdung zur Konkretion einer Vorgabe, einer Idee an Form. Bildung setzt bei dem je Gegebenen an; der Prozess ist und bleibt unabschließbar.[1242] Bildung

---

1237 Joachim Kunstmann, Religion und Bildung, 54.

1238 Ebd. Mit Frost lässt sich teilen, dass „der Gegenstand des Bildungsdenkens nur als Relation, nämlich als Selbst- und Weltbezug, erfasst werden kann. Von der Klärung der Bezüge hängt die Konsistenz des Bildungsbegriffs ab“. Ursula Frost, Die Einigung des geistigen Lebens. Zur Theorie religiöser und allgemeiner Bildung bei Friedrich Schleiermacher. Paderborn u.a. 1991, 15.

1239 Vgl. Joachim Kunstmann, Religion und Bildung, 219.

1240 A.a.O., 118. Zu den kritischen Grenzen einer rein auf Ästhetik zielenden Bildung siehe Peter Biehl, Die Wiederentdeckung der Bildung in der gegenwärtigen Religionspädagogik. In: Peter Biehl / Karl Ernst Nipkow, Bildung und Bildungspolitik in theologischer Perspektive. Münster 2003, 111–152. Hier: 142–147.

1241 Joachim Kunstmann, Religion und Bildung, 133.

1242 Vgl. dazu auch Henning Luther, Religion und Alltag, 177: „Für die Religionspädagogik folgt daraus [aus dem dialektischen Verhältnis von Identität und Fragment] generell ein Bildungsverständnis, das nicht mit ihrer Abschließbarkeit rechnet. Identitätsentwicklung als Bil-

unterscheidet sich darüber hinaus vom Lernen „durch die Einbeziehung breiterer Kontextbedingungen und durch die hervorgehobene Bedeutung des Gelernten für die Selbstentfaltung“.[1243] Kunstmann erhebt Bildung zum „Sinn, als waches Aufgeschlossensein, als Staunenkönnen, als Sehenkönnen mit den Augen des anderen, als ein Selbst stärkendes und entfaltendes Bewusstseinsmoment.“[1244] Damit beschreibt er ästhetische Merkmale von Religiosität.

Eine an der Ästhetik orientierte Bildung strukturiert sich demzufolge auch ästhetisch, nämlich am „Gewahrwerden“.[1245] Lernen beginnt mit wachen Wahrnehmungsprozessen, und das schließt im Angesicht der aus der Wahrnehmungsflut resultierenden „Anästhetik“ vor allem reflektierte *Wahrnehmung* ein.[1246] Lernprozesse haben eine *atmosphärische* Färbung. Es geht nicht um eine Stimulierung zum Lernen, sondern der leibliche Lernprozess selbst unterliegt in seiner Wahrnehmung emotionalen und in dieser oder jener Weise „gestimmten“ Bedingungen. Wahrnehmung und Atmosphäre gehören zu den Grundbedingungen tätiger Bildung. Bildendes Lernen kommt aber nicht nur der Seite des zu lernenden Inhalts entgegen, sondern auch dem Menschen in seiner Bildsamkeit. In der Frage, was eigentlich ankommt von dem, was gelernt wird, wird die *Resonanz* und *Einbildungskraft* (Meister Eckart) wichtig. Diese Vorgänge werden durch die *Anverwandlung in Spiel, Beteiligung und Ausdruck* praktisch. Die ästhetische Vernunft ist an die sinnengebundene Struktur des Bildungsprozesses geknüpft.

„*In der Idee leben heißt: das Unmögliche behandeln, als wenn es möglich wäre.*“[1247] Die Begegnung mit religiösen Bildern und deren Kommunikation ist Grundlage religiöser Bildung; das Bild ist die Grundkategorie von Religion, das sich in der Sprache von Poesie und Gleichnis anverwandeln lässt. Dabei macht sich die Tatsache geltend, dass sowohl Kunst als auch Religion auf gesteigerte Wahrnehmung aus sind und auf eine als evident erfahrene Resonanz des Gewahrwerdens; „Religion ist ästhetisch signiert“ und weist demzufolge klare Parallelen zur Bildung und der Weise des Bildungsprozesses zwischen Welt und Subjekt auf.[1248] Religion wie Kunst lassen sich grundsätzlich nicht funktionalisieren; sie teilen die Unverrechenbarkeit der Erfahrung des Lebens – eine Eigenschaft, die auch für den

dungsaufgabe kann nicht als zu einem bestimmten Lebensstadium erreichte oder erreichbare angesehen werden.“

1243 Kunstmann, Religion und Bildung, 245. Erstere werden aber nicht genauer benannt.

1244 A.a.O., 289.

1245 A.a.O., 245.

1246 Vgl. Wolfgang Schulz, Ästhetische Bildung. Beschreibung einer Aufgabe. Hg. v. Gunter Otto und Gerda Luscher-Schulz. Weinheim 1997, 115; Joachim Kunstmann, Religion und Bildung, 238.

1247 Johann Wolfgang von Goethe, Maximen und Reflexionen. Text der Ausgabe von 1907 mit der Einleitung und den Erläuterungen Max Heckers. Frankfurt 2003, VII, 399. Im besonderen Gedenken an die Andacht vom 27.04.03 in der Ecole d'humanité, Goldern, gehalten von Armin Lüthi.

1248 A.a.O., 334.

Bildungsprozess eminent ist, da sie mit dem Gefühl der Präsenz verbunden ist und die Eröffnung neuer Horizonte bereithält.[1249]

„Der wahren Moral erstes Gesetz: Bilde dich selbst. Und ihr zweites: Wirke auf andere durch das, was du bist!"[1250] Aus dem ästhetischen Zusammenhang von Bildung und Religion leiten sich drei Richtungen ab, die auch bisher didaktisch fruchtbar gemacht worden sind. Die neue Einsicht in die Unverfügbarkeit der Religion leitet erstens die alte Frage nach der Lehrbarkeit der Religion von der Inhaltsfrage weiter zur Frage nach einer Anbahnung von Wahrnehmung, die offen und empfänglich hält. Damit bekommen zweitens die ästhetischen Gestaltungen von Religion ein neues Gewicht. Hier schlagen die atmosphärischen Wahrnehmungen religiöser Räume, der kultischen Inszenierungen, des religiösen Spiels und weiterer Formen zu Buche. Damit zusammenhängend muss die Religionsdidaktik im Interesse der Lebensfähigkeit, des Orientierungsgewinns und „religiöser Kompetenz" sich dafür stark machen, dass Religion selbst in Gebrauch genommen werden kann und damit eigens religiös ausdrucks-, deutungs- und kommunikationsfähig wird.[1251] Religion wird also durch ihre Wahrnehmung gelernt; daraus ergibt sich ein leidenschaftliches Plädoyer für Beteiligung und den „Mitvollzug lebendiger Religion", die sich als Selbstbildung und Selbstgestaltung auch mit Selbsttätigkeit und kommunikativem Lernen verbindet.[1252] Der entscheidende Weg besteht darin herauszufinden: Wie lässt sich im Rahmen eines Bildungsverständnisses, das die Maße des Menschlichen für sich anerkennt, personales Lernen und Lehren von gelebter Religion aufbauen und denken?

4.1.3 Liturgisches Lernen

Ein religionspädagogisches Seminar in der Karwoche. In einem ländlichen Haus, unweit einer Kirche, trifft sich in jedem Jahr am Ende der Passionszeit eine Gruppe von Theologie- und Religionspädagogikstudierenden verschiedener Universitäten zu einem Seminar, um gemeinsam die Karwoche von Montag bis Gründonnerstag zu begehen. Das Team von Lehrenden bringt aus den beheimateten Fachbereichen die Studierenden mit, die sich einmal im Jahr an dieser Bildungsstätte zusammenfinden. Für einige bleibt das Seminar einmalig, manche kommen für viele Jahre wieder, andere Neue kommen hinzu – eine Mischung aus Kontinuität und Wandel. Im Mittelpunkt dieses Seminars steht der Prozess der eigenen gemeinsamen Gestaltung von Passion: Wie können wir uns und einander gegenwärtig begreifbar machen, was Passion ist? Wird Leiden und Kreuz Jesu Christi für uns bedeutsam? In welcher Form?

[1249] Vgl. die „Urszenen" und großen Erzählungen der Religion, die solches Gewahrwerden selbst thematisieren.

[1250] Vgl. Joachim Kunstmann, Religion und Bildung, 146–167.

[1251] A.a.O., 367–369.

[1252] Vor dem Zielhorizont der „religiösen Kompetenz" nimmt Kunstmann didaktische Stoßrichtungen in den Blick von der Begehung als elementarer religiöser Wahrnehmung, der Begebenheit im Schnittfeld von Liturgik und Didaktik, der Beteiligung als Mitgestaltung und religiöses Spiel und der Inszenierung als der Umgangsform mit den unverfügbaren Erfordernissen religiöser Bildung. Vgl. a.a.O., 371–410.

Getragen wird das Seminar durch eine zeitlich, räumlich und leiblich ritualisierte Struktur. Die Gruppe gestaltet ihre Karwoche liturgisch. Dazu gehört als Allererstes, dass die Veranstaltung abseits der Universität in einer „Außenstelle" stattfindet. Das hat mehrere Gründe: Die Verwahrlosung vieler universitärer Räume lässt wenig kreatives Ausschwärmen zu. Kaum eine Kirche – der Kirchenraum ist für diese Form von Arbeit unersetzlich – ist in der Nähe einer Universität für mehrere Stunden am Tag ohne touristische Interventionen liturgisch begehbar. Wichtig ist Raum der Intimität: Als Gruppe wäre man sonst kaum unter sich, um einige Tage miteinander zu verleben und einander im Fokus des Themas kennen zu lernen. Der Raumwechsel ins Abseits macht kenntlich, dass akademische Bildung „dort draußen" anders verläuft als es sonst „hier drinnen" üblich ist. Der verschulte, von Funktionalität, doch wenig Strukturiertheit geprägte Rhythmus von Semester und Semesterferien wird so unterbrochen. Aber auch im Seminar selbst spielt die Gestaltung durch Wechsel eine große Rolle. Das Geschehen in unterschiedlichen Räumen des Bildungshauses – vom Saal über die Gruppenräume, durch den Essraum auf dem Weg in die Kirche hinein und zurück – sowie in unterschiedlichen Arbeitsformen – vom Plenum über Kleingruppen, vom Singen über das Gespräch und Gestalten – leistet dem bewussten Beschreiten der Schwellen und Phasen Vorschub.

Die Tage sind rhythmisiert durch das responsorische Psalmsingen am Morgen, Mittag und Abend, das Chorsingen am Nachmittag und die späte Abendandacht, in welcher dem Psalm das Verlesen der biblischen Passionsgeschichte folgt; Gebet, Segen und Abendlied entlassen in die Nacht. Danach geht es beim nächtlichen Wein theologisch, politisch und privat weiter, zuweilen bis in den Morgen hinein. Dazu gehört das gemeinsame Einnehmen der Mahlzeiten mit dem gesungenen Tischgebet ebenso wie die Mittagszeit, die je nach Rückzugs- oder Kommunikationsbedürfnis durch Schlafen, Spaziergänge oder Lesen gefüllt wird, und überhaupt die Pausen, in denen ver-arbeitet wird.

Der Arbeitsprozess verbindet im Sinne von Ordinarium und Proprium den Ritus mit einer Seminardramaturgie. Den Beginn des Seminars bildet ein cineastisches Event – ein Spielfilm: Mit geschulten Sinnen nimmt die Gruppe einen Kinofilm wahr, beschreibt Eindrücke, Bilder, Handlung, erprobt theologische Denkfiguren auf ihre kulturelle Stimmigkeit und interpretiert so mit Bedacht und Sorgfalt den theologisch-religionspädagogischen Gehalt. Ein theologischer Arbeitstag bietet anhand von Texten und intensiven Gesprächen den nächsten Schritt für die Auseinandersetzung mit der Passionstheologie. An der Form konkreter theologisch-ästhetischer Materialstücke geht die Gruppe Fragen nach der gedenkenden Verortung, dem Sinn und der Aufhebung von Leiden in der Gegenwart nach. Ein Herzstück der Arbeit ist die bibeltheatralische Arbeit am Mittwoch. Für die Kleingruppen mit 6 oder 7 Studierenden ist ein ganzer Tag reserviert, um eine biblische Szene zu durchdringen, mit eigenen Gedanken zu hinterfragen und in eine körperlich-szenische Gestalt zu überführen. Der Abend lässt im Charakter der Passionsfestspiele alle Inszenierungen zur Aufführung und Interpretation im Plenum kommen. Höhe- und Schlusspunkt des Passionsseminars ist der gemeinsam gestaltete Abendmahlsgottesdienst am Vormittag des Gründonnerstag. Er wird im Prozess mitstrukturiert; einige im Laufe der Seminarjahre bewährte agendarische Grundpfeiler alternieren mit je neu zu entwickelnden Elementen.

An den religionspädagogischen Orten Schule und Universität sind den Lernenden und Studierenden gottesdienstliche Handlungen eher fremd. Man denkt schon darüber nach, wie der christliche Kult funktioniert oder nicht, aber das Feiern gehört nicht zum Alltag. Ein konkreter Impuls, die Leiblichkeit sowohl von pädagogisch-anthropologischer als auch von theologischer Seite ernst zu nehmen, liegt meines Erachtens im Liturgischen Lernen. Einwände gegen das Lernen mit und an Liturgie liegen nahe. Warum ausgerechnet mit und durch Liturgie lernen? Ist nicht gerade diese Form von Religion den SchülerInnen und selbst vielen Lehramtsstudierenden fremd oder mit Widerständen behaftet?

Überschreitet ein Konzept zum Liturgischen Lernen nicht die Grenzen des Unterrichts, indem es in den Bereich des Glaubens eindringt? Liegen nicht im Einbezug der relativ unmittelbar gelebten Religion viel größere Schwierigkeiten als in allen Vermittlungsversuchen? Wird die Mündigkeit des aufgeklärten Subjekts nicht aufgehoben?

Schulgottesdienste, rituelle Begehungen von Einschulung oder Abiturfeier werden zwar wieder stärker gefragt, aber eher wenige öffentliche, nichtkirchliche Bildungsinstitutionen wie Schulen machen sich regelmäßige Gottesdienste durch das Kirchenjahr hindurch zu Eigen. Dafür gibt es m.E. mehrere nachvollziehbare Gründe. Zum einen sind Liturgik und Religionspädagogik praktisch-theologische Nachbardisziplinen, die eine lange Geschichte der Entfremdung hinter sich haben. Gründe für die Distanz der Disziplinen liegen nach Christian Grethlein in den berufsspezifischen Ausprägungen: „Liturgik wurde wesentlich als Fach für die Berufsausübung der Geistlichen, Religionspädagogik als Berufstheorie der Religionslehrerinnen und -lehrer betrieben und verstanden."[1253] Ein zweiter Grund liegt in der aufgezeigten Entwicklung der religionspädagogischen Konzeptionen des letzten Jahrhunderts; mit der Behauptung einer eigenen schulischen Religionspädagogik und dem Ende der Evangelischen Unterweisung sind auch die Elemente religiöser Praxis derart der Diskursivität preisgegeben, dass sie bis zum Auftauchen der Symboldidaktiken gänzlich verschwanden. Diese Distanzen vorsichtig zu verkürzen, die Trennung aufzuweichen, ist, wie das Seminarbeispiel zeigt, sicherlich in einem gewissen Rahmen möglich und, wie ich noch begründen werde, nicht nur wünschenswert, sondern auch erforderlich. Tatsache bleibt dabei jedoch, dass es nicht zu einer Reversibilität einer Eigenständigkeit von kirchlichem und schulischem Religionsunterricht kommen wird – die Notwendigkeit der Annäherung und des Voneinander-Profitierens sei dabei in Rechnung gestellt. Für das Verhältnis von Religionspädagogik und Liturgie ist in diesem Zusammenhang aber noch eine andere Verhältnisbestimmung konstitutiv: die Beziehung von Alltag und Fest. Das Fest als Aufsprengung, Übersteigung und Unterbrechung des Alltags ließe sich nicht als alltägliches Geschehen spannungslos in das Unterrichtsgeschehen integrieren, ohne dabei gleichzeitig seinen Festcharakter zu verlieren. Jegliches Einbeziehen von festlicher, religiöser, gottesdienstlicher Wirklichkeit in die Wirklichkeit des Unterrichtens setzt voraus, dass die Differenzen nicht verwischt, sondern produktiv gewahrt werden. Mit anderen Worten: Der Gottesdienst sperrt sich gegen eine pädagogisierende und erst recht moralisierende Inanspruchnahme; ein pädagogisierter Gottesdienst ist kein Gottesdienst.

Ich sehe für das leibliche liturgische Lernen vier Argumente, die sich im Geflecht von Kult und Kultur auf den Nachfolgewegen von Wagenschein, Berg und Buck in ihrer unterschiedlichen didaktischen Argumentation benennen lassen.

[1253] Christian Grethlein, Liturgische Elementarbildung als notwendige religionspädagogische Aufgabe im modernen Deutschland. IJPT 1 (1997), 83–96. Hier: 88.

1.) Das *elementar-ästhetische* Argument: Wenn man nicht dogmatisch oder lebensgeschichtlich denkt, sondern ein Lernen von Religion konsequent von jeglichem Beginnen her erschließt, so ist eine Weise des Alphabetisierens und Buchstabierens dessen gefragt, wie Religion funktioniert. Die Unbedarftheit vieler Lernender hat ein Recht darauf, berücksichtigt zu werden. Also geht es um das Anfangen und Schaffen von Zugangswegen. Wie aber fängt man an? Eine Religionskunde würde sicher informieren, doch sie ließe die Lernenden außen vor. Ein reformpädagogisches Denken setzt immer wieder bei dem Kindsein an, das auf einen Erstkontakt mit der Welt angewiesen ist und sich nicht nur auf alle bewusste Vorerfahrung stützen kann. Das betrifft beim religiösen Lernen gleichermaßen Jugendliche und Erwachsene. Fulbert Steffensky betont: „Kinder lernen Religion nicht hauptsächlich als Lehre, sondern als eine Art Heimatgefühl, das sie mit bestimmten Zeiten und Rhythmen, mit Orten und mit Ritualen verbinden. Sie lernen Religion also von außen nach innen."[1254] Gelebte Religion erschließt sich dem Gefühl, von den Anfängen und vom jeweiligen Anfangen her gedacht. Wenn man nicht auf eine dogmatische Religionserzeugung setzen will, ist davon auszugehen, dass das Empfinden sich nur auf die äußerlich sichtbare und (an)fassbare Religion beziehen kann. Ein religiöses Lernen, das ermöglicht, so – und zwar immer wieder so – anfangen zu dürfen, bindet die Lernenden als leibliche Menschen in den Wahrnehmungsprozess ein. Entscheidend ist, dass es nicht um ein beziehungsloses Gefühl geht, sondern dass über Atmosphären hinaus konkrete Verhältnisbestimmungen zu konkreten Orten, Ritualen und Formen möglich werden. Alle Anfänge religiösen Lernens sind nicht in der Innerlichkeit des Menschen festzumachen, sondern es bedarf der Sichtbarkeit und äußeren Gegenständlichkeit, deren Wirksamkeit für die Wahrnehmung, auch die der Fremdheit, entscheidend ist.

2.) Das *exemplarische* Argument: Wenn Einwurzelung und Verdichtung Prinzipien des Lernens sind, die der leibräumlichen Struktur christlicher Religion entsprechen, ist der Religionsunterricht ein Ort des Lernens von gelebter Religion: Im liturgischen Geschehen finden „die grundlegenden Wahrnehmungen und Erfahrungen der (christlichen) Religion ihre verdichtete Gestalt".[1255] Einen Psalm nachzubuchstabieren, eine biblische Geschichte zu durchleuchten und eine Figur der christlichen Religion kennen zu lernen, vermittelt nicht gleich einen Überblick über das Ganze, ermöglicht aber einen tieferen Einblick in die Machart der Religion. Die Intensität der Auseinandersetzung ist für die Erinnerung maßgeblich. Typisches kann durch Besonderes wieder korrigiert werden, Spannungen bleiben erhalten. Rituale sind „Lebensinszenierungen"[1256]; sie helfen, durch die

---

[1254] Fulbert Steffensky, Der Gottesdienst und seine Formen, 70.

[1255] Christian Grethlein, Liturgische Elementarbildung als notwendige religionspädagogische Aufgabe, 91.

[1256] Fulbert Steffensky, Rituale als Lebensinszenierungen. In: Michael Wermke (Hg.), Rituale und Inszenierungen in Schule und Unterricht. Münster 1997, 101–109.

Involvierung im Mitmachen passiv und aktiv äußere Wirklichkeiten nach innen zu nehmen und innere Entwicklungen durch Veräußerung zu entfalten. Als Formen der Vergesellschaftung des Lebens liegt die Funktion von Ritualen und Dramatisierungen darin: Sie „soziieren Menschen und machen ihre Absichten zu mitgeteilten und darum zu starken Absichten. Form ist angelegt auf Sozietät. Man macht sich in ihr kenntlich, indem man sich vor anderen kenntlich macht.“ [1257] Rituale werden leiblich, räumlich und zeitlich vollzogen, und sie können sich damit einen Erinnerungsraum schaffen für Zeiten, in denen der Vollzug nicht mehr gewährleistet ist. Performances bieten präsentische Gestaltungen des Lebens zur Vergewisserung des Selbst an der Welt.

3.) Und es gibt darüber hinaus ein *genetisches* Argument, das pädagogische Konsequenzen hat: Lernen an Formen bildet den Menschen. Eine Pädagogik der *Menschwerdung* als ethische Grundlage achtet darauf, dass sich die *Bildsamkeit* an den Lebensformen entwickeln kann und demzufolge gestaltet wird. Adam als der geformte und behauchte erste Mensch wird zum Ebenbild Gottes; dazu gehört auch, dass er selbst arbeitend tätig wird und am Leben baut. Zum Prozess dieser Bildung in *Selbsttätigkeit* gehört auch der Bruch mit den unstimmigen Formen, der als Ritualkritik immer wieder deutlich werden muss. Als Mensch werde ich aber auch der oder die, als die ich mich kenntlich mache („Werde, der und die du bist!“). Mir stehen Räume und Formen des Lebens zur Verfügung, und deren Erleben gehört zu meinem Leben dazu. In der *Ästhetischen Bildung* hat *Sinnlichkeit* einen hohen Stellenwert. Kinder lernen in Figuren, Orten, Zeiten, Rhythmen. Inszenierung und Figurierung als Elemente einer gestalteten Ordnung helfen auch das Innere zu ordnen. Der im Lernen gestaltete äußere Raum, der in Übereinstimmung („Stimmigkeit“) mit dem körperlich-seelischen Empfinden entworfen wird, schafft wieder *seelischen Innenraum*, ohne den kein aufmerksames und würdiges Menschsein auskommt. Christoph Bizer markiert daher: „*Form* verstehe ich didaktisch als gegenwärtige Gestalt.“[1258] Die Bildung ästhetischer Kompetenzen ist eine der Kernaufgaben: „Gerade angesichts religiöser Desozialisation wird die Aufgabe ritueller und auch liturgischer Bildung nicht nur als Information über, sondern zugleich als Einübung in symbolisches Handeln neu relevant.“[1259] Das bedeutet nicht, blind liturgische Bewegungen zu imitieren. Das Spannungsverhältnis von rituellem bzw. ritualisiertem Glaubensvollzug und protestantischer Reflexion muss am Leben erhalten werden.

4.) Das *sokratische* Argument: Es geht daher nicht um eine unkritische Übernahme von Agenden, sondern um einen selbstbewussten praktischen *und* reflektierten

---

[1257] A.a.O., 104.

[1258] Christoph Bizer, Die Bibel als Form – in ihren Formen, 129 (Hervorhebung i.O.).

[1259] Hans-Günter Heimbrock, Rituale: Unsinn oder Beitrag zu religiöser Sinn-Bildung?. Theologische und religionspädagogische Überlegungen. In: Michael Wermke (Hg.), Rituale und Inszenierungen in Schule und Unterricht. Münster 1997, 25–47. Hier: 42.

Umgang mit gelebter Religion. Damit auch eine selbstbewusste Auseinandersetzung mit religiöser Praxis geschieht, muss „das Verständnis für religiöse Praxis überhaupt geweckt werden".[1260] Dieser Prozess ist nicht mit dem Aufschlagen eines Buches allein getan, er entbehrt auch nicht der Hintergründe und Horizonte, um sprach- und urteilsfähig zu werden. Die Rede und Interaktion, über Religion und Form zu sprechen, braucht beides: Begriffe und leibliches Gespür, eine stimmige Sprache zu finden.

In der Liturgie ist Religion nicht nur gedachte, sondern *gelebte Religion* in dem Sinne, dass sie vollzogen wird. Dafür ist weder allein die Lebenswelt noch allein die Theologie eine Bezugsgröße, sondern es geht um einen religionspädagogischen *Zwischenraum*, in dem Religion als ein an Formen gebundener, dennoch beweglicher und leiblich bewegter Vorgang zwischen Gott, Mensch und Welt begreifbar wird. Dabei hängt die Zugänglichkeit von Religion an den Handlungs- sowie Wahrnehmungsformen. Diese sind leibräumlich und sprachlich zugleich. Formen eröffnen Lernräume, das sprachliche Ritual erschafft Hörräume. Auch das Wort kann und muss eine wahrnehmbare Gestalt bekommen. Formen bilden die Sprache, die im Leiden zur Verfügung steht, wenn die eigene Sprache versagt; sie ermöglichen eine Form von Mitgestaltung, Hineinnehmen, aber auch *Passivität.* Wer Formen hat, braucht nicht das Rad neu zu erfinden; sie verhindern nicht die Ausgestaltung des Lebens, verhindern nicht schöpferisches Tun und Spontaneität – im Gegenteil: Der erprobende Gebrauch und Umgang mit den Formen ermöglicht und initiiert Kreativität.

Liturgisches Lernen ist die *leibliche, d.h. körperlich-seelische Teilhabe an Religion durch Wahrnehmung* ihrer Formen. Ein wichtiger Ansatzpunkt liturgisch-ästhetischen Lernens ergibt sich von der *Personalität* der Lehrenden und Lernenden und ihrer Bezogenheit auf Lebensraum, Selbsttätigkeit und Endlichkeit. Ein weiterer Punkt ist die *Räumlichkeit* der Religion in ihrer Materialität, Anschaulichkeit und Zeitlichkeit. Lernen an Formen eröffnet Prozesse zum Mitmachen, in denen Religion eine Wahrnehmungsgestalt erhält. Deren Wahrnehmung ist produktiv und ebenfalls leiblich, wenn sie von Vornherein nicht nur auf kognitives Erfassen ausgerichtet ist, sondern auf die personale und persönliche *Ingebrauchnahme* biblischer, gottesdienstlicher, ästhetischer Formen setzt. Der Weg der Menschenbildung und Lebensgestaltung wird anfänglich durch symbolische und rituelle Ausgestaltungen zu einem konkreten Prozess, in dem Zwischenräume (z.B. zwischen Alltag und Fest) gestaltet werden, welche den Ereignischarakter von Religion in Erscheinung bringen.

Ich sehe religiöse Bildung beispielhaft in zwei einander entgegengesetzten Bewegungen verwirklicht, die miteinander die Spannung religiösen Lernens aufrechterhalten. Welche Rolle hat das Focusing für religiöses Lernen?

[1260] A.a.O., 90.

4.2 Zwischen Lebensraum und Kirchenraum: Der Religion nachspüren

Religionspädagogisch erweist sich die Welt mit ihren Ortsräumen, Sprachräumen, Beziehungs- und Handlungsräumen als Raum – der Körperraum ist für das leibliche Sein konstitutiv. Die Thematisierung der Räumlichkeit religiösen Lernens ist nicht neu, aber die Erschließung des Raumes als explizit religionsdidaktische Kategorie ist jung und explizit vor allem im Zusammenhang mit der Wiederentdeckung der Kirchenräume vorangetrieben worden. Wenig beachtet ist in diesem Zusammenhang bisher auch die Tatsache, dass die Kirchenräume Verkörperungen ganz anderer leibräumlicher Strukturen christlicher Religion sind. Meine Überlegungen zum räumlichen Lernen von Religion suchen also auch die innere Beschaffenheit des Leibes als Raum zu begreifen und wesentliche Aspekte der Leibräumlichkeit des Christentums anschaulich zu halten, um die Formierung des religiösen Lernraumes nicht nur von äußeren Bedingungen, sondern auch vom inneren Aufbau her zu ermöglichen. Was es religionspädagogisch heißt, in Räumen zu leben und ein Mensch mit einem Leibraum zu sein, ist am Begriff der Einwohnung deutlich geworden. Wie werden Lebensräume als Gottesräume im Lernen zugänglich? Wie können religiöse Räume den Lernenden helfen, sich zu orientieren? Welche Räume kann die Wahrnehmung durch Focusing eröffnen?

4.2.1 Raumwahrnehmung in der Kirchenpädagogik

Normalerweise wird für den Religionsunterricht der Klassenraum, für das universitäre religionspädagogische Seminar der Seminarort in der Universität als selbstverständlicher Lernort angesehen. Der Einbezug gelebter Religion öffnet auch Orte der Lebenswelt zum räumlichen Erscheinungs- und Erkundungsfeld.[1261] Der Rückbezug auf originäre Orte gelebter Religion legt insbesondere den Kirchenraum als Ort christlichen Kults und als Raum zur Formierung von Kirchesein nahe. Der Körper ist darin ein beweglicher Lernort. Als gefühlter, erspürter Raum lässt der Körper sich animieren von der Gestimmtheit der Umgebung und wirkt wiederum auf sie ein. Die Räume, in denen wir lernen, zumal die religiösen, schreiben sich als Klänge, Gemälde und Atmosphären in den gefühlten Leib ein. Wer den Kirchenraum verlässt, ist atmosphärisch berührt, in welcher Richtung auch immer: Langeweile, wie häufig von Konfirmanden bezeugt, die ihr Gottesdienstsoll erfüllen, aber auch Staunen und Ehrfurcht oder Liebe, wo der Einwohnung der Lernenden in die religiösen Räume Zeit, Ruhe, Handlung und vor allem Aufmerksamkeit auf die Regungen des Leibes gegeben werden.

[1261] Vgl. Projekte wie „Religion in der Stadt". In Between. Der Beitrag der Kirchen zur Stadtkultur. (Darin z.B. Wilhelm Gräb, Kirche in der urbanen Stadt der Moderne. Magazin für Theologie und Ästhetik 13 (2001). http://www.theomag.de/13/wg1.htm.)

Die Kirchenpädagogik hat Kirchengebäude, ihre Architektur wie ihre Innenräume, als „Orte gelebter Religion“ revitalisiert.[1262] Thomas Klie resümiert mit Blick auf kirchenpädagogische Vollzüge, dass Kirchenräume in Glaubensgeschichten verstricken: „Die bildstarken Räume unserer Kirchen repräsentieren keine beziehungslosen Gegebenheiten, sondern sie verweisen immer auf agendarische Konventionen, nehmen hinein in heilige Verläufe, sie vergegenwärtigen biblisches Geschehen, erinnern an (regionale) Kirchengeschichte(n).“[1263] Durch die Erkundung eines Raumes jenseits der Schule wird die gelebte Religion in ihren gelebten Mauern sichtbar und atmosphärisch spürbar und damit potentiell zu einer auch lernbaren Religion. Aus der Museumspädagogik kann man ersehen, dass das bloße kundig machende Erklären zwar die Entstehungs- und Wirkungszusammenhänge aufzeigen kann, aber beim und im Lernenden deswegen noch nicht Interesse, Bereitschaft und Vermögen zum Tragen kommen, diese Zusammenhänge auch wirklich zu begreifen. Die entsprechende kirchenpädagogische Arbeitshilfe lässt das didaktische Konzept in einen Materialteil münden. Zentraler Punkt sind dabei die methodischen Bausteine. Was man im „Annähern“, „Entdecken“, Vertiefen“ und „Ablösen“ durch die Sinne, Aneignungsformen und Aktionsformen handelnd erfahren kann, ist eine leibräumliche Begehung des Kirchenraumes. Hier ist die leibliche Aufnahme sehr auf die Sinne konzentriert, versteht sich aber in den Ausführungen als auch raumatmosphärische Bewegung.[1264]

Mit Hilfe des Körpers religiösen Raum erschließen; Religion durch den Körper in Bewegung bringen; den Körper im Raum in Bewegung bringen und mit ihm Religion erschließen: so ließe sich beschreiben, was kirchenpädagogische Prozesse als Begreifen intendieren und bewirken und damit auch von Seiten der Pädagogik voraussetzen. In der Form, wie Kirchenpädagogik somit auch mit Leiblichkeit umgeht, ist der Körper mit seiner Sprache zugleich ein Instrument, gleichermaßen als Ausdrucks- und Empfangsmedium für Religion. Dabei treten mehrere Dimensionen zutage: Der Körper wird als Wahrnehmungsorgan eingesetzt. Kirchenpädagogik ist „Kirchenerkundung mit allen Sinnen“[1265], und zwar sowohl durch synästhetische Wahrnehmung im Raum als auch durch Konzentration auf isolierte Wahrnehmung einzelner Sinne (Fühlen, Tasten, Hören mit geschlosse-

---

1262 Thomas Klie, Der Religion Raum geben. Kirchenpädagogik und religiöses Lernen. Münster 1998, 7.

1263 Thomas Klie, „Öffentliche Reizung zum Glauben“. Kirchenpädagogik aus gemeindepädagogischer Perspektive. In: ders., Der Religion Raum geben. Kirchenpädagogik und religiöses Lernen. Münster 1998, 97–105. Hier: 98. In Differenzierungen zu gottesdienstlichen Vollzügen und zur Museumspädagogik zeichnet Klie hier Kirchenpädagogik unter zeichentheoretischen, spieltheoretischen und pädagogischen Aspekten nach.

1264 Christiane-B. Julius u.a., Der Religion Raum geben. Eine kirchenpädagogische Arbeitshilfe. Hg. v. Thomas Klie. Loccum 1999.

1265 So der Titel eines Praxisberichts von Christiane Kürschner in: Thomas Klie (Hg.), Der Religion Raum geben, 149–156.

nen Augen usw.). Man lernt mit „mit Kopf, Herz und Hand“[1266], aber in der umgekehrten Reihenfolge: Intention, Wahrnehmung, Verstehen und Bedeutung werden an die Leiblichkeit des Menschen und seine Bewegung gebunden. Der Leib ist nicht ohne den Raum zu haben, und er verhält sich zu ihm in einem doppelten Erfahrungs- und Aneignungsverhältnis, was besonders in der Bewegung deutlich wird: Er eröffnet und „schafft“ Raum (subjektiv) und begrenzt ihn in seinem Sich-Einpassen und Erschließen. Das erfordert in pädagogischer Hinsicht eine gewisse Ausgewogenheit: Unterschiedliche Wahrnehmungen von Kirchenraum und Kirchenzeit ergeben verschiedene Wahrnehmungsmuster von Kirche. Der konkrete Umgang mit dem (heiligen) Raum bestimmt sich durch die Frage „Wie reguliert sich religiöses Verhalten?“[1267]; damit sind auch bestimmte Gewohnheiten und Konventionen zur Kenntnis zu nehmen, die das Vorverhältnis der Lernenden – und Lehrenden – zum Kirchenraum bestimmen. Religionspädagogik wird so von der Körper-Bewegung im religiösen Raum her entworfen: „Indem Kirchenpädagogik die typisch protestantische raum- und leibvergessene Spiritualität spielerisch unterläuft, senkt sie gleichsam – metaphorisch gesprochen – die Schwelle zu den Vorhöfen des Heiligen.“[1268] Kirchenpädagogische Praxis ist in gewisser Weise „nur das sinnliche Vorspiel für religiöse Erfahrung und theologische Erkenntnis. Indem Kirchenpädagogik in freiem Vollzug eine religiöse Möglichkeit als spielerische Wirklichkeit methodisch in Szene setzt, bringt sie Religion (synthetisch, probeweise) zur Darstellung. Sie intendiert somit ein handlungsorientiertes Verstehen von elementaren Lebensbedingungen des Glaubens.“[1269] Dazu gehört auch die „Wiederentdeckung eines *fremden* Blicks auf Religion und Kirche(n)“.[1270] Da das „Bewußtsein für die Wechselbeziehungen von Raum und Gottesdienst verloren gegangen“ ist, hat Kirchenpädagogik eine (ästhetische) Vermittlungsfunktion der Sinne bei der Begehung der Kirche.[1271] Selbst bei eher kirchenkundlich profilierten Zugängen zu Kirchenpädagogik ist die „Ganzheitlichkeit“ im Sinne der Devise Pestalozzis (Lernen mit Herz, Kopf und Hand) präsent.

Dass sich religiöse Räume in heterotopologischer Funktion sowohl als museale wie auch als Orte der Kontemplation, Stille und Einkehr anbieten, liegt nahe. Als solche werden Kirchenräume nach wie vor auch in vielen Kirchenpädagogiken wahrgenommen. Räume wollen begangen werden: Um sie für sich aufzuschlie-

---

[1266] Knut Dietrich / Ellen Kubitza, Leibhaftiges Lernen. In: Roland Degen / Inge Hansen (Hg.), Lernort Kirchenraum. Erfahrungen – Einsichten – Anregungen. Münster 1998, 245–256. Hier: 245.

[1267] Manfred Josuttis, Vom Umgang mit heiligen Räumen. In: Thomas Klie (Hg.), Der Religion Raum geben, 34–43. Hier: 34.

[1268] Thomas Klie, „Öffentliche Reizung zum Glauben“, 100.

[1269] A.a.O., 101.

[1270] A.a.O., 103. (Hervorhebung i.O.).

[1271] Christoph Ricker, Brücke zwischen Sehen und Hören. Kirchenpädagogik und ihre Vermittlungsfunktion. In: In: Thomas Klie (Hg.), Der Religion Raum geben, 136–148. Hier: 142.

ßen und zu erkunden, braucht es das Beschreiten der Schwelle zum geöffneten Raum hin, das Abschreiten der Orte und Perspektiven.

Christoph Bizer hat den Begriff der *Begehung* für die Religionspädagogik fruchtbar gemacht, der das Entlanggehen, Besichtigen und Feiern in sich vereint. „In der Begehung bewegt sich der Mensch als eine Einheit von Körper, Seele und Geist in strukturiertem Raum. Im Durchschreiten eines Weges wird in symbolischer Interaktion, in gestalteter Sinneinheit eines Ganzen, unverfügbares Heil dargestellt und zugänglich. Leben wird im rituellen Handeln in Wahrnehmung der ganzen Breite von Gefährdung des Lebens auf Heil hin orientiert. Heil erstreckt sich damit von vorn her, eschatologisch, über das im Schreiten dargebrachte Leben. Das Leben schreitet auf das Heil zu und das Heil orientiert das Leben in kultischer Vergegenwärtigung einer heiligen Wirklichkeit.“[1272]

Jegliche Raumwahrnehmung erfordert buchstäblich das räumliche Er-Fahren mit Hilfe des Körpers, das Bereisen und Abschreiten. Focusing hat sich bei der Wahrnehmung von Religion als rituelles Instrument für den inneren Raumaufbau erwiesen. Welche didaktische Aufgabe hat die Leiblichkeit im kommunikativen Lernprozess, und welche Funktion kommt dem Focusing darin zugute?

4.2.2 Religion zum Anfassen: ein Seminar zur Kirchraumwahrnehmung

Mit den Studierenden meines religionspädagogischen Seminars ziehe ich in einem Wintersemester aus der Universität in die Gemeinderäume und die Kirche von St. Jacobi in Göttingen. Unter „Religion zum Anfassen“ soll v.a. die räumliche Gestaltung christlicher Religion am Kirchenraum zum Thema werden und Anlass für das Fragen nach den Möglichkeiten und Grenzen von Kirchenpädagogik geben. Im „Gepäck“ des Seminars befinden sich kirchenpädagogische Literatur, eigene theologische Fragen und religionspädagogische Interessen.

In der kleinen Seminargruppe ist eine große Bandbreite der in einer Theologischen Fakultät Studierenden vertreten: Männer und Frauen, Pfarramtsstudierende, Lehramtsstudierende für Religionsunterricht an Gymnasien und ein zukünftiger Berufsschullehrer mit dem Studienschwerpunkt auf Wirtschaftspädagogik; Studierende in Anfangssemestern, Langzeitstudierende und ein Student im Zweitstudium, kirchlich geprägte Frömmigkeit, sozialpädagogische Prägung, Kirchendistanz und sehr kirchenkritische Haltung. Die Mischung bewirkt im Ganzen eine deutliche Neugier und Bereitschaft zur Auseinandersetzung.

Wir begeben uns auf die Suche nach konkret gelebter christlicher Religion: leiblich, materiell, greifbar, zum Anfassen und Begreifen. Als Dozentin möchte ich

---

[1272] Christoph Bizer, Kirchgänge im Unterricht und anderswo. Zur Gestaltwerdung von Religion. Göttingen 1995, 172f. Vgl. begehen als „‚entlanggehen‘ und von da aus ‚besichtigen‘ und ‚feiern‘“ (Friedrich Kluge, Etymologisches Wörterbuch der deutschen Sprache. Bearb. v. Elmar Seebold. Berlin / New York ^{23}1999, 91).

elementare Erfahrungen mit gelebter Religion durch mehr als Nachdenken und Er-Lesen anbieten: Körperliches Gespür und leiblicher Ausdruck bei der Wahrnehmung von Formen und die Begehung religiöser Räume und die leibliche Gestaltung Heiliger Schrift stehen im Vordergrund des Lehrens und Lernens. Im Fokus dieser Erinnerung kommen religionspädagogische Denkbewegungen zur Qualität und Gestalt von Räumen im Religionsunterricht in Fluss. Protokolle, Notizen, Gespräche mit Teilnehmenden und eine schriftliche Begehung der Kirche von einer Studentin erweitern unsere je subjektiven Zugänge um intersubjektive Perspektiven; Theoriestücke gewähren darüber hinaus Einordnungen. Da es hier stärker um die leibliche Seite der Raumstruktur geht, kommen historische, architektonische und innenarchitektonische Gegebenheiten nur soweit zur Geltung, wie sie für diesen Rahmen von Belang sind.

Die Verabredung, ein Seminartagebuch zu führen bzw. Protokollnotizen anzufertigen, wird nicht kontinuierlich eingehalten, sondern bröckelt im Laufe des Semesters angesichts des Gesprächsbedarfs und brennender Diskussionen ab; es gelingt uns jedoch, individuelle Fäden des Lernens immer wieder zu einem gemeinsamen Strang zusammenzuführen. Einzelarbeitsphasen zu individuellen Erschließungen konkreter Religion zum Anfassen in diesem Kirchenraum, einige Partnerarbeiten, in denen zwei Studierende einander beim Kirchraumfocusing begleiten, wechseln mit Präsentationen der Prozesse im kleinen Plenum, Literaturverarbeitung und theologischen Gesprächen. Das Klima entwickelt sich von der anfänglichen Unsicherheit zu einer eigenartigen Verbundenheit dieser heterogenen Gruppe – eine Entwicklung, die nicht zuletzt durch das „Abseits“ vom gängigen Lernort Universität, der dortigen Fremdheit und den tastenden Lernprozessen getragen wird.

Was ist – die eigenen Wahrnehmungen von Kirchenraum im Gepäck – mit Blick auf eine Didaktik leibräumlichen Lernens von Religion zu beachten?, frage ich mich im Vorfeld des Seminars. In vielen kirchenpädagogischen Lernprozessen liegt der Akzent darauf, eine Erkundung des Raumes vorzunehmen und sich um die Erschließung von Architektur, gelebter Geschichte und des – auch typologischen – Formenspiels der jeweiligen Kirche zu bemühen. Um Räume als psychische Innenräume aufbauen und kultivieren zu können, muss man sie kennen lernen, indem man sie sorgfältig beschreitet; so verbinden sie sich mit dem leiblichen inneren Erfahren und können zu kommunikativen, zwischenleiblichen Räumen werden. In religiösen Räumen findet sich ein kultischer Ort der Begegnung, an dem man der Religion im Prozess näher kommt. Kirchen werden wir daher als Orte rituellen Geschehens begehen. In diesem Seminar geht es mir nicht nur um die Erschließung des fremden Kirchenraums und christlich-liturgischer Formen *durch* die leibliche Wahrnehmung, sondern um den Wahrnehmungsprozess selbst. So begreifen wir Atmosphäre, liturgische, dort in Gebrauch genommene Formen, Architektur und Innenarchitektur des Raumes durch unsere Personen, als einzelne und Gruppe, durch unsere Leiber hindurch und unseren gesamten Gruppenleib mit seinen einzelnen Gliedern. Im Laufe des Semesters kristallisiert sich dennoch die Dominanz der individuellen Erschließungen gegenüber dem Wir der Gruppe heraus. Der Ich-Anteil ist an diesen Lernprozessen größer als gewöhnlich, da jede und jeder sich zunächst mit den Bewegungen und Regungen des eigenen Körper-Empfindens befasst.

Lernen findet an den Grenzen des Körpers und der Körperlichkeit statt. Hier ist stets der leibliche Raum involviert, indem die Studierenden ihren eigenen Regungen und Resonanzen sowie leiblichen Erinnerungen nachgehen und ihren Weg von dort aus strukturieren. Der Körper wird dabei auf unterschiedliche Weise zum religiösen Lernort.

a.) *Körperraum – Erfahrungsraum*: Bereits zu Beginn des Seminars verwenden wir viel Zeit auf die Empfindungen im Körperinnenraum, die sich zu Lesungen von Psalm 22 ergeben.[1273] Die Diskussion, inwieweit es in einem religionspädagogischen Seminar dieses Rahmens auch um „Selbsterfahrung" gehen sollte – eine Frage, die sich bei der Wahrnehmung des Körperinnenraums stellt, nicht mehr bei der sich daran anschließenden künstlerischen Gestaltung des Psalms –, wird von den Frauen eher als positiv, von den Männern eher kritisch betrachtet. Auf den körpereigenen Raum zu achten, ist – vor allem im Milieu wissenschaftlichen Arbeitens, in der Forschung wie in der Lehre – eher ungewöhnlich; Gestaltungen, die mit dem Bereich der „Kreativität" assoziiert werden[1274], sind zumindest den mit kirchlicher Arbeit Vertrauten bekannt. Wir geben dem gehörten Psalm Raum, Form und Farbe durch die Möglichkeiten des Knetens mit Ton und des bildnerischen Gestaltens mit Abtönfarben. Es wird deutlich, dass die Klage der Verlassenheit in Todesbedrängnis, die Bitte um Gottes Nähe und die Verheißung der Aufrichtung nicht aus dem Ohr direkt in die Hände wandern kann, sondern sich zunächst nach innen in körperlichen und emotionalen Regungen niederschlagen muss, sich schließlich im Energiefluss durch die Hände nach außen bewegen und auf das Papier und in den Ton gebracht, ja gedrückt werden muss. Besonders eindrücklich wird diese expressive Kraft an einer langarmig geformten Faust, die als ein verlängerter menschlicher Arm zur Ausdehnung des menschlichen Raumes zu Gott hin fungieren kann, oder aber als Gottes Arm, der in das Leben der Menschen eingreift. Der Arm wird als körperliches Werkzeug der am Boden ohne Kraft der Selbstaufrichtung Liegenden aus dem Weg des Psalms nach innen und wieder als Veräußerung entwickelt.

b.) *Raumerfahrung und Bewegung*: Ausgehend von diesem ersten Wechselspiel von Körper- und Raumwahrnehmungen machen wir uns auf eine Pilgertour zum

---

1273 Dieser Psalm bildet den biblischen Bezug für den Fensterzyklus von Johannes Schreiter an der Nordseite der Kirche.

1274 Kommentar eines Studenten: „Ringelpiez mit Anfassen".

Kirchenraum. In einem religionspädagogischen Exodus ziehen wir aus der Universität aus und hinein in die Kirche. Der Erstkontakt soll insbesondere das Atmosphärische eines Kirchenraums herausstellen, und so halten wir am Abend, in der Dunkelheit, hinter der Kirchentür inne. Das simple Wirken-Lassen und achtsame Aufnehmen dessen, was in uns einströmt, soll für die ersten Minuten im Dunklen geschehen. Die Studierenden tasten sich in langsamem Tempo durch den dunklen Raum. Über eine Viertelstunde hinweg zünde ich nacheinander mehrere Kerzen an und erhelle peu à peu die Kirche. *„Setz dich an einen Platz, der dir behagt. Richte deine Aufmerksamkeit für einen Moment in den Körper hinein. Nimm alles zusammen, was du in St. Jakobi bisher erfahren hast. Lass alles zusammen in dir ein Neues werden. Warte auf einen Impuls zum Schreiben. Schreibe, was kommt, lass dabei alles aufs Papier fließen, was kommt. Das kann vielleicht eine Meditation sein, eine Betrachtung, eine ...“* Raumerfahrung braucht Zeit und Kontraste, nämlich Distanzen, um zur Geltung kommen zu können: Raum für Erinnerung, Einbildung.

c.) *Raumwechsel*: Der Vergleich verschiedener Kirchenräume lässt die Konturen der jeweiligen Räume in den Körperwirkungen zutage treten. Wir beginnen in einer anderen Kirche, St. Marien, je zu zweit mit einer Blindführung und erleben tastend und schließlich betrachtend die dunkle Behaglichkeit gegenüber der schreienden Aufrüttelung von St. Jacobi.[1275] Raumwechsel sind ebenso nötig, damit nahezu unmittelbare Wahrnehmungen und Reflexionen einander wechselseitig unterstützen. Dabei wird der Kirchenraum nicht funktionalisiert; alle leiblichen Wahrnehmungen werden dort zum umgebenden symbolischen Raum Kirche explizit in Beziehung gesetzt. Wir pendeln daher zwischen dem Gemeindehaus von St. Jacobi und dem zugehörigen Kirchenraum. Die Wege zwischen den leibräumlichen Vollzügen religiösen Lernens und der Reflexion der Lernvorgänge sind insbesondere deshalb wichtig, weil sie in der Differenz die Präzision der Gesamtwahrnehmung schärfen, weil sich somit Sichtweisen und Wertigkeiten voneinander unterscheiden lassen und damit Wahrnehmung und Elementarisierung in dialektischer Weise in einem Lernprozess zusammengebunden werden.

d.) *Beziehungsraum*: Das partnerschaftliche Lernen braucht einen Beziehungsfreiraum: den verabredeten Schutz, dass Intimität in der Gruppe bleibt und nicht nach außen dringt, das Vertrauen, gemeinsam Erfahrungen zu machen, die Bereitschaft, dass diese Erfahrungen auch thematisiert und reflektiert werden. Unsere Gruppe soll Seminaratmosphäre bekommen, in der für die Einzelnen bedeutsames Lernen und Studieren möglich wird. Die kleinen Gruppen, die sich bilden, entstehen aus Sympathie, gemeinsamen Interessen oder einer ähnlichen Affinität zu Kirche.

e.) *Sprachraum*: In diesen Lernzusammenhängen braucht es eine Gewährleistung der Kommunikationsfähigkeit innerhalb der Gruppe: Sprachformen und über-

---

1275 Inzwischen ist St. Marien in Weiß gehalten, die Decke ist erhellt.

haupt eine Sprache, welche den Raum für leibliche Empfindungen aufnimmt und sich zugleich an den Lerngegenstand rückbindet. Diese Sprache ist mehr als verbal; verschiedene Weisen und Aspekte der Begehung erfordern, Nähe und Abstand zu den Dingen und zueinander immer wieder neu zu bestimmen.

f.) *Stimmigkeit von Raum und Handlung*: Die erprobende Ingebrauchnahme liturgischer Formen in der Kirche geschieht aus dem Focusingprozess heraus im kritischen Bewusstsein und in Sensibilität gegenüber der Stimmigkeit von Raum und Form. Die Seminargruppe erprobt in St. Jacobi einen Psalm, das Singen zweier Lieder (ein Weihnachtschoral, ein Abendkanon), Lesung, Gebet und Segen. Wir lassen uns vom Kirchenraum als Gottesdienstraum durch die körpereigenen Resonanzen zur Ingebrauchnahme liturgischer Formen anleiten, tastend, vorsichtig experimentierend – eine wertvolle gottesdienstliche Vorbereitung und Möglichkeiten, auch die rituellen Handlungsräume abzutasten und ihre Grenzen zu erkennen. Die Aussage einer Pfarramtsstudentin „Hier möchte ich ja keinen Gottesdienst halten!" macht darauf aufmerksam, dass die enorme Tiefe des Altarraumes weite Wege des Liturgen zu seiner Gemeinde erfordert und Schwierigkeiten mit der Unruhe der Kirche bringt.

Um zu ermitteln, welche Rolle der Focusingprozess für das räumliche Lernen christlicher Religion spielt, ziehe ich im Folgenden den Ausschnitt aus der Seminarhausarbeit einer Lehramtsstudentin zu Rate: Miriams Begehung von St. Jacobi, Göttingen. [1276]

4.2.3 Lernräume zwischen Innen und Außen

„Erschöpft betrete ich die Kirche. Ich stelle fest: Schon oft war ich hier, doch von dieser Seite habe ich die Jacobikirche noch nie betreten. Ein neuer Blickwinkel und eine neue Erfahrung bieten sich mir an, und ich lasse mich darauf ein. Ich blicke mich um und stelle mit ein wenig Schaudern fest, dass Wohlbekanntes mir auf einmal ganz unbekannt erscheint. Vielleicht liegt es daran, dass ein seltsamer Geruch in der Luft liegt. Tief ziehe ich die Luft ein und halte den Atem an – ein Geruch von Scheuermittel macht sich in meiner Nase breit. Ich denke nach.

Während ich nachdenke, entdecke ich einen Mann mit Putzeimer und Scheuertuch vom Altarraum aus auf mich zugehen. Sein energischer Blick scheint mich aufzufordern, meine Anwesenheit zu rechtfertigen. Angst beschleicht mich – Angst, nicht erwünscht, nicht willkommen zu sein. ‚Ich suche nur einen Ort, wo ich mich ein bisschen ausruhen und zu Hause fühlen kann!', antworte ich, bevor er etwas sagen kann. Verwundert schaut er mich an. ‚Die Kirche ist aber eigentlich gar nicht geöffnet!', entgegnet er mir, als ob eine verschlossene Kirche etwas Selbstverständliches sei. Auf meine Frage, warum sie – wie fast alle Kirchen – nicht geöffnet sei,

---

1276 Der schriftliche Wahrnehmungsprozess ist Teil der Seminarhausarbeit von Miriam Hänschen im Winter 2000, den sie in der Form eines religionsdidaktischen Essays verfasst hat. Dabei ist in Rechnung zu stellen, dass die nachträgliche Verschriftlichung dank der Reflexivität der Erinnerungsarbeit eine Fortführung des unabschließbaren Wahrnehmungs- und Reflexionsprozesses darstellt. Dennoch ist vereinbart, aus der Erinnerung heraus möglichst zu beschreiben, wie der Prozess geschah und erlebt wurde.

erklärt er: ‚Erst in der warmen Jahreszeit ist sie wieder den ganzen Tag über geöffnet. Jetzt, wo es noch so kalt ist, darf die Kirche nicht unbeaufsichtigt gelassen werden! Wir hatten schon so viele Probleme mit den unerwünschten Obdachlosen, die sich hier herumgelümmelt haben!‘ Ich nicke, ohne seine Ausführungen wirklich verstanden zu haben, während er mit hastigem Gang weitergeht. Ich bin nachdenklich.

Mit hallendem Schritt bewege ich mich zu den Sitzbänken. Ich gehe langsam – bedacht langsam, damit ich meine Schritte, die ein Zeugnis für meine Anwesenheit sind, höre. Endlich, endlich bin ich an dem Ort, den ich seit geraumer Zeit gesucht habe. Ich setze mich in eine der hinteren Bänke auf der rechten Altarseite. Ich versuche, mich zu entspannen, den Alltag wie eine Jacke auszuziehen, doch ein beklemmendes Gefühl in meinem Herzen lässt mich nicht los. Ich spüre, wie mein Herz sich zusammenzieht und das Unverständnis für das eben Geschehene mich nicht loslässt. ‚Nicht unbeaufsichtigt lassen, ... unerwünschte Obdachlose, ... viele Probleme, ... herumlümmeln ... ‘ – diese Wortfetzen schwirren mir durch den Kopf. Plötzlich muss ich an den Spruch in der St. Johanniskirche denken:

... wenn ihr mich von ganzem Herzen suchen werdet,
so will ich mich von euch finden lassen, ... (Jeremia 29, 13–14)

Leise denke ich: Heute Morgen habe ich Dich, Gott, in Deiner räumlichen Ruhe von ganzem Herzen suchen wollen, doch alle Türen waren verschlossen. Ich fühlte mich unerwünscht und zurückgewiesen. Doch wie kann man unerwünscht sein, wenn man auf der Suche nach Dir ist? Ist die Suche nicht der Weg, und das Finden das Ziel?
Die Umwelt durchdringt langsam meine Gedankenwelt. Ich spüre die Kälte, die durch meine Kleidung kriecht, die harte Rückenlehne der Kirchenbank drückt sich in meinen Rücken, und ein dünner Sonnenstrahl, der durch das bunte Kirchenfenster fällt, gleitet durch das trübe Licht und kitzelt mich an meinem Auge.

Oh ja, ich kann Dich spüren, Dich wahrnehmen, Jacobikirche, mit all meinen Sinnen. Nun bin ich hier, wie bei einem alten Freund. Ich will den Alltag von mir abfallen lassen und mich für eine Weile in Dir, Jacobikirche, fallenlassen – fallenlassen, um Neues zu entdecken, vielleicht um mich neu zu entdecken, und dabei Gott ein bisschen näher sein. Ich habe keine Angst, dass ich zuviel verlange oder erwarte, denn ich weiß, dass alles ein Geschenk ist, was ich in der kommenden Zeit erlebe.

Ich schließe die Augen und stehe auf. Mit den Händen taste ich mich langsam zum Ende der Sitzbank vor. Nun sind es noch ein paar Schritte bis zur Wand. Ich weiß, dass mir nichts passieren kann, und darum gehe ich mit geschlossenen Augen, allein auf meine Schritte und meine Hände konzentriert, vorbei an den Wandbänken bis hin zur Wand. Schatten huschen über meine Augenlider, doch ich bin ganz ruhig. Ich merke, wie die Anspannung des Alltags, des Lebens, von mir abfällt, und beginne, mich ganz glücklich und heiter zu fühlen. Am liebsten würde ich jetzt laut lachen oder singen, doch ich habe Bedenken, dass der Mann mit dem Scheuerlappen in Hörweite ist. Ich muss trotzdem kurz schmunzeln, denn ein skurriler Gedanke durchzuckt mich: ‚Wer hat den Scheuermittelgeruch hereingelassen? Darf er hier überhaupt herein, hier herumlümmeln und sich überall in der Luft ausbreiten? (Widerspruch zu dem Gebot: Erst in wärmerer Jahreszeit ist unbeaufsichtigtes Betreten der Kirche gestattet!)

Ich lasse ab von diesen Gedanken und berühre die Wand. Erst ganz zart, dann mit festem Druck. Sie ist fest und gibt nicht nach – wie eine Burg. Ja, für mich ist sie jetzt eine Zufluchtsburg. Dieser Gedanke ist schön, und ich lasse ihn in meinem Bauch wohnen. Dort fühlt er sich schön warm an und kann sich in alle Richtungen ausbreiten.

Langsam taste ich mich an der Wand entlang in Richtung Altarraum. Die Augen habe ich dabei immer noch geschlossen. Ich konzentriere mich nur auf meine übrigen Sinne. Ich stelle fest, dass die Kirche bei dieser Art und Weise der Erkundung ganz anders aussieht. Das ‚blinde‘ Begehen ist für mich in diesem Moment meine Art zu sehen.

Ich sehe nicht die bunten Muster der Pfeiler, die mit ihren Weiß-, Grau- und Rottönen den Innenraum der Kirche sonst so lebhaft gestalten. Nein, ich sehe mit meinen Händen die Kälte, die Festigkeit, die Sicherheit, die von den Mauern ausgeht, sehe mit meinen Ohren die beeindruckende Raumgröße, die mir der Widerhall meiner Schritte bezeugt, und sehe mit meiner Nase die Mörtelmauern, die alten Holzbänke, und ein bisschen meine ich sogar, die zerfledderten Gesangbücher mit meiner Nase sehen zu können.

Ich staune über meine neu entdeckte Art der Wahrnehmung und ärgere mich zugleich, dass ich mir viel zu oft zu wenig Zeit nehme, solche Erlebnisreisen zu machen. Mir fällt ein Zitat von Wilhelm Busch ein:

Glück entsteht oft durch Aufmerksamkeit in kleinen Dingen,
Unglück oft durch Vernachlässigung kleiner Dinge.

Langsam öffne ich nun wieder die Augen und schaue die Strecke entlang, die ich mich eben „blind" entlang bewegt habe. Nichts hat sich an ihr verändert – die Wand, der Fußboden, alles sieht noch so aus wie vorher. Doch in mir hat sich etwas verändert, denn ich habe dieses Stück Kirche mit ‚neuen Augen' gesehen, und dadurch habe ich sie auch ein bisschen neu kennen gelernt.

Ich lasse meine Blicke weiter durch den Kircheninnenraum schweifen, vorbei an der Orgel, hinweg über die vielen Sitzreihen, vorbei an den bunten Fenstern und den davor stehenden bunten Säulen bis hin zum Altarraum.

An der Kanzel bleibt mein Blick hängen. Eine sehr schöne Kanzel, denke ich so bei mir und gehe langsam auf die Kanzel zu. In die Kanzel eingearbeitet sind sechs Figuren. Ich schaue sie mir genau an. Luther, der ganz rechts steht, lässt mich plötzlich in der Zeit etwas zurückreisen. Ich denke an meine Konfirmation. Als Konfirmationsspruch hatte ich mir damals einen Spruch von Luther ausgesucht[1277]:

Wenn ich auch wüsste, dass morgen die Welt unterginge, so würde ich noch heute in meinen Garten gehen und einen Apfelbaum pflanzen!

Ich erinnere mich daran, dass mein damaliger Pastor zu mir gesagt hatte, ich solle mir einen Spruch aussuchen, der mir etwas fürs Leben gebe und der in der Bibel stehe. Luthers Spruch stand zwar nicht in der Bibel, aber er gab und gibt mir noch immer etwas fürs Leben. Er macht mir deutlich, dass jeder Tag ein Geschenk ist, den man nicht ungeachtet lassen darf.

Bei diesen Gedanken spüre ich, wie das warme Gefühl in meinem Bauch wärmer wird. Es scheint zu wachsen, und ich genieße es, wie ein Strom dieser Wärme in meine Glieder fließt.

Neben Luther stehen die vier Apostel Paulus, Johannes, Jakobus und Petrus, und in ihrer Mitte steht Christus.

Ich berühre Christus ganz sanft mit meinen Fingerspitzen und fühle seine Konturen nach. Ein Gefühl von Harmonie und Unbeschwertheit macht sich in meinem Herzen breit, und ich schließe wieder die Augen. Während ich an den runden, ebenmäßigen Formen mit meinen Fingern entlang gleite, nehme ich die Holzfaserung und die Lackschichten wahr. Mir wird bewusst, dass es Menschenwerk ist, was ich hier befühle. Hat der Bildhauer bei der Anfertigung dieser Jesusfigur auch diese warmen, strahlend schönen Gefühle in Bauch und Herz gehabt? Hat er gewusst, dass bei vielen Menschen, die nach ihm leben und sein Werk betrachten oder befühlen, auch diese Gefühle entstehen?

Ich öffne wieder die Augen. Alles, was mich umgibt – die gesamte Kirche mit ihrem Inventar –, ist Menschenwerk. Ein Schauder fährt mir den Rücken hinab, denn vor vielen Jahrhunder-

1277 Nach diesem Erlebnis in der Jacobikirche habe ich erfahren, dass dieser Ausspruch Luther zwar zugeschrieben wird, aller Wahrscheinlichkeit nach aber nicht von ihm stammt. (Anm. M.H.)

ten haben Menschen dieses Haus errichtet, um Gott zu lobpreisen. Sie haben sich bemüht, in den Menschen die Erinnerung wach zu halten, die Suche und Hoffnung nicht aufzugeben und Gott zu ehren. Sie haben ein zeitloses Werk geschaffen, denn ich, die ich viele Jahrhunderte später in einer anderen Generation, unter anderen Lebensumständen lebe, spüre, was sie mit dieser Kirche ausdrücken wollten.

Diese Gedankenflut überwältigt mich, und ich lege mich auf die erste Kirchenbank. Ich schaue nach oben, und meine Augen folgen den gelb-rot-blauen Balken, die sich im höchsten Punkt treffen. Welch Höhe, welch unsagbare Höhe!! Und ich – ich bin ganz klein. Mir wird in Anbetracht dieser gewaltigen Raumhöhe meine eigene menschliche Winzigkeit bewusst. Doch es mischt sich kein Gefühl von Unwohlsein oder Angst in meinen inneren warmen Strom. Nein, der warme Strom ist noch da! Ich spüre ihn jetzt bis in den kleinen Finger meiner rechten Hand. Ich fühle mich wohl, trotz meines Kleinseins, denn ich weiß, dass ich keine Angst haben muss.

Ich hebe meine Augen auf zur Höhe Gottes ... und während ich diesen Satz leise sage, erinnere ich mich an einen Psalm, den ich einst in der Schule gelernt habe. Die Worte kommen von ganz tief innen:

Woher kommt mir Hilfe?
Meine Hilfe kommt vom HERRN,
der Himmel und Erde gemacht hat.
Er wird deinen Fuß nicht gleiten lassen,
und der dich behütet, schläft nicht.
Siehe, der Hüter Israels
schläft und schlummert nicht.
Der HERR behütet dich,
der HERR ist dein Schatten über deiner rechten Hand, dass dich des Tages die Sonne nicht steche noch der Mond des Nachts.
Der HERR behüte dich vor allem Übel,
er behüte deine Seele.

Der HERR behüte deinen Ausgang und Eingang
von nun an bis in Ewigkeit! (Psalm 121)

Ich schließe wieder die Augen und lausche dem Klang meiner Worte. Ganz langsam lasse ich die Worte dabei über meine Zunge rollen und überlege in Gedanken, ob ich ihre Bedeutung auch schmecken kann. Ich genieße diese Ruhe, dieses Bei-mir-Sein. Der Alltag ist von mir abgefallen, und ich bin mit mir selbst verabredet – hier liegend in der Jacobikirche.

Ich spüre nur diese unendliche Wärme in mir, die sich jetzt auch in meinem Kopf ausbreitet, und keinen Gedanken zulässt, der mich aus dieser Ruhe vertreiben könnte. Der warme Strom ist jetzt in meinem ganzen Körper, und ich fühle mich ganz leicht und unbeschwert. Die Zeit ist für mich eine Dimension, die momentan nicht existiert. Ich spüre nicht die Holzbank, auf der ich liege, ich spüre nicht die Kälte, die mich umgibt, und ich höre nicht den Lärm, der von außen in die Kirche dringt. Nur diese innere Wärme, die Worte des Psalms und meine Gedanken nehme ich wahr.

Bevor ich mich wieder aufsetze, öffne ich die Augen. Mein Blick fällt auf die Fahne, die von der Decke über dem Altar herabhängt. Auf ihr stehen die Jesusworte: *‚Siehe, ich bin bei euch alle Tage!*‘[1278] Ich freue mich über diese Botschaft, und während ich mich langsam aufrecht hinsetze, streift mein Blick noch einmal die Christusfigur, die für einen Moment zu lächeln scheint, als wolle sie mir sagen: *‚Ja wirklich, ich bin bei euch alle Tage!*‘

[1278] Flagge der Expo-Kirche 2000. (Anm. d. Stud.)

Mit dieser Zusicherung und der inneren Wärme, die ich hier gefunden habe, verlasse ich die Kirche. Doch ich gehe als ein anderer Mensch. Zwar sind meine Alltagsprobleme nicht beseitigt, doch ich habe in der Jacobikirche ein Stück inneren Frieden und die Kraft gefunden, die es mir ermöglichen, gestärkt das Leben mit all seinen Höhen und Tiefen zu leben.“

Die Studentin hat sich aus der Lebenswelt in den anderen Raum hinein begeben. Trotz der Suche nach Gott und des Bedürfnisses, sich fallen zu lassen, lässt sich sie auf die Gegebenheiten des neuen Raumes ein: die Kälte der ungeheizten Kirche, die Härte der Sitzbänke, der Scheuermittelgeruch, die Atmosphäre des Unerwünschtseins. Vertrautheit und Fremdheit der Kirche wechseln in der Wahrnehmung unaufhörlich mit den erlebten Stationen innerhalb des Raumes: eine altbekannte Kirche, nun in neuer Situation und Gestimmtheit, der eigene leibliche Zustand der Erschöpfung, der den Seufzer des Fallenlassens ersehnt, die Erinnerung an das gelernte Sprichwort und den Spruch zur Konfirmation, das fremde Psalmwort aus dem eigenen Mund, auf der Bank liegend. Zu dieser Begehung gehört auch das Einströmen-Lassen der Impressionen: Geräusche, Bilder, Temperaturen. Geduldig lässt Miriam Religion auf sich zukommen. Entscheidend ist, dass sie sich selbst dabei beobachtet, auf ihre Gefühle achtet und Wahrgenommenes in und außerhalb ihrer selbst immer wieder aufeinander bezieht. Dies vollzieht sie mithilfe von Focusingelementen. Dabei hilft ihr das Atmen, mit dem sie inneren Freiraum gewinnt. Fortan ist sie achtsam auf ihre eigenen Bewegungen; diese Achtsamkeit ermöglicht ihr auch das blinde Be-Gehen, bei dem sie mit anderen Sinnen „sieht“ – es bleibt dennoch ein Sehen, weil sie nicht wie z.B. beim Hören mit den Gegebenheiten der Kirche verschmilzt, sondern in einzelnen Begegnungen an der Körpergrenze sich selbst und den fremden Raum berühren und zugleich unterscheiden lernt. Für die Wahrnehmungen findet sie eine Sprache, die ihre und zugleich die der Kirche ist: Die Kirche ist eine „Burg“, die sie mit „Zuflucht“ verbindet, die Studentin fühlt sich in ihr „wie bei einem alten Freund“. Sie geht dem vom Kirchenraum architektonisch führenden Weg durch die Kirche nach, der ihre Begehung leitet und zum entscheidenden Platz in der ersten Reihe führt, wo die nahezu beängstigende Höhe, aber auch Zuspruch und Verheißung des sicheren Weges erfahrbar werden.

Miriam erkundet nicht nur alle Orte von der hinteren Bankreihe bis zum Altar, sondern sie erprobt auch ihre eigenen *Positionen* anhand ihrer leibräumlichen Bewegung: das eigentlich ersehnte Sitzen in der hinteren Bank, das sich mit der Kälte verbindet, das tastende Gehen und langsame Fortbewegen nach vorn mit den Erkundungsblicken, das schließlich erfüllte Liegen im warmen Strom des segnenden Psalmwortes. Zum Lernen von Religion gehört, die eigene Orientierung im Umfeld immer wieder neu zu bestimmen und sich entsprechend zu bewegen. Eine solche Bewegung vollzieht sich im Innern mit: Der Felt Sense bringt sie zur Veränderung ihres Situs; die antreibende Neugier, die wohltuende Ruhe, die Sättigung am Schluss nimmt auf ihre Befindlichkeit Einfluss, so dass sie am Ende verwandelt aus dieser Wirklichkeit wieder in die des Alltags geht.

Räume lassen sich nicht leiblich abbilden und mitnehmen. Focusing zeigt jedoch einen Weg, wie durch das Gespür des Leibes hindurch Innenraum aufgebaut werden kann und Gestalt (hier eines Schiffes) bekommt. Dazu erstehen ihre Atmosphären, ihre Bewegungen, Klänge und Bilder als Szenen im Prozess der Vergegenwärtigung von innen her auf. Ihre imaginative Sichtbarkeit ist daran gebunden, dass sich der Leib von einer Körperspannung aus öffnet und ausdehnt. Religion braucht solche leiblichen Freiräume, um wahrgenommen werden zu können. Dabei kommt die Erinnerung an die Raumgeschichte(n) ebenso zum Tragen wie das Potential der verheißenen Füllung des Kirchenraumes. Die Wohnstatt Gottes, der Ort, an dem die Begegnung mit ihm bereitet und angebahnt werden kann, kann durch die Begehung nach innen aufgenommen werden, so dass sich am Körper ein Ort findet, wo sein darf, was mehr ist als ich selbst, wo meine Seele Zugang findet zu dem nahen und fernen, zuweilen unbegreiflichen Gott.

Das bedeutet, dass aller Anfang religiösen Lernens im Öffnen von Türen besteht – räumlich wie leiblich-symbolisch. Dieses Anfangen müsste die Körpergrenzen als Orte der Empfindungen achten, aber auch in Gebrauch nehmen. Elementare Wahrnehmung ist da, wo Religion einziehen und sich verwurzeln darf.

4.2.4 Religiöses Lernen: Situierung in der Welt, Einwurzelung des Lebendigen

Ich vergewissere mir noch einmal Fulbert Steffenskys Postulat: „Kinder lernen Religion nicht zuerst und nicht hauptsächlich als Lehre, sondern als eine Art Heimatgefühl, das sie mit bestimmten Zeiten und Rhythmen, mit Orten und Ritualen verbinden. Sie lernen Religion von außen nach innen.“[1279] Für das religiöse Lernen ist immer wieder ein Weg in den status nascendi – in eine Haltung der Kindlichkeit und Neugier – erforderlich, um die Religion als fremd zu erspüren. Diese Möglichkeit gibt das rituelle Lernen von außen nach innen; durch den Besuch von Orten, durch den Vollzug von Ritualen und die Wahrnehmung von Veräußerungen als Formen christlicher Religion.

Kirchenpädagogisch wird die einseitige Bewegung in eine doppelseitige Begegnung überführt: „In der Kirchenpädagogik verschränken sich auf eigentümliche Weise Außen und Innen. Einerseits wird mit dem Gang in die Kirche selbst für dem Christentum völlig entfremdete Schülerinnen und Schüler das religiös hochsignifikante Innerste des Glaubens aufgesucht. Andererseits ist dieses Innerste nicht in einem personalen, sondern zunächst nur in einem äußerlich-räumlichen Sinne zugänglich. Auf dieser Ebene äußerlich-gegenständlicher Wahrnehmung beruhen zunächst auch die spezifischen Möglichkeiten kirchenpädagogischer Begehungen. [...] Ziel und Hoffnung kirchenpädagogischer Verstehensprozesse

[1279] Fulbert Steffensky, Religion im Kinderzimmer, 70. Vgl. Kap. 2.1.4.

ist es, daß das Äußerliche ubi et quando visum est deo – wo und wann Gott es will – zum Innersten werden kann."[1280] Focusingelemente helfen dabei, Kirchenraum und den Körperraum als Schwellenerfahrung begehbar zu machen. Eigener (Leib-)Raum und anderer (Kirchen-)Raum werden im Fluss gehalten, so dass hier aus Erinnerung geronnene Erfahrung und begegnende Neuwahrnehmung erlebt werden können. Insofern ist Focusing im Lernprozess eine Tür zur gelebten Religion; Räume des gelebten Christentums können so zu Zufluchtsburgen und geräumigen Behausungen werden.

Durch den Geist, so konstatiert Wolf-Eckart Failing, wird der Mensch bewegt.[1281] Miriams Lernbewegung und die leibliche Erschließung der Kirche werden erfüllt von inwendig gekonnten Sprachformen des christlichen Gottes. Zu ihrem leiblich eingespeicherten Wissen gehört, dass Gott sich bei der Suche auffinden lässt und ihren Weg verlässlich begleitet, so dass sie nicht falle; dass sie so viel Vertrauen gewinnen kann, jederzeit voller Hoffnung einen Apfelbaum pflanzen zu können. Die Belebung dieses geistlichen Raumes erfolgt zum einen durch die Bewegung ihrer selbst, zum anderen durch die Veräußerung der Formen. Im fröhlichen Wechsel werden Blicke, Geräusche der Verheißung aufgenommen, leiblich bewegt und veräußert. Der und die Lernende nimmt das leibliche Gespür verantwortungsbewusst in Gebrauch und öffnet die leibeigenen Kanäle für den Einzug und Empfang des Wortes.

Religion erhält ihre Körperlichkeit in den Räumen und Formen. Religionspädagogisch wird bei den körperbetonten gegenwärtigen Ansätzen Wert darauf gelegt, Räume zu begreifen und mit Formen handwerklich zu hantieren. Die religiöse Wahrnehmung des Kirchenraumes zeigt, dass der lernende Umgang mit Religion auch des Aufbaus der leiblichen Innenräume bedarf. Praktische Erprobungen müssen also erkunden, wie Religion im und am Körper gelernt werden kann, d.h. wie Religion, auch an anderen Lernorten, im Leib Raum bekommen kann. Peter Buck gebraucht im Anschluss an Martin Wagenschein die Metapher der *Einwurzelung*.[1282] Der Begriff Einwurzelung (Enracinement) entstammt der Philosophie der Jüdin Simone Weil und meint dort die Rückbindung des Menschen an Gott nach seiner Entwurzelung. Martin Wagenschein, hat das Prinzip der Einwurzelung als Didaktisches Prinzip fruchtbar gemacht hat.[1283] „Genetisch-sokratisch-exemplarisches Lehren und Lernen soll Einwurzelung ermöglichen: Einwurzelung des Wissens, der Welteinsicht in jedem Einzelnen, in jedem Individuum. Das ist

---

[1280] Christoph Ricker: Brücke zwischen Sehen und Hören, 144.

[1281] Wolf-Eckart Failing, Geist und Bewegung – Bewegtheit durch Geist. In: Failing / Heimbrock, Gelebte Religion wahrnehmen, 37–68.

[1282] Peter Buck, Einwurzelung und Verdichtung. Tema con variazione über zwei Metaphern Wagenscheinscher Didaktik. Dürnau 1997.

[1283] Martin Wagenschein, Verstehen lehren: Genetisch – sokratisch – exemplarisch. Weinheim / Basel [9]1991; Simone Weil, Die Einwurzelung – Eine Einführung in die Pflichten dem menschlichen Wesen gegenüber. München 1956.

wichtig, aber es geht tiefer; Einwurzelung in die ‚ewige Bestimmung des Menschen', wie Simone Weil sagt, und wegen der ewigen Bestimmung des Menschen."[1284] Religiöses Lernen ist an die Verheißung des Lebens gebunden: Geschöpf zu sein und zu bleiben und doch zu dem und der zu werden, die man ist.

Leiblichkeit, religionspädagogisch buchstabiert: Religion wird im Innewerden und Veräußern körperlich spürbar. Eine Religionspädagogik, welche den Körper in den Unterrichtsvollzügen nicht nur pädagogisch in den Blick nimmt, sondern die Leiblichkeit als konstitutive Größe beachtet, kommt also nicht an der Welträumlichkeit Gottes und an der Geisträumlichkeit des Menschen vorbei. Der Leib mit seinem Körper-Echo dient als Raum für innere Bewegtheit von religiösen Formen.

Kinder lernen von außen nach innen, indem sie Religion in sich aufnehmen. Im religiösen Lernen ist der Aufbau von Innenraum nötig, damit ein wertschätzendes Verhältnis zur Welt entstehen kann. Im leiblichen Lernvorgang werden solche Räume aufgebaut, in denen Religion einziehen kann. Um diese Welt in sich aufzubauen, ist die Bewegung des *Exodus* aus der Alltagswelt nötig: das Entdecken, Erkunden und Er-Fahren anderer Räume durch den *Introitus* in die Heterotopoi des Christentums. Aus diesem Raumaufbau und der inneren Geräumigkeit entspringt der gestaltende Umgang mit Religion und der Welt in einem Wechselverhältnis, das Wohnen in der Welt und Einwurzelung der Welt im Menschen ermöglicht und die Voraussetzungen für ein zwischenleibliches Miteinander schafft.

Ein nachvollziehbarer und auf einfache Weise leiblich zu erlernender Weg ist Focusing. Focusing baut Innenraum auf, indem es im Vollzug Freiraum für den Einzug und die Ausgestaltung von Religion schafft. Da diese Funktion von Focusing nicht unabdingbar nach der Qualität und Beschaffenheit der Einrichtung fragt und daran gebunden ist, bleibt die Frage nach dem, wie eigentlich ein Lernraum für Religion aufgebaut wird, notwendigerweise die nächste Aufgabe. Wie aber wird dann geistliche Präsenz religionspädagogisch wahrnehmbar?

4.3 Zwischen Erleben und Handeln: Dem Unsagbaren leibliche Gestalt geben

4.3.1 Worträume in der Bibeldidaktik

Ansätze zur Bibeldidaktik bestimmen sich häufig von der Zeitwahrnehmung her und setzen demzufolge in „säkularen Zeiten" oder „der Postmoderne" an.[1285]

[1284] Peter Buck, Einwurzelung und Verdichtung, 30.

[1285] Lukas Bormann, Bibeldidaktik der Gegenwart. In: Zentrale Themen der biblischen Theologie. Online-Materialien, § 2. www.uni-bayreuth.de/departments/ev_theologie3/

Ausgehend von der Widerständigkeit der Lernenden, sich mit der Bibel zu beschäftigen, geht es Horst Klaus Berg z.B. um die „biblisch-theologische Qualifikation heutiger anthropologischer und ethischer Brennpunkte".[1286] Die Chancen, mit der Bibel zu lernen, liegen in den sechs „Grundbescheiden": „Grundbescheide tragen kritische Perspektiven an die gegenwärtigen Probleme heran und setzen Anstöße zur Veränderung frei".[1287] Gerd Theißen motiviert zu einer offenen Bibeldidaktik, welche die Bibel zum Gegenstand allgemeiner Bildung erklärt und erst in einem zweiten Schritt als religiös bildend versteht. Der Weg dorthin führt über die Elementarisierung und Dialogisierung der Bibel, wobei Grundaxiome (Monotheismus und Erlösung) und zugeordnete Grundmotive[1288] zugrunde gelegt werden. Theißen nimmt das Gespräch mit anderen Lebensdeutungen auf, ohne die Zentralstellung der Bibel aufzugeben: „Die Bibel bezieht alles auf Gott, auf eine vorgegebene Sinnfülle, auf die der Mensch mit seinem Leben antwortet. Alle Grundmotive sind Anpassungsstrukturen an dessen verborgene Realität und ermöglichen Kontaktaufnahme mir ihr."[1289] Elementarisierung begreift sich dort wie hier als eine inhaltliche Klärung. Bibeldidaktische Überlegungen, die in der Not mangelnder Erfahrung mehr als ein analytisches Wort vermitteln und Möglichkeiten der Aneignung schaffen möchten, müssen sich nicht nur mit der Frage auseinandersetzen, was und wie durch, sondern auch wie *an und mit* der Bibel gelernt werden kann.

Aus diesem Grund hat sich Baldermanns elementares Lernen über Jahrzehnte und Phasen hinweg gehalten. Seine biblische Didaktik strukturiert sich von den Situationen der biblischen Texte her.[1290] Leitlinie im Sinne einer religiösen Alpha-

Lehre_So04/Ztbtheol/inhalte/ztbtheol_2.htm. Vgl. Godwin Lämmermann (Hg.), Bibeldidaktik in der Postmoderne. FS für Klaus Wegenast zum 70. Geburtstag. Stuttgart 1999.

1286 Horst Klaus Berg, Grundriss der Bibeldidaktik. Konzepte, Modelle, Methoden. München 1993, 134.

1287 Ebd.

1288 Zu diesen gehören Schöpfung, Weisheit, Wunder, Entfremdung, Hoffnung, Umkehr, Exodus, Stellvertretung, Einwohnung, Agape, Positionswechsel, Gericht.

1289 Gerd Theißen, Zur Bibel motivieren. Aufgaben, Inhalte und Methoden einer offenen Bibeldidaktik. Gütersloh 2003, 176.

1290 Im Zuge der hermeneutischen Phase wird aufgrund der Affinitäten zum hermeneutischen Charakter der neueren Theologie die bildungstheoretische Didaktik innerhalb der geisteswissenschaftlichen Pädagogik aufgenommen und mit Klafki das ‚Elementare', ‚Fundamentale' und ‚Kategoriale' in der religiösen Bildung gesucht. In diesem Zusammenhang wird auch eine Debatte zur ‚Elementarisierung theologischer Inhalte und Methoden' begonnen – so das Programm von Hans Stock. Inmitten der z.T. Inhalte entleerenden Problematisierung und Ausdifferenzierung religionspädagogischer Felder, inmitten der Spannungen, Konflikte und Integrationsversuche an der Bruchlinie zwischen biblischer Tradition und gegenwärtiger Situation verfolgt der Bibeldidaktiker Baldermann relativ unbeirrt sein Interesse am vorwiegend theologisch bestimmten biblischen Unterricht. Während er allen Entwicklungen zum Trotz mit not-wendigem Pathos und eschatologischem Weitblick antwortet, rechnet er, selbst unter den Gegenwartsbedingungen verschiedenster Herkünfte und Kulturen, mit der ungetrübten Selbstverständlichkeit eines von ihm veran-

betisierung ist die Sprachfindung, inmitten der Sprachlosigkeit eine Sprache der Erfahrung zu finden, die dem Tod standhält.[1291] Dies gelingt, wenn man die Leidenschaft der Bibel entdeckt und Hoffnung lernt – vom Pathos geleitet, „auf den Wegen emotionalen Lernens"[1292]. „Die Bibel als ein Haus, in dem sich leben lässt"[1293]: Die Bibel übersetzt Leidenschaft für das Menschliche in Sprache und Bilder.[1294] Zugleich findet damit Angstbewältigung statt: Ein Existential gewinnt einen sprachlichen Ort und in ihm die Antwort mit Namen „Hoffnung". Das klassische didaktische Modell bilden biblische Formen, allen voran der Psalm. Inmitten der Bilderflut, die aus den Medien einströmt, liefert der Psalm Bilder und Unmittelbarkeit, die den Ängsten Hoffnung entgegensetzt. Wege aus der Sprachlosigkeit finden sich in Metaphern und in der Imagination. Räumlichkeit ist von daher mitgedacht: Sie liegt in der Metaphorik und eröffnet Räume des Lernens. Jetzt kommt es darauf an, die Erfahrungen der Lernenden in biblische Erfahrungen aufgehen zu lassen.[1295] Emotionale Erziehung bewegt sich dahin, die Leidenschaft der Bibel zu entdecken und Hoffnung zu lernen. Insofern lässt sich hier inhaltlich von pathischem Lernen reden. Mit Wagenscheins Ansatz des entdeckenden Lernens lässt sich die Leidenschaft der Bibel entdecken und an und in ihr Hoffnung lernen. Vorausgesetzt ist dabei die Kategorie der Erfahrung und auch Kirche als Ursprung von Schule. Der biblische Unterricht ist auf der Suche nach „elementaren Strukturen" in biblischen Redeweisen und Gattungen als eine religiöse Sprachlehre konzipiert. Dabei finden die Bildlichkeit und die Sprachfindung besondere Aufmerksamkeit. Religion ist die Kraft der Bildersprache; die SchülerInnen üben, ihre eigenen Bilder und ihre re-produzierende Bild-

schlagten bibelnahen Erfahrungshorizont. Die elementaren Kategorien der Theologie sind zugleich solche der Anthropologie – bis hin zu politisch brisanten Themen (siehe die Auseinandersetzung zwischen Ingo Baldermann / Gisela Kittel, Die Sache des Religionsunterrichts. Zwischen Curriculum und Biblizismus. Göttingen 1975. Vgl. Religionspädagogik 2.2, 222).

1291 A.a.O., 13.

1292 A.a.O., 10.

1293 Ingo Baldermann, Ich werde nicht sterben sondern leben. Psalmen als Gebrauchstexte. Neukirchen 1990, 11.

1294 A.a.O., 21.

1295 Baldermanns Bibeldidaktik geht von einem Korrelationsmodell aus; biblische „Grunderfahrungen" und anthropologische Erfahrungen korrelieren miteinander (so schon in Ingo Baldermann, Der Gott des Friedens und die Götter der Macht. Biblische Alternativen. WdL1. Neukirchen 1983, 77.). Die Kritik, es handle sich um „Biblizismus" ist insofern nicht gerechtfertigt, als sich die Zugangsweisen verändern (Nipkow / Schweitzer (Hg.), Religionspädagogik 2.2, 222). Ausgangspunkt sind in gleichem Maße anthropologisch-gesellschaftliche Ungenügsamkeiten, wie sie die Problemorientierung ebenfalls aufgreift, und die unverrückbare Tatsache, dass die Bibel der Anker des Christentums ist. Aus Klafkis Habilitationsschrift stammen die Begriffe des „Elementaren" und „Fundamentalen" der kategorialen Bildung. Von Paulo Freires Pädagogik der Unterdrückten inspiriert, ist Hoffnung nicht ausschließlich in der Immanenz der politischen Welt möglich, sondern in der Bibel, die diese Bedingungen übersteigt und Hoffnungserfahrungen für die Welt übertragbar macht.

kraft weiterzuentwickeln. Die Zwischenleiblichkeit der Lernenden kommt dabei indirekt zur Geltung.[1296] Baldermann ist sich der assoziativen, bildproduktiven und Raum-Zeit beanspruchenden Seite des Lernens bewusst und trägt, wenn auch zuweilen nur undeutlich, die leibliche Seite gesamtmenschlicher Erfahrungen als Gegenüber bzw. Spiegelfläche zu der den biblischen Texten inhärenten Körpersprachlichkeit ein. Auferstehungserfahrung wird letztlich schon als Gemeinschaftserfahrung wiedergegeben durch die Erfüllung der Verheißung.[1297] Dazu sind „Methoden emotionalen Verstehens" nötig; Assoziationen, die Erinnerung wachrufen. Mit der Auferstehung kommt die Auseinandersetzung mit einem Thema ins Spiel, das die Leiblichkeit theologisch noch einmal virulenter hinterfragt.

Lukas Bormann legt Wert auf die Verschränkung aus Sach- und Personorientierung und schlägt demzufolge vor, für eine didaktische Analyse drei „Bibeldidaktische Kriterien" zugrunde zu legen. „1. Biblische Texte im RU gehören in den freien Diskurs, der in der Lebenswelt von Kindern und Jugendlichen geführt wird (Lebensweltbezug). [...] 2. Biblische Texte im RU gehören in den erlebnisorientierten Diskurs über die Deutung von Erfahrungen als religiöse Erfahrungen (Religiöse Erfahrung). [...] 3. Biblische Texte im RU gehören in den theologischen Diskurs über Gott, Welt und Mensch (Theologie)."[1298] Friedrich Johannsen legt mit Recht den Finger auf die Selbsttätigkeit der Lernenden. Auch das Entdecken entbehrt nicht der Subjektivität der Entdeckenden, indem „es entscheidend darauf ankommt, eine Lernsituation zu arrangieren, in der den Lernenden der Weg eigener Entdeckungen mit der Bibel möglich wird."[1299]

Bibliodrama als Ort der Begegnung. Eine der mittlerweile etablierten körperorientierten Zugänge zu Religion, bei der biblische Erzählung(en) raumgreifend in Form gebracht werden, ist das Bibliodrama. Im Spiel bringt es ästhetische, theologische und therapeutische Elemente miteinander in Gang.

„Bibliodrama bleibt ein offener und radikaler, d.h. an die Wurzeln gehender Spiel- und Lektüreprozeß zwischen biblischen Zeugnissen und eigener – ausstehender und bereits selbst mit- und

---

[1296] Gemeint ist vor allem das Staunen über die Komplexität der – auch biochemischen körperlichen – Lebenszusammenhänge: „Auch an dem so Erstaunlichen meines Lebens entdecke ich Zusammenhänge von unendlicher Weite und Tiefe und Vielfalt nicht anders als am gestirnten Himmel (Ingo Baldermann, Auferstehung sehen lernen. Entdeckendes Kernen an biblischen Hoffnungstexten. WdL10. Neukirchen 1999, 37).

[1297] „Denn uns ist zugesagt, daß wir seinen belebenden Atem spüren, seine Wunden fühlen, seine Fürsorge empfinden, seine Fragen hören, seinen Trost begreifen sollen: ‚Fürchtet euch nicht, ich bin es' (Mk 6,50)." An den biblischen Erfahrungen können Schlüsselerfahrungen gemacht werden, so wie umgekehrt die Erfahrungen in den Ostererzählungen widergespiegelt werden (a.a.O., 108f).

[1298] Lukas Bormann, Bibeldidaktik der Gegenwart.

[1299] Friedrich Johannsen, Bibeldidaktik. In: Harry Noormann u.a., Ökumenisches Arbeitsbuch Religionspädagogik, 161–176. Hier: 174.

nachvollziehbarer – Erfahrung. Bibliodrama scheut nicht die extremen Perspektiven im Überlieferungsmaterial, sondern nimmt mit ihnen in einer nicht zynischen, sondern lebensbejahenden Grundhaltung Kontakt auf. Bibliodrama geht den Weg durch die Abgründe Gottes und der Menschen hindurch in der Hoffnung, den Ort grenzenloser Freiheit und unermesslicher Liebe zu finden, an dem sich leben lässt. Bibliodrama ist die theologische, ästhetische und lebenspraktische Konstruktion dieses Ortes."[1300]

Hinsichtlich der Ausformungen herrscht mittlerweile Konsens über die verschiedenen Ausprägungen von Bibliodramatypen. So lassen sich grob, keinesfalls als Idealformen, aber doch in ihrer Ausrichtung, eher therapeutisch ausgerichtete (Tiefenpsychologie, Gestalttherapie, Psychodrama etc.) und ästhetisch-hermeneutische Verfahren, die mit Elementen der Körper-, Spiel- und Theaterpädagogik arbeiten, voneinander unterscheiden.[1301] Im Bibliodrama selbst liegt eine zwischenleibliche Komponente; es bietet sich als Lernfeld für Begegnung an.

„Das Bibliodrama ist eine angeleitete Form prozessorientierter Inszenierung biblischer Texte in Gruppen mit dem Ziel, den Text und die Biografie der TeilnehmerInnen im Vollzug ganzheitlicher Begegnungen zu erschließen."[1302] Mit Aldebert lässt sich der Standort des Bibliodramas inmitten verschiedener religionspädagogischer Handlungsfelder als die Möglichkeit für einander ergänzende und korrigierende Perspektiven zwischen kommunikativer Didaktik und Elementarisierung notieren, wobei sich durchaus Bezüge zu sozialisationsbegleitenden Aufgaben ergeben. Deutlich wird von innen her die dramatische Vermittlungsaufgabe von Lebensgeschichte als anthropologischer Grundbedingung der Rollenübernahme und biblischem Text – in einer ästhetisch-hermeneutischen Verschränkung „immer unter Bezug auf und im Vollzug von Lebenserfahrung".[1303] Da Aldebert aber auch die Grenzen einer durch bibelhermeneutische

---

1300 Gerhard Marcel Martin, Sachbuch Bibliodrama. Praxis und Theorie. Stuttgart ^{2}2001, 93.

1300 Gerhard Marcel Martin, ‚Bibliodrama' als Spiel, Exegese und Seelsorge. WPKG 68 (1979) 3, 134–144. Hier: 135. Vgl. dazu auch Heiner Aldebert, Spielend Gott kennenlernen, 28.

1301 Die religionspädagogische Relevanz des Bibliodramas ist bislang trotz der Fülle der neueren Bibliodramaliteratur eher schwach beleuchtet. Eine erste systematische Einordnung nimmt Gabriele Lohkemper-Sobiech vor, die das Bibliodrama im Rahmen von Berufsschulunterricht in schulische Bedingungen einzupassen sucht. Diese von katholischer Seite vorgenommene religionspädagogische Applikation von Bibliodrama sieht sich als erfahrungs- und handlungsorientierter Beitrag zur Korrelationsdidaktik – hier im Kontext einer Bibeldidaktik, welche die Ansprüche einer „Wechselbeziehung zwischen der christlichen Botschaft und dem menschlichen Leben" einzulösen sucht (Bd. I, 11). Der Wert des zweibändigen Werkes liegt m.E. vor allem in der Verknüpfung von Praxis, Reflexion und Praxistheorie, von Glaubenserfahrung und Lebenswirklichkeit, auf die Wirklichkeit des katholischen BRU („Der Beitrag bibliodramatischer Elemente für den Erwerb religiöser Handlungskompetenz", Bd. II) hin zugespitzt. Hier findet sich auch ein Überblick über die unterschiedlichen didaktischen Konkretionen der Bibliodramabewegung (Bd. II, 11–28). Gudrun Lohkemper-Sobiech, Bibliodrama im Religionsunterricht (Bd. 1: Grundlegung; Bd. 2: Praktische Erfahrung an berufsbildenden Schulen). Ausgehend von diesem Problem unternimmt Heiner Aldebert einen weiteren, von reicher Erfahrung gespickten Gang, um den Standort der Großform zwischen schulischen und außerschulischen, hier vor allem gemeindlichen Kontexten zu bestimmen und Möglichkeiten und Grenzen der Didaktik bibliodramatischer Prozesse aufzuzeigen; in Replik dazu Heiner Aldebert, Spielend Gott kennenlernen, 261–265.

1302 Heiner Aldebert, Spielend Gott kennenlernen, 24.

1303 A.a.O., 206.

(Körtner) und ästhetische (Böhme) Kriterien geleiteten Explikation wahrnimmt, entwickelt er schließlich die *Begegnung*[1304] als bibliodramatische Schlüsselkategorie.

Im Bibliodrama begegnen die Spielenden den biblischen Geschichten, den anderen Mitgliedern der spielenden Gruppe und in einer besonderen Weise auch sich selbst. Das Setting gibt Raum, Möglichkeit, Wege und Zeit, in einen biblischen Text hineinzukommen, indem nicht nur so getan wird, als ob die Geschichte in die gegenwärtige Zeit hineinversetzt sei, sondern die Beteiligten durch ihre Bewegungen, Gefühle im Spiel, Gespräche, Atmosphären und Berührungen mit anderen Menschen erfahren, wie Erzählungen in der gespürten Gegenwart tatsächlich lebendig werden. Wenn eine biblische Geschichte durch Lesungen und Spiel von den SpielerInnen mit ihren Äußerungen und Verinnerlichungen lebendig und szenisch gestaltet wird, erhebt sich der biblische Text aus der Flächigkeit in die szenische Räumlichkeit.

Wie kann bei der Gestaltfindung der Heiligen Schrift der Körper als Leibraum berücksichtigt werden? Um einen solchen Prozess zumindest im Ansatz nachvollziehbar zu machen, gehe ich unter dieser Perspektive den räumlichen und chronologischen Weg des Seminars mit einer Christusgeschichte nach. Der chronologische Weg mit der Geschichte ist nur bedingt im Lesen nachvollziehbar, zumal vieles als Gruppenprozess geschieht und nur vermittelt darstellbar ist. Ich widme mich dennoch zusätzlich der Gestaltung der Studenten, um zumindest vom Ende des Prozesses her zu zeigen, zu welcher Auferstehungshermeneutik leibliches religiöses Lernen einlädt.

4.3.2 Bibel und Leib: Ein Blockseminar zur Bewegung Heiliger Schrift[1305]

a.) *Idee und Konzept* für ein leiblich-hermeneutisches Seminar entspringen dem Interesse für leibliche Zugänge zu Religion. Die Frage, wie Wahrnehmungsprozesse zunächst einmal für Studierende fruchtbar angeleitet werden können, die zukünftig als LehrerInnen und PfarrerInnen religions- und gemeindepädagogisch arbeiten werden, bringt uns zusammen: Andrea Bieler, Praktische Theologin und zu der Zeit Inspektorin am Theologischen Stift, die vor allem die Ausbildung der Pfarramtsstudierenden in den Blick nimmt, und mich, die Religionspädagogin, deren beruflicher Schwerpunkt an der Universität stärker im Bereich der Lehramtsausbildung liegt. Wir sind im Raum der Universität auf der Suche nach Wegen

[1304] Der Begegnungsbegriff ist nach der Themenzentrierten Interaktion (Ruth C. Cohn) eine existenziell-leibliche Weise des Kontakts und wird von Martin Buber (wirkliches Leben), Emmanuel Lévinas (Orientierung am Anderen als ethische Voraussetzung) und Jacob Levi Moreno (die psychodramatische Begegnung als Existenzform) gespeist.

[1305] Bibel und Leib. Zugänge zu biblischen Themen und Texten durch Bibliodrama und Focusing. Ein Bibliodrama- und Focusing-Blockseminar, geleitet von Dr. Andrea Bieler und Silke Leonhard, 28.4.–1.5.2000 in Sattenhausen.

zur Aneignung der christlichen Religion für religions- und gemeindepädagogische Kontexte. Überlegungen zum Studium der Theologie und der Studienstrukturen im Lehramts- und Pfarramtsstudium spielen dabei eine große Rolle. An der Universität ist Wissen häufig genug abstrakt und akademisch sprachfähig, aber dennoch nicht unbedingt greifbar und lebendig. Über Glauben zu sprechen, grenzt in den Erfahrungen der Studierenden häufig an ein Tabu.

In einem Blockseminar mit Studierenden, das wir im Team leiten, wollen wir uns abseits der universitären Räumlichkeiten mit der leiblichen Interpretation biblischer Geschichten beschäftigen. Im Mittelpunkt des Seminars, das in einem ruhigen ländlichen Heim in dem Dorf Sattenhausen stattfindet, soll die Frage stehen, was Auferstehung sei und wie sie für eine Gruppe von Studierenden bedeutsam werde. Wir haben dabei auch eine praktische Idee: Bibliodrama und Focusing – zwei leiblich orientierte Zugänge zu Religion und sich selbst, die eine zur Veräußerung, die andere zur Er-Innerung – erscheinen uns wie zwei einander ergänzende Seiten einer Medaille. Auferstehung erscheint uns nicht nur als stärkste Herausforderung für die Leiblichkeit christlichen Glaubens, sondern zugleich auch aus liturgischer Sicht als geeigneter Fokus in einem Seminar, das zwischen Ostern und Himmelfahrt liegt. Aus mehreren Gründen reizvoll finden wir auch die Erscheinungsgeschichte, in der eine Frau erste Zeugin am Grab Jesu ist: Maria von Magdala, die am Ostermorgen zum offenen Grab Jesu kommt (Joh 20,11–18, im weiteren Kontext auch Joh 20,1–10). Das Johannesevangelium verknüpft Erzählungen zu einer Tradition.[1306] In der Begegnung mit Jesus als Erscheinung des – hier für Glaubende – noch nicht Auferstandenen gestaltet sich Auferstehung als Hoffnungssymbol. Das Symbol des leeren Grabes dient nicht als Beweis für die Auferstehung, sondern verdeutlicht die Glaubenserfahrung vor dem Hintergrund der jüdischen Vorstellungen von Tod und Auferstehung: Tod als Begrenzung, aber nicht Ende; Grab, Unterwelt, Macht des Todes, Leib als Personhaftigkeit.

Es geht nicht um fertige Inszenierungen einer biblischen Geschichte zur Darbietung vor einem Publikum, sondern um den Spielprozess, der im Wechsel zwischen rituellen und dramatischen Elementen gestaltet wird.

b.) Bereits während der *Vorbereitung* werden die Studierenden angehalten, auf ihre körpereigenen Resonanzen zur biblischen Geschichte zu achten. Sie lesen die Geschichte als ein gewisses Ritual für eine Woche lang täglich zu einer bestimmten Zeit. Ergänzend werden einschlägige Kommentare zur Kenntnis genommen.

[1306] Historisch gelten als konstante Elemente der Grabüberlieferung: Maria Magdalena (und andere Frauen) sind am Grab Jesu durch eine Engelepiphanie beauftragt, die durch die Kreuzigung in Jerusalem zerstreute Jüngerschar wieder zu versammeln.

Ich spüre zunächst für mich selbst der Geschichte nach. Fragezeichen tauchen auf. Was war vorher? Woher kommt diese Frau? Wohin geht sie? Ihre Verwunderung wird im Spannungsgefüge zwischen der Geschichte und mir an der Unmittelbarkeit nachvollziehbar, in der ich in das Geschehen hineingezogen werde. Ich merke sofort: Die Geschichte wird im Zusammenhang besser verständlich, wenn der Zusammenhang mit den Versen 1–11 hergestellt wird. „Aber" – irgendetwas ist anders. Eine Beerdigung, keine gewöhnliche. Die Frau ist noch dageblieben. Frauen trennen sich schwerer? Die Engel umgeben den Leichnam, besser: den Raum, welchen der Leichnam noch bis vor kurzem beansprucht hat. Sie markieren in weißer Reinlichkeit und Klarheit die Leerstelle im Grab und zugleich im Text der Geschichte. Die Engel können sprechen. Ob sie im Chor tönen? Sie fragen die Frau nach dem Grund ihres Weinens. Maria antwortet gleich mit einem doppelten Grund: Ihr Herr ist weg, und sie weiß nicht einmal, wo er nun ist. Es ist unmöglich, ihn irgendwo zu betrauern, einen Ort zu finden, an dem sie ihren Herrn aufspüren kann. Aus einem nicht genannten Grund wendet sie sich um. Vielleicht hat sie etwas gehört, gespürt, dass hinter ihrem Rücken sich schon etwas, nahezu unbemerkt, verändert. Irgendetwas an der Erscheinung gibt Maria den Anlass, ihn für den Gärtner zu halten. Vielleicht hat er Ähnlichkeit mit ihm, oder Maria hat längst rationalisiert, dass eigentlich nur er ihn fortgetragen haben könne. Vielleicht ist der Auferstandene aber auch tatsächlich in der Gestalt eines Gärtners vor ihr aufgetaucht. Zu ihm immerhin kann sie ihr Anliegen so bringen, wie sie natürlicherweise spricht und sich verhält. Hier wird auch ihre Absicht deutlich: Der Leichnam gehört ins Grab, sie will ihn zurückholen. Es ist völlig ausgeschlossen, dass Jesus selbst zu ihr sprechen könnte, dass er gegenwärtig ist. Als der Auferstandene Maria bei ihrem Namen ruft, antwortet sie ihm ihn rufend zurück mit dem für sie höchsten Titel: Rabbuni. Ihr Meister. Der Schreck scheint ihr in den Gliedern zu sitzen, und möglicherweise will sie ihn gleich berühren. Der Auferstandene weist ihre Berührung jedoch zurück. „Denn ich bin noch nicht aufgefahren zum Vater". Die ausstehende Himmelfahrt scheint der Grund für die noch nicht vollkommene Gestalt des Herrn zu sein. Hier kündigt er samt Erklärung an, dass er in eine Himmelsbewegung zu Gott-Vater gehen wird und die Einheit des einen Gottes ergänzt. An Maria ergeht ein Verkündigungsbefehl für die Jünger. Und sie folgt seinen Weisungen und verkündigt den Jüngern, selbst in karger Engelsmanier, dass sie den Herrn gesehen und was er zu ihr gesagt habe. Die Verkündigung Marias lässt etliches offen: wie viel sie sagt, was sie selbst dabei bewegt. Die Geschichte zeigt: Engel sind (mit Maria) die ersten Zeugen der Auferstehung.[1307]

1307 Man geht heute davon aus, dass die literarische Komposition des Joh vermutlich um 100 n. Chr. hergestellt ist; Kirche und Synagoge sind bereits voneinander geschieden. Auffallend sind bei Joh fremdartige, „andere" Vorstellungen. Dazu gehört auch die Rede des Parakleten. Der Dualismus von Finsternis und Licht scheint auf, von Vornherein gilt die Rede vom Logos, Offenbarer und Offenbarung werden so identifiziert. Bultmann schließt daraus, die johanneische Theologie und Christologie setze den gnostischen Erlösermythos voraus, in dem freien Heilshandeln Jesu aber sei Joh der schärfste Kritiker dieses Mythos. Schottroff argumentiert dagegen, Joh vertrete einen bewussten Doketismus. Lindemann legt Wert auf den Zweck des Joh, der Gemeinde die Aussagen des christlichen Bekenntnisses zu verdeutlichen – Zeugnis, Mahnung zur Bruderliebe. Udo Schnelle sieht darin präsentische Eschatologie deutlich werden. Ich frage mich, was aus den futuristischen Aussagen wird. Wunder und Zeichen? Was heißt das für eine leibliche Auferstehung? Eschatologie hat selbst immer etwas Letztes, also letzte Zukunft in sich, auch die präsentische: jetzt schon – noch nicht ganz.

Wir sammeln und durchdenken Spielideen, suchen Material und Verknüpfungen zu Lebenswelt und Kultur und entscheiden uns für einen äußerst sparsamen Gebrauch von Medien; der Körper soll Hauptschauplatz des Lerngeschehens werden.

c.) Die *Seminardramaturgie* gestaltet sich in einer dynamischen Balance von Kommunikation und Rückzugsmöglichkeit, lauten und leisen Phasen, Arbeiten, Feiern und Ruhen. Wir geben der gemeinsamen Zeit eine rhythmisierte Struktur: Gerahmt von einer Morgen- und einer Abendandacht befassen wir uns vier Tage lang mit der Erscheinungsgeschichte. In verschiedenen Arbeitsschritten nähern wir uns der Geschichte ästhetisch und hermeneutisch durch Bibliodrama und Focusing an, gehen einen Lern-Weg mit ihr, indem wir immer wieder aus verschiedenen Perspektiven innehalten, aktiv spielen und pathisch wirken lassen. Als Impuls für Lesungen, Spiel- und Gesprächsszenen dient uns die Formel: „Wir sind lebendige Kommentare". Bei allem achten wir darauf, dass Bewegung und Ruhe, die Beanspruchung der Körperdarstellung und der Einbildungskraft, Vollzug und Reflexion in eine dynamische Balance finden. Wir beginnen die Einheiten mit einer Körperübung und beschließen sie mit einem Lied.

In den Lese- und Spielszenen, in welchen die Studierenden sich fortan in die Rollen von Engel, Maria, Jesus usw. begeben, arbeiten sie mit ihrem Körper, mit ihren Gefühlen und Vorstellungen im dafür bereit gestellten Raum, um durch leibliche Haltungen und Sprache die Geschichte zum Klingen zu bringen. Sie stellen sich mit dem eigenen Leib – für eine gewisse Zeit, an einem gewissen Ort, in einem geregelten Rahmen – dafür zur Verfügung, in Stimme und Ausdruck religiöse Gestalten zu verkörpern und ihnen ein Gesicht zu geben. Die Verkörperungen sind nur möglich und wirksam, weil das eigene So-Sein, die eigenen Empfindungen, Masken mit Leben füllen. Sie spielen mit Maria, Gott oder dem Engel auch ein Stück sich selbst, und entsprechend entstehen auch im Laufe des Lernprozesses Facetten von einer ängstlichen, gewissenhaften, suchenden, forschen Maria, ohne dass eine oder eine andere an Wirklichkeit verlieren würde. Das betrifft auch die bewusste Rollendistanz, aus der sich ein Lernender einen möglichst fremden und von den eigenen Bewegtheiten entfernten Part aussucht; auch die Fremdheit ist ein leiblicher Bezug. Zugleich bindet die biblische Vorlage als Text – Gewebe – die Fäden der Inszenierungen immer wieder aneinander. Das Bibliodrama nimmt seinen Weg mit uns in fünf Schritten.

1. *Lesungen in verschiedenen Bewegungen*, die inszenieren und zum Teil kommentieren. Die Geschichte soll unseren Weg zeichnen, wir wollen die Geschichte begleiten; bereits zum Einstieg erfolgt eine Begegnung mit dem Text. Nach dem Lesen und ersten gemeinsamen Hören der Geschichte achten wir auf unsere Resonanzen im Körper. Wir decken einen „Phantas-Tisch" mit mitgebrachten Gegenständen zur Auferstehungsgeschichte und stellen uns themenzentriert mit ihnen vor. Nach

einer Raumbegehung, in der wir einander körpersprachlich begrüßen, erfolgen drei *Lesungen in Bewegung*: Die Geschichte wird zunächst ganz verlesen, dann in Gruppen szenisch. Mit einer dritten Lesung als Textgewebe führen wir die Diachronie in die Synchronizität. Vier Pole kristallisieren sich heraus, vertieft in der Auswertung, wie Eckpfeiler eines Textraumes: *Jesus – rühr mich nicht an! Wen suchst du?* Und: *Frau, was weinst du? – Rabbuni!* Von Anfang an sind die suchenden Fragen genauso wie das Anrufen in einer eigenartigen Spannung im Raum. Am Abend beschließt ein Gruppenfocusing die ersten Schritte: In der Runde *Mein heutiger Weg mit der Geschichte* soll Freiraum zur Entstehung der individuellen Resonanzen gegeben werden. Aus dem Felt Sense heraus malen oder kneten wir und geben den Symbolen eine äußerlich wahrnehmbare Gestalt. Die anschließende Zeit jeweils zu zweit ist als Freiraum für den Austausch der Wahrnehmungen gedacht. Das abschließende Nachfragen nach Focusing signalisiert, dass diese Form der Wahrnehmung viel stärker als das Darstellen Übung benötigt.

2. Die Suche nach einem *Erinnerungswort* hilft dabei, Verbindungen von leiblichem Gespür und Text zu ziehen (*Was erinnert sich in dir? Wie spürst du das Erinnerungswort körperlich?*, Gestaltfindung des Erinnerungswortes). Dabei machen Gesten die Wahrnehmung für die anderen Mitspieler kommunikabel: Wir begegnen den Menschen im Raum mit dem eigenen Wort und der eigenen Geste und schenken sie uns gegenseitig: *Licht und Schatten – Rühr mich nicht an; Wen suchst du? – Ich habe den Herrn gesehen; Rühr mich nicht an – Da wandte sie sich um.* Auf diese Weise treten die Begegnungen der Gestalten Maria, des Engels und des Gärtners in der Geschichte genauer zutage. In der Rede über die Wahrnehmung, so stellt sich heraus, ist keine Begegnung mit einem anderen Wort möglich. Schließlich kommt auf der Ebene spontan gestellter Szenen Dynamik ins Spiel.

- *Rühr mich nicht an – warum weinst du? – Licht und Schatten.* Starke Polaritäten werden deutlich, auch ein innerlicher Bruch: Schatten als auch wohltuender Schutz, Öffnung. Unberührbarkeit und Verletzlichkeit. Maria verwandelt sich im Spiel in Jesus.
- *Wen suchst du? – Rabbuni – zu meinem Vater und zu eurem Vater.* Hier findet eine Gottesbegegnung in der Tiefe der menschlichen Ebene statt, und zwar in einer dreifachen Verortung: Von der unsrigen Ebene geht es zur Höhe und wieder zu uns zurück. Gott wird mittels Bewegung durch Christus in Trinität überführt.
- *Schatten – Da wandte sie sich um – Rabbuni.* In der Abwendung liegt Zuwendung. Die Szene vom Brennenden Dornbusch leuchtet dabei auf, Maria erblickt Jesus.
- *Ich habe den Herrn gesehen – So ist es gut.* Die Botschaft versucht anzukommen und wird getröstet. Es kommt zur Vollendung von Schöpfung und Auferstehung. Eigentlich klingt diese Runde nach einer gesättigten Gestalt, denn die Erscheinung wäre vollendet – aber es folgt die Begegnung.

- *Warum weinst du (Maria:) – Wen suchst du? – So ist es gut.* Letztlich ergibt sich ein Kreislauf: Maria ist mitten im Weinen, und doch ist es gut. Die Polaritäten zeigen auch Unversöhnliches: Erst jetzt wird deutlich, dass das Fragen weitergeht, die Geschichte im Noch-nicht ist, keine einfache Lösung angestrebt wird. Die Brisanz der Geschichte als Schwelle tritt noch einmal deutlich zutage.

3.) Die *Begegnung zwischen Maria von Magdala und den Engeln* erfolgt in zwei Gruppen. Die Studierenden verkörpern die Gestalten; Wissen und Einfühlung kommen zusammen. Dabei werden die Orte der Geschichte in den Blick genommen. Die Engel begleiten Jesus bei der Himmelfahrt und sind immer bei ihm (Allgegenwart). Sie trösten Maria und holen sie in ihrer Situation ab (anders als bei Mk). Engel und Marien begegnen sich in Zweierbeziehungen und erzählen sich anschließend gegenseitig von ihren Wahrnehmungen. In manchen der Begegnungen kommt Peinlichkeit auf.

4.) Ist ein Grab heilig? Aus den Begegnungen der Engel mit den Marien ergibt sich eine *Diskussion um die Heiligkeit religiöser Orte.* Wir fragen uns, was Maria bewegt, in das Grab zu schauen, und notieren in der Gruppe drei Vermutungen: Vorbereitung (der Maria in ihrer Andacht) – Frustration (Enttäuschung über das Nicht-Wiedersehen) – Heiligkeit (Andächtige Stimmung des Ortes, Verklärung). In einem Gruppenfocusing konzentrieren wir uns auf *Marias Weg zum Grab.* In einer langsamen Annäherung an den heiligen Ort initiiert der Prozess zunächst den Weg der Maria vom Kreuz und lädt zur Begleitung ihres Weges zum Grab ein: Aufmachen, langsames Gehen, zögerndes Sich-Annähern, Hineinschauen. Sehen, Empfinden. In der intensiven, konzentriert-nachdenklichen Atmosphäre entsteht durch den Blick in das Grab der Ort in jedem Einzelnen. Die Austauschrunde mit dem Beschreiben der Bilder zeigt, dass in ihnen das Dunkel vorherrscht.

5.) Beim *„Großen Spiel"* übernimmt jeder eine eigens gewählte Rolle, in und aus der heraus er handelt und die zentrale Handlung als umgreifendes Geschehen wahrnimmt. Wir beschäftigen uns mit den *Fragen Jesu*: Warum weinst du? Wen suchst du? und lassen sie mit unseren Stimmen durch uns hindurch tönen. In der Rollenfindung wählen die Studierenden die Rollen von Maria, zwei Engeln, dem Auferstandenen, dem Leichentuch, Gott Vater, dem Grab, dem Kreuz als Marias Aufbruchsort, und den JüngerInnen. Das Spiel nimmt seinen Lauf, als alle ihre Position im Raum gefunden haben. Auffallend ist dabei die Achse des Weges, den Maria räumlich vom Kreuz zu Gott Vater geht.

Die SpielerInnen werden anschließend in ihrer Rolle befragt: Wer bist du? Wie geht es dir hier?

Grab: Eine außergewöhnliche Begegnung. Traurige Frau wurde getröstet.

Grab (ein anderer): Viel Neues ist passiert. Ich stand lange unbeschadet da. Heute ist viel geschehen, Jesus ist auferstanden.

Ort des Aufbruchs: Ich habe gemerkt, ich war kein Unglücksort. Ich stand neben mir, nicht mehr am Kreuz hängend. Das ist beruhigend.

Leichentücher: Ich fühle mich verlassen. Interessant. Maria hat sich nicht für mich interessiert. Diesmal wurde ich um Balsam betrogen. Ich habe Maria gesehen, die nicht wusste, was sie sagen sollte. Ganz menschlich. Ich wäre ausgerastet.

Ein Engel: Maria war erstaunt, als sie den Kopf hineingesteckt hat. Ich hoffe, dass ich ihr nicht all zuviel Angst gemacht habe.

Ein anderer Engel: Ich habe Maria gesehen, war erst verzweifelt und habe sie gefragt, warum. Sie hatte eigentlich gar keinen Grund zu weinen. Als Engel in der leeren Höhle hab ich versucht, Ruhe zu verbreiten, wollte sie nicht aufwühlen. Habe hier gesessen, meine Rolle gehabt, viel von außen angeguckt, war nur ein Stückchen innerlich beteiligt.

Gott Vater: Ich bin zufrieden. Ich habe gesehen, was ich erhofft habe. Mein Plan ist in Erfüllung gegangen. Maria hat die Botschaft weiter getragen; so habe ich Hoffnung, dass die Botschaft verbreitet wird.

Jünger: Es geht mir gut. Ich habe Maria gesehen, die etwas hektisch ankam. Sie hatte einen unbeschreiblichen Gesichtsausdruck, voller Unruhe und Anspannung.

Maria: Ich weiß nicht so recht, wie es mir eigentlich geht. Ich konnte das Geschehen nicht ganz erfassen, dass er im Grab nicht mehr da war. Ich hab ihn erkannt, als er mich mit Namen gerufen hat. Das Göttliche kann kein Mensch fassen. Ich war am Ort, hab nochmal ins Grab geguckt. Er war nicht mehr da, aber eben Engel und Tücher. Als ich mich umgedreht habe, habe ich Jesus gesehen. Erkannt und doch nicht erkannt.

Jesus, der Auferstandene: Ich habe den Auftrag meines Vaters erfüllt, wollte Maria das große Geheimnis der Auferstehung plausibel machen. Ich hoffe, dass der Glauben wächst. Ich habe Maria in Verzweiflung gesehen, wollte sie trösten, ist wohl auch gelungen. Es ist nicht einfach, das große Geheimnis zu begreifen.

Aus dem erlebten – gespielten und fokussierten – Prozess heraus kommen die Studierenden zu einer eigenen Antwort darauf, was denn Auferstehung sei. Am deutlichsten zeigt sich die spannungsvolle Dialektik von Kreuz und Auferstehung. Im Lernprozess der Erscheinungsgeschichte wurde Maria zu einer Person, die sich zwischen Kreuz und Auferstehung bewegt.[1308]

Im Reflexionsgespräch kommt zunächst vor allem die Atmosphäre zwischen Bedrückung, Konzentration, Trauer und Anspannung zur Sprache. Sie wird einerseits als „dem Ernst der Lage gerecht“ bezeichnet, andererseits macht sie die Begegnung wortwörtlich zu einem „unmenschlichen Treffen“.

Im Mittelpunkt das Gespräches steht jetzt die Gretchenfrage nach Wirklichkeit und Wahrheit: Ist Auferstehung geschehen? Was ist (daran) Auferstehung? Ich notiere wiederum die Äußerungen:

- Das hatte etwas mit Aufwärmen zu tun.
- Ich bin mir treu geblieben, habe das gespielt, was ich konnte.
- Jesus ist im richtigen Moment aufgetreten am Grab. Es bleibt fraglich, wieso Maria ihn auf einmal erkennt und Meister sagen kann.

1308 Für die nicht gut informierten Studierenden gab es Irritationen zwischen Maria von Magdala und Maria, der Mutter Jesu. In exegetischer Hinsicht tauchten diese Vorstellungen als Störungen auf. Was die Wahrnehmung betrifft, so ist es erstaunlich, dass die Namensnennung weniger steuerbare Assoziationen weckt und damit ganz andere Verbindungen schafft.

- Auferstehung ist von außen eine Erscheinung außerhalb des Grabes.
- Es war für mich keine Vorstellung von Auferstehung sichtbar.
- Ein Jünger kam vorbei: Jetzt haben wir's.
- Gott ist gegenwärtig, überall – als Maria ihn braucht, ist er da.
- Auferstehung ist schwer zu spielen und zu fassen.
- Die Achse von Kreuz und Vater!
- Hier wird das Kreuz sichtbar als der Ort der Hoffnung. Maria hat den Auferstandenen noch nicht für sich!
- Losrennen und Weitererzählen macht Auferstehung wahrhaftig. Andererseits: Beim Osternachtsgottesdienst kommt mir das hinterher komisch vor. Kann ich das wirklich glauben in dieser Art?
- Der Gekreuzigte und der Auferstandene sind hier direkt nebeneinander. Die Passion läuft immer mit. Das wird getragen durch die Atmosphäre des Erschreckens, der Furcht.
- „Der Herr ist auferstanden!" ist ein Glaubensruf. „Der Herr ist wahrhaftig auferstanden." Es gibt ein Pendeln zwischen zwei Polen.
- Das Leiden ist nicht der Hauptteil.
- Die Auferstehungskraft ist die Kraft hinzugucken.
- Auferstehung meint die Chance der neuen Sicht.
- Sie ist beruhigend.
- Man kann nichts verlieren, nur gewinnen. Es geht um eine Riesenhoffnung mit Fragezeichen.
- Ein Schritt in der Entwicklung, der gemeinsam erlebbar ist.
- Der mitleidende Gott zeigt sich hier als der Gott, der mitgeht.
- Es bleibt temporäres Leid.
- Es gibt viele Formen von Auferstehung.

6.) In einer Abschlussrunde *Meine Reise mit der Geschichte* ertasten wir den eigenen Ort beim Thema Auferstehung und lassen ihn Gestalt werden. Aus dem Felt Sense heraus verfassen die Studierenden in einer Schreibwerkstatt Texte für neue Lesungen in eigenen poetischen Formen.[1309] Diese werden in einem von uns gestalteten Abschlussgottesdienst liturgisch zusammengefügt. Marias Erfahrung zwischen Wahrnehmung der Auferstehung und reaktivem Handeln spiegelt sich einerseits in den Texten und Worten, die auf ihr Fragen und Wundern gerichtet sind, und andererseits auch in ihren expressiven Ausrufen. Ein Feed back zur Anlage und Methodik des Seminars beschließt die gemeinsame Zeit. Die Stimmen dieser Runde finden in der folgenden Auswertung Eingang.

4.3.3 Lernwege zwischen Ritual und Drama

Im Prozess des Praxisprojektes wurde die Wahrnehmungsfähigkeit gestärkt und die Aufmerksamkeit für die Verknüpfungen von theologischer und lebenswirklicher Fragestellung geschärft. Die Stärkung des Prozesscharakters des Spiels einer

[1309] Zu diesen Formen gehörten eine Kurzandacht, ein Brief an Maria, eine Erzählung aus der Perspektive der Engel, Gedichte, Gedankentexte, Dialoge und Gebete.

Gruppe zum biblischen Text als auch der lebensgeschichtliche Bezug lassen demnach eine spezifische Wahrnehmungskompetenz entwickeln.[1310] Dabei ist zu betonen, dass die Verbreiterung und Verlangsamung in der Wahrnehmung und Gestaltung des Textes einen Gegenpol zur Vermittlung von Bedeutungen darstellt. Der praktische Vollzug ganzheitlichen Rollenerlebens führt zu selbsttätigem theologischem Lernen.

Das Bibliodrama ist nahezu von allen als für das eigene Lernen fortschrittlich erlebt worden, auch wenn der Fluss des Prozesses zwischendurch ins Stocken geraten ist; aus der „Sackgasse" haben sich produktive neue Schritte ergeben. Auch die Vorbereitung von Gottesdienstgestaltung und Bibliodrama waren stimmig. Das Bibliodrama war in der Auswertung tatkräftig. Einigen fehlten zur Ergänzung und Vertiefung Analyse und Interpretationsrahmen, damit die verschiedene Verstehensweisen hätten einander besser ergänzen können. Für die Frage nach dem Verhältnis von Wahrheit und Wirklichkeit und damit nach den Zugängen zu Auferstehung sind die Methoden als Wege wichtig: Auferstehung wurde so als Prozess zwischen Wahrnehmbarkeit und Nicht-Wahrnehmbarkeit wichtig. Christus ist in seiner Gestalt als Gekreuzigter und Auferstandener menschlich sichtbar und hörbar geworden. In der Unnahbarkeit ist vernehmbar geworden, dass die Leiblichkeit des Auferstandenen von anderer Qualität ist als das menschliche Körpererleben.

Einen entscheidenden Anstoß ergab das Seminar für persönliche Lernprozesse. „Man geht so anders wieder nach Hause!": Alles in allem haben die Zugänge nicht nur die Dynamik der Geschichte, sondern Veränderungen „am eigenen Leibe" zutage gefördert. Der Fluss des Lernprozesses ergab sich aus der dynamischen Balance von rituellen und dramatischen Phasen und Elementen. Bereits am ersten Tag entstanden in den Lesungen und Gestaltungen Atmosphären und Figuren, die sich an den folgenden Tagen zur Gestaltung in den Vordergrund drängten. Die Schau des Grabes und seine Einschätzung erforderte ein Innehalten im Spielprozess, das den Übergang von kommunikativer Handlung und eigenem Empfinden bewusst begehungsfähig hält. Das Verhältnis von Focusing und Bibliodrama war für einige nicht klar, in der Wahrnehmung anderer haben sich beide ergänzt. Das Focusing schafft zum Ausgleich und zur Vor- und Nachbereitung einen Ort der Sammlung und des Innehaltens. Es unterbricht den Aktionsfluss dahingehend, dass dieser für die Zeit des Focusing nach innen verlagert wird: In einer Ruhelage stelle ich meinen Leib als Filter dar, durch den der erlebte Ausdruck (im Spiel, im Äußern) seinen Niederschlag im sinnenhaften Körpergespür findet und sich wiederum dort neue Expressivität verschafft. Damit wird der Spiel- und Interpretationsfluss letztlich dynamisch gefördert.

[1310] Vgl. Heiner Aldebert, Spielend Gott kennenlernen, 377.

Der Körper ist hier in mehrfacher Hinsicht „Aufführungsort"[1311]: Bibliodrama trägt dazu bei, Religion in Szene zu setzen. Dass diese Szene bzw. Szenenfolge nicht die ausschließlich bewusste Inszenierung eines Regisseurs ist, sondern die Kommunikation der individuellen leibeigenen Interpretationen zu einem einzigartigen gemeinsamen Prozess, macht das Besondere des Bibliodramas aus und grenzt es auch von manchen anderen Formen des Theaters ab, die z.B. wiederholbare Choreographien zum Nachahmen bereiten.[1312] Als solcher bringt es Religion für sich selbst und andere – und vielleicht auch zum Lobe Gottes – in einem Ortsraum in Erscheinung, der so zur Bühne wird. Als Präsentation von Religion ist dafür aber auch der Körper selbst der Schauplatz: Als Leibraum beherbergt er in sich religiöses Geschehen, das nicht der Spielende selbst inszeniert, sondern das gleichermaßen inszeniert *wird*; er selbst hat nur bedingt Einfluss darauf. Im Prozess des Bibliodrama fördert das Focusing als individuelle leibliche Repräsentation die Dynamik des Spielprozesses, indem es die Wortlaute der Heiligen Schrift beim Einzelnen zur Resonanz bringt und den Prozess der Dramatisierung personangemessen steuern kann. Zugleich dient es als Ritual zur individuellen Orientierung und Sammlung. Im Anschluss an Gestaltungsphasen verhilft das Focusing als Weg der leiblichen Reflexion zu einer Schaltstelle, die Akzeptanz und Kritik des Bibliodramaprozesses auf achtsame Weise verbindet. Focusing verbindet sich hier mit Funktionen der Vertiefung, Verlangsamung, Entschleunigung und Verdichtung.

Vorbereitet und immer wieder im Bewusstsein gehalten wird der Prozess durch Körperübungen. Die einzelnen Phasen werden immer wieder eingeleitet durch das eigene Erleben, (erst dann erfolgt ein Eingehen auf die Ebenen des Ich, der Gruppe und des biblischen Textes). Dabei tritt die Schwierigkeit von Körperarbeit, zumal im wissenschaftlichen Rahmen, deutlich ans Licht. Focusing braucht Übung. Man merkte, dass sich manche nur schwer in die Konzentration begeben konnten. Die Ruhe an sich ermöglicht schon viel, zusätzlich sind vorbereitende Rituale zur Körperkonzentration hilfreich. Die Körperzentrierung wiederum schafft Ruhe. Für die Einstellung auf solches Arbeiten ist Ruhe und ein gewisser Schonraum nötig – räumlich wie beziehungsmäßig.

4.3.4 Religiöses Lernen: Verdichtung des Wortes, Achtsamkeit auf die Form

Fulbert Steffensky weist in seinen Überlegungen zu Religion im Kinderzimmer deutlich auf die Bedeutung der Wahrnehmung im religiösen Lernen hin. „Religiöse

[1311] Gerhard Marcel-Martin, Sachbuch Bibliodrama, 25.

[1312] So z.B. Waldemar Kerstan / Christine Tergau-Harms, Ich erhebe mich heute in gewaltiger Kraft. Choreographie zum Morgengebet von St. Patrick. In: Für den Gottesdienst (2004) 60, 42–44 als Element des Gottesdienstes zur Einführung des Michaelisklosters am 28.8.2004.

Erziehung fängt [...] nicht erst da an, wo ein Kind etwas verstehen kann und wo man mit Worten einen Inhalt erklären kann. Sie beginnt dort, wo das Kind etwas wahrnehmen kann; wo es den einen Ort vom anderen unterscheiden kann, den einen Geruch vom anderen, wo es Zeiten und ihren Wechsel wahrnehmen kann."[1313] Der Weg des religiösen Lernens geht, worauf Steffensky großen Wert legt, eben nicht primär über ein theologisches oder vernetzendes Denken. Es hängt zusammen mit Grenzen, welche die Körpergrenzen einschließen, Religion in ihren Profilierungen zu erkennen. Vielmehr gibt es mit der Wahrnehmung ein tiefes Verstehen, das nicht sprachlich, denkend oder gar argumentativ vor sich geht; es „kommt zustande über den Weg der Inszenierung und der Figurierung"[1314] und ist demzufolge leiblich und verkörpernd. Religion geht sicher nicht in religiöser Wahrnehmung, schon gar nicht im Kontext des Lernens auf. Dennoch macht sie sich so für Menschen greifbar; in der Wahrnehmung sind zuerst Orte, Zeiten, Gesten greifbar.

Hans Christoph Berg nimmt in seiner Lehrkunstdidaktik auf die Poetik als Dichtkunst Bezug und spielt *Verdichtung* als didaktischen Begriff ein. *Verdichtung* ist kein explizit poetischer Terminus, vielmehr geht es dort um die „Intensivierung" und „Raffung" als poetologisches Prinzip.[1315] Bergs Umsetzung der Lehre wird auf die Anschaulichkeit bei gegenständlichem Lernen und Verdichtung in der Begriffsbildung gebracht. Das Staunen kommt als Anfang der Philosophie zum Tragen. Piaget gebraucht lernpsychologisch die Metapher der Embryologie: Aus der befruchteten Keimzelle des erlebten Zusammenhangs entwickelt sich ein komplizierter Organismus; so verdichten sich Zusammenhänge aus Dichtkunst, Biologie, Psychologie und Pädagogik. Peter Buck verwendet die Metaphorik des Baumes, um die Verdichtung didaktisch zu exemplifizieren: Wurzelbildung und Materieverdichtung gehören so zusammen.[1316]

In den Verdichtungen Heiliger Schrift kommt christliche Religion in ihrer „äußeren Figur" so zur Erscheinung, dass die Wurzelbildung von Religion wachstumsfördernd vorangebracht wird. In religionspädagogischen Bildungsprozessen durch leibräumliche Entfaltung, wie sie Bibliodrama, Focusing oder andere Zugangsweisen leisten, findet religiöse Bildung im Sinne leiblicher Verdichtung von Spuren christlicher Religion zur wahrnehmbaren Form statt.

Bibliodrama und Focusing sind zwei leibräumliche Seiten einer hermeneutisch orientierten Ästhetik. Im lernenden Umgang mit Heiliger Schrift bilden Bibliodrama und Focusing zwei methodisch aufeinander bezogene Spannungspole. Das Bibliodrama gestattet und fordert die sprachliche und kinästhetische Umsetzung in körperlichen und sprachlichen Ausdruck. Focusing überprüft diesen Ausdruck

---

1313 Fulbert Steffensky, Religion im Kinderzimmer, 72.

1314 Ebd.

1315 „Gegenständliche Aussage intensiviert sich [...] bei kräftiger Anschaulichkeit, begriffliche Aussage gerade durch stärkste Raffung" (Eberhard Lämmert, Bauformen des Erzählens. Stuttgart [8]1993).

1316 „Stellen Sie sich eine schöne große Eiche oder Buche vor, mit einem Stamm von fast 1 Meter Durchmesser, 20 m hoch oder noch mehr, und fast eine Million Blätter. Wenn wir die Dichte als Maß für die Anwesenheit von Materie nehmen, welche gigantische Verdichtungsleistung vollbringt diese Buche!" (Peter Buck, Einwurzelung und Verdichtung, 36).

und initiiert Veränderungen in der Gestaltung. Im Zusammen- und Wechselspiel von Mit-sich-Sein und Mit-einander-Sein bringt es die Dynamik von Botschaft, Wahrnehmung und Verständigung ins Spiel. Für die Lernenden erfolgt so eine Überprüfung der Wahrnehmung von Studienangeboten; in dieser Funktion kann es ein wichtiges leibliches Kontrollinstrument für die Lehre sein, welches von der Wirkung ausgeht. Ein so arbeitendes Lernmodell erlaubt die Bildung leiblich eingewurzelten Wissens, das mit den Studierenden vernetzt ist und sich ereignishaft verdichtet zur Resonanz und Verstärkung von Studieninhalten.

Zum einen ist Wahrnehmung als handelnder Vollzug in der Lebenswelt zu begreifen, dessen leibliche Form das Verhalten darstellt. Dieses äußert sich in leiblichen Bewegungen der Theaterwelt: Mimesis, Geste, Gebärde, Spiel. Das Erleben der Welt wird durch das eigene Verhalten beeinflusst. Zum anderen wird die Wahrnehmung von ihrem inneren Erfahrungsvollzug dem Erleben der außerweltlichen Kraft charakterisiert. Beide Weisen der Wahrnehmung als dem In-der-Welt-Sein bedingen einander.

Die Hermeneutik der Begegnung betrifft sowohl die Inhalts- als auch die Vollzugsdimension von Kommunikation. Entgegen medialer Funktionalisierung verbrauchen sich weder bibliodramatische Inszenierungen noch Focusingprozesse, im Gegenteil: Wirklichkeit wird stets neu konstituiert. Damit setzt das Bibliodrama auf eine „Transparentmachung der ästhetischen Dimension von Wirklichkeit."[1317] Dabei wird ein Verständnis von Bildung durch Veränderungs- und Entwicklungsprozesse ermöglicht, „das die verschiedenen Formen geplanter und ungeplanter religiöser Sozialisierung umgreift".[1318]

Steffensky stellt heraus: „In der Form geht es um die Schaffung von Räumen, in denen Menschen einander wahrnehmen können. Das Medium der öffentlichen Nähe von Menschen, der Geselligkeit, ist die Form. [...] Formen sind aber nicht Selbstausdruck der einzelnen, sondern sie ermöglichen die Teilnahme am großen gemeinschaftlichen Geschehen".[1319] Mit anderen Worten: Leben im Kosmos des Geschehens ist nicht ohne morphologische Dimensionen möglich. Häufig wird Form mit leerer Formelhaftigkeit gleichgesetzt oder moralisch durchtränkt mit inhaltsleeren Verhaltensregeln. Steffensky hebt heraus: „Die Form und die Formel fordern mir nicht jeden Augenblick meine volle Existenz ab."[1320] Authentizität kann auch zur Nötigung, zum Zwang werden. In einem Beispiel aus der Theaterästhetik von Peter Brook wird deutlich: Die Freiheit und Spontaneität des Schauspielers besteht nicht darin, in jedem Moment in den schöpferischen Tiefen nach einer passenden Geste zu suchen. Er sucht vielmehr in sich nach einem „Alpha-

---

[1317] Heiner Aldebert, Spielend Gott kennenlernen, 460.
[1318] A.a.O., 461.
[1319] Fulbert Steffensky, Der Gottesdienst und seine Formen, 92.
[1320] A.a.O., 98.

bet". Kreativität und Spontaneität können nicht ohne Form sein. Häufig werden sie gegeneinander ausgespielt, doch Neues und Gestaltung kann nur dort geschehen, wo überhaupt Form da ist, die sich lebendig entwickeln lässt; man „kann sich selber nur in Formen erleben".[1321]

4.4 Kulturelles Lernen an kultischen Vollzügen

4.4.1 Kultivierung des Lebens- und Lernraumes

Kultur ist der Weg der Seele zu sich selbst von der geschlossenen Einheit durch die entfaltete Vielheit zur entfalteten Einheit.[1322] Kultur hat mit dem Wohnen zu tun. Unter Kultur verstehe ich hier die kultivierenden Prozesse von Individuen und Gemeinschaften zur Erhaltung, Gestaltung und Neuordnung der Welt. Das greift mit Peter Biehl das anthropologische und kulturtheoretisch verschränkte weite Verständnis des „umfassende[n] Sprach- und Sinnhorizont[es] der Gesellschaft"[1323] auf und bedeutet zugleich das Gesamt der „Lebensformen, alles, was durch menschliches Sprechen, Denken und Handeln hervorgebracht wird". Im engeren Sinne gilt Kultur als Teilsystem der Gesellschaft, das insbesondere die Künste in ihren Sprach- und Ausdrucksgestalten meint. Religion ist einerseits, mit Clifford Geertz, selbst als kulturelles System begreifbar.[1324] Religion hat aber phänomenologisch auch als dynamischer Vorgang die „Kultivierung von unheimlich dämonischen Mächten" im Blick, die den Menschen durch die Unterscheidung von lebensverneinenden und lebensfördernden Kräften Lebensraum verschafft.[1325]

Die Kirche selbst ist eine räumliche und kommunikativ gestaltete Lebens- und Kulturform gelebter Religion; in ihren kulturell relevanten Potentialen sind Kult und Kultur aufeinander bezogen. Dazu gehört auch, dass sie sich in ihrer Kultur-Arbeit auf das ihr Eigene bezieht und es im Dialog mit dem Anderen weiter entwickelt.[1326] Der Mensch findet sein Zuhause im umfriedeten Raum; so ist auch der Gottesdienst mit seinen kultischen Formen „eine leibhaft begehbare Theolo-

---

1321 A.a.O., 99.

1322 Georg Simmel, Der Begriff und die Tragödie der Kultur (1919). In: ders., Philosophische Kultur. Über das Abenteuer, die Geschlechter und die Krise der Moderne. Gesammelte Essais. Hg. v. Jürgen Habermas. Berlin 1998, 197.

1323 Peter Biehl, Symbol und Kultur. In: Peter Biehl / Klaus Wegenast (Hg.), Religionspädagogik und Kultur. Neukirchen 2000, 15–53. Hier: 16; vgl. Frithjof Rodi u.a., Art. Kultur. TRE XX (1990), 176–209. Hier: 183.

1324 Vgl. Clifford Geertz, Religion als kulturelles System. In: ders, Dichte Beschreibung. Beiträge zum Verstehen kultureller Systeme. Frankfurt 1983, 44–95.

1325 Christoph Bizer, Gottesdienst und Kultur. In: Biehl / Wegenast (Hg.), Religionspädagogik und Kultur, 141–164. Hier: 142.

1326 Kirchenamt der EKD (Hg.), Kirche und Kultur der Gegenwart, Hannover 1996; darin: Henning Schröer / Helmut Donner, 11–35. Insbes. 31f.

gie der Gemeinde"[1327], die sich gegen alle Funktionalität und Nützlichkeitserwägungen sperrt. Kultur und Glauben behalten ein Spannungsverhältnis und lassen sich nicht ohne weiteres synthetisieren. Zum Kirche-Sein gehört, dass sie die eigenen kultischen Formen kulturell in Gebrauch nimmt und so durch ihre Subjekte selbst kulturschöpferisch tätig wird. Ein die Kirche als Kultur des Leibes Christi aufnehmendes Lernen nimmt die Eröffnung der Sinn- und Erfahrungsräume, die christliche Tradition bietet, – auch über Lebensbegleitung hinaus – als wesentlichen Bestandteil in sich auf.

Zur Bildung gehört demzufolge das Wohnen des Menschen in der Welt; religiöse Bildung setzt die Einwohnung Gottes in ihr voraus. Religiöses Lernen braucht die elementare Verwurzelung in der Welt und ebenso in ihren den Alltag unterbrechenden religiösen Räumen; um sich in der Welt Gottes verwurzeln zu können, gehört die Einwurzelung der Welt im Menschen elementar dazu. Religiöses Lernen ist Teil und Weg von Kultur-Arbeit – als Kultivierung von Religion und Menschlichkeit in einer menschenwürdigen Gesellschaft. In Anbetracht der anthropologischen Gegebenheiten verbindet sich Bildung mit einer ihr entsprechenden Körperkultur im kreativen und reflexiven Umgang mit den Lebens-Formen des Christentums.

Religiöse Bildungs- und Lernprozesse sind Teil der Kultur, nämlich insbesondere der Schul- bzw. Gemeindekultur. Das macht sich sowohl an den Formen der Religion, nämlich einer Fest- und Feierkultur, als auch an den Ritualen zu Initiation und Schwellensituationen fest. Religionspädagogisches Handeln setzt sich kritisch mit der Alltags- und Lebenswelt-, Kirchen- und Schulkultur auseinander. Dazu gehört der kritische Einblick in die gegenwartsbezogene populäre Kultur, die Jugendsprachen, Bekleidungscodes, der Habitus einer Gesellschaft im Umgang mit ihren medialen elektronischen Welten auf den Bildschirmen. Religiöses Lernen ist von daher in doppelter Weise in ethischer Verantwortung als kulturelle Arbeit am Reich Gottes zu begreifen (Albert Schweitzer). Eine solche religionspädagogische Körperkultur macht sich leibliche Vollzüge christlicher Religion im Lebensraum der Kirche bildend zu Eigen. Kultur ist darin eine „menschliche Gestaltungsaufgabe" und ein Anlass zur Begegnung.[1328]
Für diese Aufgabe dient der Leibraum als Gestaltungsraum religiöser, kultureller Bildung in den Verhältnis-Räumen, Wort-Räumen und Zeit-Räumen.[1329] Jeder

---

[1327] Christoph Bizer, Gottesdienst und Kultur, 153.

[1328] Kirchenamt der EKD, Maße des Menschlichen, 77. In der Verschränkung von weiter und enger Begrifflichkeit von Kultur benennt Peter Biehl zwei religionspädagogische Aufgaben zur Kulturarbeit: Religionspädagogisches Handeln fördert kulturschöpferisches und kulturkritisches Verhalten" (Peter Biehl, Symbol und Kultur. Kultur in hermeneutischer und theologischer Perspektive. In: Biehl / Wegenast (Hg.), Religionspädagogik und Kultur, 15–53. Hier: 25).

[1329] Thomas Klie, Geräumigkeit und Lehrkunst. Raum als religionsdidaktische Kategorie. In: Klie / Leonhard, Schauplatz Religion, 192–208. Hier: 204.

Raum ist immer auch leiblich realisierter Raum. „Was Räume bedeuten, zeigt sich, ob und wenn ja, wie wir uns darin befinden."[1330] Die Raumkategorie bekommt formal wie inhaltlich Gewicht: Unterricht in Sachen Religion muss grundsätzlich „raumgreifend in Szene gesetzt werden".[1331] Damit korreliert aber auch ein Verständnis von Religion als leib-räumlichem Geschehen, das unter dem Aspekt der Aneignung im Unterricht verhandelt wird und einen „Lehr-Gang" in Gang setzt; Unterricht begreift sich so als kultureller „Spielraum" für Auseinandersetzungen.[1332] Erfolgreich gestalten sich diejenigen Versuche, den verlorenen Raum für die unterrichtete Religion zurück zu gewinnen, die als Begehung zum Raumaufbau beitragen. Am Beispiel des Bibliodramas gewinnt die Raum schaffende theatrale Vergegenwärtigung durch das szenische Formenspiel an Bedeutung. Begangen wird eben nicht nur der religiöse Ortsraum, um ihn zu erkunden, sondern begangen werden alle als Formen kenntlich gemachten Räume: biblische Geschichten. Das Inszenieren einer Begehung heißt demzufolge, „eine biblische Vorgabe in eine nachvollziehbare Form zu überführen".[1333] Die Begehung macht möglich, Religion zu berühren, sinnlich wahrzunehmen und sich dabei zugleich im Binnenraum der christlichen Religion zu bewegen.

In der Regel ist davon die Rede, dass mit und durch den Körper Religion nach außen hin dargestellt wird und dadurch expressiv sichtbar gemacht wird. Die Gegebenheiten, Inhalte und Strukturen von Religion können gezeigt werden, weil und insofern der Körper zur Verkörperung im Raum eingesetzt wird und mit ihm Bewegungen vollzogen werden, die den Raum erkunden. Der Körper kommt bisher im Wesentlichen in seiner Außenwirksamkeit zum Tragen. Demgegenüber macht Christoph Bizer auf die „Kultur der Innerlichkeit" unserer Religion, auf die „Seele", aufmerksam: „Da sind Gefühle; auch Erinnerungen; da ist eine gewisse Art, sich die Welt zurecht zu legen, sich von Lebenskraft tragen zu lassen und im umfassend Ganzen den eigenen Lebensraum einzunehmen; da sind die von der Person nicht abzulösenden Denk- und Verhaltensweisen, die einen bestimmten Menschen in seiner Individualität ausmachen ... Das alles wird von einem nicht greifbaren, unverfügbaren zarten Geflecht im Innern des Menschen in einer nur diesem Menschen eigenen Weisen und doch, den sozialen und biographischen Situationen entsprechend, fließend-gestaltend hervorgebracht."[1334] Dafür ist jedoch zugleich eine „innenarchitektonische Belebung" des leiblichen Raumes erforderlich, welche mit der Außenbewegung korrespondiert und die es um des religiösen Lernens willen einzurichten gilt. Lernraum entfaltet sich in der empfangenden und gestaltenden Wahrnehmung von umfriedeten Räumen der

---

1330 Klie verortet die existentielle Befindlichkeit über die „Behältnisse" hinaus in den leibräumlichen „Verhältnissen" (a.a.O., 204f).

1331 A.a.O., 208.

1332 Ebd.

1333 A.a.O., 184. Steffensky plädiert für den Erhalt der Form in ihrer kürzesten Form als Formel.

1334 Christoph Bizer, Gestaltungsräume im christlichen Religionsunterricht. In: Michael Wermke (Hg.), Aus gutem Grund: Religionsunterricht. Göttingen 2002, 61–72. Hier: 61.

Religion, das sind ihre architektonischen Ortsräume, die Kirchenräume, christlicherseits aber auch Sprachräume: große und kleinere Formen der Bibel wie Erzählungen, Briefe und Psalmen. Die Bibel denkt räumlich und will auch so gelesen werden. Sie kommt ohne den leiblichen Raum des homo legens, der sich „in den Netzen der Schriftwelt“[1335] bewegt, nicht aus. Religiöses Lernen braucht so etwas wie eine „innere Kultur“.[1336] Damit sich diese Räume aufbauen können, ist ein Wahrnehmungskonzept erforderlich, das selbst in der Lage ist, die Innen- und Außenräume zu verbinden, die man beim religiösen Lernen braucht. Focusing kultiviert den leibseelischen Innenraum und hilft, den nötigen Freiraum aufzubauen, der für die kultische und kulturelle Gestaltung des Lebens nötig ist.

4.4.2 Religion zeigen und (be-)greifen: Performative Didaktik als Gestaltungsaufgabe

In einer Zeit sichtbaren Plausibilitätsverlustes christlicher Religion kann religiöse Bildung – zumal auf Schule hin gedacht – nicht darauf aufbauen, dass Kinder, Jugendliche und gar Erwachsene eine religiöse Sozialisation bereits mitbringen, wenn Bildungsprozesse beginnen. Der Traditionsbruch markiert die gegenwärtige Situation in ihrer Armut an Erfahrungen mit christlicher Religion mit der Folge: „Die christliche Religion wird für die meisten Kinder und Jugendlichen zur Fremdreligion.“[1337] Als eine entscheidende Kategorie der „Religionspädagogik nach dem Traditionsabbruch“ wird daher die Lebenswelt verhandelt. [1338] Auf sie nimmt religiöses Lernen Bezug, dort wird Alltag hinterfragt. „Wahrnehmungsirritationen“, die Religion von anderem Heilsangebot unterscheiden helfen, finden aber letztlich nur dort statt, wo sich Religion auch kenntlich macht.[1339]

Es ist schwer vorstellbar, dass die Wahrnehmung von Religion in einer religionsfeindlichen Atmosphäre funktionieren soll, wenn man es nicht wenigstens einmal in einer religiösen Atmosphäre gelernt hat. Soll in ihr Religion dennoch erkennbar sein und sich erkenntlich zeigen, soll Religion gar an ihren originären Ort der Kirche vernehmbar werden, müssen religiöse Bildungsprozesse unter diesen Umständen selbst die Präsentation christlicher Verheißung zu ihrem Mittelpunkt machen und sich ihrer auch in der Reflexivität immer wieder vergewissern, wenn Religion nicht ausschließlich in der Fremdheit verharren, sondern auch Berührungen zulassen soll. In dieser Situation ist ein veränderter Darstellungsmodus religiöser Äußerungsformen erforderlich. Unter dem Begriff „Performative Religionspädagogik“ lassen sich Bestrebungen eintragen, welche „gestaltpädagogisch

[1335] Klaas Huizing, Homo legens, 93.
[1336] Kirchenamt der EKD, Maße des Menschlichen, 81.
[1337] Bernhard Dressler, Darstellung und Mitteilung, 11.
[1338] Ebd.
[1339] Failing / Heimbrock, Gelebte Religion wahrnehmen, 35.

ausgelegte Rekonstruktionen des lutherischen Wortverständnisses" skizzieren, aber auch zeichendidaktische Konzepte, die Religion als „Ensemble deutungsoffener Zeichen" verstehen sowie die „profane Religionspädagogik", die Religion im Ausdruck von Differenz sieht.[1340] Christliche Religion wird nicht als System von Überzeugungen verstanden, sondern als eine Konfiguration von Räumen, Formen und Handlungen.[1341]

Gefragt ist also ein „erfahrungseröffnendes religiöses Lernen", das erlaubt, Religion auch als fremdes Ensemble symbolischer Handlungen und Zeichen anfänglich probeweise kennen zu lernen und mit reflexivem Wissen zu verknüpfen.[1342] „Formen der Religion leiblich in Gebrauch nehmen": In gleicher und ähnlicher Weise arbeiten Didaktiken, in deren Kern „eine performative Erschließung speziell christlich-kirchlichen Glaubens" steht.[1343] Analytischen Arbeitsweisen werden experimentelle Zugänge vorgeschaltet; Ritus und Drama stehen dafür Pate. In liturgischen und ritualdidaktischen Ansätzen lernen SchülerInnen und KonfirmandInnen, auf religiöse Formen zuzugehen und mit ihnen nicht vorrangig Erfahrungen zu verarbeiten, sondern konkret zu machen.[1344] Der Religion Gestalt geben: Bibliodrama, Bibeltheater, Inszenierungen und körperliche sowie textliche Performances schaffen Umgangsformen, die durch die Inanspruchnahme des Körpers räumliche Gestaltungen christlich-religiöser Formen ermöglichen.[1345] Das Bibliodrama vermittelt sich in seiner Rezeption durch die Religionspädagogik erfahrungsorientiert, schülerorientiert, „ganzheitlich" und handlungsorientiert.[1346] Symboldidaktiken und Zeichendidaktiken legen, wie gesehen, zunehmend Wert darauf, dass Religionsdidaktik als eine Wahrnehmungslehre aufgebaut wird. Einige der Ansätze geben Impulse für den kommunikativen Umgang und die leibräumliche Gestaltung. Hier ist allerdings der Erfahrungsbegriff unaufgebbar.

Georg Hilger und Martin Rothgangel fordern von ReligionslehrerInnen mit Recht eine „religionspädagogische Kompetenz", die im Bereich der „Wahr-

---

1340 Klie / Leonhard, Schauplatz Religion, 18f.

1341 Englert geht von einer „sinnlich wahrzunehmenden Konfiguration von Zeichen und Formen" aus (Rudolf Englert, „Performativer Religionsunterricht?" Anmerkungen zu den Ansätzen von Schmid, Dressler und Schoberth. rhs 45 (2002) 1, 32–36. Hier: 34). Damit ist m.E. die Konfessionalität als eine zu beachtende Größe selbstverständlich.

1342 A.a.O., 32. Entscheidende Impulse sind von Christoph Bizer ausgegangen. Religiöses Lernen ist hier schon früh als Vorgang beschrieben und postuliert worden (Christoph Bizer, Liturgik und Didaktik).

1343 Rudolf Englert, Religionsunterricht als Realisation. rhs 45 (2002) 1, 1.

1344 Michael Wermke (Hg.), Rituale und Inszenierungen in Schule und Unterricht; Christoph Bizer, „Liturgie" als religionsdidaktische Kategorie.

1345 Gerhard Marcel Martin, Sachbuch Bibliodrama; Ingrid Schoberth, Glauben-lernen heißt eine Sprache lernen. Exemplarisch durchgeführt an einer Performance zu Psalm 120. rhs 45 (2002) 1, 20–31.

1346 Gudrun Lohkemper-Sobiech, Bibliodrama im Religionsunterricht.

nehmungskompetenz"[1347] einsetzt und nicht nur methodische, sondern religionswissenschaftliche und theologische Kenntnisse, Kompetenz im Verstehen religiöser Sprache einschließt. Es wird dabei nicht nur darauf ankommen, ob jemand das nötige Hintergrundwissen hat, sondern im richtigen Moment auch die richtige Sprache findet. Daher liegt entscheidende Aufmerksamkeit darauf, wie von Lehrenden eine religiöse Sprache so wahrgenommen und entwickelt wird, dass sie der Theorie und Praxis von Religion stimmig und dennoch „benutzergerecht" – für Lernende und Lehrende – wird.

Von und über Religion zum Sprechen kommen: Ein „religiöser Spracherwerb" im religionspädagogischen Sinn erfordert, die Sprache der Religion sprechen zu lernen. Focusing ist ein Weg symbolischer Interaktion mit sich selbst und Gott im Angesicht des und der Anderen, der mit Leib und Seele die Stimmigkeit religiösen Ausdrucks sucht und die Gestaltung von Formen in person- und sachgerechter Weise initiiert.

4.4.3 Religionspädagogische Präsenz: Focusing und die Gegenwart des Unverfügbaren

Wahrnehmung lässt sich weder allein theoretisch noch ausschließlich auf Druckpapier vollziehen; gefragt ist zum einen, für Handlung und Reflexion ein Modell anzubieten und außerdem, bei aller Anästhesie der Wahrnehmung, die Sprache der Mitteilungsdarstellung stimmig werden zu lassen. Wahrnehmung müsste zum einen auf ein Lernen hin erweiterbar sein, das die ermittelten Räume leiblich und schulisch aufbauen hilft. Damit ist gegeben, dass die Affinitäten zur Pädagogik gegeben sein müssten. Entscheidend ist jedoch auch, dass die Wahrnehmung von Religion das übersteigt, was rein soziologische Zugänge leisten. Die Räumlichkeit, Individualität und Sozialität christlicher Religion müsste leiblich zur Geltung kommen. Dafür ist ein Lernkonzept nötig, das sich weder einer mechanistischen noch funktionalistischen Sicht des Menschen hingibt, sondern Möglichkeiten eröffnet, dem Unsagbaren Stimme und dem Unsichtbaren ein Gesicht zu geben. Religiöse Bildung zwischen Ereignis und Vermittlung braucht eine Art und Weise, in der Menschen und Religion gegenwärtig sein können. Weil das Evangelium ebenso „die Form eines literarischen Portraits"[1348] wie die Geräumigkeit hörbarer Zu-Stimmung hat, kommt es darauf an, Anlässe zur Begegnung mit den Gesichtern und Klängen christlicher Religion zu bahnen. Wer christliche Religion lehrt, muss diese „in Form" bringen; religiöse Formen haben ein Potential zur Bil-

---

[1347] Georg Hilger / Martin Rothgangel, Wahrnehmungskompetenz für die Religiosität von Schülerinnen. KatBl 122 (1997), 276–282.

[1348] Klaas Huizing, homo legens. Vom Ursprung der Theologie im Lesen. Berlin / New York 1996, 97.

dung.[1349] Religiöse Inszenierungen sind lebendige Prozess, in denen Religion Form und Sprache erhält.

Sich didaktisch auf die Unverfügbarkeit des Glaubens einzulassen, ist ein heikles Unterfangen, steht jedoch nicht der unterrichtlichen Aneignung von Religion im Wege.[1350] Dennoch markiert das Unverfügbare, das in der Sprache der christlichen Religion mit dem Namen „Heiliger Geist" angerufen wird, die Grenzen von Inszenierbarkeit christlicher Religion. Ein Bildungsprozess hinterlässt nicht nur Gewissheit, sondern auch Zweifel; Darstellungen religiöser Szenen machen nicht nur deutlich, sondern verundeutlichen auch manches. Entscheidend ist, dass nicht dogmatische Richtigkeit das letzte Wort hat, sondern zwischenleibliche Begegnung auch im reflexiven theologischen Streitgespräch versucht und ermöglicht wird.

Wenn mit gegenwärtiger Bildungsterminologie didaktischerseits von Kompetenzen die Rede sein soll, muss dabei umso deutlicher werden, dass diese mehr als apersonale Qualitäten meinen. Sie sollen sich an den lernenden Menschen, ihrer Situation und ihrem Miteinander orientieren. Dafür allerdings braucht es religionspädagogische Präsenz, einen Weg, welcher sowohl Stimmigkeiten einschätzen lehrt und das Gespür dafür schult als auch (Er-)Kenntnis von Formungen der christlichen Religion und Gespür für deren menschen- und situationsgerechte Gestaltungen. Focusing als Methode humanistischer Pädagogik und Psychologie ermöglicht Wege der persönlichen Bildung von Religion. Grundlegend ist die ihm zugrunde liegende *Haltung*: *Aufmerksamkeit* wurde als das pädagogische Pendant notiert, welches vom bildenden Lernen vorausgesetzt wird. *Achtsamkeit* ist das Prinzip, welches Religion Glauben auch in ihren pathischen Dimensionen wertschätzt, ohne den tätigen Vollzug preiszugeben. Sich und einander die Verheißung christlicher Religion zu vergegenwärtigen, erfordert *Achtung* vor den Lernenden und dem Geschehen. In einer Haltung der Achtsamkeit schenkt man Aufmerksamkeit auf das, was buchstäblich im Raum ist und entwickelt ein *Gespür* für die Gestaltwerdung von Religion. „Verweile doch, du bist so schön!"[1351]:

[1349] Michael Meyer-Blanck, Liturgik und Didaktik – die Religion in Form. Zur Frage liturgischer Elemente im schulischen Religionsunterricht. In: Wilhelm Gräb (Hg.), Religionsunterricht jenseits der Kirche? Wie lehren wir die christliche Religion? FS Bizer. Neukirchen 1996, 83–93.

[1350] „Sich durch verlautende Heilige Schrift in die vertrauensstiftende Nähe des atmosphärisch gegenwärtigen Christus hinein nehmen lassen, heißt reformatorisch „Glauben". Sich die Verheißungen Christi gesagt sein lassen, ist der ganze Glaube. Wenn dieses Glauben die Wirkung des Heiligen Geistes ist, dann ist der Vorbehalt seines Wirkungswillens durch die Verkündigungspraxis im „Christusraum" in der Ausübung von Religion praktisch unterlaufen. Die Formel ‚Wo und wann es Gott gefällt' (lateinisch) bzw. ‚wo und wenn er will' (deutsch) erhält unter diesen Voraussetzungen die Funktion, den Akt des Glaubens davor zu schützen, dass er zur willentlichen religiösen Leistung des Menschen wird in der Freiheit und Spontaneität verloren gehen" (Christoph Bizer, Kirchliches. Wahrnehmungen – sprachlich gestaltet – zum Wahrnehmen. In: Klie / Leonhard, Schauplatz Religion, 23–46).

[1351] Johann Wolfgang Goethe, Faust I, 50 (V. 1700); Faust II, 199 (V. 11581).

Entgegen aller Bildungsziele ist für christliche Menschenbildung eine gewisse *Absichtslosigkeit* im Sinne des Gutheißens nötig. Eine Akzeptanz, die nicht blind, aber wohlgefällig auf den Raum, Zeit und Prozess achtet, die menschengerechte Bildung benötigt, wird sich auch der fruchtbaren Momente nicht erwehren, in denen mancher Funke der Erkenntnis – vielleicht sogar als καιρος – überspringen mag.

Ästhetik als Wahrnehmungslehre bleibt gedachte Ästhetik und damit von der Praxis abgekoppelte und unwirkliche Theorie, wenn sie nicht menschlich und damit leiblich wird. Focusing als religionsästhetisches Instrument bahnt einen Lernweg der *Einwurzelung* und *Verdichtung*: Religion kann immer wieder anfänglich zarte Wurzeln im leiblichen Gedächtnis schlagen, indem Wahrnehmungen zu körperhaften, sprachlichen und kommunikablen Verdichtungen führen. Dieser Weg der *geistesgegenwärtigen Inszenierung*, der seinen Anfang im und am Leib nimmt und anfänglich ein praktisches Glauben meint, ist nicht verfügbar, kann jedoch in passenden Lernumgebungen angebahnt werden. Von daher ist nun aufzuschließen, wie die Paradoxa der Gegenwart des Entzogenen und des geduldigen Wartens mit didaktischen Überlegungen zur Präsenz ins Gespräch kommen. Wie kann genauere Aufmerksamkeit für religiöses Lernen erreicht werden? Was für eine Methodik ist erforderlich, um die Gegenwärtigkeit für religiöse Lernprozesse zu veranschaulichen? Und wie kann Focusing zur Wahrnehmung von Religion im Unterricht beitragen? Wie verhält es sich angesichts der Unverfügbarkeit des Geistes mit der leiblichen Präsenz im Religionsunterricht?

IV. Mit dem Fuß in der Tür: Unterricht zwischen gelebter und gelehrter Religion

Eine Arbeit zur religionspädagogischen Relevanz von Leiblichkeit brächte sich selbst um ihren Wert, käme sie am Ende nicht wieder zum Ausgangspunkt zurück und könnte ihre Erkenntnisse in der schulischen Wirklichkeit erproben. Im Anschluss an die Theorie religiöser Wahrnehmung möchte ich daher das letzte Kapitel, von pädagogischen Selbstversuchen ausgehend, Belebungsversuchen widmen, die der schulische Religionsunterricht meiner Ansicht nach von der Leiblichkeit religionspädagogischer Wahrnehmung her verdient und nötig hat.

1 Drinnen und Draußen: Freiraum durch Beatmung der Schule

1.1 Humane Schule – Atmende Schule

Impulse für Reformen von Schule können von vielen Seiten kommen. Eine Erhebung zur Leistung der Lernenden (PISA) ist eine Möglichkeit, „die Schule" und damit ein ganzes Schulsystem vom Output der Leistung her zu bemessen. Als Leistung gelten Kompetenzen, geronnen zu vergleichbaren Endergebnissen. Die Schule hat diesbezüglich mit einer großen Herausforderung zu kämpfen, nicht zuletzt, weil die Zeit der Patentrezepte wissenschaftlicher Pädagogik vorbei ist; die LehrerInnen sind damit zum großen Teil überfordert.[1352] Wichtig scheint mir der gesellschaftliche Standort der Schule zu sein: Schule braucht Raum und Würde (Rumpf). Es wird darauf zu achten sein, dass beides im Zuge der Diskussion um Bildung und Leistung nicht verloren geht.

Andere Reformvorschläge sind nur partiell eingelöst. Horst Rumpf hat bereits in den achtziger Jahren entscheidende Impulse zur Erneuerung der Schulkultur gegeben. Nachdem die „Übergangene Sinnlichkeit" in der Schule ans Licht gebracht wurde, entwickelte er „Belebungsversuche", welche die Aufmerksamkeit auf praktische Veränderungen in der Schulkultur legten.[1353] Rainer Winkel zielt mit seiner auf der Pädagogik von Johann Amos Comenius fußenden Initiative für konkrete Schulreform im Haus des Lebens und Lernens auf die Bindung der Erkenntnissuche an die Liebe zum Leben. Er notiert: „Die Theorie (in Gestalt von Wissenschaft) hat es mit Erklärung, die Praxis (im Lebensvollzug) mit der Bewältigung und die Kunst (in der sinnlichen Wahrnehmung) mit der Ästhetisierung

[1352] Anders Strucks Fazit aus der „unzeitgemäßen Lehrerbildung" für eine „zeitgemäße Schule": Peter Struck, Neue Lehrer braucht das Land. Darmstadt 1994, 172–179.

[1353] Horst Rumpf, Die übergangene Sinnlichkeit; ders, Belebungsversuche.

der Wirklichkeit zu tun."[1354] Zu Beginn eines neuen Jahrtausends Bilanz zu ziehen und zu fragen: Was bleibt?, betrifft in einer Zeit einander ablösender Werte mehr denn je die *Nachhaltigkeit* von Schule als der Bildungsinstanz, deren Bemühen über die Grenzen des eigenen Lebens und Bestehens hinaus tragen soll. Was heißt es, vom religionspädagogischen Standpunkt aus Schule neu – das heißt: nachhaltig – zu denken?[1355]

1.2 Im pädagogischen Jenseits: Schule als raumleibliche Lebensgemeinschaft

Anstöße für eine μετανοια, ein schulisches Umdenken, benötigen konkrete Utopien, Visionen und Erfahrungen des schulisch ganz Anderen, um auf die Bildungsnormalität einwirken zu können.[1356] Schulische Heterotopien laden zur Relativierung und Konfrontation mit dem pädagogischen Draußen ein; sie hinterfragen und beleben die Arbeit im heimischen Bereich. Wir Lehrenden – und damit auch die Schule selbst, denn ihr Raum wird von uns bewohnt – gewinnen gerade aus den „Blicken über die Grenzen des eigenen Zaunes" neue Kräfte und Ideen für die eigene Gestaltung. Mit einer Exkursionsgruppe von ReligionspädagogInnen sind wir im Mai 2003 für eine Woche zu Besuch in der *Ecole d'humanité* und nehmen leibhaftig und gestalterisch am Schulgeschehen teil.

Das Schweizer Internat Ecole d'humanité – *Schule der Menschheit* – liegt auf 1000 m Höhe in einem winzigen Bergdorf, hoch oben im Berner Oberland. Die Schule ist die geschichtlich originäre und gegenwärtige Elementarform gelebter Reformpädagogik. Sie gestaltet sich als ein bewegtes Leben und Treiben in enger leiblicher Gemeinschaft: Mädchen und Jungen aus verschiedenen Ländern, Kulturen und Milieus leben das Jahr über sowohl in der Großgruppe des 150-köpfigen Landerziehungsheims als auch in den Internatsfamilien zusammen, in denen neben den sieben bis acht „Heimfamilienkindern" auch die leiblichen Familien leben.

Die Namensverwandtschaft scheint Bände zu sprechen: Die Schule begreift sich nach ihrem Gründer Paul(us) Geheeb als *Lebensgemeinschaft* – die Lebensform einer Idee, die sich in meinen Augen durchaus auf Paulus' Vorstellungen einer lebendigen Gemeinde beziehen lässt. Geheeb hat auf's Engste den Zusammenhang von Leben und Leib vor Augen gehabt. Die Brüderlichkeit der Menschheit als Makrokosmos findet eine Entsprechung im kleinen, erlesenen Mikrokosmos der schulischen Gemeinde. Die Lebensgemeinschaft einer „Schule der Menschheit" mit ihren Werten von Liebe, Reinheit und gegenseitigem Verstehen ist die Voraussetzung und räumlich-soziale Einbettung für diese Entwicklung. Sie bildet das

---

[1354] Rainer Winkel, Theorie und Praxis der Schule. Oder: Schulreform konkret – im Haus des Lebens und Lernens. Hohengehren 1997, 11.

[1355] Hartmut von Hentig, Die Schule neu denken. Eine Übung in pädagogischer Vernunft. Weinheim u.a. 2003.

[1356] Vgl. Rainer Winkel, Theorie und Praxis der Schule.

Milieu für Erziehung zur Selbstwerdung und hat die Aufgabe, die Atmosphäre dazu zu schaffen, dass sich innerlich reiche und schöpferische Persönlichkeiten heranbilden können. Die Gemeinschaft übernimmt die Verantwortung des Einzelnen für alle und bedeutet zugleich die Verantwortung von allen für den Einzelnen; wahre Demokratie existiert nur im Verantwortungsbewusstsein jedes Einzelnen und im opferbereiten Einsatz für Nation und Menschheit. Erziehung findet somit idealtypisch im machtfreien Raum statt; gewohnter Autorität und kontrollierter Ordnung werden hier idealerweise Liebe und Vertrauen entgegengesetzt. Der Ordnungswille der Lernenden wird durch Selbstverwaltung und das Gestaltungsprinzip der Arbeitsschule umgesetzt. Nationalkultur und weltweiter Humanismus suchen hier ihre Balancen zum kulturellen Zusammenwachsen.

Die Schule ist eine *Stätte der Menschenbildung*, die sich das Verwirklichen von Kultureller Bildung und Erziehung zur Aufgabe macht. Ihr oberstes Organisationsprinzip ist die Kulturgemeinschaft; sie vereint nationale Lebensgemeinschaften, die in der Schulgemeinde, in der religiösen Feier der Schulandacht und bei anderen Einrichtungen zur Geltung kommen. Menschenbildung geschieht in der Schule als Formung des Seele (Kerschensteiner). Dabei ist die Anlage der Universalität zum Bildungsprozess freigegeben (Humboldt), der Mensch ist in seiner Totalität (Pestalozzi) einbezogen.[1357] Aus der Vaterlandsliebe wurde Menschenliebe – in der Verschiedenheit der Rassen und Nationen. In einer übernationalen Haltung wird bewusst auf die Überkonfessionalität, Internationalität und Interkulturalität geachtet. Eine solche Form des Miteinander-Lebens und -Lernens ist nicht auf das Bedienen, sondern auf Beteiligung aus. Mit dem Familiensystem wird der Erwachsene entfunktionalisiert, da es nicht mehr allein seine Aufgabe ist, zu erziehen.[1358] Schulische Erziehertätigkeit besteht darin, auf irgendeinem Gebiet Meister zu sein und zur Teilnahme in diesem Bereich einzuladen. Mit der *Partizipation* ist vorrangig die Verantwortung für das Ganze gemeint, sie impliziert aber auch die Erfahrung des Rückbezugs zum Ganzen, des Verwobenseins mit der Schule (religio im pädagogischen Sinne). Verantwortung lernt man nicht in erster Linie durch spielerische Erprobung, sondern durch den Ernst der Teilhabe.

Der *symbolische Leib der Schule* ist die Schulfamilie, in der die vielen Glieder miteinander und zueinander in leiblicher Beziehung stehen. Diese Selbststeuerung von

---

1357 Zur Schaffung einer Kultur gehörte zu Beginn des 20. Jahrhunderts die Schaffung eines Koedukationsmilieus, in dem der richtige Umgang von Jungen und Mädchen miteinander gelernt werden konnte.

1358 Das wird in der Versammlungsform der Familienkonferenz deutlich (zunächst Beschlüsse, dann zunehmend Übereinstimmungen durch Diskussion; Gültigkeit der Beschlüsse aus Demokratie (Dauer, Termin der Ferien, Arbeitsorganisation, Feiertage). Die Entwicklung der Schule geht vom Familiensystem zum Wartesystem (z.B. Hygienewart) mit Familienkonferenzen (ca. 7 Kinder lebten in gleichen Häusern unter dem Familienoberhaupt und sind dort versorgt). Dieses System erfuhr Kritik, da in der Schulgemeinschaft Eigenverantwortung gestärkt wurde.

Erziehung, Bildung und Lernen funktioniert, weil die Autonomie (und z.T. Autarkie!) der Schule mit einer räumlichen Heterotopologie verbunden ist. Nicht in Gemengelage einer Großstadt, nicht als Teil regionaler Infrastruktur kann sich die Leiblichkeit einer Schule ausprägen, sondern in einem ländlichen Schonraum.[1359] Die Schule selbst ist der authentische Lebens-Raum als ein Ausschnitt von Welt, in dem Jugendlichen Verantwortung zugemutet wird. Das Gestaltungsprinzip des *Landerziehungsheims* ermöglicht der Schule, Bildungsstätte draußen in der pädagogischen Provinz zu sein. In ihr ist der Unterricht Teil der ganzheitlichen Erziehung; Bildung und Erziehung gehen ineinander über. Inspiriert vom Arbeitsschulprinzip ist für diese Einheit von Erziehung und Bildung die richtige Umgebung wichtig – Räume, die den Kontakt der Lernenden mit den Dingen der Welt ermöglichen und fördern. Der räumliche Aufbau der Schule ist ihren Arbeitsgebieten entsprechend gestaltet: Dort finden sich Bibliothek, Laboratorium, Museum, Werkstatt und anderes, angesiedelt rund um einen freien Platz herum. Ein Kurssystem ermöglicht eine grundsätzliche Wahlfreiheit nicht nur hinsichtlich der Fächer bzw. Gegenstände, die gelernt werden sollen, sondern auch der in diesem Fall buchstäblich naturgegebenen Räume. Daher sind die Kurse im Sinne der Pflege des Lebendigen grundsätzlich gleichwertig: Nähen hat nicht weniger Wert als Mathematik. Der Unterricht erfolgt ohne Lehrpläne; offiziell dominiert der Lehrende und Erziehende das Curriculum, er ist es selbst.[1360] Statt Altersklassen werden homogene Arbeitsgemeinschaften gebildet; in ihnen herrscht das Leistungsprinzip. Zwei bis drei Fächer werden jeweils einen Monat lang gelernt – in größeren Lerneinheiten die ganze Woche über. Entgegen künstlicher extrinsischer Motivation zählen damit Interesse, Bereitschaft und Neugier. Lernen mit Herz, Kopf und Hand stellt sich nicht gegen Intelligenz, wohl aber gegen den Intellektualismus: Das in meinen Augen vieldimensionale Lernen wird durch Schulreisen, das bewusste Leben in und mit der Natur (z.B. Skiunterricht), die Verschmelzung von Arbeits- und Lebensgebieten (z.B. durch Werkstätten) gestaltet.

Die Ecole d'humanité ist nicht nur eine Schule personal gestalteter und erzieherisch wirksamer Bildung. Sie achtet auf das Humanum, indem nicht die Lebenswelt, sondern das Leben, die konkreten Menschen, in ihr einziehen und den atmenden Kontakt mit der Welt lernen. Geheebs Pädagogik steht dafür Pate, dass die Schule ihr Inneres vom Lebendigen her aufbaut, die Themenzentrierte Interaktion mit ihren Axiomen unterstützt sie in ihrer sozialen Umsetzung. Aus der Reise in die Ecole habe ich mitgenommen, dass die lernenden Menschen im

[1359] Die Geschichte der Schule zeigt, dass dieser zwar nicht dauerhaft erhalten blieb, aber die Idee des Jenseitigen für die Überdauerung verschiedener Phasen von Schulkonzeption tragend war. Vgl. zum „pädagogischen Jenseits" auch Barbara Hanusa, Die religiöse Dimension der Reformpädagogik Paul Geheebs (Unveröffentlichtes Manuskript).

[1360] „Das wichtigste Curriculum des Lehrers ist seine Person" (Hartmut von Hentig, Vom Verkäufer zum Darsteller. In: Neue Sammlung 21 (1981), 100–113. Hier: 110).

Vordergrund stehen: Jegliche Bildung und Erziehung hat nicht nur seine Zeit, sondern auch seinen Raum. Eine moderne offene Schule nimmt teil an dem Leben um sie herum, dem Globe; das Landerziehungsheim funktioniert vor allem dann, wenn es sich von innen her organisch als leibliche Lebensform entwickelt und nach außen einen Kontrapunkt zur öffentlichen Schule bildet.

1.3 Diesseits: Nachhaltige Schulkultur im öffentlichen Haus des Lernens

Unter Idealbedingungen – die richtige Schule am richtigen Ort mit dem richtigen Kollegiumsteam und den richtigen Größenverhältnissen – sind mit einigem persönlichen Einsatz, eigener Achtsamkeit und brauchbaren Ideen Möglichkeiten genug, dass Schule lebendig und bewegt stattfindet. Schwieriger sieht es in der Normalität aus: wenn die Bedingungen eben nicht geändert werden können, aus organisatorischen, personalen und allzumeist wirtschaftlichen Gründen. Oft können die Rahmenbedingungen nicht geändert und verbessert werden. Häufig steht die Resignation und Alltagsroutine einer lebendigen Schulkultur im Weg; dann ist es nicht möglich, für Freiräume, die im Sinne der Belebung gestaltet werden, zu sensibilisieren.

Eine staatliche Schule hat andere Bedingungen als ein Lernort im pädagogischen Jenseits. Sie steht unter Vorgaben, die weit mehr sind als pädagogische Konzepte, und droht zuweilen an politischen und ökonomischen Anforderungen zu ersticken. Wenn sie ein Tempel des Geistes werden will, braucht sie die pädagogische Achtung vor dem Leben und der Tatsache, dass dieses sich nicht sich selbst verdankt. Dafür ist die Orientierung an funktionierenden Schulkonzepten hilfreich, die diesen Wert explizit in die eigene Mitte stellen. Dabei wird auch deutlich, dass jede Schule ihre Balance aus Festhalten an Bewährtem und Inspiration zur Erneuerung finden muss.

Ein eigens gestaltetes Verhältnis braucht jede Schule zur Frage nach *Bildungswegen und –inhalten*. In Deutschland werden Bildungsstandards eingefordert. Es kommt darauf an, Rahmenvorgaben zu geben, die gestaltet sein wollen. Die Suche nach Nachhaltigkeit impliziert die Frage nach der Berufsorientierung und geht doch weit über sie hinaus. Kontaktfähigkeit zur Welt ist gefragt. Die Ausbildung zu personaler und gemeinschaftlicher Identität und Verständigung muss gefördert werden. Es gilt, Maße der Bildung zu schärfen und zu prüfen.

Um Menschlichkeit in der Schule zum Angelpunkt zu machen, muss die Leiblichkeit in der Schulkultur als eine Dimension in nahezu allen Bereichen Einzug finden. Nach wie vor entscheidend ist die *Geräumigkeit* der Schule. Ob sich dort ein gemeinsames Leben von Lernenden und Lehrenden entwickeln kann oder nicht, hängt auch von der Architektur der Schule ab. In der Ecole befindet sich in der Mitte des Schulgeländes ein freier Betonplatz – relativ kahl, mit Basketballkörben und Linien für verschiedene Sportarten, aber immerhin von nahezu jedem Gebäude der Schule einsehbar und stets belebt. Jede Schule hat ein räumliches Zentrum, häufig genug eines, das unbelebt ist; dann verlagert sich das Leben an ein anderes Zentrum in der Peripherie. SchülerInnen brauchen ebenso wie LehrerInnen einen gewissen Freiraum, in gerahmter Kontrolllosigkeit, so weit es die Schule zulässt. Im Sinne einer Arbeitsschule braucht man sicher Fachräume für naturwissenschaftliche Erforschungen, aber auch kulturelle Orte mit entsprechender Ausrichtung, Ausstattung und Akustik für Musik, Literatur, Theater und Kunst. Fächer brauchen ihre Lernumgebung, um wirken zu können. Ein Göttinger Gymnasium hat z.B. einen Religionsraum eingerichtet, in dem sowohl getagt als auch meditiert werden kann, in dem die Innenarchitektur samt Mobiliar zu Gespräch und Konzentration einlädt und zugleich so problemlos verschiebbar ist, dass auch ein „leerer Raum" ermöglicht wird, der ohne Möbel zu Gestaltung und Füllung animiert.[1361] Die zugehörige Bibliothek ruht im Nebenraum, um den Lernprozess nicht mit Gelehrtenwissen einfach nur zuzudecken. Ist der Unterrichtsraum derart vorbereitet, fällt es umso leichter, den nötigen Lernraum aufzubauen. Es gibt noch viele Schulen, an denen solche Bedingungen nicht gegeben sind. Unabdingbar ist, dass die Leitenden und Lehrenden einer Schule wissen, wie vor Ort Lernräume aufzubauen sind; sowohl als Zeit- Orts- und Verhältnisräume. Dazu gehört sicher eine gewisse Ritualisierung des Schullebens; Rituale als Schwellenbegehungen können zumindest für die Lernzeit einen atmosphärischen Raum eröffnen, in dem jede und jeder Schüler eintreten, sich individuell und gemeinschaftlich bilden kann. Daher ist die Zeit ein wichtiges Element jeder Schultheorie.

In der Lebenswelt wie in der Kirche leben wir in *Rhythmen*, die auf das leibliche Leben selbstverständlichen, aber nicht unbedingt immer bewussten Einfluss nehmen: Tag und Nacht, die Jahreszeiten im Schöpfungskreislauf, das Kirchenjahr und die zyklischen Festkalender der in der Schule durch die durch SchülerInnen verkörperten anderen Religionen. Die Schule selbst hat einen eigenen Rhythmus, der gegenwärtig nicht nur einmal in der zyklischen Wiederkehr jedes Schuljahres, jedes Halbjahres, jeder Woche und jedes Tages besteht. In der Regel organisiert eine deutsche Schule ihr gesamtes Tun, vom tatsächlichen Unterricht bis zur Lehrerarbeitszeit, in atomisierten Zeiteinheiten von 45-Minuten-Unterrichtsstunden. Inmitten dieser zyklischen Bewegungen erlebt eine Schülerin bzw. ein Schüler im Normalfall zwischen 10 und 13 Jahren Schule am Stück, als Teil seines Lebens; in einer ausgedehnten Lebensphase vom Kind zum Erwachsenen verbringt er und sie ungefähr ein Drittel der normalen Tageszeit. Nimmt man einmal an einem normalen Schultag teil, wird deutlich, wie stark die inhaltlichen und stilistischen Brüche der Fächer sind, die innerhalb von fünf Stunden gelernt

1361 Hainberggymnasium Göttingen.

werden und großenteils nichts miteinander zu tun haben. Die Leistung einer organischen Zusammenschau und Vernetzung – ein Denken, das von europäischen SchülerInnen mehr denn je gefordert wird – richtet die Schule normalerweise selbst in ihrer Zeitgestaltung kaum ein, es sei denn, in Projektwochen oder gesonderten sog. „fächerübergreifenden" Sequenzen. Eine andere Taktung, die z.B. zumindest in der Sekundarstufe I und II eine konkrete Vernetzung des tatsächlich Gelernten als rituelle Schaltstelle im Stundenplan einbaut, könnte den Rhythmus einer Schule organisch gestalten. Ein Trimester ist sicher für jüngere SchülerInnen ein eher überschaubarer Zeitrahmen des Lernens. Anfang und Ende des Schuljahres sowie der Schulzeit müssen sorgfältig bedacht werden; Ein- und Ausschulungsfeiern sollten rituell und kulturell begangen werden, je nach Schwerpunkt der Schulen und der Talente von LehrerInnen, SchülerInnen und Eltern. Die Morgenmüdigkeit vieler SchülerInnen zu Beginn jedes Schultages benötigt meines Erachtens eine Begrüßung und ein Element zum Wachwerden. Eine schrille Schulklingel erfüllt diese Funktion im Sinne des Weckers; eine Schulglocke hingegen läutet in der Tat den Tag ein. Für die Bewertung der Entwicklung sollte die genutzte oder ungenutzt verstrichene Zeit ein dienliches Kriterium sein: Wie hat die Schule, die Arbeitsgruppe, der Schüler in der Zwischenzeit ihre Energie eingesetzt und verwertet?

Für jegliche kulturelle Ausgestaltung von Schule ist die Verhältnisbestimmung zum Leben unabdingbar. Das betrifft vor allem ihre Beziehung zu Alltag und Lebenswelt, deren Wirklichkeiten und jeweilige Dimensionen von Haben und Sein. Zur rhythmischen Gestaltung leiblichen Schullebens gehört bspw. die bereits erwähnte *Fest- und Feierkultur*. Der schulische Alltag mit seinen Leistungsanforderungen droht das Schulklima nicht nur zu dominieren, sondern zu vergiften, wenn nicht im sozialen Durchbrechen der Alltagsschranken auch die Menschlichkeit in ihrer Emotionalität und in ihrer Kraft der Aufsprengung zur Geltung kommt. Das Fest der Narren darf gefeiert werden, wo das Utopische einer Schule durchscheint. Lachen und Rührung können in Inszenierungen ihren Platz finden, für das leibliche Wohl muss auch mal das eigentlich Unerlaubte und Üppige zur Geltung kommen dürfen.

Des Weiteren ist die Schule ein vielschichtiges *Beziehungsfeld*. Darin eingeschlossen liegen Gender-Aspekte – Jungen und Mädchen lernen zusammen oder in manchen Fächern bzw. Projekten auch wieder getrennt – und Milieuaspekte – Schülerinnen und Schüler bringen unterschiedliche Erfahrungen und Wahrnehmungs- und Verhaltensmuster aus ihrem sozialen Umfeld mit. Dazu gehört die Gestaltung der Mehr-Generationen-Gemeinschaft: Die heute jüngsten Lehrerinnen waren einst SchülerInnen der jetzt ältesten LehrerInnen und sind zugleich im Alter der Eltern, die anderen in dem der Großeltern. Kommunikation findet nicht nur von Mensch zu Mensch, Fach zu Fach, von Jahrgang zu Jahrgang statt, sondern auch zwischen Jungen und Mädchen und Männern und Frauen und hat damit auch eine – mal mehr, mal weniger ausgeprägte – sexuelle Ebene. Begegnungen zu schaffen innerhalb und außerhalb der Schule, auf die Kontaktgrenzen zu achten und die Kontaktmöglichkeiten dabei auszuschöpfen, ist ein hohes Ziel und vom Verhältnis zum regionalen Umfeld abhängig: Sieht sich die Schule eingebunden, wo grenzt sie sich ab? Die *Themenzentrierte Interaktion* schafft pädagogische Strukturen für die Beziehungen untereinander von Ich, Du und Wir, für das Verhältnis zu Themen und Sachen sowie für das Verhältnis zur Außenwelt (Globe). Als konkrete Haltung der Wertschätzung des Lebendigen in der Schule hilft sie dabei, auf Menschlichkeit, Frieden und Gerechtigkeit im Rahmen des οικος Schule zu achten.

Eine Schule, die als Leib mit vielen Gliedern fungiert, setzt zunächst darauf, sich selbst und einander in sich stimmig und kohärent wahrzunehmen und zu agieren. Gerade das Herzstück *Unterricht* erfordert *Konzentration, Kontinuität, Kommunikation* – mit diesen Orientierungsmarken ließen sich drei Linien wie Dimensionen einer lebensdienlichen Schulkultur in Raum, Zeit und Verhältnisbestimmung ausziehen. Soll das Schulprofil nicht nur Schulprospekt sein, nach innen wirken und nach außen hin ausstrahlen, ist die Ausgestaltung des Inneren umso wichtiger. Leiblichkeit wird zu einer Dimension schulischer Bildung, wenn sie von den anthropologischen Bedingungen des Aufwachsens her umfassend auf die nötigen Räume und Zeiten lebendiger Schule ausgerichtet ist, wie das z.B. im Konzept der *Bewegten Schule* der Fall ist.[1362]

Schultheorien und -reformgedanken beginnen zumeist mit der Wahrnehmung des Geschehens, das sich in ihr abspielt – sei es hinsichtlich Bildung, Unterricht, Didaktik, Methodik, System, Lehrerolle oder Leistung. Eine Schule, die nachhaltig sein will, so dass sie über sich selbst hinaus wirkt, achtet darauf, dass nicht nur Steuerungen und Ansprüche das Sagen haben, sondern zuallererst das Humanum selbst in ihr zur Geltung kommen darf. Wenn das leibliche Leben – die Menschen und ihre Menschlichkeit, welche Schulen als Häuser des Lebens und Lernens bauen und einrichten – nicht dort einziehen und Leben pflegen und gestalten dürfen, versäumt die Schule die Ehrfurcht vor dem Leben.

Ohne Atmung ist kein Leben, keine Bewegung, keine (Atmo-)Sphärenbildung, keine Rhythmisierung von Zeit möglich. Mit der Atmung steht der Mensch von Anfang an mit der ihn umgebenden Sphäre, mit seinem Lebensraum, im Austausch und gestaltet sie zum Lebensraum mit. Wie der einzelne Mensch als Organismus atmet, um zu leben, überleben und erleben, lebt eine Schule in einem Energiefeld, aus dem sie Sauerstoff und Nahrung bekommt, indem sie mit ihrem Innen und Außen in austauschendem Kontakt steht. So kann sie sich kreativ

[1362] Vgl. z.B. Christoph Anrich, Bewegte Schule, bewegtes Lernen. Effektives Lernen durch Stressabbau und Bewegung, dynamisches Sitzen, Gymnastik im Klassenzimmer. Leipzig 2000; Rudi Lütgeharm, Die bewegte Schule. München 2003.

entwickeln und eine Balance von Bewahrung und Neuschöpfung finden. Eine Schule, die sich als Tempel des Geistes begreift, wird das Atmen zu ihrem Lebensprinzip machen: Einatmen – Nahrung und Anregungen, Stoffe und Themen, Menschen und Beziehungen werden hereingebeten und im schuleigenen Energiefeld mit den vorliegenden Ressourcen verarbeitet. Ausatmen: in die Welt ausströmen, mit den erlernten und verarbeiteten Kompetenzen die Welt draußen bilden. Atmosphäre und Ausstrahlung bedingen einander, und beides wird nicht wirken, wenn eine Schule kein Herz hat. Eine Schule braucht in ihrem Profil eine innere Mitte, einen konzeptionellen pädagogischen Motor, der sie antreibt und Energien umsetzt. Das Verhältnis zum Zeitgeist ist nicht unbeschadet gut, es sind auch schädliche Einflüsse in der Umwelt, derer sich die Schule erwehren muss. Ohne Leiblichkeit ist die Schule ein unbelebter Raum. Als Leer-Raum vermag sie kein Ort für lebendiges Lernen und persönliches Lehren zu sein. Damit Leiblichkeit als Aufmerksamkeit für gestaltete Form in die Schule einziehen kann, bedarf sie einer Schulkultur, die sich ihres Freiraums bewusst wird und Strukturen entwickelt, welche eine dynamische Balance von Person, Sache und Lernen zum Motor für die Gestaltung von Bildungsprozessen einsetzen. Die gegenwärtige öffentliche Schule, insbesondere das Gymnasium, macht messbare Leistung zum Maß seiner Bildungsanstrengungen und kommt dabei dem Gespür für das Gestalten von Lehren und Lernen nur in geringem Maße nach. Vorhandene Ressourcen werden nicht genutzt, die Schule schränkt so die Nachhaltigkeit von Bildung ein bzw. versäumt sie sogar. Eine *Atmende Schule* wird die Verbundenheit auch „mit etwas, das man nicht versteht“[1363], als unverzichtbare Perspektive ihrer Bildungsbewegungen nutzen. Was kann der Religionsunterricht zur leiblichen Erziehung zur Menschlichkeit beitragen?

2 Hic et nunc: Religionsunterricht entwerfen, vollziehen, reflektieren

2.1 Gestaltungsraum Religionsunterricht

2.1.1 Zur Notwendigkeit der (Re-)Präsentation von Religion

Religionsunterricht ist der Raum, in dem Kinder und Jugendliche mit Religion in Kontakt kommen können. Selbst wenn in einer Schule Religion nicht explizit thematisiert wird, schafft die Einrichtung des Religionsunterrichts Gelegenheit dazu. Dieser Kontakt mit Religion unterliegt besonderen soziologischen Bedingungen.

[1363] Siehe das Interview mit Gendlin, Kap. II.2.1.

Seit den 90er Jahren wird das Verhältnis von *Jugend und Religion* soziologisch genauer unter die Lupe genommen.[1364] Ausschlaggebend ist ein „Strukturwandel des Jugendalters, der ein Auseinandertreten von individueller und kirchlicher Religion zur Folge hat.[1365] Solcher Form von Religiosität wird z.B. mit dem Begriff der „unsichtbaren Religion" nachgegangen.[1366] Unter soziologischem Blickwinkel wird im Zuge der „Religionisierung und Religionsproduktivität"[1367] der insbesondere bundesrepublikanischen Moderne und Postmoderne folgendes sichtbar: Aus der Alltagsreligiosität Jugendlicher geht eine religiöse Suchbewegung hervor, die sich nicht an institutionalisierter Religion festmacht, sondern Formen impliziter Religiosität findet. Diese korreliert mit einer zunehmenden Kirchenferne und dem Rückgang der Nicht-Kirchlichen[1368] und der nicht kirchlich gebundenen „religiösen Grundhaltung"[1369]. Dabei sind keine (für empirische Forschung) nennenswerten Migrationen zu anderen Religionen festzustellen. Die größte Kirchen- und Religionsdistanz macht sich bei jungen und jüngeren Erwachsenen (18–29 Jahre) bemerkbar, die 14– bis 17-Jährigen weisen eine Distanz zur kirchlichen Sprache und eine Unsicherheit in der religiösen Standortbestimmung auf. Gegenüber atheistischen, spiritualistischen oder muslimischen Jugendlichen zeigen christlich orientierte Jugendliche die größtmögliche Heterogenität. In diesem Alter erfolgt – vorsichtig gesagt – eine Weichenstellung: Christlich „angehauchte" Jugendliche entwickeln eine andere, neue Weise der Sinnorientierung, die auch als „Modus einer okkasionell-sozialen Aneignung von Sinn"[1370] begriffen wird und durch Offenheit, eigene Gestaltung, Situationsbezogenheit und eine gewisse Unentschlossenheit gekennzeichnet ist. Jugendliche zeigen „Tendenzen zu individualsynkretistischer Religiosität"[1371]; die Beziehungen zu Kirche und zu religiösen Angelegenheiten werden von der eigenen Biographie und vom Lebenszusammenhang auf den religiösen und kirchlichen Kontext hin geordnet und nicht umgekehrt von der Religion her. Orientierung und Beeinflussung erfolgen auch an der religiös „aufgeladenen" Konsumwelt; Markennamen, Popstars und „Kultiges" haben diesbezüglich einen hohen Stellenwert.[1372] Für die theologische Interpretation dieser Beobachtungen entwickelt Schröder eine Kriteriologie, in der sowohl mit einem funktionalen als auch mit einem substantiellen Religionsbegriff gearbeitet wird. Religiosität lässt sich demnach hinsichtlich religiöser Relevanz und „Religioidität" kontinuierlich graduieren; bei der Einschätzung wird auf die

---

[1364] Vorläufer der modernen Jugendforschung finden sich bei Paul Piechowski, Proletarischer Glaube. Die religiöse Gedankenwelt der organisierten deutschen Arbeiterschaft nach sozialistischen und kommunistischen Selbstzeugnissen (1927). Berlin ^{3}1928. Piechowski nennt als ältesten Vorgänger Paul Göhre, Drei Monate Fabrikarbeiter (1891) (vgl. Günther Dehn, Proletarische Jugend. Lebensgestaltung und Gedankenwelt der großstädtischen Proletarierjugend. Berlin 1929. Dehn war Pfarrer an der Reformationskirche in Berlin).

[1365] Vgl. z.B. Friedrich Schweitzer, Der Wandel des Jugendalters und die Religionspädagogik. Perspektiven für RU, KU und Jugendarbeit. JRP 10 (1995), 71–88. Schon hier wird die Wahrnehmungsfähigkeit als religiöse Kompetenz eingefordert.

[1366] Thomas Luckmann, Die unsichtbare Religion. Frankfurt 1991.

[1367] Bernd Schröder, Was heißt hier „religiös"? – Jugendliche und Religion. Loccumer Pelikan (2001) 3, 115–119.

[1368] In den alten und neuen Bundesländern fällt diese Bewegung sehr unterschiedlich aus. Die EKD-Mitgliedschaftsumfrage registriert differente „Religionskulturen".

[1369] Bernd Schröder, Was heißt hier „religiös"?, 116.

[1370] Dietlind Fischer / Albrecht Schöll, Glauben Jugendliche anders? Zur Bedeutung von Religion in der Lebenspraxis Jugendlicher. KatBl 121(1996), 4–14. Hier: 8. Vgl. dies., Lebenspraxis und Religion. Fallanalysen zur subjektiven Religiosität von Jugendlichen. Gütersloh ^{2}1998 (insbesondere 272–279).

[1371] Schröder, Was heißt hier „religiös"?, 118.

[1372] Der hier zitierten EMNID-Umfrage zufolge haben Umweltgruppen wie Greenpeace und Sportler einen höheren Idolwert. Siehe Susanne Beyer u.a., Die jungen Milden. DER SPIEGEL (1999) 28, 94–103.

mythologisch / konfessorische, rituelle, doktrinale, ethische und soziale Dimension geachtet. Die Unterscheidung von Religion und Christentum erfolgt durch das inhaltliche Kriterium „Übereinstimmung mit tradierten christlichen Glaubensaussagen".[1373] Davon ausgehend deutet er die Ergebnisse mit Johann-Baptist Metz als eine „Art religionsförmiger Gotteskrise", die religionspädagogisch zu überdenken ist.

Diskussionswürdig sind vor allem die Konsequenzen aus diesen Erhebungen. Einerseits legen Folgerungen ein „Ernstnehmen" der Religiosität Jugendlicher nahe: „Religiosität der Schüler/innen wahrzunehmen, heißt, ihr Raum zu geben." Dabei wird auf die Subjektivität der Lernenden als Deutende gesetzt. Andererseits soll ihre Religiosität herausgefordert werden, das bedeutet, sie vor das „Forum der Vernunft" zu ziehen, mit einer religiösen, christlich-theologisch geformten Sprache zu konfrontieren, die strukturierendes und Wirklichkeit erschließendes Potential hat. Entsprechend zielt Religionsunterricht „auf die Transformation theologischer Wissensbestände in eine persönlich überzeugende Lebensorientierung einerseits, auf Transformation diffuser Religiosität in rechenschaftsfähige, sich selbstkritisch an Gottes Wirklichkeit messende Lebensdeutung" andererseits.[1374] Schröder macht deutlich, dass es nicht um „religionsfreundliche Atmosphäre" geht, sondern auch um den Ernst der Wahrheitsfrage. Eine selbstkritische Unterscheidung von religiösem Vollzug und Gottes Wahrheit führt notwendigerweise zum Primat der Auseinandersetzung um das angemessene Gottesverständnis und damit auch zum Streit um die Wahrheit. Den ReligionspädagogInnen als VertreterInnen christlicher Religion ist geboten, Position zu beziehen und auf eine Perspektive der Selbst- und Weltwahrnehmung „im Lichte Gottes" zu achten.[1375] Zielperspektive ist demnach ein vernunftgeleitetes Fragen nach der Wahrheit, in dem vorrangig Deutungskompetenzen angestrebt werden. „Etsi deus daretur" wäre die andere Perspektive, in der Jugendliche die Welt zumindest probeweise wahrnehmen, so als ob Gott da wäre.

Daher ist wichtig, dass der substantielle Religionsbegriff nicht einem funktionalen zum Opfer fällt. Die subjektive Interpretation unsichtbarer Religion ist nicht möglich, wenn unklar bleibt, wie Religion eigentlich sichtbar wird; sie wird dann auch nicht als Religion wahrgenommen. Religion droht in Religioidität zu verwässern, wenn nicht didaktisch konkret wird, wie sie selbst aussieht und funktioniert. Der Lernweg kann auch über die lebensweltliche Spurensuche erfolgen; der Aufbau von religiösen Wahrnehmungskompetenzen erfordert jedoch zuallererst, Wahrnehmungen an originären und tradierten Formen gelebter Religion zu erproben. Kirchen, Friedhöfe, Feste – christliche Orte, Symbole, Gegenstände und Vollzüge sind in ihrer Fremdheit für Jugendliche zu entdecken, damit die Verfremdung von Vertrautem auch erfahrbar wird. Religionsunterricht selbst ist der

---

1373 Bernd Schröder, Was heißt hier „religiös"?, 119.

1374 Ebd.

1375 Siehe Ingolf Dalferth, „Was Gott ist, bestimme ich!" Theologie im Zeitalter der „Cafeteria-Religion". ThLZ 121 (1996), 415–430.

Ort, „Probeaufenthalte in religiösen Welten“ zu ermöglichen.[1376] Für den konkreten Unterricht bedeutet dies: „In dem Maße, wie die SchülerInnen christlich-religiöse Gestaltungsprozesse außerhalb der Schule nicht mehr selbstverständlich-alltäglich miterleben, wird die Gestaltfindung von Religion zur Aufgabe des Religionsunterrichtes selber.“[1377]

Wie diese Gestaltfindungsprozesse hinsichtlich der Gestalt der zu unterrichtenden Religion aussehen, habe ich bereits hinlänglich entwickelt. Entscheidend ist nun, wie leibliche Gestaltfindung von den Lehrenden her vorbereitet und ermöglicht werden kann. Die wichtigste Aufgabe des Religionsunterrichts ist hierbei, dass den SchülerInnen Religion leiblich gegenwärtig wird. Dass und wie LehrerInnen sich selbst in ein Verhältnis zur gelebten Religion und damit auch zu Kirche setzen, ist bereits deutlich geworden. Wie kann ein Lehrer, eine Lehrerin nun Unterricht so arrangieren, dass Religion im Unterricht vernehmbar *präsent* wird, so dass auch die Lernenden mit Religion in Kontakt kommen, dass sie sich mit ihren Fragen und Belangen in einen religiösen Lernprozess begeben können?

2.1.2 Ein Blick in die pastoralästhetische Praxis: Liturgische Präsenz

Die Frage nach der liturgischen Präsenz in der PfarrerInnenausbildung stellt eine nennenswerte Parallele zur Frage nach der leiblichen Gegenwart in religionsdidaktischen Prozessen dar. Ausgehend von dem Problem, dass PfarrerInnen, die mit dem fremden Wort und mit tradierten Ritualen im gesetzten Raum des Gottesdienstes umgehen, Schwierigkeiten haben, sich die entsprechenden Bewegungen und Verkörperungen anzueignen, hat das Konzept der „Liturgischen Präsenz“ in die liturgische Ausbildung Einzug gefunden.

Thomas Kabels „Handbuch Liturgische Präsenz“ beginnt mit dem Hinweis von Helmut Wöllenstein, dass das Buch eigentlich nicht hätte geschrieben werden dürfen, da das „praktische Verhalten im Gottesdienst“ nicht aus Büchern lernbar sei und der Autor entsprechend die Hoffnung auf Rückführung in die Praxis vor Augen habe.[1378] Die praktische Arbeit beruft sich dabei auf einen „charismatischen Lehrer“. Es wird deutlich, dass Thomas Kabel den „missing link“ zwischen dem Gelingen des Gottesdienstes, dem Handeln des Liturgen und der Wirkung seiner „körpersprachliche[n] Wahrnehmungsfähigkeit“[1379] kommunikabel und letztlich methodisierbar macht. Das gesteckte Ziel ist dabei nicht die Erfüllung einer Verhaltensnorm, sondern es geht um eine „persönlich beseelte Adaption, um eine lebendig, emotional gefüllte Ausformung

1376 Bernhard Dressler, Darstellung und Mitteilung, 159.

1377 A.a.O., 220.

1378 Thomas Kabel, Handbuch Liturgische Präsenz. Zur praktischen Inszenierung des Gottesdienstes. Gütersloh 2002, 9. Ausgehend von der Hypothese und Praxis, dass pastorales liturgisches Handeln als rolleninspiriertes Handeln vollzogen wird, untersucht Marcus A. Friedrich verschiedene Theorien liturgischer Gestaltung und leitet sie von drei verschiedenen Theatertheorien her. (Marcus A. Friedrich, Liturgische Körper. Der Beitrag von Schauspieltheorien und -techniken für die Pastoralästhetik. Stuttgart 2001).

1379 Thomas Kabel, Handbuch Liturgische Präsenz, 11.

liturgischer Handlungen – unter Anerkennung der Form".[1380] Dabei wird dem Probanden der Freiraum gewährt, die geprägte Form zu wählen oder zu verändern. Ging es dabei in den Anfangsjahren verstärkt um die Selbsterfahrung des Liturgen, so bewegt sich die Praxis bei aller Subjektivität stärker zur Dramaturgie des Gottesdienstes hin. Die individuelle Form wird vom Ritus her bestimmt.

Liturgische Präsenz basiert auf einer Theaterästhetik und geht pragmatisch von einer Wirkungsästhetik aus. Liturgisches Verhalten wird von den Dimensionen der Prinzipien und der Möglichkeiten beschrieben. Zu den Voraussetzungen gehört eine „individuelle, sinnliche (und in diesem Sinne!) ästhetische Wahrnehmung".[1381] Dabei bekommt der Proband von einer „Probegemeinde", die aus anderen TeilnehmerInnen der Ausbildung besteht, sowie von einem nicht aus dem klerikalen Milieu stammenden Schauspieler formulierte Rückmeldungen in Form eines „Echos", eines lebendigen Spiegelbildes. Ein zweites Moment ist die wiederholende praktische Aneignung, das Üben. Ausschlaggebend für die Stimmigkeit ist eine innere wie äußere Haltung. Das normative Kriterium für das Gelingen bzw. das Maß für das Erarbeiten wird dabei nicht in Kategorien wie „richtig" und „falsch" angegeben, sondern vielmehr indidvidualisiert; das liturgische Verhalten richtet sich danach, welche Alternative für jemanden „persönlich in dieser Rolle als Liturg die am meisten stimmige" ist.[1382]

„Der Körper ist ein Tempel der Seele", so erschließt Thomas Kabel das Leiblichkeitskonzept des schauspielernden Liturgen. Für die Arbeit an der Präsenz hängt ganz pragmatisch der Erfolg daran, inwieweit jemand in der Lage ist, mit seinem Körper zu arbeiten. Dazu gehören in der liturgischen Präsenz über die Aufmerksamkeit hinaus Pflege und Training. Kabel nennt dazu Körperarbeiten (z.B. Atemübungen), die sich zwischen therapeutischen und spirituellen Wegen bewegen, welche die Körperkanäle öffnen und damit die Wahrnehmung sensibilisieren.

Unter Präsenz wird hier nach Wöllenstein Gegenwart das „Anwesendsein in Raum und Zeit" verstanden. Präsenz meint Gegenwart in dieser Handlung, die Raum, Zeit und Menschen miteinander verbindet. Präsenz entsteht durch Bewusstheit im Blick auf die eigenen Absichten und durch Wachheit im Kontakt zu den eben genannten Faktoren. Präsenz im Gottesdienst meint aber nicht eine übertriebene Intentionalität oder das Anstreben von Perfektion in der Darstellung, sondern bei aller Wachheit ein gelassenes Sich-Hingeben an den Fluss des Geschehens. Speziell im christlichen Gottesdienst wird eine (Er-)Öffnung für die Gegenwart des Geistes eröffnet, also ein Sich-selbst-Heraushalten, eine Durch-

1380 A.a.O., 12.

1381 A.a.O., 11.

1382 Beim Feed back sollen im Erarbeiten von Rollen-Spines die Antworten aus dem Inneren kommen, Antworten sollen aufsteigen! Es werden konkrete Übungen zu Sequenzen des Gottesdienstes bestimmt, denn jede gottesdienstliche Form bringt ihr Verhaltensmuster und ihre spezifische leibliche Präsenz mit sich.

lässigkeit für die Präsenz des Geistes in Gesten und Worten sowie in den alten Formen und in den Codes der Gegenwart.[1383]

Thomas Kabel konkretisiert dies als „im Moment da sein“, „ganz bei der Sache sein, sich nicht mit der Vergangenheit beschäftigen und nicht mit der Zukunft, sondern Schritt für Schritt, wie in einem Film Szene für Szene, Beat für Beat den Gottesdienst zu durchleben und wirklich in jedem Augenblick dabei zu sein. Liturgische Präsenz meint auch, Lebendigkeit im Ausdruck, Lebendigkeit in der Stimme, Lebendigkeit im Kontakt und dabei Natürlichkeit und Wahrhaftigkeit im Ausdruck zu bewahren. Liturgische Präsenz bezieht sich nicht nur auf die liturgischen Teile des Gottesdienstes, sondern ist ein Oberbegriff für die *Haltung* im gesamten Gottesdienst als einem öffentlichen Auftritt. Präsenz in der Öffentlichkeit meint nicht, irgendwelche eintrainierten Gesten zu zeigen, sondern zu bedenken, in welchem Raum ich bin. Ein Kirchenraum braucht eine andere Energie als ein Gemeindesaal. Natürliche Gesten, die im Wohnzimmer entstanden sind, sind in einer großen Kirche nicht mehr stimmig. Gesten, die in einer großen Kirche wirken, können im Wohnzimmer nicht passend sein.“[1384]

Diese Form der Präsenz versteht sich als ein Handwerk, das durch praktische Anleitungen lernbar ist. Dabei spielen für die Handhabbarkeit konkrete Aspekte der Beziehung zwischen Gottesdienst und Liturg als vollziehender Person eine Rolle. Die elementare Basis ist Körperarbeit, insbesondere Körperwahrnehmung als deren zentrales Moment in den Tätigkeiten des Atmens, Sprechens und Singens; der Körper ist als „Mittel der Verkündigung“ im Einsatz.[1385] Welche Möglichkeiten und Grenzen liegen in einer Konzeption von entsprechender „religionspädagogischer Präsenz“ für den Religionsunterricht, Kontakt mit Religion und Lernenden zu schaffen?

2.1.3 Religionsunterricht – eine Lehr-Kunst?

Jeder Didaktik ist die Ausgestaltung der Lehrerrolle inhärent. In handlungs- und erfahrungsorientierten Didaktiken werden LehrerInnen und SchülerInnen in ihrem körperlich-seelischen Dasein ernst genommen, um der potentiellen Verkopfung und Einseitigkeit des Unterrichts entgegen zu treten. Die meisten Entwürfe für Religionsstunden gehen intensiv auf die Situation der Lerngruppe ein, beziehen lebensweltliche und religiöse Fragen aufeinander und stellen damit die Beziehung von Schüler und Unterrichtsgegenstand in den Vordergrund. Ein Unterricht, der systemtheoretisch vom Ganzen des Arrangements her denkt, muss berücksichtigen, dass die Lehrkraft so wie jeder einzelne Schüler, der Raum wie die Zeit selbst, wesentliche Strukturmomente des Unterrichts bilden. Die Lehrkunstdidaktik

[1383] Vgl. Thomas Kabel, Handbuch Liturgische Präsenz, 13.

[1384] Thomas Kabel, Handbuch Liturgische Präsenz, 18.

[1385] Monika Kreutz, Die Bedeutung der Leibarbeit für die Liturgische Präsenz. In: Helmut Wöllenstein (Hg.), Werkbuch Liturgische Präsenz nach Thomas Kabel. Gütersloh 2002, 77–83. Hier: 82. Konkretionen finden sich bei Wolfram Detlefs, Die eigene Stimme hören – Sprechen im Raum. A.a.O., 34–43; Anne Mayer-Thormählen, Atem und Stimme in der Liturgischen Präsenz. A.a.O., 44–55.

macht darauf aufmerksam, dass die Lehrkraft die Unterrichtsfäden in die Hand nimmt, bevor das Stück zur Aufführung kommt. Sie begreift Unterricht als ein zu inszenierendes Drama, in dem Akteure und Rollen vorgegeben sind und der Lehrer als Regisseur für die konkrete Inszenierung der Lernprozesse zuständig ist.[1386] Die Religionslehrerin hat die Aufgabe, die Möglichkeiten des Raumes des Religionsunterrichts inhaltlich zu füllen, die Kontaktprozesse anzubahnen und zu arrangieren, SchülerInnen und Religion in Bewegung zu bringen und einen Lern-Weg zu bahnen. Die Religionslehrerin inszeniert Lehrstücke, deren Formen von den SchülerInnen ertastet, geformt und so gestaltet werden.

Ein theatrales Verständnis von Unterricht verhilft dazu, die „Rolle" des und der Lehrenden besser zu erproben. Die Situation des Religionsunterrichts präsent zu machen und unterschiedliche Haltungen einzuüben, ist eine Aufgabe der Ausbildung und Fortbildung von LehrerInnen. „Pädagogische Präsenz" kann in einer Gruppe von Auszubildenden ausgebildet werden, indem man spielerisch die Rollen von LehrerInnen und SchülerInnen einnimmt und unter Einbezug der gegebenen Räume die Stimmigkeit von Haltungen und Handlungen erprobt.

Ebenso wichtig für das leibräumliche Unterrichtsgeschehen ist die Berücksichtigung der ästhetischen Form des Unterrichtsgegenstandes. Die didaktische Analyse bzw. die didaktische Reduktion hat sich durch verschiedene Didaktiken hindurch als Kernstück der Unterrichtsvorbereitung gehalten. Nach der in der didaktischen Literatur dargestellten Theorie sollen sich LehrerInnen auf ihren Unterricht vorbereiten, indem sie in einer doppelten bzw. dreifachen Bewegung – sowohl von den Lernenden als auch vom Fach und seinen sachlichen Gegebenheiten, z.T. auch vom Lehrenden aus – einen Lerngegenstand auswählen und von daher entscheiden, was und wie unterrichtet werden soll.

Die Unterrichtsvor- und -nachbereitung gehört zum täglich Brot des LehrerInnendaseins. Am Gymnasium stellt sie eine zeitintensive Arbeit dar. Im Zuge der Effektivierung von Arbeitszeit läge die Suche nach Möglichkeiten zur Verkürzung nahe. Ich zähle diese Vorbereitung jedoch zu den wichtigsten Aufgaben eines Lehrers. An ihr entscheidet sich oftmals, ob der Unterricht in Fluss kommt, wie Unterricht zu „verdichteter Zeit" wird. Wege auszumachen, auf denen die Lehrerin, das Thema und die Lernenden zueinander finden, nimmt – insbesondere in der Planung – viel Zeit und Energie in Anspruch. Insbesondere in der Ausbildung zur Religionslehrkraft steht der Zeitaufwand von Planung, Reflexion und der Dauer der Unterrichtsstunde in einem un-verhältnismäßigen Verhältnis. Für die Unterrichtsvorbereitung steht in der Regel keine „Probeklasse" zur Verfügung; das meiste ist im Alleingang zu bewältigen und umfasst viel Denkarbeit. Die Prozesse des Sammelns, der eigenen Bewusstwerdung und der Anordnung

1386 Vgl. Hans Christoph Berg / Theodor Schulze, Lehrkunst. Bd. II. Lehrbuch der Didaktik. Neuwied / Berlin 1995.

und Konzeption des eigenen konkreten Unterrichts in dieser oder jener Lerngruppe sind zwar keine Garanten für das Gelingen des Unterrichts – stets sind nicht einholbare Faktoren im Spiel – doch sie geben dem und der Lehrenden Orientierung und Sicherheit; sie fördern Empathie und Flexibilität.

In der Praxis der Unterrichtsvorbereitung auf das Unterrichtsthema nimmt die leibliche Person der und des Lehrenden einen viel größeren Stellenwert ein als meist erkannt.[1387] In der Tat spielen leibliche Schritte, auch bei LehrerInnen, die Focusing nicht beherrschen, in den Prozess der Unterrichtsvorbereitung hinein, da Entscheidungen mit Intuition und von daher mit dem leiblichen Gespür für Sache, Schüler und sich selbst zu tun haben – auch wenn sie nicht reflektiert werden. Ein meiner Ansicht nach ermutigendes Modell für eine didaktische Analyse bietet im religionspädagogischen Rahmen der schriftliche vollzogene Vorbereitungsprozess von Carolin Schaper, die am Beispiel von Eichendorffs Gedicht „Mondnacht" auf gestaltpädagogische Weise den eigenen Weg mit dem Gedicht mit literaturwissenschaftlichen, theologischen und von der Perspektive der SchülerInnen her gedachten Lern-Wegen in Einklang bringt.[1388] Vor dem Hintergrund gestalttheoretischer und -pädagogischer Theorie liegt der Fokus auf dem eigenen Lern- und Arbeitsweg mit dem Gedicht: von der Auswahl über die Beschaffung von Hintergrundinformationen, die über biographische Aspekte bis in die reflektierende Phase verantworteter Beziehung (zum Lerngegenstand wie zu den SchülerInnen) und zur methodischen Umsetzung führt. An diesem Paradigma wird deutlich: Didaktische Reduktion wird nicht nur als quantitative Begrenzung verstanden, sondern durch die Lehrerin sorgsam qualitativ strukturiert.[1389] Wie können leibliche Lehr- und Lernformen von Religion im Unterricht angebahnt, wie kann Religion präsentiert bzw. repräsentiert werden? Ich möchte exemplarisch zeigen, wie Focusing die Unterrichtsvorbereitung zwar nicht verkürzen, aber sorgsam unterstreichen kann.

2.2 Didaktik performativ

2.2.1 Religionsunterricht entwerfen – Gespür entwickeln.

Ein neues Halbjahr mit einem Kurs des 13. Jahrgangs liegt vor mir. Ich bemühe mich, meinen Empfindungen nachzuspüren, wenn ich an den Unterricht im neuen Schuljahr denke.

[1387] Aus diesem Grund betonen Werner Jank / Hilbert Meyer, Didaktische Modelle. Frankfurt ^{6}2003, 38–45 die Notwendigkeit für die Lehrenden, ein eigenes didaktisches Konzept zu entwickeln.

[1388] Carolin Schaper, „Es war, als hätt' der Himmel …" Ein Beispiel für gestaltpädagogisches Arbeiten im Religionsunterricht. In: Klie / Leonhard, Schauplatz Religion, 326–344.

[1389] Zur didaktischen Reduktion als didaktischer Inszenierung vgl. auch Werner Jank / Meyer, Didaktische Modelle, 80–84.

Erster Schritt: Die Lernenden und mein Verhältnis zu ihnen. Bevor ich mich an die inhaltliche Planung mache, fokussiere ich die Lerngruppe, ihre für mich sichtbaren Elemente von Religiosität und die gemeinsamen und individuellen vielgestaltigen Charakteristika ihrer Mitglieder. Dazu stelle ich mir eine typische Unterrichtssituation vor. Ein kleiner Seufzer der Erleichterung senkt sich in der Rumpfmitte ab: Von den 17 KursteilnehmerInnen des vergangenen Schuljahres werden etwa 9 oder 10 bleiben. Eine traumhaft kleine Zahl, zumal die meisten von ihnen Abitur im 3. oder 4. Prüfungsfach absolvieren werden und Interesse an theologischen Fragen mitbringen. Da ist z.B. *Katja*, die ihre Fragen zur Lebensführung sehr emotional angeht. Mir ist aufgefallen, dass sie ein Verhältnis zu Gott hat, das von Schuld und Gewissen bestimmt ist. *Undine* ist philosophisch gebildet und hat ein Faible für religiöse Sprachfindung. *Cornelia* ist in einer lebendigen Stadtkirchengemeinde engagiert und setzt sich, auch über klassische Musik, mit ihrem Glauben auseinander. Kirchenmusik gehört zu den Medien, durch welche *Dörthe* Zugang zu evangelischem Glauben hat; sie hat evangelische Dogmatik in einer eigentümlichen Weise nahezu internalisiert und repräsentiert für mich landeskirchliche Frömmigkeit. *Arianes* Interesse ist von handfesten Fragen nach ethischen Themen bestimmt; sie opfert viel Zeit für Jugendarbeit und kümmert sich in der SV um die Belange der Mitschüler. In der letzten Stunde vor den Ferien hat sich *Sebastian*, ein stark naturwissenschaftlich engagierter Schüler, im letzten Moment für Religion statt Philosophie als 4. Prüfungsfach entschieden, somit wird auch er am Kurs teilnehmen. Mir wird noch einmal bewusst, dass der Kurs nicht nur interessiert, sondern auch äußerst leistungsstark besetzt ist. Ich spüre, dass ich mich auf die Arbeit mit ihm freue, aber es wird nach meiner Erfahrung im letzten Jahr auch eine große Herausforderung bedeuten. Die Gruppe diskutiert gern und geht den Dingen pingelig auf den Grund, verknüpft theologische Fragen mit eigenen Zugängen, tendiert aber dabei zu starkem Sachwissen und öffnet sich eher zögernd für meine Unterrichtsversuche zu möglichst persönlich bedeutsamem Lernen. Von meinem Budget an Aufwand und Zeit für die Vorbereitung nimmt dieser Religionskurs das meiste in Anspruch. In meinem Felt Sense bleibt ein Kitzeln; die Psychoanalyse nennt einen solchen Angstreiz den „thrill", das Gemisch aus Vorfreude, Angst und Nervenkitzel.

Das Focusing hilft mir, mein Verhältnis zu diesem Kurs und damit meine konkrete Rolle als Religionslehrerin einzuschätzen. Eine leichte Anspannung im Bauch signalisiert mir, dass ich die anspruchsvollen Erwartungen an meine Sachkompetenz zuweilen fürchte. Manche Detailfragen kann ich erst nach Recherchen in der Folgestunde beantworten, manche von den Schülern gezogene Querverbindung ist beachtlich, übersteigt jedoch mein Fachwissen in Philosophie, Musik oder auch Historischer Theologie. Häufig beschleicht mich ein Gefühl der Unruhe. Zugleich bin ich froh über das zugewandte und zum Teil persönliche Miteinander, das im Laufe des letzten Jahres deutlich gewachsen ist. Die gleiche Affinität zu Kirchenmusik, das Interesse an Religion in kulturellen Zusammenhängen – wir haben mehrmals Kinofilme betrachtet und analysiert – hat dazu geführt, dass das anfängliche, sehr kritische Abtasten nachgelassen hat. Ich mache mich auf die Suche nach einem passenden Ausdruck: Wir haben einen stark sach- und fachbezogenen, nicht gerade gelockerten oder gar lässigen, aber menschlich zugewandten Kontakt in freundlicher Wertschätzung zueinander gefunden.

Zweiter Schritt: Die Unterrichtssituation. Zur Planung des Unterrichts gehört die Tatsache, dass im folgenden Schuljahr ein Großteil des Kurses Religion als Prüfungsfach für das Abitur wählen will. Ich versuche dem nachzuspüren, was das für die Arbeit in unserem Kurs bedeutet. Diese Tatsache lässt mich relativ gelassen; ich spüre eher gefestigte Ruhe angesichts der Möglichkeit, auf diese Weise einzelnen Unterrichtssegmenten, die für die SchülerInnen besonders wichtig waren, nachzugehen und diese zu vertiefen. Ich selbst muss neben dem fortlaufenden Kurs Abiturvorschläge entwickeln und einreichen – ein letzter Durchgang vor der niedersächsischen Einführung des Zentralabiturs – und nehme mir vor, mir für diesen Prozess nicht nur die Inhalte, sondern auch die Lernsituationen und die betroffenen SchülerInnen noch einmal genau zu vergegenwärtigen.

Ich vermute angesichts der Prüfungen – insbesondere an einem durch starkes Selbstbewusstsein und hohes Ansehen geprägten altsprachlichen Gymnasium wie dem unsrigen – große Leistungsbereitschaft und Aufmerksamkeit, aber auch viel Leistungsdruck, am ehesten aus dem jeweiligen familiären Gefüge, aber auch von außerhalb. Ich erinnere mich mit dem gleichen Gefühl der Anspannung daran, dass ich mich am sensibelsten in Prüfungssituationen mit Inhalten auseinandersetze. Das könnte für einen Teil der SchülerInnen zutreffen; es könnte für andere aber auch genau das Gegenteil bedeuten, nämlich Unkonzentriertheit oder gar Blockaden, vielleicht gerade bei solchen Lern-Gegenständen, welche – nun in einer potentiellen Krisensituation – die eigene Position in Frage stellen und die Festigkeit erschüttern könnten. Vermutlich wird für die Lernenden die Leistungsbewertung eine höhere Bedeutung gewinnen als bisher, auch um sich selbst in einer Prüfungssituation einschätzen zu können.

Das Einfühlen in die Situation und die Empathie für die Haltung einzelner SchülerInnen, das Nachspüren der Atmosphäre und Vor-Augen-Führen der Bedingungen der Lerngruppe führt zu einem Gefühl der Sättigung: Gut, ich denke, ich habe einen Felt Sense dafür bekommen, was an der Schule für diesen Kurs angemessen sein wird. Und ich selbst? Mich erwarten viele andere Aufgaben parallel an der Universität, die sich für mich in irgendeiner Weise mit dem Kurs verbinden, aber dennoch eigenständig sind. Ich verspüre den Wunsch, ruhige Momente zu finden, in denen ich immer wieder genau diesen Einschätzungen nachspüren und sie so für mich überprüfen und korrigieren kann.

Zur Situation gehört auch, dass unser Kurs dreistündig stattfindet; ich hoffe sehr auf eine Doppelstunde, in der vertiefte Auseinandersetzungen eher möglich sind. Im letzten Jahr hatten wir eine Doppelstunde von der 0. Stunde an; ich habe, zumal im Winter, ein Morgenritual des Musikhörens eingeführt, um den Übergang von der nächtlichen Müdigkeit zur Beteiligung frühmorgendlich zu gestalten. Sollte die Unterrichtszeit wiederum dort liegen, wäre zu überlegen, ob sich eine Möglichkeit der inhaltlichen Gestaltung eines solchen Rituals findet, das Raum, Zeit und den Personen angemessen ist. Nachdem ich der situativen Bedingungen fürs Erste gewahr geworden bin – ich werde vermutlich dort, wo es nötig ist, wieder darauf zurückkommen – möchte ich die Gestaltung des Unterrichts genauer in den Blick nehmen.

Dritter Schritt: Wie wird aus einem Stoff ein Kursthema? Eine erste inhaltliche Annäherung. Die grobe Kursthematik habe ich inhaltlich schon zu Beginn des letzten Jahres eruiert, in Übereinstimmung vor allem mit dem schuleigenen Lehrplan, der Christologie als zweiten von vier Kursbereichen vorsieht. Es lag zu Beginn des letzten Schuljahres nahe, mit den mir fremden SchülerInnen nicht mit dem Verweis auf Gott, Religion und Transzendenz zu beginnen, sondern durch das Thema Anthropologie mit menschlich Näherem. So folgt nun Religion und das Fragen nach Gott im dritten gemeinsamen Semester. Ich erinnere mich an die TZI-Methodik und versuche, aus dem Stoff einen treffenden Titel für die Thematik zu finden, für die ich mir einen Weg von Religion zur detaillierten Rede von Gott vorstellen kann: Spontan kommt mir immer wieder „Nach Gott fragen" als Überschrift in den Sinn. Einerseits charakterisiert das Thema treffend die Perspektive dieser SchülerInnen, andererseits klingt es in meinen Ohren fast abgedroschen und schließt in der Formulierung alles aus, was mehr und anders ist als ein duales Frage-Antwort-Spiel. „Gott suchen"? Ich seufze und sehe vor mir neugierige, aber unbefriedigte Schüleraugen; wo bleibt da das Gefundene? Schön wäre ein konkreter und aus sich selbst sprechender Titel: „Mit Gott oder ohne?" Nicht nur Bonhoeffer, sondern auch gegenwärtige Jugendliche wären darin eingeschlossen – kaum aber diejenigen meines Kurses. Ich versuche noch einmal genauer zu fokussieren: „In Begleitung von Gott", das trifft eine Lebensperspektive, klingt aber frömmelnd. „Etsi deus (non) daretur" ist zwar auf Lateinisch zunächst abstrakt, weckt zum einen aber die Aufmerksamkeit der altsprachlich gebildeten Schüler und berührt zum anderen ihre eigene sowie die sachliche Wirklichkeit, als es letztlich um Lebensperspektiven für ein Leben mit oder ohne Gott geht. Ich spüre, dass die momentanen Überlegungen durch die inhaltliche Aufschlüsselung noch weiter vorangebracht werden können.

Bei meinem Versuch, den Umfang der Thematik zu sondieren, fallen mir zunächst Begriffe und Teilgebiete wie Gotteserfahrungen, Gottesbilder, Gottesrede ein. Was ich alles unterrichten könnte – das ist nicht schwer. Erzählte und eigene Unterrichtserfahrungen, Materialsammlungen, klassische Texte gibt es genug; sie können als eine Phänomenologie von Gottesvorstellungen und -erfahrungen gehandhabt werden. Mir nähert sich die Frage, wo Gott am ehesten als Gott erfahrbar und anschaulich wird. Die schmerzlichsten Erlebnisse und die freudigsten Ereignisse fallen mir ein: Leid und Hoffnung, Trauer und Freude – diese Pole gehören zusammen. Zur Überprüfung dieser Idee versuche ich einen Moment innezuhalten und ihr nachzuspüren. Mein Körper rollt sich innerlich zu einer wohligen Kugel zusammen. Gehe ich diesem Anfangsgefühl nach, so sagt es mir, dass die Intensität der Gotteserfahrung zwar möglicherweise in Grenzerfahrungen am stärksten sein kann; Gott muss jedoch zumindest an einem entsprechenden Ort bzw. in einer entsprechenden Situation in Geborgenheit, Vertrautheit oder anderem *überhaupt* wahrgenommen sein, bevor diese Erfahrung auch in der Krise trägt. Diese Situationen müssten im Unterricht jeweils Gestalt bekommen. Etsi deus daretur: Es handelt sich vermutlich um eine elementare Ur-Erfahrung, von der Fulbert Steffensky als einem „Heimatgefühl" spricht.[1390] Und etsi deus non daretur? Es fällt mir nicht leicht, eine solche Haltung nachzufühlen, gleichwohl weiß ich, wie wichtig sie religionspädagogisch ist. Ich stelle mir das Unbehagen eines ängstlichen Mannes vor, der sich scheut, einen Weg der Weltoffenheit zu gehen. In sich verkrümmt, senkt er die Augen und bespiegelt sich selbst. Die Verkrümmung des Menschen, der seinen Weg nicht sieht – Gottesglaube oder Gottlosigkeit? Komisch ist, dass mein Körper intuitiv in beiden Fällen vom Oberbauch aus eine Rundungsbewegung vollzogen hat. Und doch empfinde ich die erste Bewegung als bergendes, geschmeidig glättendes Umschließen eines kostbaren Inneren und die zweite Bewegung als verkrampfte, schmerzvoll angestrengte Flucht ins Innere.

In dieser doppelten Bewegung eröffnet sich die Spannweite des Themas für mich. Der didaktische Ausgangspunkt ist ein – nein: sind zwei Felt Senses, in denen sich für mich nun zugleich Schuld und Erlösung, Heil und Unheil nachfühlen lassen. Es wäre im Folgenden spannend, in einem kommunikativen Zusammenhang die Empfindungen und Gesten z.B. von Kollegen auszutauschen und wiederum aneinander zu überprüfen. Der Normalfall auch einer weiten Unterrichtsplanung wie der eines ganzen Kurshalbjahres ist jedoch, dass zwar Austausch über bestimmte Materialien oder Unterrichtseinheiten stattfindet, jedoch meist zu einem viel späteren Zeitpunkt. In diesem Moment bin ich mit meinen thematischen Bemühungen allein. Ich nehme aus meinem sicheren Gefühl mit, dass ein Kurs mit der Spannung dieser beiden Haltungen auch beginnen kann. *Religion ist ein Weg, der aus der Haltung der Selbstverkrümmung in die Weltoffenheit führt; erst die Erfahrung einer Geborgenheit er-öffnet das Gehen und Beschreiten dieses Weges.* Das Besondere an einem solchen Focusing des Anfangs ist, dass es mir als Lehrerin Geborgenheit vermittelt; viele verschiedene Varianten und auch Krisen sind möglich, ich habe jedoch eine leiblich verortete Form des Themas.

[1390] Fulbert Steffensky, Religion im Kinderzimmer, 70.

Die Suche nach möglichem Material und erste Anflüge von Handlungs- und Gestaltungsaufgaben fallen mir im Anschluss nicht schwer. Klar, dass das Wegsymbol dazugehört: der Emmausweg, die Zeichnung von Thomas Zacharias, der Große Weg von Hundertwasser, der Weg der Buddhisten im Kontrast. Ich überlege: Wir müssten selbst ganz bewusst einen Gang machen. Eine Art Pilgerfahrt? Vielleicht doch ins buddhistische Kloster Vien Giac, die größte europäische Gemeinde mitten in Hannover? Eine Photographie einer Skulptur von Dorothea Freudenreich fällt mir in die Hände; ein Kind schmiegt sich in eine hohle Hand. Das Gedicht „Halten" von Erich Fried verdichtet diese Erfahrung. Jochen Kleppers Lied „Ja, ich will euch tragen", das auf Jes 46,3.4 fußt, habe ich im Ohr. Welche alttestamentlichen Erfahrungen gehören dazu? Sicher Hiob. Jona? Auch wissenschaftliche Erklärungen und Entwürfe dürften nicht fehlen. Die lateinische Etymologie des Religionsbegriffs dürfte für die SchülerInnen leicht nachvollziehbar sein. Vorsicht, im letzten Semester habe ich den Kurs ein wenig überfrachtet: Weniger ist mehr. Also besser drei bis vier statt sechs Namen, und stattdessen mehr selbst entwickeln. Sicherlich gehört Bonhoeffer in die theologische Auswahl, in jedem Fall Schleiermacher und Tillich, Luther darf aber auch nicht fehlen. In dem Kurs sind mit einer Ausnahme vermutlich nur Mädchen: Eine feministische Perspektive erweitert das Spektrum zur Gottesrede.

Vierter Schritt: Wohin gehen wir? Stationen auf dem Lern-Weg. Nach einigen stärker informations- und wissensorientierten Zugängen, in denen ich Material sammle und mir durch Vorlesen (und wiederum Nachspüren), Nachdenken, Betrachten, Kontrastieren und Problematisieren meinen Ausgangssatz aufschließe, gehe ich einen Schritt weiter, begebe mich erneut in meine Haltung des leiblichen Spürens und lese mir den Satz laut vor. *Religion ist ein Weg, der aus der Haltung der Selbstverkrümmung in die Weltoffenheit führt; erst die Erfahrung einer Geborgenheit er-öffnet das Gehen und Beschreiten dieses Weges.* Der Satz wirkt auf mich holprig. Meinem Gespür nach muss da ein JEMAND oder ein ETWAS sein, das zu dieser Öffnung animiert. Gott ist als eine Kraft spürbar, die mich sanft nach außen hin öffnet und nach vorn zieht. Es wird darauf ankommen, dass die SchülerInnen Gottes Kraft in Gestalt ästhetischer Formen wahrnehmen können, im Gegenpol zum „An-Ästhetischen".[1391] Was mag sie im Vorfeld und bei diesen Zugängen bewegen? Ich erinnere mich an die Studien zu Jugend und Religion und spüre, dass sie als Theorie in der Hinterhand gut zu wissen sind, aber angesichts meines Kurses noch einmal überprüft werden müssen und notiere mir innerlich, dass wir Möglichkeiten der Äußerung, der Darstellung und des reflexiven Gesprächs im Gegenüber zu den Aneignungen der Erscheinungsformen brauchen.

Womit beginnen? Dem Kurs wäre sicher mehr geholfen, wenn er sich von außen an die Sache mit der Religion herantasten könnte. In vielen Kursen ist die Randständigkeit des Phänomens Religion überdeutlich, da sind Schritte der Annähe-

[1391] Zur an-ästhetischen Bildungskultur siehe Dorothea Bähr, Zwischenräume, 39–41.

rung nötig, um überhaupt eine gewisse Öffnung für das Thema zu ermöglichen. In diesem Kurs ist es anders: Mehr als die Hälfte haben auf eine so selbstverständliche Weise mit Religion zu tun, dass ihnen gerade ein neuer, bewusst fremder Blick neue Einsichten gewähren könnte. Wie erscheint Religion für die, die sie gut zu kennen glauben? Wo finden wir in der Lebenswelt ihre religiösen Spuren, auch wenn sie gemeinhin nicht entdeckt werden? Die „Entselbstverständlichung" von Religion macht mich selbst neugierig, weil es um eine Neubestimmung des Verhältnisses zur Wirklichkeit geht. Folglich werde ich nicht mit dem Fokus auf Gott beginnen, sondern mit der phänomenologischen Annäherung an Religion. Was ist Religion in den Augen der SchülerInnen? Wo finden sie sie und mit welchen Attributen werden sie sie belegen? Wie kommt in der Breite der Phänomene eine christliche Perspektive zum Tragen? In mir festigt sich zunehmend die Ahnung, dass es einerseits um leibliche theologische Inhalte geht – ich kann mir keine christliche Religion vorstellen, die gänzlich ohne Bezug zur leiblichen Gestalt Jesus Christus bleibt – andererseits aber so etwas wie Merkmale einer christlichen Haltung herausgearbeitet werden müssten. Ich merke, dass die Haltungen einzelner Schülerinnen unterschiedlich orientiert und hinterfragt werden müssten. *Dörthe* hat einen deutlich kirchlich geprägten background, in dem auch dogmatische Denkstrukturen ihr Netz aufgespannt haben. Dennoch wird an ihrem Verhalten und in ihren Äußerungen merklich spürbar, dass sie nicht einfach kirchliche Meinung reproduziert, sondern sich immer wieder ins Verhältnis dazu setzt. Ihr würde es gut tun, Phänomene und Positionen jenseits tradierter Vorstellungen kennen zu lernen und sich mit ihnen auseinander zu setzen. *Katjas* Äußerungen sind von starker Emotionalität, aber auch von verinnerlichten, traditionellen christlichen Gottes- und Moralvorstellungen geprägt. Es würde sie auf ihrem Weg mehr voranbringen, wenn Vorstellung und Erleben in Einklang gebracht werden könnten. *Sebastian* hat als interessierter Astronom eine von naturwissenschaftlicher Rationalität geprägte Weltsicht, kennt jedoch auch christliches Innenleben aus eigener kirchlicher Erfahrung und bemüht sich mit großem Interesse und biographischem Klärungsbedarf, das Wie und Warum des Lebens einander zuzuordnen. Bei einem kleinen Kurs ist das Eingehen auf die je eigenen religiösen Haltungen zu bewältigen, weil es immer wieder in ausgewogenem Maße Gelegenheiten für die eine und andere Perspektive gibt. Religion könnte also zunächst spurenhaft in die Landschaften des Lebens einziehen, um in den verschiedenen Perspektiven selbst das Gehäuse zu sein, in dem Fragen und Suchen nach Gott seinen Raum gewinnen könnte.

Einen Schritt in diesen Raum hinein bedeutet das Kennenlernen und Auseinandersetzen mit dem christlichen Innenleben von Religion. Was wäre, wenn es da ein Haus der Religion gäbe, in welches der christliche Gott einzieht, in dem er vielleicht sogar wohnt und in dem sich die Menschen heimisch machen können? Gott müsst in seinen verschiedenen Schattierungen zwischen den Polen Hell und Dunkel, Macht und Ohnmacht, Männlich und Weiblich ansatzweise zu Rede und

Darstellung gebracht werden. Dabei wird die Rede an, von und über Gott immer wieder wechseln und ausgelotet werden. In ästhetischer Aneignung werden tradierte Formen wie Vaterunser und Credo mit poetischen, politischen und anderen Gottesbildern sowie religionskritischen Positionen variieren. Das eigene Nachspüren, Nachzeichnen und Formulieren darf nicht in Vergessenheit geraten und es wird sehr wichtig sein, die Grenzen symbolischer Kommunikation zu markieren. Ich merke immer wieder, wie sehr ich mich auf diese Arbeit freue, da ich von einem starken Interesse ausgehen und auf einem hohen Unterrichtsniveau ansetzen kann.

Worauf wird der Kurs hinauslaufen? Bis hierher fällt es mir nicht allzu schwer, die Wegrichtung des Kurses abzustecken. Didaktische Analysen, vor allem in der konkreten Unterrichtsplanung, sind stets darauf aus, wenn nicht Lernziele, so doch zumindest Lehrziele oder Unterrichtsziele abzustecken. Mir geht es um Prozessziele. Ich muss mich immer wieder prüfen, ob es weitere Maßgaben gibt, die in die Planung eingehen müssten. Handlungsorientierter Unterricht hat oft am Ende eine konkrete Handlung im Blick: eine Ausstellung, ein Buch, ein Projekt. Im Normalfall von Unterricht kann ich diese Konkretionen integrieren, ich benötige aber jetzt für die Abiturienten schriftliche Fixierungen, die der Prüfungsvorbereitung dienen können. Das Wissen nahender Überprüfung und Auswertung macht sich in mir als die leise Stimme des Gewissens vernehmbar, die immer wieder fragt, was wesentlich ist. Das ist es, was ich am Ende sichtbar und benennbar machen möchte.

Bei jeglicher Regie eines Theaterstückes ist das Skript die Vorlage für die Inszenierung und Aufführung. In der Musik gibt die Partitur für den geübten Hörer und Leser einen Vorgeschmack auf das zu Hörende. Jegliche Aufführung, Performance kommt erst zur Geltung, wenn sie gespielt, also räumlich und leiblich zur Darstellung und Mitteilung kommt. Ich empfinde eine angenehme Spannung im Bauch: Vorfreude, ein wenig Unruhe. Wie wird aus meinem Skript ein Stück, aus meiner Partitur eine Aufführung? Besondere Aufmerksamkeit verwende ich auf den Beginn des Kurssemesters. Bereits in den ersten Stunden sollen die KursteilnehmerInnen mit Focusing bekannt werden; ich möchte zu Beginn Freiraum für die Symbolsierungen der SchülerInnen gewinnen.

2.2.2 Work in progress: Luft holen und anfangen.

An dem ersten Morgen scheint die Sonne in den hellen Raum im Erdgeschoss. Hie und da geht am geöffneten Fenster ein Schüler vorbei und schaut hinein. Der Religionskurs besteht aus acht Schülerinnen und einem Schüler. Wir setzen uns zu einem Hufeisen zusammen. Die Atmosphäre ist von Beginn an aufgeschlossener, persönlicher, intimer als in der größeren Gruppe im letzten Jahr. Ich atme auf und weiß zugleich um die Ausnahmesituation; keine gelangweilten Gesichter, im Gegenteil: motivierte SchülerInnen, die eigenständig denken und sich Religion erschließen wollen. Ich habe das Gefühl, fast alle erwarten vom Unterricht noch etwas über Fachwissen hinaus. Fünf von ihnen werden die Abiturprüfung in Religion ablegen. Für diesen Kurs nehmen sie wiederum eine 0. Stunde in Kauf. Ich bin froh, dass wir wieder eine Doppelstunde haben.

Anfänge schaffen Raum für das, was im Prozess des Unterrichts entstehen kann, aber auch für das, was aus dem Rahmen fällt. Anfänge haben öffnenden wie umzäunenden Charakter. Ich kann in diesem Kurs mehr erlauben, einzelne SchülerInnen sollen aber auch genauer arbeiten. Wir werden das Morgenritual in veränderter Form fortsetzen: Jede und jeder soll für einen ausgemachten Morgen selbst auswählen, was für ihn oder den Kurs als Einstieg um 7.10 Uhr hilfreich und stimmig sein wird: Musik, Gedanken, Lesungen, Bilder.

Wir beginnen mit einer Textmelange zum Themenfeld Religion. Ich lege 40 Karten zu einer Ausstellung im Kursraum verteilt aus, auf denen Texte zu Religion stehen. Längst nicht alle äußern sich explizit dazu, was denn Religion sei; vielmehr mischen sich Bibelzitate mit Lexikonartikeln, literarischen Ausschnitte mit Liedtexten und schriftlich fixierten Theologoumena, hier Christliches, dort Buddhistisches, Aktuelles, alt Tradiertes. Die Textmelange hat den Vorteil, dass eine Vielfalt an Positionen greifbar ist, die SchülerInnen sich an einer oder auch zwischen mehreren Positionen verorten können und die vorhandenen Texte zum Anlass für darüber hinaus gehende Gespräche oder auch Texte werden, in denen die schülereigenen Wahrnehmungen als Korrektive fungieren oder aber bereits selbst positioniert werden können. Wir nehmen uns fast zwei Schulstunden Zeit, um die Auswahl, das Vorlesen sowie die Begründungen für die Wahl der Texte nachzuvollziehen. Die Lerngruppe hatte bereits in der früheren Zusammensetzung gern eigenständig diskutiert, um Sachverhalte prägnant herauszuarbeiten; jetzt, im Rahmen dieser als Einstieg in das Semester gedachten Wahl, erfolgen nun intensive Auseinandersetzungen über das, was Religion eigentlich heiße und für die einzelnen bedeuten könne. Ich unterstütze den Prozess darin, indem ich Hilfen gebe, die verschiedenen Meinungen klarer zuzuordnen sowie voneinander abzugrenzen und spiegele die Ebenen der Diskussion: Wo ist von Religion allgemein die Rede, wo bereits vom Glauben? Welcher Blick wird von außen auf Religion geworfen, welche Sichtweise ist eine Binnenperspektive?

Die Atmosphäre und Bereitschaft, in dieses Thema einzusteigen, ermutigen mich, die Gestalt, die Religion für uns hat, persönlicher herauszuarbeiten als im letzten Kursjahr. Nachdem wir die fremden Texte wahrgenommen haben, ist es mir wichtig, eigene Gestalten für Religion zu finden. Wie symbolisieren Einzelne, was Religion für ihn und sie jetzt, zu diesem Zeitpunkt, darstellt? Ich ermuntere zu ungewöhnlichen Methoden, kündige an, dass die folgende Wahrnehmungsübungen etwas mit leiblichem Gespür zu tun haben und die eigene Klarheit unterstützen. Die SchülerInnen räkeln sich, spüren den Boden unter den Füßen und die Sitzfläche unter sich, setzen sich bequem hin, einige schließen die Augen, andere legen den Kopf auf den Tisch.

> *Nehmen Sie alles vor sich, was Sie hier und auch sonst von Religion gehört haben, was Sie damit verbinden ... Achten Sie nun auf Ihren Körper ... Versuchen Sie, Ihre Magengegend zu fühlen ... Versuchen Sie ein Gefühl dafür zu bekommen, was Religion ist ... Spüren Sie genau in sich hinein ... Vielleicht ist da ein Gefühl, das Sie kennen ... oder auch nicht kennen ... Wenn Sie mögen, gehen Sie ihm nach ... Versuchen Sie es richtig gut zu spüren ... Prüfen Sie dann, ob Sie ihm einen Namen geben können, ein Bild oder einen Ausdruck finden, der dazu passt ... Seien Sie genau: Ist es das wirklich, ist Religion für mich so ...? Wenn Sie einen Ausdruck oder ein Symbol gefunden haben, befragen Sie es: Wie ist Religion als .....? Was macht sie aus? ... Hat sie bestimmte Eigenschaften? ... Wenn Ihr Symbol stimmig ist, prägen Sie es sich bitte genau ein, suchen Sie einen Ort am Körper, an den es passt und nehmen es mit ...*

Die SchülerInnen tauchen langsam wie aus einem Moment höchster Konzentration wieder auf, strecken sich und setzen sich wieder gerade hin. *Ariane* hatte die ganze Zeit die Augen geöffnet und vor sich hin gestarrt. *Marlene* und *Judith* brauchen eine Weile, um wieder da zu sein.

> *Formulieren Sie nun von Ihrem Gefühl und Symbol ausgehend weiter, was Religion eigentlich für Sie ist:* Religion ist (für mich) ... *Schreiben Sie nun aus dem Gefühl heraus, das Sie bekommen haben. Setzen Sie den Begriff oder das Bild oder das Symbol, das Sie gefunden haben, ein und lassen Sie ihrem Schreiben freien Lauf. Die Form stellt sich von selbst ein.*

Einige überlegen. Ich sehe *Sebastian* an, dass er innerlich umschaltet: Jetzt ist Schreiben und Definieren gefragt. Andere nehmen den Stift in die Hand und lassen die Tinte fließen.

Viele Facetten
Vielseitigkeit
Wie ne bunte Tüte
Jedes Mal etwas anderes
Wie ich gerade denke, mich fühle, wo ich bin.
(Marlene)

Konfirmationsort
↓
Christuskirche {daran denke ich, wenn ich an Religion denke}
Beschäftigung mit Religion macht glücklich und zuversichtlich
Oft lange mit Freunden darüber geredet → zeigt wichtige Charakterzüge dieser Menschen
(Sebastian)

Religion ist
- Bedürfnis der Menschen nach Seelenheil / Erlösung
- Anreiz, „gut“ zu handeln
- Weg / Kommunikation mit einer höheren Instanz, verbunden mit
- Hoffen auf ein besseres, gerechtes Leben

(Janina)

Religion ist wie ein Stein in einer Tasche, die man ständig mit sich herumträgt: sie begleitet mich stets, auch wenn ich sie nicht immer bewusst wahrnehme; so wie der Stein immer in der Tasche bleibt, auch wenn er sich hin- und wieder in einer Falte versteckt, später aber wieder gleich ins Auge springt, wenn ich die Tasche öffnen und ich ihn beim Gehen an meinem Bein fühle.
(Cornelia)

Religion ist ein Sicherheit gebender Gedanke, eine ermutigende Möglichkeit. Sie ist mitten in meinem Kern, nicht auf Herz oder Kopf konzentriert. Religion gibt keine Garantie für ein Leben ohne Probleme und bietet auch keine direkte Lösung, aber sie begleitet mich. Vielleicht ist sie mit meinem alten Teddy „Braunbär“ zu vergleichen. Er hat mich seit meiner Geburt begleitet. Inzwischen beschäftige ich mich in meinem Alltagsleben nicht oft bewusst mit ihm, aber ich weiß, dass er immer da ist. In Situationen, in denen ich mich einsam oder hilflos fühle, ist er für mich ein positiver Gedanke.
(Undine)

Religion ist (für mich) wie eine Wanderung mit einem sehr guten Freund. Der Weg ist lang, manchmal tun die Füße weh, manchmal regnet es, aber es gibt auch viele wunderbare Momente, in denen man die Sonne aufgehen sieht, einem die Blumen am Wegrand auffallen oder man einfach nur über alles reden kann.
(Dörthe)

Religion ist (für mich)…
- warmes, sich ausbreitendes Gefühl
- Glaube, Liebe, Hoffnung, Glaube
- „Kleines Senfkorn Hoffnung“
- - Samen → Liebe → Pflanze → Hoffnung, dass sie den Winter überdauert

Hoffnung
Glaube

(Katja)

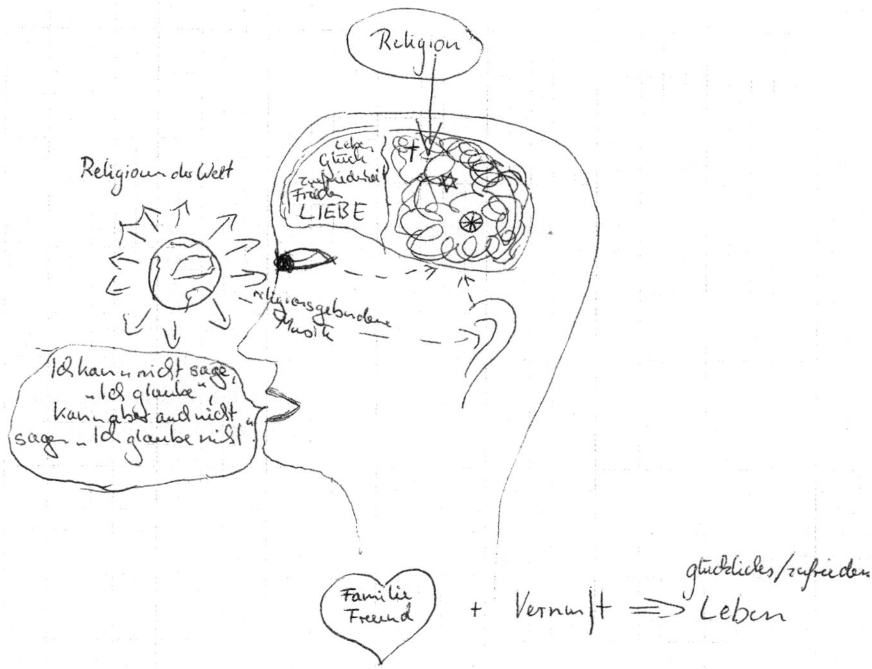

(Ariane)

Die Symbolisierungsprozesse werden zunächst in von den SchülerInnen frei gewählten Dreiergruppen vorgestellt. Diese bieten die nötige Intimität und gewährleisten, dass jeder Zugang auch von zwei anderen SchülerInnen Aufmerksamkeit bekommt. In einem weiteren Schritt bekommen die Gruppen den Auftrag, ausgehend von den persönlichen Symbolisierungen ein für die Gruppe schlüssiges Verständnis von „Religion" zu erarbeiten.

Religion ist (wie)
- der Wind; wir können sie nicht sehen, aber wir spüren sie, sie ist immer da.
- vielseitig: in Ritualen nimmt man sie intensiv wahr; je nach Gefühlslage beschäftigt sie uns mehr oder auch weniger (Kirche ↔ Schule)
- schwer definierbar!
- etwas, woran man sich festhalten kann; sie gibt aber keine konkreten Antworten oder Lösungen (Teddybär).

(Undine, Marlene, Judith)

Vernunft und Emotion sind die Wege, hervorgerufen von unterschiedlichen Bedürfnissen, an Religion heranzugehen. Je nach Zugang unterscheidet sich das „Religionszentrum" im Menschen.

↙ ↘

Herz Hirn

(Janina, Sebastian, Ariane)

Religion ist
- beständig vorhanden, aber wandelbar
- das Verhältnis des Gläubigen zur Religion ist häufig ambivalent.
- die Verbindung zu Gott und zu den Mitmenschen
- individuell.

(Dörthe, Cornelia, Katja)

Im Folgenden arbeiten wir mit den eigenen Symbolen wie auch mit den Gruppendefinitionen weiter, indem zunächst die Funktion erschlossen wird, die Religion in anthropologischer Hinsicht einnehmen kann. Anschließend konzentrieren wir uns auf verschiedene Definitionen aus Theologie, Philosophie und Humanwissenschaften, die mit unseren eigenen ins Gespräch gebracht werden. Ein Projekt zur Wahrnehmung religiöser Spuren in der Lebenswelt und Kultur bringt die Symbolik wie die wissenschaftliche Begrifflichkeit zur Anwendung und lässt uns unsere Kriterien für das, was Religion ausmacht, noch einmal schärfen.

2.2.3 Dem Unterricht nach-gehen: Leibliches Reflektieren

Studien wie PISA oder die OECD-Studie legen nahe, sich ans Ende der Schulzeit zu stellen und von den Ergebnissen her kritisch zurückzufragen: Was wurde gelernt? Was wissen die SchülerInnen? Wie wurde gelernt? Was wurde gelehrt? Wie wurde gelehrt? In der empirischen Bildungsforschung werden Kriterien für die Qualität des Religionsunterrichts entwickelt. Verantwortlich für den konkreten Prozess zeichnet der Religionslehrer. Seine Rolle ist durch die Bewegung und Balancierung verschiedener Pole gekennzeichnet: Er bewegt sich zwischen den Orten Kirche und Schule, zwischen den Systemen der Religion, Schule und Lebenswelt, zwischen der Erfahrung und Ahnung, Vorbereiten und Reflektieren. Auch in den Unterricht selbst wird diese Perspektive einbezogen.

Reflektieren nenne ich *Nach-Gehen.* Auch die SchülerInnen halten nicht nur Ergebnisse fest, sondern lassen die Unterrichtsstunde Revue passieren, beziehen Inhalte und Methode aufeinander, überlegen, was sie als Gelerntes „im Gepäck“ mitnehmen und was ihnen noch fehlt. Den größten Teil der Unterrichtsreflexion vollziehen jedoch die Lehrenden. Ist Unterrichtsbesuch da – in meinem eigenen Unterricht ReferendarInnen oder StudentInnen – so ergibt sich die Gelegenheit, den Unterricht gemeinsam unter die Lupe zu nehmen, die eigenen nachträglichen Wahrnehmungen mit denen der „ZuschauerInnen“ auszutauschen, für Probleme aufmerksam zu werden, sie zu besprechen oder zu relativieren.

Da es bei uns Teamteaching nur in außergewöhnlichen Situationen gibt, bin ich als Lehrkraft auf mein eigenes Reflexionsvermögen angewiesen. Elemente des Focusing werden hier wichtig, um Spannungspole und Perspektiven in sich auszuloten und eine eigene Haltung zu entwickeln. Unterrichtsreflexion benötigt

Kriterien und lässt Wege bedenken. Wenn ich das TZI-Dreieck als Grundlage nehme, beobachte ich, wie sich das wechselseitige Verhältnis zwischen mir als Lehrperson, den SchülerInnen und unserem Unterrichtsgegenstand entwickelt hat.[1392] Struktur, Prozess und Vertrauen werden quer zu den Komponenten des Unterrichts Kriterien für den Lernvorgang. Die Zielrichtung, auf die hin ich meinen Unterricht überprüfe, ergibt sich zum einen aus dem Verständnis von Religionsunterricht als Gestaltungsraum und schließt zum anderen die humanistische Haltung der TZI ein, in der ich meinen Unterricht zu gestalten bemüht bin.

Wie bei jedem Focusingprozess beginne ich mit Elementen der Konzentration: Viele Bedingungen, Komponenten und Elemente von Unterricht in Theorie wie Praxis schwirren in meinem Kopf herum. Ich möchte aber den konkreten Prozess fokussieren. Also schaffe ich Freiraum, lege all diese Komponenten mental wie Päckchen an die Seite und bemühe mich, freie Sicht zu bekommen. Wie immer führt das ruhige Durchatmen auch zu innerer Ruhe und sammelt Kräfte. In meinem Leibraum bin ich leicht angespannt, fast ein wenig ängstlich, aber es fühlt sich insgesamt gut und erwartungsvoll an.

Reflexion ist zunächst einmal *Erinnerung*: Was war? Wie fühlt sich der vergangene Unterricht für mich an? Was schält sich in meiner Erinnerung als deutlichstes und wichtigstes Element heraus? Bilder und Klänge steigen auf: aus dem Unterricht, aus den Minuten jeweils davor und danach. Ein beruhigendes Gefühl habe ich, wenn ich an meinen Kurs denke. Vorfreude vor dem Unterricht, ein Gefühl der Sättigung und Erfüllung danach. Eine Schülerin bat mich neulich zu einem Beratungsgespräch; sie überlege, Religionslehrerin zu werden oder zumindest „irgendwas mit Theologie" zu machen. Die Ahnung, dass innerhalb einer Schule mit starker intellektueller Tradition, in der die Leiblichkeit eher zu kurz kommt, die Anfänge mit leiblichen Elementen auch im Oberstufenreligionsunterricht in irgendeiner Weise fruchten, lässt mich Freude und Dankbarkeit empfinden. Für mich war der Moment am prägendsten, als die Schüler sich konzentrierten und ihre eigenen Begriffe von Religion ertasteten.

Unterrichtsreflexion beginnt mit der Erinnerung, aber zur Rekonstruktion treten Dekonstruktion und Konstruktion hinzu. Focusing kennt das *Befragen* der Gefühle. Für gezielte und sinnvolle Reflexion ist es zunächst erforderlich, die Erinnerung genau zu befragen. Wie ist es den Schülerinnen und dem Schüler ergangen? Wie war mein Kontakt zu ihnen? Wie haben sie mich wahrgenommen? Wie hat sich mein Verhalten, haben sich meine Rollen verändert? Wie hat sich das Thema entwickelt? Ich merke, dass ich zu allen Fragen ein Anfangsgefühl habe, überlege aber, welche die wichtigste der Reflexionsfragen ist und reduziere damit die Fülle der Fragen. Ich kann mich schwer entscheiden zwischen der Perspektive der

1392 Vgl. Ruth C. Cohn, Von der Psychoanalyse zur Themenzentrierten Interaktion; Rolf Birmelin (Hg.), Erfahrungen lebendigen Lernens. Mainz 1985.

SchülerInnen und meiner eigenen Wahrnehmung des Unterrichts. Was aus dem Zugang zu Religion geworden ist, lässt sich nicht von den Wahrnehmungen des Kurses lösen. Die dynamische Balance der TZI kommt mir zu Hilfe. Ich merke, dass ich mit meiner eigenen Rolle immer wieder befasst war, dass auch die Auseinandersetzung darum, was Religion sei und sein kann, weit gediehen ist. Sollen jetzt stärker die Lernenden ins Blickfeld rücken? Ich bemühe mich, einen Felt Sense dafür zu bekommen, was die SchülerInnen meines Kurses können, was sie interessiert, was sie möglicherweise auch verabscheuen.

Aus der Kenntnis von einem Jahr schälen sich die Eindrücke derjenigen heraus, die im Kurs geblieben sind. Ich habe Aufmerksamkeit und Neugier wahrgenommen, bei den meisten große Bereitschaft, sich auf ein solches Suchen einzulassen: Absicherung bei *Sebastian*, der Fragen stets philosophisch und sehr strukturiert angeht, skeptische Neugier bei *Ariane*, die Konkretionen von Religion kennt, aber im Religionsunterricht eher rational argumentiert. Jede und jeder ist durch das Erspüren des eigenen Zugangs zu einer eigenen Symbolisierung gekommen; die einen zu einem Bild, die anderen zu einer diskursiven Äußerung, wieder andere zu einer Sammlung von Eigenschaften. Mir fällt auf, dass mit den Äußerungen auch Formen gewählt wurden, die mehr zur jeweilig bevorzugten Artikulationsweise der Schüler als zur Sache passten. In vielen aufeinander folgenden Schritten haben sie ihre Sichtweise zur Geltung gebracht. Theorien, die wir behandelt haben, sind eingeflossen und mit den dazugehörigen Namen und Kontexten aufgenommen worden, aber sie bildeten nicht das Ziel des Unterrichts, sondern waren Bausteine auf dem Weg zu einer Symbolisierung sowie der eigenen Auseinandersetzung mit der Symbolik Anderer (z.B. in der Lebenswelt). Kein Wunder, dass *Undine* in einem Gespräch mit mir genau das als Unterschied zum Philosophieunterricht herausgestellt hat: „Wir lernen da die Philosophen nacheinander, ja gut, man muss die jeweilige Theorie begreifen. Das ist schon schwer. Aber dann war's das. Was mache ich damit? In Religion, finde ich, wird man irgendwie anders angeregt, sich auseinanderzusetzen, das hat mehr mit mir zu tun, und das fehlt mir in Philosophie." Ich befrage meinen Unterricht daraufhin: Inwieweit ist diese Verknüpfung der persönlichen Möglichkeiten und Bedingungen der Lernenden und dem Gegenstand gelungen? Wo waren die Balancen ausgewogen, wo ist eine Seite zu kurz gekommen? War der damit verbundene Weg von mir angemessen gespurt?

Meinem Empfinden nach fiel es den SchülerInnen zunächst schwer, die verschiedenen aphorismusartigen Symbolisierungen von Religion aus Theologie, Philosophie und Psychologie für sich aufzuschließen. Die Kooperation in der Gruppenarbeit hat ein Stück weit geholfen, aber die konkreten Beispiele musste ich selbst einbringen. Mit der Zuordnung von Beispiel und Definition wären die SchülerInnen vermutlich von vornherein anders beteiligt gewesen. Wir hätten in die Definitionen stärker als bisher die schülereigenen Religionsbegriffe einbeziehen können. Viele „wäre" und „hätte" steigen mir in den Kopf. Ich kenne die Verzweiflung von LehramtspraktikantInnen und ReferendarInnen, wenn in den Unterrichtsnachbesprechungen die Vielfalt der Möglichkeiten veränderten Unterrichtens aufgezeigt wird, ohne den tatsächlichen Kenntnisstand der zukünftigen Religionslehrerin oder die tatsächlichen zeitlichen Möglichkeiten zu berücksichtigen. Die Folge ist häufig Unzufriedenheit oder ein Gefühl der Überforderung. Das Verständnis einer dynamischen Balance hilft, über den Rand der einzelnen Unterrichtsstunde, -woche etc. hinauszublicken und genauer im Auge zu behalten, ob auf lange Sicht und in der Langzeitwahrnehmung der Lernenden der Unterricht ausgewogen war, ob ihre Anliegen und Fragen zur Sprache kamen, ob praktische Konstruktion von Religion, erinnernde und vertiefende Rekonstruktion und reflexive Dekonstruktion einander die Waage hielten.

Wichtig ist mir noch: Wie ist Religion vorgekommen? Handelte es sich um einen Unterricht, der von Leiblichkeit geprägt und durchzogen war? Ich habe versucht, sowohl die den SchülerInnen vertrauten Begegnungsformen mit Religion einzubeziehen als auch neue Begegnungsformen mit Religion als fremdem Gegenstand zu suchen. Dabei spielte eine Rolle, dass diese Begegnungen inszeniert wurden: durch ein Projekt außerhalb der Schule, in der Alltagswelt, aber auch durch den Unterricht selbst. Von daher ist mit dem Unterricht ein intermediärer Raum entstanden, der, unter Berücksichtigung von Möglichkeiten und Grenzen, Kontakt schafft für etwas Drittes zwischen uns als der Lehr-Lern-Gemeinschaft und Religion – nämlich den gestaltenden Vollzug von Prozessen zur Einwurzelung und Verdichtung von Religion in Achtsamkeit. Auch diese bewegen sich stets zwischen konstruktiver Formgestaltung, rekonstruktivem Erschließen von Zusammenhängen und dekonstruktiver Verhältnisbestimmung zu den vorgegebenen und eigens erarbeiteten Phasen. Der gespürte Körper als konstitutives Wahrnehmungspotential und -instrument wurde in dieser Lerngruppe vor allem dann erprobt, wenn ich dazu angeregt und angeleitet habe. *Katja* ist z.B. eine Schülerin, die von sich aus Empfindungen und Körpersprache in ihren „Beiträgen" zum Ausdruck bringt, sich dieser auch bewusst ist und ebenso religiöse Gefühle in ihr Arbeiten einbezieht. Die meisten anderen SchülerInnen sind im Rahmen der Unterrichtskultur an dieser Schule eher auf Kopfarbeit „gepolt". Nach und nach kann ich verdeutlichen, dass die SchülerInnen selbst GestalterInnen ihrer Lernprozesse sind, in denen ihre Leiber das Zünglein an der Waage des Begreifens und Aneignens bilden; ich selbst spüre, dass auch meine eigenen Möglichkeiten immer wieder zu erinnern und auszubauen sind. Ich denke jedoch, dass diese SchülerInnen mit der Zeit selbst ein Gespür dafür bekommen, dass Religion mehr ist als Text, Gedankengebäude und Metagespräch: Auch in der Schule ist Religion performativ lebbare Gestaltung des Lebens im Kontakt, das im Miteinander zutage tritt und zum Erspüren und In-die-Hand-Nehmen einlädt. Sicherlich begreifen die SchülerInnen diese Form des Unterrichts als eine Weise des Kontaktangebotes auf der Folie kognitiver Unterrichtserfahrung. Ich selbst bemühe mich – das ist in der Tat auch innerhalb der Schule zum ritualisierten und dramatisierenden Alltag geworden – um das leibliche Nachhaken: Momente, in denen ich durch mein wahrnehmendes Handeln die Aufmerksamkeit auf das Spüren und die leibeigene Gestaltung lenke und mich um eine gemeinschaftliche Achtsamkeit der gespürten Verbundenheit mit den vernehmbaren und nicht vernehmbaren Dingen bemühe. An mir liegt es, eine angenehme Atmosphäre zu schaffen, in der selektiv authentisch, gemeinschaftlich bemüht und sachfreundlich Kontakt angebahnt werden kann, anzuregen und anzustoßen, vorzubereiten, zu begleiten, Hilfestellungen verschiedenster Art zu geben und die Verarbeitung zu schulen; an den Lernenden liegt es, diese Unterstützungen anzunehmen, mit ihnen zu agieren und kritisch damit umzugehen.

Für eine nachhaltige Schulkultur braucht es gebildete und sensible Lehrende, die achtsam mit der Welt und sich selbst umgehen und ein leibliches Verhältnis zu den Lernenden sowie zu den Dingen aufbauen; sie nehmen die schulischen Wege der Individuation in Regie und überprüfen die Organisation von schulischem Lernen sorgsam auf Angemessenheit und Stimmigkeit. Damit Lehrende und AnwärterInnen darin bestärkt werden, ihr Verhältnis zu Schule, SchülerInnen und Lernen als Teil des Unterrichts zu begreifen, benötigen sie ein Handwerkszeug, das den Zugang zu sich selbst, den Lernenden und den Lerngegenständen durch das Körpergefühl bahnt. Was bedeutet es für einen Religionslehrer bzw. eine Religionslehrerin, Religion leiblich zu unterrichten?

2.3 ReligionslehrerIn sein und werden: Zur Dialektik unterrichtlichen Handelns

Der Religionsunterricht ist ein weltlicher Unterricht, der gesellschaftlichen und pädagogischen Gegebenheiten untersteht. Sein Ort ist die Schule als pädagogischer und institutioneller Raum, in dem Kinder und Jugendliche sich und einander bilden. Ausgebildete Erwachsene unterstützen die Bildungsprozesse von Kindern und Jugendlichen in pädagogischer Mühe und Verantwortung.

Religion hat ihre eigene Wirklichkeit und Atmosphäre. Sie benötigt Raum, um wahrgenommen zu werden. Christlich gelebte Religion kommt insbesondere im geistlichen Raum der Kirche zur Entfaltung; Gottesdienst und Heilige Schrift sind ihre gestalteten Ereignisformen, in denen sie sich vernehmbar macht und gemeinschaftlich in Gebrauch genommen wird.

Jugendliche sind darauf angewiesen, dass sich ihnen christliche Religion kenntlich macht. Der Religionsunterricht hat die Aufgabe, mit ihr bekannt zu machen und Kontakt anzubahnen. Wege zum Er-Kennen von christlicher Religion setzen im pädagogischen Rahmen eine Präsenz von Religion voraus. Die christliche Religion macht sich in vernehmbaren Formen kenntlich: als Wort, Schrift und Form. Soll Religion in der Schule unterrichtet werden, so benötigt sie auch hier Raum. Diese Räume aufzubauen und für die kommunikative Gestaltung mit Lerngruppen freizugeben, liegt in der Hand des Religionslehrers, der Religionslehrerin. Ihre Aufgabe ist es, *Kontakt mit Religion* so darzubieten, dass sich Gestaltungsprozesse auf dem Weg zu Lernprodukten ergeben. Kirche gibt ihr einen Nährboden für leiblich-gegenwärtigende Konkretionen christlicher Religion. Wie in anderen Fächern gilt es, den Lernenden Raum und Gelegenheit zur Aneignung des „Gegenstands", in diesem Fall der Religion, in Darstellung und Mitteilung zu geben. Anders als in anderen Fächern richtet sich die Aufmerksamkeit eines Unterrichts, dessen Gegenstand selbst geistliche Dimensionen hat, nicht allein auf die Abstraktion einer Rede über Religion. Entscheidend ist die dramaturgische *personale Kompetenz der Religionslehrerin*, mit Religion leiblich, angemessen und stimmig umzugehen. Dazu gehören fachliche und sachliche Kenntnisse von christlicher Religion in verschiedenen Kontexten, wie sie in der Ausbildung informativ erworben werden. Diese werden jedoch erst dann für das Lernen der SchülerInnen fruchtbar, wenn sie gewissermaßen „durch die eigene Person hindurch" gegangen sind. Wird die „gelehrte" Religion durch den Lehrer von der „gelebten" Religion abgespalten, geht der Lebensbezug religiösen Lernens verloren, übrig bleibt abstraktes Bescheid-Wissen. Wird die „gelebte Religion" unterrichtet, ohne biographisch reflektiert zu werden und ohne Situation und Atmosphäre im Hic et Nunc wahrzunehmen, so erfolgt ein Überstülpen autobiographischer Erfahrung, das die lebendige Wahrnehmung durch SchülerInnen verhindert; die Lehrgestalt von Religion geht dann schlichtweg in der gelebten Wirklichkeit auf und verschwendet das innovative Potential jugendlicher Lernender. Ein Lehrer, der im Religionsunterricht zum religiösen Handwerker wird, überspringt die Unterscheidung von Schule und Kirche. Von daher ist personales Geschick im Umgang mit religiösen Anliegen und Themen gefragt. Im Unterricht kann und muss beides geschehen: *Kontakt mit der gelebten christlichen Religion und die Reflexion dieses Kontakts.*

Wie im Theater wird der Religionsunterricht für die Lernenden zum *Schauplatz* dargestellter Religion in Raum, Zeit und Körperlichkeit; wie im Gottesdienst vollzieht er rituelle Inszenierungen. Ein entscheidender Unterschied zwischen einer Theatertheorie, einer theatralen Theorie liturgischer Handlungen und einer religionspädagogischen Theorie leiblicher Präsenz liegt in den Orten, die bestimmtes leib-seelisches Verhalten induzieren. Der Religionsunterricht ist wie die Kirche und wie das Theater ein Ort ritueller und dramatischer *Inszenierungen* und Begehungen; am Ort der Schule jedoch sind beide pädagogisch geleitet. In unterrichtlichen Inszenierungen kann Religion begangen und Gottes Wort verhüllt zur Erscheinung gebracht werden. Jedoch lässt sich Gott nicht inszenieren: Die Gestalten seines Auftauchens in pädagogischen Zusammenhängen bleiben an die Formen der Schrift gebunden und sind fragmentarisch. Eine Bühne ist der Ort für Inszenierung: „[E]twas oder jemand inszenieren bedeutet, ein Arrangement zu schaffen, das sein Erscheinen ermöglicht und durch Korrespondenzen steigert."[1393] Szenen erzeugen Stimmungen, Anschaulichkeit, Vernehmbarkeit, was unterschiedlich expliziert werden kann. Das Theater isoliert die gespielte Wirklichkeit von der alltäglichen Realität. Der Religionsunterricht integriert die Wirklichkeiten von Schule, Lebenswelt und Kirche; er isoliert sie, indem sie pädagogisch eingeklammert werden. Der Religionsunterricht ist die Bühne für die pädagogische Anwesenheit von Religion, und das bedeutet, dass sie von der Religionslehrerin pädagogisch so dargebracht wird, dass sie auch den SchülerInnen prägnant erscheint. Liturgie ist eine Form religiösen Vollzugs in einem Lebensbereich, „in dem kein Mensch etwas tun kann".[1394]; Unterricht ist eine pädagogische Vollzugsform, in welcher Religion als Vorgang und in ihren Formen präsent wird. Erscheinungsformen christlicher Religion sind im Religionsunterricht jedoch nur Darstellungen gelebter Religion. Sie können konkret religionsästhetisch wahrgenommen und be-handelt werden. Die Anwesenheit des Geistes aber ist letztlich weder verfügbar noch intendiert.

Ein theatrales Verständnis von Unterricht verhilft dazu, die *Rolle* des und der Lehrenden zu verdeutlichen. Im Theater ist der Schauspieler mittels seiner leiblichen Sprache – Mimik, Gestik, Stimme, Körperhaltungen, Bewegungen – Sprachrohr eines Textes, im Gottesdienst wird er Stimme des fremden Wortes. Der Religionslehrer ist in der Schule weder allein der – erst recht nicht kirchliche – Vertreter des Wortes noch allein der Regisseur eines religiösen Stückes, das „aufgeführt" wird. Eine Theatertheorie kann von daher nur in theologischen und pädagogischen Brechungen auf einen didaktischen und insbesondere religiösen Handlungsraum übertragen werden. Strukturmomente wie Dramaturgie und „Präparation" haben auch dahingehend praktischen Nutzen für den Religionsunterricht, dass der „erprobte hermeneutische und rezeptionsästhetische *Stil* [...] religionsdidaktisch wichtiger sein [kann] als die ‚herausgefundenen' kognitiven Textgehalte".[1395] Lebendiges Lehren und Lernen erfordert in gleichem Maße Authentizität wie Gespür für die eigene Rolle. Als Religionslehrerin ist es unabdingbar, an der eigenen *Haltung* zu arbeiten. Ausgangspunkt ist das körperliche Gespür für Person, Religion und Situation. Beherzte Lehrende sehen den eigenen Leib als wichtiges Curriculum und geben sich und einander Zeit, Unterricht und Schüler zu fokussieren.

Ein wichtiges Handwerkszeug ist das körpereigene Gespür. Das Vermögen, sich auf die SchülerInnen und ihre Religiosität einzustellen, verhilft der Lehrerin dazu, das eigene Verhältnis zur Lerngruppe wie zu einzelnen SchülerInnen einzuschätzen und aus dieser Haltung heraus Unterricht zu entwickeln. Der zwischenleiblich-

---

1393 Gernot Böhme, Aisthetik. Vorlesungen über Ästhetik als allgemeine Wahrnehmungslehre. München 2001, 121.

1394 Manfred Josuttis, Der Weg in das Leben, 35.

1395 Bernhard Dressler, Darstellung und Mitteilung, 15. (Hervorhebung S.L.).

pädagogische Kontakt muss hinsichtlich des Umgangs mit Emotionen und Verhalten austariert werden. Gespür ist auch für die religions-pädagogische und unterrichtliche Situation vor Ort und im Umfeld nötig, um religiöse Lehr- und Lernbedingungen einschätzen und ihre Möglichkeiten und Grenzen zu erfassen. Begegnungen mit KollegInnen, mit Kirche vor Ort und die Verbindung zu anders religiösen, kulturellen sowie gesellschaftlich-politischen Einrichtungen stellt den eigenen Unterricht in die Welt des Anderen; Kontakte leiblich vorzufühlen, durch eigene Empfindungen zu vertiefen und zu hinterfragen, intensiviert die Chancen der Positionsbestimmungen. *Religions-pädagogische Präsenz* gestaltet sich durch *Achtsamkeit* auf die Balancen des Lernprozesses: Der und die Lehrende entwickelt Gespür, Struktur und Prozess sowie Darstellung und Reflexion auszutarieren, das Vertrauen in einander und in das Gedeihen des Unterrichts zu beleben und ggf. auch zu hinterfragen. Focusing ist ein Instrument, mit dem man leiblich wahrnehmen und persongerecht gestalten kann. Für die Vorbereitung, Durchführung und Nachbereitung von Unterricht ermöglicht Focusing eine Methode zur Präsenz, die Lehren und Lernen als tiefgreifenden Lehr- und Lern-Weg gestalten hilft. Als unverzichtbares Element der didaktischen Analyse ermöglicht es eine achtsame Erschließung von Unterricht. Leibliches Wahrnehmen durch Focusing ermöglicht, das Spannungsverhältnis von gelehrter und gelebter Religion im Resonanzraum Körper produktiv wach zu halten. Der Lehr-Körper kann im Unterricht durchaus zur inneren Bühne für den Prozess religiöses Lernen werden; *das Erwägen zwischen gelebter und gelehrter Religion bildet den Fundus für die „lernbare Religion“*.

Die Situation der ReligionslehrerIn präsent zu machen, ist eine Aufgabe für die Ausbildung und Fortbildung von LehrerInnen. Zu einer Stilfindung des Unterrichts gehört die leibliche Arbeit an der Haltung. „Pädagogische Präsenz“ kann in einer Gruppe von angehenden ReligionslehrerInnen ausgebildet werden, indem man probeweise die Rollen von LehrerInnen und SchülerInnen einnimmt und unter Einbezug der gegebenen Räume die Stimmigkeit von Haltungen und Handlungen erprobt. Focusing kann individuell Türen zu anderen Lernräumen öffnen: Es gibt der Lehrerin durch das Innehalten Freiraum, um die Aufmerksamkeit zwischen verschiedenen Polen des Unterrichts fließen zu lassen, und kann damit zumindest künstlich zur Entschleunigung und Konzentration beitragen. Focusing kann die kreative inhaltliche Ausgestaltung von Religionsunterricht unterstützen, indem es Grenzen des Unterrichts in den Blick nimmt und dazu einlädt, sie auch SchülerInnen transparent zu machen. Dabei ist nicht zu verschweigen, dass LehrerInnen wie SchülerInnen Menschen sind, die in der Praxis ihre Gefühle, Interessen und demzufolge auch Aufmerksamkeiten nicht immer idealtypisch derartig konzentrieren können. Zu einer religionspädagogischen Haltung gehört auch das Eingeständnis von Pausen und Unterbrechungen im Kontaktfluss; das Gespür für Raum, Prozess und leibliche Präsenz kann ein Vehikel sein, Fäden aufzunehmen und nach verlorenen Spuren zu suchen. In der Reflexion von Unterricht hilft Focusing, den Unterricht zu situieren, und ermöglicht seine spürbare kritische Reflexion. Focusing fördert die „religionspädagogische Präsenz" des Lehrers und der Lehrerin, indem es sie darin unterstützt, im Unterricht mit gelebter Religion in Kontakt zu kommen, ohne reflexive Distanzen aufzugeben. Eine Religionslehrerin, die ihr leibliches Gespür zu einem wesentlichen Element des Religionsunterrichts macht, ist in der Lage, gelebte und gelehrte Religion in Spannung zu halten.

Im Unterricht selbst braucht es konkrete pädagogische Handlungs- und Wahrnehmungsformen, um Religion zu vergegenwärtigen. Welche Lernwege sind im Unterricht gefragt, wenn es um die Präsentation von Religion geht?

3 Handeln und (er-)warten: Lebendige Vollzüge im Religionsunterricht

3.1 Lernwege zwischen Didaktik und Methodik

Im Gefolge der geisteswissenschaftlichen Pädagogik – insbesondere ihrer bildungstheoretischen Inhaltsorientierung und der hierarchischen Unterordnung methodischer unter didaktische Entscheidungen – wurden Methoden häufig ausschließlich „Vehikel-Funktionen" zugesprochen, sie wurden als etwas „Beiläufiges" abqualifiziert und damit rein für die Vermittlung von Inhalten funktionalisiert oder gar mit der von Lehrautoritäten eingesetzten „Masche" konnotiert.[1396] Es war zunächst danach zu fragen, *was* gelernt wurde, und dem hatte die Frage nach dem *Wie* zu unterstehen.

Von der Vernachlässigung der Lernwege war bekanntermaßen auch die Religionsdidaktik betroffen. Der ästhetische Aufbruch seit den Symboldidaktiken lässt es mittlerweile nicht mehr zu, Lernwege als Marginalien verkümmern zu lassen. Seitdem symbolisiert wird, ist auch methodisches Umgangs-Geschick gefragt. Hans-Günter Heimbrock bestimmt 1984 in seiner Untersuchung „Lern-Wege religiöser Erziehung" das religiöse Lernen von der Frage nach der Wahrheitsfindung her. Er benennt den Stellenwert von Symbolen für die Methodik des Religionsunterrichts. Dabei kommt unter Eintragung sozialpsychologischer Innovationen (mit Rückgriff auf Stoodt) zum Tragen, dass personale Wahrheitsfindung in der Koppelung an Erfahrung ein Lernverständnis mit sich bringt, das nicht durch die Alternative von Inhalt und Beziehung ausgespielt werden darf. Heimbrock deckt auf, dass in diesem Verständnis von Prozess kein auf Erfahrung ausgerichtetes Lernen Geltung findet. Der prozesshafte Charakter des Lernens ist symptomatisch an Stufenentwicklungskonzepten festgemacht worden.[1397] In der Konzentration

---

[1396] Hartmut Lenhard u.a. (Hg.), Arbeitsbuch Religionsunterricht. Gütersloh ^{3}1996, 118.

[1397] In der Orientierung an Lawrence Kohlberg so vor allem James Fowler, Stages of faith. The psychology of human development and the quest of meaning. San Francisco 1981. In dt. Übers.: Stufen des Glaubens. Die Psychologie der menschlichen Entwicklung und die Suche nach Sinn. Gütersloh 2000; Hans-Jürgen Fraas, Glaube und Identität. Grundlegung einer

auf kognitive Operationen „geraten ihnen [den kognitiven Stufenkonzepten] jene Momente eines ganzheitlichen Lernprozesses aus dem Blick, welche über denkende Verobjektivierung gerade für persönliche Anteilnahme und Betroffenheit unerlässlich sind. Für die notwendige Balance der Lernvorgänge zwischen ‚Reflexion' und ‚Partizipation' sind aber gerade vor- und außersprachliche Momente von Wichtigkeit."[1398] Heimbrock hat sich damals auf das psychoanalytische Symbolkonzept konzentriert und in Anlehnung an Biehl Verstehen, Deuten und Handeln als Lernwege herausgearbeitet. Fünfzehn Jahre später wird im Gegensatz zu einer Verfügungsdidaktik deutlich: „Evangelischer Religionsunterricht fängt nicht an mit dem Machen, sondern mit dem Innehalten, mit einer produktiven Verlangsamung der Lernprozesse."[1399] Wiewohl Heimbock den von Biehl beschworenen Paradigmenwechsel auch methodisch als eine Bewegung zwischen Wahrnehmung und Handlungsorientierung aufnimmt, zeigt die gegenwärtige schulische und darin vor allem gymnasiale Praxis großenteils noch den methodischen Stand der Dinge von damals.[1400] Dabei ist ersichtlich, dass es durchaus etliche inhaltliche Erneuerungen zum Religionsunterricht gibt, zu denen nicht zuletzt auch der „wachsende Rechtfertigungsdruck" herausfordert.[1401] Dass Handlungsorientierung und Hermeneutik nicht nur zur Didaktik addiert werden, beschäftigt die praktische Seite eines Performativen Religionsunterrichts, der die Konkretion der „Lehrformen und Lernwege" in den Blick nimmt.[1402]

Die gegenwärtige Frage nach Bildung und Leistung fordert dank der Ergebnisse der PISA-Untersuchung auch die Notwendigkeit einer Auseinandersetzung mit Bildungs-Wegen. Die Fragen nach dem Kompetenzerwerb legen stets nahe, Kompetenzen als erwerbbare Fertigkeiten weitgehend überprüfbar auszugestalten. An dieser Stelle drohen falsch verstandene PISA-Ergebnisse zugunsten eines ökonomisch funktionierenden Verständnisses von Bildung als entpersonalisierte Techniken missbraucht zu werden. In Schulen wird Methodentraining aktiviert und dort inflationiert, wo es technizistisch ohne die inhaltliche Anbindung an den Unterricht geschieht. [1403] PISA hat am Beispiel des Lesens aber gerade gezeigt, dass „Etwas gelesen haben" noch längst nicht mit Lesekompetenz gleichzusetzen

Didaktik religiöser Lernprozesse. Göttingen 1983 sowie Fritz Oser, Der Mensch – Stufen seiner religiösen Entwicklung. Ein strukturgenetischer Ansatz. Gütersloh 1996.

1398 Hans-Günter Heimbrock, Lern-Wege religiöser Erziehung. Göttingen 1984, 175.

1399 Failing / Heimbrock, Gelebte Religion wahrnehmen, 254.

1400 Als innovativ haben diesbezüglich die Rahmenrichtlinien für den Niedersächsischen Religionsunterricht zu gelten, die als didaktisches Gestaltungsprinzip die Lerndimensionen „Wahrnehmen und Beschreiben", „Verstehen und Deuten" sowie „Gestalten und Handeln" miteinander verschränken (Vgl. Rahmenrichtlinien für das Gymnasium, Schuljahrgänge 7–10, Evangelischer Religionsunterricht. Hannover 2003, Kap. 2.3). Der Kommentar einer durchaus „erfahrenen" und im Schulalltag versierten Kollegin bei der Verabschiedung eines neuen, den RRL entsprechenden schuleigenen Lehrplanes mag als Beispiel für die Schwierigkeiten der praktischen Umsetzung stehen: „Verstehen, Deuten, das ist ja klar. Da sind wir ja Profis. Gestalten und Handeln – na ja, da müssen wir erst einmal schauen, wie sich das in den Religionsunterricht überhaupt reinbringen lässt. Aber Wahrnehmen? – Das kann ich mir noch überhaupt nicht vorstellen, wie das aussehen soll, da hab' ich selbst noch gar keine Ahnung …!"

1401 Vgl. Michael Wermke (Hg.), Aus gutem Grund: Religionsunterricht. Göttingen 2002 (Klappentext).

1402 Klie / Leonhard (Hg.), Schauplatz Religion.

1403 Heinz Klippert, Methoden-Training. Übungsbausteine für den Unterricht. Weinheim [14]2004.

ist und Sinn entnehmendes Lesen andere Befähigungen braucht, als Buchstaben erkennen zu können. Mit anderen Worten: Lernwege sind an die Inhalte und an die lernenden Subjekte gebunden. Demzufolge ist die Stärkung des Subjekts eine wesentliche Komponente.

Anders als bei den „Feiertagsdidaktiken" finden sich pädagogische Anknüpfungspunkte an den Handlungsorientierten Unterricht bei Hilbert Meyer. Ihm geht es pädagogischerseits um „methodisches Handeln".[1404] Diese Form von Methode setzt beim Lehr-Lern-Prozess an und ist mit dem Handlungsorientierten Unterricht verknüpft. Dabei ist von einer Inhaltsbezogenheit der Methode auszugehen: Methoden sind in sich zielgerichtet. Mit Hilbert Meyer ist zu fragen nach den „Formen und Verfahren, in und mit denen sich Lehrer und Schüler die sie umgebende natürliche und gesellschaftliche Wirklichkeit unter institutionellen Rahmenbedingungen aneignen."[1405] Er differenziert Handlungssituationen, Handlungsmuster, Unterrichtsschritte und Sozialformen sowie deren Weiterentwicklung zu Differenzierungs- und Integrationsformen, Verlaufsformen und methodischen Großformen.[1406] Mit einem Schwerpunkt auf Ästhetik und Sozialität verknüpft Ingo Scheller die Handlungsorientierung mit der Erfahrungsorientierung.[1407]

Viele religionsdidaktische Methodik-Handbücher orientieren sich an der Situation des konkreten Religionsunterrichts und wollen dort zu einem fach- und schülergerechten Umgang mit Religion anleiten.[1408] Ein Ausgangspunkt ist hier zuweilen die Lehr(er)erfahrung am Gymnasium, dass Religionsunterricht häufig aus Textarbeit besteht.[1409] Der Schwerpunkt liegt jetzt stärker auf dem „Lerngegenstand", vor allem, wenn es um Zugänge zur Bibel geht. Dabei ordnen sich die Zugangsweisen vor allem nach den Darstellungsformen der Religion; verschiedene Erscheinungsweisen von Religion erfordern unterschiedliche Wege und Kompetenzen.[1410] Bücher mit „Werkstattcharakter" intendieren eine Ausgewogenheit dieser

---

[1404] Hilbert Meyer, UnterrichtsMethoden I. Frankfurt 1987, 38.

[1405] A.a.O., 45.

[1406] Vgl. Hilbert Meyer, UnterrichtsMethoden I, 109–112..235–237.

[1407] Ingo Scheller, Erfahrungsbezogener Unterricht. Praxis, Planung, Theorie. Frankfurt 1981.

[1408] Helmut Kurz, Methoden des Religionsunterrichts. München 1984; Bernhard Grom, Methoden für Religionsunterricht, Jugendarbeit und Erwachsenenbildung. Düsseldorf / Göttingen [9]1992; Gottfried Adam / Rainer Lachmann (Hg.), Methodisches Kompendium für den Religionsunterricht. 2 Bde. Göttingen [4]2002; Christian Grethlein, Methodischer Grundkurs für den Religionsunterricht. Kurze Darstellung der 20 wichtigsten Methoden im Religionsunterricht von Sekundarstufe 1 und 2 mit Beispielen. Leipzig 2000.

[1409] Engelbert Groß, Alternativen zum vertexteten Religionsunterricht. Methodische Maßnahmen. Düsseldorf 1979.

[1410] Das Arbeitsbuch Religionsunterricht gruppiert die Methodik um den Zugang zur Bibel (Hartmut Lenhard u.a. (Hg.), Arbeitsbuch Religionsunterricht, 118–142). Um methodische Kompetenz geht es auch in Edith Verweyen-Hackmann / Bernd Weber (Hg.), Methodenkompetenz im Religionsunterricht. Unterrichtspraktische Konkretionen von Fach- und

Ausrichtungen.[1411] Textarbeitsformen stehen neben Gesprächsformen, Umgang mit Bildern und mit Musik, gestalterischem Arbeiten und Formen des Spiels, Übungen zur Stille. Dazu gesellen sich Groß- und Sozialformen, die an Unterrichtsformen heranreichen wie Projekte, Freiarbeit, Lernwerkstatt, Lehrer- und Schülerdarbietung, Frontal- oder Gruppenunterricht. Die Frage nach der Angemessenheit von Methoden im Religionsunterricht wird in der Regel nach Fach-, Sach-, Ziel- und Lerngruppenkriterien pädagogisch, theologisch und didaktisch ausgelotet. Auch neuere Schulbücher setzen ein Augenmerk auf den methodischen Umgang mit Religion.[1412] Je stärker in einer Zeit „nach dem Traditionsbruch“[1413] der Blick auf den Weg des Lernens gerichtet wird, um so deutlicher wird Wert darauf gelegt, Methoden herauszustellen, die mehr sind als Transportwege zur Vermittlung.

Pädagogische Interessen, die eigens reflektierte Praxis und der Wunsch, die Erfahrungen weiter zu geben, setzen Impulse für Methodiken, aus denen die Subjektivität der Erfahrung prägnanter ins Auge springt. Wo dieser Aspekt zur Geltung kommt, ist der Körper als erspürender und gestaltender Körper deutlicher dabei. Irmintraud F. Eckard gestaltet ihre Methodik für Gemeinde und Schule als rituelle und schöpferische, ja liturgische Ingebrauchnahme von Religion.[1414] Die Bibel, zentrale Mitte des Glaubens, fordert heraus: „Wie kann es gelingen, authentisch individuell-persönliche Erfahrungen und zugleich allgemein-verbindlich gültige Traditionen biblischer Überlieferung zusammenzubringen?“[1415] Die Antwort lautet: „Die Bibel selbst bietet in der Unterschiedlichkeit der Sprachgattungen ein Beispiel für Kreativität und Vielfalt.“ Und: Jesus bediente sich oft der Brücke von Geschichten und Gleichnissen. „Konkrete ‚handgreifliche‘ Berührung und Zuwendung gingen Hand in Hand mit Lehre, Deutung und Unterweisung. [...] Sein ganzes Leben redet die eine Sprache der Liebe.“[1416] Es geht also um persönliche Erfahrungs- und Entdeckungsanlässe; die Bibel bildet den Spiegel der Erfahrung, an der sich diese messen lässt. Die Erfahrung des Einzelnen bleibt nicht singulär, sondern geschieht in der

---

Arbeitsmethoden. Kevelaer 1999. Vgl. Franz Wendel Niehl / Arthur Thömmes, 212 Methoden für den Religionsunterricht. München 1998, 257. Reflexionen der Rolle des Religionslehrers findet sich in Lothar Schmalfuss / Reinhard Pertsch, Methoden im Religionsunterricht. Ideen, Anregungen, Modelle. München 1987.

1411 Peter Kliemann, Impulse und Methoden. Anregungen für die Praxis des Religionsunterrichts. Stuttgart 1997.

1412 „Akzente Religion, einer Arbeitsbuchreihe für den RU in der SII, liegt ein did.-method. Konzept zugrunde, das Methoden-Kompetenzen in den Bereichen rel. Sprache, Sprache der Religion u. Theologie (Mythos; Symbol; Sprache des Gebets; narrative Rede; fundamentalistische Sprache; Poesie; Freiheit; Person-Begriff; Nachfolge; Frieden; Gewissen etc.), Forschungsmethoden (historisch-kritische Auslegung und andere Auslegungen; tiefenpsychologische Grundbegriffe; naturwissenschaftliche Methoden; jüdische Schriftauslegung; interreligiöser Dialog; religionswissenschaftlicher Vergleich; ethische Modellbildung), Arbeitstechniken/Handlungsformen (Bildinterpretation; kreatives Schreiben etc.) zu fördern sucht“ (zit. nach LexRP) Im gymnasialen Bereich ist hier insbesondere auf die Reihe Gerd-Rüdiger Koretzki / Rudolf Tammeus (Hg.), Religion entdecken – verstehen – gestalten. Göttingen 2000ff. zu verweisen.

1413 Bernhard Dressler, Darstellung und Mitteilung, 157.

1414 Irmintraud F. Eckard, Bibel kreativ. Eine Fundgrube für Gemeinde und Schule. Düsseldorf 2000.

1415 A.a.O., 11.

1416 Ebd.

Gruppe. Der Mensch braucht Anfangs-, End- und Übergangsrituale, in denen elementare Darstellungs- und Handlungsformen christlicher Religion (Taufe als Wasser des Lebens, Psalmen, Gebete, Das Vaterunser-Gebet, Zeichenhandlungen im Alltag, Lieder und liturgische Stücke, Kunst als Sprache des Glaubens) durch den Körper zum Ausdruck kommen und gestisch-symbolisch gestaltet werden. Insbesondere die Übergangsrituale machen hier deutlich, dass Ankunft und Abschied körperliche Handlungen sind. Auch in Zeichenhandlungen im Alltag finden sich diese Rituale wieder. Der Körper vollzieht gestaltend Formen; Bitten werden in Standbildern pantomimisch vollzogen. Der Körper spricht hier eine „Zeichensprache"; sie erfordert Konzentration sowohl im Ausüben als auch im Betrachten, gleichsam als Gebet ohne Worte. Wir sind aufgefordert zu Respekt und Achtsamkeit. Um rituelle Übergänge geht es auch in ihren Bewegungen und Materialien. Die Arbeit mit „Tüchern als Tanzbegleiter und Gestaltungshilfe", durch welche die Körperbewegung des Tanzens Ausdruck verleiht, stellt einen fließenden Übergang zwischen der leibseelischen Befindlichkeit und der Form der Religion her.

Methode ist mehr als ein Handwerk. „Über die Methoden sollen die Lernenden die Welt-Dinge in Lernbewegungen verwickeln. Denn nur, wenn die Akteure – mit ihrer Geschichte, ihren Anliegen und ihren Phantasien – diese Bewegung vorantreiben, ereignet sich Lernen. Methoden sind so gesehen *tätige Formen*. Sie bieten den Rahmen, in dem aus dem Gegenstand ein *Inhalt*, aus der Partitur eine *Performance*, aus dem Text ein *Lernstück* wird."[1417] Methodik meint, einen Lernprozess anzubahnen, indem eine Lernatmosphäre aufgebaut wird, die zum meditativen und zugleich künstlerischen Umgang mit der Bibel auffordert. Sich „auf einen Weg zu etwas hin" zu begeben (griech. *μετα* – hinterher, nach; *odos* – Weg), schließt Bewegung und Bewegt-Werden ein. Damit wird der Körper in einen rituellen Fließprozess hinein genommen.[1418] Klar ist: Die Lernwege entscheiden mit über die Wahrnehmung der Dinge. Es gibt keine Vermittlung ohne Aneignung. Es gibt keinen Lernweg, der nicht körperlich zu begehen ist, denn Umgangsformen werden von Menschen durch ihren Körper vollzogen. Es liegt auf der Hand, dass insbesondere Formen des Spiels, der Gestaltung und solche Tätigkeiten, die gemeinhin mit „Stille" assoziiert werden, eine stärkere körperliche und zumeist auch emotionale Beteiligung erfordern. Etliche Methoden bedingen eine handwerklich-sinnliche Körperarbeit „mit Herz, Kopf und Hand". Lese- und Schreibformen werden zumeist von der Schülertätigkeit her beschrieben. Alle beziehen explizit den Körper in das religiöse Lerngeschehen ein. Der Körper hat zum einen eine tendentiell eher handlungsorientierte Aufgabe; er soll Religion in sichtbare

---

1417 Klie / Leonhard, Schauplatz Religion, Vorwort.

1418 Ein Beispiel zur Verdeutlichung: Es wird ein Tuch ausgewählt, das zur momentanen Befindlichkeit passt und hilft, das Gehörte in Bewegung umzusetzen. Mit dem Tuch werden zu dem Choral „Gott ist gegenwärtig" (EG 165), der als Text gehört wird, schwingende Bewegungen mit den Tüchern erprobt, die tragende Textteilen wie „Gott in der Mitte" „mich entfalten" oder „der Ort, an dem ich gehe, sitze, stehe", verstärken. Bis hierhin findet die Vorbereitung statt, dann findet das Lied einen „rituellen Rahmen": Zur Eröffnung wird der Satz gesprochen: „Seid still und erkennt, dass Gott ist." Die Lernenden bewegen sich im freien Raum und gestalten die Schwerpunkte mit den Tüchern zur Musik je individuell, doch „zu einer gestalteten Mitte" (Tuch, Kreuz, Schale, Kerze, ...) hin orientiert. Anschließend wird der Tanz mit dem Eröffnungssatz beschlossen. In ähnlicher Form wird z.B. zu Bildern getanzt.

und sinnlich erfahrbare Gestalt überführen. Wahrnehmung erfordert aber ebenso, wie hier sichtbar geworden ist, spezifische pathische Aufgaben für den Körper. Andrea Schulte formuliert Kriterien für die Diskussion um Methodik: „(1) Welches Unterrichts-, Lern- und Bildungsverständnis liegt dem jeweiligen Methoden-Einsatz und Methoden-Umgang zugrunde? (2) Wie ist das Verhältnis des Methodischen auf dem Gebiet religionsunterrichtlicher Interaktion, Kommunikation und Kooperation u. der Sachbearbeitung, den religionsunterrichtlichen Inhalten auszuloten? (3) Wie kann die Lehrerausbildung auf die Vielfalt der methodischen Möglichkeiten vorbereiten?“[1419]

3.2 Lernvollzüge: Kulturelles Lernen an tätigen Formen

Traditionelle Methoden und Tätigkeiten in der Schule wie Lesen, Schreiben und Denken sind auf elementare leibliche Tätigkeiten zurückzuführen: Sehen, Hören und Sprechen. Singen und Spielen sind im Elementarbereich stärker als in den Sekundarbereichen vertreten. Weil damit zu rechnen ist, dass zwar eine Bewegungskultur als Reaktion auf den „Lebensentzug durch Entsinnlichung im Handeln“[1420] im Freizeitbereich Einzug findet, Darstellung und Mitteilung in der Regel jedoch nur unzureichend miteinander verknüpft werden, werden in der Schule Überlegungen zur Bewegungspädagogik, wie sie die Theaterpädagogik resümiert, aufgenommen und weiter entwickelt. „Die innere Handlungswelt ist zum Ausgangspunkt bewegungspädagogischer Überlegungen zu machen, ohne den dialektischen Zusammenhang und den möglicherweise auslösenden äußeren Handlungsteil in einer komplexen Situation zu vernachlässigen.“[1421]

Was tut man, wenn man Religion lernt und unterrichtet? Unabhängig davon, was für ein Verständnis von Religion damit verbunden wird, hat leibliches Lernen von Religion mit körperlichen Tätigkeiten zu tun. Nach Zilleßen geht es im Wesentlichen um das Verkörpern von Lebenszusammenhängen. Dabei spielen die elementaren menschlichen Wahrnehmungen eine große Rolle, da sich in ihnen elementare Strukturen und Bedeutungen erschließen (fern und nah, oben und unten usw.). In den leiblichen Handlungen lachen und weinen, reden und schweigen, essen und trinken, sehen und hören, geben und nehmen werden eigene Bewegungen und Positionen gewonnen. Dies führt zu leiblich gebundenen Lebensentwürfen, die sich in komplementären symbolischen Handlungen wieder

---

1419 Andrea Schulte, Art. „Methode“. LexRP II, 1334–1340. Hier: 1339.

1420 Hugo Kükelhaus / Rudolf zur Lippe, Entfaltung der Sinne. Frankfurt 1982, 14.

1421 Die Sinne sind dabei angesprochen durch Empfehlungen, „ruhig und gleichmäßig sprechen und Pausen lassen“ (Volker Jurké, Zum künstlerischen Körper- und Bewegungsstudium und zu seiner Problematik in der Schauspielausbildung und an anderen Studiengängen für Darstellende Kunst. In: Florian Vaßen u.a. (Hg.), Wechselspiel: KörperTheaterErfahrung. Frankfurt 1998, 75–94. Hier: 92).

finden: lieben und hassen, verlieren und gewinnen, glauben und zweifeln.[1422] Nach Josuttis gelten spirituelle Handlungen als Kern der Initiation in die Religion: beten, opfern und segnen sollen die Lehrenden können; das setzt voraus, dass die SchülerInnen mitbeten, mitopfern und sich segnen lassen, um in die Zone des Heiligen zu kommen. Während Zilleßen gerade in den experimentellen Handlungen einen Lernzuwachs sieht, warnt Josuttis vor dem Ausprobieren, da eine angemessene Einstellung vonnöten sei. Bei Failing werden Wahrnehmung und Handlung auch als Bewegt-Werden und Bewegung im Geist deutlich. Dabei wird deutlich, dass auf religiösen Lernwegen Wahrnehmung und Gestaltung in eins sind. In allen Rezeptionstätigkeiten sind produktive Anteile enthalten, keine der „produktiven" Tätigkeiten kommt ohne die pathische Wahrnehmung aus. Schulisch organisiertes religiöses Lernen schließt per se Aktion und Passion ein: Damit in einer Lerngruppe für alle vernehmbare expressive Gestalten von Religion im Unterricht gefunden werden können, ist immer wieder die Rückkoppelung an impressive Wahrnehmung jedes und jeder Einzelnen nötig. In diesen stärker rezeptionsästhetischen Umgangsweisen mit Religion kommt es darauf an, durch den gespürten Leibraum der Religion resonierend Konturen zu geben. Focusing könnte ein Weg sein, diese pathische Seite religiösen Lernens stärker zur Geltung zu bringen. Wie lässt sich handelnder und wahrnehmender Umgang mit geprägten Formen christlicher Religion als aktives und pathisches Lernen in Gang bringen?

3.2.1 Sehen

Sehen ist die zentrale Wahrnehmungsgestalt der meisten Menschen in der Moderne. Das betrifft zum einen das sinnliche Sehen der Welt, das die räumliche Vorstellung prägt, durch die Distanzierung Ich und Andere unterscheiden hilft und die Grundlage für die Erkenntnis bildet.[1423] Zu den Wahrnehmungsgestalten gehört aber auch, dass Sprache mit der Vorstellung verbunden ist: Visuelle Wahrnehmungsmuster verbinden beim Wort „Pfeife" beispielsweise die Form einer Pfeife, haptische ertasten das Holz und die Wärme, olfaktorische riechen den Geruch des Tabaks und akustische hören das Ein- und Ausatmen des Rauches. Im Religionsunterricht ist der Umgang mit Bildern nötig, weil die Welt räumlich und auf Sinn hin gesehen wird und Religion in Bildformen zu anderen Sichtweisen auffordert. „Damit uns die Augen aufgehen"[1424], sind Dialoge zwischen Betrachter und Bild und eine kontextuelle Bildauslegung nötig. Imaginationen und meditative Zugänge z.B. zu biblischen Texten ermöglichen einen Dreischritt von Hineinsehen, systematischem Sehen und kritisch-distanzierendem Sehen im Sinne von Einstimmung, Inhaltsaufnahme und Auseinandersetzung. Meditative

---

1422 Vgl. Zilleßen / Gerber, Und der König stieg herab von seinem Thron, 27.45.

1423 Im Griechischen: ορα ω – ich sehe, οιδα – ich weiß.

1424 Niehl / Thömmes, 212 Methoden für den Religionsunterricht, 13.

Formen sind im Religionsunterricht des Gymnasiums bisher eher eine Ausnahme[1425]; im inneren Sehen erfolgt *meditatives Sehen* als „eine durchgängige, sensible Form der Beschäftigung mit einer Sache“, die auf „Konzentration, Anteilnahme, Ganzheit und Transzendenz“ beruht.[1426] Bei einer Phantasiereise entstehen mittels Imagination innere Bilder.[1427] Focusing kann den Blick auf die leiblich erinnerten und antizipierten Bilder lenken, Bilder am Körper situieren und mit Bildern durch Körpersensationen so in Kontakt treten, dass äußere wie innere Wirklichkeiten leiblich ausgetauscht und korrigiert werden. Die visuelle Wahrnehmung eines Kirchenraumes erfordert nicht nur das genaue Beschreiben der Formen, Farben und Anordnungen, sondern für das sinnstiftende Begreifen des Kirchenraumes ist auch die Wirkung der Einrichtung entscheidend. Das Nachspüren der körperlichen Resonanzen auf das Gesehene hin kann ermöglichen zu erkennen, warum manche Kirchenräume einladen und andere ausladen und wo Menschen am ehesten im Gottesdienst sitzen können. Sie provozieren auch personal und räumlich begründete Entwürfe, wie in einem Raum religiös gehandelt und Gottesdienst gefeiert werden könnte.

3.2.2 Hören, Sprechen, Singen, Erzählen

In der Moderne hat der Sehsinn die anderen Sinne hinter sich gelassen, so schärfen Theoretiker der Postmoderne ein: Das Auge kann distanzieren, kontrollieren, fixieren.[1428] Das *Hören* dagegen trennt nicht das Wahrgenommene vom Wahrnehmenden, sondern es verbindet, indem ich beim Hören in das Gehörte eintauche und das Gehörte sich in mir als Resonanzerfahrung füllt. Beim Hören verschmilzt der Körperraum mit dem umgebenden Raum. Hören ist bei aller Aktivität eine körperliche Tätigkeit, welche pathische Eigenschaften des Menschen aktiviert: die Geduld, das Warten, das Lassen, das Hinnehmen. Der Mensch gibt Laute von sich und stellt damit eine Beziehung zur Umgebung, zum Raum und zu Menschen und Dingen her; Klänge erfüllen den Raum, sie durchdringen selbst Wände. Das Hören setzt den Menschen zum ihn umgebenden Raum in Beziehung – auch, wenn er sich nicht dagegen wehren kann und von Lärm belästigt oder gefährdet wird. Dies wird insbesondere an der Taubheit deutlich; Taubsein bedeutet die Ausgeschlossenheit von akustischer Kommunikation, in die man normalerweise eingebunden ist. Eine neue Sprache ist erforderlich, die ohne

---

1425 Am ehesten ist das Element der Stille im Religionsunterricht der Grundschule integriert. Vgl. Wolfgang E. Esser, Die Seele befreien. Spiritualität für Kinder. München 1998; Gabriele Faust-Siehl u.a., Mit Kindern Stille entdecken. Bausteine zur Veränderung der Schule. Frankfurt 1990.

1426 A.a.O., 60. Siehe auch Zilleßens Gegenentwurf : Das dritte Ohr. Über die Konjunktur religionspädagogischer Stilleübungen. In: ZPT 50 (1998) 2, 133–137).

1427 Niehl / Thömmes, 212 Methoden für den Religionsunterricht, 257.

1428 Wolfgang Welsch, Auf dem Weg zu einer Kultur des Hörens? In: Paragrana. Internationale Zeitschrift für Historische Anthropologie. 2 (1993) 1–2, 87–103.

Klänge vernehmbar ist und auf das Sehen der Gebärden und Gesten zielt. Klänge werden früher vernommen als Worte. Lebensgeschichtlich ist das Hören eine sehr frühe Tätigkeit. Die psychoanalytische Entwicklungspsychologie macht kenntlich, dass Hören angstbesetzt ist, dennoch bildet es die Grundlage für die Weltwahrnehmung und damit auch für die Weltzuwendung. Dabei hören Menschen mit dem „dritten Ohr“[1429], d.h. sie nehmen auch das Ungesagte und Implizite wahr. Das Hören aktiviert elementare korporale und psychische Prozesse; bestimmten Klängen und Klangfarben werden heilende Wirkungen attestiert, die sich nicht allen auf eine Therapie der Psyche beschränken lassen. Zugleich ist Hören jedoch auch eine Abhängigkeitserfahrung: Ohren lassen sich per se nicht verschließen; es kommt entscheidend darauf an, *was* ein Mensch hört und *wie* er es vernimmt. Im Hören und damit verbundenen *Sprechen* und *Singen* entsteht elementarer Raumkontakt.

Hans-Günter Heimbrock stellt religions- und musikpsychologisch fest[1430], dass das Hören eine doppelte, in sich komplexe Tätigkeit voraussetzt: Es geht dabei um „sinnliche Wahrnehmung und zugleich Sinnentschlüsselung der Wahrnehmung“. Dabei verbindet der Hörvorgang Phänomene der Außenwelt und der menschlichen Innenwelt durch sinnerschließende Bewusstseinsphänomene. Klangwirkung beruht nicht nur auf Rezeption, sondern auch auf produktiven „Einbildungsakten, in welchen sinnstiftender Umgang mit inneren Bildern von Tönen geschieht“; demzufolge gilt das Hören als ein „aktiver Akt des Bewußtseins“.[1431] Der Klangraum wird zum „Projektionsraum unseres psychischen Raumes; die raum-zeitliche Struktur einer Melodie schematisiert die Struktur seelischer Gefühlsexistenz“.[1432] Heimbrock akzentuiert die wahrnehmungspsychologische Seite. Das Hören von Klängen und Tönen geschieht als leibseelischer Prozess, der emotionale Regungen, das Fühlen, einschließt.[1433] Insofern bewegen Klänge den Menschen, was insbesondere beim Tanzen auch in koordinierte Bewegungen überführt wird. Diese Bedeutungsfindung ist nicht möglich ohne ein inneres Sehen.

Im gymnasialen Religionsunterricht kommen Lieder eher als gehörte, wenn nicht ausschließlich gelesene Texte vor, als dass eine Lerngruppe singt. Singen wird von Methodikern als „artikulierte Äußerung von Emotionen“[1434] aus der Genese

---

[1429] Nietzsche beschreibt dies als Voraussetzung für die ästhetisch angemessene Rezeption von Literatur (vgl. Friedrich Nietzsche, Jenseits von Gut und Böse. In: ders., Werke Bd. II. Hg. v. Karl Schlechta. München 1966, 713, Achtes Hauptstück, 246). „Das dritte Ohr, das zu jedem Menschen gehört, besteht aus der Fähigkeit, im Spannungsfeld zwischen der eigenen und der fremden Person, zwischen Vergangenheit und Gegenwart, zwischen Bewußtem und Unbewußtem die Wirklichkeit des anderen Wortes, des verbum alienum beinahe ohne Störungen und Verzerrungen wahrzunehmen.“ (Manfred Josuttis, Der Weg in das Leben, 213).

[1430] Ernest Ansermet, Die Grundlagen der Musik im menschlichen Bewußtsein (1965). München 1985.

[1431] Hans-Günter Heimbrock, Über die religiöse Wirkung von Klängen. Phänomenologische und psychoanalytische Zugänge. Archiv für Religionspsychologie 22 (1999), 100–115. Hier: 108.

[1432] A.a.O., 109.

[1433] Ebd.

[1434] Christian Grethlein, Methodischer Grundkurs für den Religionsunterricht, 93.

als zentrales Element religiösen Kultes verstanden. Die Ermutigung zum Singen kommt in erster Linie aus liturgie-affinen Richtungen. Lieder, die gesungen werden, rekurrieren auf das kirchenmusikalische Liedgut, von modernen Choralbearbeitungen, „Neuem geistlichem Lied" über „Sakro-Pop" bis zu Spirituals und Gospels.

„Und wenn im Welt-Bezug zu stehen den Menschen als Menschen ausmacht, dann ist die Musik die menschlichste der Künste."[1435] Nimmt man diese an Heidegger anknüpfende Perspektive von Musik ernst, dann wird man schnell feststellen, dass sie im Rahmen kulturell-religiöser Bildung als ein vernachlässigtes Stiefkind behandelt wird. Während Kirchenmusik durch Liturgik und Hymnologie immerhin einen eigenen Platz in der Theologie beansprucht, kommt der Musik in der Religionspädagogik, angeregt durch die Symboldidaktik Peter Biehls, nach langer Zeit der Verpönung nur langsam ein Stellenwert zu.[1436] Ein Schwerpunkt liegt zweifelsohne auf der (vor allem: Pop-)Musikkultur und ihrer Aufschließbarkeit für lebensweltorientierte Religionspädagogik.[1437] Daneben beschäftigen sich vereinzelt Ansätze zur gegenseitigen Befruchtung und Interdisziplinarität von Religion und Musik mit Kirchenmusik klassischer Prägung.[1438] Die Wege der methodischen Vermittlung von Religion und Musik werden dabei jedoch nur äußerst vereinzelt beobachtet, die Beschäftigung erfolgt mehr mit der Musik als Gegenstand der Interpretation. Man geht von „Verstehendem Hören"[1439] aus: Verfolgt man die Sprache der Musik und setzt sie hinsichtlich der Frage nach ihrer Wirkung zu Religion in Bezug, so ergeben sich Verwandtschaften von ästhetischer und religiöser Erfahrung. Musik ist eine „Tonsprache des Glaubens", die nicht nur den Skopus, sondern auch den Sensus des Wortes berücksichtigt; Bachs Bibelinterpretation z.B. „vereint präzise Exegese mit musikalischer Meditation".[1440] Es gibt keinen Hinweis darauf, welche Haltung des Religion lernenden Hörers gefordert ist, ob z.B. Exegese und Meditation die Rezeptionstätigkeit sei. In (dem „Erscheinungsbild von) Musik können „Erfahrungen sichtbar werden, die zeichenhafter Ausdruck des vom biblischen Rechtfertigungsglauben her zugesprochenen neuen Menschseins, des Lebens in Freiheit sein können".[1441] Rezeptives und

1435 Günter Pöltner, Sprache der Musik. In: ders. (Hg.), Phänomenologie der Kunst. (Wiener Tagungen zur Phänomenologie 1999) Frankfurt 2000, 153–169. Hier: 169.

1436 Hans-Günter Heimbrock, Didaktik des klangvollen Ohres. Über die Bedeutung von Musik für religiöse Lernprozesse. EvErz 43 (1991), 459–471. Vgl. Helga de la Motte-Haber, Musik und Religion. Laaber 1995; Musik und Transzendenz. ZPT (1998) 2. Im Kontext der Praktischen Theologie und Religionspsychologie geht insbesondere Heimbrock darauf ein: Hans-Günter Heimbrock, „Modo religioso". Klang und religiöse Bedürfnisse. In: Failing / Heimbrock, Gelebte Religion wahrnehmen, 69–90.; Heike Lindner, Musik im Religionsunterricht. Mit didaktischen Entfaltungen und Beispielen für die Schulpraxis. Münster 2003.

1437 Vgl. Peter Bubmann (Hg.), Pop & Religion. Auf dem Weg zu einer neuen Volksfrömmigkeit? Stuttgart 1992; Bernd Schwarze, Die Religion der Rockmusik. Analysen und Interpretationen. Stuttgart 1997; Hubert Treml, Spiritualität und Rockmusik. Spurensuche nach einer Spiritualität der Subjekte. Anregungen für die Religionspädagogik aus dem Bereich der Rockmusik. Ostfildern 1998; Uwe Böhm / Gerd Buschmann, Popmusik – Religion – Unterricht. Modelle und Materialien zur Didaktik von Popularkultur. Unter Mitarbeit von Manfred Pirner. Münster ²2002.

1438 Bach – Musik und Religion. rhs (2001) 4.

1439 Vgl. Manfred Spitzer, Musik im Kopf. Hören, Musizieren, Verstehen und Erleben im neuronalen Netzwerk. Stuttgart 2002.

1440 Meinrad Walter, ...zum Hören, Nachdenken und Glauben. Facetten des Menschen- und Gottesbildes in Johann Sebastian Bachs geistlicher Musik. rhs (2001) 4, 203–214.

1441 Frieder Harz, Musik, Kind und Glaube. Zum Umgang mit Musik in der religiösen Erziehung. Stuttgart 1982, 12.

produktives religiöses wie musikalisches Handeln rückt den Menschen „vor den Horizont verdankter Freiheit"; Musik wird – auch hinsichtlich entwicklungspsychologischer Zusammenhänge – verstanden als „freies ästhetisches Handeln".[1442]

In diesem Zusammenhang ist nicht zu unterschlagen, dass der religionspädagogische Umgang mit Musik im Religionsunterricht einer gewissen Funktionalität unterliegt.

Manfred Pirner hat auf der Basis historischen Musik- und Religionsunterrichts Funktionen von Musik und Lied im Kontext religiöser Erziehung benannt.[1443] Dabei kommen insbesondere Ausdruck (die Expression des Unsagbaren, des Göttlichen im Menschen) und Eindruck (als Wirksamkeit im Sinne gefühlsästhetisch gefestigter Impression von religiösen Dimensionen) in einer Deutungsoffenheit zum Tragen. Eine Erziehung durch kulturell vermitteltes expressives Handeln leistet Einstimmung[1444], aber auch Lebenshilfe.[1445] Insbesondere in Krisen- und Kriegszeiten verhilft die Musik der Orientierung und der Findung von Kriterien. Die Religionspädagogik kann von der Musikpädagogik den Umgang mit Musik und Lied kennen lernen. Eine Einführung in das religiöse Leben gestaltet sich so als „Einführung in die Kultur religiöser Wahrnehmung, religiöser Kommunikation und religiösen Verhaltens".[1446] Sie gipfelt in der religionspädagogischen Vermittlung zwischen Individuum und christlicher Botschaft, zwischen Affekt und Rationalität, Subjektivität und Objektivität. Historisch gesehen, hat der Musikunterricht eine propädeutische Funktion. Er bildet Gefühl, Phantasie und „Gemüt" aus und ermöglicht eine Sensibilisierung des Kindes für nicht-rationale Wesensaspekte des Menschseins. Genau wie der Musikunterricht kann und muss der Religionsunterricht für seine ästhetische Bildungsverantwortung sensibilisiert werden.[1447] Im Gefolge von Pestalozzi kann von einer „symbolischen Hörerziehung" gesprochen werden, welche die „Aufgeschlossenheit für die Mehrdimensionalität von Musik" einschließt. Von der Verkündigungskonzeption her wird die (produktive!) „Störung der Bildung durch den RU" dadurch betont, „daß Religion nicht in Kultur aufgeht", sondern alle menschlichen Bildungsansprüche immer auf unverfügbares Gnadenhandeln angewiesen bleiben.[1448] Damit ist klar, dass auch der Religionsunterricht sich dort stören lassen muss, wo er Musik ausschließlich funktionalisiert.[1449]

1442 Hans-Günter Heimbrock, Didaktik des klangvollen Ohres, 462f.

1443 Manfred L. Pirner, Musik und Religion in der Schule. Historisch-systematische Studien in religions- und musikpädagogischer Perspektive. Göttingen 1999.

1444 Dies geschieht „im Sinne eines „die körperliche, affektive und kognitive Dimension einbeziehende vorbereitende Wirkung [...] als vorgängiger Qualifikator der [...] vermittelten Erfahrungen" (a.a.O., 434).

1445 „Der religiöse Inhalt [...] bedient sich gleichsam dieser lebenshelfenden, heilpädagogischen Möglichkeiten der Musik wie auch der Poesie, so daß das religiöse Lied dem Rezipienten auf mehreren Kommunikationsebenen begegnet und dabei nicht nur etwas vermittelt, sondern den inhaltlichen Lebenshilfeanspruch gleichzeitig sozusagen therapeutisch wirksam einlöst" (a.a.O., 435).

1446 A.a.O., 438.

1447 „Ästhetische Bildung zur Wahrnehmungs- und Genußfähigkeit des Schönen" (442) ist ein weiteres wesentliches Ziel

1448 Manfred L. Pirner, Musik und Religion in der Schule. Historisch-systematische Studien in religions- und musikpädagogischer Perspektive. Göttingen 1999, 443.

1449 Pirner formuliert zehn Thesen, in denen er eine (humanwissenschaftlich-integrative) religionspädagogische Theorie der Musik fordert. Diese müsste mehrdimensional, dialektisch und pluralistisch sein. Er geht von einer letzten gemeinsamen bildungspädagogischen Zielsetzung in Religions- und Musikpädagogik, nämlich der „Humanisierung des Menschen"

Wie kann eine solche Sensibilisierung für und im religionspädagogischen Umgang mit Religion aufgebaut werden? Fragt man vor diesem Hintergrund nach der Rolle der Körperlichkeit, so macht sich bemerkbar, dass mehrere leibliche Tätigkeiten angesprochen werden. Musikproduktion geschieht im Musizieren, dazu gehören Instrumente, mit denen musiziert wird. In der religiösen Praxis geht es vor allem um das Singen und damit um das körpereigene Instrument. Singen baut auf der Fähigkeit des Sprechens auf. Musikwahrnehmung ist wie jede verbale Kommunikation als produktiv-gestaltende Weise von Rezeption auf das Hören von Klängen angewiesen. Der Verbund und Austausch von Lauten, Klängen, Worten und Musik basiert auf der elementaren Tätigkeit des Atmens. Für den Umgang mit geprägten christlichen Formen ist es vor allem wichtig, sich selbst – gestaltend – einen Zugang zur Musik zu verschaffen. Sie „drückt Gefühle aus" und kann dazu verhelfen zu „[e]rleben, wie befreiend es sein kann, sich nach der Musik zu bewegen".[1450] Von hier aus ist der Schritt zur Körperbewegung nicht mehr weit; Musik und Bewegung werden im Liedtanz miteinander verschränkt.[1451] Musik kann wie jede Sprache leibliches Medium religiöser Erfahrung sein: In expressiver Weise singend und artikulierend wird aktiv Kontakt mit dem Anderen aufgenommen, in impressiven, körperlich spürbaren Resonanzen die Stimmen der Religion empfangen.

Singen ist eine Form des tönenden Atmens. Sprechen und Singen zu lernen geschieht durch Stimmbildung und Artikulation. Stellen Hören und Sprechen bzw. Singen auch unterschiedliche Tätigkeiten dar, so gehören sie leiblich zusammen und sind aufeinander bezogen, wenn nicht angewiesen: Wer Besonderes, über die Alltagswelt Hinausgehendes, hört, kann auch Besonderes, „Religiöses" singen

---

(445) aus – einem Ziel, das sich im interdisziplinären Dialog aufschließen ließe. Kernpunkte dieses Dialogs liegen in den Vermittlungskategorien „(Musik)-erfahrung und Symbol" (446). Didaktisch ist daraus die Notwendigkeit „eines erfahrungsorientierten Kennenlernens und kritischen Reflektierens der transzendentalen Aspekte von Musik" zu folgern (447). Wahrgenommene und erlebte Partizipation von Musik soll aufgenommen, kreative Verarbeitung, auch in bildungsrelevanter aufklärerischer Absicht, ermöglicht werden. Christlicher Religionsunterricht trägt dazu Kriterien und Perspektiven aus der christlich-theologischen Tradition als „‚Erfahrungsschatz' zu einem lebensfördernden, humanisierenden Umgang mit Religion und Religiosität sowie mit Musik und Musikalität" ein" (449). Der Religionsunterricht dient damit im diakonischen Sinne „der ‚Sache' der Musik als Teil der Humanität des Menschen" (449). Der Testfall für die gegenseitige Respektierung der Autonomie von Musik und Religion bzw. von Musikpädagogik und Religionspädagogik stellt der unterrichtliche Umgang mit religiöser Musik und religiösem Lied dar" (450). Da sowohl der Musikunterricht ein „Stück religiöser Bildung" vermittelt wie umgekehrt der Religionsunterricht „ein Stück musikalischer Bildung" ist, stellt Pirner die Angewiesenheit der Fächer aufeinander heraus und fordert „eine religiöse Grundbildung der Musiklehrkräfte [...] wie eine musikalische Grundbildung der Religionslehrkräfte" (450). Von hier kommt in den Blick, wie entscheidend eine liturgische Bildung und Erziehung ist.

1450 Niehl / Thömmes, 212 Methoden für den Religionsunterricht, 50f.

1451 Siegfried Macht, Mit Liedern tanzen. Der Liedtanz als Medium der Religionspädagogik. Münster / Hamburg 2000.

und sagen (Vom Himmel hoch). Mir persönlich liegt viel an diesem Singen. In der christlichen Religion ist es responsorisch angelegt; die Antiphonale und Responsorien haben das Antworten als Strukturprinzip bewahrt. Mein Singen, die Konzentration meines Atems durch den Stimmgang, meine Impulse, die ich dort hineinlege, antworten dem göttlichen Gegenüber, nehmen sich im Hall akustischen Raum. Der Kontakt zum christlichen Gott wird auf diese Weise handelnd und empfangend vernehmbar. Eine zyklische Bewegung, ein unglaubliches Geschehen, dem Psychologen „heilende Bewusstseinserweiterung" attestieren könnten. Das Fokussieren der Klänge – gesprochen, verlesen, erzählt oder gesungen – schafft verbindenden Kontakt zum fremden Wort. Im Unterricht ist das responsorische Prinzip des Aufeinander-Antwortens praktisch nachzuvollziehen.[1452]

Religionsunterricht ist nicht ohne klangliche Vollzüge der menschlichen Stimme denkbar. Im Religionsunterricht bewusst Raum für leibliche Resonanzen zu geben, erfordert Mut, gibt aber auch Chancen, den Freiraum des Religionsunterrichts inmitten des Konzerts der Fächer zu stützen. Das bewusste leibliche Hören baut Klangwelten als Lernwelten auf und verfeinert die Haltung von LehrerInnen und SchülerInnen dahingehend, auf das lebensförderliche Wort aufmerksam zu werden. Gilt in theologischer Hinsicht, dass Glauben aus dem Hören entsteht, so für das Gewahrwerden christlicher Religion im Unterricht, dass Lernende mit Hilfe von genauem Hinhören und dem Einsatz der eigenen Stimme die fremden Worte füreinander vernehmbar machen.

Erzählen ist eine der wichtigsten religionsunterrichtlichen Lernwege zur Konstruktion religiöser Lernwelten. Für die die jüdisch-christliche Tradition spielt das *Erzählen* eine besondere Rolle, das die *Erinnerung* bewahrt und die Ich-Du-Beziehung, den *Dialog,* als Grundzug des Menschseins ausweist.[1453] In der Narrativen Theologie wird diese Tradition aufgenommen und reflektiert.

„Die biblische Tradition legt [...] die Frage nach der Erzählung nahe. Denn ein großer Teil der als Bibel kanonisierten Texte, aber auch sonstiger sowohl oraler als auch skripturaler Texte des Christentums sind Erzählungen. [...] Jesus Christus tritt uns vornehmlich als erzählte Person, häufig auch als erzählter Erzähler, entgegen, und die Jünger erscheinen als Zuhörer von Erzählungen, die ihrerseits die gehörten Erzählungen weiter- und nacherzählen. So sind diese Erzählungen schließlich auch auf uns gekommen, und wenn wir etwa unseren Kindern die biblischen Geschichten nacherzählen (aber hoffentlich nicht wörtlich reproduzierend!), so treten wir auf diese Weise unsererseits in eine ununterbrochene Erzähltradition ein. Das Christentum ist eine Erzählgemeinschaft."[1454]

[1452] Es erfordert weniger musikalische Fertigkeiten der SchülerInnen.

[1453] Vgl. Erzählen und Gestalten. Operative Prozesse im Unterricht, gegenwärtige Formen des Evangeliums. Hg. v. RPI Loccum. Loccumer religionspädagogische Studien und Entwürfe 15. Loccum 1978; „Lebendiges Erzählen". Materialbrief 1/2002 RU München; Horst Klaus Berg, Grundriss der Bibeldidaktik. München 1993, 183–185.

[1454] Harald Weinrich, Narrative Theologie. In: Concilium 9 (1973), 329–334.

Johann Baptist Metz erschließt fünf Perspektiven der narrativen Theologie: das Innovatorische, die Performation, das Sozialkritische, die Erinnerung an das Heil und die erzählerische Tiefenstruktur. Das Performative wird mit dem Befreiungsaspekt verbunden: „In ihnen [den Erzählungen, S.L.] wird sichtbar, wie Erzählung auf praktische Mitteilung drängt und wie der Erzähler und die Zuhörenden in die erzählte Erfahrung einbezogen werden."[1455] Im Gegensatz zu Dietrich Steinwede, der für Texttreue plädiert, betont Walter Neidhart die „Umformung" der biblischen Geschichte.[1456] Der Erzähler, der leiblich die Geschichte formt, verkörpert Erzählhaltungen des allwissenden Erzählers, des personalen Erzählers oder des neutralen Erzählers (Beobachters).[1457] Das Spektrum, Erzählwelten aufzubauen, ist groß. Erzählen und Zuhören gehören zusammen; der Erzähler muss sich selbst teilnehmend zuhören, um dem gehörten und gesagten Fremden durch seine eigene Stimme zu Raum zu verhelfen. Während das Rezitieren und Memorieren auf Rhythmus und Wiederkehr angelegt sind, verleiht der Erzähler der story ein je neues, situatives Bild. Durch Focusing können die Erzählenden die Atmosphäre gewahr werden und kann helfen, Schlüsselworte wieder zu finden und nach den passenden Worten zu suchen.

3.2.3 Spielen

Spielen ist nicht nur eine elementare kindliche Tätigkeit, sondern auch die methodische Keimzelle der Liturgie.[1458] Durch den Erfahrungsbezug, der auch in der Interaktionalen Bibelarbeit eine starke Rolle spielt, werden analytisches Denken, Lebens- und Problemgeschichte und Emotionen wechselseitig aufeinander bezogen und miteinander verknüpft. Durch körperlich-musikalische und körperexpressive Tätigkeiten wie Tanz und Pantomime münden sie in der „Verleib-

[1455] Johann Baptist Metz, Kleine Apologie des Erzählens. Concilium 9 (1973), 334–341. Vgl. Jörg Thierfelder / Kurt Bätz, Erzählen im biblischen Unterricht. In: Hartmut Lenhard u.a. (Hg.), Arbeitsbuch Religionsunterricht, 131–138.

[1456] Walter Neidhart (Hg.), Erzählbuch zur Bibel. 3 Bde. Düsseldorf u.a. 1975ff; Dietrich Steinwede, Werkstatt Erzählen. Münster 1974.

[1457] Diese Erzählhaltungen lassen sich üben: Günter Waldmann / Katrin Bode, Erzählen. Stuttgart 1992, 20ff.

[1458] Zu methodische Formen liturgischen Lernens gehören u.a.: Körperhaltungen liturgischer und ritueller Vollzüge nachvollziehen und darstellen, Standbilder, evtl. deren Verflüssigen, dem stummen Darsteller durch ein Hilfs-Ich Worte in den Mund legen; szenische Darstellungen: Situation des Psalms verkörpern, lautes Sprechen oder Singen (responsorisch-doppelchörig oder antiphonal als Solo im Wechsel mit Chor), Sprechmotetten, Rollentexte aus der Situation des Psalmbetens, klanglich-musikalische Vertonungen (Alltagsinstrumente, Orff-Instrumente, Melodie unterlegen, Rap, ...); zum Hören von Psalmworten kneten; der Bewegung des Hörens mit der Knetmasse nachgeben; bildnerische Gestaltungen (Kreiden, Ölfarben, ...). Vgl. das erzählte Beispiel bei Christoph Bizer, Die Gesellschaft auf dem Dachboden und von einem biblischen Kobold.

lichung".[1459] Im *Bibliodrama* bringt der Körper Religion, insbesondere biblischen Text und damit Heilige Schrift, in einem Spielprozess zur Darstellung, er ist „Aufführungsort des Bibliodramas".[1460] Gerhard Marcel Martin unterscheidet die „Körperarbeit" vom gesamten Prozess des Bibliodramas. Körperübungen bereiten auf das Bibliodrama vor, um den Übergang aus der Alltagswelt in die Gruppen- und Textarbeit zu gestalten. Wahrnehmungs-, Bewegungs- und Atem-Vorgängen wird Aufmerksamkeit zuteil, damit automatisierte Reaktionen einem bewussten Umgang mit dem Körper weichen können, der einen freieren und spielerischen Zugang zur Bibel durch Körperwahrnehmung und Bewegungsabläufe ermöglicht. Daneben bahnen Körperübungen Wege in die inhaltlich gestalterische theologische Arbeit und bereiten Schritte des Prozesses kreativ vor: Atemarbeit kann zur Meditation führen, „Übungen, die mit offenen oder geschlossenen, aufrechten oder bodennahen Körperhaltungen arbeiten, sind unmittelbar relevant für die Sache und die Gesten des Betens, etwa in der Versuchungsgeschichte Jesu, in der der Teufel dem Sohn Gottes nahelegt, ihn anzubeten (Mt 4,1–11)".[1461] Dabei ist jedoch die doppelte Abgrenzung zu Feldern von Körperarbeit notwendig: Weder folgt die Körperarbeit im Bibliodrama dem klassischen Aufbau des Sportunterrichts (Anstrengung, Überspannung, Lockerung), noch wird das Ziel übernommen, die Lernenden über das körpereigene Leistungs- und Energiepotential hinauszuführen. Es geht im vortherapeutischen Sinne um eine Aktivierung der Körpermöglichkeiten und -energien im Rahmen der leiblich und zwischenleiblich gegebenen Grenzen. Martin benennt die Voraussetzungen: Zunächst einmal muss der Leib als „Aufführungsort des Lebens" überhaupt entdeckt werden, damit er zum „offenen und kritischen Aufführungsort biblischer Überlieferung und bibliodramatischer Prozesse" werden kann.[1462] Das körperliche In-Bewegung-Kommen ist gerade für die Schule im Rahmen sonstiger Sitz- und Platzordnung wichtig.[1463]

Inmitten der Unbestimmtheit von Spieltheorien lassen sich für das Spielen einige grundsätzliche Charakteristika bestimmen. Erst ökonomische, pädagogische, soziale und andere Einbindungen weisen dem Spiel einen Zweck zu. An sich ist das Spiel zweckfrei und nimmt sich damit auch einen Freiraum im Leben; es ist, je nach Spielform, in sich selbst zielgerichtet. Die Kindlichkeit, ein zentraler Aspekt der Geschöpflichkeit des Menschen, kommt hier zum Zuge: Das Kind, das versunken in die Spielwelt ist, begibt sich mit dem Spiel in ein diesseitiges, im positiven Sinne zweck-entfremdetes Jenseits, in dem Körper, Gefühl, Bilder und

---

[1459] Sigrid und Horst Klaus Berg, Interaktionale Bibelarbeit. In: Hartmut Lenhard u.a. (Hg.), Arbeitsbuch Religionsunterricht, 123f.

[1460] Gerhard Marcel Martin, Sachbuch Bibliodrama, 25.

[1461] A.a.O., 31.

[1462] A.a.O., 30.

[1463] Andrea Brandhorst, Im Spiel einen neuen Zugang zu biblischen Texten finden. Elemente des Bibliodramas im evangelischen Religionsunterricht. In: Hartmut Lenhard u.a. (Hg.), Arbeitsbuch Religionsunterricht, 125–128. Hier ist der Spielcharakter deutlich betont.

Erinnerungen einen Spiel-Raum um sich aufbauen. Diese (Schein-)Welt kann im Spiel zur utopischen Gegenwelt[1464] einer an ökonomischen und gesellschaftlichen Bedürfnissen und Notwendigkeiten orientierten Welt avancieren. Spielen ist kommunikativ angelegt; es finden Auseinandersetzungshandlungen mit Mitspielern bzw. Gegenspielern statt, wobei die Spielhandlung in Raum und Verlauf grundsätzlich offen ist. Implizit liegen jedem Spiel Regeln zugrunde, so offen das Spiel in Ausrichtung und Anlage auch sein mag; das gemeinsame Spielen erfordert eine Anerkennung und Verständigung dieser Tatsache. Zugleich ist das Spiel an eine Erfüllung gebunden, die nur in der Präsenz stattfinden kann. Spiel ist in dieser Art von καιρος damit auch an Freude gebunden. Insbesondere im Gegenüber zu herrschenden Verhältnissen kompensiert das Spiel das Leid; das wird vor allem an kommerzialisierten Spielformen und Spielsüchten deutlich. Befreiungsaspekte von herrschenden Spielen liegen demzufolge auch in der Beendigung des Spiels oder in der Durchbrechung der Spielregeln.[1465]

Im Unterricht tritt die Zweckfreiheit solchen Spiels in eine Spannung zur Didaktisierung – ein Dilemma, das sich auch leiblich zeigt. Pädagogisch stehen damit „Spiele ohne Sieger“ im Rampenlicht; sie ermöglichen die „Probierbewegung“[1466] und damit nicht nur, Erfahrungen zu verarbeiten und in den Unterricht einzutragen, sondern die Erfahrung ist der Gegenstand des Unterrichts. In Interaktionsspielen findet eine an Spannung und Erholung orientierte Begegnung und Auseinandersetzung mit Spielpartnern statt. Simulationsspiele beabsichtigen Konfliktdarstellung und Problemklärung durch regelgeleitetes Agieren. Formen szenischen Spiels sind ästhetische Darstellungen von Formen und Erscheinungen der Wirklichkeit. Bei allen unterrichtlichen Spielen ist die körperliche und räumliche Interaktion maßgeblich.[1467]

Das *Rollenspiel* kommt aus dem Umfeld des Stegreiftheaters, der Commedia dell'arte. Mit den soziologischen Rollentheorien (Merton, Parsons) stellt sich das Rollenspiel vermehrt vor den Horizont sozialer und ethischer Problematisierung. Das pädagogische Rollenspiel geschieht im Lichte des „einfühlenden, kathartischen und erforschenden Lernens“.[1468] Hier können die Lernenden „am eigenen

[1464] Der Ausdruck „Scheinwelt“ (Hilbert Meyer, UnterrichtsMethoden II, 343) gibt die Unwirklichkeit des Spiels vor.

[1465] Vgl. a.a.O., 342–349.

[1466] Dorothea Bähr, Zwischenräume. Ästhetische Praxis in der Religionspädagogik. Münster 2001, 162. Vgl. Hilbert Meyer, UnterrichtsMethoden II, 345.

[1467] Vgl. Hilbert Meyer, UnterrichtsMethoden II., 346–349.

[1468] Bernhard Grom, Methoden für Religionsunterricht, Jugendarbeit und Erwachsenenbildung. Düsseldorf / Göttingen [9]1992, 205. Insbesondere die Problemorientierung legt auf die Beschäftigung mit Problemen Wert, indem Problem- und Lebenssituationen dargestellt und „problemdarstellend“, „problemlösend“ und „problemverarbeitend“ (und damit strukturierend) ausgespielt werden (a.a.O., 206–209). Vgl. Ulrich Bubenheimer, Spielformen. In: Adam / Lachmann (Hg.), Methodisches Kompendium für den Religionsunterricht, 327–349.

Leibe erfahren, was bei der Auseinandersetzung mit den anderen Rollen auf dem Spiel steht""[1469]. Metaphorisch gesprochen: Die Dinge drehen sich im Spiel.[1470] Kleidung, Maske und Requisiten können als äußere Hilfsmittel dazu beitragen, dass aus dem Spielenden eine gespielte Figur wird. Entscheidend ist aber auch das körperliche, emotionale und gedankliche Einfinden. Durch das Hineinbegeben in bestimmte Rollen wird an Haltungen gearbeitet. In der Simulation von Situationen und Imitation von Personen, Anschauungen und Verhaltensweisen bildet der Körper ein Rohmaterial, das durch die Rolle geformt wird. Dabei sind Bewegung, Körperhaltung, Mimik und Gestik genauso wichtig wie die verbale Sprache.[1471] Der theologische Ansatzpunkt liegt in der Erprobung und Maßgabe von „Aufforderung zu neuem Verhalten".[1472]

Das *Stegreifspiel* findet seine Wurzeln im vorliterarischen Mimus, in komödiantischen Einlagen des mittelalterlichen geistlichen Spiels und in Aufführungen der englischen Komödianten. Es wird ein Thema vorgegeben, zu dem „aus dem Stegreif"[1473] gespielt wird; eine Spielidee wird improvisierend ausgeführt. Die Handlung ist nicht vorgegeben, nur in einer Idee angeregt; die Spielhandlung entsteht überhaupt im Fluss der Spielhandlung durch das Ausfüllen und Verändern von Haltungen und Positionen.

„Standbilder liefern eine körperlich-anschauliche Darstellung der sozialen Erfahrungen, der Haltungen und Phantasien des Standbildbauers."[1474] Im Gegensatz zu allen Spielformen liegt der Fokus beim *Standbild* auf einem einzelnen „eingefrorenen" Bild: Der „Regisseur" ist zugleich ein Künstler, indem er sein inneres Bild einer Szene durch die Körper anderer Lernender für die Zuschauer sichtbar formt.[1475] Dieses Bild kann durch verschiedene Techniken des Psychodramas wieder „verflüssigt" werden. Mit dem Standbild lernt man auf grundlegende Weise die Körperlichkeit von Bildern kennen. Der Regisseur geht mit dem Körper der Mitspieler, des von ihm ausgewählten Materials, so um, dass sich sein Bild formt. Er selbst setzt Bildlichkeit in Körperlichkeit um. Diese intendierte Körperlichkeit stößt an Grenzen; der Körper des Anderen ist nicht beliebig zu verbiegen wie Ton, nicht jeder Person liegt jeder mimetische Ausdruck. Das Formen geschieht nicht nur mit Worten, sondern durch Berührungen und Handgriffe des Regisseurs.

1469 Hilbert Meyer, UnterrichtsMethoden II, 362.

1470 lat. rotula: Rädchen. Im 16. Jh. kam der Brauch auf, dass der Schaupieler seinen eigenen Anteil am Stück auf einer Rolle bei sich hat, von der die gerade benötigte Stelle sichtbar, der Rest aufgerollt ist.

1471 Vgl. Niehl / Thömmes, 212 Methoden für den Religionsunterricht, 203–208; Christian Grethlein, Methodischer Grundkurs für den Religionsunterricht, 82–88.

1472 A.a.O., 82.

1473 Im Sinne des Umgangswortes für den Steigbügel: „ohne abzusteigen".

1474 Hilbert Meyer, UnterrichtsMethoden II, 352.

1475 Vgl. ebd.

Das *Psychodrama* als Methode von Jacob Levy Morenos therapeutischer Philosophie konkretisiert und personifiziert die Befindlichkeit („innere Themen") und Situation eines Protagonisten.[1476] Das Setting gibt eine körper- und raumorientierte Arbeit vor. Ein „Spielleiter" (Psychodramaleiter) sorgt für den Rahmen des Spiels und dafür, dass der Akteur das Ineinander seiner Innen- und Außenwelt durch die Übernahme von Rollen zeigen kann. Das Psychodrama ist dort als ein pädagogischer Prozess begreifbar, wo es um körperliche, räumliche und interaktive Sichtbarmachung und Verinnerlichung der subjektiven und kommunikativen Seite von Themen und Problemen geht. Der Protagonist bringt die „innere" und äußere Lebenswirklichkeit auf die Bühne. Es wird gelernt, indem leiblich dargestellt und gehandelt wird; die Person nimmt durch ihre aktionale Rolle Figuren wahr.[1477] Im engeren Sinne werden Rollen zwar noch weiter differenziert, jedoch sind sie allesamt interpersonale Erfahrungen eines tatsächlichen Handelns in einer aktuellen Situation.[1478]

Religion wird im Psychodrama-Prozess durch das Wechselspiel von Innen und Außen angeeignet.[1479] Die Frage nach dem Bösen wird durch eine erlebte oder vorgestellte Situation, ihre Interaktionen und die damit verbundenen Gefühle und Einschätzungen konkretisiert. Im Spiel begibt sich die Schülerin körperlich in die Rolle, Haltung und Einstellung. Im Laufe des Spiels, das sich entrollt, wird vom Psychodramaleiter durch den Rollentausch immer wieder dazu angeleitet, den Platz des Spielpartners (Antagonisten) einzunehmen und die eigene Situation aus einem anderen Blickwinkel zu sehen. Indem sie auch aus dieser Perspektive des Anderen spricht, nimmt sie übergangsweise seine Position ein. Natürlich bleibt sie dabei in ihrem eigenen Körper gehalten, trotzdem verhilft dieses äußere Setting dazu, nicht nur fremde Werthaltungen, sondern auch die leibseelischen Empfindungen des Anderen zu teilen. Der Körper öffnet seinen Gefühlsraum für die Schwingungen des Anderen. Die Dynamik des Spielflusses im mehrfachen Rollentausch und weitere Veränderungen des Settings sorgen dafür, dass die Protagonistin nicht in einer fremden Rolle verharren muss. Die leibseelische Positionierung auf dem Platz eines Anderen stärkt die „Empathiefähigkeit", indem sie die körperlichen und räumlichen Voraussetzungen dafür einbezieht. Zugleich wird die zwischenleibliche Aktion gefördert. Gründe für die Möglichkeit der Anwendung einer therapeutischen Methode liegen auch in Analogien zwischen der anthropologischen Grundlage des Psychodramas und der biblisch geprägten,

---

1476 Ferdinand Buer (Hg.), Morenos Therapeutische Philosophie. Opladen 1989. Vgl. Gretel Leutz, Psychodrama. Berlin 1974.

1477 Vgl. Lothar Teckemeyer, Lernen in Szenen. Teckemeyer stellt deutlich heraus, dass das Psychodrama in der Schule „vortherapeutisch" bleibt.

1478 Die Differenzierung unterscheidet psychosomatische, psychodramatische, soziale und offizielle Rollen. Vgl. Karoline Zeintlinger-Hochreiter, Kompendium der Psychodrama-Therapie. Analyse, Präzisierung und Reformulierung der Aussagen zur psychodramatischen Therapie nach J.L. Moreno. Köln 1996, 125.

1479 Vgl. Lothar Teckemeyer, Lernen in Szenen.

jüdisch-christlich tradierten Anthropologie. Beziehung und Begegnung sind beiderseits elementare Prinzipien, die Leben und Lernen ermöglichen. Diese finden hier leiblich statt – spürbar durch Körperbewegungen sowie -berührungen und Gefühl.

Spielen betrifft den Menschen in seiner Leiblichkeit, indem Erfahrung in der Bewegung erlebbar ist. Woher weiß der Akteur, was und wie er spielt? Der Körper arbeitet hier mit einem Wissen, das man als „Körpergedächtnis“[1480] bezeichnen kann: Aus dem Repertoire der Gefühle, Wahrnehmungen, Körperbewegungen formt der Spieler durch seinen Leib und in der Begegnung mit anderen Leibern. Das Spiel als Form der (Re-)Präsentation macht die Anwesenheit des Verborgenen wahr.

Spielformen *inszenieren* Religion von Stegreif über das Psychodrama, das Standbild, das Rollenspiel und das Bibeltheater bis hin zum Marionettenspiel, zur Pantomime oder zum Singspiel. Hier liegt ein praktischer Keim der Performativen Religionsdidaktik. Das Psychodrama inszeniert dagegen nicht religiöse Formen, sondern bringt eher innere und äußere Lebenswirklichkeit, Einstellungen und Haltungen zu Religion leibräumlich und körpersprachlich auf die Bühne. Beim Psychodrama kommt die Subjektivität des Prozesses am stärksten zur Geltung, beim Soziodrama die Interaktionalität; beide sind auf die konkreten Akteure im Hier und Jetzt bezogen. Bibliodrama und Standbild können beide verknüpfen. Der Lernende wird also einerseits mit Hilfe seines „Körpergedächtnisses“ zum Dramaturgen seiner selbst, indem er das Eigene körpersprachlich zum Ausdruck bringt, sich selbst damit für „Begegnung“ öffnet und in die Kommunikation einträgt, so dass sich im Fluss des Spiels Empfindungen, Haltungen und Einstellungen (die ja hier ganz präsentisch sind) verändern und zur Dynamik des Prozesses beitragen.[1481] Andererseits ist der Körper das Medium und Tor zur Welt (Merleau-Ponty) und somit auch zu Religion; der Spielende öffnet sich beim Religion-Lernen und macht seinen Leib durchlässig für Schwingungen, Atmosphären, Klänge, Worte oder Bilder. Religion wird körperlich in Gebrauch und in die Hand genommen; Körperformen setzen sich aus diesem Gespür heraus zu biblischen Geschichten, Figuren, Meinungen etc. in ein leibräumliches Verhältnis und leihen der religiösen Form – zumindest für den Augenblick des Spielens – eine leibräumliche Gestalt. Die religionsdidaktische Performance ist eine dramatische Vollzugsform von Religion, die ihr szenisch Raum verleiht. Focusing hilft dabei, die Präsenz der religiösen Gestalten am Ort des Körpers sichtbar und hörbar zu gestalten und trägt damit konkret zur dramatischen Anschaulichkeit des Verhältnisses der Lernenden zur Religion bei.

[1480] Vgl. Edmund Kösel, Die Modellierung von Lernwelten. Ein Handbuch zur Subjektiven Didaktik. Elztal-Dallau 1993, 7f.

[1481] Dietrich Zilleßen meint damit u.a. den „Lebensentwurf“. Nicht umsonst bezeichnet er seine Didaktik als „Inszenierung von Lernspielen“ (39).

Die Leibverbundenheit typisch schulischer Lerntätigkeit wird zumeist unterschätzt. Den Welten im Kopf droht der Stillstand des Körpers. Die textlichen Zugänge zu biblischen und anderen Texten erfordern ein hohes kognitives Niveau und verlangen von den Lernenden eine konzentrierte Lese-, Denk- und Schreibarbeit. Der Körper ist in erster Linie ein ausführendes Organ, wenn es um Analysen oder Entwürfe von Dialogformen mit der Bibel geht. Dabei wird durchaus auf Kreativität Wert gelegt, da Texte Antworten, Handlungen und schöpferische Produkte sind. Methodiken konzentrieren sich oft auf Hilfen für den Augenblick, der das Entstehen von Texten in Gang setzt, z.B. durch Fragen nach dem ersten Eindruck, nach emotionalen Wider- und Zuspruchsreaktionen. Das setzt voraus, dass Lernende einen Einblick in die eigene Leiblichkeit haben: Wo ist Wut, Freude, wo krampft sich der Bauch beim Lesen, wo ziehe ich die Stirn in Falten? Textliche Formen verlangen insbesondere von den Lernenden, dass sie befähigt sind, im leiblichen Innenraum und aus ihm heraus Raum zu entwerfen, in dem Widerspruch und Zuspruch, Gespräch und Kontakt mit dem Text erfolgen kann. Der Verlorene Sohn kann erst dann als wieder gefundener Sohn entdeckt und erkannt werden, wenn der Vater auf der inneren Bühne in Erscheinung tritt.[1482] Focusing kann hier ein Moment der Erdung sein, indem es gewährt, dass die Personalität der SchülerInnen auch in reflexiven Tätigkeiten vorkommt und die Kreativität gefördert wird.[1483]

3.3 Gebet – ein Plädoyer für Grenzbegehungen

Ein Lernen, das nicht die Bekanntheit der Formen voraussetzt, sondern von einer Fremdheit ausgeht und auf die Ver-Fremdung zur neuen Wahrnehmung setzt, muss Kontakt mit der Form schaffen. Bei aller Lust am Spielerischen: Nicht jedes Gedicht eignet sich dazu, in einzelne Wörter und Puzzleteile zerlegt und dann wieder neu zusammengesetzt zu werden. Die Darstellungsformen christlicher Religion legen von sich aus Handlungsformen des wahrnehmenden und gestaltbildenden Lernens nahe.

Das kleinste Buch der Welt enthält ein Gebet in sieben Sprachen. Im Konfirmandenunterricht lernt man es nach wie vor auswendig: das Vater Unser – liturgisches Herzstück und religionspädagogisch verdichtetes Wort, in dem Inhalt und Darstellung als Sprechakt zusammenkommen. Viele Menschen können es chorisch mitsprechen; manche würden es dennoch nie (wieder) tun. Während der Konfirmandenunterricht didaktische Ansätze zum Vater Unser entwickelt, ist das Gebet im Religionsunterricht selten Thema. Die Institutionalisierung des Religionsunterrichts in der Schule hat nach den Erfahrungen mit Evangelischem Unter-

---

1482 So schon der Ansatz bei Hermann Barth / Tim Schramm, Selbsterfahrung mit der Bibel. München / Göttingen 1977.

1483 Sondra Perl und der durch Focusing in Gang gekommene Schreibprozess.

weisungsunterricht lange Zeit dazu beigetragen, dass sich der Unterricht – z.T. mit gutem Recht – vor *Kirche in der Schule* verwahrt. Jugendliche, die sich tendenziell von der eigenen Religiosität und erst recht von kirchlichen Prozessen distanzieren, sind aber an spirituellen Prozessen interessiert.[1484] Im Religionsunterricht der Mittel- und Oberstufe ist es schwierig, zum Beten einen Zugang zu finden. Im Grundschulunterricht verhält es sich anders: Die Unbekümmertheit der Kinder schlägt sich in der religiösen Sprache nieder. Nicht ohne Grund hat sich Ingo Baldermanns Elementardidaktik quer zu gängigen religionspädagogischen Doktrina auf kreative Interpreten bezogen[1485]. Insbesondere die Psalmen bieten Sprachformen an, welche, probeweise in Gebrauch genommen, die Gottesbeziehung Israels leiblich verdeutlichen *und* beim Erlernen den individuellen Situs in Auge behalten.

Kulturelle Gestaltungen, an denen Gestaltungen von Gebeten gelernt werden kann, gibt es mehr als genug: Vertonte Gebete in der Popmusik sind unter Jugendlichen bestens bekannt und beliebt.[1486] Diese Formen entbehren jedoch nicht der Schnelllebigkeit. Aber auch an literarischen Formen mangelt es nicht: Gedichte von Paul Celan, Nelly Sachs oder Ingeborg Bachmann, Jugendbücher und vieles mehr laden dazu ein, menschliche Ängste, Wünsche, Klagen und Lobeshymnen in Sprachformen aufzuspüren, in Gebetshaltungen durch Mimik, Stimme und Gebärden zu verkörpern, in Gesten und Szenen darzustellen, in kontextuellen, biographischen, historischen und gegenwärtigen gesellschaftlichen Räumen zu verorten, kritisch zu hinterfragen und auf die Lebenswirklichkeit der SchülerInnen hin zu verändern. Aber probeweise sich selbst, die eigene Stimme, den eigenen Leib, „den Texten leihen"? In den meisten Lerngruppen gibt es Schüler, die weder getauft noch religiös sozialisiert sind. Manchmal nehmen sogar muslimische SchülerInnen am Unterricht teil. Es ist gut, dass der schulische Religionsunterricht potentiell ein Unterricht ist, der guten Gewissens alle zu sich einladen kann. Religionslehrer und Schüler müssen kritisch betrachten und Gebete dekonstruieren dürfen. Sie brauchen ein gutes Gespür und Schutzraum für diejenigen, die kaum oder keinen Zugang zur gottesdienstlich gelebten Religion finden. Für meinen eigenen Unterricht galt und gilt noch immer, dass ich das erprobende Nach-Vollziehen liturgischer Haltungen und Handlungen im Religionsunterricht ermögliche, aber ein Gebet als Gebetsvollzug in den Schulgottesdienst verorte. Der Weg, eine Haltung *zum* Gebet zu finden, führt nicht an der *Fremdheit* der tradierten Sprache vorbei und lebt von der produktiven Spannung, die z.B. beim Vater Unser zwischen der vertrauten Anrede und den z.T. fremd formulierten

---

[1484] Vgl. Dietmar Peter, Welche Rolle spielt das Gebet in deinem Alltag? Loccumer Pelikan (2003) 2, 25–27.

[1485] Ingo Baldermann, Wer hört mein Weinen? Ich werde nicht sterben, sondern leben. Psalmen als Gebrauchtsexte. Neukirchen 1990; ders. Einführung in die biblische Didaktik. Darmstadt 1996.

[1486] Cliff Richards „Millennium Prayer" aus dem Jahr 2000, die Technovertonungen des Vater Unsers von E Nomine, Lieder von Xavier Naidoo sind nur einige Beispiele.

Bitten besteht. Eine Unterrichtssituation vor einigen Jahren in der Orientierungsstufe hat mich darüber hinaus nachdenklich gemacht.

> Eine Religionsstunde in einer 6. Klasse zum Thema „Gebet". Wir sitzen einige Zeit im verdunkelten Raum und betrachten ein Bild zur Gethsemane-Szene. Wolfgang Fräger stellt in seinem Holzschnitt[1487] vor allem die Verlassenheit Jesu angesichts der schlafenden Jünger dar. Auf dem grünen Hintergrund des Gartens verteilen sich die schwarz gekleideten Jünger wie Tote auf einem Friedhof. Lediglich die typische Körperhaltung deutet auf ihren Schlaf hin. Im Vordergrund kniet Jesus, eine von einem weiten Gewand umhüllte sowie mit langen Haaren und übergroßen Füßen ausgestattete, weiße Gestalt, mit gebeugtem Rücken in einer versunkenen Gebetshaltung. Der gesenkte Kopf und die hoch erhobenen, knochigen Hände markieren zum Ausdruck seiner existentiellen und sozialen Not das Leiden an der Teilnahmslosigkeit der ihn umgebenden Welt, aus der er Gott Vater bittend und ergeben herbeiruft und den Betrachter zum Mittun ermuntert. Die scharf konturierte strahlenförmige Schraffur in der Mitte des oberen Bildrands lässt das Gelingen des Kontakts mit der himmlischen Welt erahnen. Die SchülerInnen geben in einer Sprechblase dem Gebet ihre eigenen Worte und erproben, was es für Jesus heißen könnte, „Herr, lass diesen Kelch an mir vorüberziehen!" zu sprechen.[1488] Am Ende der Stunde meldet sich ein Schüler und bittet: „Kann ich bitte noch ein Gebet sprechen?" Ich bin erstaunt, spüre einen kurzen Moment in mich hinein, ob das in dieser Situation möglich ist, und gebe ihm um seiner Ernsthaftigkeit willen Raum dafür. Es wird schnell still. Die meisten Schüler falten die Hände. Jan spricht mit freien Worten ein Bittgebet „für alle, die Schmerzen haben" und „für uns". In sein Amen stimmen einige aus der Klasse mit ein. Der Gong ertönt.

Hätte ich das Gebet verhindern müssen? Sind SchülerInnen zu einer religiösen Handlung gezwungen worden, die manche von ihnen gar nicht mittragen konnten? Ihr Verhalten in diesem Moment und danach gab dazu eigenartiger Weise keinen Anlass. Hätte ich andererseits dem Schüler diese durch meinen Unterricht angeregte Bitte ausschlagen sollen? War der Unterricht falsch konzipiert? Jan hätte seinen Wunsch nicht geäußert, wenn er nicht gespürt hätte, dass es in dieser Schule und in meinem Unterricht irgendwo eine kleine Ecke für diese Möglichkeit gab. Ich selbst war Initiatorin für Schulgottesdienste, die ich mit jeweils einer Lerngruppe gestaltete. Jan hatte vermutlich gespürt, dass der Sichtkontakt mit dem leidenden und betenden Jesus dazu ermutigt, eine eigene Sprache zu Gott zu entwickeln. Das war ihm auch aufgrund seiner religiösen Sozialisation durch die Jungschararbeit nicht fern. Die Dunkelheit des Raumes, die eigentlich nur für die genauere Bildwahrnehmung gedacht war, die Situation, vielleicht einige Bitten, die ihm im Laufe der Unterrichtsstunde klar wurden – all dies verhalf ihm zu einer

---

[1487] Wolfgang Fräger, Jesus am Ölberg. Aus dem Zyklus „Gethsemane". Abgedruckt in: Jürgen Kluge u.a. (Hg.), Entdeckungen machen. Kl. 9/10. Düsseldorf 1989, 174–175.

[1488] Ulrich Becker macht darauf aufmerksam, dass Jesus diese Bitte, die er sinngemäß ebenso im Vater Unser betet, aus jüdischem Kontext kennt. In der Wirklichkeit stehen, heißt aushaltend darum bitten, der Gefahr entrissen zu werden (Vgl. Ulrich Becker, Wenn ihr betet. Das Vater Unser. In: ders. / Friedrich Johannsen / Harry Noormann, Neutestamentliches Arbeitsbuch für Religionspädagogen. Stuttgart ³2005, 97-108. Hier: 107).

eigenen Gebetskonstruktion. Vielleicht war die Schwelle zu beten niedriger als in der Kirche, weil er sich mit der bittenden Haltung Jesu identifiziert hat. Wo, wenn nicht im Religionsunterricht, kann der intermediäre Raum, der für ein Gebet wie für das Lesen biblischer Texte nötig ist, aufgebaut werden, der zwar nicht auffordert, aber geduldig und em-pathisch zulässt, wenn SchülerInnen religiöse Empfindungen äußern?

„Der Mensch lebt nicht nur von innen nach außen, sondern auch von außen nach innen. Das heißt: Die Innerlichkeit des Menschen, ihr Selbstbewußtsein, ihre Hoffnung, ihr Gefühl vom Zusammenhang und Sinn des Lebens findet sich nicht nur innen als reiner Geist, als Eigenbesitz und Eigenerwerb. Der Mensch liest seine Innerlichkeit auch am Außen ab; an den Symbolen, Zeichen und Überlieferungen, die seine Lebenslandschaft prägen; an den Regeln, Ritualen, Rhythmen und Methoden, die er seinem eigenen Leben gegeben hat und die ihn von außen nach innen prägen. Der innere Lebensglaube lebt vom Rhythmus, Regel und Lebensfigur gewordenen äußeren Glauben. Formen, Figuren sind nicht nur sein äußeres und entbehrliches Gewand; sie sind das Spiel der Innerlichkeit, ohne die diese Innerlichkeit und der Geist blaß und kraftlos bleiben. Bewußtsein seiner selbst ohne äußere Gestaltung ist wie eine Partitur, die nicht Musik wird.“[1489]

Ob es für SchülerInnen im Unterricht wünschenswert und möglich wird, performativ religiöse Handlungen zu vollziehen, ist an unterschiedliche Bedingungen geknüpft. Ich selbst würde nach wie vor nicht zum aktiven Beten einladen, aber dazu, sich der Form eines Gebetes aktiv und pathisch zu nähern, d.h. Haltungen einnehmen, nach Wirkung fragen, Erwartungen und Reaktionen formulieren, aus der Haltung heraus sprechen. Focusing ist ein Weg, die „Andachts-Haltung“ eines Gebetes – nämlich das geduldige Sich Einlassen auf ein Gespräch, das auch zuweilen auf sich warten lässt – nachzuvollziehen, ohne selbst authentisch mitsprechen zu müssen. Es schafft einen intermediären Raum, in dem SchülerInnen sich dem Gebet in einer selbst geführten Weise annähern und Distanz und Nähe selbst bestimmen, da ihre reflexive Haltung nicht ausgeschaltet wird. Es wird auch deutlich, dass der „Mehrwert“ von Religionsunterricht gar nicht in der Bedeutsamkeit über die eigenen Grenzen hinaus liegt, sondern in den gestalteten Innenräumen, der Möglichkeit für religiöse Empfindungen, aber auch für deren Fremdheiten. Gerade dann können sich gemeinsame Kirchenbesuche mit Kirchenpädagogik und Liturgie als Aufmerksamkeit für Spiritualität erweisen.

Eine Didaktik, die von Körperlichkeit und Emotionalität der Lernenden und der Räumlichkeit des Lernens ausgeht, nimmt Lernbewegungen und Prozesse zum Ausgangspunkt der Praxiskonstruktion. Wer seinen Religionsunterricht leibräumlich und praktisch orientiert aufbaut, weiß, dass das Gelingen von Unterricht in besonderer Weise an die Aufmerksamkeit auf das *Wie* gebunden ist. Methoden sind didaktische Wege des tätigen Kontakts mit sich selbst, mit den anderen in der Lerngruppe und dem Lerngegenstand. Sie gestalten sich an natürlichen und

---

[1489] Fulbert Steffensky, Rituale als Lebensinszenierungen. in: Michael Wermke (Hg.), Rituale und Inszenierungen in Schule und Unterricht. Münster 1997, 101–109. Hier: 101.

kultürlichen Lebensvollzügen, deren Grundlage die leibseelische Bewegtheit ist. Eine stärkere Berücksichtigung der SchülerInnen bringt mit sich, dass nicht nur Methoden und religionsunterrichtliche Inhalte, sondern auch die Lehrenden und Lernenden eng und wechselseitig aufeinander bezogen werden müssen. Dazu ist es nötig, sich die Lebensformen und -vollzüge von lernenden Menschen genauer vor Augen zu führen. Umso mehr ist ersichtlich, dass zunächst einmal die „Schärfung des eigenen Wahrnehmungsvermögens", d.h. das Vermögen zum empfänglichen Lernen auf Seiten der Lehrenden gefragt ist, um derartige Anleitungen in den Unterricht geben zu können. Aus der Perspektive der Leiblichkeit betrachtet, hat die Handlungsorientierung der Praktischen Theologie und erst recht der Religionspädagogik als Handlungswissenschaft nahe gelegt, ihre Aufgabe als aktives Tun eines starken und tätigen Subjekts aufzuzeigen. Die religiöse Wahrnehmung zeigt jedoch, dass es weniger um Aktion als um Passion geht. Wahrnehmung ist als anthropologische Schlüsselkategorie mit Empfangsbereitschaft, einer Öffnung der Sinne zu pathischem Lernen verbunden.

Methoden können als Handlungsformen der Gegenwärtigung Religion präsentieren und repräsentieren. Ihre unterschiedlichen Qualitäten liegen darin, die Formen der Religion vernehmbar zu gestalten und Religion überhaupt erst für das Lernen und Lehren in Form zu bringen. Die Methode des Focusing bringt die Anwesenheit des Abwesenden im Spiel zutage, indem sie Religion in ihrer Verborgenheit enthüllt: Zwischen Ritus und Performance schaltet sich Focusing als Instrument zum „Innehalten" (Heimbrock) ein und sorgt dafür, dass Gott leiblich „auftreten" kann.[1490]

3.4 Lehr-Gänge: Liturgisches Lernen an prägnanten Lebensformen

Der Religionsunterricht trägt in besonderer Weise zur Menschenbildung bei. Im Geflecht schulischer Kultur bietet er Freiraum für andere, auch fremde Wirklichkeiten. In einer Situation fragiler Bildungsmöglichkeiten eröffnet christlicher Unterricht Jugendlichen Perspektiven auf ein Dort und Dann, unter denen heilvolles Leben hier und jetzt eine Chance bekommt. Der Religionsunterricht stellt den Ort für die pädagogische Wahrnehmung christlicher Religion dar. Entscheidend sind ein achtsam tätiger Umgang mit Räumen und Formen des Christlichen.

[1490] Steffensky widerlegt die Erfahrung der formalen Ungebundenheit der 68er-Generation mit der Orientierung des (auch inneren) Lebens auch an äußeren Gegebenheiten. Rituale haben in dieser Hinsicht eine spielerische Qualität und nehmen eine inszenatorische Funktion ein. Grundgröße des Rituals ist die Form: Sie grenzt die Lebenswelt ein und befähigt, in solcher umfriedeter Welt zu leben, stärkt und reinigt Lebenswünsche, stärkt die Gemeinschaft und verhilft so zu einer Vergewisserung der Gegenwart und der Feier des Lebens. Rituale sind bewusst zu verfolgen, entschärfen aber narzisstische „Überbewusstheit".

Christliche Religion kommt im geistlichen Raum der Kirche zur Entfaltung; Gottesdienst und Heilige Schrift sind ihre gestalteten Ereignisformen, in denen sie individuell und gemeinschaftlich leiblich wahrgenommen wird. Liturgiedidaktik hat als originären Bezug eigentlich eher die Gemeindepädagogik, da sie auf den Vollzug von Gottesdienst bezogen ist. Durch Feiern und Beten lernt man Feiern und Beten. Das hat in der Schule mehrfach Grenzen: die *Fremdheit* dieser Formen von Religiosität, die *Andersartigkeit* der verschiedenen kulturellen und religiösen Milieus. Dennoch: Ein Religionsunterricht, der Religion nicht um*geht*, sondern mit Religion *um*geht und von innen her *zeigen* will, wie Christentum funktioniert, kommt nicht ohne das leibräumliche *(Nach-)Vollziehen* aus.

Religion und Kultur vermitteln sich wechselseitig und aneinander. Darstellung und Mitteilung sind zwar unterschieden, gehören aber dennoch zusammen: kein Inhalt ohne Methode, aber auch keine Methode ohne Bindung an die Form. Meiner Ansicht nach ist daher ein *kulturelles Lernen kultischer Formen* erforderlich. Das *Erproben* des darstellenden Handelns *und* deren *Reflexion* schaffen am Lernort Schule einen Lernraum, welcher der Fremdheit von Religion Rechnung trägt und zu Annäherungen verhilft. Zentrale didaktische Kategorie ist in diesem Zusammenhang die *Wahrnehmung*; sie trägt der Subjektivität der Lernenden Rechnung und bemüht sich um Anerkennung der Fremdheit der Religion, um ihr *spürend* auf die Spur zu kommen. „*Religion zum Anfassen*“: Die Wahrnehmung von Bibel als Heiliger Schrift regt dazu an, die Aufmerksamkeit auf das Buch christlicher Formen zu richten, es in die Hand zu nehmen und aus der Fläche der Buchstaben im Prozess des Lesens, Ertastens, Spielens, Denkens einen Sprachraum entstehen zu lassen, in dem das biblische Geschehen vernehmbar in Szene gebracht wird.

Liturgisches Lernen ist wie die Liturgie selbst *performativ*, d.h. es stellt nicht die Analyse von Texten oder die Erkundung der Ursprünge in den Mittelpunkt, sondern das Sprechen, das zu Wort Kommen. Es setzt an bei Raum schaffenden Prozessen, die auf den christlichen Gott Bezug nehmen. Da ist zunächst der umgrenzte *Raum*: die Kirche, der Friedhof. Religion ist räumlich, sie findet an Orten statt. Die *Kirchenpädagogik*, insbesondere Kirchraumpädagogik, legt diesen Weg der Annäherung nahe. *Begehung* als religionsdidaktische Kategorie bietet an: Durch den Nachvollzug von *Sprach- und Klangformen* wie Gebet, Psalm, Lied – in ihnen wird gelobt, geklagt, gebeten und gedankt – wird der Raum aufgebaut, der für das Lernen von Lernen nötig wird. Dazu bedarf es *Handlungen und des Gespürs*, die in der Leiblichkeit der Lehrenden und Lernenden begründet liegen.[1491] Focusing kann den SchülerInnen im Religionsunterricht Freiraum dafür geben, christliche Religion in einem verantwortlichen Maß der Selbstbestimmung zu lernen und die Suche nach Lebenshaltungen und Positionierungen zu begleiten. Es

[1491] Meyer-Blanck unterscheidet diesbezüglich Kirchraumpädagogik von Liturgiedidaktik; erstere habe „mit dem Raum der Liturgie zu tun, nicht mit der Liturgie selbst“ (Michael Meyer-Blanck, CRP (2003) 2, 4–7. Hier: 5).

schafft eine Kontaktzone für die Wahrnehmung des Anderen; es deckt auch Reibeflächen für die Klärung von Verhältnisbestimmungen zu Religion, Christentum und Kirche. Dabei ist es nicht unerheblich, dass der Weg des Felt Sense zu religiösen Räumen, Formen und Themen auch befremdliche und unbeliebte Empfindungen zulässt. Diese an die individuellen wie sozialen Wahrnehmungen der Lerngruppe gebundene Form des Unterrichts erfordert ein gegenseitiges Einverständnis aller Beteiligten. Focusing ist per se keine Zaubermethode als genereller Garant für Bildung, Vernunft oder Güte; die Resonanzen, die durch den Weg des Focusing gefördert werden, verhelfen aber auf wohlwollende und auf kritische Weise zu einer dem Selbst- und Anders-Werden zuträglichen *Lebens- und Lernhaltung.*

Religiöse Bildung lässt sich in ermutigender Weise als Lernprozess achtsamer Einwurzelung und Verdichtung des Gekreuzigten und Auferstandenen begreifbar machen, welcher der Aktion eines handlungs- und erfahrungsorientierten Unterrichts ein pathisches Moment des Innehaltens und geduldigen Wartens gegenüberstellt.

4 Theologisch (nach-)gedacht – pädagogisch notiert: Vom Handwerk zum Kunstwerk

Schulische Praxis von Religionsunterricht funktioniert anders, als die Theorie es wünscht und auch entwickeln kann. Als religionspädagogische Praktikerin in Universität und Schule erfahre ich täglich die Widersprüche zwischen Theorie und Praxis, zwischen Anspruch und Wirklichkeit, aber auch die produktiven Spannungen zwischen universitären Experimenten und schulischem Alltag.

4.1 Raum für religiöses Lehren und Lernen

Schule, Kirche und Alltags- bzw. Lebenswelt sind verschiedene Wirklichkeiten. Versteht man wie Zilleßen, Failing / Heimbrock oder andere die Lebenswelt als einen Ort, an dem Religion erscheint, ergibt sich eine nahezu unerschöpfliche Vielfalt von Orten, an denen auch Religion gelernt werden könnte. Gegenwärtig wird entdeckt, Religion z.B. in der Stadt zu erkunden, indem die Architektur oder der wirtschaftliche Aufbau einer Stadt mit ihren Geschäften und Banken vor Ort auf ihre religiösen Anklänge und ihren Symbolgebrauch untersucht werden. Religion kann nicht ausschließlich an originär religiösen Orten wie etwa Kirchen unterrichtet werden. So bildet die Schule weiterhin das beheimatende Quartier für den Religionsunterricht, ebenso wie für den Konfirmandenunterricht die Kirche das Haus bleibt. Das wird schon daran ersichtlich, dass der konkrete Unterricht im Normalfall im Klassenraum bzw. in Gemeinderäumen (Konfirmandensaal,

Konfirmandenscheune) stattfindet. Es käme also in jedem Fall darauf an, auch an diesen Orten Räume für Religion didaktisch aufzuschließen.

In allen phänomenologischen Entwürfen zur Religionspädagogik wird die Leiblichkeit ernst genommen, denn die Phänomenologie kommt ohne Leiblichkeit als konstitutives Element der Lebenswelt nicht aus. Diese Erkenntnis wird jedoch in unterschiedlicher Weise umgesetzt. Der Zusammenhang von Phänomenologie und Situationserschließung spielt dabei eine große Rolle. Thomas Lotz fragt nach der tatsächlichen und möglichen Relevanz von Lebensweltorientierung in einer stofforientierten Schule anhand der Debatte um Schülerorientierung im Religionsunterricht. Er konzipiert lebensweltorientierten Religionsunterricht als „Ort der Entdeckung von lebensnaher Religion, aber auch als Ort der Bewährung des christlichen Glaubens und der Sehnsucht nach einem lebenswerten Leben".[1492] Hier ist deutlich, dass es für den Religionsunterricht gilt, Religion am Ort der Lebenswelt aufzuspüren, aber ebenso Religion am Ort der Kirche zu begreifen. In beiden ist Religion als das Explizite, Geformte auffindbar, aber auch als Ungesagtes zwischen Räumen und Welten spürbar in Spuren. Lévinas hat gezeigt, wie der Kontakt mit dem Anderen das Eigene ins Bewusstsein bringt, Foucault unterstützt mit seiner Heterotopologie, dass gerade die Andersartigkeit dieser Räume eine fruchtbare Spannung mit sich bringt. Die Konsequenz liegt in der Notwendigkeit, „liturgische Welten"[1493] zu rekonstruieren und aufzubauen, deren äußere Ordnungen das Innere strukturieren, sowie Religion in ihren Räumen, Formen und Szenen auszusuchen und zu gestalten.

Edmund Kösel stellt in seiner konstruktivistischen Didaktik den *Aufbau von Lernwelten* zum Ausgangspunkt. Unterricht heißt vor allem selbstständiges Lernen, das durch anregende Lernumgebungen gefördert wird.[1494] Ich begreife Religionsunterricht, wie er aus den anthropologischen und bildungskonzeptionellen Erarbeitungen hervorgeht, als Raum, der Qualitäten hat und Aufgaben aus sich heraussetzt. Als Raum wie jeder andere Unterricht unterliegt er den gleichen pädagogischen und schulischen Nötigungen und Chancen wie der Unterricht anderer Fächer. Konkrete Lehr- und Lernbedingungen, so weit sie räumlich, institutionell, materiell, emotional und atmosphärisch geschaffen werden können, sind nicht nur förderlich, sondern eine Bedingung für Unterricht. Grundlagen für ein phänomenologisches Konzept von Unterricht, das bei Leib und Raum ansetzt, sind daher in der pädagogischen Anthropologie zu finden. Die pädagogische Atmosphäre lässt sich, ausgehend von Otto Friedrich Bollnow, nicht allein auf die Beziehung zwischen Lehrenden und SchülerInnen beschränken, sondern nimmt

---

1492 Thomas A. Lotz, Viertel nach zwölf bis eins: Gott usw. Religion und Lebenswelt in der Schule. In: Hans-Günter Heimbrock (Hg.), Religionspädagogik und Phänomenologie. Weinheim 1998, 178–201. Hier: 201.

1493 Fulbert Steffensky, Religion im Kinderzimmer, 73.

1494 Edmund Kösel, Die Modellierung von Lernwelten.

den „Umkreis der stetigen Lebensvorgänge selbst" zum Ausgangspunkt für Unterricht.[1495] In einem leiblich-psychisch aufgebauten Lehr- und Lernraum können durch Begegnung und Dynamik zwischen diesen Polen Formen entstehen. Als Unterricht in Sachen Religion bildet der Religionsunterricht jedoch auch die Konkretion religionspädagogischer *Heterotopologie*. Andreas Mertin resümiert in seiner Theorie des religiösen Raumes zu Recht: „Wenn ich es recht sehe, heißt die anstehende Aufgabe für Lehrerinnen und Lehrer, zusammen mit ihren Schülerinnen und Schülern Heterotopologie in eigener Sache zu betreiben. Deshalb geht es zunächst tatsächlich ganz praktisch darum, die eigenen Erwartungen an religiös ausgezeichnete Räume zu benennen und den eigenen Raumwahrnehmungen auf die Spur zu kommen. Es kommt also darauf an, den eigenen religiösen Raum-Mythos zu entdecken und ihn in Beziehung zu den tradierten Raum-Mythen zu setzen."[1496]

Das Augenmerk der Gestaltdidaktik liegt darauf, den Hiatus von Person und Sache zu überwinden, den *Zwischenraum* zu sehen und vor dem Hintergrund der Lernumgebung Lerngestalten zu bilden.[1497] Wie der Leib den menschlichen Kontakt von Mensch und Welt bildet, bildet der Raum des Religionsunterrichts eine dynamische *Kontaktzone* zwischen Mensch, Lerngemeinschaft und „Religion": Die Lernenden gestalten Religion an sich selbst und einander und gestalten sich selbst und einander an der Religion – in der Lernumgebung der Schule. Eine themenzentrierte Perspektive, die den Religionsunterricht nach dem Modell von Ruth Cohns TZI-Dreieck verortet, betrachtet den Religionsunterricht als Zwischenraum verschiedener Lernumgebungen, der Globes, die sich partiell überschneiden und aufeinander Einfluss nehmen. Dieser Raum hat lebens- und bildungsförderliche Qualität. Der Religionsunterricht dient als Schutzraum zwischen Erziehungsraum, in dem Bildung intentional und gezielt gestaltet wird, und als Frei-Raum gegenüber den Prinzipien der „Welt". Er benötigt sowohl nach innen wie nach außen einen weiten, aber umfriedeten Raum.

Religionsunterricht kann *Freiraum* sein: Raum für das nirgendwo sonst in der Schule Unsagbare, Unsichtbare und Unaussprechbare; für das Maßlose, das sich nicht überprüfen und operationalisieren lässt, für das Zufällige und zuweilen auch für das Banale. Raum für Empfindungen und Regungen bringt die Menschlich-

---

1495 Otto Friedrich Bollnow, Die pädagogische Atmosphäre, 111.

1496 Diesbezüglich gelten hermeneutische Annäherungen: Erwartungen an einen Kirchenraum hinsichtlich emotionaler Kriterien, Assoziationen, normativer Vorstellungen, Ausstattung klären. „Nichts ersetzt freilich die Begegnung mit realen Räumen, wobei man auf die -puristische Vorstellung, man könne heute noch einen romanischen, gotischen oder barocken Kirchenraum erleben, verzichten muß. [...] Allerdings dürften derartige Einsichten nicht daran hindern, zumindest den Versuch zu unternehmen, den weiterhin vorhandenen Strukturierungen und Schwerpunkten nachzugehen" (Andreas Mertin, „… und räumlich glaubet der Mensch", 75).

1497 Ilse Bürmann, Überwindung des Dualismus von Person und Sache.

keit schulischen Lebens zutage und gibt Raum für existentielle und politische Anliegen. In einem eröffnenden Religionsunterricht finden die Lernenden Einzug mit ihren Anliegen im Gepäck. Zugleich muss der Freiraum umfriedet und begrenzt sein: geschützt vor Bloßstellung, vor der Operationalisierungs- und inhaltlichen Elementarisierungswut, vor Rationalisierungs- und Abschaffungsbestrebungen. Als Raum am Rande der Schule – sowohl durch häufige Randstunden als auch durch räumliche Benachteiligung – kann er bei Thematisierung zum Raum des Voraus- und Nachdenkens werden, in dem das Verhältnis zu den umgebenden Welten stets neu bestimmt und ausgelotet wird. Freiraum besteht auch darin, affirmativ und kritisch Stellung zu beziehen und dem Verhältnis von Person und Religion Gestalt zu geben.

Standards sollen orientieren. Ihre Orientierungen erfolgen natürlicherweise an Räumen leiblich gelebter Religion. Das Abstecken des Raumes von Religionsunterricht ist nicht ohne Verhältnisklärungen auszumachen: sowohl zur Lebenswelt als auch zu Schule und Kirche. Die Niedersächsische Studie zur Religion der Religionslehrenden hat bei allem kritischen Bestand ein – wie im Einzelnen auch immer zu bestimmendes – deutliches Verhältnis von Leben und Kirche ausgemacht. Unter der Kategorie des Raumes ausgedrückt: Für den Zwischenraum zwischen Körperraum und Kirchenraum, zwischen Innerlichkeit und Veräußerung, zwischen Lebenswelt und psychischem Innenraum muss der Religionsunterricht Orientierungsmarken setzen, um zu einer Balancebewegung und Gestaltung zu kommen.

Eine solche Aufgabe der Raumgestaltung erfordert Initiative, Kenntnisse und Bereitschaft. Das Öffnen der Räume zur Welt ist erforderlich um der Orientierung und Situierung willen. Aber auch nach innen hin ist Raum nötig – schon als Freiraum, damit in ihm überhaupt etwas entstehen kann. Der Aufbau des inneren Raumes als ausgestalteter Lernraum ist wichtig, um überhaupt Kontakt zu bekommen in einem kommunikativen Lernprozess. Im *Gestaltungsraum* Religionsunterricht wird das Verhältnis von Lehrenden und Lernenden untereinander und zu Religion dynamisch ins Lot gebracht. Beziehungen zu gestalten, heißt Formen akzeptierenden und aufmerksamen Miteinanders zu finden. Die Prämissen der Humanistischen Psychologie und Pädagogik, wie sie z.B. in den Axiomen und Hilfsregeln von TZI geformt sind, führen im Unterricht ganz praktisch zu Anerkennung, Respekt vor dem Nächsten und Achtsamkeit auf das Leben. Religion kann in diesem Rahmen in Achtsamkeit zur Sprache gebracht, impressiv und expressiv wahrgenommen und für die konkreten Lernenden im Hier und Jetzt nachhaltig gestaltet werden. Solch ein Raum lädt ein zu Inszenierungen und schafft Aufmerksamkeit für Gruppenprozesse. Was kann zu Aufbau und Gestaltung dieses Raumes beitragen? Wie können neue Räume für nachhaltiges Lernen geöffnet werden?

4.2 Belebungsversuche für die Unterrichts-Kultur

Theorien von Unterricht gehen vor allem darauf ein, welche Bedingungen diesem zugrunde liegen und welche Funktionen er wahrnimmt. So lassen sich konstruktivistische, systemtheoretische und handlungstheoretische Begründungen heranziehen und lernzielorientierte von kritisch-emanzipativen, erfahrungs- oder handlungsorientierten und bildungstheoretischen Didaktiken unterscheiden.

Unterricht hat kulturelle Aufgaben. Wo lebensweltliche Räume sinnentleert sind, weil ihnen der Boden entzogen ist, werden verstärkt virtuelle Räume geschaffen. Die zunehmende Begehung des Cyberspace als Erlebnisraum wird, insbesondere für Jugendliche, zur Weltflucht, wenn die eigentlichen Lebensräume nicht kultiviert und begehbar gehalten werden. Wenn Zeiträume in der Lebenswelt aus dem Takt geraten, weil sie ins Unendliche ausgedehnt werden oder aber durch Messungen der Zeit das Gefühl für den Rhythmus des Lebens verloren gehen, sind Gegengewichte, zumindest exemplarisch, zu schaffen. *Kulturschöpferischer und kulturkritischer Unterricht* kann zum Zeit-Raum für Entdeckungen und Weltwahrnehmung werden, wenn Schule Raum und Zeit für sinnstiftende Gegenwelten schafft und Leben vor Ort als lebenswert erfahrbar wird. Unterricht kann in seiner *rituellen Dimension* Zeiträume strukturieren helfen und Zeitschwellen wie Anfang, Wendepunkt und Ende begehen helfen. Wo das Tempo des Lebens aus den Fugen gerät, kann Unterricht in seiner *dramatischen Dimension* durch seine Wahrnehmungsweisen Lebens- und Lernprozesse begehbar gestalten.

Unterricht ist das Herz der Schule, welches das Bildungsgeschehen organismisch in Gang hält. Daher braucht er Freiraum und Struktur; er hat die Aufgabe, das Lehren und Lernen zu organisieren. Eine Partitur macht Vorgaben, ihre Interpretation in der Aufführung macht sie erst zur vernehmbaren Musik, die Raum stiftet. Selbst wenn die Konzeption von Unterricht dem Religionsunterricht Beschränkungen auferlegt, ist Unterricht in seinem prozessualen Geschehen ein Gestaltungsprozess – nach außen z.B. durch Projektunterricht[1498], nach innen durch Freiarbeit.[1499] Nach der Lehrkunstdidaktik, in der Unterricht ein zu inszenierendes Drama ist, in dem Akteure und Rollen vorgegeben sind und die Lehrkraft als Regisseurin die konkrete Inszenierung der Lernprozesse in die Hand nimmt, werden Lehrstücke arrangiert, deren Formen von den SchülerInnen ertastet, geformt und gestaltet werden.[1500] Ich begreife Religionsunterricht in ähnlicher

---

1498 Siehe schon Bernhard Suin de Boutemard, Projektunterricht: Beispiel Religion. Düsseldorf 1973. Vgl. Adam / Lachmann (Hg.), Methodisches Kompendium für den Religionsunterricht.

1499 Horst Klaus Berg, Montessori für Religionspädagogen. Glauben erfahren mit Hand, Kopf und Herz. Stuttgart 1994; Christine Lehmann, Freiarbeit – ein Lernweg für den Religionsunterricht? Eine Untersuchung von selbständigem Lernen im Horizont kritisch-konstruktiver Didaktik. Münster ^{2}1999.

1500 Hans Christoph Berg, Lehrkunstdidaktik.

Weise als Komposition mit der Aufgabe, die Anordnung und Anbahnung der Kontaktprozesse, die Möglichkeiten des Raumes von Religion aufzubauen, indem LehrerInnen und SchülerInnen sich selbst und einander in Bewegung bringen und zum Darstellen und Mitteilen kommen. Als Wärterin von Raum und Zeit sichert die Lehrerin den Rahmen. Dabei können immer wieder Elemente dieses Prozesses aus dem Takt kommen; für Dynamik und Rhythmus sorgt die Lehrerin mit ihrem Gespür für den Fluss des Prozesses.

Die Vernetzung der *didaktischen Prinzipien* führt über ein je bestimmtes *Theorie-Praxis-Verhältnis* zu einer Palette von *Unterrichtskonzepten*, die von Projektunterricht über Exemplarisches Lernen bis zu Programmierter Unterweisung reichen.[1501] Für das Aufwachsen und Bildung sind leibliche Wahrnehmungen wie Körperwahrnehmungen essentielle Schlüsselerfahrungen. Die Schule müsste daher personale, und das heißt: leiblich bedeutsame Lernprozesse initiieren. Um die Aufmerksamkeit bei kognitiven Lernprozessen überhaupt auf den Körper lenken zu können, ist die Sorgfalt einer *Wahrnehmungskultur* erforderlich, die das Einüben und eine gewisse Handhabbarkeit genauso einfordern wie die stets neue *Aufmerksamkeit* auf alle Veränderung. Im Unterricht wird der Körper zum Bestandteil der Prozesse von Lehren und Lernen und zum Ausgangspunkt des Denkens. Unterrichtsprinzipien sind dabei Erfahrungs-, *Bewegungs- Handlungs- und Wahrnehmungsorientierung*, welche der Religionslehrer und die Religionslehrerin in Achtsamkeit gestaltet.

In einer leiblichen Unterrichtskultur ist zweierlei gefragt. Zum einen wird das *Körperbewusstsein* geschärft, indem Leiblichkeit zum Gegenstand des Lehrens und Lernens wird. Zum anderen wird durch Leiblichkeit der *Stil*, in dem Unterricht erfolgt, geprägt. Räume, in denen das Atmen gelernt wird, werden durch Programme wie „Gesunde Schule“ oder „Bewegte Schule“ auch von außen ermöglicht – sie werden jedoch durch die Gestaltung der einzelnen Fächer, Kooperationen und Lernbereiche erst gefüllt. Die Erlebnispädagogik als didaktische Nachfahrin der Reformpädagogik erfährt in manchen schulischen Fächern Aufwind. Modelle wie der „Körpererfahrungsansatz“ der Gesundheitserziehung, welcher die Grenzen einzelner Fächer überschreitet, bemühen sich seit Ende der achtziger Jahre um eine Verbesserung der körperlichen Erlebnisfähigkeit und die Entwicklung eines möglichst umfassenden Körperbewusstseins.[1502] Die Deutschdidaktik hat in den letzten dreißig Jahren handlungs- und produktionsorientiertes Lernen gefördert, das die Innen- wie Außenkonzentration des Lernens in Verbindung von Körper, Geist und Seele wahrgenommen hat, ohne die Reflexivität

[1501] Vgl. zu einer Übersicht z.B. Jank / Meyer, Didaktische Modelle, 194.

[1502] Wolfgang Knörzer, Zur Selbstkompetenz von Lehrenden unter besonderer Berücksichtigung der Körperwahrnehmung und Körpererfahrung im Rahmen eines Modells ganzheitlicher Gesundheitsbildung. Heidelberg 1994.

einer Rezeptionsästhetik dabei zu vernachlässigen.[1503] Auch die Kunstpädagogik bearbeitet mit praktischem Eros und methodisch-reflektiertem Einsatz die Körperthematik.[1504] Unterrichtskultur am Lernort Schule bedeutet, Komplementärfunktionen in der Sinneserziehung wahrzunehmen. Sportunterricht ist nicht die einzige Form der Leibeserziehung; ästhetische Erziehung findet nicht nur im Kunstunterricht statt. Über Fächergrenzen hinweg fordert Gernot Böhme ausgehend von einem kritischen Schulbegriff mit Recht ein Lernen ein, das Leibesübungen wie autogenes Training behandelt: „Die Schule ist nicht dazu da, einfach das zu forcieren, was sowieso schon läuft, sondern ein Gegengewicht zu schaffen, etwas zu leisten gegen das, was auf die Kinder eindrängt und was sich im Grunde von selbst durchsetzt und die Menschen von außen formiert."[1505] Dieser Impetus betrifft auch den Umgang mit Religion im Unterricht.

4.3 Das A und das O der Leiblichkeit

Religionspädagogik ist eine Wissenschaft, die sich zur Aufgabe macht, religiösem Lernen nach- und vorauszudenken, dessen Bedingungen, Möglichkeiten und Grenzen auszuloten und auf diesem Weg religiöse Bildung und Erziehung im christlichen Sinne zu konzipieren. Dafür stehen ihr vor allem die Theologie und die Pädagogik zur Seite.

Pädagogik sorgt sich darum, inwieweit Bildungs- und Erziehungsprozesse Kinder und jugendliche Heranwachsende auf dem Weg zu Menschwerdung und Lebensgestaltung begleiten. Als empirische Wissenschaft orientiert sie sich an Erfahrun-

---

1503 Kaspar Spinner, Neuen Wege im Literaturunterricht. Informationen, Hintegründe, Arbeitsanregungen. Hannover 1999; Günter Waldmann, Produktiver Umgang mit Literatur im Unterricht. Grundriss einer produktiven Hermeneutik. Theorie – Didaktik – Verfahren – Modelle. Baltmannsweiler [4]2004; Gerhard Haas, Handlungs- und produktionsorientierter Literaturunterricht. Theorie und Praxis eines anderen Literaturunterrichts für die Primar- und Sekundarstufe. Seelze [6]2005.

1504 Adelheid Sievert-Staudte, „Mit dem ganzen Körper lernen" – Das Interesse am Körper aus der Sicht der ästhetischen Erziehung. In: Doris Schuhmacher-Chilla (Hg.), Das Interesse am Körper, 73–94, mit geschichtlichem Überblick. Ausgehend von Körper- und Leibwissen, das ein „Denken mit den Händen" ermöglicht, setzt die Autorin vier Dimensionen an. Unter Beachtung der Körpergrenzen geschieht ästhetische Erziehung durch Körperbemalung, Körperumriss und Körperabformung. Körpersprache lässt sich als „Beredsamkeit des Leibes" analysieren. Die Hüllen des Körpers werden im Schmücken, Maskieren, Verkleiden und in der Mode repräsentiert und lassen sich von dort her aufzeigen. Schließlich ist Körperkunst auch Aktionskunst und Performance. Der Genuss der Performance liegt, im Gegensatz zum Theater, darin, eben keine Rolle zu spielen. Sie eröffnet vielmehr ein Spiel von Bedeutungen, das konstruktivistisch und dekonstruktivistisch zugleich ist; sie ist nicht vorrangig auf Verstehen aus.

1505 Gernot Böhme, Der Körper in der technischen Zivilisation. In: Knut Dietrich / Wolfgang Teichert (Hg.), Die Zukunft des Körpers. Jesteburg 1999, 19–34. Hier: 34.

gen, als dialektisch denkende Theorie setzt sie sich kritisch mit der Gesellschaft und ihren Bildungseinrichtungen auseinander: Als hermeneutische Wissenschaft sucht sie sprachlich verständlich zu machen, wie Bildung zu rekonstruieren ist; in konstruktivistischer Tendenz macht sie deutlich, wie diese Prozesse zu neuen Bildungs-Erkenntnissen führen. *Leibliche Pädagogik ist der Weg, auf dem Menschenbildung personal entworfen, vollzogen und reflektiert wird.*

Theologie sucht Glauben und religiöses Leben zu beschreiben, indem sie der Religion von innen her nachgeht. Zugleich hat sie die Aufgabe der Außensicht; im Bezug zu anderen Wissenschaften bemüht sie sich um Wege und Sprache, den Binnenwahrnehmungen christlicher Religion nachzudenken und das Gespräch über das Verhältnis von Gott und Welt, Kirche und Glauben in Gang zu halten. Sie sucht Religion in christlicher Perspektive aus biblischer, historischer, philosophisch-systematischer und kontextueller Sicht begreifbar zu machen. *Leiblichkeit ist theologisch als der Raum der Gott-Mensch-Beziehung in Christus begreifbar. Sie macht sich als fröhlicher Wechsel der Geschöpflichkeit des Menschen und der Menschwerdung Gottes in Jesus Christus fest.*

Religion ist der Fundus, aus dem sich Menschwerdung religionspädagogisch speist. Religionspädagogische Arbeit orientiert sich an gelebter Religion und greift auf deren Erscheinungsformen zu. Die christliche Religion hat, wie andere Religionen auch, ihre eigenen Räume und Rhythmen, ihre eigene Sprache. Sie macht sich für das Miteinander erfahrbar und gestaltungsfähig. *Gelebte Religion ist in kultischen und kulturellen Formen leiblich wahrnehmbar.*

Der *Religionsunterricht* hat seinen Ort in der Schule. Seine Subjekte sind SchülerInnen und LehrerInnen. Für sie bringt er die Wirklichkeit der Lebenswelt auf pädagogische Weise mit der Wirklichkeit von Religion ins Gespräch. In christlicher Perspektive übernimmt er die Aufgabe, Maße des Menschlichen aufzuzeigen. In einem leiblich-sozialen Miteinander, das zum Mitmachen einlädt und gleichwohl Individualität ermöglicht, lernen die SchülerInnen Religion an sich selbst und sich selbst an Religion kennen. Dazu greift der Religionsunterricht auf Kirche als Fundus gemeinschaftlich gelebter Religion zu.

Schule ist ein gesellschaftlicher Handlungsbereich der Pädagogik; sie verhält sich in spannungsvollem Miteinander mit und Gegenüber zu anderen Gesellungsformen. Die Schule organisiert Räume, Rhythmen und fach- wie sozialkompetente Begleitung für die Ausbildung auf dem Weg zum Erwachsenwerden. Als Bildungsinstitution übernimmt sie die Aufgabe, ihre Einrichtung des Lehrens und Lernens in pädagogischer Vernunft auf verschiedene Bereiche des Lebens und Wissens auszurichten. *Eine Schule, die auf die Leiblichkeit achtet, arbeitet als atmender Organismus zwischen Innengestaltung und Außenwelt.*

Kirche ist die Lebensform der Beziehung von Gott und Menschen. Ihre Kirchenräume sind Kontaktzonen für die Begegnung von Mensch und Gott. Im zyklischen Kirchenjahr wechseln Zeiten des Wartens und Erduldens rituell mit denen des Handelns, Zeiten vermeintlicher Gottesferne mit denen der Gottesbegegnung. Das Gottesvolk erlebt Tag und Nacht, es kennt Heimat und Fremde, Sprechen und Singen und Schweigen. In christlicher Lebensperspektive hat jegliches seinen Ort, seine Zeit, seine Sprache und seine Kultur (Koh 3,1–16), die im natürlichen und kultürlichen Lebenszusammenhang stehen. *Die bewohnbare Welt ist der Horizont, vor dem Kirche als leibliches Miteinander lebbare Gestalt gewinnt.*

Im Zentrum *religiöser Bildung* steht die produktive, person-, sach- und situationsbezogene Aneignung und Vermittlung von Religion. Dazu greift der Unterricht auf verdichtete Formen gelebter Religion zurück und sucht ihre Beziehung zu kultischen und kulturellen Formen im Kennenlernen und in der Auseinandersetzung mit Lebens- und Glaubensfragen zu bestimmen.

Insbesondere zwei didaktische Bewegungen haben schon in vorangegangenen Schritten wertvolle Impulse gegeben. Mit Blick auf die Schule zeigen sie Stärken, reichen dennoch nicht als alleinige didaktische Fundamente für den Religionsunterricht aus.

1. Religiöses Lernen baut auf der räumlichen Auseinandersetzung mit Positionen und Bewegungen auf und geht von elementaren Lebensprozessen aus, die in die Wahrnehmung von Religion eingehen: stehen, sitzen und liegen, lachen und weinen, reden und schweigen, essen und trinken, sehen und hören, geben und nehmen, kommen und gehen, öffnen und schließen. Elementare Tätigkeiten des menschlichen Lebens bilden den Ansatzpunkt für die Zugänge zur Religion in weltlich-profanen und kirchlich-tradierten Lernumgebungen. Diese Lebensvollzüge stellen die anthropologische Voraussetzung für religiöses Verhalten dar. Ohne *Aufmerksamkeit auf die elementaren leiblichen Tätigkeiten* droht der Religionsunterricht zu einer schematischen Funktionalität zu verkommen. Eine Didaktik ausschließlich profaner Religion, die ständig dekonstruiert, was sie erschafft, setzt in der Schule ein starkes lernendes Subjekt voraus, das die Komplementärbewegungen zur Dekonstruktion, nämlich Konstruktion und Rekonstruktion, selbst vornimmt. Es bleibt fraglich, wieweit Verunsicherungen schulisch fruchten, wenn generelle Unsicherheit den Unterricht durchzieht. Es ist unabdingbar, auch Formen der Tradition zur gestaltenden Auseinandersetzung anzubieten, die jenseits der Lebenswelt, in der Unterbrechung des Alltags, den Umgang mit Verunsicherungen einüben.

2. Religion hat ihre eigenen Methoden – aktionale Handlungen wie pathische Wahrnehmungen.[1506] Religion ist Arbeit, sie wird er-arbeitet. Religion wird als

[1506] Manfred Josuttis, Religion als Handwerk.

Handwerk gelernt; dazu gehört Geschick. Auch wenn von völliger Unerfahrenheit in Kenntnis von Material und Handhabung auszugehen ist, wird das Handwerk „in der Lehre" gelernt. Eine entsprechende Methodik ist auszuarbeiten. Wer begreifen will, wie ein Handwerk vor sich geht, wie ein Krug getöpfert wird, dem hilft fürs Erste, wenn er dem Meister zusieht. Um den eigenen Umgang mit Ton zu lernen, braucht es ein Gefühl dafür. Man muss den Ton dazu in die Hand nehmen, Konsistenz und Temperatur fühlen, den Druck der Finger erproben und eine Körperhaltung für die Arbeit finden. Nach John Dewey gibt es ohne Emotion zwar Handwerk, aber kein Kunstwerk.[1507] Ohne Achtsamkeit auf religiöse Vollzüge droht der Religionsunterricht inhaltlich auszutrocknen. Learning by doing in Sachen Religion betrifft den Menschen in seiner Personalität; Handlungskraft und Emotionalität sind stete Elemente der Lernprozesse. Eine Didaktik, die in die spirituellen Vollzüge von Religion einführt, bezieht sich mit auf den emotionalen Lebensraum des Menschen. Sie tut sich freilich schwer, Distanzen aufzubauen und den reflexiven Blick auf das Vollzogene frei zu geben. Gelebte und gelehrte Religion stehen vorfindlich-unterrichtlich in Distanz und sind umso mehr in der Dialektik von „Darstellung und Mitteilung" aufeinander zu beziehen.[1508]

Religiöses Lernen bezeichnet den Prozess, der sich im wahrnehmenden und gestaltenden Umgang mit Erscheinungen der Religion durch Raum, Zeit, Körperlichkeit und Sprache ergibt. Die Vollzüge von gelebter Religion müssen im Unterricht genauso deutlich werden wie ihre Inhalte; zugleich muss die Distanz zwischen gelebter und gelehrter Religion als ein produktiver Zwischenraum für religiöses Lernen in der Schule selbst aufgebaut werden, indem im Unterricht *gezeigt* wird, wie Religion im Vorgang funktioniert.

Liturgie ist gestalteter Vollzug von gemeinschaftlicher Religion. Das religiöse Handwerk wird von Liturgen und Gemeinde vollzogen. Diese Vollzüge werden theologisch reflektiert. Theologie hat also ihren Inhalt und ihre Aufgabe darin, die Gestaltung und Neugestaltung von Liturgie im Fluss zu halten. Religionspädagogik hat an dieser Aufgabe teil. Sie verantwortet aber nicht eine Neuform von Liturgie, sondern sie will lernen lassen und findet deshalb am Ort der Schule – oder im „Lernsaal" der Kirchengemeinde – statt. Dadurch ist bedingt, dass der achtsame Umgang mit religiösen Formen und Methoden eingeübt wird. Dabei werden religiöse Handlungen und ihre Formen wahrgenommen und wahrnehmend in neue, für die Rezipienten stimmige Form gebracht. LehrerInnen und SchülerInnen benötigen pädagogische Methoden, um Religion in ihrer gelebten

---

[1507] Vgl. John Dewey, Pädagogische Aufsätze und Abhandlungen (1900–1944). Hg. v. Rebekka Horlacher. Zürich 2002.

[1508] Bernhard Dressler, Darstellung und Mitteilung. Unterricht würde ansonsten aus Vollzügen des Christentums bestehen und wäre schlichtweg von Gottesdienst nicht mehr zu unterscheiden; das Aufbauprinzip, wie Religion funktioniert, wäre nicht bewusst ersichtlich.

Vollzugsdimension begreifbar zu machen. Daher ist die religionspädagogische „Methode“ keine theologische, sondern eine pädagogische, die davor bewahrt, Lernende zu Geistlichen zu machen. Aber die pädagogische Aufgabe geschieht an theologischen Formen und vollzieht deshalb auf pädagogische Weise theologische Arbeit nach.

Kultureller Religionsunterricht an kultischen Formen nimmt durch die pädagogische Ingebrauchnahme von Liturgie die Vollzüge von Religion und von Lernen in sich auf und macht sie damit pädagogisch kulturell als vorgängiges Christentums handhabbar. Religionsunterricht ist die pädagogische Vollzugsform kultureller Ingebrauchnahme von Religion: SchülerInnen lernen Religion, indem sie sie in religionspädagogischer Wahrnehmung (nach-)vollziehen. Die Handlungsformen und Werkzeuge, die ihnen dabei zur Verfügung stehen, sind nicht die religiösen Weisen leiblichen Verhaltens, um fromm zu werden, sondern entstammen einem pädagogischen Instrumentarium. Aus diesem Grund ist es unerlässlich, gestaltpraktisch an deren gewachsenen Formen zu arbeiten und sich von ihnen inspirieren zu lassen. Für den Unterricht in der Schule seien einige Merkmale genannt:

1. Religiöses Lernen in der Schule geschieht *genetisch* in individueller und gemeinsamer Aneignung. Die Wahrnehmung von Religion ist *biographisch* verankert. Es bestimmt sich in hohem Maße von dem, was *der oder die Lehrende* mitbringt, intendiert, ermöglicht oder verhindert.

2. Liturgisches Lernen ist *exemplarisch*es Lernen, nach einer Auswahl je nach Gebrauchsfähigkeit und Situation. Jede Form legt aus sich heraus selbst Umgangsformen nahe, die den Zugang zu Liturgie ermöglichen. Der Psalm als Sprachtempel im Exil ermöglicht Sprechen, Singen, die Bildersprache oder den Aufbau von Szenen: das fremde Wort in den Mund nehmen und ihm die eigene Stimme leihen. Heilige Schrift gelangt zur Darstellung und damit zur *Anschaulichkeit* und kann so ihre Mitteilungskraft entfalten.

3. Jegliches religiöse Lernen verlangt *sokratisch* nach Austausch. In Betrachtung und Gespräch bringen sich die Lernenden mit ihren Anliegen und aus unterschiedlichen Perspektiven über religiöse Themen, Prozesse in den Unterricht ein: Religion und Lernen kommen auch reflexiv leiblich zu Wort.

4. Liturgisches Lernen in der Schule ist *experimentelles Lernen.* Das erfordert den Mut und den Raum zu einem Ausprobieren, das nicht beim Spielerischen bleibt, sondern in jedem Vollzug den Ernst der Sache mitdenkt. Das Schulklima trägt nicht unerheblich dazu bei, ob die Berührung mit religiösen Bezügen „erlaubt“ oder ungewollt wird. Tabus, Erfahrungen anderer, besondere politische und existentielle Situationen, die auch den Religionsunterricht und die Schule betreffen, können Öffnungen darstellen.

Theologisch lernen heißt, das Handwerk christlicher Religion zu kennen und eine Sprache dafür zu entwickeln, wie sie funktioniert. Pädagogisch lernen ist das Vermögen, Religion aus der Distanz nahe zu bringen und Vertrautes mit fremden Augen zu sehen. Religionspädagogisch lernt man die Kunst, Religion inwendig und auswendig Gesicht und Stimme zu geben.

Angekommen: Rückschau und Ausblick

Die Reise kehrt wieder an ihren Ausgangspunkt zurück. Das Terrain religionspädagogischer Leiblichkeitslandschaft ist umkreist und an wesentlichen Stellen erkundet. Wege zwischen Schule und Kirche sind er-fahren worden. Zuweilen sind Umwege nötig gewesen, um angemessene Zugänge zu religionspädagogischen Lernräumen zu gewinnen. Das Gefährt des Focusing hat sich dabei als ein Gefährte erwiesen, der unaufdringlich zum Anhalten und Innehalten, zur Begegnung und Reflexion und schließlich zum Weiterdenken auffordert.

Der Focusingansatz ist ein phänomenologischer Weg zur Erforschung des Verhältnisses von Personalität und Religionspädagogik; seine Methode ermöglicht einen perspektivischen Zugang zur Gegenwart und Vergangenheit des Religionsunterrichts, indem sie die empathische Wahrnehmung historischer und heutiger Lehrgestalten ermöglicht. Er eignet sich dazu, in der didaktischen Theoriebildung berufsbiographische und unterrichtstheoretische Faktoren miteinander zu verknüpfen: Die Rolle der Religionslehrerin bzw. des Religionslehrers lässt sich person-, sach- und situationsgerecht erfassen, weil die Distanz zwischen „gelebter" und „gelehrter" Religion als personale Dialektik darstellbar und mitteilbar wird. Focusing eignet sich somit als ein leibliches Handwerkszeug, mit dem ReligionslehrerInnen ihre Balance zwischen Leben und Unterricht dynamisch finden können, indem sie dieses Verhältnis leibräumlich begehen.

Es gilt zu überlegen, wie Unterrichtsforschung diesbezüglich von phänomenologischen Zugängen wie Focusing profitieren kann. Zur Verbesserung der ReligionslehrerInnenausbildung wäre es wünschenswert, Focusing als Element in Lehre, Beratung und Supervision zu integrieren, um die Balancefindung auf dem Weg zu sinnvoller personaler Kontinuität zu erleichtern. Focusing könnte darüber hinaus den pädagogischen Zugang zu anderen Konfessionen und Religionen verbessern: Das Fokussieren der Haltung zum Fremden kann m.E. einen Beitrag dazu leisten, Identifikation und Differenz im Sinne von Begegnung und Verständigung auszutarieren. Mittels der Focusingmethode könnten in der Praxis leibliche Haltungen gefunden werden, welche das ökumenische und dialogische Arbeiten im Religionsunterricht fördern.

> Der Unterrichtsraum ist sehr geräumig und hell, die SchülerInnen sitzen in einem Kreis auf dem Teppichfußboden. Der Lehrer erklärt, dass die SchülerInnen der achten Klasse sich mit „stehen – sitzen – liegen" als Verkörperungen von Lebenshaltungen beschäftigen: Darin kommen Selbstständigkeit, Konkurrenz, Ruhe und Ohnmacht, Hilfsbedürftigkeit und Ähnliches vor. Der Lehrer bittet die Schüler, der Sitzhaltung ein wenig nachzuspüren. Die Schülerin Anna sagt: „Ich kann mich gar nicht entscheiden, welche Haltung ich am besten finde." Der Lehrer nimmt das Stichwort auf und fragt nach: „Wie fühlt es sich an, das Nicht-Entscheiden?" Anna überlegt und meint schließlich: „Na, ja ich schwanke eben." Der Lehrer erklärt der Gruppe: „Sie schwankt!" – „Ja, irgendwie ...", tastet sie sich voran. Der

> Lehrer ermuntert sie: „Versuch doch mal, dieser Bewegung nachzugeben ... im Spiel!" Die Schülerin, in körperlicher Bewegung geübt, geht langsam, aber ohne zu zögern in die Mitte, bleibt dort zunächst stehen, besinnt sich kurz und torkelt dann ein wenig umher. Ein paar Mal hakt der Lehrer nach und bezieht auch die restlichen SchülerInnen ein, bis schließlich mehrere das Schwanken ausprobieren und ihre Erfahrungen dabei äußern: Es fallen Worte von „ruhelos" bis hin zu „Panik". Der Lehrer berichtet, dass die frühen christlichen Gemeinden ihre bedrohte Lebenssituation bildlich dargestellt haben – so auch im schwankenden Boot auf dem bewegten Meer. Die Klasse betrachtet die Geschichte von der Sturmstillung und probiert nun spielerisch das Schwanken auf dem Boot aus. Anna findet im Prozess heraus: „Wenn man so schwankt, muss man sich immer wieder neu festhalten und orientieren. Hauptsache, man ist nicht alleine im Boot. Es ist schon wichtig, dass die anderen Jünger auch da sind, das macht Mut. Jesus ist hier ganz schön mächtig, der bringt alle wieder zum Aufstehen."

Phänomenologisches Forschen braucht Raum und Zeit für Wahrnehmung und Gestaltbildung; Nachdenken über religiöses Lernen lädt zum leiblichen Ein- und Aus-Bilden ein.

Literaturverzeichnis

Adam, Gottfried / Lachmann, Rainer (Hg.), Methodisches Kompendium für den Religionsunterricht. Göttingen 1993.

Adorno, Theodor, Erziehung zur Mündigkeit. Frankfurt 1972.

Ahrens, Sabine / Pithan, Annebelle (Hg.), KU – weil ich ein Mädchen bin. Ideen – Konzeptionen – Modelle für einen mädchengerechten KU. Gütersloh ²2000.

Aldebert, Heiner, Spielend Gott kennenlernen. Bibliodrama in religionspädagogischer Perspektive. Hamburg 2001.

Ammicht-Quinn, Regina, Körper – Religion – Sexualität. Theologische Reflexionen zur Ethik der Geschlchter. Mainz 1999.

Ammicht Quinn, Regina / Tamez, Elsa (Hg.), Körper und Religion. Concilium 38 (2002) 2.

Anrich, Christoph, Bewegte Schule, bewegtes Lernen. Bde. I+II. Leipzig 2000 / 2002.

Ansermet, Ernest, Die Grundlagen der Musik im menschlichen Bewußtsein (1965). München 1985.

Apuleius, De Platone et eius dogmate.

Ariès, Philippe, Geschichte der Kindheit. München 1975.

Aristoteles, Metaphysik. Schriften zur ersten Philosophie Übers. u. hg. von Franz F. Schwarz. Stuttgart 1984.

Assmann, Jan (Hg.), Das Fest und das Heilige. Gütersloh 1991.

Baader, Meike Sophia, Körper als Tempel des Geistes? Körperreformbewegung und ihre Wirkung. In: Gerold Becker (Hg.), Körper. Seelze 2002, 99–101.

Bader, Günter, Die Abendmahlsfeier. Tübingen 1993.

Bähr, Dorothea, Zwischenräume. Ästhetische Praxis in der Religionspädagogik. Münster 2001.

Baldermann, Ingo, Der Gott des Friedens und die Götter der Macht. Biblische Alternativen. WdL 1. Neukirchen 1983.

Baldermann, Ingo, Wer hört mein Weinen? Ich werde nicht sterben sondern leben. Psalmen als Gebrauchstexte. WdL 7. Neukirchen 1990.

Baldermann, Ingo, Einführung in die biblische Didaktik. Darmstadt 1996.

Baldermann, Ingo, Auferstehung sehen lernen. Entdeckendes Kernen an biblischen Hoffnungstexten. WdL 10. Neukirchen 1999.

Baldermann, Ingo / Kittel, Gisela, Die Sache des Religionsunterrichts. Zwischen Curriculum und Biblizismus. Göttingen 1975.

Barth, Hans-Martin, Martin Luther disputiert über den Menschen. In: KuD 28 (1982), 154–166.

Barth, Hermann / Schramm, Tim, Selbsterfahrung mit der Bibel. München / Göttingen 1977.

Barth, Ulrich, Was ist Religion? In: ZThK 93 (1996), 538–560.

Bateson, Gregory, Ökologie des Geistes. Anthropologische, psychologische, biologische und epistemologische Perspektiven. Übers. v. Hans Günter Holl. Frankfurt 1994.

Baudelaire, Charles, Die Blumen des Bösen (Les fleurs du mal 1857). Stuttgart 1983.

Bauer, Karl-Adolf, Leiblichkeit: das Ende aller Werke Gottes. Die Bedeutung der Leiblichkeit des Menschen bei Paulus. Gütersloh 1971.

Baxa, Gundi-Leila, Verkörperungen. Systemische Aufstellung, Körperarbeit und Ritual. Heidelberg ²2004.

Bayer, Oswald, Leibliches Wort. Reformation und Neuzeit im Konflikt. Tübingen 1992.

Becker, Gerold (Hg.): Körper. Seelze 2002.

Becker, Sybille, Leib - Geschlecht - Bildung. Perspektiven für die Religionspädagogik. Münster 2005.

Becker, Ulrich, Wenn Ihr betet. Das Vater Unser. In: ders. / Friedrich Johannsen / Harry Noormann, Neutestamentliches Arbeitsbuch für Religionspädagogen. Stuttgart ³2005, 97-108.

Becker, Ulrich / Friedrich Johannsen / Harry Noormann, Neutestamentliches Arbeitsbuch für Religionspädagogen. Stuttgart ³2005.

Beckers, Edgar, Vom Gang des Bewußtseins und dem Schwinden der Sinne. Bd. I: Mythos, Sinnlichkeit, Körperlichkeit. Sankt Augustin 1995. Bd. II: Der Körper zwischen Religion und Wissenschaft. Sankt Augustin 1997.

Belliger, Andréa / Krieger, David J. (Hg.), Ritualtheorien. Opladen / Wiesbaden 1998.

Belting, Hans, Bild-Anthropologie. Entwürfe für eine Bildwissenschaft. München 2001.

Bendrath, Christian, Leibhaftigkeit. Jacob Böhmes Inkarnationsmorphologie. Berlin / New York 1999.

Benthien, Claudia / Wulf, Christoph (Hg.), Körperteile. Eine kulturelle Anatomie. Reinbek 2001.

Benz, Ernst, Schöpfungsglaube und Endzeiterwartung. Antwort auf Teilhard de Chardins Theologie der Evolution. München 1965.

Berg, Horst Klaus (Hg.), Die Methodik in der Evangelischen Unterweisung. Berlin 1966.

Berg, Horst Klaus, Grundriss der Bibeldidaktik. Konzepte, Modelle, Methoden. München 1993.

Berg, Horst Klaus, Montessori für Religionspädagogen. Glauben erfahren mit Hand, Kopf und Herz. Stuttgart 1994.

Berg, Hans Christoph / Schulze, Theodor, Lehrkunst. Bd. II. Lehrbuch der Didaktik. Neuwied / Berlin 1995.

Berg, Sigrid / Berg, Horst Klaus, Interaktionale Bibelarbeit. In: Hartmut Lenhard u.a. (Hg.), Arbeitsbuch Religionsunterricht. Gütersloh ^{3}1996, 123–124.

Bergau, Wilfried, Der Traditionsabbruch bei Jugendlichen – Ursachen und Folgen. In: ders., Die neuen Schüler – Jugend ohne Gott? Arbeitshilfen für den Ev. Religionsunterricht Nr. 47. Hannover 1989, 17–46.

Berger, Teresa, Sei gesegnet, meine Schwester. Frauen feiern Liturgie. Geschichtliche Rücklagen, praktische Impulse, theologische Vergewisserungen. Würzburg 1999.

Bergermann, Winfried, Focusing. Selbsthilfe durch Körpererfahrung. München 1995.

Beuscher, Bernd / Zilleßen, Dietrich, Religion und Profanität. Entwurf einer profanen Religionspädagogik. Weinheim 1998.

Beutel, Albrecht, In dem Anfang war das Wort. Studien zu Luthers Sprachverständnis. Tübingen 1991.

Bichsel, Peter, Ein Tisch ist ein Tisch. In: ders., Kindergeschichten. Neuwied / Berlin 1969, 21–31.

Bichsel, Peter, Kindergeschichten. Neuwied / Berlin 1969.

Biehl, Peter u.a. (Hg.), Jahrbuch der Religionspädagogik. Neukirchen 1984ff.

Biehl, Peter, Art. Erfahrung. In: LexRP Bd. I, 421–426.

Biehl, Peter, Theologische Aspekte des Bildungsverständnisses. EvErz 43 (1991), 575–591.

Biehl, Peter, Erfahrung, Glaube und Bildung. Studien zu einer erfahrungsbezogenen Religionspädagogik. Gütersloh 1991.

Biehl, Peter, Der phänomenologische Ansatz in der deutschen Religionspädagogik. In: Hans-Günter Heimbrock (Hg.), Religionspädagogik und Phänomenologie. Von der empirischen Wendung zur Lebenswelt. Weinheim 1998, 15–46.

Biehl, Peter, Festsymbole. Zum Beispiel: Ostern. Kreative Wahrnehmung als Ort der Symboldidaktik. Neukirchen 1999.

Biehl, Peter, Symbol und Kultur. Kultur in hermeneutischer und theologischer Perspektive. In: Peter Biehl / Klaus Wegenast (Hg.), Religionspädagogik und Kultur. Neukirchen 2000, 15–53.

Biehl, Peter / Baudler, Georg, Erfahrung – Symbol – Glaube. Grundfragen des Religionsunterrichts. Rph 2. Frankfurt 1980.

Biehl, Peter / Nipkow, Karl Ernst, Bildung und Bildungspolitik in theologischer Perspektive. Münster 2003.

Biehl, Peter / Wegenast, Klaus (Hg.), Religionspädagogik und Kultur. Neukirchen 2000.

Biehl, Peter u. Mitarbeit von Ute Hinze / Rudolf Tammeus / Dirk Tiedemann, Symbole geben zu lernen. Bd. 2: Zum Beispiel: Brot, Wasser und Kreuz. Beiträge zur Symbol- und Sakramentendidaktik. Neukirchen 1993.

Biehl, Peter u. Mitarbeit von Ute Hinze / Rudolf Tammeus, Symbole geben zu lernen. Bd. 1: Einführung in die Symboldidaktik anhand der Symbole Hand, Haus, Weg. Neukirchen 1988.

Bielefeld, Jürgen (Hg.), Körpererfahrung. Grundlage menschlichen Bewegungsverhaltens. Göttingen ²1991.

Bielefeld, Christa / Bielefeld, Jürgen, Körperkenntnis. Das faktische Wissen über Bau und Funktion des eigenen Körpers und seiner Teile. In: Jürgen Bielefeld (Hg.), Körpererfahrung. Göttingen ²1991, 188–222.

Birmelin Rolf (Hg.), Erfahrungen lebendigen Lernens. Mainz 1985.

Bizer, Christoph, Art. Liturgie. In: LexRP II, 1269–1272.

Bizer, Christoph, Unterricht und Predigt. Analysen und Skizzen zum Ansatz katechetischer Theologie. Gütersloh 1972.

Bizer, Christoph, Verheißung als religionspädagogische Kategorie. In: WPKG 68 (1979), 347–358.

Bizer, Christoph, Liturgik und Didaktik. In: JRP 5 (1988) Neukirchen 1989, 83–111.

Bizer, Christoph, Von Gärten und vom Studieren. In: FS zum 70. Geburtstag von Hans-Walter Krumwiede. Jahrbuch der Gesellschaft für Niedersächsische Kirchengeschichte 89 (1990), 13–26.

Bizer, Christoph, Die Gesellschaft auf dem Dachboden und von einem biblischen Kobold. Ein religionspädagogischer Versuch zur Gestaltpädagogik. In: JRP 7 (1990). Neukirchen 1991, 161–178.

Bizer, Christoph, Die Schule hier – Die Bibel dort. Gestaltpädagogische Elemente in der Religionspädagogik. Eine Rede. In: Wilfried Bergau u.a. (im Auftrag des Ev.-luth. Landeskirchenamtes Hannover): Arbeitshilfe für den ev. Religionsunterricht an Gymnasien. Bd. 49. Hannover 1992, 7–22.

Bizer, Christoph, Die Heilige Schrift der Kirche und der Religionsunterricht in der öffentlichen Schule. Ein religionspädagogischer Gedankengang. In: JRP 8 (1992). Neukirchen 1993, 115–138.

Bizer, Christoph, Das Wort Gottes und der Unterricht. In: EvErz 46 (1994), 391–399.

Bizer, Christoph, Kirchgänge im Unterricht und anderswo. Zur Gestaltwerdung von Religion. Göttingen 1995.

Bizer, Christoph, Präludium: Zum Spiel religionspädagogischer Theorie. In: JRP 12 (1995). Neukirchen 1996, 9–25.

Bizer, Christoph, Gottesdienst und Kultur. In: Peter Biehl / Klaus Wegenast (Hg.), Religionspädagogik und Kultur. Neukirchen 2000, 141–164.

Bizer, Christoph, Liturgie als religionsdidaktische Kategorie. In: Jörg Neijenhuis (Hg.), Liturgie lernen und lehren. Aufsätze zur Liturgiedidaktik. Beiträge zu Liturgie und Spiritualität. Leipzig 2001, 95–118.

Bizer, Christoph, Luthers Kleiner Katechismus, im Blick auf den Konfirmandenunterricht aufs Neue gelesen. In: Bernhard Dressler u.a., Konfirmandenunterricht. Didaktik und Inszenierung. Hannover 2001, 88–130.

Bizer, Christoph, „Verstehest du, was du liesest?" Lesekompetenz in PISA und eine Erzählung aus dem heiligen Land. In: ZPT 54 (2002) 4, 317–327.

Bizer, Christoph, Die Bibel als Form – in ihren Formen. Ein didaktischer Zugang zur Heiligen Schrift. In: JRP 18 (2002). Neukirchen 2002, 124–134.

Bizer, Christoph, Gestaltungsräume im christlichen Religionsunterricht. In: Michael Wermke (Hg.), Aus gutem Grund: Religionsunterricht. Göttingen 2002, 61–72.

Bizer, Christoph, Kirchliches. Wahrnehmungen – sprachlich gestaltet – zum Wahrnehmen. In: Thomas Klie / Silke Leonhard, Schauplatz Religion. Grundzüge einer Performativen Religionspädagogik. Leipzig 2003, 23–46.

Bizer, Christoph, Ecce homo – sehet welch ein Mensch! Vom christlichen Menschenbild, wahrnehmend gestaltet. In: JRP 20 (2004), 113–122.

Bizer, Ernst, Studien zur Geschichte des Abendmahlsstreits im 16. Jahrhundert. Gütersloh 1940.

Bizer, Ernst, Fides ex auditu. Neukirchen 1958.

Black, Max, Die Metapher (1954). In: Anselm Haverkamp (Hg.), Theorie der Metapher. Darmstadt ²1996, 55–79.

Bloch, Ernst, Das Prinzip Hoffnung. Bd I. Frankfurt 1959.

Böcker, Werner u.a. (Hg.), Handbuch religiöser Erziehung. Düsseldorf 1987.
Böhm, Uwe / Buschmann, Gerd, Popmusik – Religion – Unterricht. Modelle und Materialien zur Didaktik von Popularkultur. Unter Mitarbeit von Manfred Pirner. Münster ²2002.
Böhme, Gernot, Atmosphäre. Essays zur neuen Ästhetik. Frankfurt 1995.
Böhme, Gernot, Der Körper in der technischen Zivilisation. In: Knut Dietrich / Wolfgang Teichert (Hg.), Die Zukunft des Körpers. Jesteburg 1999, 19–34.
Böhme, Gernot, Aisthetik. Vorlesungen über Ästhetik als allgemeine Wahrnehmungslehre. München 2001.
Böhme, Gernot, Anfänge der Leibphilosophie im 19. Jahrhundert. In: Kai Buchholz u.a. (Hg.), Die Lebensreform. Entwürfe zur Neugestaltung von Leben und Kunst um 1900. Bd. 1. Darmstadt 2001, 148–151.
Böhme, Gernot, Philosophieren mit Kant. Zur Rekonstruktion der Kantischen Erkenntnis- und Wissenschaftstheorie. Frankfurt 1986.
Böhme, Hartmut, Der sprechende Leib. Die Semiotiken des Körpers am Ende des 18. Jahrhunderts und ihre hermeneutische Tradition. In: Dietmar Kamper / Christoph Wulf (Hg.), Transfigurationen des Körpers. Spuren der Gewalt in der Geschichte. Berlin 1989, 144–185.
Bohne, Gerhard. Das Wort Gottes und der Unterricht. Berlin ²1932.
Bollnow, Otto Friedrich, Die pädagogische Atmosphäre. Untersuchungen über die gefühlsmäßigen zwischenmenschlichen Voraussetzungen der Erziehung (1964). Essen 2001.
Boltanski, Luc, Die soziale Verwendung des Körpers. In: Dietmar Kamper / Volker Rittner (Hg.), Zur Geschichte des Körpers. Perspektiven einer Anthropologie. München/ Wien 1976, 138–177.
Bommert, Hanko (Hg.), Das Selbsterleben in der Psychotherapie. München 1978.
Bormann, Lukas, Bibeldidaktik der Gegenwart. In: Zentrale Themen der biblischen Theologie. Online-Materialien. www.uni-bayreuth.de/departments/ev_theologie3/Lehre_So04/Ztbtheol/inhalte/ztbtheol_2.htm.
Bowald, Béatrice u.a. (Hg.), KörpersinnE. Körper im Spannungsfeld von Diskurs und Erfahrung. Bern 2002.
Brandhorst, Andrea, Im Spiel einen neuen Zugang zu biblischen Texten finden. Elemente des Bibliodramas im evangelischen Religionsunterricht. In: Hartmut Lenhard u.a. (Hg.), Arbeitsbuch Religionsunterricht. Gütersloh ³1996, 125–128.
Braun, Christina von, Art. Körper. In: Metzler Lexikon Religion. Gegenwart-Alltag-Medien. Bd. 2. 1999, 236–241.
Brenz, Johannes, Fragstück des christlichen Glaubens für die Jugend (1535). In: Christoph Weismann, Eine kleine Biblia. Die Katechismen von Luther und Brenz. Einführung und Texte. Stuttgart 1985, 112–115.
Brenz, Johannes / Luther, Martin, Der Würtembergische Katechismus samt der Auslegung Lutheri für die Kirchen und Schulen des Herzogtums. In: Christoph Weismann, Eine kleine Biblia. Die Katechismen von Luther und Brenz. Einführung und Texte. Stuttgart 1985, 118–127.
Breuer, Franz, Wissenschaftliche Erfahrung und der Körper/Leib des Wissenschaftlers. Sozialwissenschaftliche Überlegungen. In: Clemens Wischermann / Stefan Haas (Hg.), Körper mit Geschichte. Der menschliche Körper als Ort der Selbst- und Weltdeutung. Stuttgart 2000, 33–50.
Brooks, Charles V.W., Erleben durch die Sinne (Sensory awareness). In der deutschen Bearbeitung von Charlotte Selver. Paderborn 1979.
Brumlik, Micha, Das Ich und die Anderen. Zu einer Pädagogik der Interaktion. www.kirche.net/he/pwt/download/brumlik_1996.htm.
Brumlik, Micha, Das Selbst und seine Erfahrung. Die verborgene Ethik in Klaus Mollenhauers Hermeneutik. In: Cornelie Dietrich / Hans-Rüdiger Müller (Hg.), Bildung und Emanzipation. Weinheim / München 2000, 155–161.
Bubenheimer, Ulrich. Spielformen. In: Gottfried Adam / Rainer Lachmann (Hg.), Methodisches Kompendium für den Religionsunterricht. Göttingen 1993, 327–349.

Buber, Martin, Ich und Du (1923). In: ders., Das Dialogische Prinzip. Gütersloh [9]2002.
Bubmann, Peter (Hg.), Pop & Religion. Auf dem Weg zu einer neuen Volksfrömmigkeit? Stuttgart 1992.
Bucher, Anton A.. u.a. (Hg.), Jahrbuch für Kindertheologie. Stuttgart 2002ff.
Buchholz, Friedrich, Der theologische Ort der geprägten Form (1964/65). In: Joachim Mehlhausen (Hg.), Friedrich Buchholz. Liturgie und Gemeinde. München 1971, 201–214.
Buchholz, Friedrich, Geprägte Form im Gottesdienste (1964/65). In: Joachim Mehlhausen (Hg.), Friedrich Buchholz. Liturgie und Gemeinde. München 1971, 215–239.
Buchholz, Kai u.a. (Hg.), Die Lebensreform. Entwürfe zur Neugestaltung von Leben und Kunst um 1900. Bd. 1. Darmstadt 2001.
Buck, Elisabeth, Bewegter Religionsunterricht. Göttingen 1997.
Buck, Elisabeth, Religion in Bewegung: Sekundarstufe I. Göttingen 2005.
Buck, Peter, Einwurzelung und Verdichtung. Tema con variazione über zwei Metaphern Wagenscheinscher Didaktik. Dürnau 1997.
Buer, Ferdinand (Hg.), Morenos Therapeutische Philosophie. Opladen 1989.
Bultmann, Rudolf, Theologie des Neuen Testaments. Tübingen [9]1984.
Bürmann, Ilse, Überwindung des Dualismus von Person und Sache. Bad Heilbrunn 1997.
Bürmann, Jörg, Gestaltpädagogik und Persönlichkeitsentwicklung. Bad Heilbrunn 1992.
Burow, Olaf-Axel, Gestaltpädagogik. Trainingskonzepte und Wirkungen. Ein Handbuch. Paderborn 1993.
Burow, Olaf-Axel, Gestaltpädagogik und Erwachsenenbildung. In: Reinhard Fuhr u.a., Handbuch der Gestalttherapie. Göttingen u.a. 1999, 1051–1068.
Buschmann, Gerd, Werbung, Religion, Bildung. Kulturhermeneutische, theologische, medienpädagogische und religionspädagogische Perspektiven. Frankfurt 2003.
Busse, Klaus-Peter (Hg.), Kunstdidaktisches Handeln. Dortmund 2003.
Büttner, Gerhard / Dieterich, Veit-Jakobus, Religion als Unterricht. Ein Kompendium. Göttingen 2004.

Campbell, Peter / McMahon, Edwin, Biospirituality. Focusing as a way to grow. Chicago [2]1997.
Cassirer, Ernst, Philosophie der symbolischen Formen. 3. Teil: Phänomenologie der Erkenntnis (1929). Darmstadt 1994.
Cassirer, Ernst, Versuch über den Menschen. Einführung in die Philosophie der Kultur (1944). Hamburg 1996.
Cohn, Ruth C., Von der Psychoanalyse zur themenzentrierten Interaktion. Von der Behandlung einzelner zu einer Pädagogik für alle. Stuttgart 1975.
Cohn, Ruth C. / Terfurth, Christina, Lebendiges Lehren und Lernen. TZI macht Schule (1993). Stuttgart [4]2001.
Copei, Friedrich, Der fruchtbare Moment im Bildungsprozeß (1930). Heidelberg 1969.
Cramer, Konrad, Art. Erleben, Erlebnis. In: HWPH II, 702–711.
Csikszentmihalyi, Mihaly, Das Flow-Erlebnis. Jenseits von Angst und Langeweile: im Tun aufgehen. Stuttgart 1985.

Dalferth, Ingolf, „Was Gott ist, bestimme ich!“ Theologie im Zeitalter der „Cafeteria-Religion“. ThLZ 121 (1996), 415–430.
Degen, Roland, „Echt stark hier!“ – Kirchenräume erschließen. In: Roland Degen / Inge Hansen (Hg.), Lernort Kirchenraum. Erfahrungen – Einsichten – Anregungen. Münster 1998, 5–19.
Degen, Roland / Inge Hansen (Hg.), Lernort Kirchenraum. Erfahrungen – Einsichten – Anregungen. Münster 1998.
Dehn, Günther, Proletarische Jugend. Lebensgestaltung und Gedankenwelt der großstädtischen Proletarierjugend. Berlin 1929.

Detlefs, Wolfram, Die eigene Stimme hören – Sprechen im Raum. In: Helmut Wöllenstein (Hg.), Werkbuch Liturgische Präsenz nach Thomas Kabel. Gütersloh 2002, 34–43

Deutsches PISA-Konsortium (Hg.), PISA 2000. Basiskompetenzen von Schülerinnen und Schülern im internationalen Vergleich. Opladen 2001.

Devereux, Georges, Angst und Methode in den Verhaltenswissenschaften. Frankfurt 1967.

Dewey, John, Pädagogische Aufsätze und Abhandlungen (1900–1944). Hg. v. Rebekka Horlacher. Zürich 2002.

Diem, Hermann, Was sagt die Theologische Anthropologie dem Erzieher über das Kind? In: ders. / Martinus Langeveld: Untersuchungen zur Anthropologie des Kindes. Heidelberg 1960, 3–18.

Diem, Hermann / Langeveld, Martinus: Untersuchungen zur Anthropologie des Kindes. Heidelberg 1960.

Dietrich, Cornelie / Müller, Hans-Rüdiger (Hg.), Bildung und Emanzipation. Klaus Mollenhauer weiterdenken. Weinheim / München 2000.

Dietrich, Knut / Kubitza, Ellen, Leibhaftiges Lernen. In: Roland Degen / Inge Hansen (Hg.), Lernort Kirchenraum. Erfahrungen – Einsichten – Anregungen. Münster 1998, 245–256.

Dilthey, Wilhelm, Einleitung in die Geisteswissenschaften. Versuch einer Grundlegung für das Studium der Gesellschaft und der Geschichte. Gesammelte Schriften Band I. Leipzig 1922.

Douglas, Mary, „Deciphering a Meal". In: dies., Implicit meanings. Essays in anthropology. London 1975.

Dressler, Bernhard u.a. (Hg.), Konfirmandenunterricht. Didaktik und Inszenierung. Hannover 2001.

Dressler, Bernhard, Darstellung und Mitteilung. Religionsdidaktik nach dem Traditionsabbruch. In: rhs 45 (2002) 1, 11–19.

Dressler, Bernhard, Religion in der Schule. Was können Kirchengemeinden tun? In: Loccumer Pelikan (2003) 1, 30–36.

Dressler, Bernhard, Religion – Leben, Lernen, Lehren. Ansichten zur „‚Religion' bei ReligionslehrerInnen". Münster 2004.

Dt. Ev. Kirchenausschuss (Hg.), Die Bekenntnisschriften der evangelisch-lutherischen Kirche (1930). Göttingen ^{4}1959 (BSLK).

Duerr, Hans Peter, Traumzeit. Über die Grenze zwischen Wildnis und Zivilisation. Frankfurt 1985.

Durkheim, Emile, Die elementaren Formen des religiösen Lebens. Übers. v. Ludwig Schmidts. Frankfurt 1981.

Ebeling, Gerhard, Luther. Einführung in sein Denken. Tübingen 1965.

Eckard, Irmintraud F.. Bibel kreativ. Eine Fundgrube für Gemeinde und Schule. Düsseldorf 2000.

Edelmann, Walter, Lernpsychologie. Weinheim 2000.

Eliade, Mircea, Die Religionen und das Heilige. Elemente der Religionsgeschichte. Frankfurt / Leipzig 1998.

Elias, Norbert, Über den Prozeß der Zivilisation. Soziogenetische und psychogenetische Untersuchungen. 2 Bde. Frankfurt 1976ff.

Engemann, Wilfried / Volp, Rainer (Hg.): Gib mir ein Zeichen. Berlin/New York 1992.

Englert, Rudolf, „Performativer Religionsunterricht?". Anmerkungen zu den Ansätzen von Schmid, Dressler und Schoberth. In: rhs 45 (2002) 1, 32–36.

Englert, Rudolf, Religionsunterricht als Realisation. In: rhs 45 (2002) 1, 1.

Enzyklopädie Erziehungswissenschaft. Hg. v. Dieter Lenzen u. Mitarb. v. Agi Schründer-Lenzen. Stuttgart 1983ff.

Enzyklopädie Philosophie und Wissenschaftstheorie. Hg. v. Jürgen Mittelstraß. Stuttgart 1980ff.

Erikson, Erik H., Identität und Lebenszyklus. Frankfurt 1973.

Ernst, Heiko, Die Weisheit des Körpers. München 1993.

Esser, Wolfgang E., Die Seele befreien. Spiritualität für Kinder. München 1998.

Evangelisches Gesangbuch. Ausgabe für die Evangelisch-Lutherischen Kirchen in Niedersachsen und für die Bremische Evangelische Kirche. Hannover / Göttingen 1994.

Failing, Wolf-Eckart, Geist und Bewegung – Bewegtheit durch Geist. In: ders. / Hans-Günter Heimbrock, Gelebte Religion wahrnehmen. Lebenswelt – Alltagskultur – Religionspraxis. Stuttgart u.a. 1998, 37–68.

Failing, Wolf-Eckart u.a., Religion als Phänomen. Sozialwissenschaftliche, theologische und philosophische Erkundungen in der Lebenswelt. Berlin / New York 2001.

Failing, Wolf-Eckart / Heimbrock, Hans-Günter, Gelebte Religion wahrnehmen. Lebenswelt – Alltagskultur – Religionspraxis. Stuttgart u.a. 1998.

Failing, Wolf-Eckart / Heimbrock, Hans-Günter, Praktische Theologie als Theorie Gelebter Religion. Problemhorizonte und Leitbegriffe. In: dies. / Thomas Lotz, Religion als Phänomen. Sozialwissenschaftliche, theologische und philosophische Erkundungen in der Lebenswelt. Berlin / New York 2001, 15–45.

Faust-Siehl, Gabriele u.a., Mit Kindern Stille entdecken. Bausteine zur Veränderung der Schule. Frankfurt 1990.

Feige, Andreas u.a. (Hg.), ‚Religion' bei ReligionslehrerInnen. Religionspädagogische Zielvorstellungen und religiöses Selbstverständnis in empirisch-soziologischen Zugängen; berufsbiographische Fallanalysen und eine repräsentative Meinungserhebung unter evangelischen ReligionslehrerInnen in Niedersachsen. [Ein Forschungsprojekt des Instituts für Sozialwissenschaften, Technische Universität Braunschweig]. Münster u.a. 2000.

Fischer, Dietlind / Schöll, Albrecht, Glauben Jugendliche anders? Zur Bedeutung von Religion in der Lebenspraxis Jugendlicher. In: KatBl 121(1996), 4–14.

Fischer, Dietlind / Schöll, Albrecht, Lebenspraxis und Religion. Fallanalysen zur subjektiven Religiosität von Jugendlichen. Gütersloh ²1998.

Fischer-Lichte, Erika (Hg.), Verkörperung. Tübingen 2001.

Fleisch, Paul, Die moderne Gemeinschaftsbewegung. Bd. 2/2: Die Pfingstbewegung in Deutschland (1909). Hannover 1957.

Flitner, Wilhelm / Kudritzki, Gerhard (Hg.), Die Deutsche Reformpädagogik. Bd. I: Die Pioniere der deutschen Bewegung. Düsseldorf 1961.

Foucault, Michel, Sexualität und Wahrheit. Bd. 1: Der Wille zum Wissen. Frankfurt 1976.

Foucault, Michel, Überwachen und Strafen. Die Geburt des Gefängnisses. Frankfurt 1977.

Foucault, Michel, Andere Räume. In: Martin Wentz (Hg.), Stadt-Räume. Frankfurt 1991, 66–72.

Fowler, James W., Stages of faith. The psychology of human development and the quest for meaning. San Francisco CA 1981.

Fräger, Wolfgang, Jesus am Ölberg. Aus dem Zyklus „Gethsemane". Abgedruckt in: Entdeckungen machen. Unterrichtswerk für den evangelischen Religionsunterricht in der Sekundarstufe I, Kl. 9/10. Hg. von Jürgen Kluge. Düsseldorf, 1989, 174–175.

Freud, Sigmund, Kurzer Abriß der Psychoanalyse (1924/28). In: Anna Freud u.a. (Hg.), Sigmund Freud, Gesammelte Werke, Band XIII. Frankfurt 1960.

Freud, Sigmund, Vorlesungen zur Einführung in die Psychoanalyse. In: Anna Freud u.a. (Hg.), Sigmund Freud, Gesammelte Werke, Band XI. Frankfurt 1960.

Frey, Alexandra, Der Tanz in der religiösen Erziehung. Zur Bedeutung tanztherapeutischer Elemente im Schulfach Religion. Frankfurt 1998.

Friedrich, Marcus A., Liturgische Körper. Der Beitrag von Schauspieltheorien und -techniken für die Pastoralästhetik. Stuttgart 2001.

Fritsche, Johannes, Art. Religiosität. In: HWPH 8, Basel 1992, 774–780.

Frost, Ursula, Die Einigung des geistigen Lebens. Zur Theorie religiöser und allgemeiner Bildung bei Friedrich Schleiermacher. Paderborn u.a. 1991.

Fuchs, Thomas, Leib, Raum, Person. Entwurf einer phänomenologischen Anthropologie. Stuttgart 2000.

Fuhr, Reinhard, Gestaltpädagogik – Ein Weg zu personalem Wissen. In: Pädagogik (1990) 5, 11–16.
Fuhr, Reinhard u.a., Handbuch der Gestalttherapie. Göttingen u.a. 1999.
Funk, Julika / Brück, Cornelia (Hg.), Körper-Konzepte. Tübingen 1999.

Gäfgen-Track, Kerstin, PISA und der Religionsunterricht – oder neue Chancen für einen protestantischen Bildungsbegriff. In: Loccumer Pelikan (2002) 3, 121–125.
Geertz, Clifford, Religion als kulturelles System. In: ders, Dichte Beschreibung. Beiträge zum Verstehen kultureller Systeme. Frankfurt 1983, 44–95.
Gehring, Hans-Ulrich, Schriftprinzip und Rezeptionsästhetik. Rezeption in Martin Luthers Predigt und bei Hans-Robert Jauß. Neukirchen 1999.
Geisler, Linus S., Das Verschwinden des Leibes. In: Universitas 51 (1996), 386–397.
Geißler, Peter (Hg.), Körperbilder. Sammelband zum 3. Wiener Symposion Psychoanalyse und Körper. Gießen 2003.
Gendlin, Eugene T., A process concept of relationship. Counseling Center Discussion Papers, 3, 2. Chicago IL 1957.
Gendlin, Eugene T., Experiencing and the creation of meaning. A philosophical and psychological approach to the subjective (1962). Evanston, IL 1997.
Gendlin, Eugene T., Focusing. New York 1978.
Gendlin, Eugene T., Thinking beyond patterns: Body, Language and situations. In: Bernard den Ouden / Marcia Moen (Ed.), The Presence of feeling in thought. New York 1992.
Gendlin, Eugene T., The primacy of the body, not the primacy of perception: How the body knows the situation and philosophy. In: Man and World 25 (3–4) 1992, 341–353.
Gendlin, Eugene T. , Focusing ist eine kleine Tür. Gespräche über Focusing, Träume und Psychotherapie. Focusing-Bibliothek Bd. IV. Würzburg 1993.
Gendlin, Eugene T., Die umfassende Rolle des Körpergefühls im Denken und Sprechen. Übers. v. Hans J. Schneider. In: Dtsch. Z. Philos. Berlin 41 (1993) 4, 693–706.
Gendlin, Eugene T., Körperbezogenes Philosophieren. Gespräche über die Philosophie von Veränderungsprozessen. Focusing-Bibliothek Bd. V. Würzburg 1994.
Gendlin, Eugene T., Eine Theorie des Persönlichkeitswandels. Übers. u. bearb. v. Johannes Wiltschko. Würzburg ²1994. Im Original: Eugene T. Gendlin, A Theory of Personality Change. In: Philip Worchel / Donn Byrne (Ed.), Personality change. New York 1964.
Gendlin, Eugene T., Crossing and Dipping: Some Terms for Approaching the Interface between Natural Understanding and Logical Formulation. Mind Mach 5 (1995) 4, 547–560.
Gendlin, Eugene T., Language beyond postmodernism. Evanston, IL 1997.
Gendlin, Eugene T., The responsive order: A new empiricism. In: Man and World 30 (1997), 383–411.
Gendlin, Eugene T., What happens when Wittgenstein asks ‚What happens when ...?'. In: Philosophical Forum XXVIII.3, Spring 1997. (Siehe auch www.focusing.org/gendlin5.html).
Gendlin, Eugene T., A Process Model (1998). www.focusing.org/process.html.
Gendlin, Eugene T., Focusing-Orientierte Psychotherapie. Ein Handbuch der experientiellen Methode. Übersetzt von Teresa Junek. München 1998.
Gendlin, Eugene T., Focusing. Selbsthilfe bei der Lösung persönlicher Probleme (1998). Reinbek ²2001.
Gendlin, Eugene T., A new model. In: Journal of Consciousness Studies 6 (1999) 2–3, 232–237.
Gendlin, Eugene T., A philosophical car for focusers, 1999 Model. www.focusing.org/Car1999.html. Deutsch: Ein philosophisches Auto für Focusing-Leute (Modell '99). Übers. v. Jutta Ossenbach. In: Focusing Journal 5 (2000), 4–7.
Gendlin, Eugene T. / Wiltschko, Johannes, Focusing in der Praxis. Eine schulenübergreifende Methode für Psychotherapie und Alltag (1999). Stuttgart ²2004.
Gendlin, Eugene T., Introduction to Thinking At The Edge. In: The Folio 19 (2004) 1, 1–11.

Gennep, Arnold van, Les rites de passage (1908). Übers. v. Klaus Schomburg, Übergangsriten. Frankfurt 1986.

Gesellschaft für wissenschaftliche Gesprächspsychotherapie (Hg.), Die klientenzentrierte Gesprächspsychotherapie (1975). München [16]2003.

Glockzin-Bever, Sigrid / Schwebel, Horst, Kirchen-Raum-Pädagogik. Münster 2002.

Goecke-Seischab, Margarete Luise / Ohlemacher, Jörg, Kirchen erkunden, Kirchen erschließen. Ein Handbuch mit über 300 Sachzeichnungen und Übersichtstafeln, sowie einer Einführung in die Kirchenpädagogik. Lahr 1998.

Goethe, Johann Wolfgang, Parabolisch. Goethes Werke. Vollständige Ausgabe letzter Hand, Bd. 1–4: Gedichte, Stuttgart und Tübingen 1827.

Goethe, Johann Wolfgang, Faust. Der Tragödie erster und zweiter Teil. Hg. v. Lothar J. Scheithauer. Stuttgart 1971 /1986.

Goethe, Johann Wolfgang, Urworte. Orphisch. (Oktober 1817). In: ders., Gedichte. Stuttgart 1998.

Goethe, Johann Wolfgang, Vier Jahreszeiten. In: Karl Eibl (Hg.), Gedichte. 1800–1827). Darmstadt 1998, 237–249.

Goethe, Johann Wolfgang, Maximen und Reflexionen. Text der Ausgabe von 1907 mit der Einleitung und den Erläuterungen Max Heckers. Frankfurt 2003.

Goethe, Johann Wolfgang, Gedichte. Auswahl u. Einleitung v. Stefan Zweig. Stuttgart 1998.

Gottstein, Martin, Focusing – eine Hilfe für's tägliche (Berufs-)Leben. In: Die Zeitung. Hg. v. Verband Evangelischer Religionspädagogen und Katecheten in Bayern e.V. Frühjahr 1991, 24–27.

Gräb, Wilhelm, Lebensgeschichten – Lebensentwürfe – Sinndeutungen. Eine praktische Theologie gelebter Religion. Gütersloh [2]2000.

Gräb, Wilhelm, Kirche in der urbanen Stadt der Moderne. In: Magazin für Theologie und Ästhetik 13 (2001). www.theomag.de/13/wg1.htm.

Gräb, Wilhelm, Wahrnehmen und Deuten. In: Albrecht Grözinger / Georg Pfleiderer (Hg.), Gelebte Religion als Programmbegriff Systematischer und Praktischer Theologie. Zürich 2002, 43–64.

Greiner, Wilhelm, Kino – Macht – Körper. Konstruktionen von Körperlichkeit im neueren Hollywood-Film. Alfeld / Leine 1998.

Gremmler-Fuhr, Martina, Grundkonzepte und Modelle der Gestalttherapie. In: Reinhard Fuhr u.a., Handbuch der Gestalttherapie. Göttingen u.a.1999, 345–392.

Grethlein, Christian, Religionspädagogik. Berlin / New York 1998.

Grethlein, Christian, Liturgische Elementarbildung als notwendige religionspädagogische Aufgabe im modernen Deutschland. In: IJPT 1 (1997), 83–96.

Grethlein, Christian, Methodischer Grundkurs für den Religionsunterricht. Kurze Darstellung der 20 wichtigsten Methoden im Religionsunterricht von Sekundarstufe 1 und 2 mit Beispielen. Leipzig 2000.

Grimes, Ronald, Typen ritueller Erfahrung. In: Andréa Belliger / David J. Krieger (Hg.), Ritualtheorien. Opladen / Wiesbaden 1998, 119–134.

Grom, Bernhard, Religionspädagogische Psychologie des Kleinkind-, Schul- u. Jugendalters. Düsseldorf / Göttingen 1981.

Grom, Bernhard, Methoden für Religionsunterricht, Jugendarbeit und Erwachsenenbildung. Düsseldorf / Göttingen [9]1992.

Groß, Engelbert, Alternativen zum vertexteten Religionsunterricht. Methodische Maßnahmen. Düsseldorf 1979.

Grössing, Stefan, Einführung in die Sportpädagogik. Lehren und Lernen im Sportunterricht. Wiesbaden 1988.

Grözinger, Albrecht, Praktische Theologie und Ästhetik. Ein Beitrag zur Grundlegung der Praktischen Theologie. München 1987.

Grözinger, Albrecht, Praktische Theologie als Kunst der Wahrnehmung. Gütersloh 1995.

Grözinger, Albrecht / Lott, Jürgen (Hg.), Gelebte Religion. Im Brennpunkt praktisch-theologischen Denkens und Handelns. FS für Gert Otto. Rheinbach-Merzbach 1997.

Grözinger, Albrecht / Pfleiderer, Georg (Hg.), „Gelebte Religion" als Programmbegriff systematischer und praktischer Theologie. Zürich 2002.
Grümbel, Ute, „Für euch gegeben?" Erfahrungen und Ansichten von Frauen und Männern. Anfragen an Theologie und Kirche. Stuttgart 1997.
Grupe, Ommo, Grundlagen der Sportpädagogik. München 1969.
Grupe, Ommo, Lexikon der Ethik im Sport. Schorndorf [3]2001.
Guss, Kurt (Hg.), Gestalttheorie und Erziehung. Darmstadt 1975.
Gutmann, Hans-Martin, Art. Ritual. In: LexRP II, 1854–1858.
Gutmann, Hans-Martin, Der Herr der Heerscharen, die Prinzessin der Herzen und der König der Löwen. Gütersloh 1998.
Gutmann, Hans-Martin, Ich bin's nicht. Die Praktische Theologie vor der Frage nach dem Subjekt des Glaubens. Neukirchen / Wuppertal 1999.
Gutmann, Hans-Martin, Mit den Toten leben – eine evangelische Perspektive. Gütersloh 2002.

Haas, Gerhard, Handlungs- und produktionsorientierter Literaturunterricht. Theorie und Praxis eines „anderen" Literaturunterrichts für die Primar- und Sekundarstufe. Seelze [6]2005.
Haberer, Tilmann, Die Thomasmesse. Ein Gottesdienst für Ungläubige, Zweifler und andere gute Christen. München 2000.
Hahn, Gerhard / Henkys, Jürgen, Handbuch zum Evangelischen Gesangbuch III. Im Auftrag der EKD. Göttingen 2004.
Halmen, Rainer M., (Hg.), Gestalt in Aktion. Praxisfelder und Perspektiven der Gestalttherapie und Gestaltpädagogik (Die 3. Berliner Gestalttage). Berlin 1997.
Hanusa, Barbara, Evangelische Kommunitäten – Spiritualität entdecken. In: Thomas Röhr (Hg.), Handbuch Unternehmen Kirche. Ergänzungslieferung November 2000 / 11–6, 1–16.
Hanusa, Barbara / Leonhard, Silke: Abendmahl mit KonfirmandInnen: focussiert, erprobt, gefeiert. Überlegungen zu Leiblichkeit in der Konfirmandenarbeit. In: Bernhard Dressler u.a. (Hg.), Konfirmandenunterricht. Didaktik und Inszenierung. Hannover 2001, 336–355.
Harz, Frieder, Musik, Kind und Glaube. Zum Umgang mit Musik in der religiösen Erziehung. Stuttgart 1982.
Haug, Walter / Mieth, Dietmar (Hg.), Religiöse Erfahrung. Historische Modelle in christlicher Tradition. München 1992.
Haverkamp, Anselm (Hg.), Theorie der Metapher. Darmstadt [2]1996.
Hedwig-Jahnow-Forschungsprojekt (Hg.), Körperkonzepte im Ersten Testament. Aspekte einer feministischen Anthropologie. Stuttgart 2003.
Heidegger, Martin, Sein und Zeit (1926). Tübingen 1979.
Heimbrock, Hans-Günter, Lern-Wege religiöser Erziehung. Göttingen 1984.
Heimbrock, Hans-Günter, Didaktik des klangvollen Ohres. Über die Bedeutung von Musik für religiöse Lernprozesse. In: EvErz 43 (1991), 459–471.
Heimbrock, Hans-Günter, Rituale: Unsinn oder Beitrag zu religiöser Sinn-Bildung?. Theologische und religionspädagogische Überlegungen. In: Michael Wermke (Hg.), Rituale und Inszenierungen in Schule und Unterricht. Münster 1997, 25–47.
Heimbrock, Hans-Günter (Hg.), Religionspädagogik und Phänomenologie. Von der empirischen Wendung zur Lebenswelt. Weinheim 1998.
Heimbrock, Hans-Günter, „Modo religioso". Klang und religiöse Bedürfnisse. In: Wolf-Eckart Failing / ders., Gelebte Religion wahrnehmen. Lebenswelt – Alltagskultur – Religionspraxis. Stuttgart u.a. 1998, 69–90.
Heimbrock, Hans-Günter, Über die religiöse Wirkung von Klängen. Phänomenologische und psychoanalytische Zugänge. In: Archiv für Religionspsychologie 22 (1999), 100–115.
Heimbrock, Hans-Günter, Öffnung zum Leben. Ein Forschungsbericht zur Phänomenologie in der neueren Praktischen Theologie. In: IJPT 4 (2000), 253–283.

Heintz, Franz, Focusing mit Kindern. Eine Untersuchung zur Veränderung des ‚experiencing' anhand geleiteter Übungen (Pilotstudie). Diplomarbeit am Seminar für Psychologie. Koblenz-Landau 1991.

Hemel, Ulrich, Art. Religiosität. In: LexRP II, 1839–1844.

Hentig, Hartmut von, Vom Verkäufer zum Darsteller. In: Neue Sammlung 21 (1981), 100–114.

Hentig, Hartmut von, Die Menschen stärken, die Sachen klären. Ein Plädoyer für die Wiederherstellung der Aufklärung. Stuttgart 1985.

Hentig, Hartmut von, Bildung. Ein Essay (1996). Weinheim / Basel 1999.

Hentig, Hartmut von, Die Schule neu denken. Eine Übung in pädagogischer Vernunft. Weinheim u.a. 2003.

Herms, Eilert, Radical empiricism. Studien zur Psychologie, Metaphysik und Religionstheorie William James'. Gütersloh 1977.

Herms, Eilert, „Füllet die Erde und machet sie euch untertan ..." Das dominium terrae und die Leibhaftigkeit des Menschen. In: ders., Gesellschaft gestalten. Beiträge zur evangelischen Sozialethik. Tübingen 1991.

Herrmann, Jörg, Sinnmaschine Kino. Sinndeutung und Religion im populären Film. Gütersloh [2]2002.

Herzog, Max / Graumann, Carl F. (Hg.), Sinn und Erfahrung. Phänomenologische Methoden in den Humanwissenschaften. Heidelberg 1991

Herzog, Walter, Der Körper als Thema der Pädagogik. In: Hilarion Petzold (Hg.), Leiblichkeit. Philosophische, gesellschaftliche und therapeutische Perspektiven. Paderborn 1985, 259–301.

Hilger, Georg, Wahrnehmung und Verlangsamung als religionsdidaktische Kategorien. Überlegungen zu einer ästhetisch inspirierten Religionspädagogik. In: Hans-Günter Heimbrock (Hg.), Religionspädagogik und Phänomenologie. Von der empirischen Wendung zur Lebenswelt. Weinheim 1998, 138–157.

Hilger, Georg u.a., Religionsdidaktik. Ein Leitfaden für Studium, Ausbildung und Beruf. München 2001.

Hilger, Georg / Rothgangel, Martin, Wahrnehmungskompetenz für die Religiosität von Schülerinnen. In: KatBl 122 (1997), 276–282.

Hinterkopf, Elfie, Die Dimension der Spiritualität in Beratung und Therapie. Übers. v. Elke Bracht. Karlsruhe 1995.

Historisches Wörterbuch der Philosophie. Hg. v. Ritter, Joachim. Darmstadt 1971ff. (HWPH)

Hoffmann, Dieter, Leibes-Übung. Ein Streitbuch über die neuen Moden in der Körperkultur. Darmstadt / Neuwied 1984.

Huizing, Klaas, Homo legens. Vom Ursprung der Theologie im Lesen. Berlin / New York 1996.

Huizing, Klaas, Mit Vernunft und ohne alle Sinne geschaffen? Über die Leibfeindlichkeit im Protestantismus. In: Die verlorene Leiblichkeit. Nach-denklichkeiten über ein Problem im Umkreis der Theologie Paul Tillichs. Protokoll einer Tagung der Ev. Akademie Bad Boll 1997, 5–15.

Humphrey, Carolin / Laidlaw, James, Die rituelle Einstellung. In: Andréa Belliger / David J. Krieger (Hg.), Ritualtheorien. Opladen / Wiesbaden 1998, 135–155.

Hurrelmann, Klaus, Einführung in die Sozialisationstheorie. Über den Zusammenhang von Sozialstruktur und Persönlichkeit (1986). Weinheim 1993.

Huschke-Rhein, Rolf, Systemisch-ökologische Pädagogik. Bd. II: Qualitative Forschungsmethoden. Hermeneutik, Handlungsforschung. Köln [3]1993.

Husserl, Edmund, Werke. Husserliana. Auf Grund des Nachlasses veröffentlicht vom Husserl-Archiv (Leuven). Hg. v. Walter u. Marly Biemel u.a. (Ideen zu einer reinen Phänomenologie und phänomenologischen Philosophie. 1. Buch = Hua III, Den Haag 1950; 2. Buch = Hua IV, Den Haag 1952; 3. Buch = Hua V, Den Haag 1952).

Husserl, Edmund, Die phänomenologische Fundamentalbetrachtung. In: Edmund Husserl. Die phänomenologische Methode. Ausgewählte Texte. Stuttgart 1985, 131–195.

Ingendahl, Werner, Umgangsformen. Produktive Methoden zum Erschließen poetischer Literatur. Frankfurt 1991.

Institut für Plastination (Hg.), Prof. Gunther von Hagens' KörperWelten. Die Faszination des Echten. Der Katalog zur Ausstellung. Heidelberg 2003.
Iser, Wolfgang, Der implizite Leser. München 1994.

Jacobsen, Roman, Der Doppelcharakter der Sprache und die Polarität zwischen Metaphorik und Metonymik. (1956). In: Anselm Haverkamp (Hg.), Theorie der Metapher. Darmstadt ²1996, 163–174;
James, William, The Varieties of Religious Experience (1902). Reprint Cambridge MA 1985. Deutsche Bearbeitung von Wobbermin, Georg, Die religiöse Erfahrung in ihrer Mannigfaltigkeit. Materialien und Studien zu einer Psychologie und Pathologie des religiösen Lebens. Leipzig ⁴1925.
Jamme, Christoph / Pöggeler, Otto (Hg.): Phänomenologie im Widerstreit. Zum 50. Todestag Edmund Husserls. Frankfurt 1989.
Janalik, Heinz / Schmidt, Doris, Kleidung, Körper, Körperlichkeit. Teil 1: Lehren, Teil 2: Lernen. Baltmannsweiler 1998.
Jank, Werner / Meyer, Hilbert. Didaktische Modelle. Frankfurt ⁶2003.
Janowski, Bernd, Konfliktgespräche mit Gott. Eine Anthropologie der Psalmen. Neukirchen 2003.
Janssen, Claudia / Joswig, Benita (Hg.), Erinnern und aufstehen – antworten auf Kreuzestheologien. Mainz 2000.
Janssen, Claudia u.a. (Hg.), Arbeitsbuch Feministische Theologie. Inhalte, Methoden und Materialien für Hochschule, Erwachsenenbildung und Gemeinde. Gütersloh 2003.
Janssen, Claudia, Anders ist die Schönheit der Körper. Paulus und die Auferstehung in 1 Kor 15. Gütersloh 2005.
Jantsch, Erich, Die Selbstorganisation des Universums. Vom Urknall zum menschlichen Geist. München / Wien 1979.
Janzen, Wolfram, Existentiale Theologie und Religionspädagogik. Das Beispiel Martin Stallmanns. Aachen 1990.
Jappe, Elisabeth, Performance – Ritual – Prozeß. Handbuch der Aktionskunst in Europa. New York 1993.
Jaspers, Karl, Einführung in die Philosophie. München 1953.
Jaspers, Karl, Von der Wahrheit (1947). München 1980.
Jauß, Hans-Robert, Ästhetische Erfahrung und literarische Hermeneutik. Frankfurt 1982.
Jehle, Wolfram, Leibliche Präsenz im Religionsunterricht. Theologische und religionspädagogische Erwägungen. Transparent-Extra. In: Transparent. Zeitschrift für die kritische Masse 67 (2002), 1–20.
Jennings Jr., Theodore W., Rituelles Wissen. In: Andréa Belliger / David J. Krieger (Hg.), Ritualtheorien. Opladen / Wiesbaden 1998, 157–171.
Johannsen, Friedrich, Bibeldidaktik. In: Harry Noormann u.a. (Hg.), Ökumenisches Arbeitsbuch Religionspädagogik. Stuttgart ²2004, 161–176.
Josuttis, Manfred, Der Weg in das Leben. Eine Einführung in den Gottesdienst auf verhaltenswissenschaftlicher Grundlage. München 1991.
Josuttis, Manfred, Die Einführung in das Leben. Pastoraltheologie zwischen Phänomenologie und Spiritualität. Gütersloh 1996.
Josuttis, Manfred, Vom Umgang mit heiligen Räumen. In: Thomas Klie (Hg.), Der Religion Raum geben. Kirchenpädagogik und religiöses Lernen. Münster 1998, 34–43.
Josuttis, Manfred, Segenskräfte. Gütersloh 2000.
Josuttis, Manfred, Religion als Handwerk. Zur Handlungslogik spiritueller Methoden. Gütersloh 2002.
Josuttis, Manfred, Heiligung des Lebens. Zur Wirkungslogik religiöser Erfahrung. Gütersloh 2004.
Julius, Christiane-B. u.a., Der Religion Raum geben. Eine kirchenpädagogische Arbeitshilfe. Hg. v. Thomas Klie. Loccum 1999.

Jung, Carl Gustav, Psychologische Typen (1921). GW VI. Zürich [13]1978, 527.
Jüngel, Eberhard, Tod. Gütersloh 1979.
Jurké, Volker, Zum künstlerischen Körper- und Bewegungsstudium und zu seiner Problematik in der Schauspielausbildung und an anderen Studiengängen für Darstellende Kunst. In: Florian Vaßen u.a. (Hg.), Wechselspiel: KörperTheaterErfahrung. Frankfurt 1998, 75–94.

Kabel, Thomas, Handbuch Liturgische Präsenz. Zur praktischen Inszenierung des Gottesdienstes. Gütersloh 2002.
Kabisch, Richard, Wie lehren wir Religion? Versuch einer Methodik des evangelischen Religionsunterrichts für alle Schulen auf psychologischer Grundlage. Göttingen 1913.
Kähnert, Heike, Evaluation des Lions-Quest Programms „Erwachsen Werden". Abschlussbericht. Bielefeld 2002.
Kamper, Dietmar, Bilderkörper X Körperbilder. In: Julika Funk / Cornelia Brück (Hg.), Körper-Konzepte. Tübingen 1999, 19–24.
Kamper, Dietmar / Rittner, Volker (Hg.), Zur Geschichte des Körpers. Perspektiven einer Anthropologie. München/ Wien 1976.
Kamper, Dietmar / Wulf, Christoph (Hg.), Die Wiederkehr des Körpers. Frankfurt 1982.
Kamper, Dietmar / Wulf, Christoph (Hg.), Das Schwinden der Sinne. Frankfurt 1984.
Kamper, Dietmar / Wulf, Christoph (Hg.), Transfigurationen des Körpers. Spuren der Gewalt in der Geschichte. Berlin 1989.
Kant, Immanuel, Kritik der reinen Vernunft (1781). Hg. v. Ingeborg Heidemann. Stuttgart 1989.
Kappert, Detlev, Tanztraining, Empfindungsschulung und persönliche Entwicklung. Bochum 1990.
Käsemann, Ernst, Leib und Leib Christi. Eine Untersuchung zur paulinischen Begrifflichkeit. BHTh 9. Tübingen 1933.
Keil, Wolfgang (Hg.), Selbst-Verständnis. Beiträge zur Theorie der Klientenzentrierten Psychotherapie. Bergheim 1994.
Keitel, Juliane, Geh aus, mein Herz, und suche Freud. In: Gerhard Hahn / Jürgen Henkys, Liederkunde zum Evangelischen Gesangbuch. H. 9. Im Auftrag der EKD. Göttingen 2004, 34–39.
Kerstan, Waldemar / Tergau-Harms, Christine, Ich erhebe mich heute in gewaltiger Kraft. Choreographie zum Morgengebet von St. Patrick. In: Für den Gottesdienst (2004) 60, 42–44.
Keßler, Hildrun, Bibliodrama und Leiblichkeit. Stuttgart 1996.
Kirchenamt der EKD (Hg.), Kirche und Kultur der Gegenwart, Hannover 1996.
Kirchenamt der EKD (Hg.), Kirche – Horizont und Lebensrahmen. Weltsichten, Lebensstile, Kirchenbindung. Hannover 2003.
Kirchenamt der EKD (Hg.), Maße des Menschlichen. Evangelische Perspektiven zur Bildung in der Wissens- und Lerngesellschaft. Im Auftrag des Rates der Evangelischen Kirche in Deutschland. Gütersloh 2003.
Kirsner, Inge / Wermke, Michael (Hg.), Religion im Kino. Religionspädagogisches Arbeiten mit Filmen. Göttingen 2000.
Kittel, Gisela, „In sich selbst verkrümmt". Überlegungen zu den Leitideen gegenwärtiger Religionspädagogik und Didaktik. In: EvErz 25 (1973), 424–435.
Klafki, Wolfgang, Das pädagogische Problem des Elementaren und die Theorie der kategorialen Bildung. Weinheim [3/4]1964.
Klafki, Wolfgang, Neue Studien zur Bildungstheorie und Didaktik. Zeitgemäße Allgemeinbildung und kritisch-konstruktive Didaktik. Weinheim / Basel [2]1991.
Klafki, Wolfgang, Studien zur Bildungstheorie und Didaktik. Weinheim 1963.
Klappenecker, Gabriele, Zwischen Körperkultur und Selbstauslöschung. Formen jugendlicher Ersatzmystik. In: Glaube und Lernen (2002) 2, 2–15.

Kleinschmidt-Bräutigam, Mascha (Red.): Außerschulische Lernorte. Berlin 1996.

Klessmann, Michael / Liebau, Irmhild (Hg.): Leiblichkeit ist das Ende der Werke Gottes. Körper – Leib – Praktische Theologie. Göttingen 1997.

Klie, Thomas (Hg.), Der Religion Raum geben. Kirchenpädagogik und religiöses Lernen. Münster 1998.

Klie, Thomas: „Öffentliche Reizung zum Glauben". Kirchenpädagogik aus gemeindepädagogischer Perspektive. In: ders., Der Religion Raum geben. Kirchenpädagogik und religiöses Lernen. Münster 1998, 97–105.

Klie, Thomas, Spiegelflächen. Phänomenologie – Religionspädagogik – Werbung. Münster 1999.

Klie, Thomas, Konfirmandenunterricht – Trauerspiel, Musical oder Komödie? Dramaturgische Aspekte kirchlicher Unterweisung. In: PTh (2000) 4, 175–191.

Klie, Thomas, Verheißung vergegenwärtigen. Religionsunterricht an der Berufsschule. Leipzig 2001.

Klie, Thomas / Leonhard, Silke (Hg.), Schauplatz Religion. Grundzüge einer Performativen Religionspädagogik. Leipzig 2003.

Klie, Thomas, Geräumigkeit und Lehrkunst. Raum als religionsdidaktische Kategorie. In: ders. / Silke Leonhard, Schauplatz Religion. Grundzüge einer Performativen Religionspädagogik. Leipzig 2003, 192–208.

Kliebisch, Udo / Weyer, Dirk, Selbstwahrnehmung und Körpererfahrung. Interaktionsspiele und Infos für Jugendliche. Mühlheim 1996.

Kliemann, Peter, Impulse und Methoden. Anregungen für die Praxis des Religionsunterrichts. Stuttgart 1997.

Klippert, Heinz, Eigenverantwortliches Arbeiten und Lernen. Bausteine für den Fachunterricht. Weinheim 2001.

Klippert, Heinz, Methoden-Training. Übungsbausteine für den Unterricht. Weinheim ^{13}2002.

Klotz, Reinhard, Die verdrängte Körperlichkeit im Rahmen des Zivilisationsprozesses und ihre pädagogischen Auswirkungen. Engen 1992.

Kluge, Friedrich, Etymologisches Wörterbuch der deutschen Sprache. Bearb. v. Elmar Seebold. Berlin / New York ^{23}1999.

Knauth, Thorsten (Hg.), KU – weil ich ein Junge bin. Ideen – Konzeptionen – Modelle für einen jungengerechten KU. Gütersloh 2002.

Knörzer, Wolfgang, Zur Selbstkompetenz von Lehrenden unter besonderer Berücksichtigung der Körperwahrnehmung und Körpererfahrung im Rahmen eines Modells ganzheitlicher Gesundheitsbildung. Heidelberg 1994.

Koch, Gerd u.a. (Hg.), Ohne Körper geht gar nichts. Lernen in neuen Kontexten. Milow 1999.

Kolip, Petra, Geschlecht und Gesundheit im Jugendalter. Die Konstruktion von Geschlechtlichkeit über somatische Kulturen. Opladen 1997.

Koretzki, Gerd-Rüdiger / Tammeus, Rudolf (Hg.), Religion entdecken – verstehen – gestalten. Göttingen 2000ff.

Kösel, Edmund, Die Modellierung von Lernwelten. Ein Handbuch zur Subjektiven Didaktik. Elztal-Dallau 1993

Kranz, Margarita, Art. Peripatetisch. In: HWPH VII, 262.

Kreutz, Monika, Die Bedeutung der Leibarbeit für die Liturgische Präsenz. In: Helmut Wöllenstein (Hg.), Werkbuch Liturgische Präsenz nach Thomas Kabel. Gütersloh 2002, 77–83.

Krieg, Matthias, Leiblichkeit im Alten Testament. In: Matthias Krieg / Hans Weder (Hg.), Leiblichkeit. Theologische Studien 128. Zürich 1983, 7–29.

Krieg, Matthias / Weder, Hans (Hg.), Leiblichkeit. Theologische Studien 128. Zürich 1983.

Krüger, Michael, Einführung in die Geschichte der Leibeserziehung und des Sports. Teil 3: Leibesübungen im 20. Jahrhundert. Schorndorf 1993.

Krust, Christian Hugo, 50 Jahre deutsche Pfingstbewegung: Mülheimer Richtung, nach ihrem geschichtlichen Ablauf. Altdorf 1959.

Kühn, Ulrich, Sakramente. Handbuch Systematische Theologie Bd. XI. Gütersloh 1985.

Kükelhaus, Hugo / Lippe, Rudolf zur, Entfaltung der Sinne. Frankfurt 1982.

Kumlehn, Martina, Symbolisierendes Handeln. Schleiermachers Theorie religiöser Kommunikation und ihre Bedeutung für die gegenwärtige Religionspädagogik. Gütersloh 1999.

Kunstmann, Joachim, Selbst- und Mitbestimmungsfähigkeit. Wolfgang Klafkis allgemeine Bildungstheorie als ideengebender Hintergrund der Religionspädagogik. In: PR 55 (2001), 457–468.

Kunstmann, Joachim, Religion und Bildung. Zur ästhetischen Signatur religiöser Bildungsprozesse. Gütersloh 2002.

Kunstmann, Joachim, Religionspädagogik. Eine Einführung. Tübingen 2004.

Kürschner, Christiane, Kirchenerkundung mit allen Sinnen, In: Thomas Klie (Hg.), Kirchenpädagogik und religiöses Lernen. Münster 1998, 149–156.

Kurz, Helmut, Methoden des Religionsunterrichts. München 1984.

Ladner, Gertraud, FrauenKörper in Theologie und Philosophie. Feministisch-theologische Zugänge. Münster 2003.

Lämmermann, Godwin (Hg.), Bibeldidaktik in der Postmoderne. FS für Klaus Wegenast zum 70. Geburtstag. Stuttgart 1999.

Lämmermann, Godwin, Sexualpädagogik in der Kirche. In: PTh 88 (1999), 378–391.

Lämmert, Eberhard, Bauformen des Erzählens. Stuttgart ^{8}1993.

Lander, Maria, Meditatives Tanzen. Stuttgart 1987.

Langsdorff, Maja, Die heimliche Sucht, unheimlich zu essen. Frankfurt 1995.

Lapierre, Andre / Ancouturier, Bernard, Die Symbolik der Bewegung. München 1998.

Laplanche, Jean / Pontalis, Jean-Bertrand, Das Vokabular der Psychoanalyse. Aus dem Französischen von Emma Moersch. Frankfurt ^{2}1972.

Leech, Allison J.H., Another Look at Phenomenology and Religious Education. In: Hans-Günter Heimbrock (Hg.), Religionspädagogik und Phänomenologie. Von der empirischen Wendung zur Lebenswelt. Weinheim 1998, 93–100.

Leeuw, Gerardus van der, Phänomenologie der Religion. Tübingen ^{2}1956.

Lehmann, Christine, Freiarbeit – ein Lern-Weg für den Religionsunterricht? Eine Untersuchung von selbständigem Lernen im Horizont kritisch-konstruktiver Didaktik. Münster ^{2}1999.

Lehmann, Christine, Religionslehrern /-in werden ... . Lehramtsanwärter/-innen reflektieren ihre Ausbildung. Münster 1999.

Leistner, Herta, Laß spüren deine Kraft. Feministische Liturgie. Grundlagen – Argumente – Anregungen. Gütersloh 1997.

Lenhard, Hartmut, u.a. (Hg.), Arbeitsbuch Religionsunterricht. Gütersloh ^{3}1996.

Leonhard, Silke, Säen, ernten, danken – feiern! Religionspädagogische Überlegungen zum Erntedankfest und zur Festkultur im Religionsunterricht. In: Loccumer Pelikan (2001) 3, 134–142.

Leonhard, Silke, Bei Leibe: Religion zu Wort kommen lassen. Körperlichkeit in religionspädagogischer Wahrnehmung. In: Thomas Klie / dies., Schauplatz Religion. Grundzüge einer Performativen Religionspädagogik. Leipzig 2003, 166–191.

Leonhard, Silke, Mit dem Körper Religion lernen? Ein Plädoyer für Leiblichkeit im Religionsunterricht. In: Wege zum Menschen 55 (2003) 6, 353–360.

Leutz, Gretel, Psychodrama. Berlin 1974.

Levin, David Michael, Making Sense: The Work of Eugene Gendlin. In: Human Stud 17/3 (1994), 343–353.

Levin, David Michael (Hg.)., Language beyond postmodernism. Evanston, IL 1997.

Lévinas, Emmanuel, Die Spur des Anderen. Untersuchungen zur Phänomenologie und Sozialphilosophie. Freiburg 1983.

Lévinas, Emmanuel, Wenn Gott ins Denken einfällt. Diskurse über die Betroffenheit von Transzendenz. Freiburg / München 1985.

Lexikon der Religionspädagogik. 2 Bde. Hg. v. Norbert Mette / Folkert Rickers. Neukirchen 2001.

Liberman, Kenneth, Knowing and Being: Eugene Gendlin's Experience. In: Human Stud 17/3 (1994), 355–362.

Liebau, Eckart, Körper-Kunst und Leibes-Übung: Sport und Spiel in der Schule. In: Doris Schuhmacher-Chilla (Hg.), Das Interesse am Körper. Strategien und Inszenierungen in Bildung, Kunst und Medien. Essen 2000, 64–72.

Lindner, Heike, Musik im Religionsunterricht. Mit didaktischen Entfaltungen und Beispielen für die Schulpraxis. Münster 2003.

List, Elisabeth / Fiala, Erwin, Leib-Maschine-Bild. Körperdiskurse der Moderne und Postmoderne. Wien 1997.

Loch, Werner, Die Verleugnung des Kindes in der Evangelischen Pädagogik. Zur Aufgabe einer empirischen Anthropologie des kindlichen und jugendlichen Glaubens. Essen 1964.

Lohkemper-Sobiech, Gudrun, Bibliodrama im Religionsunterricht. 2 Bde. Mainz 1998.

Longardt, Wolfgang, Wachsen wie ein Baum. Ein Praxisbuch gestalteter Religionspädagogik. Düsseldorf 1998.

Lorenz, Maren, Leibhaftige Vergangenheit. Einführung in die Körpergeschichte. Tübingen 2000.

Lorenzer, Alfred, Das Konzil der Buchhalter. Die Zerstörung der Sinnlichkeit – Eine Religionskritik. Frankfurt 1981.

Lotman, Jurij M., Die Struktur literarischer Texte. München 1972.

Lotz, Thomas A., Viertel nach zwölf bis ein: Gott usw. Religion und Lebenswelt in der Schule. In: Hans-Günter Heimbrock (Hg.): Religionspädagogik und Phänomenologie. Weinheim 1998, 178–201.

Lowen, Alexander, Die Spiritualität des Körpers. Innere Harmonie durch Bioenergetik. München 1991.

Loyola, Ignatius von, Geistliche Übungen (1541). Übertr. a. d. Spanischen Urtext v. Adolf Haas. Freiburg 1999.

Lucke, Inge, Geistesgegenwart Gottes in Schule und Kirche. In: Loccumer Pelikan (2000) 4, 190–195.

Luckmann, Thomas, Die unsichtbare Religion. Frankfurt 1991.

Ludewig, Kurt, Das Familienbrett. Ein Verfahren für die Forschung und Praxis mit Familien und anderen sozialen Systemen. Göttingen 1999.

Lüpke, Johannes von, Verletzbarer Körper – Begnadeter Mensch. Anthropologische Orientierungen des Christentums. In: Wolfgang Vögele (Hg.): Verletzbarer Körper – Begnadeter Mensch. Vom Körperverständnis in Medizin und Theologie. Loccumer Protokolle 52/01. Loccum 2002, 45–59.

Lütgeharm, Rudi, Die bewegte Schule. München 2003.

Luther, Henning, Religion und Alltag. Bausteine zu einer Praktischen Theologie des Subjekts. Stuttgart 1992.

Luther, Martin, Werke. Kritische Gesamtausgabe (Weimarer Ausgabe) (1883). Weimar 1966ff (= WA).

Luther, Martin, Ausgewählte Schriften. Hg. v. Karin Bornkamm und Gerhard Ebeling. Frankfurt ^{2}1983.

Lütz, Sven-Olaf / Quattlender, Andreas, Erlebnisorientierte Konfirmandenarbeit. Konzeption und Gestaltung. Düsseldorf 1999.

Macht, Siegfried, Kinder tanzen ihre Lieder, Paderborn ^{2}1993.

Macht, Siegfried, Mit Liedern tanzen. Der Liedtanz als Medium der Religionspädagogik, Münster / Hamburg 2000.

Maertens, Herman-E., Es gibt bei Gott kein „Draußen vor der Tür“. In: Jürgen Moltmann / Carmen Rivuzumwami (Hg.), Wo ist Gott? Gottesräume – Lebensräume. Neukirchen 2002.

Maier, Willi, Das Problem der Leiblichkeit bei Jean-Paul Sartre und Maurice Merleau-Ponty. Tübingen 1964.

Mann, Klaus, Kind dieser Zeit. Frankfurt 2000.

Marcel, Gabriel, Leibliche Begegnung. Notizen aus einem gemeinsamen Gedankengang. Bearb. v. Hans A. Fischer-Barnicol. In: Hilarion Petzold (Hg.), Leiblichkeit. Philosophische, gesellschaftliche und therapeutische Perspektiven. Paderborn 1985, 15–46.

Martin, Gerhard Marcel, ‚Bibliodrama' als Spiel, Exegese und Seelsorge. In: WPKG 68 (1979) 3, 134–144.

Martin, Gerhard Marcel, Sachbuch Bibliodrama. Praxis und Theorie. Stuttgart [2]2001.

Matthes, Joachim, Auf der Suche nach dem ‚Religiösen'. Reflexionen zu Theorie und Empirie religionssoziologischer Forschung. In: SOZIOLOGIA INTERNATIONALIS 2 (1992), 129–142.

Maturana, Humberto R., Die Organisation und Verkörperung von Wirklichkeit. Ausgewählte Arbeiten zur biologischen Epistemologie. Braunschweig [2]1985.

Maturana, Humberto R. / Varela, Francis, Der Baum der Erkenntnis. Die biologischen Wurzeln des menschlichen Erkennens. Bern / Wien 1987.

Mayer-Thormählen, Anne, Atem und Stimme in der Liturgischen Präsenz. In: Helmut Wöllenstein (Hg.), Werkbuch Liturgische Präsenz nach Thomas Kabel. Gütersloh 2002, 44–55.

McMahon, Edwin / Campbell, Peter, BioSpiritualität. Glaube beginnt im Körper. Aus dem Amerikanischen übersetzt und mit einem Nachwort versehen von H.-J. Petsch. München 1992.

Mecklenfeld, Dorothee, Spürend leben lernen. Somatische Wege für die Körper-Seele. Dortmund 1997.

Mehlhausen, Joachim (Hg.), Friedrich Buchholz. Liturgie und Gemeinde. München 1971.

Mennecke-Haustein, Ute, Christliche Mystik. Ein kirchenhistorischer Überblick. In: Glaube und Lernen (2002) 2, 136–150.

Merleau-Ponty, Maurice, Phänomenologie der Wahrnehmung. Aus dem Französischen übersetzt und eingeführt durch eine Vorrede von Rudolf Boehm. Berlin 1965.

Merleau-Ponty, Maurice, Das Auge und der Geist. Hamburg 1967.

Merleau-Ponty, Maurice, Der Philosoph und sein Schatten. In: Merleau-Ponty, Maurice, Das Auge und der Geist. Philosophische Essays. Hg. u. übers. v. H.W. Arndt. Hamburg 1984, 45–67.

Merleau-Ponty, Maurice, Das Sichtbare und das Unsichtbare. Übers. v. Regula Giuliani / Bernhard Waldenfels. München 1986.

Mertens, Herman-E., Es gibt bei Gott kein „Draußen vor der Tür". In: Jürgen Moltmann / Carmen Rivuzumwami (Hg.), Wo ist Gott? Gottesräume – Lebensräume. Neukirchen 2002, 109–117.

Mertin, Andreas: „... und räumlich glaubet der Mensch". In: Thomas Klie (Hg.), Der Religion Raum geben. Kirchenpädagogik und religiöses Lernen. Münster 1998, 51–77.

Metz, Johann Baptist, Kleine Apologie des Erzählens. In: Concilium 9 (1973), 334–341.

Metz, Johann Baptist, Glaube in Geschichte und Gesellschaft. Mainz 1977.

Metzler Lexikon Religion. Gegenwart-Alltag-Medien. Hg. v. Christoph Auffarth u.a. Stuttgart 1999.

Meyer, Hilbert, UnterrichtsMethoden. 2 Bde. Frankfurt 1987.

Meyer-Blanck, Michael, Liturgik und Didaktik – die Religion in Form. Zur Frage liturgischer Elemente im schulischen Religionsunterricht. In: Wilhelm Gräb (Hg.), Religionsunterricht jenseits der Kirche? Wie lehren wir die christliche Religion? FS Christoph Bizer. Neukirchen 1996, 83–93.

Meyer-Blanck, Michael / Dressler, Bernhard, (Hg.), Religion zeigen. Religionspädagogik und Semiotik. Münster 1998.

Meyer-Drawe, Käte, Leiblichkeit und Sozialität. Phänomenologische Beiträge zu einer pädagogischen Theorie der Intersubjektivität. München 1984.

Meyer-Drawe, Käte, Der Leib – „ein merkwürdig unvollkommen konstituiertes Ding". In: Christoph Jamme / Otto Pöggeler (Hg.): Phänomenologie im Widerstreit. Zum 50. Todestag Edmund Husserls. Frankfurt 1989, 291–306.

Meyer-Drawe, Käte, Die Not der Lebenskunst. Phänomenologische Überlegungen zur Bildung als Gestaltung exzentrischer Lebensverhältnisse – Fünf Überlegungen. In: Cornelie Dietrich / Hans-Rüdiger Müller (Hg.), Bildung und Emanzipation. Klaus Mollenhauer weiterdenken. Weinheim / München 2000, 147–154.

Meyer-Drawe, Käte, Symbolträchtige Automatismen. Das praktische Wissen des Leibes. In: Gerold Becker u.a. (Hg.), Körper. Seelze 2002, 10–11.

Moegling, Klaus, Alternative Bewegungskultur. Vom Leistungssport zur Ökologie des Leibes. Frankfurt 1988.

Mohanty, Jitendra N., Experience and meaning. In: David Michael Levin (Hg.), Language beyond postmodernism. Evanston IL 1997, 176–189.

Mollenhauer, Klaus, Vergessene Zusammenhänge – Über Kultur und Erziehung. München 1983.

Mollenhauer, Klaus, Grundfragen ästhetischer Bildung. Weinheim / München 1996.

Moltmann, Jürgen, Gott in der Schöpfung. Ökologische Schöpfungslehre. München 1985.

Moltmann, Jürgen, Das Kommen Gottes. Christliche Eschatologie. Gütersloh 1995.

Moltmann, Jürgen, Gott und Raum. In: ders. / Carmen Rivuzumwami (Hg.), Wo ist Gott? Gottesräume – Lebensräume. Neukirchen 2002, 29–41.

Moltmann, Jürgen / Carmen Rivuzumwami (Hg.), Wo ist Gott? Gottesräume – Lebensräume. Neukirchen 2002.

Moltmann-Wendel, Elisabeth, Wenn Gott und Körper sich begegnen. Feministische Perspektiven zur Leiblichkeit. Gütersoh ²1991.

Moltmann-Wendel, Elisabeth, Mein Körper bin ich. Gütersloh 1994.

Montessori, Maria, Kinder sind anders. Übers. v. Percy Eckstein u. Ulrich Weber. Bearb. v. Helene Helming. Stuttgart 1952.

Montessori, Maria, Schule des Kindes. Montessori-Erziehung in der Grundschule. Hg. v. Paul Oswald. Freiburg 1976.

Motte-Haber, Helga de la, Musik und Religion. Laaber 1995.

Mrazek, Joachim, Einstellung zum eigenen Körper. Grundlagen und Befunde. In: Jürgen Bielefeld (Hg.), Körpererfahrung. Grundlage menschlichen Bewegungsverhaltens. Göttingen 1991, 223–251.

Muckel, Petra, Sprache, Körper, Erinnerung – Wechselwirkungen zwischen Sprache und Körper. In: Clemens Wischermann / Stefan Haas (Hg.), Körper mit Geschichte. Der menschliche Körper als Ort der Selbst- und Weltdeutung. Stuttgart 2000, 51–64.

Müller-Fahrenholz, Geiko, Spiritualität im ökumenischen Kontext. www.kloster-denkendorf.de/denkendorfer_denkzettel_1_spiritualitaet.htm.

Nagel, Eckhard / Vietinghoff, Eckhart von (Hg.), Bildung neu denken. Hannover 2003.

Naurath, Elisabeth, Seelsorge als Leibsorge. Perspektiven einer leiborientierten Krankenhausseelsorge. Stuttgart u.a. 2000.

Neidhart, Walter (Hg.), Erzählbuch zur Bibel. 3 Bde. Düsseldorf u.a. 1975ff.

Neijenhuis, Jörg (Hg.), Liturgie lernen und lehren. Aufsätze zur Liturgiedidaktik. Beiträge zu Liturgie und Spiritualität. Leipzig 2001.

Nestvogel, Renate, Weibliche Körpersozialisation in interkultureller Perspektive. In: Doris Schuhmacher-Chilla (Hg.), Das Interesse am Körper. Strategien und Inszenierungen in Bildung, Kunst und Medien. Essen 2000, 34–63.

Neumann, Birgit / Rösener, Antje (Hg.), Kirchenpädagogik. Kirchen öffnen, entdecken und verstehen. Ein Arbeitsbuch. Mit einer kunstgeschichtlichen Übersicht von Martina Sünder-Gaß. Gütersloh 2003.

Niehl, Franz Wendel / Thömmes, Arthur, 212 Methoden für den Religionsunterricht. München 2003.

Nietzsche, Friedrich, Also sprach Zarathustra (1882–85). Ein Buch für alle und keinen. Stuttgart 1921.

Nietzsche, Friedrich, Jenseits von Gut und Böse. In: ders., Werke Bd. II. Hg. v. Karl Schlechta. München 1966.

Nipkow, Karl Ernst, Bildung als Lebensbegleitung und Erneuerung. Kirchliche Bildungsverantwortung in Gemeinde, Schule und Gesellschaft. Gütersloh 1990.

Nipkow, Karl Ernst, Bildung in einer pluralen Welt. 2 Bde. Gütersloh 1998.
Nipkow, Karl Ernst / Schweitzer, Friedrich (Hg.), Religionspädagogik. Texte zur evangelischen Erziehungs- und Bildungsverantwortung seit der Reformation. Bd. 2.2.: 20. Jahrhundert. Gütersloh 1994.
Nohl, Herman, Die pädagogische Bewegung in Deutschland. HPäd 1 (1928), 302–374.
Noormann, Harry, Religionspädagogik 1994. Ein Situations- und Literaturbericht. In: JRP 11 (1994), 213–246.
Noormann, Harry / Becker, Ulrich / Trocholepczy, Bernd, (Hg.), Ökumenisches Arbeitsbuch Religionspädagogik. Stuttgart [2]2004.

O'Neill, John, Die fünf Körper. Medikalisierte Gesellschaft und Vergesellschaftung des Leibes. München 1990.
Oelkers, Jürgen, Reformpädagogik. Eine kritische Dogmengeschichte. Weinheim/München [3]1996.
Oelkers, Jürgen / Wegenast, Klaus (Hg.), Das Symbol – Brücke des Verstehens. Stuttgart 1991.
Oeming, Manfred, „Fürwahr, er trug unsere Schuld." Die Bedeutung der alttestamentlichen Vorstellungen von Sünde und Sündenvergebung für das Verständnis der neutestamentlichen Abendmahlstradition. In: Andreas Wagner (Hg.), Sühne – Opfer – Abendmahl. Vier Zugänge zum Verständnis des Abendmahls. Neukirchen 1999, 1–36.
Oetinger, Friedrich Christoph, Theologia ex idea vitae deducta (1756). Hg. v. Konrad Ohly. Berlin / New York 1979.
Oettermann, Stephan, „Heavily tattooed". In: Dietmar Kamper / Christoph Wulf (Hg.), Die Wiederkehr des Körpers. Frankfurt 1982, 335–349.
Oser, Fritz / Gmünder, Paul, Der Mensch – Stufen seiner religiösen Entwicklung. Ein strukturgenetischer Ansatz. Zürich 1984.
Otto, Gert, Handbuch des Religionsunterrichts. Hamburg 1964.
Otto, Gert, „Deiktischer Unterricht" als Ausweg. In: Gert Otto, Schule, Religionsunterricht, Kirche. Göttingen [3]1968, 65–72.
Otto, Rudolf, Das Heilige. Über das Irrationale in der Idee des göttlichen und sein Verhältnis zum Rationalen. München 1963.
Ouden, Bernard den / Moen, Marcia (Ed.), The Presence of feeling in thought. New York 1992.
Ovidius Naso Publius, Metamorphosen. München 1997.

Panagiotopoulou, Argyro, Grundschulpädagogik meets Kindheitsforschung. Zum Wechselverhältnis von schulischem Lernen und außerschulischen Erfahrungen im Grundschulalter. Opladen 2003.
Paulus, Peter, Körpererfahrung und Selbsterfahrung in persönlichkeitspsychologischer Sicht. In: Jürgen Bielefeld (Hg.), Körpererfahrung. Grundlage menschlichen Bewegungsverhaltens. Göttingen [2]1991, 87–124.
Perl, Sondra, Through teachers' eyes: portraits of writing teachers at work. 1986; „Private Writing: Finding What You Have to Say". In: Peter Elbow / Pat Belanoff, A community of writers: A workshop course in writing. New York, 1989.
Perl, Sondra, Felt Sense: Writing with the body. Boynton / Cook 2004.
Pestalozzi, Johann Heinrich, Sämtliche Werke. Kritische Ausgabe. Begr. v. Arthur Buchenau u.a. 31 Bde. Berlin / Zürich 1927–1996 (PSW).
Peter, Dietmar, Welche Rolle spielt das Gebet in deinem Alltag? In: Loccumer Pelikan (2003) 2, 25–27.
Peter-Bolaender, Martina, Förderung von Körperbewusstheit und Körperbewusstsein durch Tanzimprovisation. In: Jürgen Bielefeld (Hg.), Körpererfahrung. Grundlage menschlichen Bewegungsverhaltens. Göttingen 1991, 252–279.

Petzold, Hilarion, Das Korrespondenzmodell in der Integrativen Agogik. In: Integrative Therapie (1978) 1, 21–58.
Petzold, Hilarion, Die Rolle des Therapeuten und die therapeutische Beziehung. Paderborn 1980.
Petzold, Hilarion (Hg.), Leiblichkeit. Philosophische, gesellschaftliche und therapeutische Perspektiven. Paderborn 1985.
Peuker, Torsten, Der über Leichen geht. Gunther von Hagens und seine „Körperwelten". Berlin 2004.
Piber, Gabriele, Bildung durch „Meditatives Bewegen". Eine sport- und religionspädagogische Grundlagenreflexion. Salzburg 1992.
Piechowski, Paul, Proletarischer Glaube. Die religiöse Gedankenwelt der organisierten deutschen Arbeiterschaft nach sozialistischen und kommunistischen Selbstzeugnissen (1927). Berlin ³1928.
Pieper, Josef, Zustimmung zur Welt – eine Theorie des Festes. München 1963.
Piepmeier, Rainer, Art. Oetinger, Friedrich Christoph. In: TRE XXV (1995), 111–117.
Pirner, Manfred L., Musik und Religion in der Schule. Historisch-systematische Studien in religions- und musikpädagogischer Perspektive. Göttingen 1999.
Plassmann, Reinhard (Hg.), Integrierte Medizin. Neue Modelle für Psychosomatik und Psychiatrie. Gießen 2002.
Platon, Phaidon oder Von der Unsterblichkeit der Seele. In: ders., Sämtliche Dialoge. Hg. v. Otto Apelt. Bd. II (1922–23). Hamburg 1988.
Plessner, Helmuth, Die Stufen des Organischen und der Mensch. Einleitung in die philosophische Anthropologie. In: ders., Gesammelte Schriften IV. Hg. von Günter Dux, u.a. Frankfurt 1981.
Plotin, Die Enneaden. Übersetzt von Herrmann Friedrich Müller. Bd. 2, Berlin 1878.
Pöltner, Günter, Sprache der Musik. In: ders. (Hg.), Phänomenologie der Kunst (Wiener Tagungen zur Phänomenologie 1999). Frankfurt 2000, 153–169.
Posch, Waltraud, Körper machen Leute. Der Kult um die Schönheit. Frankfurt 1999.
Postman, Neil, Das Verschwinden der Kindheit. Frankfurt 1983.
Prengel, Annedore, Gestaltpädagogik. Therapie, Politik und Selbsterkenntnis in der Schule. Weinheim 1983.
Prokopf, Andreas / Ziebertz, Hans-Georg, Wo wird gelernt? – Schulische und außerschulische Lernräume. In: Hilger, Georg u.a. (Hg.), Religionsdidaktik. Ein Leitfaden für Studium, Ausbildung und Beruf. München 2001, 234–247.

Rang, Martin, Handbuch für den biblischen Unterricht in zwei Bänden (1939). Tübingen ³1948.
Rang, Martin, In: Religionspädagogik in Selbstdarstellungen. Bd. I. Hg. v. Bernhard Albers. Aachen 1980, 119–133.
Reich, Kersten, Die Ordnung der Blicke. Perspektiven des interaktionistischen Konstruktivismus. 2 Bde. Neuwied 1998.
Reik, Theodor, The listening with the third ear. The inner experience of a psychoanalyst. New York 1948.
Ricker, Christoph, Brücke zwischen Sehen und Hören. Kirchenpädagogik und ihre Vermittlungsfunktion. In: Thomas Klie (Hg.), Der Religion Raum geben. Kirchenpädagogik und religiöses Lernen. Münster 1998, 136–148.
Ricœur, Paul, Die Metapher und das Hauptproblem der Hermeneutik (1972). In: Anselm Haverkamp (Hg.), Theorie der Metapher. Darmstadt ²1996, 356–375.
Ricœur, Paul, Die lebendige Metapher. München 1986.
Riemer, Matthias, Christentum als Religion der Gebildeten. Religiöse Erfahrung in Schleiermachers Reden. In: Walter Haug / Dietmar Mieth (Hg.), Religiöse Erfahrung. Historische Modelle in christlicher Tradition. München 1992, 395–411.

Riess, Richard / Fiedler, Kirsten, Die verletzlichen Jahre. Handbuch zu Beratung und Seelsorge an Kindern und Jugendlichen. Gütersloh 1993.

Rittner, Volker, Körper und Körpererfahrung in kulturhistorisch-gesellschaftlicher Sicht. In: Jürgen Bielefeld (Hg.), Körpererfahrung. Grundlage menschlichen Bewegungsverhaltens. Göttingen 1991, 125–155.

Rodi, Frithjof u.a., Art. Kultur. In: TRE XX (1990), 176–209.

Rogers, Carl R., Freiheit und Engagement. Personenzentriertes Lehren und Lernen. Übers. aus d. Amerikan. v. Wolfgang Rhie. München 1984.

Rogers, Carl R., Lernen in Freiheit. Zur inneren Reform von Schule und Universität. Aus d. Amerikan. übers. von Frank u. Claire Höfer. Frankfurt 1988.

Rogers, Carl R. / Schmid, Peter F., Person-zentriert. Grundlagen von Theorie und Praxis. Mainz 1991.

Rose, Lotte, Sportlichkeit als Stil. In: Gerold Becker (Hg.), Körper. Seelze 2002, 16–17.

Rosenberg, Alfons (Hg.): Die Meditation des Herzensgebets. Ein christlicher Weg der Meditation – mit einer Einführung in Methode und Praxis. München 1983.

Roß, Gabriele / Ulla Häußler, Kinder erleben die Sinne: spielerisch – pädagogisch – kreativ. Augsburg 1995.

Rössler, Dietrich, Grundriß der Praktischen Theologie. Berlin ²1994.

Roth, Michael, Homo incurvatus in seipsum. Der sich selbst verachtende Mensch. Narzißmustheorien und theologische Hamartiologie. In: PrTh 33 (1998), 14–33.

RPI Loccum (Hg.), Erzählen und Gestalten. Operative Prozesse im Unterricht, gegenwärtige Formen des Evangeliums. Loccumer religionspädagogische Studien und Entwürfe 15. Loccum 1978.

Ruff, Wilfried (Hg.), Religiöses Erleben verstehen. Göttingen 2002.

Ruff, Wilfried, Glauben und zweifeln. Ein Deutungsversuch ihrer Möglichkeiten. In: ders. (Hg.), Religiöses Erleben verstehen. Göttingen 2002, 161–183.

Rumpf, Horst, Die künstliche Schule und das wirkliche Lernen. Über verschüttete Züge im Menschenlernen. München 1986.

Rumpf, Horst, Die übergangene Sinnlichkeit (1981). Weinheim / München ²1988.

Rumpf, Horst, Belebungsversuche. Ausgrabungen gegen die Verödung der Lernkultur. Weinheim / München 1987.

Rumpf, Horst, Die Fruchtbarkeit der phänomenologischen Aufmerksamkeit für Erziehungsforschung und Erziehungspraxis. In: Max Herzog / Carl F. Graumann (Hg.), Sinn und Erfahrung. Phänomenologische Methoden in den Humanwissenschaften. Heidelberg 1991, 313–335.

Sabisch, Andrea, „Entwerfen“ oder „Die Welt aus der Sicht einer Fliege“. In: Klaus-Peter Busse (Hg.), Kunstdidaktisches Handeln. Dortmund 2003, 414–427.

Schaper, Carolin, „Es war, als hätt' der Himmel ...“ Ein Beispiel für gestaltpädagogisches Arbeiten im Religionsunterricht. In: Thomas Klie / Silke Leonhard (Hg.), Schauplatz Religion. Grundzüge einer Performativen Religionspädagogik. Leipzig 2003, 326–344.

Scheibe, Wolfgang, Die reformpädagogische Bewegung 1900–1932. Weinheim / Basel ¹⁰1994.

Scheilke, Christoph T. / Schweitzer, Friedrich (Hg.), Kinder brauchen Hoffnung. Stuttgart 2002ff.

Scheller, Ingo, Erfahrungsbezogener Unterricht. Frankfurt 1981.

Schipperges, Heinrich, Der menschliche Leib aus medizinischer und philosophischer Sicht. Aschaffenburg 1984.

Schipperges, Heinrich, Leiblichkeit. Studien zur Geschichte des Leibes. Aachen 2001.

Schleiermacher, Friedrich Daniel Ernst, Praktische Theologie (1850). Berlin / New York 1983.

Schleiermacher, Friedrich Daniel Ernst, Über die Religion. Reden an die Gebildeten unter ihren Verächtern; in ihrer ursprünglichen Gestalt (1899). In der Ausgabe von Rudolf Otto. Göttingen ⁷1991.

Schmalfuss, Lothar / Pertsch, Reinhard, Methoden im Religionsunterricht. Ideen, Anregungen, Modelle. München 1987.
Schmid, Hans, Religiosität der Schüler und Religionsunterricht. Bad Heilbrunn 1989.
Schmitz, Hermann, System der Philosophie. 5 Bde. Bonn 1977ff.
Schmitz, Hermann, Der Leib, der Raum und die Gefühle. Ostfildern 1998.
Schneider, Hans Julius, Die Situiertheit des Denkens, Wissens und Sprechens im Handeln. Perspektiven der Spätphilosophie Wittgensteins. In: Dtsch. Z. Philosoph., Berlin 41 (1993) 4, 727–739.
Schneider, Hans Julius, Die Leibbezogenheit des Sprechens. Zu den Ansätzen von Mark Johnson und Eugene T. Gendlin. In: Synthesis Philosophica (Zagreb) 1995, 81–95.
Schneider, Hans Julius, „Zwischen den Zeilen". Wittgenstein und Gendlin über die nicht-regelhafte Seite der Sprachkompetenz. In: Dtsch. Z. Philos. Berlin 45 (1997), 415–428.
Schneider-Harpprecht, Christoph, Leib-Sorge? Die Wiederentdeckung des Leibes in der Seelsorge. In: Wolfgang Vögele (Hg.): Verletzbarer Körper – Begnadeter Mensch. Loccum 2002, 97–115.
Schoberth, Ingrid, Glauben-Lernen. Grundlegung einer katechetischen Theologie. Stuttgart 1998.
Schoberth, Ingrid, Glauben-lernen heißt eine Sprache lernen. Exemplarisch durchgeführt an einer Performance zu Psalm 120. In: rhs 45 (2002) 1, 20–31.
Schottroff, Luise (Hg.), Kompendium Feministische Bibelauslegung. Darmstadt [2]2003.
Schreiner, Martin, Gemütsbildung und Religiosität. Göttingen 1992.
Schrey, Heinz-Horst, Art. Leib/Leiblichkeit. In: TRE XX (1990), 638–643.
Schröder, Bernd, Was heißt hier „religiös"? – Jugendliche und Religion. In: Loccumer Pelikan (2001) 3, 115–119.
Schroer, Silvia / Staubli, Thomas, Die Körpersymbolik der Bibel. Darmstadt [2]2005.
Schroeter-Wittke, Harald, „Kommt, ihr Töchter, helft mir klagen" – Bach als Religionspädagoge. In: DtPfBl 102 (2002) 12, 626–629.
Schuhmacher-Chilla, Doris (Hg.), Das Interesse am Körper. Strategien und Inszenierungen in Bildung, Kunst und Medien. Essen 2000.
Schulte, Andrea, Art. „Methode" In: LexRP II, 1334–1340.
Schultheis, Klaudia, Leiblichkeit – Kultur – Erziehung. Zur Theorie der elementaren Erziehung. Weinheim 1998.
Schulz von Thun, Friedemann, Miteinander reden. Störungen und Klärungen I. Allgemeine Psychologie der Kommunikation. Reinbek 2003.
Schulz, Wolfgang, Ästhetische Bildung. Beschreibung einer Aufgabe. Hg. v. Gunter Otto und Gerda Luscher-Schulz. Weinheim 1997.
Schulze, Theodor, Art. Pädagogische Situation. In: Enzyklopädie Erziehungswissenschaft I (1983), 537–541.
Schulze, Wolfgang, Die Erlebnisgesellschaft. Kultursoziologie der Gegenwart. Frankfurt [8]2000.
Schüngel-Straumann, Helen, Anfänge feministischer Exegese. Münster 2002.
Schwarze, Bernd, Die Religion der Rockmusik. Analysen und Interpretationen. Stuttgart 1997.
Schweitzer, Friedrich, Die Religion des Kindes. Zur Problemgeschichte einer religionspädagogischen Grundfrage. Gütersloh 1992.
Schweitzer, Friedrich, Der Wandel des Jugendalters und die Religionspädagogik. Perspektiven für RU, KU und Jugendarbeit. In: JRP 10 (1995), 71–88.
Schweitzer, Friedrich, Elementarisierung als religionspädagogische Aufgabe: Erfahrungen und Perspektiven. In: ZPT 52 (2000), 240–252.
Schweitzer, Friedrich, Lebensgeschichte und Religion. Religiöse Entwicklung und Erziehung im Kindes- und Jugendalter. Gütersloh [5]2004.
Schweizer, Eduard, Art. σωμα. In: THWNT VII (1990), 1024–1091.
Seel, Martin, Ästhetik des Erscheinens. München 2000.
Sequeira, Anthony Ronald, Gottesdienst als menschliche Ausdruckshandlung. In: Gottesdienst der Kirche. Handbuch der Liturgiewissenschaft Teil 3. Regensburg 1987, 7–39.

Sequeira, Anthony Ronald, Liturgische Körper- und Gebärdensprache als Thema der Semiotik: Möglichkeiten und Grenzen. In: Wilfried Engemann / Rainer Volp (Hg.): Gib mir ein Zeichen. Berlin/New York 1992, 207–231.

Shea, John, Religious experiencing. William James and Eugene Gendlin. Lanham MD 1987.

Sheldrake, Rupert, Denken am Rande des Undenkbaren. Über Ordnung und Chaos, Physik und Metaphysik, Ego und Weltseele. Bern 1993.

Sheldrake, Rupert, Das schöpferische Universum. Die Theorie des morphogenetischen Feldes. Aus dem Engl. v. Waltram Landmann und Klaus Wessel. Frankfurt / Berlin 1996.

Siebert, Horst, Pädagogischer Konstruktivismus. Lernen als Konstruktion von Wirklichkeit. München [2]2003.

Sievert-Staudte, Adelheid, „Mit dem ganzen Körper lernen" – Das Interesse am Körper aus der Sicht der ästhetischen Erziehung. In: Doris Schuhmacher-Chilla (Hg.), Das Interesse am Körper. Strategien und Inszenierungen in Bildung, Kunst und Medien. Essen 2000, 73–94.

Simmel, Georg, Philosophische Kultur. Über das Abenteuer, die Geschlechter und die Krise der Moderne. Gesammelte Essais. Hg. v. Jürgen Habermas. Berlin 1998.

Sloterdijk, Peter, „Im Dasein liegt eine wesenhafte Tendenz auf Nähe". Marginalie zu Heideggers Lehre vom existentialen Ort. In: ders., Nicht gerettet: Versuche nach Heidegger. Frankfurt 2001, 396–403.

Sloterdijk, Peter, Nicht gerettet: Versuche nach Heidegger. Frankfurt 2001.

Sloterdijk, Peter, Sphären. Mikrosphärologie. Bd. 1: Blasen. Frankfurt 1998.

Smelser, Neil J., Theorie des kollektiven Verhaltens. Köln 1972.

Snell, Bruno, Die Entdeckung des Geistes. Studien zur Entstehung des europäischen Denkens bei den Griechen. Göttingen [4]1975.

Snell, Bruno, Leben und Meinungen der Sieben Weisen. München [4]1971.

Sorgo, Gabriele, Ohne Fleiß kein Preis? Hedonismus, Askese und neue Verzichtsbewegungen. In: Gerold Becker (Hg.): Körper. Seelze 2002, 18–19.

Sparn, Walter (Hg.), Wer schreibt meine Lebensgeschichte? Biographie, Autobiographie, Hagiographie und ihre Entstehungszusammenhänge. Gütersloh 1990.

Spinner, Kaspar, Neuen Wege im Literaturunterricht. Informationen, Hintergründe, Arbeitsanregungen. Hannover 1999.

Spitzer, Manfred, Musik im Kopf. Hören, Musizieren, Verstehen und Erleben im neuronalen Netzwerk. Stuttgart 2002.

Stadler, Michael / Plümacher, Martina, Art. Wahrnehmung. In: Enzyklopädie Philosophie und Wissenschaftstheorie IV (1996), 1722–1731.

Stallmann, Martin, Biblischer Unterricht im Zeichen von Entmythologisierung und existentialer Interpretation. In: ZThK 51 (1954), 216–250.

Stallmann, Martin, Vom Religionsunterricht in der Schule (1958). In: Horst Gloy (Hg.), Evangelischer Religionsunterricht in einer säkularisierten Gesellschaft. Göttingen [2]1972, 115–121.

Stallmann, Martin, Zur hermeneutischen und didaktischen Problematik des biblischen Unterrichts. In: ders., Die biblische Geschichte im Unterricht. Katechetische Beiträge I (1963). Göttingen [2]1969, 203–263.

Stallmann, Martin, Evangelischer Religionsunterricht. Düsseldorf 1968.

Stallmann, Martin, Die biblische Geschichte im Unterricht. Katechetische Beiträge I (1963). Göttingen [2]1969.

Stapert, Marta, Focusing in school. A Manual for „Clearing the Space in classroom". In: The Folio 16 (1997) 1/2, 1–18.

Steinwede, Dietrich, Werkstatt Erzählen. Münster 1974.

Steffensky, Fulbert, Rituale als Lebensinszenierungen. In: Michael Wermke (Hg.), Rituale und Inszenierungen in Schule und Unterricht. Münster 1997, 101–109.

Steffensky, Fulbert, Das Haus, das die Träume verwaltet. Würzburg 1998.

Steffensky, Fulbert, Der alltägliche Charme des Glaubens. Würzburg 2002.

Steffensky, Fulbert, Der Gottesdienst und seine Formen. In: ders., Der alltägliche Charme des Glaubens. Würzburg 2002, 92–111.

Steffensky, Fulbert, Religion im Kinderzimmer. In: ders., Der alltägliche Charme des Glaubens. Würzburg 2002, 70–77.

Steinkamp, Hermann, Der Körper als Produkt der Gesellschaft. Zu Michel Foucaults Topos des ‚politischen Körpers'. In: Michael Klessmann / Irmhild Liebau (Hg.), Leiblichkeit ist das Ende der Werke Gottes. Göttingen 1997, 220–230.

Stirn, Aglaja, Schwerpunktthema: Körperkunst und Körpermodifikation. Gießen 2003.

Stock, Alex, Poetische Dogmatik: Christologie. 4 Bde. Paderborn 1995–2001.

Stock, Hans, Elementartheologie. In: Werner Böcker u.a., Handbuch religiöser Erziehung II. Düsseldorf 1987, 452–466.

Stock, Hans, Studien zur Auslegung der synoptischen Evangelien im Unterricht. Gütersloh 1959.

Stollberg, Dietrich, Leiblichkeit. In: Werner Böcker u.a. (Hg.), Handbuch Religiöser Erziehung. Bd. 1. Düsseldorf 1987, 119–126

Stollberg, Dietrich, Mein Auftrag – deine Freiheit. München 1972.

Stoodt, Dieter, Art. Evangelische Unterweisung. In: LexRP I, 521–526.

Ströker, Elisabeth / Janssen, Paul, Phänomenologische Philosophie. Freiburg / München 1989.

Struck, Peter, Neue Lehrer braucht das Land. Darmstadt 1994.

Stumm, Gerhard u.a. (Hg.), Grundbegriffe der Personzentrierten und Focusing-orientierten Psychotherapie und Beratung. Stuttgart 2003.

Stumm, Gerhard / Pritz, Alfred (Hg.), Wörterbuch der Psychotherapie. Wien / New York 2000.

Suin de Boutemard, Bernhard, Projektunterricht: Beispiel Religion. Düsseldorf 1973.

Sutton-Smith, Brian, Die Dialektik des Spiels. Eine Theorie des Spielens, der Spiele und des Sports. Schorndorf 1978.

Tambiah, Stanley J., Eine performative Theorie des Rituals. In: Andréa Belliger / David J. Krieger (Hg.), Ritualtheorien. Opladen / Wiesbaden 1998, 227–250.

Teckemeyer, Lothar, Lernen in intermediären Räumen. Aus der Praxis des Psychodrama-Lernens. In: Thomas Klie / Silke Leonhard, Schauplatz Religion. Leipzig 2003, 308–325.

Teckemeyer, Lothar, Lernen in Szenen. Psychodrama und Religion. Eine Einführung in das Psychodrama-Lernen. WdL 12. Neukirchen 2004.

Theißen, Gerd, Zur Bibel motivieren. Aufgaben, Inhalte und Methoden einer offenen Bibeldidaktik. Gütersloh 2003.

Theologische Realenzyklopädie. Hg. v. Gerhard Krause u.a. Berlin / New York 1977ff.

Theologisches Wörterbuch zum NT. Hg. v. Georg Kittel / Gerhard Friedrich. Stuttgart 1933ff. (THWNT)

Thierfelder, Constanze / Eibach, Hannes Dietrich (Hg.), Resonanzen. Schwingungsräume praktischer Theologie. FS Gerhard Marcel Martin. Stuttgart 2002.

Thierfelder, Jörg / Bätz, Kurt, Erzählen im biblischen Unterricht. In: Hartmut Lenhard u.a. (Hg.), Arbeitsbuch Religionsunterricht. Gütersloh [3]1996, 131–138.

Thomas, Philipp, Habe Mut, dich deiner eigenen Anschauung zu bedienen. Phänomenologie und Emanzipation. In: ZDPE (2001) 2, 104–112.

Tillich, Paul, Wesen und Wandel des Glaubens (1961). Frankfurt 1966.

Treml, Hubert, Spiritualität und Rockmusik. Spurensuche nach einer Spiritualität der Subjekte. Anregungen für die Religionspädagogik aus dem Bereich der Rockmusik. Ostfildern 1998.

Turner, Victor W., Das Ritual. Struktur und Anti-Struktur. Frankfurt / New York 1989.

Turner, Victor W., Vom Ritual zum Theater. Der Ernst menschlichen Spiels. Frankfurt / New York 1995.

Turner, Victor W., Liminalität und Communitas. In: Andréa Belliger / David J. Krieger (Hg.), Ritualtheorien. Opladen / Wiesbaden 1998.

Uexküll, Thure von, Psychosomatische Medizin. Modelle ärztlichen Denkens und Handelns. München [6]2003.

Ulbrich, Tobias, Zur Geschichte der Klosterkirche Reinhausen. Göttingen 1993.

Vaill, Peter B., Lernen als Lebensform, Stuttgart 1998.
Valtink, Eveline (Hg.), Das Kreuz mit dem Kreuz. Feministisch-theologische Anfragen an die Kreuzestheologie. Hofgeismar 1991.
Vaßen, Florian u.a. (Hg.), Wechselspiel: KörperTheaterErfahrung. Frankfurt 1998.
Verweyen-Hackmann, Edith / Weber, Bernd (Hg.), Methodenkompetenz im Religionsunterricht. Unterrichtspraktische Konkretionen von Fach- und Arbeitsmethoden. Kevelaer 1999.
Virilio, Paul, Vom Übermenschen zum überreizten Menschen. Frankfurt 1996.
Vögele, Wolfgang (Hg.): Verletzbarer Körper – begnadeter Mensch. Vom Körperverständnis in Medizin und Theologie. Loccumer Protokolle 52/01. Loccum 2002.

Waardenburg, Jacques, Über die Religion der Religionswissenschaft. In: Neue Zeitschrift für Systematische Theologie und Religionsphilosophie 26 (1984), 239–255.
Wagenschein, Martin, Verstehen lehren: Genetisch – sokratisch – exemplarisch. Weinheim / Basel ^{9}1991.
Wagner, Andreas (Hg.), Sühne – Opfer – Abendmahl. Vier Zugänge zum Verständnis des Abendmahls. Neukirchen 1999.
Waldenfels, Bernhard, Das Problem der Leiblichkeit bei Merleau-Ponty. In: Hilarion Petzold (Hg.), Leiblichkeit. Philosophische, gesellschaftliche und therapeutische Perspektiven. Paderborn 1985, 149–172.
Waldenfels, Bernhard, Einführung in die Phänomenologie. München 1992.
Waldenfels, Bernhard, Antwortregister. Frankfurt 1994.
Waldenfels, Bernhard, Das leibliche Selbst. Vorlesungen zur Phänomenologie des Leibes. Frankfurt 2000.
Waldenfels, Bernhard, Findigkeit des Körpers. Dortmund 2004.
Waldmann, Günter, Produktiver Umgang mit Literatur im Unterricht. Grundriss einer produktiven Hermeneutik. Theorie – Didaktik – Verfahren – Modelle. Baltmannsweiler ^{4}2004.
Waldmann, Günter / Bode, Katrin, Erzählen. Stuttgart 1992.
Waldrich, Hans-Peter, Perfect Body. Körperkult, Schlankheitswahn und Fitnessrummel. Köln 2004.
Wallulis, Jerald T., The Complexity of Bodily Feeling. In: Human Stud 17 (1994) 3, 373–380.
Walter, Hans-Jürgen, Gestalttheorie und Psychotherapie. Opladen ^{2}1985.
Walter, Meinrad (Hg.), Bach – Musik und Religion. In: rhs (2001) 4.
Walter, Meinrad, ... zum Hören, Nachdenken und Glauben. Facetten des Menschen- und Gottesbildes in Johann Sebastian Bachs geistlicher Musik. rhs (2001) 4, 203–214.
Wannenwetsch, Bernd, Gottesdienst als Lebensform – Ethik für Christenbürger. Stuttgart u.a. 1997.
Wedemeyer, Bernd, Starke Männer, starke Frauen. Eine Kulturgeschichte des Bodybuildings. München 1996.
Weder, Hans, Leiblichkeit. Neutestamentliche Anmerkungen zu einem aktuellen Stichwort. In: Matthias Krieg / Hans Weder (Hg.), Leiblichkeit. Theologische Studien 128. Zürich 1983, 31–50.
Weder, Hans, Die Energie des Evangeliums. Hermeneutische Überlegungen zur Wirklichkeit des Wortes. In: ZThK Beiheft 9: Theologie als gegenwärtige Schriftauslegung. Juni 1995, 94–119.
Wegenast, Klaus, Art. Martin Stallmann. In: LexRP II, 2031–2034.
Weidinger, Norbert / Wilke, Hans-Hermann, „Religion vor Ort“ (Editorial). In: ru (2002) 2, 1.
Weil, Simone, Die Einwurzelung – Eine Einführung in die Pflichten dem menschlichen Wesen gegenüber. München 1956.
Weinhandl, Ferdinand (Hg.), Gestalthaftes Sehen. Ergebnisse und Aufgaben der Morphologie. Zum 100jährigen Geburtstag von Christian von Ehrenfels. Darmstadt 1974.

Weinrich, Harald, Narrative Theologie. In: Concilium 9 (1973), 329–334.
Weiser Cornell, Ann, Focusing – Der Stimme des Körpers folgen. Hamburg 1997.
Weismann, Christoph, Eine kleine Biblia. Die Katechismen von Luther und Brenz. Einführung und Texte. Stuttgart 1985.
Weiß, Anne, Symbole, Rituale, Religion. Wahrnehmungen auf der Suche nach dem Religiösen im Schulalltag der IGS Göttingen-Geismar. Hausarbeit im Rahmen der Ersten Staatsprüfung für das Lehramt an Gymnasien in Niedersachsen, unveröffentlichtes Manuskript 1994.
Weizsäcker, Viktor von, Der Gestaltkreis (1940). Frankfurt 1973.
Welker, Michael, Was geht vor beim Abendmahl? Stuttgart 1999.
Welsch, Wolfgang, Auf dem Weg zu einer Kultur des Hörens? In: Paragrana. Internationale Zeitschrift für Historische Anthropologie. 2 (1993) 1–2, 87–103.
Wendland, Johannes, Tätowierungen – Seele auf der Haut. In: Chrismon (2001) 1, 12–19.
Wentz, Martin (Hg.), Stadt-Räume. Frankfurt 1991.
Wermke, Michael (Hg.), Rituale und Inszenierungen in Schule und Unterricht. Münster 1997.
Wermke, Michael (Hg.), Aus gutem Grund: Religionsunterricht. Göttingen 2002.
Werner, Reinold, Stehen-Sitzen-Liegen. Versuch über den Körper zwischen Stillstand und Gebärde. In: Kamper / Wulf (Hg.), Der andere Körper. Berlin 1984, 29–37.
Wetz, Franz Josef, Art. Situation. I. Philosophie. In: HWPH IX (1996), 923–929.
Weyer-Menkhoff, Martin, Christus, das Heil der Natur. Entstehung und Systematik der Theologie Friedrich Christoph Oetingers. Göttingen 1990.
Wilber, Ken (Hg.), Das holographische Weltbild . Wissenschaft und Forschung auf dem Weg zu einem ganzheitlichen Weltverständnis. Übers. aus d. Amerikan. v. Erwin Schuhmacher. München 1990.
Wilber, Ken, Eros, Logos, Kosmos. Frankfurt 1996.
Wilber, Ken, Eine kurze Geschichte des Kosmos. Frankfurt 1997.
Wild-Missong, Agnes, Mit Focusing im Leben. Focusing-Bibliothek Bd. 3. Würzburg ^{2}1996.
Wiltschko, Johannes, Haben Sie schon einmal ein „Selbst" gesehen? Zur Phänomenologie des Ichs. In: Wolfgang W. Keil u.a. (Hg), Selbst-Verständnis. Beiträge zur Theorie der Klientenzentrierten Psychotherapie. Bergheim 1994.
Wiltschko, Johannes, Zur Phänomenologie des Ichs. In: Wolfgang W. Keil u.a. (Hg), Selbst-Verständnis. Beiträge zur Theorie der Klientenzentrierten Psychotherapie. Bergheim 1994.
Wiltschko, Johannes, Focusing als Fahrzeug des Denkens. In: Focusing Journal 3 (1999), 2–11.
Winkel, Rainer, Theorie und Praxis der Schule. Oder: Schulreform konkret – im Haus des Lebens und Lernens. Hohengehren 1997.
Winnicott, Donald W., Vom Spiel zur Kreativität. Stuttgart 1971.
Wischermann, Clemens / Haas, Stefan (Hg.), Körper mit Geschichte. Der menschliche Körper als Ort der Selbst- und Weltdeutung. Stuttgart 2000.
Witte, Markus, Religionskultur. Zur Beziehung von Religion und Kultur in der Gesellschaft. Würzburg 2001.
Wittgenstein, Ludwig, Philosophische Untersuchungen (Teil I 1936/37; Teil II 1949). Auf der Grundlage der kritisch-genetischen Ed. neu hg. von Joachim Schulte. Frankfurt 2003.
Wöllenstein, Helmut (Hg.), Werkbuch Liturgische Präsenz nach Thomas Kabel. Gütersloh 2002.

Zeintlinger-Hochreiter, Karoline, Kompendium der Psychodrama-Therapie. Analyse, Präzisierung und Reformulierung der Aussagen zur psychodramatischen Therapie nach J.L. Moreno. Köln 1996.
Zilleßen, Dietrich u.a. (Hg.), Praktisch-theologische Hermeneutik. Ansätze, Anregungen, Aufgaben. Rheinbach-Merzbach 1991.
Zilleßen, Dietrich, Religionspädagogische Lernwege der Wahrnehmung. In: ders. u.a. (Hg.), Praktisch-theologische Hermeneutik. Ansätze, Anregungen, Aufgaben. Rheinbach-Merzbach 1991, 59–85.

Zilleßen, Dietrich, Wahrnehmung ohne Wahrheit? Die Bedeutung der Phänomenologie für die Ethik. In: EvErz 47 (1995), 270–279.
Zilleßen, Dietrich, Das dritte Ohr. Über die Konjunktur religionspädagogischer Stilleübungen. In: ZPT 50 (1998) 2, 133–137.
Zilleßen, Dietrich, Lernentscheidungen: Elementarisierung im Religionsunterricht. In: ZPT 52 (2000), 252–262.
Zilleßen, Dietrich / Gerber, Uwe, Und der König stieg herab von seinem Thron. Das Konzept religion elementar. Frankfurt 1997.
Zöller, Christa. Rockmusik als jugendliche Weltanschauung und Mythologie. Münster 2000.

Register